1. 엥겔스의 아버지 프리드리히 엥겔스(왼쪽)와 어머니 엘리제 엥겔스. 엄격한 부르주아 계층 부모의 전형이었다.

2. 고향 바르멘의 1800년대 초 모습. 엥겔스에게 바르멘은 "몽매주의자들의 시온 산"이었다.

3. 1828년 베를린 대학에서 강의하는 헤겔. 그가 뿌린 '용龍의 씨앗들'은 헤겔 좌파로 성장했다.

4. 루트비히 포이어바흐. 그의 역저 『기독교의 본질』은 "모순을 한 방에 날려버렸다".

5. 청년 시절의 카를 마르크스. "무어인人" "거친 검정 멧돼지" "못된 건달" 등 별명도 여러 가지였다.

6. 엥겔스가 19세 때 그린 자화상. "철학과 비판 신학에 매달리느라 정신이 없다"고 할 만큼 지식욕이 넘치는 청년이었다.

7. 1821년경 존 마셜 앤드 선즈John Marshall & Sons 방적공장에서 만든 면직물 디자인.

8. 에르멘 앤드 엥겔스 면방적공장에서 쓰던 실패. '12' 자 아래 새겨진 탑 세 개가 이 회사의 트레이드마크였다.

9. 맨체스터—리버풀 철로변 위스트에 있는 에르멘 앤드 엥겔스 방적공장. 당시 공장은 "자본의 괴물"이었다.

10. 엥겔스 초상화. 1840년(20세)의 낭만적 몽상가 시절이다. 당시 엥겔스는 '오스발트' 라는 필명을 쓰며 "산악당"(과격파 혁명가)을 자처했다.

11. 맨체스터 도버 스트리트의 앨버트 클럽. 고급 흡연실과 카드놀이실, 당구대 등으로 유명했다. 부르주아 엥겔스의 삶이 펼쳐지는 또 다른 세계였다.

12. 마르크스와 엥겔스가 1845년 여름 정치경제학 관련 서적을 읽었던 맨체스터 체담 도서관. 네모난 책상이 있는 창문가가 두 사람의 고정석이었다.

13. 빅토리아 시대 면방적공장에서 일하는 소년.
프롤레타리아의 현실이 적나라하게 드러난다.

14. 빅토리아 시대 중기의 맨체스터. 엄청난 부를 축적하는 한편으로 빈곤과 공해와 질병이 극심했다. "그래도 여기서는 큰돈을 벌 수 있다"고 한 지인은 엥겔스에게 말했다.

15. 1848년 5월 드레스덴에서 일어난 민중 봉기. 시위대는 작센 국왕 타도를 외쳤고, 그중에는 무정부주의자 미하일 바쿠닌과 작곡가 리하르트 바그너도 있었다.

16. 1848년 베를린에서 일어난 3월 혁명. 프로이센 왕비 엘리자베트는 성난 군중에게 둘러싸인 와중에 "(프랑스 혁명 때와 달리) 그래도 기요틴(단두대)은 없네"라고 소곤거렸다고 한다.

17. 헨리 캘버트가 그린 영국 체서 주 여우사냥 모습. 여우사냥은 고위층 신사들의 호사 취미로 엥겔스도 즐겼다.

18. 으리으리한 맨체스터 시청 현관 입구에 마주보고 있는 물리학자 제임스 줄(왼쪽)과 화학자 존 돌턴의 상. "고대 세계에서는 예술이 단연 돋보였다면 현대 세계의 총아는 과학, 즉 분별하고 분석하는 정신 능력이었다."

19. 1864년 휴가 때 마르크스(오른쪽)의 딸들과 함께한 엥겔스(왼쪽 뒤). 앞줄 왼쪽부터 라우라,
엘레아노어, 예니. 이들에게 엥겔스는 천사표 '둘째 아버지' 였다.

20. 마르크스의 둘째 딸 라우라 마르크스.
변덕이 심했다.

21. 리지 번즈. 엥겔스의 유일한 정식 부인이
다. 번즈가 죽기 직전 공식 결혼식을 했다.
번즈는 "아일랜드 프롤레타리아 혈통으로 자
기 계급에 대한 열정이 대단했다."

22. 엘레아노어 마르크스(별명은 투씨). 부모와 엥겔스의 사랑을 독차지한 막내딸로 사회주의 운동에 헌신했다. 남편 에드워드 에이블링의 외도 문제로 1898년(43세) 자살했다.

23. 1891년의 엥겔스(71세). 사회주의자들 사이에서 "리전트 파크 로드(엥겔스의 런던 거주지)의 달라이라마"라는 별명으로 통하며 존경을 받았다.

24. 엥겔스가 거주하던 런던 리전트 파크 로드 122번지 서재의 현재 모습. 각국에서 혁명가들이 찾아와 자문을 구하는 등 국제 사회주의 운동의 메카였다.

25. 런던 햄스테드 히스 공원. 노년의 마르크스와 엥겔스는 이곳으로 자주 산책을 다녔다. 엥겔스는 런던에서 제일 지대가 높다고 해서 "런던의 침보라소"라고 불렀다.

26. 1871년 5월 파리 코뮌 기간에 시내 곳곳이 불에 타는 모습.

27. 파리 코뮌. 1871년 3월 18일 포부르 생탕투안의 바리케이드 앞에서 코뮈나르들이 포즈를 취했다.

28. 1889년 파업에 나선 부두노동자들이 런던 시내를 행진하고 있다. 엥겔스는 런던 부두 파업을 "마지막 개혁 법안 이후 영국에서 일어난 가장 큰 사건"이라며 환호했다.

29. 1889년 파업에 나선 런던 부두 노동자들. 엥겔스는 런던 부두 파업이 정치적 응집력과 프롤레타리아 계급의식을 과시함으로써 "이스트엔드(런던 빈민가)에서 제대로 된 혁명이 시작됐음"을 알렸다고 평가했다.

30. 1978년 쿠바 아바나에 나붙은 『공산당 선언』 출간 130주년 기념 포스터. 엥겔스의 영향력이 어디까지 미쳤는지를 잘 보여준다.

31. 엥겔스는 마르크스, 레닌과 더불어 식민지 해방 투쟁의 아이콘이었다. 1991년 내전으로 얼룩진 에티오피아 수도 아디스아바바에 세 사람의 초상화가 걸려 있다.

32. 『영국 노동계급의 상태』 초판 표지.　　　　33. 『공산당 선언』 초판 표지.

엥겔스 평전

프록코트를 입은 공산주의자

The Revolutionary Life of Friedrich Engels

엥겔스 평전

트리스트럼 헌트 지음 | **이광일** 옮김

The Frock-Coated Communist

글항아리

"마르크스의 사유방식 전체는 어떤 가르침이라기보다는 방법이다."

—프리드리히 엥겔스(1820~1895)

도판목록

〈1815~1866년의 중부 유럽〉

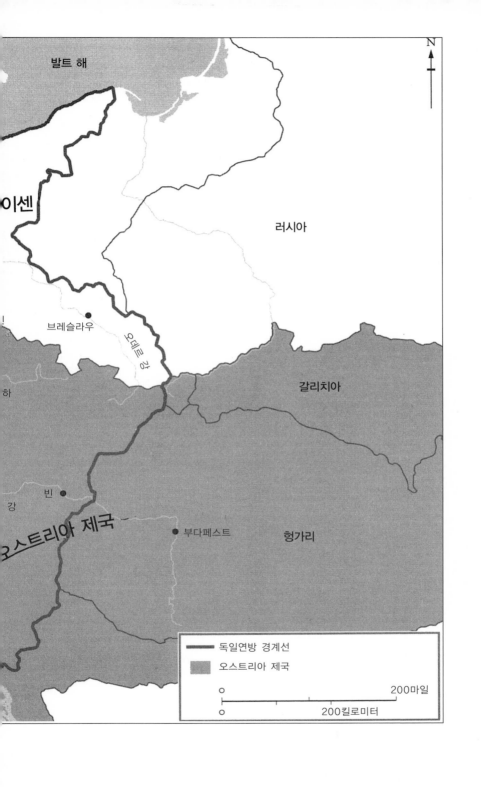

발트 해

이센

러시아

브레슬라우

오데르 강

갈리치아

하

빈

강

오스트리아 제국

부다페스트

헝가리

독일연방 경계선

오스트리아 제국

200마일

200킬로미터

N

왜 지금 다시 엥겔스인가?

1869년 6월 30일 맨체스터 방적공장 주인 프리드리히 엥겔스(49세)는 20년 가까이 일해온 직장을 떠났다. 아버지가 동업으로 시작한 공장은 일종의 가업이었다. 맨체스터 교외 촐튼의 작은 집에서는 연인 리지 번즈와 오랜 친구 마르크스의 딸 엘레아노어 마르크스가 그가 오기를 기다리고 있었다. "엥겔스 아저씨가 마지못해 해온 일을 끝내던 날 난 아저씨랑 함께 있었다. 그 오랜 세월 동안 아저씨가 어떤 일들을 겪어야 했을지 알 것 같았다." 후일 엘레아노어는 엥겔스가 마지막으로 출근하던 날을 이렇게 회고했다. "아저씨가 구두를 신고 나가면서 신바람이 난 듯 '오늘이 마지막이다!' 라고 외친 것을 결코 잊을 수 없다. 몇 시간 뒤 우리는 대문에 나가 아저씨를 기다렸다. 작은 들판 너머로 아저씨가 오는 게 보였다. 아저씨는 지팡이를 휘휘 돌리며 콧노래를 부르고 있었다. 얼굴이 그렇게 환할 수가 없었다. 우리는 상을 차리고 잔치를 벌였다. 샴페인을 마셨다. 행복했다."[1]

면직업계의 거물이었던 프리드리히 엥겔스는 영국 상류층의 호사 취미인 여우사냥을 즐겼고, 맨체스터증권거래소 회원이자 잘나가는 독일계 이주민 클럽인 실러연구소의 운영위원장이었다. 매력적인 스타일리스트답게 엥겔스는 인생의 온갖 즐거움을 한껏 누렸다. 바닷가재 샐러드, 프랑스산 최고급 포도주 샤토 마고, 체코식 필젠 맥주와 비싼 여자들 등등. 그러는 한편으로 40년 동안 카를 마르크스를 먹여 살리고 그의 자녀들을 돌봐줬으며, 마르크스의 분노를 다독여주었다. 동시에 『공산당 선언』의 공저자이자 후일 마르크스주의로 알려지게 되는 사상의 공동 설계자로서 역사상 가장 유명한 이데올로기적 동반자 관계의 반쪽 역할을 충실히 해냈다. 20세기 들어 마오쩌둥毛澤東 주석의 중국에서부터 동독통일 이전의 독일민주주의공화국—이하 역주의 슈타지비밀경찰 국가까지, 아프리카의 반제反帝 투쟁에서 소련까지 지구촌 인류의 3분의 1이 다양한 형태로 마르크스주의라고 하는 매혹적인 철학의 포로가 되었다. 그런데 사회주의 국가 지도자들이 정책을 설명하고 비행을 정당화하거나 정권 유지를 위해 자주 거론한 인물은 마르크스가 아니라 엥겔스였다. 빅토리아 시대 면직업계 거물답게 점잖은 프록코트 차림의 엥겔스는 전세계로 퍼져나간 공산주의의 핵심 설계자 가운데 한 명이 되었다. 그는 때로는 잘못 해석되고, 때로는 잘못 인용되기도 했다.

오늘날 러시아의 엥겔스 시市로 가는 여정은 모스크바 파벨레츠키 기차역에서 시작한다. 역사驛舍는 제정 러시아 시대에 지은 것으로 허름하지만 낭만적인 포근함이 있다. 사라토프행 침대차는 자정에 출발해 남동쪽 볼가 강 평원을 향해 850킬로미터를 달린다. 가다 서다를 반복하는 장장 14시간의 여행에서 그나마 지루함을 덜어주는 것은 차장석에서 설설 끓는 고색창연한 물주전자 정도다. 그렇게 달려서 마침내 사라토프에 떨어진다. 시원시원한 도로 양 옆으로 가로수가 늘어선 도시 풍경에서 과거의 화려함을 그런대로 느낄 수 있다.

지역의 중심인 사라토프에서 엥겔스 시까지는 6차선 고속도로로 연결돼 있다. 고속도로는 곳곳이 떨어져나갔을 만큼 부실하다. 엥겔스 시는 이제 찾는 이 없는 천덕꾸러기 도시로 변했다. 사라토프와는 비교가 안 되고 기차 하역장과 녹슨 흉물로 변한 공장들만 눈에 띈다. 그나마 한때 경공업이 번창했음을 엿볼 수 있다. 엥겔스 시 한가운데에 엥겔스 광장이 쭈그린 듯이 자리 잡고 있다. 연병장처럼 썰렁한 광장 주변에는 공영주택 단지와 허름한 상가가 있다. 술 마시며 TV로 스포츠 경기를 보는 바와 카지노, DVD 매장 등이 있고, 로터리는 러시아제 라다와 스푸트니크 자동차, 왠지 어울리지 않는 포드차로 꽉 막혔다. 꾀죄죄한 풍경은 공산주의 붕괴 이후 더더욱 맹위를 떨치는 자본주의와 미국 물에 찌들어가는 러시아의 모습을 상징적으로 보여준다. 시장경제의 일그러진 풍경 한가운데에 프리드리히 엥겔스 동상이 서 있다. 동상은 대리석 대좌 위에 놓여 있고, 아래 바닥에는 화단을 잘 가꾸어 놓았다. 높이 4.6미터에 트렌치코트를 걸치고 『공산당 선언』을 말아 쥔 모습이 인상적이다.

옛 소련과 동구권에서 마르크스 동상—레닌, 스탈린, 베리야 _{1899~1953. 소련 정치가. 비밀경찰 총수로 악명을 떨쳤다} 동상도 마찬가지다—은 모두 철거됐다. 목이 잘리거나 사지가 잘린 채 폐기장에 널브러져 있는 잔해들은 관광객들에게 냉전 시대의 상처를 되새기게 해준다. 그런데 엥겔스 시에서 유독 건재한 것은 엥겔스 동상이다. 초저녁에 엥겔스 광장에 산책 나온 시민들과 잠시 얘기를 나눠보니 엥겔스 동상이 아직 그대로 있는 것은 애정이나 존경심 때문은 아니었다. 공산주의의 공동 설계자에 대한 적대감은 별로 없었지만 그것은 오히려 무관심에 가까웠다. 서유럽 국가들의 수도에 가보면 광장마다 19세기의 장군이나 오래전에 잊힌 사회개혁가들의 동상이 들어서 있는 것처럼 엥겔스 상도 어느덧 예전부터 거기 그냥 서 있는 동상으로 돼버린 것이다.

엥겔스의 고향인 라인 강변의 부퍼탈(지금은 금융과 패션의 도시인 인근 뒤셀도르프로 출근하는 사람들이 많이 산다)도 엥겔스 시와 비슷하게 무관심하다. '프리드리히 엥겔스 거리'가 있고 '프리드리히 엥겔스 로路'도 있지만 부퍼탈이 낳은 아들 중에서 가장 유명한 인물을 기억하려는 노력 같은 것은 없다. 엥겔스의 생가는 2차 대전이 한창이던 1943년 영국 공군의 폭격을 맞아 파괴됐고, 지금은 집터만 덩그맣게 남아 있다. 엥겔스가 세상에 나왔었음을 보여주는 것은 "과학적 사회주의의 공동 설계자"라는 간단한 설명이 새겨진 지저분한 화강암 표지석뿐이다. 집터 주변은 호랑가시나무와 담쟁이로 뒤덮여 있고, 바로 옆의 허름한 공원은 이동식 화장실과 깨진 공중전화 부스만이 흉물스럽다.

스페인, 영국, 미국은 말할 것도 없고 현대 러시아와 독일에서도 엥겔스는 이제 역사의 망각 속에 묻혀버렸다. 한때 그의 이름은 수많은 사람들 입에 오르내렸지만—마르크스의 동료 전사戰士로, 『공상적 사회주의와 과학적 사회주의』(지구촌 전체로 퍼져나간 공산주의의 성서다)의 저자로, 변증법적 유물론 이론가로, 혁명가들과 좌파 집권세력이 갖다 붙인 온갖 거리와 광장의 명칭으로, 화폐와 교과서에 등장하는 덥수룩한 수염에 예지 넘치는 모습으로, 마르크스·레닌·스탈린과 더불어 거대한 깃발과 사실주의 화풍의 소련 선전판에 올라 눈 부릅뜨고 세상을 내려다보는 모습으로—지금은 동구에서도 서방에서도 거의 언급되지 않는다. 1972년 동독에서 나온 공식 엥겔스 전기는 "오늘날 우리 지구촌에서 엥겔스의 이름을 모르는 곳, 그의 업적의 의미를 알지 못하는 곳은 없다"고 적고 있다.[2] 엥겔스 동상이 철거되지 않고 그대로 있다는 것은 이제 엥겔스라는 이름이 새삼 무슨 해나 독이 될 이유가 없기 때문이라고 할 것이다.

동지였던 카를 마르크스는 얘기가 다르다. 베를린 장벽이 무너지고 프랜시스 후쿠야마*가 방자하게도 "역사의 종언" 운운한 이후 20년이 지났지만 마르크스의 명성은 오히려 되살아나고 있다. 최근에는 캄보디아의 킬링필드와 시베리아 강제노동수용소를 만들어낸 무시무시한 괴물 같은 존재에서 현대 자본주의를 가장 예리하게 분석한 이론가로 변신했다. 1998년 『공산당 선언』 출간 150주년을 맞아 「뉴욕 타임스」가 게재한 기사의 제목은 "마르크스의 주가가 150년 만에 다시 치솟다"였다. 「뉴욕 타임스」는 『공산당 선언』이 "지칠 줄 모르고 부를 창조하는 자본주의의 힘을 (그 누구보다도) 먼저 인식하고, 자본주의가 세계를 정복할 것이라고 예언했으며, 여러 나라의 경제와 문화가 세계화라고 하는 불가피한 과정 속에서 엄청난 고통을 겪게 될 것이라고 경고했다"고 소개했다.[3] 서방의 정부와 기업, 은행 등이 21세기 전환기에 자유 시장 만능주의라는 태풍을 만나면서—멕시코와 아시아는 경제 위기를 겪었고, 중국과 인도는 급속한 산업화를 이루었으며, 러시아와 아르헨티나에서는 중산층이 대거 몰락했고, 대량 이주가 일어나는 가운데 2007~09년에는 전세계가 "자본주의의 위기"를 겪었다—마르크스의 불길한 예언은 가시화되기 시작했다. 1989년 공산권 몰락 이후 대세가 된 신자유주의적 자본주의나 인류의 이데올로기 진화는 끝났다는 후쿠야마의 주장—이 모두가 공산주의의 역

* 1952~. 미국의 철학자, 정치경제학자. 존스 홉킨스 대학 교수로 『역사의 종언』(1992년)에서 자유민주주의 체제의 최종 승리를 주장해 큰 반향을 불러일으켰다.—이하 역주

사적 파산을 기초로 한 것이다―은 다시 흔들리는 것처럼 보였다. 그러는 사이 마르크스는 재기를 노리고 있었다. 아닌 게 아니라 2008년 가을 주가가 곤두박질치고 은행 국유화가 진행되고 프랑스 대통령 니콜라 사르코지가 『자본론』(독일에서는 최고의 베스트셀러가 됐다)을 읽고 있는 사진이 게재되자 영국의 「더 타임스」는 "그(마르크스)가 돌아왔다"고 비명을 질렀다. 교황 베네딕토 16세도 마르크스의 "놀라운 분석력"을 극찬했다.[4] 영국 경제학자 메그나드 데사이는 이미 2002년에 마르크스를 극찬한 저서에서 그런 흐름을 "마르크스의 복수"라고 표현한 바 있다.[5]

　마르크스가 무시무시할 정도로 파괴적인 자본주의의 본질을 정확히 설명한 최초의 인물이라는 사실에 이의를 다는 사람은 별로 없다. "부르주아지는 출생에 따라 신분이 결정되는 봉건시대의 굴레를 무자비하게 뜯어내버렸다. 그리하여 인간과 인간 사이에는 벌거벗은 이기심과 감정 없는 '현금 지불'이라는 관계만이 남게 됐다." 자본주의의 본질을 설명한 『공산당 선언』의 한 대목은 이렇게 이어진다. "부르주아지는 종교적인 외경심, 기사도의 열정, 속물적인 감상주의까지도 몽땅 이기적인 계산이라는 얼음물 속에 처박아버렸다."[6] 자본주의가 각국의 언어와 문화, 전통, 심지어 국가 체제마저 변질시키는 과정을 밝혀낸 인물은 마르크스였다. "한마디로 자본주의는 그 자신의 이미지에 따라 세계를 창조한다." 세계화globalization라는 말이 미국화Americanization의 대명사가 되기 훨씬 전에 벌써 마르크스는 이런 말을 남겼다. 프랑스의 저명한 정치인이며 석학인 자크 아탈리는 2005년에 낸 베스트셀러 『카를 마르크스 또는 세계 정신』에서 마르크스를 세계화를 최초로 예언한 위대한 이론가로 규정했다. 심지어 신자유주의의 첨병인 영국의 시사주간지 「이코노미스트」도 "자본주의의 가공할 생산력을 예감한" 공을 마르크스에게 돌렸다. 2002년 "공산주의 이후의 마르크스"라는 제목의 기사에서 이 잡지가 내린 결론은 이랬다. "그는 자본주의가 지금까지 상상할 수 없었던 정도로 혁신을 촉진할 것이라는 점을 꿰뚫어보았다. 거대기업들이 세계의 각종 산업을 지배하게 될 것이라고 본 점에서 그는 옳았다."[7] 아탈리의 마르크스 전기도 그렇지만 영국 언론인 프랜시스 윈이 쓴 대중용 마르크스 전기 『카를 마르크스』(1999년)도 마르크스를 열정적인 저널리스트이자 미워할 수 없는 악당으로, 정 많은 아버지로 긍정적으로 조명했다.[8] 1960년대 들어 프랑스 철학자 루이 알튀세가 청년 마르크스와 성숙기 마르크스—소외와 윤리에 주목해 『경제학·철학 수고手稿』를 쓰던 시기(1844년)의 마르크스와 유물론적 색채가 강해진 후기 마르크스—사이에 "인식론적 단절"이 있다는 사실을 "발견"한 이후 우리는 초기 마르크스의 철학적 휴머니즘을 알게 됐다. 그러면서 마르크스는 다채롭고 흥미로운, 그리고 놀라울 정도로 현대적인 모습으로 채색됐다.

반면에 프리드리히 엥겔스는 이런 식의 호의적인 평가나 재해석과는 거리가 멀다. 마르크스처럼 전기가 쏟아져 나오지도 않았고 1989년 이후 사회주의의 아픈 과거를 잊고 싶어하는 분위기도 작용을 한 탓에 엥겔스는 대중의 기억으로부터 완전히 멀어졌다.[9] 더욱 부당한 것은 일부 이데올로기 서클에서 마르크스레닌주의가 20세기 들어 저지른 끔찍한 만행의 책임을 그에게 덮어씌운 점이다. 마르크스의 주가가 치솟는 동안 엥겔스의 주가는 떨어졌다. 심지어 마르크스와 엥겔스를 윤리적인 휴머니스트와 기계론적인 과학주의자로 양분해 엥겔스를 소련과 중국, 동남아 공산국가들이 저지른 범죄의 이론적 원조라고 몰아붙이기까지 했다. 이미 1970년대 중반에 E. P. 톰슨1924~1993. 영국의 역사학자, 사회주의·평화 운동가은 "노년기의 엥겔스를 희생양으로 만들어 이후의 이런저런 마르크스주의들이 저지른 범죄를 몽땅 그에게 뒤집어씌우려는" 흐름에 주목하면서 "나는 마르크스와 레닌은 항상 결백하다고 하면서 엥겔스만 피고인석에 올리는 짓거리를 도저히 받아들일 수 없다"고 선언했다.[10] 마르크스주의 연구자인 리처드 N. 헌트도 비슷한 말을 했다. "최근 일각에서 엥겔스를 고전적인 마르크스주의의 쓰레기통처럼 취급하는 게 유행이 됐다. 공산주의 체제에서 벌어진 온갖 못 볼 꼴들은 다 거기다 쓸어 담고, 후대에 본의 아니게 잘못된 일은 모두 그에게 책임을 묻는 식이다."[11] 이런 식으로 일부 학자들은 『경제학·철학 수고』를 쓰던 파리 시절의 마르크스를 『반뒤링론』을 쓰던 시기의 근엄한 엥겔스와 비교하며 마르크스의 매력을 강조했다. 마르크스주의 계열의 노먼 레빈 같은 학자는 심지어 이렇게 단언했다. "엥겔스주의는 스탈린 시대의 변증법적 유물론으로 바로 이어졌다. …역사에는 정해진 발전 방향이 존재한다고, 예정된 역사 발전 단계에 따라 사회주의가 도래한다고 주장함으로써 엥겔스주의는 소련이 역사의 완성 단계인 것처럼 보이게 만들었다. …스탈린 시대에 온 세상이 마르크스주의라고 이해했던 것은 사실은 엥겔스주의였다."[12] 20세기에 이데올로기의 이름으로 저질러진 죄악의 책임은 갑자기 엥겔스가 다 떠안고 마르크스는 전지구적 수준의 자본주의를 일찌감치 예견한, 꽤 괜찮은 선각자로 변신했다.

물론 우리가 프리드리히 엥겔스에 관심을 갖는 이유는 마르크스와 공동 작업을 했기 때문이다. 이 동반자 관계에서 엥겔스는 항상 제2 바이올린 역할조연을 자처할 만큼 헌신적이었다. "마르크스는 천재였다. 우리 같은 사람들은 기껏 재능이 있는 정도였다. 그가 없었다면 이론은 오늘날과 같은 모습으로 발전하지 못했을 것이다. 따라서 공산주의 이론에 마르크스의 이름이 붙는 것은 당연하다." 엥겔스는 친구가 죽고 난 뒤 이런 말을 했다.[13] 그러나 20세기에 확립된 공식 마르크스레닌주의 이데올로기는 엥겔스가 나중에 정식화한 마르크스주의에서 상당 부분을 끌어온 것도 사실이다. 물론 이 과정에서 오류도 있었다. 하지만 이제 1989년 공산권 몰락 이후 들끓었던 논쟁도 가라앉고 마르크스와 엥겔스가 주창한 사회주의가 소련 시절 통용된 레닌주의로 덧씌워지지도 않는 시대인 만큼 마르크스를 새롭게 들여다보는 것과 마찬가지로 엥겔스도 새롭게 접근해볼 수 있다. "공산주의 체제가 귀중한 유산을 모독하고 망쳐버렸다"는 게 토니 저트 1948~2010, 영국의 역사학자의 진단이다. 저트는 공산주의가 20세기에 현실 정치 체제로 변신하는 과정의 특징을 "독재라는 일탈"로 규정했다. "오늘날 우리가 사회 진보를 추구하는 거대담론이 없는, 정의로운 사회의 비전과 정치적 설득력을 갖춘 프로젝트가 불가능한 세계에 살고 있다면, 그 가장 큰 이유는 레닌과 그 후계자들이 샘에 독을 풀었기 때문이다."[14] 그러나 역사의 파도가 다시 물러가는 지금이야말로 "런던 어르신들the old Londoners"*의 삶과 저작을 제대로 되돌아볼 좋은 기회이고, 그런 작업은 대단히 가치 있는 일이다. 두 사람은 전지구적 차원의 자본주의에 대한 통찰력 있는 비판만을 제시한 것이 아니라 현대와 진보, 종교와 이데올로기, 식민주의와 "자유주의적 개입주의", 전지구적 차원의 재정 위기, 도시 이론, 페미니즘, 그리고 심지어 다윈주의와 생명윤리 문제에 대해서도 새로운 시각을 제공한다.

이 모든 부문에서 엥겔스는 다대한 기여를 했다. 맨체스터에서 면방적업에 종사하는 동안 미국 남부 플랜테이션에서부터 영국 랭커셔 주의 공장들과 영국 지배하의 인도까지를 잇는 세계 무역의 흐름을 매일 접하면

---

* 사회주의 운동가들이 런던에 살던 노년의 마르크스와 엥겔스를 아울러 부르던 애칭.

서 그가 겪은 국제 자본주의의 작동 구조와 과정에 대한 경험은 마르크스의 『자본론』에 깊이 스며들었다. 공장 생활과 빈민가 체험, 무장 봉기에 참여하고 공산주의 선전을 위해 길거리로 나섰던 경험도 『자본론』의 자양분이 되었다. 특히 가족 구조나 과학적 방법론, 군사 이론 및 식민지 해방 문제를 과감하고 심도 있게 파고든 것은 프리드리히 엥겔스였다. 마르크스가 중년 이후 경제이론에 몰두하는 사이 엥겔스는 정치, 환경, 민주주의 문제 등에 대해 자유로운 사고를 펼쳤다. 이런 쪽 사상이 오히려 지금도 유효한 부분이 많다. 오늘날 마르크스의 목소리가 다시 들리고 있다면 이제 마르크스에 대한 기억과는 별개로 엥겔스의 겸손한 가면을 벗겨내고 그의 파격적인 사상들을 다시 들여다보아야 할 때다.

엥겔스가 전기의 주인공으로 대단히 매력적인 이유는 철학적 탁월함과 짝을 이루는 파란만장한 인생 역정 때문이다. 그 오랜 세월 동안 엥겔스는 지극히 모순적인 삶을 살았고 무한한 헌신으로 일관했다. 엥겔스는 19세기라고 하는 혁명의 시대를 살았다. 맨체스터에서는 선거권 확대를 외치는 차티스트 운동가들과 어깨동무했고, 1848~49년에는 조국 독일로 달려가 바리케이드 위에서 왕정 체제의 탄압에 저항했으며, 1871년에는 파리 코뮌 주동자들을 격려했고, 1890년대 런던에서는 노동운동이 탐탁지 않은 방향으로 흘러가는 상황을 목격했다. 그는 실천의 힘을 믿었고, 자신의 혁명적 공산주의 이론을 온몸으로 실천하고자 했다. 그러나 안타깝게도 그럴 기회가 별로 없었다. 젊어서 마르크스를 만난 이후 친구의 천재성과 공산주의라는 더 큰 대의의 성취를 위해 개인적 야망은 접기로 했기 때문이다. 그는 인생의 황금기 20년을 맨체스터에서 그토록 하기 싫은 공장주 노릇을 하면서 보냈다. 마르크스가 생활 걱정 없이 『자본론』을 끝낼 수 있도록 재정 지원을 해주기 위해서였다. 공산주의자들이 걸핏하

면 떠들었던 '개인적 희생'은 이렇게 공산주의 운동 태동기부터 존재
했다.

엥겔스는 마르크스를 끔찍이 위해주는 과정에서 종종 모순적인 삶의
고통을 겪어야 했다. 물론 모순의 역학―대립물의 상호 침투, 부정의 부
정 법칙 등등―은 마르크스주의 이론의 핵심이다. 프로이센의 부자 상인
아들로 태어난 엥겔스는 공산주의로 개종한 직후부터 유달리 모순적인
삶을 살았다. 따라서 이 평전에는 여우사냥을 좋아하고, 여자를 밝히고,
샴페인을 즐긴 자본가의 초상도 담겨 있다. 바로 그 자본가가 자기가 속
한 계급의 이익에 정면으로 반하는 이데올로기를 세우는 데 지대한 역할
을 했고, 그 이데올로기는 다시 세월이 흐르면서 처음 그것을 만든 사람
들의 성격과는 너무도 어울리지 않게 따분한 청교도적 신앙 같은 것으로
변질됐다. 엥겔스 자신은 부르주아로서 고급스러운 생활을 한 것과 본인
이 주창한 평등주의 이상 사이에 아무런 모순이 없다고 주장할 것이다.
그러나 비판자들은 엥겔스 생전에도 그의 삶을 모순 덩어리라고 봤고, 지
금도 그렇다.

사실 자신의 모습을 깊이 성찰하는 것은 엥겔스와는 별로 어울리지 않
는다. 엥겔스는 카를 마르크스의 철학적 이상과 정치적 구상의 실현을 돕
는 일을 평생의 과제로 여겼다. 그런 점에서는 아주 단순했다. 길거리 선
전에 나서거나, 마르크스에게 『자본론』 집필 자료를 제공하거나, 선전선
동용 팸플릿을 신들린 듯이 써내려가거나, 이데올로기의 적들을 논박하
거나, 마르크스의 사상을 새로운 지역에 보급할 때를 막론하고 엥겔스는
군인 같은 절도의 전형이었다. "스승의 포도밭에서 일하는 우리는 어려운
일이 있을 때마다 사부師父 엥겔스한테 달려간다." 엘레아노어 마르크스는
1890년에 이렇게 썼다. "그리고 그렇게 달려가서 도움을 받지 못한 적은

한 번도 없다." 항상 전략적으로 사고하고, 장교 시절에는 상관들에게 자주 도전하고 군인이면서도 지식인적인 면모를 보였던 엥겔스는 가히 "장군"이라고 할 만했다. 이 별명은 엥겔스의 군사 문제 평론이 인기를 끌자 엘레아노어가 붙여준 것으로 곧바로 널리 통용됐다. 그만큼 엥겔스라는 인간의 깊은 면모를 잘 보여주는 표현이었다. 엥겔스는 외모만 군인 같은 것(깔끔한 복장과 외모에 허리를 꼿꼿이 펴고 다녔다)이 아니라 자제력과 장악력이 대단했고, 지도자로서 추종자들에게 영감을 주었으며, 전문가답게 냉철했다. 바로 이런 면모가 마르크스주의 프로젝트에서 그가 맡은 역할이었다. 19세기 마르크스주의 프로젝트의 성공에 그보다 더 크게 기여한 사람은 없다.

그러나 장군의 성공 뒤에는 졸병들의 노고가 있다. 따라서 수많은 대중의 역사를 희생시키고 한 개인을 돋보이게 하는 식의 전기에 대해 마르크스주의 역사가들은 좋지 않게 생각할 것이다. 그러나 그렇게 되면 마르크스주의를 올바로 해석할 수 없고 도그마에 빠지지 않았던 엥겔스 자신의 사상을 제대로 파악할 수도 없게 된다. 엥겔스는 평생 전기에 깊은 관심을 보였고(특히 영국 장군들의 전기를 많이 읽었다) "인간은 그들 자신의 역사를 만든다. …각 개인은 자신이 원하는 목표를 추구한다. 따라서 역사란 그런 수많은 의지들이 서로 다른 방향으로 작용하고 외부 세계에 다양한 영향을 미친 결과다. 역사는 그렇게 구성된다"는 확신을 갖고 있었다. 엥겔스에게 역사는 어떤 면에서 개인적 욕망의 문제였다. "의지를 결정하는 것은 열정 혹은 숙고熟考다. 그러나 열정이나 숙고를 곧장 어떤 방향으로 몰고 가는 것은 아주 다른 종류의 것이다." 그것은 외적인 요인이나 이데올로기, 개인적 증오일 수도 있고 심지어 변덕일 수도 있다. 문제는 "이런저런 동기를 유발하는 원동력이 무엇인가? 행위자들의 마음속에 그런 동기로 작용하는 역사적 요인은 무엇인가?" 하는 것이다.[15] 우리는 이 평전에서 자신의 역사를 만들었고, 지금도 우리의 역사를 형성하는 데 모종의 역할을 하고 있는 한 인간의 열정과 욕망, 개인적 증오와 변덕, 그리고 그를 움직이게 한 원동력과 역사적 요인들을 풀어보고자 한다.

1장

청소년 시절

— 시온의 지크프리트

The Frock-Coated
Communist

"기뻐해줘, 처남. 선하신 주님께서 우리 기도를 들어주셨어. 지난 화요일 밤, 그러니까 28일 밤 여덟 시에 아기를 선사해주셨어. 건강하고 튼실한 아들 녀석이야. 우리는 온 마음을 다해 주님을 생각하면서 이 아이를 주신 데 대해 감사하고 있어. 산통을 겪는 동안에도 애 엄마와 아이한테 자비로운 보살핌을 베풀어주셨지." 1820년 11월 말 독일 라인란트의 실업가 프리드리히 엥겔스는 한없이 기쁜 마음으로 처남(카를 슈네틀라게)에게 첫 아이의 탄생을 알렸다. 심한 산고 끝에 나온 장남의 이름은 아버지와 같은 프리드리히였다. 편지에서 아버지 엥겔스는 또 아이의 영적 발전을 생각해 "우리가 아이를 잘 키워 하느님을 경외할 수 있도록 해주시고, 우리가 모범을 보임으로써 최상의 가르침을 줄 수 있도록!" 해달라고 기원했다.[1] 그러나 이 기도는 결국 응답받지 못한다.

프리드리히 엥겔스의 집안은 문화적으로도 미래의 혁명가를 키워낼 만한 분위기와는 거리가 멀었다. 결손가정도 아니고, 편모슬하도 아니고, 외롭고 불행한 어린 시절을 보낸 것도 아니고, 학교에서 왕따를 당한 적도 없었다. 오히려 사랑이 넘치는 부모와 손자라면 깜빡 죽는 할머니 할아버지, 많은 형제자매들과 행복하게 살았고, 경제적으로도 줄곧 썩 부유했다. 그리고 가문 특유의 어떤 사회적 목표 같은 것이 있었다. "그런 집안에서 태어난 아들이 그렇게 완전히 다른 길을 간 경우는 없을 것이다. 엥겔스 아저씨는 집안에서 '미운 오리새끼' 취급을 받았을 게 뻔하다." 1890년 엘레아노어 마르크스 마르크스의 딸는 이렇게 회고했다. 1890년이면 엥겔스 가문 사람들의 마음의 상처가 아직 아물지 않았을 때였다. "아마 그 사람들은 그 '오리새끼'가 사실은 '백조'라는 것을 아직도 이해하지 못하고 있을 것이다."2

엥겔스가 나고 자란 곳은 라인란트 주州의 소도시 바르멘이었다. 일가 친척들은 한동네에 모여 안락하게 살았다. 엥겔스 일가가 사는 동네는 한 가문이 꽉 잡고 있는 분위기였다. 엥겔스네 집 앞 큰길 건너편에는 엥겔스의 아버지가 태어난 4층짜리 후기 바로크식 건물—지금은 고색창연한 '프리드리히 엥겔스 생가 박물관'이다—이 서 있었다. 근처에는 삼촌 요한 카스파르 엥겔스 3세와 아우구스트 엥겔스의 대저택이 있었다. 그리고 그런 저택들 사이로 김이 무럭무럭 나고 화공약품 냄새가 코를 찌르는 면사 표백공장들이 드문드문 들어서 있었다. 그런 공장이 엥겔스 가문의 돈줄이었다. 공장과 다닥다닥 붙은 노동자들의 가옥, 실업가의 저택들이 한데 어우러진 마을 풍경은 산업혁명 초기의 전형이라고 할 만했다. 그렇게 프리드리히 엥겔스는 19세기의 용광로 속에 바로 내던져진 것이다. 엥겔스 평생의 과업인 역사의 변혁—도시화, 산업화, 사회계급, 기술 발전 등등—은 그가 태어났을 때 이미 어느 정도 진행되고 있었다. "명망 있는 카스파르 엥겔스 집안의 공장과 오두막들은 표백공장과 더불어 반원형 미니도시를 형성하고 있다고 할 만하다." 1816년도 바르멘 시 주거 실태 조사보고서에는 이렇게 적혀 있다.3 부퍼 강으로 이어지는 이 습한 지역은 공식적으로 "붉은 천川"이라고 했는데 1900년대 초까지도 "엥겔스 천"으로 통했다.

엥겔스 집안의 가계는 16세기 말 라인란트에 있던 농장으로까지 거슬러 올라간다. 그러나 가문이 번창한 것은 증조부인 요한 카스파르 엥겔스 1세(1715~87)가 18세기 후반 부퍼 계곡에 정착하면서부터였다. 카스파르는 농사를 접고 공업에 손을 대면서 석회질 없는 부퍼 강—라인 강 지류의 하나다—과 아마실 표백이 큰돈이 된다는 사실에 주목했다. 주머니에 단돈 25탈러독일의 옛 은화밖에 없던 카스파르는 광주리를 등에 지고(가문의 전설에 따르면 그렇다) 부퍼 강 경사면에 붙은 아주 작은 도시 바르멘에 정착했다. 부지런하기 이를 데 없는 카스파르는 방적공장과 함께 표백공장을 운영해 크게 성공했다. 이어 기계로 고급 레이스를 짜는 공장도 세웠다. 자식들에게 가업을 물려줄 시점에는 바르멘에서 가장 큰 공장 축에 들었다.

그러나 카스파르 엥겔스와 그 아들들의 기업 윤리는 단순히 돈을 긁어모으는 차원에 머물지 않았다. 당시는 산업화가 본격화된 후대와 달리 노동자와 주인의 계급 분화가 그리 심하지 않았다. 엥겔스 가문은 가부장주의와 이윤추구를 적절히 융합해 고용 과정에서 자선을 베푸는가 하면 어린이 노동 같은 심한 착취는 하지 않았다. 그 덕분에 훌륭한 집안이라고 일대에 명성이 자자했다. 후대에 가서도 엥겔스 가문은 고용인들에게 거처와 채소를 가꾸어 먹을 수 있는 정도의 작은 뜰을 제공하는가 하면 아이들이 딸린 경우에는 학교까지 마련해줬다. 식량이 부족한 시기에는 곡물창고조합도 세웠다. 그런 사정으로 해서 엥겔스는 어린 시절 리본 제조공, 소목장, 장인들과 스스럼없이 어울렸다. 그 덕분에 계급적 차이를 별로 신경 쓰지 않는 느긋함을 키울 수 있었고, 후일 영국 샐퍼드의 슬럼가와 파리의 공산주의자 클럽을 드나드는 데도 큰 도움이 되었다.

요한 카스파르의 아들들은 가업을 이으면서 사업을 키워 실크 리본 제조 분야에까지 진출했다. 1787년 요한 카스파르가 죽을 무렵 엥겔스 가문은 기업적 성공에 고결한 박애정신까지 겸비해 부퍼탈*에서 사회적 지위가 대단히 높았다. 엥겔스의 할아버지 요한 카스파르 2세는 1808년 부퍼탈 시의원에 임명됐고, 바르멘 통합개신교회 창립에도 깊이 관여했다.[4] 그러나 가업이 3대—엥겔스의 아버지와 그 형제들—로 넘어가면서 가족 간의 단합이 깨졌다. 형제간에 거듭 다툼이 일자 삼형제는 1837년 제비뽑기를 통해 가업을 물려받을 사람을 결정했다. 프리드리히 엥겔스 _{엥겔스 아버지} 는 뽑기에서 지자 따로 회사를 차렸다. 네덜란드인 형제(고드프리 에르멘과 페터 에르멘)와 손잡고 동업을 한 것이다. 아버지 엥겔스는 급속도로 놀라운 기업가적 자질을 과시했다. 새 회사 '에르멘 앤드 엥겔스Ermen & Engels'는 사업 부문도 아마사 표백에서 면사 방적까지 다각화했고, 1841년에는 영국 맨체스터를 시작으로 바르멘과 인근 엥겔스키르헨에도 방적공장을 세웠다.

그렇게 상인과 제조업자를 겸한 엘리트층을 독일어로 '파브리칸트 Fabrikant'라고 했다. 엥겔스가 바로 그런 파브리칸트들의 세계에서 자랐다. 그것은 제조업과 상업, 시민으로서의 의무와 가정에 충실한 일상으로 꽉 짜인 세계였다. 물론 엥겔스네—한 관찰자의 설명에 따르면 엥겔스 일가는 "으리으리한 저택에서 살았다. 저택들은 전면을 석조로 장식했고, 최고의 건축양식을 자랑했다"—처럼 부유한 집안들은 산업화의 파괴적인 영향에서 비교적 자유로웠다. 그러나 시대적 흐름을 완전히 피해갈 수는 없었다. 요한 카스파르를 뒤따라 부퍼탈에서 제조업으로 한몫 잡으려는

---

* '부퍼 강 주변 계곡'이라는 뜻으로 바르멘과 엘버펠트를 포함한다.

노동자들이 수만 명이나 되었기 때문이다.

바르멘의 인구는 1810년 1만6000명에서 1840년에는 4만여 명으로 늘었다. 바르멘과 인근 엘버펠트를 합치면 1840년 기준으로 7만 명을 넘어섰다. 대략 1840년대 영국 뉴캐슬이나 헐과 같은 규모다. 부퍼탈 일대의 노동력 구조를 보면 염색공 1100명, 방적공 2000명, 방직공 1만2500명(이들이 작업하는 실과 직물은 다양했다)에 리본과 각종 술 장식을 만드는 노동자가 1만6000명이었다. 노동자들은 대개 비교적 좁은 집과 소규모 작업장에서 일했다. 그러나 상당한 규모의 표백공장과 면사 방적공장 같은 신세대형 공장도 차츰 등장했다. 1830년대가 되면 부퍼탈 일대의 공장은 거의 200개나 되었다. 1840년대에 부퍼탈을 찾았던 한 방문객의 말을 들어보자. "도시는 부퍼 강 양쪽을 따라 기다랗게, 그리고 산만하게 펼쳐져 있었다. 건물들이 제법 괜찮고 포장이 잘된 지역도 있었다. 그러나 대부분은 길이 들쭉날쭉하고 비좁았다. …부퍼 강은 정말 역겨웠다. 모든 하수가 모여드는 저수지 같았다. 염색공장에서 나오는 온갖 폐수로 강물은 시꺼멓고 탁했다. 처음 본 사람은 진저리를 칠 정도다."[5]

부퍼탈은 한때 영국 페나인이나 더비셔의 더웬트 밸리(지대가 높은 계곡으로 위는 푸른 초원과 숲이고, 아래는 맑은 급류가 흐른다. 이 물은 작업장의 동력원으로 쓴다) 같은 쾌적한 농공 복합 도시에 비견됐지만 인구 과밀에 급속히 오염에 찌들면서 "독일의 맨체스터"로 변해갔다. "좁다란 강의 자줏빛 물결은 천천히 흐르다가 연기를 내뿜는 공장과 실을 널어놓은 표백장들 사이를 지나면서 유속이 훨씬 더 느려진다." 후일 엥겔스가 묘사한 고향 모습은 이렇다. "그러나 그 뻘건 강물은 피 튀기는 전투 탓이 아니다. … 터키 레드(염료)를 쓰는 염색공장이 너무 많기 때문이다." 어려서부터 공장과 표백장에서 나는 악취를 맡으며 자란 엥겔스는 산업화의 폐해에 노출돼 있었다. 눈물이 흐르고 코피가 날 정도의 오염은 극도로 가난한 사람이나 엄청난 부자나 가리지 않았다. 감수성이 예민한 소년 엥겔스는 이 모든 것을 빨아들였다.[6]

부퍼탈에 와본 사람들은 공장 말고 다른 것에도 주목했다. "바르멘과 엘버펠트는 둘 다 종교적 감수성이 매우 강한 곳이다. 교회들은 거대하고 출석률도 높다. 교회마다 성경과 선교사는 물론이고 주보週報 같은 것을 발행하는 협회도 있다."[7] 당시의 풍경을 그린 그림을 보면 교회 첨탑이 공장 굴뚝 사이로 자리를 다투듯이 빽빽이 들어차 있다. 엥겔스에게 부퍼탈은 "몽매주의자들의 시온 산*"이었다. 바르멘과 엘버펠트를 지배하는 정신은 과격한 경건주의敬虔主義였다. 경건주의는 17세기 말 독일 루터파(프로테스탄트) 교회에서 시작된 운동으로 "철저하고 헌신적이며 실천적인 신앙생활"을 강조했다.[8] 그런데 이 운동이 다양하게 발전하는 과정에서 루터파 교회의 공식 조직이나 교리와는 거리가 생겼다. 특히 부퍼탈에서는 경건주의가 원죄와 개인의 구원, 세계의 재통일을 강조하는 칼뱅주의 윤리와 결합됐다. 그 결과는 삶의 모든 신비 속에 신의 손길이 작용한다고 보는 내적 성찰의 종교로 나타났다. 엥겔스의 아버지와 어머니 사이에 오간 편지들은 그런 양상을 잘 보여준다. 1835년 엥겔스의 어머니 엘리제 엥겔스가 죽어가는 친정아버지를 돌보고 있을 때 남편은 전능하신 하느님의 자비를 믿으면 평안을 얻을 것이라고 위로한다. "나는 괜찮아요. 당신이 장인어른을 그렇게 정성껏 간병하고 있으니 하느님께 감사할 따름이오." 집에서 쓴 편지는 이렇게 이어진다. "우리 모두는 주님께서 여기까

* 예루살렘 서쪽 언덕으로 유대인들의 정신적 고향이다.

지 이끌어주신 데 대해 정말 감사해야 할 거요. …장인어른〔엘리제의 아버지〕은 대체로 행복한 삶을 사셨어. 힘과 건강이 넘쳤지. 그런데 이제 선하신 주님께서 자애롭게, 그리고 고통 없이 노인네를 데려가실 모양이오. 죽을 수밖에 없는 우리 인간이 뭘 더 바랄 수 있겠소?" 신의 의지는 극히 사소한 일에서도 표출될 수 있었다. "당신이 키우는 감자가 어째 영 비실비실해." 아버지 엥겔스는 오슈텐트〔벨기에의 유명한 휴양지〕에 쉬러 가 있는 아내에게 불길한 예감을 털어놓았다. "전에는 아주 좋아 보였는데 지금은 병에 걸렸소. 어디나 퍼지고 있는 병이지. …전에는 이런 게 없었는데 지금은 시골 곳곳에 번지고 있어. 전염병 같아." 여기서 얻는 교훈은 간단했다. "하느님께서 신을 경외하지 않는 이 시대의 인간들에게 우리가 얼마나 그분께 의존하고 있으며, 우리의 운명이 얼마나 그분 손에 좌우되는지를 보여주려고 하신 것 같소."[9]

진정한 프로테스탄트의 면모를 보이는 부퍼탈의 경건주의자들은 신자의 구원은 매개자 없는 개인별 기도와 성서 해석이라는 힘겨운 작업을 통해 얻어지는 것이라고 생각했다. 교회는 종교적으로 유익한 기능을 하지만 그 사명을 완수하는 방식은 성찬식 같은 형식이 아니라 형제애와 설교를 통해서였다. 아버지 엥겔스의 엄격함은 이런 고집스러운 신앙에 상당 부분 원인이 있을 것이다. 그리고 적어도 처음에는 그의 장남 역시 그런 신앙을 공유했다. 엥겔스는 엘버펠트 개혁복음교회에서 세례를 받았다. 이 교회는 "모범적인 개혁교회로 유명했다. 칼뱅주의 정통 교리를 따랐고, 성서에 밝았으며, 경건한 예배가 특징이었다."[10] 1837년 엥겔스는 견신례堅信禮*를 받고 나서 그 기념으로 꽤나 복음주의적인 시를 썼다.

주 예수 그리스도, 하느님의 독생자,

오, 당신의 하늘 왕좌에서 내려오시어

제 영혼을 구해주소서.

복되이 오시어

아버지 주님의 거룩하신 빛으로

제가 당신을 선택할 수 있게 해주소서.[11]

이런 경건주의가 물질적인 현실 세계에 치열하게 뛰어드는 생활 자세와 동전의 양면을 이룬다는 점은 흥미롭다. 그런 행태는 태초 이전에 이미 신은 구원받을 자와 저주받을 자를 구분해 놓았다고 하는 칼뱅주의의 예정설에서 유래했다. 누구도 자신이 구원을 받을지 저주받을 운명인지 확실히 알 수 없는 상태에서 선택받았다는 확실한 징표 가운데 하나는 세속적 성공이었다. 막스 베버가 말한 대로 프로테스탄트 윤리와 자본주의 정신은 부퍼탈 일대의 교회와 공장에서 큰 힘을 발휘했다. 근면과 부는 신의 은총의 징표였으며, 가장 열렬한 경건주의자는 대개 가장 성공한 상인들이었다. 요한 카스파르 엥겔스 2세도 그런 사람이었다. 그의 깊은 사려와 절제는 종교와 사업 윤리를 지탱하는 힘이었다. "영적인 문제에서도 무엇이 우리에게 이로울지 생각해야 한다." 1813년 아들인 엥겔스 아버지에게 그가 한 충고다. "나는 그런 문제도 상인 입장에서 생각하고 가장 높은 값을 받아내려고 애쓴다. 사소한 문제로 한 시간도 더불어 낭비하고 싶지 않은 사람은 내게 단 일 분도 돌려주지 못하기 때문이다."[12]

모든 시간이 신의 시간이라면 단 일 분이라도 낭비하는 것은 죄악이다.

* 루터교에서 세례를 받고 얼마 후 신자의 신앙생활을 굳세고 강하게 할 목적으로 하는 의식.

따라서 삶은 향락과 사교를 위해 주어진 것이 절대 아니었다. 그래서 바르멘의 **파브리칸트**들은 청교도적인 윤리를 중시하고 금욕과 학습, 성실과 신중함을 강조했다. 엥겔스 전기를 처음 쓴 구스타프 마이어*에 따르면 19세기 초 엘버펠트와 바르멘의 복음주의 교회들은 현지에 극장을 세우려는 계획에 반대하는 탄원서를 행정 당국에 제출했다. 화려한 무대는 부퍼탈의 근면 풍조와 공존할 수 없는 불건전한 유혹이라는 주장이었다. 경건주의자들이 볼 때 "쾌락"은 무신론자들의 신성모독 행위나 마찬가지였다.[13] 시인 페르디난트 프라일리그라트**는 엘버펠트를 "저주받은 소굴이며, 손바닥만 한 소도시 특유의 나른하고 칙칙한 분위기다. 평판도 아주 나쁘다"고 악평을 했다. 성인이 된 엥겔스도 엘버펠트의 침침한 문화적 분위기를 회상하며 진저리를 쳤다.[14] "왜, 우리 부퍼탈 사람들은 그렇게 속물적일까? 뒤셀도르프는 작은 파리 같은데…. 바르멘과 엘버펠트의 신사들은 겉으로 경건한 척하지만 뒤셀도르프에다가 애인을 꼬불쳐두고 극장에 가서 짭짤한 시간을 보내곤 했지." 엥겔스는 독일 사회민주주의자 테오도르 쿠노***에게 이렇게 말하면서 시니컬하게 한마디 덧붙였다. "하기야 반동적인 족속이 사는 곳은 하늘이 항상 잿빛이지."[15] 청교도적인 풍조는 정치권력과 교회의 권위가 얽히고설킨 산물이었다. 엘버펠트의 막강한 교회 장로들은 신도들을 감독하는 것은 물론이고 시의 여러 기관을 좌지우지했다. 그들의 영향력은 정신적인 분야뿐 아니라 세속적인 영역

* 1871~1948. 독일 언론인, 역사학자. 1922년 베를린 대학 교수로 임명돼 독일 및 국제 사회민주주의의 역사를 가르쳤으나 1933년 유대계라는 이유로 해직됐다.
** 1810~1876. 1848년 3월 혁명을 대표하는 독일 시인으로 뛰어난 정치·혁명시로 유명하다. 마르크스와도 가까웠다.
*** 1847~1934. 제1인터내셔널을 비롯해 독일 및 국제 노동계급 운동에서 중요한 역할을 했다. 엔지니어 출신으로 후일 미국으로 이주해 언론 활동을 했다.

에서도 상당했다.

교회 권력은 커져만 갔다. 1830년대에 농업 위기와 경기 침체를 겪으면서 경건주의는 더욱 교조적이고 신비주의적인 쪽으로 흘렀다. 심지어 천년왕국 도래설 같은 분위기마저 감돌았다. 신앙 부흥 운동은 부퍼탈에서 깊이 뿌리를 내렸다. 이 운동을 주도한 인물은 카리스마 넘치는 설교가인 프리드리히 빌헬름 크루마허 박사였다. "그 사람은 설교단에서 몸부림을 치고, 사방으로 불쑥불쑥 고개를 들이미는가 하면, 주먹으로 단상 모서리를 쾅쾅 치고, 기병대 말처럼 발을 쿵쿵 구르며 소리친다. 그러면 창문이 들썩들썩하고 바깥 길거리를 지나던 사람들도 무슨 일이 났나 싶어 벌벌 떨 정도다." 어린 엥겔스는 이렇게 기록했다. "그렇게 한참 난리를 치고 나면 자리에 모인 신도들은 흐느끼기 시작한다. 먼저 처녀들이 운다. 이어 늙은 여자들이 비통한 소프라노로 합세한다. 그 불협화음은 몸도 허약하고 종교에 취하다시피 한 경건주의자들의 통곡으로 완성된다. …그런 왁자지껄 속에서도 크루마허의 쩌렁쩌렁한 목소리는 단연 우뚝하다. 쉬지 않고 저주의 말을 퍼붓거나 악마의 끔찍한 짓거리들을 떠벌임으로써 좌중을 압도한다."[16]

엥겔스 일가는 그 정도로 극렬한 프로테스탄트는 아니었다. 실제로 1840년대에 접어들면 바르멘의 많은 지역 유지들은 그런 광신에 가까운 행태에 당황한 나머지 교회를 멀리하는 대신 단란한 가정생활에 몰두한다. 영국의 교회 부흥 운동이 빅토리아 시대*의 가부장제와 가정생활에 대한 탐닉—윌리엄 쿠퍼 1731~1800. 영국의 시인, 찬송가 작가의 감상적인 시와 존 클라

* 빅토리아 여왕이 통치한 1837~1901년을 말한다. 영국 역사상 최전성기로 강력한 경제·군사력으로 대영제국을 건설했다.

우디우스 라우든1783~1843. 스코틀랜드 출신의 식물학자, 정원·묘지 설계가, 작가의 정원 미학, 또는 한나 모어1745~1833. 종교 문제를 다룬 여성 시인, 극작가, 박애주의자의 소설들을 생각해보라—을 불러왔듯이, 바르멘의 아기자기한 상인 집안에서도 새삼 단란한 가정의 가치가 강조됐다. 가족의 소중함을 열렬히 떠받드는 분위기는 대도시와는 동떨어진 교외 지역의 윤리 같은 것으로 표현됐다. 그것은 타락한 외부 세계의 물결이 전혀 들어오지 못하게 커튼을 단단히 치고 가정생활의 소박한 즐거움을 통해 영적 갱신을 추구하는 상류 부르주아지의 문화였다. 독서, 자수, 피아노 연주 모임, 크리스마스 행사, 생일 파티 등등이 대표적인 형식이었다. "피아노가 있다는 건 정말 멋지고 아늑한 일이야!" 엥겔스의 아버지는 거드름에 가까운 흐뭇한 표정으로 이렇게 말하곤 했다.[17] 이런 응접실 문화를 일컫는 말이 비더마이어Biedermeier라는 통명스러운 용어다. 비더마이어는 형용사 '비더bieder'('평범함'을 조금 깔보듯이 일컫는 말)와 흔한 독일 성姓 '마이어Meier'를 조합한 말로 중산계급의 비주얼 양식, 문학, 가치관을 종합적으로 지칭하는 표현이다.[18]

이런 분위기는 나중에 사회적으로 조롱거리가 되기도 하지만 어린 엥겔스로서는 항상 유쾌하지는 않아도 매우 안온했다. 남동생 셋과 여동생 넷도 그런 분위기에서 자라게 된다. 가장 좋은 점은 부모가 서로 극진히 사랑하며 존경한다는 것이었다. "믿지 않겠지만 하루 종일 당신을 생각했소. 나는 집 말고는 그 어디에서도 만족을 느낄 수 없다오." 엥겔스 아버지가 아내 엘리제에게 보낸 편지의 일부다. 당시 엘리제는 부모님을 뵈러 함독일 북서부의 소도시에 가 있었다. 아버지 엥겔스의 편지는 다음과 같은 말로 끝을 맺는다. "다정한 말을 몇 마디 하고 싶은데…. 참, 갑자기 내가 다시 열렬한 사랑에 빠진 사람 같은 기분이 들어요. 정말 조끼(끝내주는 진주 단추가 달린 그 조끼, 알지?) 아래서 뭔가 갈망 같은 것이 후끈 솟는 것 같아.

네 주나 더 기다릴 수 있을지 모르겠소." 아닌 게 아니라 1820년대에 쓴 그의 편지는 아내에 대한 열정적인 사랑 표현이 넘친다. "사랑하는 엘리제, 진실로 내 마음은 우리가 다시 만나기를 갈망하고 있다오. 난 이제 모든 것을 당신과 함께하고픈 마음뿐이라오."[19] 엥겔스의 어머니는 상업 계통이라기보다는 지적인 가문 출신이지만(친정인 반 하르van Haar 가문은 교장과 언어학자를 여럿 배출했다는 사실에 대해 자부심이 대단했다) 남편보다 훨씬 너그럽고 유머러스하며, 때로 불온한 성향을 보이기도 했다. 어느 크리스마스 날에는 심지어 아들 엥겔스에게 괴테 시집을 사주기도 했다. 괴테는 바르멘 일대에서는 "신을 믿지 않는 자"라고 해서 버린 자식 취급을 받았지만 엥겔스에게는 "가장 위대한 독일인"이었다.[20] 엘리제의 친정아버지 게르하르트 반 하르는 목사로서 청소년기의 엥겔스에게 그리스 · 로마 고전 신화를 가르쳐주었다. 고대의 신화와 전설은 외할아버지의 열정적인 상상력이 보태져 엥겔스에게 깊은 인상을 남겼다. "아, 자애로운 우리 할아버지, 항상 우리를 그렇듯 따뜻하게 대해주시네." 엥겔스가 시적인 필치로 외할아버지에 대한 감사의 마음을 표현한 글은 이렇게 시작된다.

우리가 하는 일이 잘 안 풀릴 때마다 늘 도와주시고,
여기 와 계실 때는 내게 아름다운 이야기를 그렇게도 많이 들려주셨지
케르키온이며 테세우스, 그리고 눈이 백 개나 달린 거인 아르고스
미노타우로스며 아리아드네, 바다에 몸을 던져 죽은 아이게우스,
황금의 양모피와 아르고호號 선원들, 그리고 이아손까지.[21]

그런데 이런 단란한 분위기에도 불구하고 엥겔스의 아버지는 늘 불만

에 찬 광신도에 돈만 밝히는 속물로 묘사되곤 했다. 이런 평가는 아들이 후일 아버지를 아주 나쁘게 묘사했기 때문이 아니다. 그런 것과는 아무 관계가 없다. 특히 하나 더 짚어두어야 할 것은 '속물'이라는 표현은 엥겔스가 남을 욕할 때 자주 쓰는 표현이라는 점이다. 그것도 괴테의 "속물이란 신이 자신을 긍휼히 여겨주기만을 바라면서 두려움에 젖어 있는 멍청한 자"라는 대목을 멋대로 해석해서 한 말이다. 그런데 엥겔스의 아버지가 아내 엘리제에게 보낸 편지들을 읽어보면 전혀 다른 면모가 드러난다. 상인으로서 철저한 동시에 애국적이고, 신을 경외하지만 부모에게 효도하고 자식을 사랑하며 아내를 끔찍이 위하는 남편의 모습 말이다. 특히 아내와는 수많은 사업적인 문제에 대해 상의하는가 하면 조언도 자주 구했다. 아버지 엥겔스는 청교도로서 명성도 높았지만 열렬한 음악 애호가이기도 했다. 피아노와 첼로, 바순도 연주할 줄 알았고, 무엇보다도 가족끼리 하는 연주회를 좋아했다. 그러나 엥겔스가 아버지와 극심한 불화 끝에 결별하다시피 한 뒤에도 긴밀한 관계를 계속 유지한 사람은 어머니였다. 몇 년 후 엥겔스는 이렇게 썼다. "그렇게 마음씨 고운, 그토록 사랑하는 어머니가 아니었다면 …나는 그 완고하고 독재적인 노인네한테 단 한 순간 일말의 양보도 하지 않았을 것이다."[22] 엥겔스의 어린 시절은 때로 가업과 경건함의 무게에 짓눌려 헐떡거린 것처럼 보인다. 그러나 엥겔스 집안은 전반적으로 음악과 웃음과 사랑이 넘치는 따뜻한 가정이었다.

바르멘의 경건주의 가문

"지난주에 가져온 프리드리히의 통지표를 보니 정말 평범하더군. 당신도 알다시피 요즘 겉보기에는 좀 공손해졌소. 하지만 지난번에 그렇게 혼이 났으면 벌 받는 게 무서워서라도 무조건 복종할 줄 알아야 하는데 그게 영 아닌 것 같아." 아버지 엥겔스는 1835년 8월 장인 간병차 다시 함에 간 엘리제에게 보낸 편지에서 못마땅한 투로 걱정을 털어놓았다. "오늘 다시 녀석의 책상에서 도서관에서 대출해온 지저분한 책을 보고는 정말 화가 치밀었소. 13세기 기사騎士들 이야기던데, 그런 책을 책상에다가 아무 생각 없이 처박아둔다는 것 자체가 놀라운 일이오. 하느님께서 그 아이가 비뚤어지지 않게 보살펴주셔야 할 텐데, 어찌 될까 걱정이오. 철만 들면 정말 훌륭한 아이인데."23

어려서부터 경건주의적이고 억압적인 분위기에 거부반응을 보이는 아들이 아버지로서는 대단히 실망스러웠다. 엥겔스가 처음 다닌 학교는 현지의 시립학교였다. 이 학교는 전반적으로 볼 때 엥겔스에게 지적 자극은 주지 못했다. 열네 살 때 엘버펠트의 시립 김나지움인문계 중고등학교으로 전학을 가 루터교인 교장 집에서 하숙을 했다. 비교적 자유로운 분위기의 이 김나지움은 프로이센에서 가장 좋은 학교 가운데 하나로 소년 엥겔스의 언어적 재능을 한껏 자극해준 것이 분명하다. 특히 클라우젠 박사("학생들에게 시에 대한 감수성을 불어넣어줄 수 있는 유일한 분이다. 그분이 아니었다면 그런 감수성은 부퍼탈의 속물들 틈바구니에서 비참하게 사라져 갔을 것이다")의 지도를 받으면서 고대 게르만 세계의 신화와 전설, 민담 같은 데 깊은 관심을 갖게 됐다. 학교에서 보낸 마지막 통지표에는 "엥겔스 군은 독일 민족 문학사와 독일 고전 읽기에 대단한 관심을 보였음"이라고 돼 있다.24

아닌 게 아니라 낭만주의적인 애국주의는 청소년기 엥겔스에게 처음으로 지적 자극을 준 사조였다. 후일 엥겔스는 따분하고 기계론적인 마르크스주의자—마르크스주의 자체가 계몽주의 사상의 환원주의적 파생물이라는 식으로 평가되는 경우가 많다—라는 비난을 종종 받는다. 물론 매우 부당한 평가다. 그러나 엥겔스가 철학적으로 성숙해가는 첫 단계는 서구 문화의 고전 중에서도 가장 이상적인 저작에 대한 관심으로 시작된다. 프랑스 혁명의 극단적 행태와 계몽주의의 지나친 합리주의에 대한 반발로 꽃핀 것이 낭만주의였다. 1700년대 말부터 지역 혹은 민족의 고유한 언어, 문화, 전통, 관습이 유럽의 지적 지형에서 큰 주목을 받게 됐다. 스코틀랜드에서 그런 운동을 처음 주도한 이는 켈트족 신화를 수집·정리한 제임스 맥퍼슨*이었고, 『웨이벌리Waverley』 연작의 작가 월터 스콧1771~1832. 스코틀랜드 출신 영국 소설가, 역사가이 바통을 이어받았다. 프랑스에서는 샤토브리앙1768~1848. 프랑스의 작가, 외교관의 「기독교의 정수精髓」가 엄청난 비난을 받던 가톨릭교회를 찬미한 반면, 조제프 드 메스트르 1753~1821. 프랑스의 보수파 논객, 도덕주의자, 외교관는 계몽주의의 천박한 인간 이해를 비난했다. 영국에서는 윌리엄 워즈워스, 윌리엄 블레이크, 새뮤얼 콜리지가 시를 통해 민족적 특색을 "고대 뱃사람들의 운율"**로 깊이 파고들었다. 이는 공통의 문화, 언어, 이성이라고 하는 코즈모폴리턴적 관념을 의도적으로 조롱하는 것이었다. "영국에서, 독일에서, 스페인에서 오랜 민족적 전통들이(심지어 미신까지도) 되살아나고 새롭게 평가됐다"고 휴 트레버로퍼1914~2003. 영국의 저명한 역사학자는 지적한다. "관행적으로 지속돼온 사회 기관들, 오래된 신념들은 프랑스 백과전서파 합리주의자들에게는 경멸의 대상이었지만 이제 새롭게 각광을 받았다."25

* 1736~1796. 스코틀랜드 출신 영국 시인으로 고대 게일어로 된 시를 번역한 것으로 유명하다.
** 콜리지가 1797~98년에 쓴 시 "The Rime of the Ancyent Marinere"(「노수부老水夫의 노래」로 번역돼 있다)에서 따온 표현이다.

그중에서도 독일이 가장 두드러졌다. 오랜 기간 지속됐고 비슷하면서도 모순된 형식을 취했던 미학적·문화적·정치적 운동으로서 낭만주의는 딱 부러지게 정의하기가 어렵다. 그러나 계몽주의가 균일하고도 예측 가능한 인간 본성에 매달렸다면, 낭만주의는 그 반대의 것을 강조했다. 낭만주의는 비이성적이고 감성적이며 상상력 넘치는 들뜬 욕망을 추종자들에게 불러일으켰다. 그것은 옹색하고 산문적인 현실에서 확 벗어나려는 욕망이었다.[26] 독일 낭만주의의 뿌리는 질풍노도疾風怒濤* 시대 극작가들의 작품 혹은 열정적인 자아 탐닉을 그린 괴테의 걸작 소설 『젊은 베르테르의 슬픔』(1774년)으로까지 거슬러 올라간다. 반면에 요한 고트프리트 폰 헤르더와 요한 게오르크 하만 같은 작가들은 좀 더 의식적으로 민족주의적인 노선을 택함으로써 계몽주의적인 프랑스의 세련미에 맞서 토속적인 독일어가 문화 형성에 핵심 역할을 한다는 점을 강조했다. 「언어의 기원에 관한 소론小論」에서 헤르더는 언어를 독특한 소리를 내는 칠현금으로 묘사하고 각각의 민족어는 특정한 사람들, 즉 어떤 민족Volk("한 사람 한 사람의 정신을 이념에, 마음을 성향과 충동에, 감각기관을 인상과 형식에, 시민사회를 법률과 제도에 연결시켜주는 보이지 않는 숨은 매개체")의 독특한 산물이라고 설명했다. 한 민족의 본질은 그 민족의 고대 민담이나 노래, 문학을 통해 추적해볼 수 있었다. 이처럼 대단히 민중적인 문화 개념은 독일 민족의 과거, 특히 중세에 대한 관심을 불러일으켰다. 스트라스부르의 높이 솟은 고딕 성당, 종교개혁 이전의 가톨릭교회, 마법과 요정이 나오는 옛날 동화들, 알브레히트 뒤러1471~1528. 화가, 판화가, 미술이론가의 그림 등등은 독일의

---

* Sturm und Drang. 1770~80년 독일에서 일어난 문학 운동. 계몽주의에 반항해 인간의 감정과 개성, 자연을 강조했다. 하만과 헤르더가 선구자 역할을 하고 괴테와 실러가 중심이 되었다.

공동체적 위대성을 보여주는 독특한 상징이 되었다. 스탈 부인1766~1817. 프랑스계 스위스 여성 작가, 낭만주의 이론가이 베스트셀러 역사서 『독일론』(1810년)에서 지적한 대로, 튜턴족지금의 독일 · 네덜란드 · 스칸디나비아 등 북유럽에 살던 게르만계 종족은 한 번도 로마에 정복당하지 않고 야만 상태에서 바로 중세 기독교 시대로 넘어갔기 때문이다. "그들의 상상력은 고색창연한 성의 첨탑과 흉벽, 기사들과 여자 마법사와 유령들 사이를 노닌다. 그리고 뭔가를 깊이 생각하며 고독에 잠기는 그런 신비함이야말로 그들 시가詩歌의 매력의 원천이다."27

프리드리히 실러1759~1805. 독일 시인, 극작가, 문학이론가는 이러한 낭만적 충동을 이상화하면서 유기적인 중세 사회의 붕괴를 미와 창조성으로 극복해야 한다고 주장했다. 이런 요구에 부응한 것이 1798년 프리드리히 폰 슐레겔과 아우구스트 빌헬름 슐레겔 형제가 예나에서 창간한 잡지 「아테노임」이었다. 이 잡지는 독일 낭만주의의 황금시대를 열었다. 페이지마다 낭만주의 화가, 시인, 방랑자 또는 신비주의자들이 등장했다. 드넓은 숲과 콸콸 쏟아지는 폭포와 마주한 영웅적 자아를 묘사한 카스파르 다피트 프리드리히1774~1840. 독일 낭만주의 풍경화가의 음산한 그림들, E. T. A. 호프만1776~1822. 독일 작가, 작곡가, 화가, 공무원의 묘하면서도 환상적인 악곡, 자유와 반란과 배반을 노래한 실러의 시들이 개인적 체험의 핵심인 내적 성찰의 정신을 사로잡았다.

그러나 실러와 슐레겔 형제가 사회적 유대를 재구성해내는 예술가의 사회적 소명을 강조한 반면에, 동시대인인 시인 노발리스1772~1801. 독일 낭만주의 시인, 이론가와 철학자 요한 고틀리프 피히테1762~1814. 독일 철학자는 헤르더가 주창한 민족 이념을 부활시키려고 애썼다. 피히테의 애국적인 민족 개념은 특히 1806년 프로이센이 예나 전투에서 프랑스의 나폴레옹 군대에 굴복한 이후 선견지명이 탁월한 것으로 입증됐다.28 예나 전투 이후 프랑스의 독일 강점 통치는 전반적으로 계몽주의 색채가 강했지만—언론의 자유나 헌법

상의 자유, 유대인의 권리 면에서는 프로이센의 호엔촐레른 왕조보다 훨씬 유화적이었다—외국의 지배라는 것은 역시 민중이 원하는 바가 아니기 때문에 결국은 게르만적 정체성과 프랑스에 대한 증오를 강화하는 쪽으로 작용했다. 피히테는 이런 감정을 일련의 도발적인 연설을 통해 부추겼다. 1807~08년에 베를린 학술원에서 「독일 국민에게 고함」이라는 제목으로 한 강연에서 피히테는 헤르더의 민족 개념을 새로운 정서적 열정 수준으로 끌어올렸다. 그는 프랑스 치하에서 고통받는 베를린 청중들에게 개인도 민족과 하나 됨을 통해서만 완전한 자유를 실현할 수 있다고, 민족 자체가 하나의 영혼과 하나의 목적을 지닌 아름답고 유기적인 실체라고 선언했다.

그 결과 새삼 독일 특유의 과거에 대한 관심이 분출됐다. 그러한 과거를 이상적으로 그려낸 유명한 어문학자가 야콥 그림과 빌헬름 그림 형제였다. 형제는 독일의 관습, 법률, 언어를 고고학적으로 소개하는 「오래된 독일 숲」이라는 잡지를 출판한 데 이어 1815년에는 다시 간곡한 제안을 했다. "독일 전역에 퍼뜨리고자 협회를 설립했습니다. 협회의 목적은 평범한 독일 농촌에서 찾을 수 있는 노래와 이야기를 모두 모아 보전하는 것입니다." 이는 "상상의 영역에서 국가를 형성하는 작업"이었다. 그림 형제가 『어린이와 가정을 위한 동화』라는 제목으로 수집·편찬한 민담과 전설은 대부분 프랑스 개신교 위그노파 중산층 부인들한테서 채록한 것이기는 하지만 독일의 민족적 전통을 형성하는 데 큰 역할을 했다.[29]

그러한 시와 동화, 오페라, 소설들의 이면에는 낭만주의 정치가 꿈틀거리고 있었다. 1815년 나폴레옹이 워털루 전투에서 패하고 유럽에 평화가 찾아왔다. 이후 열린 빈 회의나폴레옹 전쟁 이후 유럽 재편을 논의한 국제회의의 외교적 담합에 의해 라인란트는 프로이센에 병합됐다. 자유주의가 득세하고 산업화와 도시화가 진행 중인 라인 강 일대는 이제 베를린의 호엔촐레른 왕조에 귀속돼 그 무미건조한 융커* 계급의 지배하에 놓이게 됐다. 융커의 에토스는 게르만 문화의 토속적인 정신보다는 위계질서와 권위를 절대시했다. 그러나 프로이센 전역에서─후일 통일 독일의 일원이 되는 여러 공국公國과 소왕국, 자유시들도 마찬가지였다─노발리스의 시와 피히테의 민족주의에 고취된 낭만주의적이고 진보적인 애국지사들이 리버럴한 통일 독일을 만들기 위해 발을 벗고 나섰다. 발명된 고유 언어와 전설에 고무된 급진파들은 이제 프랑스 점령의 악몽과 계몽주의의 오만을 새로운 민족 정서로 완전히 씻어내고자 했다.

1815년 예나에서 시작된 학생 조직 부르셴샤프트(학우회나 클럽 같은 것이다)는 게르만의 조국patria이라는 이념을 토대로 헌법 제정 요구 운동을 벌였다. 학생들은 뤼초프 자유군단(대학생과 지식인으로 구성된 애국적인 자원군으로 1813년 라이프치히 전투에서 뤼초프 중장의 지휘하에 프랑스군을 상대로 영웅적인 전투를 벌였다)이 입었던 식으로 흑─적─황색후일 독일 국기인 삼색기의 색깔이 된다의 옷을 입고 조국에 대한 충성을 맹세했다. 그러자 우유부단한 프로이센의 왕 프리드리히 빌헬름 3세는 당초 했던 헌법 제정 약속을 철회했다. 애국적인 열정은 150개 체조 클럽과 회원 10만의 합창동호회에서도 표출됐다. 이들은 프로이센 전역에서 노래를 부르며 조국을 찬미하는 축제를 조직했다. 합창동호회 운동은 1817년 10월에 정점에 이르렀다. 독일 전역의 대학생들이 바르트부르크 성(마르틴 루터가 신약 성서를 독일어로 번역하던 곳이다)에 모여 종교개혁 300주년과 라이프치히 전투 승전 4주년

---

* 프로이센의 지주귀족층. 군주제와 군국주의, 농업 보호주의를 옹호하는 극우 보수 세력이다.

기념행사를 연 것이다. 강력한 애국적 상징을 중심으로 급진적인 정치 문화가 형성되면서 프로이센이 나폴레옹에 맞서 싸운 전쟁도 독일 통일이라는 최종 목표를 위한 전 단계로 해석됐다.[30]

이 모든 것이 오스트리아와 독일연방*의 왕이나 총리들에게는 심각한 골칫거리였다. 이들은 군주제의 열렬한 신봉자로 민주주의 체제는커녕 국민국가나 입헌군주국도 인정하려 들지 않았으며, 통일과 자유를 외치는 학생과 지식인들에 대해 1819년 11월 카를스바트 포고령으로 응수했다. 학생회 조직 폐쇄, 성문 헌법 논의 금지, 대학에 대한 경찰 감시, 언론 자유 불허 등이 주 내용이었다. 이 조치를 주도한 오스트리아 총리 클레멘스 폰 메테르니히는 민중의 요구를 들어주면 파국이 온다는 식으로 공포감을 조장해 프로이센을 설득했다. 오스트리아 황실의 제정 통치에 장애가 안 되도록 낭만적 급진주의를 싹부터 자르자는 것이었다.

유머 감각 뛰어난 행동파

이런 낭만주의가 엥겔스가 살던 바르멘에, 내면에 몰두하는 저 몽매주의자들의 시온 산에는 얼마나 침투했을까? 여기서 기억해야 할 점은 괴테가 그저 "신을 믿지 않는 자"로 치부됐다는 점이다. 그러나 클라우젠 박사에게 자극을 받은 데다 '지저분한' 중세 모험담 등을 읽어온 젊은 프리드

---

* 1815년 빈 회의 이후 결성된 독일계 국가들의 느슨한 정치적 연합체. 오스트리아와 프로이센을 비롯해 바덴 공국, 바이에른 공국 등 39개국이 회원국으로 참여했다. 프랑크푸르트에 연방의회를 두었지만 회원국은 각자 독립국 성격을 그대로 유지했다. 1866년 양대 세력인 오스트리아와 프로이센이 주도권을 놓고 전쟁을 벌이면서 해체된다.

리히 엥겔스는 독일 민족주의의 부활에 가슴이 벅찼다. 1836년에는 견신례 기념시보다 훨씬 덜 종교적인 짧은 시를 썼는데 여기서는 활의 명수인 스위스의 영웅 빌헬름 텔, 11세기 말 십자군 전쟁을 승리로 이끈 기사 부용Bouillin, 중세 서사시 『니벨룽의 노래Nibelungenlied』에서 사악한 용을 죽인 지크프리트 같은 낭만적인 영웅들을 찬미했다. 이와 함께 독일 민중본民衆本*의 민주주의적 전통과 그림 형제가 쓴 책들을 열렬히 지지하는 글을 쓰기도 했다. "민중이 읽던 이런 옛날 책들은 그 구식 어투하며 오탈자, 조악한 목판 삽화까지도 내게는 시적인 매력이 넘치는 것으로 다가왔다." 엥겔스는 들뜬 어조로 이렇게 단언했다. "민중본은 나를 현대의 인위적인 '조건, 혼란, 세련미'로부터 자연에 훨씬 가까운 세계로 이끌어준다."[31] 독일 민족의 아이콘이자 인쇄의 아버지인 요하네스 구텐베르크의 생애를 찬양하는 시와 독일 농촌의 거룩한 아름다움을 범신론적으로 묘사한 글("멀리 포도 향기 물씬한 라인 강 계곡을 바라보노라면 푸른 산맥은 지평선과 아련히 하나 되고, 푸른 들판과 포도밭에는 황금빛 햇살이 넘실댄다")도 썼다.[32] 엥겔스는 평생 이런 젊음 넘치는 문화적 애국주의를 저버린 적이 한 번도 없다. 심지어 프롤레타리아 국제 연대를 주창하고 조국에서 추방당했을 때도 지크프리트와 그가 대변하는 영웅적 운명의 세계에 대한 애정을 잃지 않았다.

그러나 엥겔스의 아버지는 그런 정서와는 거리가 멀었다. 엥겔스는 학교에 남아 계속 공부를 하고 싶어했고, 교장도 엥겔스의 성취를 높이 평가하는 통지표를 여러 차례 보냈지만 1837년 김나지움을 자퇴해 가족 사

---

* Volksbuch. 중세 말 민중들을 위해 만든 교훈적인 내용의 산문 이야기책. 『파우스트 박사』, 『틸 오일렌슈피겔』, 『지크프리트』를 비롯해 전설, 설화, 특히 프랑스 기사 설화를 각색한 것이 많다.

업에 투입된다. 아버지 엥겔스는 아들이 이상한 문학 나부랭이나 뒤적이며 독실한 신앙생활에서 멀어지는 것을 걱정한 나머지 과감하게 클라우젠 박사를 중심으로 하는 지적 서클에서 아들을 떼어냈다. 평소 안 좋은 친구들과 어울린다고 본 것이다. 대학에서 법학을 전공해 공직에 진출하거나 시인이 되고자 했던 엥겔스의 희망—J. C. L. 한트슈케 교장이 작성한 최종 통지표를 보면 짐작할 수 있다. 한트슈케 교장은 엥겔스가 "원래 생각대로 학업을 계속하는 대신〔가업을〕직업으로 택하지 않을 수 없게 됐다"고 말했다—은 결국 무산됐다.[33] 그렇게 해서 엥겔스는 우선 열두 달 동안 힘겨운 과정을 거쳐 아마사와 면사, 방적과 방직, 표백과 염색 같은 따분한 세계에 입문했다. 1838년 여름에는 부자가 함께 사업 여행에 나섰다. 영국을 돌면서 맨체스터에서는 실크 판매, 런던에서는 생사 구매 상담을 하고 에르멘 앤드 엥겔스사 소유 공장들을 둘러보는 일정이었다. 아버지와 아들은 독일 북부 브레멘 시를 거쳐 돌아왔는데 엥겔스는 브레멘*에서 상인으로서 2단계 수업을 쌓게 된다. 이 기간은 벼락치기로나마 국제 자본주의를 맛보는 경험이었다.

한자동맹에 속했던 자유 무역도시 브레멘의 갯내 물씬한 공기는 저지대인 바르멘의 짙은 안개보다는 엥겔스에게 훨씬 잘 맞았다. 물론 브레멘도 경건주의가 지배적이었다(한 현지 주민은 "사람들의 마음은 장 칼뱅의 가르침으로 가득하다"고 불만을 토로했다). 그러나 독일에서 가장 큰 항구 가운데 하나인 브레멘은 무역은 물론 지적 교류의 중심지이기도 했다. 작센 영사이자 아마사 수출업자인 하인리히 로이폴트의 도제로 들어간 엥겔스는

* 베저 강을 끼고 북해에 면한 독일 북서부의 큰 항구도시. 북부 유럽의 주요 공업도시다.

로이폴트 무역사무실에서 일하면서 친절한 목사 게오르크 고트프리트 트레비나루스 집에서 하숙을 했다. 질식할 것 같은 바르멘의 비더마이어풍 상류사회에 비하면 훨씬 느긋한 트레비나루스의 집은 시끌시끌하고 활기가 넘쳤다. "우리는 밀가루 컵에다 반지를 넣고 입으로 다시 꺼내는 게임을 했어. 자주 하는 장난이지." 엥겔스가 여동생에게 보낸 편지에서 일요일 오후 여가시간을 어떻게 보냈는지 설명한 대목이다. "사람마다 차례가 와. 목사님 사모님이랑 그 집 소녀들, 그리고 화가와 나도 차례가 있지. 목사님은 소파 구석에 앉아서 시가 연기를 뿜어대며 우리가 놀고 까불고 하는 것을 지그시 바라보셨어. 사모님은 반지를 꺼내려다 얼굴이 온통 밀가루 범벅이 되는 바람에 그저 까르르 깔깔 웃어대기만 했어. …그러고 나서는 서로 얼굴에다가 밀가루를 집어던지는 거야. 내가 태운 코르크로 얼굴을 시커멓게 칠하자 다들 배꼽을 잡았지. 나도 덩달아 웃었어. 그러자 다들 또 박장대소를 했어. 웃음소리는 점점 요란해졌지."[34]

이 편지는 제일 친한 여동생 마리(별명은 "거위"다)에게 보낸 일련의 편지들 가운데 하나다. 그 편지들은 세월이 흘러도 변치 않는 그의 성격의 한 측면을 잘 보여준다. 엥겔스는 괜히 못된 척하고, 말 많고, 때로 악의적이라고 할 만큼 유머 감각이 뛰어났으며(카를 마르크스는 그런 유머에 맞장구 쳐주는 상대가 된다), 인생의 즐거움을 남 눈치 안 보고 한껏 즐기는 스타일이었다. 그가 쓴 편지들을 보면 별명이나 심한 말장난, 짧은 메모, 심지어 악보는 물론이고 실패한 연애담이나 술을 한없이 마셨다는 등의 자랑 섞인 이야기, 몹쓸 장난 같은 것으로 넘친다. 주기적으로 의기소침 상태로 가라앉는 마르크스와 달리 엥겔스는 저기압인 적이 거의 없었다. 신체적으로나 지적으로 엥겔스는 내적 성찰보다는 빅토리아 시대에 어울리는 행동파였다. 새 언어를 배우든지 도서관에 파묻혀 살거나 등산을 즐기

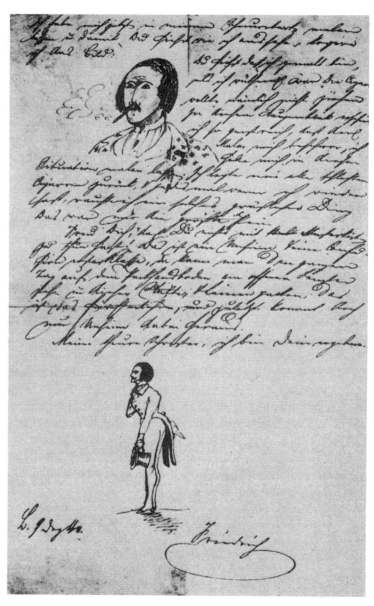

브레멘 체류 시절인 1840년 12월 6~9일 동생 마리 엥겔스에게 보낸 편지. 엥겔스는 편지에 그림을 그리거나 농담을 곁들이는 경우가 많았다.

든지 엥겔스는 늘 분주했다. 그리고 어떤 상황도 최선의 것으로 만들기 위해 지칠 줄 모르는 에너지를 쏟아 부었다. 빅토리아 시대 급진파 운동가인 영국인 조지 줄리안 하니가 지적한 대로 "엥겔스는 '폼을 잡거나 무게를 잡는' 경우가 전혀 없었다. …스스로 웃는 것을 아주 좋아했고, 그의 웃음은 전염성이 강했다. 항상 주위에 즐거움을 불러일으키는 스타일이어서 주변 사람들도 그의 유쾌한 기분에 젖어들었다."[35]

브레멘에서 엥겔스는 주로 외국 쪽과 서신을 주고받는 업무를 담당했다. 쿠바 수도 아바나로 보낼 화물도 있고, 미국 볼티모어로 발송할 편지도 있고, 서인도제도에 햄도 보내야 했고, 아이티산産 도밍고 커피 원두(이 원두에 대해 엥겔스는 "약간 녹색이 돌고 전반적으로는 회색이다. 좋은 원두가 열 알이라면 네 개는 형편없고, 돌조각 여섯 개에 오물이 반 온스나 된다"고 했다)를 다른 곳으로 탁송하는 업무도 있었다.[36] 이렇게 직원으로 도제 훈련을 하면서 엥겔스는 수출업은 물론 외환 관리며 수입 관세 업무에 빠삭하게 됐다. 장차 혁명 운동을 하는 과정에서 극히 유용하게 쓰일 자본주의 메커니즘에 대한 상세한 지식을 습득한 것이다. 그러나 다른 분야로 진출하고 싶었던 젊은 낭만주의자로서는 정이 안 가는 일이었다. 게다가 아버지 엥겔스가 경고한 대로 손이 게을러지면 악마의 유혹에 쉽게 넘어가는 법. "우리는 이제 사무실에 남은 맥주 재고를 다 비웠어. 탁자 아래, 난로 뒤, 찬장 뒤, 도처에 빈 맥주병투성이지." 엥겔스는 마리에게 대단한 자랑거리라도 되는 양 떠벌렸다. "지금까지는 밥 먹고 나서 바로 책상머리로 달려가야 한다는 게 정말 짜증났어. 졸려 죽겠거든. 그런데 묘수가 생각났어. 우린 썩 괜찮은 해먹 두 개를 포장실 다락에다가 설치한 거야. 밥 먹고 거기 들어가 흔들흔들하는 거지. 시가도 피우고, 잠깐 눈도 붙이고 그래."[37]

근무 여건이 좀 느슨해지자 엥겔스는 비교적 리버럴한 브레멘 사회의 이점을 최대한 활용했다. 댄스 교습소를 찾는가 하면 책방들을 샅샅이 뒤지고(책방에서 정치적으로 과격한 서적을 들여놓는 데 상당한 역할을 했다), 승마를 하고 여기저기 여행도 다니고, 때로 인근 베저 강을 하루에 네 번이나 헤엄치기도 했다. 펜싱에도 매료됐다. 엥겔스는 공격에도 능했지만 친구들이나 가족의 명예, 또는 정치적 이상을 방어하는 데는 더 적극적이었다. 얼마나 펜싱을 좋아했는지 "지난 네 주 동안 두 차례나 결투를 했다"고 썼을 정도다. 그는 한 편지에서 자신감 넘치는 어조로 이렇게 말했다. "첫 번째 친구는 나한테 '바보'라고 욕을 했는데 결투에서 귀를 맞고 나서는 정식으로 취소했어. …두 번째 친구랑은 어제 결투를 했는데 눈썹 위에 멋지게 한 방 먹였지. 거기서 아래로 주욱 그어 내린 거야. 정말 최상급 찌르기였다."[38]

싸우고 싶은 마음을 누그러뜨리면서 실내악 연주회에도 드나들었다. 작곡도 몇 편 시도했고, 노래교실에도 나갔다. 여기서는 멋진 바리톤을 뽐낼 기회만큼이나 젊은 여자들을 만날 기회도 많았다. 엥겔스는 근육질의 남성미는 아니지만 꽃미남 같은 매력이 넘쳤다. 키는 1미터 83에 가까웠고 "맑고 밝은 눈"에 머릿결은 검고 윤기가 흘렀으며, 몸은 아주 유연했다. 1840년대에 엥겔스를 만난 독일 공산주의자 프리드리히 레스너는 그를 이렇게 묘사했다. "키가 크고 훤칠한 데다 동작이 …민첩하고 박력이 있다. 말투는 간결하고 단호하다. 자세는 꼿꼿하고 군인 같은 절도가 있다."[39] 얼굴값을 하느라고 그랬는지 허영기도 있었다. 친구들은 그가 특히 "외모에 까다롭게 신경을 썼고, 군살 없는 날씬한 몸매에 깔끔하기 이를 데 없었다"고 회고했다.[40]

이후 그의 발랄한 외모는 많은 여성 팬을 불러 모은다. 그러나 브레멘에서는 수염을 길러 소년티를 죽이려고 애썼다. "지난 일요일 저녁에 〔시청 지하실에서〕 콧수염 사나이 모임을 가졌어. 내가 콧수염이 될 만한 청년들에게 안내장을 돌려서 불러 모았지. '마침내 모든 속물들에게 두려움을 안겨줄 때가 되었다. 그러려면 콧수염을 기르는 것이 제일 좋은 방법이다'라고 말이야." 시인 기질이 있던 엥겔스는 그날 밤 모임 이후 술을 엄청나게 마신 일을 미화하는 시를 지었는데 그중 다음 구절이 인상적이다.

속물들은 거친 털의 부담을 껄끄러워하지
그래서 면도로 얼굴을 아주 말끔하게 만든다네.
우린 속물이 아니야, 그런고로
콧수염이 멋대로 무성해지게 놓아둔다네.
사나이답게 콧수염 기른
모든 기독교인이여, 만세.
그리고 모든 속물들에게 저주 있을지어다
콧수염을 밀고 금지시켰으니.[41]

이렇게 콧수염을 드러내 뽐내는 것은 단순한 멋 내기 차원을 넘어서는 행동이었다. 합창동호회에 들어가거나 콧수염을 기르는 행위(이에 대해 엥겔스는 과다할 정도의 자부심을 느꼈다. 후일 턱수염을 길렀을 때도 마찬가지다)는 카를스바트 포고령 이후 감시의 눈초리를 번득이는 권위주의 시대에 일종의 정치적 선언 같은 것이었다. 독일 전역에서 언론과 결사의 자유에 대한 탄압이 심해지면서 일상생활이 오히려 정치화되는 현상이 나타났다. 복장이나 휘장, 음악, 심지어 얼굴에 난 털까지도 공화파 애국주의의 표시로 활용됐다. 심지어 바이에른에서는 콧수염 기르는 것을 보안상의 이유로 불법화했다. 이런 특수한 상황을 감안하면 엥겔스는 체제 도전적인 행태를 과시한 것이다. 수염을 기르고 합창동호회에 나간 것 외에도 엥겔스는 트레비나루스 목사 부인에게 지갑에다가 흑-적-황 삼색(뤼초프 자유군단 병사들이 입었던 제복 색깔이다) 문양을 떠달라고 하는가 하면 보란 듯이 위대한 **독일** 작곡가 베토벤에 열광했다. "어젯밤 그 교향곡은 정말 엄청났어!" 음악회에서 베토벤의 교향곡 5번 C단조와 3번 「영웅·Eroica」을 듣고 온 엥겔스는 여동생 마리에게 이렇게 떠벌렸다. "평생 그런 음악은 절대 못 들어봤을 거다. …정말 대단하고, 젊음이 넘치는, 환호가 물결치는 자유에 대한 찬사였지. 3, 4악장에서 트롬본이 연주한 부분이 특히 그랬어."[42]

청년독일파, 그리고 셸리의 영향

엥겔스의 정치 의식화—낭만주의에서 사회주의로의 발전—도 브레멘에서 "베를린을 중심으로 한 청년독일파"를 발견하면서 시작됐다. 19세기 초 유럽에서는 주세페 마치니1805~1872, 이탈리아 혁명가, 통일 운동 지도자가 결성한 청년 이탈리아당에서부터 귀족주의적인 토리당 분파로 존 매너스 경이 주도한 청년 영국파, 청년 아일랜드 운동의 공화파 서클까지 다양한 "청년" 운동이 일어났다. 이런 운동들은 하나같이 낭만주의적인 민족 이념을 중심으로 애국적 열정의 부활을 주창했다. 청년독일파는 구체적인 정치 프로젝트를 추구하는 집단이라기보다는 느슨하게 연결된 "현실주의적" 문학 서클로서 그 중심은 반체제 급진 리버럴 계열의 시인 루트비히 뵈르네였다. 청년독일파는 강령을 명문화하지는 않았지만 예술의 낭만주의 시대가 행동의 시대에 자리를 내주어야 한다고 주장했다. 특히 메테르니히가 주도하는 권위주의 체제를 극도로 적대시한 뵈르네는 괴테를 비롯한 낭만주의의 고상한 지도자들이 정치적으로는 비겁하게 손을 놓고 있는 태도를 극단적으로 비판했다. "하늘이 당신에게 불같은 언어를 선사했건만 당신은 한 번이라도 정의를 제대로 옹호해본 적이 있는가?" 뵈르네는 '바이마르의 현인賢人'으로 추앙받는 괴테를 대공大公과 후원자들에게 신하처럼 굴종하는 것으로 일관했다고 비웃었다.[43]

뵈르네가 내세운 대의는 현대적이고 리버럴한 통치 시스템하에서 문화적·지적 자유를 누리는 것이었다. 그런 만큼 신비한 숲이 나오고 중세의 폐허가 등장하는 식의 전통적인 복고풍 낭만주의는 아주 경멸했다. 그는 메테르니히의 검열관들과 마찰을 빚은 끝에 파리로 망명했고, 이후 점차 공화파 노선으로 기울면서 프로이센의 라인란트 점거에 대해서도 신랄한 비판을 퍼부었다. 뵈르네를 중심으로 한 청년독일파에 합류한 인물로는 시인 하인리히 하이네, 소설가 하인리히 라우베, 언론인 카를 구츠코 등이 있었다. 구츠코의 악명은 1835년에 낸 소설 『의심 많은 여인 발리』에서 비롯됐다. 이 작품은 발랄하고 다소 충격적인 스타일로 성적 해방이라는 주제에 신성모독과 문화적 해방 요구를 가미한 내용이었다. "신新여성" 스타일의 주인공 발리―결혼과 가정생활, 성서 해석에 대해 리버럴한 생각을 가진 인물이다―가 늘어놓는 장광설은 비더마이어풍 사회로서는 도저히 들어줄 수 없는 악담과 저주나 마찬가지였다. 이런 식으로 사회 기강을 무너뜨리는 도발 행위에 대해 메테르니히는 바로 대응했다. 1835년 독일연방 의회를 조종해 하이네, 구츠코, 라우베의 모든 작품에 대해 발행 및 판매 금지 처분을 내리게 한 것이다.

엥겔스는 낭만적인 중세 미화를 비판하는 청년독일파의 입장에 적극

동조했다. 문학적 차원에서는 영웅 신화에 여전히 끌렸지만 독일의 정치적 미래는 중세에 대한 봉건적 향수로 후퇴하는 차원이어서는 안 된다는 확신을 가지고 있었던 것이다. 오히려 그는 급진적이고 진보적인 애국주의 프로그램에 공감했다. 이런 요구는 프리드리히 빌헬름 3세(프로이센 왕) 재위 초기에는 충분히 가능해 보였다. 당장 민주주의를 시행하라는 것이 아니라 최소한 독일을 소규모 봉건 공국이 난립하고 절대주의 군주들이 지배하는 상태에서 해방시키라는 요구였기 때문이다. 특히 엥겔스가 쓴 것처럼, 청년독일파가 원한 것은 "국가 행정에 인민이 참여하는 것, 즉 헌법 문제"였다. "나아가 유대인 해방, 모든 종교적 질곡의 폐기, 모든 세습 귀족제의 폐기 등등이었다. 여기에 반대할 사람이 누가 있겠는가?"[44]

엥겔스의 정치 의식화를 촉진한 것은 "천재이며 예언자"인 퍼시 비시 셸리1792~1822. 19세기 영국 낭만파를 대표하는 시인였다(바이런과 콜리지도 같이 읽었다).[45] 답답한 사무실에 묶여 지내던 엥겔스가 용기와 결단으로 점철된 반항적인 셸리의 삶에 강한 자극을 받은 것은 의심의 여지가 없다. 반동적인 아버지와의 결별, 불행으로 치달은 불같은 연애, 앞뒤 재지 않는 낭만적인 허세 등등이 깊은 인상을 남겼을 것이다. 셸리의 정치적 열정에도 매력을 느꼈다. 하지만 "마르크스주의의 맹아를 확실히 보여주는"『샬롯 공주의 죽음에 관한 연설』(1817년)은 엥겔스에게는 아직 무리였다.[46] 이 글은 영국 공주의 죽음을 같은 시기에 처형된 세 노동자의 죽음과 극명히 대비시켜 정치적 억압과 경제적 착취가 동전의 양면임을 드러낸다. 당시 수준의 엥겔스로서는 오히려 장시長詩「맵 여왕」(1812년)에서 셸리가 개진한 사상에 끌렸다. 그것은 공화파 정치관, 반反종교적 무신론, 리버럴한 사회관으로 요약할 수 있다.

자연이 거부하는 것은 군주지 인간이 아니며,
신민臣民이지 시민이 아니다. 왕들과
신민들은 서로의 적으로 영원히
지는 게임을 하는 것이다.
승패라고 해봐야 악행과 비참함으로 갈린다.

또 하나 분명한 점은 상업, 즉 장사라는 직업의 본질에 대해 셸리가 논한 부분도 썩 마음에 들어했다는 것이다.

장사란! 독을 숨 쉬는 그 그늘 아래서는
홀로 미덕을 지킨다는 것은 감히 꿈도 꿀 수 없는 법.
그러나 빈곤과 부는 똑같이
위압적인 저주를 곳곳에 뿌려대고
때 이른 고통스러운 죽음의 문을 활짝 열어젖힌다.

평생 장사를 해야 할 운명이 된 급진적 낭만파 엥겔스에게는 딱 맞는 개인 해방의 이념이 깔려 있는 대목이다. 그러나 정치적 자유를 간절히 외친 「자유 찬가」도 엥겔스의 취향에 꼭 맞았다. 엥겔스는 1840년 이 시를 읽고 난 감흥을 「저녁」이라는 시(부제도 셸리의 작품에서 따와 "내일은 온다!"로 붙였다)로 표현했다.

나 역시 자유를 노래하는 음유시인 무리의 한 사람.
뵈르네라는 커다란 참나무 무성한 가지 속으로
나는 날아올랐네. 골짜기에선 독재자의 손이

쇠사슬로 독일의 목을 꽁꽁 얽매고 있었지.

그래, 나도 친구들처럼 약하지만 굴하지 않는 한 마리 새,

자유의 푸른 하늘을 날아갈 테다.

고대 그리스를 찬미하는 시 「헬라스」도 민족주의 감정이 커가던 엥겔스에게는 비슷한 매력으로 다가왔다. 당시 라인란트 지역에서는 그리스 독립 투쟁이 많은 공감을 얻고 있던 터였다. 수십 개의 단체가 우후죽순처럼 생겨나 1820년대 오스만 제국으로부터 독립하려는 그리스의 투쟁을 지원했다. 그리스의 독립 혁명 운동은 독일 민족 통일을 추구하는 열성분자들에게 일종의 심리적 대리전 같은 것이었다.[47] 엥겔스는 일찍이 「해적 이야기」라는 제목의 단편소설을 쓴 바 있는데 한 청년이 "(고대―역자) 그리스인들의 자유를 위해" 터키인들과 싸우는 과정을 가벼운 터치로 묘사한 작품이다. 여기서도 그리스인들은 "아직 자유의 맛을 잊지 않은" 민족으로 그려졌다.[48]

셸리의 삶과 작품은 엥겔스에게 다층적인 차원에서 영감의 원천으로 작용했다. 심지어 1840년 여름 브레멘에 처박혀 따분하게 지내는 동안 셸리의 「미모사」를 직접 번역해 출판할 계획도 세웠었다. 후일 엥겔스는 마르크스의 딸 엘레아노어 마르크스에게 자부심 넘치는 어조로 이렇게 말한다. "당시 우리 모두는 셸리를 가슴 깊이 이해했다."[49]

셸리만큼은 아니지만 프랑스의 상황도 엥겔스의 정치적 입장이 날카로워지는 데 큰 역할을 했다. 엥겔스는 아직 1789년 프랑스 혁명을 시대의 획을 긋는 사건으로 여기지는 않았다. 물론 나중에는 달라진다. 그러나 당시로서는 오히려 1830년 7월에 일어난 프랑스 부르주아 혁명의 의미를 더 높이 평가하고 있었다. 이 혁명으로 국왕 샤를 10세가 쫓겨나고 입헌

군주인 루이필리프가 왕이 되었다. 청년독일파가 보기에 7월 혁명은 "자유"가 행동으로 표출된 최고의 전범이었다. "기사 하나 하나가 햇살을 인쇄물로 옮긴 것만 같다. 그 기사들이 한꺼번에 내 영혼에 불을 붙여 훨훨 이글거렸다." 당시 혁명 소식을 접했을 때 느낀 기분을 시인 하이네는 이렇게 회상했다. "담대한, 열정적인 희망이 치솟아 오른다. 나무마다 황금 과실이 맺히는 것 같은 기분이다."[50] 라인란트 주의 산업도시들에서도 파리 민중이 완고한 왕정 체제에 대항해 자신들의 의지를 성공적으로 관철시킨 것을 환영하는 민심이 일련의 반反프로이센 폭동으로 분출됐다. 한때 프랑스가 라인란트를 지배한 데 대한 반감은 이제 다시 자유를 향한 민족적 열망으로 돌아섰고, 프랑스와 프랑스의 7월 혁명은 진보와 자유와 애국의 이름으로 낡은 권위주의 체제를 타파하는 상징이 되었다. 후일 혁명적 공산주의자가 된 것과 비교하면 당시 엥겔스가 프랑스식 입헌군주제—법의 지배, 권력 분립, 언론의 자유 등등이 같이 간다—를 지지한 것은 상당히 온건한 태도라고 볼 수 있다. 그러나 당시에는 그런 정도만 실현돼도 정말 신바람이 날 일이었다. "난 청년독일파가 돼야겠다. 아니, 벌써 돼 있다, 온몸과 영혼까지." 1839년에 엥겔스는 이렇게 고백했다. "밤에 잠이 안 온다. 오로지 우리 세기의 시대적 이념 때문이다. 우체국에 가서 프로이센 문장紋章을 보면 자유의 정신에 사로잡힌다. 신문을 볼 때마다 자유가 얼마나 진척됐는지 허겁지겁 찾아본다."[51]

필명 '프리드리히 오스발트' 의 「부퍼탈 통신」

여가시간(회계실에서 퇴근한 뒤 사람들과 교류하거나 트레비나루스 목사네서

게임을 하지 않을 때)이면 엥겔스는 자유에 대한 갈망을 글로써 불태웠다. 지금까지 평자들은 엥겔스의 문체가 마르크스보다 떨어지는 것으로 여겨 왔다. 밋밋하고 사무적인 엥겔스의 산문을 반짝반짝하고 화려한 수사적 위트가 넘치는 마르크스의 문체에 견준 평자들이 많다. 그러나 이는 부당한 평가다. 엥겔스는 사적인 글이나 공적인 글 모두 우아한 필치가 돋보이는 작가였다. 다만 예순이 넘은 1880년대에 들면서 훨씬 과학적인 스타일로 바뀐다. 물론 아주 초기에 쓴 글들은 변호해주기가 쉽지 않다.

    사막의 아들들, 자부심 넘치고 자유롭도다,
    당당히 걸어와 우리를 맞는다, 얼굴을 마주하고.
    그러나 자부심은 완전히 없어졌네,
    자유도 흔적 없이 사라져.
    돈의 손짓, 부름에 덜렁 뛰어들더니
    (예전엔 사막 모래 언덕 여기저기로
    신나게 뛰어다니던 저 젊은이) 그들은 이제 말이 없다, 모두들.
    단 한 사람, 장송곡 같은 구슬픈 노래를 부르는 이만 빼고.

「베두인」북아프리카 일대에 사는 유목민족이라는 오리엔트풍의 시로 엥겔스가 처음 지상에 발표한 작품이다. 여기서 엥겔스는 서구 문명과의 접촉을 통해 변질되기 이전 베두인족의 고상한 야만을 예찬한다. 한때 그들은 "자부심 넘치고 자유롭"게 걸어 다녔지만 지금은 파리의 극장에서 돈 몇 푼 벌겠다고 노예처럼 공연을 하고 있다. 열여덟 살짜리가 쓴 시라고 봐줘도 영어색하다. 그러나 수시로 사업 관련 편지를 작성해야 하는 지루한 생활 속에서도 셸리와 같은 낭만적인 꿈을 가지고 있었음을 잘 보여준다. 사실이 시는 부퍼탈 출신 동향으로 사무직원으로 일하는 틈틈이 시를 썼던 유명한 시인 페르디난트 프라일리그라트에게 바치는 헌사 같은 것이었다. 프라일리그라트는 바르멘에서 '아이너른 앤드 죄네Eynern & Söhne'라는 회사 직원으로 일하면서 빛나는 문학적 업적을 쌓은 인물이었다. 라인란트 촌 동네(그의 표현대로 하면 "저주받은 소굴") 출신이지만 이국적인 종족들로 가득한 꿈나라와 아름다운 흑인 공주들이 사는 햇살 따가운 풍경을 그려냈다. 따분한 직원이었던 엥겔스는 거기에 매료됐고, 많은 자작시에서 북아프리카 '무어인 왕자'니 '자부심 넘치는 야만'이니 '타락한 문명'이니 하는 프라일리그라트 특유의 독창적인 표현들을 거리낌 없이 훔쳐왔다.

그러면서도 독일의 신비스러운 과거에 대한 문학청년의 열정은 흔들리지 않았다. 1839년 4월에는 중세 민담의 영웅 지크프리트의 생애를 토대로 미완성 서사시극을 썼다. 머릿속으로 생각만 하는 것은 이제 접고 행동에 나서라는 촉구와 전투 장면, 용을 베어 죽이는 내용이 가득한 작품이다. 가장 흥미로운 것은 지크프리트와 그 아버지 지크하르트 사이에 벌어지는 심리적 갈등을 특히 강조했다는 점이다. 지크프리트는 자유롭게 살려고 하는("내게 군마와 칼을 다오/ 난 어디 머나먼 곳으로 떠날 테다/ 그렇게 간절히 바라던 대로") 반면, 왕인 아버지는 "이제 녀석도 철들 때가 됐는데"라고 생각한다("나랏일 배울 생각은 않고/ 곰이랑 힘겨루기나 하고 있으니…"). 설전이 오간 끝에 아버지는 결국 아들을 떠나보내고, 지크프리트는 제 갈길을 간다("산속 시냇물처럼/ 내 앞길 내 힘으로 개척해야지"). 이런 부분은 구스타프 마이어가 지적한 대로 "엥겔스의 직업 선택 문제와 관련해 집안에서 벌어졌을 극심한 갈등을 있는 그대로 묘사한" 것임을 쉽게 알 수 있다.[52]

사실 엥겔스는 시보다는 언론식 글쓰기에 능했다. 「베두인」은 브레멘 신문 「브레멘의 대화」에 실렸는데, 엥겔스는—좋은 작가라면 누구나 그렇지만—곧바로 편집자가 작품을 망쳐놓았다("그 친구가 마지막 행을 바꾸는 바람에 아주 엉망이 돼버렸다")고 투덜댄다.[53] 이후 엥겔스는 카를 구츠코가 주도하는 신문 「독일 텔레그라프」로 기고처를 옮겼고, 나이답지 않게 문화적 소양이 깊은 청년독일파 계열 비평가로 이름을 얻었다. 특히 중세적인 느낌이 나는 "프리드리히 오스발트"라는 필명을 쓰기 시작했다. 이는 이후 엥겔스가 평생 겪게 될 갈등을 처음으로 보여주는 징표라고 할 수 있다. 엥겔스는 자신의 생각과 비판적인 견해를 널리 알리고 싶어했지만 동시에 가족과 공공연히 마찰을 빚는 데 따르는 스트레스와 괴로움을 피하고자 했다. 경제적 안정을 챙기고 부모를 당황스럽게 하지 않기 위해서 엥겔스는 "오스발트"라는 성으로 이중생활을 시작한 것이다.

「독일 텔레그라프」는 문예지 스타일이었다. 프로이센 검열 당국이 구체적인 정치적 언급은 공표를 금했기 때문에 진보적인 신문들은 문학과 문화 관련 기사, 심지어는 여행담에다가 비판적인 내용을 슬쩍 슬쩍 끼워 넣는 편법을 동원했다. 작가들은 종교 관련 문화나 요리, 추억담, 신화 얘기 같은 것을 하면서 사회적·정치적 논점을 슬며시 버무려넣는 방식을 많이 썼다. 엥겔스는 겉으로는 풍경이나 보트 놀이, 시 같은 낭만적인 소재를 논하면서 자유주의적이고 민족주의적인 감정을 정확히 설명했다. 예를 들어 "지크프리트의 고향"으로 알려진 크산텐 여행 소감을 얘기하면서 자유와 젊음의 이름으로 보수주의에 대해 맹공을 퍼부었다. 우리의 통신원 필자^{엥겔스}가 그 마을에 들어서자 성당에서 미사 소리가 은은히 울려퍼진다. 감수성이 예민한 "오스발트"로서는 감정이 벅차오른다. "19세기의 아들인 나도 가슴 벅차오르는 것을 어찌할 수 없다. 하기야 이 소리는 나보다 훨씬 억세고 거친 남자들까지도 완전히 매료시켰으니까!"엥겔스는 지크프리트 신화 얘기에 집중하면서 그것을 통해 현대적인 메시지를 끌어낸다. 열정과 행동을 촉구하면서, 쪼잔하고도 위압적인 프로이센 관료 체제와 새로 등극한 군주 프리드리히 빌헬름 4세(종교적이고 보수적인 인물이었다)를 한껏 경멸해준다. "지크프리트는 독일 청년들을 대표한다. 우리 모두는 아직 가슴의 순수함이 삶의 질곡으로 일그러지지 않았기에 그게 무슨 말인지 잘 안다."[54]

엥겔스가 「독일 텔레그라프」에 쓴 글 중에서 가장 큰 비중을 차지하는 것은 거창한 주의주장이 아니라 고향이 겪는 고통을 다룬 내용이었다. 1830년대가 되면 라인란트의 직물산업은 점차 영국 쪽 경쟁자들과 게임이 안 되는 수준으로 전락한다. 장인들의 구식 작업 방식—직물 제품을 가내 작업장에서 수작업으로 생산한다—은 잉글랜드 북서부 랭커셔 주州의 기계화된 공장들과는 상대가 안 됐다. 독일 내부적으로도 자유무역 협정 비슷한 관세동맹(프로이센이 주도했다)이 발효되면서 상황이 나빠졌다. 라인란트 지역의 직물 제품 우위는 작센과 슐레지엔에 밀리는 형편이 됐다. 프랑스에서 실크 직물과 리본 수요가 늘면서 잠시 숨을 돌렸지만 유행에 민감해서 하시라도 변할 수 있는 것이었다. 이런 경제적 변화는 바르멘 노동자들의 상황을 악화시켰고, 엥겔스 일가가 전통적으로 강점을 보여온 가부장적 기업 구조를 서서히 해체시키는 결과를 낳았다. 길드는 해체됐고, 수입은 줄었으며, 노동 조건은 열악해지고, 경제의 축이던 도제 제도와 기술 수준에 따른 임금 격차도 흔들렸다. 수입이 비교적 괜찮던 남성 노동자들도 지속적인 타격을 받았다. 그 자리를 차고 들어온 것이 노동자와 공장주의 선명한 이원구조였다. 구조가 재편되자 직물산업의 가장자리에 있는 사람들—수작업 방적공, 양말과 스타킹 제조업자,

방직공 등등―은 수입과 지위가 급속히 오그라들었다.

달라진 경제 현실은 언론인과 사회평론가들이 '빈민pauperism'과 '프롤레타리아proletariat'라는 용어를 많이 쓰게 된 세태에서도 엿볼 수 있다. 빈민이니 프롤레타리아니 하는 말은 뿌리 없고 재산도 없는, 도시에서 흔히 볼 수 있는 노동자들로 정규직 일자리를 갖지 못하고 사회안전망의 보호 대상도 되지 못하는 층을 뜻하는 말이었다. 칼 가는 사람, 구두장이, 재단사, 비숙련공, 직물 노동자 등 실업 또는 불완전 고용 상태의 노동자들이 라인란트 일대 중소 도시로 수도 없이 몰려들었다. 쾰른 같은 도시에서는 인구의 20~30퍼센트가 빈민 구제 대상이었다. 독일 사회이론가 로베르트 폰 몰1799~1875, 공법학자, 정치가은 현대의 공장 노동자―도제 훈련을 받거나 장인이 될 가능성도 없고, 재산을 물려받은 것도 없으며, 기술을 습득할 기회도 없다―를 "수레바퀴에 묶인 농노"와 비슷한 존재라고 묘사했다. 정치개혁가 테오도르 폰 쉰은 프롤레타리아라는 표현을 "집이나 재산이 없는 사람들"과 동의어로 사용했다.[55]

그러나 "프리드리히 오스발트"는 좀 달랐다. 엥겔스는 사람들 속으로 뛰어 들어가 놀라울 정도로 깊이 있는 사회·문화 르포르타주를 만들어 냈다. 빈민의 본질이 무엇이고, 프롤레타리아라고 하는 존재가 공장주의 아들에게 어떤 의미를 갖는지에 대해 그럴듯한 사회이론을 늘어놓는 식이 아니었다. 이런 르포르타주는 얼마 후 특유의 스타일로 발전한다. 1839년 「독일 텔레그라프」에 연재한 「부퍼탈 통신」 기사는 낙담하고 술에 취해 기운이 쭉 빠진 부퍼탈을 현장의 시각으로 더할 나위 없이 생생하게 묘사해 주목을 끌었다. 엥겔스가 바르멘의 현실을 낭만적인 조국의 이상―헤르더, 피히테, 그림 형제 등이 상상한, 활기차고 애국적인 민족이 터 잡고 사는 조국―과 대비시켰을 때 실망감은 극대화됐다. "여기에는 독일 어디서나 존재하는, 건전하고 원기왕성한 사람들은 흔적도 없다. 진짜, 한 번만 가보면 사정이 전혀 다르다는 것을 알 수 있다. 매일 저녁 유쾌한 친구들이 길거리를 어슬렁거리며 흥얼거리는 노랫소리가 들린다. 그러나 그것은 술 취한 주둥이에서 흘러나오는 천박하기 이를 데 없는 음탕한 노래일 뿐이다. 독일 곳곳에서 누구나 들을 수 있는, 정말 상쾌한 민중의 노래는 절대 들을 수 없다."56

열아홉 살짜리 기업가의 후계자가 쓴 「부퍼탈 통신」은 자본주의가 야기하는 사회적 비용에 대한 통렬한 비판을 담았다. 엥겔스는 시뻘겋게 염색된 부퍼 강과 "매연 자욱한 공장 건물과 실타래를 널어놓은 표백장"을 묘사한다. 이어 직조기에 구부리고 앉아 힘겹게 일하는 방적공들과 "천장 낮은 방에서 산소보다 석탄재와 먼지를 더 많이 마시며" 작업하는 공장 노동자들의 어려운 현실을 추적한다. 그러면서 어린이 노동 착취와 후일 룸펜프롤레타리아lumpenproletariat("완전히 희망을 잃은 사람들이다. 일정한 주거지나 일자리도 없고, 새벽이면 건초더미나 마구간 같은 데서 자다가 슬그머니 기어 나온다. 퇴비더미나 계단 같은 곳에서 밤을 지새우는 경우도 많다")로 불리게 될 극빈층의 문제를 개탄한다. 피혁 노동자 사이에 만연한 알코올 중독 문제에 대해서는 통계를 들어 설명한다. 슈납스schnapps곡물이나 과일을 발효·증류한 소주 같은 술로 32도가 넘는 독주다를 너무 많이 마셔 다섯에 세 명꼴로 사망한다는 것이다. 산업화의 통증을 앓는 바르멘에 대한 기억은 이후 수십 년 동안 계속 엥겔스를 따라다녔다. "지금도 기억이 생생하다. 1820년대 말에 값싼 슈납스가 갑자기 라인 강 하류 일대와 마르크 지역에서 유행했다." 1876년 싸구려 술이 미치는 사회적 영향을 다룬 에세이에서 엥겔스는 이렇게 썼다. "특히 엘버펠트-바르멘 같은 지역에서는 노동자들 대다수가 알코올 중독이 되었다. 밤 아홉 시부터 어깨동무를 하고 떼거리로 길 한복판을 몰려다닌다. '취객들'은 비틀거리며 고래고래 고함을 치면서 이 술집 저 술집을 전전하다가 집으로 간다."[57]

「부퍼탈 통신」의 산문은 통렬하다. 그런데 사치스러운 생활을 하는 학구적 지식인 엥겔스가, 콧수염을 기르고 펜싱을 즐기며 문예지에 글을 쓰는 엥겔스가, 그런 불행들에 대해 개인적으로 깊은 연민을 느꼈을까? 공산주의 계열에서 나온 공식 엥겔스 전기들은 당연히 그렇다는 입장이다. 엥겔스의 정치이론은 "많은 노동자들에 대한 절절한 책임감을 토대로 한 것으로, 엥겔스는 그들의 고통에 괴로워했으며, 산문적이고 차갑고 무감각한 사람과는 거리가 멀다"는 식이다.[58] 엥겔스의 저작을 읽어보면 불의와 불의의 원인에 대한 선명한 상이 들어온다. 그러나 그것을 쓴 필자가 타인의 고통을 가슴 깊이 함께 아파하는지, 아니면 단순히 이데올로기적인 동기에서 자세히 설명하는 것인지는 불확실하다. 이 단계에서 할 수 있는 말은, 바르멘의 하층계급에 대한 엥겔스의 강렬한 감정은 노동자들의 참상을 깊이 고찰한 끝에 갖게 된 느낌인 동시에 아마도 아버지 세대에 대한 적대감의 산물일 것이라는 점이다.

동기야 어떻든 간에 엥겔스의 비판은 「부퍼탈 통신」을 통해 하루가 멀다 하고 쏟아져 나왔다. 어려서부터 쓸 거리를 예의주시하면서 꾸준히 축적해둔 것 같았다. 부퍼탈의 인색한 고용주들의 천박성은 "단조로운 거리와 특색이라고는 전혀 없는" 도시 디자인에도 반영됐다. 교회 건물은 형편없고, 기념물은 짓다 만 것이 많았다. 브레멘에서 안목을 넓힌 엥겔스의 세련된 눈에는 부퍼탈의 이른바 배운 엘리트라는 자들은 속물에 다름 아니었다. 부퍼탈에서는 청년독일파 얘기는 거의 없었고, 그저 말馬이 어떻고 새가 어떻고 하인 놈이 어떻고 하는 잡담만 끝없이 이어졌다. "그 사람들이 영위하는 삶은 끔찍하다. 그런데도 그들은 아주 만족해한다. 낮에는 열심히 장부를 들여다보며 일한다. 믿기 어려울 정도다. 저녁이면 정해진 시간에 사교 모임에 나타나 카드놀이를 하거나 정치 이야기를 하며 담배를 피운다. 그러고는 아홉 시를 치면 집으로 돌아간다." 그중에서도 가장 고약한 것은? "아버지들이 아들도 그런 스타일로 열심히 키운다는 것이다. 아들들은 아버지의 전철을 그대로 밟을 태세다." 여기서 벌써 분명해진 것은 그런 식의 삶은 엥겔스가 선택하려는 운명이 아니라는 점이다.

열악한 노동 조건과 산업화의 폐해에 대한 비판에도 불구하고 「부퍼탈 통신」에서 엥겔스가 노린 것은 자본주의 자체는 아니었다. 아직은 사적 소유의 작동 구조나 분업, 잉여가치의 본질 등에 대해 제대로 된 이해가 없었다. 엥겔스의 분노의 진짜 핵심은 어린 시절 겪었던 종교적 경건주의였다. 여기에는 가문을 지배하는 윤리에 대한 의식적 거부가 담겨 있었다. 그만큼 청년 엥겔스는 종교적 도그마의 사회적 폐해를 혐오했다. 크루마허와 그 무리들의 위압적이고 위선적인 가르침은 계몽과 이성과 진보 같은 것을 모두 가로막았다. 공장 노동자들도 슈납스를 마시는 것과 같은 방식으로 경건주의적 열정을 지지했다. 어떻게 보면 자신들이 겪고 있는 그 모든 참상으로부터 벗어나는 탈출구 같은 것이었다. 한편 제조업자들은 경건함을 보란 듯이 내세우면서도 고용인들을 가혹하게 착취했다. 그들은 개인적으로 선민의식을 가진 탓에 인간적인 도리 같은 것은 아랑곳하지 않는 듯했다. 엥겔스가 보기에 부퍼탈은 도덕적 · 정신적 위선이라는 거대한 물결에 파묻혀 시들어가고 있었다. "지역 전체가 경건주의와 속물근성의 바다 속에 가라앉았다. 거기서는 꽃이 만발한 아름다운 섬 같은 것은 생겨날 수 없다."[59]

슈트라우스주의자에서 헤겔 철학으로

"하, 하, 하! 너 아냐? 「텔레그라프」에 그 기사 쓴 사람이 누군지? 필자
는, 바로 지금, 이 편지를 쓰고 있는 분이시다. 하지만 이 얘기 아무한테
도 하지 마라. 말썽에 휘말리긴 싫으니까." 엥겔스의 「부퍼탈 통신」은 부
퍼탈 일대에서 열띤 반응을 불러일으켰다. 크루마허 개인에 대한 집요한
비판과 더불어 경건주의와 빈곤 문제를 연결시킴으로써 독자들 가슴에
깊이 파고든 것이다. 그런 논란을 흐뭇하게 바라보면서도 "프리드리히 오
스발트"는 자신이 바르멘의 유수한 가문의 아들이라는 사실이 노출되는
것은 원치 않았다. 그저 안온한 브레멘에 앉아서 말없이 부퍼탈 친구들에
게 흐뭇한 미소를 보내는 것으로 만족했다.[60] 엥겔스가 편지를 주고받는
친구들 중에는 학교 동창인 프리드리히 그래버와 빌헬름 그래버 형제가
있었다. 아버지는 정통파 목사로 본인들도 목사가 되는 교육을 받고 있었
다. 1839년부터 1841년까지 형제에게 보낸, 특유의 쾌활함이 넘치는 편
지들을 통해서 우리는 엥겔스가 브레멘 체류 시절에 겪었던 가장 중요한
지적 변화, 즉 신앙의 상실을 엿볼 수 있다.

19세기 지성사에 흔히 나오는 설명 중에 사회주의로 가는 길을 닦은 것
은 세속주의라는 얘기가 있다. 로버트 오언1771~1858. 영국의 사업가, 사회주의 개혁가에서
부터 베아트리스 웨브1858~1943. 영국의 저명한 여성 사회주의자, 경제학자, 개혁운동가, 애니 베전
트1847~1933. 영국의 여성 사회개혁가에 이르기까지 기독교와의 절연은 결국에 가서 인
간성이라고 하는 새로운 종교를 찾게 되는 사람들이 흔히 겪는 통과의례
였다. 그러나 그렇다고 해서 종교의 가치가 무의미해지는 것은 물론 아니
다. "음, 난 경건주의자였던 적은 절대 없어. 한동안은 신비주의자였고,
하지만 그런 건 다 지난 일이지. 지금은 솔직히, 다른 사람들에 비하면 대

단히 리버럴한 초자연주의자지." 1839년 4월 엥겔스가 그래버 형제에게 털어놓은 자신의 종교적 성향에 관한 설명이다. 엥겔스가 부퍼탈식 경건주의라는 편협한 정신주의에 불만을 가진 지는 오래됐지만 열아홉 살 때까지만 해도 기독교의 핵심 교리를 거부하지는 않았다. 그러나 브레멘에서 지적 자유주의를 호흡하면서 교회에 대해 예정설에 따른 구원이냐 저주냐 식의 단순 논리 이상의 것을 요구하게 됐다. 엥겔스는 원죄라는 관념에 불만을 갖고 청년독일파로부터 흡수한 진보적이고 합리주의적인 사상과 기독교의 유산을 어떤 식으로든 결합시키고자 했다. "정말 솔직히 말해서 난 이제 이성의 시험을 견뎌낼 수 있는 어떤 신성한 가르침이라고 할 만한 것에 도달했어." 엥겔스는 프리드리히 그래버에게 이렇게 전하면서 성서 안에서 발견되는 수많은 모순점들을 지적하고 신의 거룩한 자비에 의문을 제기했다. 크루마허의 최근 설교에서 드러난 엄청난 오류들을 낱낱이 꼬집어내기도 했다.[61]

1839년 여름에 엥겔스는 프리드리히 슐라이어마허*의 가르침에서 자신의 영적 위기를 해결해줄 괜찮은 타협책을 발견했다. 슐라이어마허의 구원 신학은 직관을 중심으로 하는 가슴의 종교를 강조하지만 현대적인 이성의 요구와도 양립하는 것이어서 "우리 동네 위선자들"의 불신 지옥 운운하는 저주와는 아주 다른 하나의 모범으로 보였다. 엥겔스에게 슐라이어마허는 "그리스도의 말씀을 '청년독일파'적인 의미로 가르치는" 인물로 보였다. 그러나 그마저도 19세기 초반 유럽 신학의 폭탄 세례를 받은 이후로는 썰렁해졌다. 다피트 프리드리히 슈트라우스**의 『예수 생애

---

* 1768~1834. 독일의 신학자, 철학자. 근대 프로테스탄트 신학의 기초를 놓은 인물로 평가된다.

의 비판적 연구』는 1835~36년에 출간됐는데 많은 젊은이들에게 놀라운 계시 같은 것으로 받아들여졌다. "이 책이 내뿜는 마력은 필설로 형언할 수 없다." 리버럴한 철학자 루돌프 하임의 서평은 이렇게 이어진다. "그렇게 즐거운 마음으로 꼼꼼하게 읽은 책은 지금껏 없었다. …내 눈에서 비늘이 벗겨져 나가면서 앞길에 환한 빛이 비치는 기분이었다."[62]

슈트라우스는 성서 기록이 진실인가에 대해 직설적으로 의문을 제기했다. 그는 복음서가 일절 오류가 없는 신성한 기록이 아니라 역사적·문화적으로 시대와 얽히고설키면서 만들어진 산물이라고 보았다. 복음서는 유대인의 신화나 특정한 인류 발전 단계를 보여주는 상상력의 산물로 보는 것이 바람직하며, 따라서 현대에 적용할 수는 없다고 말했다. 그리스도라는 인물도 "인간성"이라는 관념의 표현으로 이해하는 것이 좋다고 했다. 『예수 생애의 비판적 연구』는 지적인 또는 문헌학적인 차원에서 성서를 더욱 철저히 연구하도록 자극했다. 엥겔스는 바로 그 선봉에 섰다. "난 요즘 철학과 비판 신학에 매달리느라 정신이 없어. 너희도 열여덟이 되니까 슈트라우스를 알게 되면 …그럼 아무 생각 없이 읽지 않는 한 부퍼탈식 신앙에 회의를 갖게 될 거야." 엥겔스는 굉장히 많이 안다는 듯이 우쭐거리며 그래버 형제에게 말했다. 이후 몇 달간 엥겔스는 성서의 상호 모순된 부분들과 새로운 지질학적 발견이 기독교 역사이론에 미친 영향, 원죄의 문제 등을 집중적으로 파고들었다. 그러나 프리드리히 그래버에게 쓴 편지에서 털어놓듯이 평생 익숙해진 교리를 뒤흔드는 것은 쉬운 일도 마음 편한 과정도 아니었다.

** 1808~1874. 독일의 신학자, 철학자. 헤겔 좌파의 중심인물이 된다.

매일 진리를 찾아 기도해. 정말 거의 하루 종일. 의심을 품기 시작한 이후로 줄곧 그랬어. 하지만 아무리 그래도 너희들과 같은 신앙으로 돌아갈 수는 없구나. …이 글을 쓰는 동안 자꾸 눈물이 글썽거리는구나. …너희는 따뜻한 침대에 누워 있는 것처럼 신앙에 한 점 의심이 없을 거야. 내가 지금 어떤 싸움을 하고 있는지 까맣게 모를 거다. 지금 우리 인간은 신이 신이냐 아니냐를 판가름해야만 하는 시점이야. 처음 회의가 닥칠 때 그 부담이 얼마나 큰지 너희는 모를 거야. 낡은 신앙의 짐은 그렇게 무거운데 그것을 그대로 짊어지고 가야 하는지, 아니면 털어버려야 하는지, 어느 한쪽은 결론을 내야 하는 이 심정 말이야.[63]

1839년 10월, 의심은 사라졌다. 엥겔스에게 가을날의 「도버 해변」* 같은 멜랑콜리는 이제 없었다. 일단 결정이 내려지자 그는 새로운 정신의 자리에 흔쾌히 가 앉았다. "난 이제 슈트라우스주의자야"라고 엥겔스는 빌헬름 그래버에게 덤덤하게 말했다. "나, 형편없고 가련한 시인은, 천재 다피트 프리드리히 슈트라우스의 날개 밑으로 기어들어갔어. …신앙이여, 아디오스! 신앙은 스펀지처럼 구멍투성이지."[64] 후일 본인이 말한 대로 정통 기독교에서 "완전히 떨어져나간" 것이다. 게다가 늘 그러하듯이, 이제 새롭게 설정한 입장을 철저한 확신을 가지고 지켜나갔다. 그러면서 프리드리히 그래버를 "슈트라우스주의자들을 못 잡아먹어서 안달하는 사냥꾼"이라고 놀려댔다.[65]

이런 농담 뒤에는 정신적인 방황을 이제 끝냈다는 여유 같은 것이 있었

* 종교적 회의를 노래한 매슈 아널드의 시. 아널드(1822~1888)는 영국의 시인이자 문학평론가, 교육자다.

다. 하나의 신앙을 잃고 나서 엥겔스는 잽싸게 다른 것을 집어 들었다. 기독교 신앙의 붕괴로 생긴 심리적 공백을 메운 것은 종교 못지않게 강렬한 이데올로기였다. 슈트라우스는 그저 하나의 디딤돌이었던 셈이다. "난 이제 헤겔주의자가 되려고 해. 정말 그렇게 될지는 물론 아직 잘 모르겠어. 하지만 슈트라우스가 내게 헤겔이라는 빛을 보여줬고, 그게 훨씬 설득력이 있어 보여."[66] 슈트라우스의 성서 비평의 목적은 기독교가 거짓임을 보여주자는 것이 전혀 아니었다. 그보다는 기독교 교리가 새로운 과학과 지식의 시대에 더 이상 맞지 않는다는 것을 입증하고자 했다. 그의 야심은 독자들을 기독교 이후의 새로운 영적 발전 단계인 헤겔 철학으로 끌어들이는 것이었다.[67] "이제 펀치포도주나 샴페인에 물, 우유, 과즙, 향료 따위를 섞어 만든 음료수나 한잔 하면서 헤겔을 연구해야겠다." 이렇게 해서 엥겔스는 19세기 유럽에서 가장 난해하고 신비하면서도 탁월한 철학자의 저작에 다가가게 됐다. 힘겨운 과정인 만큼 보람이 있었다. 헤겔의 저작은 결국 엥겔스를 사회주의로 향하는 길로 인도했다. 이후 수십 년간 공산주의 이데올로기에서는 헤겔 변증법에 대한 마르크스식 재해석이 매우 중요해지지만 엥겔스가 독학을 하던 시기에 관심의 초점은 역시 헤겔 본연의 철학이었다.

헤겔 철학 체계의 핵심은 역사 해석이었다. 역사는 "정신"—독일어로 Geist(가이스트)라고 하는데 번역이 불가능한 것으로 유명한 표현이다. 영어로는 Mind나 Spirit로 옮긴다—의 구현 혹은 전개 과정이라는 것이다. 정신 또는 자기의식적인 이성은 영원히 활동하며 세계 속에서 그 유일하고도 진정한 현실을 구성한다. 정신의 전개 과정은 인류사의 연대기다. 엥겔스는 헤겔이 1822~23년 베를린 대학에서 강의한 내용을 사후에 출간한 『역사철학 강의』를 접하고 거기 제시된 합리적이고 정연한 역사의 발전 과정에 곧바로 매료됐다. "헤겔의 사고방식과 다른 모든 철학자들을

구분 짓는 것은 그 근저에 독특한 역사 감각이 깔려 있다는 점이다"라고 엥겔스는 후일 술회했다.[68]

정신의 역사를 추동推動하는 과정은 인간사에서 자유의 이념이 구체화되는 과정이고, 그런 자유의 성취야말로 정신의 절대적이고 최종적인 목적이었다. 본질적으로 역사의 과정은 자유와 이성이 문명을 통해 목적론적인 방식으로 유기적으로 성장하는 것이며, 그 최종 단계는 정신의 완성이었다. 헤겔의 말로 하면 "세계사는 자유 의식의 발전에 다름 아니다". 역사는 물론 심히 변덕을 부릴 때도 있고, 영 희망이 없어 보일 때도 있지만 각 단계마다 그런 방향으로 나아가고 있었다. 인간사의 혼란과 무정부 상태 속에서도 "이성의 간지奸智"는 꾸준히 작동하고 있기 때문이다.

진정한 자유는 이성과 합리성의 산물—언어, 문화, "민족정신" 속에 구현돼 있다—일 수밖에 없기 때문에 인간은 판단력을 가질 때에만 자유로울 수 있다. 헤겔에 따르면 집단적 자유라고 하는 이성의 자기의식은 그리스 도시국가의 등장과 더불어 처음 모습을 드러내며, 얼마 후 로마 제국의 억압적인 법률 체계 속에서 혹독한 시련을 겪는다. 이어 기독교가 진보의 흐름에 끼어든다. 기독교 역시 이성의 발전이라는 틀에 부합하는 것이다. 인간이 자기의식에 도달하고 신과 화합하는 것은 인간이 신과 공유한 이성이라는 능력을 통해서다. 그러나 그리스가 로마로 이어지면서 기독교는 다시 변증법적으로 자신의 대체물을 준비하게 된다. "그리스도 속에서" 유한과 무한, 인간과 신의 화해를 선언함으로써 중세의 기독교 신앙은 더욱 높은 단계의 자기의식의 토대를 놓게 된다. 그 단계의 자유로운 공동체에서는 개인의 자율이 공공의 제도들과 하나가 된다. 이는 종교적인 신앙과 관습이 현대에 와서 철학적 지식과 인본적인 문화로 대체됨으로써 가능해진다. 대학과 학교, 심지어 연주회장과 의회들도 교회가 하던 역할을 떠맡게 되는 것이다.

그런 의미에서 기독교의 잠재적 합리성은 현대 세계의 일상적 경험에 깊이 스며든다. 기독교의 가치관은 이제 가정과 시민사회, 국가에 다양한 양태로 구현되어 있는 것이다. 이런 주장들 중에서도 엥겔스가 특히 좋아한 것은 현대적 법신론汎神論(범이신론汎理神論이라고 표현할 수도 있겠다)이라는 관념으로 신성神性이 진보하는 인간성과 하나 되는 것이었다. 이는 독실한 열망이냐 소외냐의 택일을 강요하는 경건주의 윤리에서 해방될 수 있는 행복한 변증법적 종합이었다. "슈트라우스를 통해서 나는 이제 헤겔주의의 탄탄대로에 들어섰다. …헤겔의 신神 관념은 이미 내 것이 되었어. 그리고 그렇게 해서 난 '현대 범신론자들' 대열에 합류한 거야." 엥겔스는 곧 절연하게 될 그래버 형제에게 마지막으로 보낸 편지에서 이렇게 적었다.[69]

몇 달간 회의와 혼란을 겪은 끝에 엥겔스는 이제 헤겔이라고 하는 새로운 신앙을 열렬히 받아들였다. 구츠코의 「독일 텔레그라프」에 기고한 고전적인 문예풍 에세이 「풍경」(1840년)에서 엥겔스는 여행차 북해를 건너는 길에 상큼한 물보라와 반짝이는 햇살을 맞은 기분을 헤겔을 발견한 심정에 비유했다. "철학자들 중에서도 맨 마지막 철학자〔헤겔〕의 신성한 이상이, 19세기 사상의 가장 웅대한 창조물이, 이제 비로소 이해가 되기 시작했다. 그 때 느낀 행복하기 이를 데 없는 흥분은 티 없이 맑은 하늘에서 신선한 바닷바람이 불어와 내 얼굴을 스치는 것 같은 기분이었다." 만물에 생명을 주는 자연주의적 신이라고 하는 새 개념에서 일시적 위안을 찾은 것이다. 개릿 스테드먼 존스1942~. 영국의 역사학자가 지적한 대로 헤겔은 "부퍼탈의 끔찍한 신앙을 대신할 안온한 휴식처"를 제공했다.[70]

그러나 엥겔스의 지적 틀을 구성하는 다른 요소들은 쉽사리 사라지지 않았다. 헤겔주의를 수용하면서도 독일 낭만주의에 대한 열정은 여전했고, 청년독일파가 주창하는 자유주의적 입헌주의 및 셸리와 1830년 7월 혁명이 상징하는 공화주의에 대한 지지 역시 변함이 없었다. 이런 조류들이 한데 어우러져 표현된 것이 브레멘에서 마지막으로 쓴 기사였다. 독일 극작가이자 소설가인 카를 이머만의 『회상록』을 평하는 자리를 빌려 엥겔스는 "새로운 철학"과 지크프리트류의 영웅주의를 뒤섞어 자신의 입장을 열렬히 표명했다. "관념의 궁전을 둘러싼 빽빽한 숲을 두려워하는 자, 칼로 무성한 가지들을 헤치고 나아가 입맞춤으로 잠자는 공주를 깨우지 못하는 자는 공주와 왕국을 얻을 자격이 없다. 가서 시골 목사나 장사꾼, 아니면 세금사정인이나 되면 어떨까. 무슨 일을 하든 여우 같은 아내 얻고 토끼 같은 자식들 낳아 경건하고 건실하게 살면 된다. 그러나 우리 시대는 그런 사람을 시대의 아들이라고 하지는 않을 것이다."[71]

1841년 초 엥겔스는 브레멘에서 책상머리에 앉아만 있다가는 자기 시대의 아들이 되기는 애당초 글렀다는 결론을 내렸다. "그저 한다는 게 펜싱, 먹고 마시고 자고, 한심하고 지겨운 일에 마냥 매달려 있는 거야. 그게 다라고." 여동생 마리에게 푸념으로 한 말이다. 엥겔스는 얼마 후 고향 바르멘으로 돌아왔지만 고상하고 낭만적인 영혼에게 부모님 집과 가족회사 사무실 일은 전보다 훨씬 지겹게 느껴졌다. 그래서 1841년 9월 프로이센 군대 소집 영장을 받은 참에 일 년 복무를 "자원"했고, 프로이센 포병 근위연대 12중대에 배속됐다. 중대 본부가 있는 프로이센의 수도 베를린은 지방 부르주아 직물업자의 아들인 엥겔스에게 이상을 펴나가는 데 필요한 무대가 돼주었다. 여기서 엥겔스는 현대의 필요에 복무하는 현대판 지크프리트로 다시 태어난다.

2장

베를린 시절

— 헤겔 좌파와의 만남

The Frock-Coated Communist

"요즘 베를린 사람 아무나 붙잡고 물어보라. 독일의 여론 주도권 쟁탈전이 어디서 벌어지고 있는지…." 1841년에 엥겔스는 이렇게 썼다. "정신이 세계에 얼마나 큰 영향을 미치는지 조금이라도 아는 사람이라면, 그 전쟁은 베를린 대학 하고도 6호 강의실에서 벌어지고 있다고 답할 것이다. 셸링이 계시철학을 강의하는 곳 말이다."[1] 프리드리히 빌헬름 요제프 폰 셸링 같은 오만한 철학자도 그 강의는 결코 만만치 않았을 것이다. "수강생들의 면모가 여간이 아니었기 때문이다. …최고의 재능을 가진 다양한 인물이 많았다." 당시 사정을 잘 아는 한 인사는 이렇게 말했다. 6호 강의실에는 19세기의 준재들이 집결했다. 독학을 한 엥겔스는 맨 앞줄에서 열심히 강의를 받아 적으며 기꺼이 "청년 철학 독학도"를 자칭했다. 그 옆으로는 곧 예술사가이자 르네상스 연구가로 대성할 야콥 부르크하르트, 미래의 아나키스트 미하일 바쿠닌*, 덴마크 철학자 쇠렌 키에르케고르가 있었다. 바쿠닌은 셸링의 강의를 "재미는 있지만 별

---

* 1814~1876. 러시아 무정부주의자. 제1인터내셔널에서 마르크스와 치열한 노선 투쟁을 벌였다.

볼 일 없다"고 평가절하했고, 키에르케고르는 셸링이 하는 얘기는 "도저히 참을 수 없는 헛소리"라고 생각했다. 키에르케고르는 특히 종을 친 뒤에도 강의를 계속하는 셸링의 행태를 학문적 중범죄라고 주장했다. "그런 건 베를린에서는 용납이 안 된다. 그러니까 여기저기서 책상을 벅벅 긁고 야유를 하는 것이다."2

그러나 엥겔스는 은발에 푸른 눈을 한 셸링이 자신의 영웅인 헤겔을 가차 없이 비판하는 것에 매료됐다. 셸링은 신이 역사에 직접적인 힘을 발휘한다고 주장하면서 헤겔 철학의 오류를 낱낱이 밝혀내고자 했다. 시간이 갈수록 강의는 헤겔과의 대혈투로 번졌다. 계시와 이성의 투쟁이었다. "젊은 시절 튀빙겐 신학교 기숙사에서 같은 방을 썼던 절친한 두 친구셸링과 헤겔는 이제 만난 지 40년이 지난 시점에 더할 수 없는 적이 되었다. 한 사람헤겔은 벌써 10년 전에 죽었지만 제자들을 통해서 그 어느 때보다 강력한 영향력을 발휘하고 있었다. 반면에 또 한 사람셸링은 헤겔 제자들의 말처럼 지적으로는 30년 동안 죽은 상태였는데 이제 갑자기 힘과 권위를 주장하고 나섰다." 엥겔스는 자신이 어느 편인지에 대해 일말의 의심도 없었다. 그런데도 6호 강의실에 간 것은 그의 말에 따르면 "위인의 무덤을 도굴자들이 난도질하는 것을 막기 위해서"였다.3

베를린에서 맡은 공식 임무는 프로이센 왕정 수호를 위해 군사훈련을 하는 것이지만 엥겔스는 프로이센 체제를 허물 이데올로기적 도구들을 수집하느라 바빴다. 엥겔스는 걸핏하면 연병장을 빠져나와 베를린 대학 캠퍼스로 달려가 여러 가지 공부에 몰두했다. 후일 어지간한 대포보다 훨씬 더 치명적인 파괴력을 발휘할 내용들이었다. 베를린의 풍토는 엥겔스 같은 스타일에는 대단히 불편했다.

엥겔스가 1841년에 처음 본 베를린은 하루가 다르게 호엔촐레른 왕가의 위용을 과시하는 도시로 변해가고 있었다. 인구수는 1840년대 중반에 40만을 돌파했다. 베를린 시민들이 겪은 지난 반세기는 그야말로 다사다난했다. 국왕인 프리드리히 빌헬름 3세가 나폴레옹의 프랑스군에 패해 도주했고, 1806년 나폴레옹 황제가 브란덴부르크 문으로 개선행진을 했으며, 1813년에 가까스로 러시아군에 의해 해방을 맞았고, 이후 개혁과 낭만주의와 반동 정치가 이어지면서 혼란이 계속됐다. 그러나 반세기의 대미를 장식한 것은 1820~30년대에 프리드리히 빌헬름 3세가 왕실의 권위를 회복하고 신고전주의 양식 건축물을 대거 신축한 일이었다. 건축가 카를 프리드리히 쉰켈 주도로 거창한 광장과 왕실의 위용을 강조한 현대 베를린이 꼴을 갖춰나갔다. 도리스 양식의 왕립극장(지금의 베를린 콘체르트하우스), 화려한 조각이 인상적인 운터덴린덴 거리의 궁전다리 Schlossbrücke, 로마 판테온을 본떠 만든 쉰켈의 걸작 왕립박물관지금은 '옛 박물관 Altes Museum'이라고 한다 등등, 그 모든 것이 새롭게 부활한 베를린, 즉 왕실과 군대, 동프로이센 평원의 관료제도를 표상하는 것이었다. 엥겔스는 말년에 그 모든 것이 얼마나 흉측했는지를 회상했다. "부르주아는 아직 제대로 형성되지 않았고, 프티부르주아는 말만 많을 뿐 소심해서 알랑거리기만 하며, 노동자는 아직 전혀 조직화되지 않았고, 도시의 대부분은 관료와 귀족 및 왕실 측근들이었다. 베를린의 전체적인 성격은 단순한 '주거지' 였다."4

그러나 그렇게 계급적으로 완전히 쪼개진 듯한 도시지만 또 하나의 베를린이 있었다. 쿠퍼그라벤 거리에 있는 연병장 바로 옆은 시끌벅적한 광장으로 카페, 맥줏집, 와인 바 등이 많았다.5 1830년대 중반 베를린은 중심가에만 카페가 100곳이 넘었다. 공식 · 비공식 신문들을 비치한 카페는 토론의 장이었으며, 술꾼들의 소굴이었다. 술을 마시며 정치와 문학을 논하는 문화가 겐트아르멘마르크트 광장을 중심으로 꽃피었다. 카페마다 단골이 있었다. 프리드리히가와 린덴가가 만나는 모퉁이의 크란츨러 카페는 "베를린 근위대 중위들의 신전神殿"으로 유명했다. 장교 단골이 많고 인테리어가 화려했기 때문이다. 증권거래소 옆의 쿠르탱은 은행가와 사업가들에게 인기가 많았다. 쉰켈이 지은 왕립극장 건너편 슈텔라이스는 화가와 배우와 "문학 하는 자들"의 아지트였다.[6]

근처의 프리드리히 빌헬름 대학베를린 대학—1949년에 창립자인 빌헬름 폰 훔볼트1767~1835. 독일 언어학자, 철학자, 외교관, 교육개혁가의 이름을 따 훔볼트 대학으로 개칭된다—도 카페 단골을 많이 공급했다. 자유주의 분위기가 강했던 1800년대 초에 개명된 시민을 양성할 교육기관을 만들라는 프리드리히 빌헬름 3세의 위탁을 받고 훔볼트와 교육부 장관 알텐슈타인 남작은 당대의 탁월한 인재들을 모두 베를린으로 불러 모았다. 엥겔스가 한때 호감을 가졌던 신학자 프리드리히 슐라이어마허가 교수로 임명됐고, 반동적인 카를 폰 사비니가 법학을 가르쳤으며, 게오르크 니부어가 역사를 담당했다. 1818년에는 헤겔이 피히테의 뒤를 이어 철학과장이 되었다. 헤겔이 부임하면서 베를린 대학은 자연스럽게 헤겔 사상의 본산이 되었다. 헤겔 철학이 얼마나 기승을 부렸는지 슈텔라이스 카페 단골이었던 시인 하인리히 하이네는 1823년 베를린을 떠나면서 속이 다 시원하다고 했다. "모래알은 굵고 차茶는 싱거운" 이 도시에는 "하늘 아래 모든 것을 …헤겔의 논리로만 재단하는" 잘난 척하는 자들이 우글거린다는 것이다.[7]

방대한 헤겔의 논리를 모두가 못마땅해한 것은 아니었다. 특히 새로 왕이 된 프리드리히 빌헬름 4세(아버지 프리드리히 빌헬름 3세의 뒤를 이어 1840년에 즉위했다)와 수석 장관 요한 알베르트 프리드리히 아이히호른은 그렇지 않았다. 잠시 언론의 자유를 허용하고 자유주의적인 개혁을 추진하는 듯했지만 정치적 다원주의에 대한 호엔촐레른 왕가의 불신은 다시 고개를 들었다. 엥겔스의 회고에 따르면 프리드리히 빌헬름 4세는 "잠시 자유주의 같은 것을 선보이는 듯하더니 이내 봉건주의로 돌아섰고, 결국에는 경찰국가로 전락했다."[8] 1841년에는 좌파 사상 탄압 조치의 일환으로 아이히호른 장관이 머리가 허연 예순여섯의 셸링을 베를린 대학으로 불러들였다. "헤겔주의라고 하는 용龍의 새끼들을 근절하기 위해서"였다. 베를린 대학은 헤겔주의가 처음 씨를 뿌린 곳이자 그 온상이었다. 이렇게 해서 벌어진 철학적 난투를 엥겔스는 6호 강의실 맨 앞자리에 앉아서 즐겼다.

헤겔의 체계냐 변증법이냐

프로이센 당국은 헤겔주의를 왜 그렇게 무서워했을까? 훔볼트나 프리드리히 빌헬름 3세만 해도 헤겔주의를 전혀 싫어하지 않았다. 그들은 유명한 헤겔주의자들을 줄곧 영향력 있는 교수 자리와 국가 요직에 등용했다. 이 시기에 대해 엥겔스는 후일 "헤겔의 체계는 사실 왕정 체제인 프로이센의 국가 철학의 반열로까지 올라섰다"고 지적했다. 동시에 "헤겔의 사상은 의식적이든 무의식적이든 아주 다양한 학문 분야로까지 광범위하게 침투했으며, 심지어 대중문학과 일간지에도 스며들었다." 그러나 이제 그런 공인을 철회해야 할 때가 된 것이다.[9]

헤겔 철학의 분화가 어떻게 해서 일어났느냐는 경우에 따라 대립되기도 하는 두 가지 헤겔 독법으로 설명할 수 있다. 첫 번째 독법은 보수적인 입장이다. 역사가 이성이 자유로 향하는 개선행진을 총괄하는 과정이라면, 어떤 단계 이후의 시기는 전 단계보다 훨씬 진보적이고 합리적이며 자유로운 시대가 되는 것은 필연적이다. 그 시기의 모든 요소—미술, 음악, 종교, 문학, 통치 형식 등등—는 전 단계보다 훨씬 높은 단계의 이성을 구현하게 된다. 특히 국가의 경우가 문제가 된다. 헤겔은 국가를 정부와 시민사회 양자의 여러 요소를 망라하는 유기적인 정치체를 의미하는 것으로 보았다.

헤겔에게 국가란 개인의 의지가 법에 대한 복종을 통해 좀 더 큰 틀에서 보편적 이성의 명령과 합치하게 되는 수단이었다. "의무 속에서 개인은 …단순한 자연적 충동으로부터의 해방을 발견하게 된다. …의무 속에서 개인은 그 실질적인 자유를 획득한다."[10] 진정한 자유는 인간의 주관적인 감성이 정신의 진보와 하나가 될 때 나타나는 것이었다. 그리고 그러한 과정은 국가라는 매개체를 통해 실현된다. 헤겔의 사고틀에서 현대 국가는 "자유의 구현이며, 그 자체로 하나의 완결이고, 신적인 관념이 지상에 존재하게 되는 것"이었다.[11] 이론적으로 현대 국가는 진보, 이성, 자유 이념의 구현이었다. 각 개인은 국가에 복종함으로써만 자유의 자각이라는 감로수를 마실 수 있었다.

이런 논리에는 1806년 예나 전투에서 독일프로이센이 프랑스에 패한 직후 겪었던 짧지만 희망찼던 경험이 반영돼 있었다. 그 시기에 프로이센 국가는 헤겔이 『법철학 강요綱要』에서 설명한 이성의 자유라고 하는 이상을 구현한 것처럼 보였다. 이 시기는 1806년의 참패로 말미암아 수세에 몰린 국왕 프리드리히 빌헬름 3세가 자유주의적 개혁을 받아들이지 않을 수 없는 상황이었고, 실제로 진보적인 인사인 카를 폼 슈타인과 카를 아우구스트 폰 하르덴베르크가 총리를 맡아 개혁 정책을 밀어붙였다. 세습 특권은 철폐됐고, 유대인은 해방됐고, 경제적 질곡은 걷혔으며, 민주주의적 대표성을 강화하는 온건한 조치들이 시행됐다. 하이델베르크 대학에 있던 헤겔을 신설 베를린 대학으로 불러와(1831년 사망할 때까지 철학과장을 맡았다) 그의 지적 후광을 활용한 것도 그런 자유화 개혁의 일환이었다. "헤겔도 이성의 정치적 구현을 국가의 목표이자 본질로 삼음으로써 프로이센의 개혁을 세계사적 지위를 획득한 국가의 모범사례로 환영했다"는 것이 헤겔 전기를 쓴 존 에드워드 토우즈의 평가다.[12] 헤겔이 국가를 철학적으로 격상시켜 프리드리히 빌헬름 3세의 관료 조직의 정신적 품격을 한껏 올려줬음은 의심할 여지가 없다.

헤겔이 국가를 그 법률체계와 정치구조를 통해 이성과 자유를 토대로 한 특정한 목적을 추구하는 살아 있는 실체로 격상시킴으로써 국가의 목표가 극적으로 고양됐다. 국가는 이제 사적 소유권을 보호하고, 영토를 방어하고, 법을 집행하기 위해 존재하는 필요악이 아니었다. 국가는 훨씬 고상한 목적을 갖게 됐다. 절대이성의 구현과 같은 것을 대표하게 된 것이다. 베를린 궁정 사람들도 헤겔 철학 중에서 난해하기 이를 데 없는 현상학 부분은 잊었을지 몰라도 국가의 권위를 높여주는 그런 이론이 정치적으로 대단히 유용하다는 것은 잽싸게 간파했다. "헤겔의 저작은 프로이센의 관료들에게 고도의 정당성을 부여해주었다. 그들은 개혁기에 정부의 힘이 확대되는 만큼 그에 걸맞은 정당화가 절대적으로 필요했다." 역사학자 크리스토퍼 클라크1960~. 호주 출신의 케임브리지 대학 교수의 설명이다. "국가는 이제 단순히 주권과 권력이 뭉친 장소가 아니라 역사를 만들어가는 엔진이었다. 아니, 역사의 구현 그 자체라고 할 수 있었다."[13] 프리드리히 빌헬름 3세와 슈타인 총리가 베를린 대학 강의실을 정통 헤겔주의자 혹은 헤겔 "우파"로 가득 채우고도 여유를 보였던 것은 놀라운 일이 아니다.

한편 헤겔의 제자들 가운데 급진파는 스승의 저작에 대해 좀 더 진보적인 해석을 내놓았다. 이들은 프로이센의 현실—권위주의의 확대, 종교적 규제, 헌법 제정 가능성의 상실 등등—을 접하면서 (프랑스 혁명의 의의를 기리기 위해 자유의 나무를 심기도 했던) 스승이 그런 상태를 진실로 이성이 정점에 도달한 단계로 믿었다고는 도저히 인정할 수 없었다. 실제로 역사는 돌이킬 수 없을 만큼 비진보적인 방향으로 흘러가는 것처럼 보였다. 1840년 프리드리히 빌헬름 4세 등극은 엥겔스가 표현한 대로 "정통 교리의 수호자를 자처하는 절대 봉건 반동이 왕위에 오른" 사건이었다.[14] 프리드리히 빌헬름 4세는 왕권신수설을 철석같이 믿지는 않았지만 기독교 군주라는 것에 대해 고결한 자부심을 갖고 있었음은 분명하다. 왕은 신비롭고 신성한 유대를 통해 인민과 연결돼 있기 때문에 의회나 헌법이 중간에서 그 관계를 더럽힐 수는 없다는 것이었다. 프리드리히 빌헬름 4세의 시계는 진보의 시대와는 거리가 멀었다. 오히려 전통과 지속성과 위계질서를 강력히 옹호했다. 그런데 프로이센의 여러 대학에서 헤겔 좌파가 등장하면서 그런 보수파 도그마와 점점 불화를 빚었다.

헤겔에 있어서 위태위태한 지점은 변증법이었다. "헤겔의 체계를 강조하는 사람이라면 누구나 정치와 종교 양대 영역에서 다분히 보수적일 수 있었다. 반면에 **변증법**을 헤겔 사상의 요체로 보게 되면 극단적인 반대파가 될 수 있었다." 두 파벌의 차이를 엥겔스는 후일 이렇게 설명했다. "변증법적 진보"야말로 역사의 진행 방식이었다. 각 시대와 그 지배이념은 부정되고, 다음 세대의 것으로 포섭된다. "정正, 반反, 합合"이 이어지는 것이다. 청년 카를 마르크스의 설명을 따른다면 "그리스어로 말해서 테시스, 안티테시스, 신테시스다. 헤겔의 언어를 모르는 사람들한테는 '긍정, 부정, 부정의 부정'이라는 간단한 도식으로 표현해줄 수 있겠다."[15] 이렇게 해서 정신이 역사 속에서 구현되는 과정은 모든 기성 정치 체제와 그 지배적인 의식 형태에 대한 지속적인 비판과 같이 가는 것이었다. 각 단계는 그 자체 안에 포함된 그런 긴장으로 말미암아 스스로 약화되면서 종국에는 이성과 자유가 지배하는 단계로 나아간다. "거기에 헤겔 철학의 진정한 의미와 혁명성이 있다"고 엥겔스는 썼다. "역사에 나타나는 모든 국가는 낮은 단계로부터 높은 단계로 이행하는 인간 사회의 무한한 발전 과정에서 일시적인 단계에 불과하다. …그것[변증법]에 비추어보면 최종적이고 절대적이며 신성한 것은 아무것도 없다."16

이런 해석은 대단히 강력한 이데올로기적 해결책을 제공했다. 헤겔의 급진파 독자들에게 이제 불변의 영원한 진리란 존재하지 않았다. 모든 문명은 나름의 현실과 철학과 종교가 있지만 그것들은 모두 부정되고 수렴될 운명을 지닌 것이었다. 나아가서 이는 헤겔 이전의 철학은 물론이고 헤겔 자신의 사유에도 똑같이 적용되는 얘기였다. 국가로부터 봉급을 받는 베를린 대학 교수헤겔가 저지른 치명적인 잘못은 개혁 시대의―슈타인과 하르덴베르크 총리와 훔볼트가 활약했던―프로이센을 이성의 역사에서 정점에 도달한 시기로 봤다는 사실이다. 그러나 실제로 그것은 또 하나의 이행기로서 곧 부정될 운명이었다. 셸링의 강의를 듣던 회의적인 대학생들에게 헤겔 철학은 프로이센 국가를 정당화하는 도구가 아니라 호엔촐레른 왕가 지배 체제를 비판하는 진보적 수단을 제공해주었다. 이런 헤겔 "좌파" 또는 "청년" 헤겔파들에게 헤겔 철학은 행동을 촉구하는 박차였으며, 그의 저작은 자유주의적 개혁 요구에 힘을 실어주는 수단이었다.

포이어바흐의 기독교 비판

초기 사회주의가 종종 그러했듯이 가장 매서운 공격이 집중된 분야는 종교였다. 헤겔은 프로이센이라는 국가를 이성의 최종적 완성태로 간주한 것처럼 1820년대를 지배한 프로테스탄트의 협소한 인식틀(루터교 신앙)을 영적 삶의 최고선으로 보았다. 여기서 다시금 편리하게도 역사는 헤겔이 살던 바로 그 시대에 문화와 종교 영역에서까지 정점에 도달한 것으로 여겨졌다. 따라서 청년 헤겔파는 헤겔이 정치와 마찬가지로 종교 분야에서도 정작 본인이 주창한 역사주의를 제대로 이해하지 못했으며, 자유의 구현이라고 여긴 것이 사실은 이상을 향해 나아가는 도정의 한 단계일 뿐이라는 사실도 인식하지 못했다고 비난했다. 그들이 의문을 제기한 것은 '자기들 시대의 유럽 기독교가 어떻게 로마 다신교나 고대 인도의 힌두교 신앙과 다른가?' 하는 것이었다. 저마다 그 시대의 산물이 아니냐는 것이다. 1842년 라이프치히에서 무기명으로 발표한 셸링 강의 비판 「셸링과 계시」에서 엥겔스는 청년 헤겔파는 "기독교를 더 이상" 비판적 검증의 성역聖域으로 보지 않는다고 선언했다. "기독교의 그 모든 기본 교리들, 그리고 지금까지 종교라고 일컬어져 온 것들 자체도 이성의 가차 없는 비판을 받게 됐다."[17]

이런 종교 비판의 토대를 놓은 것은 다피트 슈트라우스가 복음서를 신화로 재해석한 작업이었다. 헤겔 밑에서 공부한 신학자이자 철학자 브루노 바우어는 그런 비판을 한 단계 진척시켜 문화적 구성물로서의 기독교를 상세히 분석했다. "아주 과격한 인물로 차디 찬 외모 속에 불같이 타오르는 내면"을 간직했다는 바우어는 변증법은 격렬한 지적 공격 과정을 통해서만 앞으로 나아갈 수 있다고 생각했다. 각 시대의 진실이라고 하는 것들은 이성의 빛을 통해 낱낱이 까발려져야 했다. 그리고 그러한 이성의 공격을 통해 바우어는 현대의 기독교는 자기의식의 자유의 발전에 장애물이 된다는 결론에 도달했다. 외적인 신에 대한 숭배, 신조와 교리에 대한 묵종이 인간을 인간의 참된 본질로부터 소외시켰다는 것이다. 종교 의식儀式이 그런 신비적 복종을 계속 요구하는 한 인간이 자기의식에 도달하거나 자유를 구현할 가능성은 없었다. 바우어는 변증법을 도입함으로써 그런 소외가 역사의 행진을 방해하는 것이며 따라서 극복해야 할 대상이라고 주장했다.

이런 고차원적 형이상학의 이면에 도사리고 있는 정치적 동기는 호엔촐레른 왕가와 그 통치권을 정당화해주는 기독교 교리에 대한 정치적 도전이었다. 국가의 보루로 간주됐던 헤겔 철학이 이제는 오히려 프로이센의 종교적·정치적 근간을 허무는 데 투입된 것이다. 이에 겁을 먹은 프리드리히 빌헬름 4세가 1842년 3월 체제전복적인 성향의 브루노 바우어를 본 대학 강사 자리에서 쫓아낸 것은 놀라운 일이 아니다. 그러나 청년헤겔파의 약진을 막으려면 그 이상의 조치가 필요했다. 바우어에 이어 치열한 종교 비판의 선봉에 선 것은 루트비히 포이어바흐1804~1872. 독일의 철학자, 신학자였다. 포이어바흐는 1841년 저작 『기독교의 본질』을 통해 마침내 헤겔주의의 마지막 남은 보수적 색채까지 완전히 제거해버렸다. 엥겔스의 회고에 따르면 "그것은 한 방에 모순을 날려버렸다. 그저 유물론을 다시 왕좌에 올려놓았을 뿐인데 말이다. …자연과 인간 이외에 아무것도 존재하지 않는다, 그리고 우리의 종교적 환상이 창조해낸 고차원적인 존재들은 우리 자신의 본질을 환상을 통해 투영한 것에 불과하다. 주술呪術은 깨졌다. '체계'는 폭파됐다. …자아가 자신에 대한 관념을 획득하는 데에 이 책이 얼마나 해방적인 영향을 미쳤는지 누구나 절감했을 것이다. 도처에서 열광했다. 우리는 모두 한동안 포이어바흐주의자가 되었다."[18]

포이어바흐 역시 한때 헤겔 밑에서 직접 배운 생도였다. 그는 바우어 못지않게 변증법을 기독교에 적용하는 데 심혈을 기울였다. 바우어의 소외 개념을 토대로 논리를 확장시킨 포이어바흐는 종교의 발전은 인간이 자신의 인간적이고 감각적인 자아로부터 점차 떨어져나가는 과정으로 이해해야 한다고 주장했다. 기독교의 신격神格을 통해서 인간은 자신의 이미지를 가진, 자신의 이미지와 닮은 신성을 창조해냈다는 것이다. 그러나 이렇게 해서 객체화된 신은 너무도 완벽했고 인간은 그 영적 권위 앞에 완전히 엎드렸다. 그 결과 원래의 권력관계가 완전히 뒤집어졌다. "인간—이것이야말로 종교의 비밀이다—은 자신의 본질을 객체성에 투사한 뒤 스스로는 그렇게 투사된 자기 이미지의 객체가 되고, 객체가 오히려 주체로 전환된 것이다." 그리고 인간은 이 외적인 신을 열렬히 숭배할수록 내적으로는 더욱 빈곤해졌다. 이는 제로섬 관계였다. 신격이 번창하려면 인간의 품격이 떨어져야 했다. "종교는 그 본질상 인간과 자연으로부터 그 실체성을 고갈시킨다. 그러면서 그 실체성을 피안의 세계에 있는 신神이라는 환영에다가 옮겨준다. 그러면 신은 다시 자비로운 표정으로 인간과 자연이 자신의 풍족함을 일부 취할 수 있도록 허용한다." 포이어바흐의 논지를 엥겔스는 이런 식으로 설명했다. "자각과 동시에 신앙이 없으면 인간은 아무런 실체도 가질 수 없고, 진리와 이성과 자연 같은 것은 꿈도 꿀 수 없는 상태가 된다." 1844년 작 『헤겔 법철학 비판』에서 마르크스는 좀 더 간단하게 평한다. "종교는 억압받는 피조물의 한숨이며, 심장 없는 세계의 가슴이며, 영혼 없는 상황의 영혼이다. 그것은 인민의 아편이다."[19]

이어 포이어바흐는 청년 헤겔파의 비판 정신에 걸맞게 불화살을 한때의 스승이었던 헤겔을 향해 날렸다. '기독교 신학과 헤겔 철학(또는 "이성적 신비주의")의 실질적인 차이는 무엇인가?' 하는 것이 포이어바흐가 알고자 했던 부분이다. 둘 다 자기소외를 내포하는 형이상학적 신념 체계가 아니던가? 다만 하나는 신을 격상시키고, 다른 하나는 그보다 훨씬 손에 잘 안 잡히는 정신Geist을 격상시킨 것이었을 뿐. "사변적 신학[헤겔주의를 말한다]이 일반 신학과 다른 것은 신적 본질을 이 세계로 전이시킨다는 점이다. 말하자면 사변적 신학은 신적 본질을 이 세계 속에서 상상하고 규정하고 실현하는 반면, 일반 신학은 두려움과 무지 탓에 그것을 다른 세계에 투영한다."[20] 철학은 사유의 영역으로 끌려들어간 종교에 다름 아니었다.

포이어바흐는 헤겔의 철학과 기독교라는 종교는 인간을 그가 처한 실존적 현실로부터 분리시킨다는 점에서 어느 쪽이 낫고 못하고 할 만한 차이가 없다고 주장했다. 포이어바흐는 양쪽 모두에 대해 종지부를 찍고자했다. 그가 신이나 이념의 자리에 들어서기를 원한 것은 인간이었다. 신학이 아니라 인간학을 원한 것이다. "헤겔 철학을 포기하지 못하는 사람은 신학을 포기하지 못한다. 자연이나 현실이 이념에 의해 정립된다는 헤겔의 교리는 자연이 신에 의해 창조됐다는 신학적 가르침을 이성에 입각해 설명한 것에 불과하다."[21] 따라서 둘 다 폐기돼야만 인간이 그 진정한 본질, 즉 인간의 "유적類的 존재"를 되찾을 수 있다. 관념론자인 헤겔이 저지른 오류는 존재로부터 사유를 이끌어내지 않고 사유로부터 존재를 이끌어냄으로써 현실을 뒤집어놓은 것이다. 포이어바흐가 촉구한 것은 관념론이 아니라 유물론이었다. 헤겔의 형이상학적 이론화와 뜬 구름 잡는 식의 정신의 행진 대신에 인간의 자연적이고 육신적인, "직접적인" 실존의 생생한 현실에 집중하자는 것이었다.

바우어, 슈티르너, 쾨펜 등과 교유

이런 문제들은 활강식 유탄포 조작법을 익히고 있어야 할 청년 포병 장교에게 아주 매혹적인 주제였다. 그럴수록 한때 매력을 느꼈던 제식훈련과 탄도 계산도 급속히 시들해졌다. 당시 지원병은 본인 수입이 충분할 경우 병영이 아닌 하숙집에서 출퇴근할 수 있었기 때문에 엥겔스는 강의실과 도서관, 베를린 홍등가 맥줏집에서 많은 시간을 보냈다. 그가 군 생활에서 진짜 좋아하는 면이 딱 하나 있었다. "말이 나와서 하는 얘기지만 우리 제복은 정말 멋져." 베를린에 도착한 뒤 여동생 마리에게 바로 보낸 편지에서 엥겔스가 한 말이다. "파란 바탕에 검은 깃에는 노랗고 넓은 줄이 두 개 들어 있고, 소매는 검정 바탕에 역시 노란 줄이 달렸는데 코트 뒷단에는 붉은 장식이 돼 있어. 게다가 빨간 멜빵은 가장자리를 하얀 실로 장식했지. 정말 죽인다. 내가 입으면 어디 쇼에 나가도 될 정도야." 엥겔스 비까번쩍한 정복을 입고 상류사회 모임에 나가기를 즐겼다. "그것 때문에 미안하게도 어제 여기 온 시인 루케르트가 곤란하게 됐어. 그 친구 바로 앞에 앉았는데 그 불쌍한 친구가 시를 읽다가 반짝반짝 하는 내 단추를 보고는 그만 정신이 나가서 읽던 대목을 놓치고 만 거야. …난 곧 정사수가 될 텐데 그러면 소매에 금실 장식도 달게 돼. 일종의 진급이지."[22]

엥겔스는 개도 한 마리 키웠다. 멋진 스패니얼 종으로 이름도 재미나게 지어서 이름이 없다는 뜻의 '무명씨無名氏'였다. 엥겔스는 단골인 라인란트 레스토랑(여기서 돼지고기와 독일식 백김치를 배 터지게 먹곤 했다)에 갈 때도 무명씨를 꼭 데려갔다. "녀석은 술도 아주 잘 먹어. 저녁에 레스토랑에 데려가면 항상 옆에서 한몫 끼지. 아니면 다른 사람 테이블 아무데나 가서 스스럼없이 혼자 놀든지." 무명씨는 겁이 많아서 제대로 훈련을 시키지는 못했지만 한 가지 재주만은 그런대로 잘 익혔다. "'무명씨야, …저기 귀족이닷!' 하면 녀석은 분노에 치를 떨면서 내가 가리킨 사람을 향해 무섭게 으르렁거려." 1840년대 베를린에서는 충분히 있을 수 있는 일이었다.[23]

으르렁거리는 스패니얼을 데리고 저녁 외출을 하는 것 말고도 엥겔스는 청년 헤겔파 사람들과 자주 어울렸다. 그럴 때면 으레 수도 베를린 특유의 독한 화이트비어를 마시면서 철학적인 문제들을 놓고 끝장토론을 벌이곤 했다. "우린 슈텔라이스에서 만나곤 해. 저녁때면 프리드리히슈타트의 바이에른식 맥줏집에서 보지. 돈이 좀 있으면 포슈트라세의 와인 바에서 만나고."[24] 경우에 따라 다르지만 핵심 멤버는 브루노 바우어와 그 동생 에드가 바우어, "자아"의 철학자 막스 슈티르너, 역사학자이자 불교학자인 카를 쾨펜, 정치학 강사 카를 나우베르크, 언론인 에두아르트 마이엔, 만년에 국가주의로 전향한 할레 대학 강사 아르놀트 루게1802~1880, 독일의 사상가, 저널리스트 등등이었다. 인습 타파를 주창하는 이들의 가치관은 정치관뿐 아니라 행동거지나 행태에서도 확연히 드러났다. "자유파Die Freien"—바우어는 "맥주파 지식인beer literati"이라는 표현을 썼다—로 통하는 이들 공격적이고 오만한 지식인 일당은 당대의 윤리와 종교, 부르주아식 예의범절을 보란 듯이 무시했다.[25] 초기 공산주의자이자 식자공 도제였던 슈테판 보른은 문제의 서클에 대해 "브루노 바우어, 막스 슈티르너 및 그 주변의 시끄러운 일당들은 해방 여성들과 공공연히 교제를 함으로써 사람들의 관심을 끌었다"고 회고한 바 있다. 에드가 바우어가 포르노를 밝힌 것은 고지식한 청년 보른에게는 대단히 당혹스러운 일이었다. "그의 방에 들어서자마자 벽에 걸린 외설 석판화들을 보고 감짝 놀랐다. 그는 나랑 얘기를 하면서 [자기가 쓴 단편소설의] 교정쇄를 들여다보고 있었는데 그 역시 못지않게 역겨운 내용이었다."[26]

엥겔스는 성과 윤리 문제에서 이미 대단히 개방적이었기 때문에 "자유파"의 생활 스타일을 적극 지지했다. 엥겔스의 아버지가 아들이 베를린의 엄격한 궁정사회를 접하면서 철없던 어린 시절의 급진적인 성향을 떨쳐 낼 것으로 기대했다면 그야말로 실망이 컸을 것이다. 엥겔스는 이제 청년 독일파의 우유부단한 이상주의를 내던지고(독실한 그래버 형제와는 일찌감치 절연했다) 바우어, 슈티르너, 쾨펜 등등에게 푹 빠졌다.[27] 이 서클은 자유분방한 만큼 엥겔스에게는 더더욱 매력적이었다. 아들이 그런 반反문화적인 친구들과 어울려 다닌다는 사실을 알았더라면 아버지는 엄청난 충격을 받았을 것이다. 엥겔스가 새로 사귄 일당을 얼마나 좋아했는지는 자유파가 난장판으로 마시고 떠드는 모습을 스케치로 담은 것에서도 알 수 있다. 의자와 반쯤 먹다 남은 와인 병들이 여기저기 널브러져 있고, 화가 치민 에드가 바우어는 탁자를 주먹으로 쾅쾅 치고, 냉철한 막스 슈티르너는 담배만 뻐끔뻐끔 피우고 있다. 심술이 난(아니면 곤드레가 됐는지) 쾨펜은 탁자 위에 올라가 앉아 있고, 전투적인 브루노 바우어는 주먹을 쳐들고 아르놀트 루게를 쫓아간다. 이런 난장판 위로 공중에 떠 있는 다람쥐는 당시 프로이센 장관이던 아이히호른1781~1854. 법학자 출신으로 문화부 장관을 지냈다을 상징한다(아이히호른Eichhorn은 독일어로 '다람쥐'라는 뜻이다). 기요틴은 브루노 바우어를 "신학의 로베스피에르"로 보고 그려놓은 것이든지 아니면 엥겔스 본인을 나타내는 서명 같은 것이겠다.

「뻔뻔스러운 협박을 당했지만 기적적으로 구조된 성서. 또는 신앙의 승리」는 엥겔스가 에드가 바우어와 함께 쓴 일종의 풍자 서사시다. 브루노 바우어가 본 대학에서 쫓겨난 데 대한 항의로 쓴 이 시는 밀턴의 서사시 『실낙원』 스타일의 명상을 통해 사탄과 신이 청년 헤겔파(모두 지옥에 떨어

엥겔스가 그린 베를린 자유파 친구들의 모습. 술병이 즐비하고 어수선한 것이 왁자지껄했을 것 같다.

질 운명이다)의 영혼을 놓고 벌이는 싸움을 그렸다. 신학과 철학을 억지로 섞어놓아서 지금 보면 그저 재기 넘치는 대학생의 습작 같은 느낌이다. 그러나 브루노 바우어를 묘사한 대목은 길버트와 설리번의 희가극에 나오는 유명한 노래 '내가 바로 요즘 육군 소장의 모델이라네'처럼 매력적이면서도 쉽게 입에 붙는다.[28]

내가 공부한 건 현상학적인 문제들이지,

신학도 했고, 아무리 골치 아파도
미학도 했고, 형이상학, 논리학,
전혀 소득이 없었던 건 아니라네.

헤겔이 카메오로 등장하는 장면 역시 재치가 넘친다.

학문에 나는 모든 시간을 바쳤다네,
그리고 온 힘을 다해 무신론을 가르쳤지.
나는 자기의식을 왕좌에 앉혔다네,
그렇게 해서 신은 쫓겨났지만.

이 풍자시를 통해 몇 가지 확실히 엿볼 수 있는 면모가 있다. 특히 엥겔스가 묘사한 자화상이 그러하다. 웅지를 품은 지크프리트이자 화려한 문예 기사의 필자인 "프리드리히 오스발트"는 베를린의 맥줏집을 거치면서 한층 과격한 인물로 변신했다. 그것은 기요틴을 만지작거리는 프랑스 혁명가의 모습이었다.

맨 왼쪽에 긴 다리로 성큼성큼 걷는 자,
오스발트는 회색 프록코트에 후추색 바지를 입었다.
속마음도 후추색, 산악당山岳黨 오스발트는
뼛속까지 급진파라네.
낮이고 밤이고 기요틴 반주에
늘 똑같은 노래를 부르지.
울리느니 지옥의 노래, 후렴을 큰 소리로 외친다네,

대오隊伍를 갖춰라! 무기를 들어라, 시민들이여!*

오스발트 바로 뒤에 나오는 인물이 몇 년 후 오스발트(엥겔스)와 교분을 트게 될 사람이다.

저리도 거칠게 뛰어 들어오는 자 누구인가?
시커먼 트리어마르크스의 고향 친구, 정말 거칠기도 하지.
조금 빨리 걷는 정도가 아니라 껑충 껑충 뛴다네.
큰 소리로 떠들면서. 창공을 홱 잡아채
땅에다 내팽개치기라도 할 기세,
두 팔 힘차게 허공으로 뻗는다네.
분노한 주먹을 불끈 쥐며 쉬지도 않고 날뛰지.
일천一千 악마한테 머리칼을 붙잡힌 것처럼.[29]

'시커먼 트리어 친구' 카를 마르크스

"시커먼 트리어 친구"로 묘사된 카를 마르크스에 대한 다른 사람들의 평가를 들어보자. 모제스 헤스1812~1875. 독일 사회주의자, 언론인는 그를 "가장 깊은 인상을 남긴 비범한 인물"이라고 했다. "가장 위대한 철학자를 만날 준비를 하라. 그는 아마도 지금 살아 있는 철학자 가운데 유일하게 진정한 철학

---

* 산악당은 프랑스 혁명 때의 과격급진파. 국민공회에서 의장석 왼쪽에 앉아 '좌파'라는 별명을 얻었다.

자일 것이다. 그가 세상에 나타나면 전독일의 눈이 그에게로 쏠릴 것이다. …그는 깊은 철학적 진지함과 신랄한 위트를 겸비했다. 루소, 볼테르, 돌바크*, 레싱, 하이네, 헤겔을 하나로 합쳐놓은—그냥 한 자리에 모아놓은 수준이 아니라—인물을 상상할 수 있겠는가? 그렇다면 그게 바로 마르크스 박사다." 쾰른의 실업가인 구스타프 메비센도 마르크스에게 매료됐다. "24세의 강렬한 사나이. 뺨이며, 팔뚝이며, 코며, 귀에 새까만 검은 털이 무성했다. 좌중을 압도하고, 성격 급하고 열정적이며, 한없는 자신감에 차 있었다. 그러나 동시에 진지하기 이를 데 없고 박학다식하며 철두철미한 변증법 주창자로 유대계 특유의 통찰력으로 청년 헤겔파의 주장을 그 극한까지 밀어붙였다."[30]

마르크스는 엥겔스와 비슷한 부르주아 집안에서 2년 먼저1818년 태어났다. 고향은 라인 강의 또 다른 지류인 모젤 강이 흐르는 트리어 시市였다. 집안 분위기는 엥겔스네의 엄격한 경건주의와는 사뭇 달랐다. 트리어는 라인란트 주 남서부 지역으로 1806년 나폴레옹 군대가 점령한 이후 중류층 사이에는 자유주의적인 세계관이 확산됐다. 마르크스의 아버지 하인리히 마르크스는 변호사에 소규모 포도원도 갖고 있었으며, 프랑스 계몽주의의 이상과 루트비히 뵈르네를 비롯한 청년독일파가 주창하는 식의 라인란트 자유주의를 신봉했다. 그는 볼테르와 루소를 나름대로 깊이 이해했으며, 아이작 뉴턴과 라이프니츠를 영웅으로 떠받들었다. 또 트리어 카지노 클럽에서 열심히 활동하기도 했는데 이 클럽은 생각이 같은 진보적인 인사들이 저녁 시간을 함께하면서 정치와 문화적 관심사를 논쟁하

---

* 18세기 프랑스 계몽주의 백과전서파 철학자. 무신론과 유물론을 주창한 것으로 유명하다.

고 토론하는 모임이었다.

하인리히는 유대인식 원래 이름인 히르셀(또는 헤셀)에서 개명한 이름이었다. 그는 유대교를 공식적으로 포기하고 1817년 루터교 세례를 받았다. 프랑스가 점령했던 라인란트가 1815년 나폴레옹의 몰락으로 다시 프로이센에 합병되면서 트리어의 유대인들은 나폴레옹 치하에서 누렸던 자유를 박탈당하고 공직 진출 및 변호사 개업 금지 같은 제재를 받게 됐다. 하인리히 마르크스는 "쪽박을 차느니" 기독교로의 개종을 선택했다. 그렇게 함으로써 1700년대 초 이후 여러 명의 랍비를 배출한 랍비 집안의 전통을 내버렸다. 계몽주의 성향의 뉴턴 추종자이자 배고픈 아홉 자녀의 아버지였던 하인리히는 유대적 전통을 내던진 데 대해 그렇게 심히 괴로워하지는 않았던 것 같다. 그런 단절을 훨씬 받아들이기 어려워한 사람은 아내 헨리에테 마르크스였다. 헨리에테는 이디시어Yiddish*를 썼고, 본인과 아이들까지 개신교식 세례를 받은 뒤에도 일부 유대계 관습을 그대로 지켰다.

하인리히는 개종이라는 현실적인 선택을 했지만 세계관에 있어서 복음주의 보수파인 엥겔스 아버지와는 더할 수 없이 달랐다. 그는 또 한결 다정다감한 아버지였다. 청년기 마르크스에게 보낸 장문의 편지들은 진지하고 사랑이 넘치며 아버지다운 근심걱정으로 가득 차 있다. 그러지 않아도 근심 어린 말투는 헨리에테로 인해 더 심해졌다. 헨리에테는 가족 사랑이 지나친 나머지 성격적으로 노심초사형이 됐다. 그러나 크게 봐서 마르크스의 어린 시절은 엥겔스와 마찬가지로 행복했다. 여동생들과 진흙

* 독일어에 히브리어, 슬라브어 따위가 섞여서 된 언어로 유럽 내륙과 그곳에서 미국으로 이주한 유대인들이 주로 쓴다.

놀이를 하고 학교에서는 말썽을 피우기도 했다. 그러나 17세에 본 대학에 들어가면서 가족과 멀어지기 시작했다. 사실 이후 마르크스가 부모형제와 냉정하게 거리를 둔 것은 엥겔스가 가족과 멀어지면서 괴로워했던 것에 비하면 훨씬 의도적이었다.

마르크스는 정서적 에너지를 자기 식구가 아닌 전혀 다른 가족(폰 베스트팔렌 집안)에 쏟았다. 루트비히 폰 베스트팔렌 남작은 가톨릭이 주류인 트리어에서 개신교도였고, 자유주의 성향의 프로이센 고위 공무원이었다. 귀족 가문인데도 부르주아인 하인리히 마르크스와 친구가 되었고, 친구의 총명한 아들 카를을 들로 산으로 데리고 다니면서 셰익스피어와 호메로스의 시를 읽어주곤 했다. 그러나 카를 마르크스가 더 큰 관심을 보인 대상은 남작의 아름다운 딸 예니 폰 베스트팔렌^{1814년생으로 마르크스보다 네 살 위다}이었다. 그런데 지적인 프로이센 귀족의 딸이자 "트리어에서 가장 예쁜 아가씨" 예니가 위트 넘치고 허세 심한 매력적인 털북숭이 유대계 소년과 사랑에 빠졌다. 누가 봐도 놀라운 일이었다. 1836년 예니는 공식 약혼자인 장교와 관계를 끊고 마르크스를 선택했다. 예니는 마르크스를 "거친 검정 멧돼지", "못된 건달" 같은 별명으로 부르곤 했는데 나중에는 "무어인ㅅ"이라는 애칭을 썼다. 무어인은 북아프리카의 아랍·베르베르 혼혈 이슬람교도를 뜻하는 말로 털이 많고 오리엔트적인 신비함이나 색다름이 넘친다는 의미로 붙인 별명이었다. 마르크스 집안에서는 아들이 점점 막 나가자 경악을 금치 못한 반면 예니는 약혼자가 그렇게 말썽을 부리고 대학생 특유의 과격 급진파식 행동을 해도 마냥 흐뭇해했다. 두 사람은 1843년에 결혼했다. "그들의 사랑은 투쟁의 연속이라는 인생의 시련을 모두 뛰어넘었다"고 슈테판 보른은 말했다. "그렇게 행복한 결혼생활을 나는 거의 본 적이 없다. 행복과 슬픔을 함께하고(후자가 대부분이다), 모든 고통을 서로가 일심동체라는 확신 속에서 온전히 극복했다."[31]

청년 마르크스는 확실히 거칠었다. 부모는 그에게 한없이 잘해줬지만 한편으로는 질책도 했다. 1835년 캠퍼스 생활의 자유를 누리게 됐을 때 그 결과가 얼마나 일탈적인 행동으로 나타날지는 충분히 예상할 수 있었다. 본 대학에 들어간 마르크스는 법학부 강의는 걸핏하면 빼먹고 트리어 선술집 클럽 회장이 되어 술 먹고 사고 치고 경찰서 유치장을 드나드는가 하면 프로이센 장교와 결투를 하기도 했다. 결투는 다행히 왼쪽 눈 위에 칼자국이 나는 것으로 그쳤다. 아버지 하인리히는 "결투가 철학과 무슨 상관이냐?"라고 책망했다. "그런 기질을 그대로 놓아두면 안 된다. 아니, 기질이라기보다 광란이라고 해야겠다. 부모를 걱정하게 하는 것은 물론이고 네 인생을 망치게 될 수 있단 말이다." 이런 야단도 아무 소용 없었다.

엥겔스의 검술 실력은 한결 믿을 만했다. 건강도 마찬가지였다. 엥겔스는 아픈 적이 거의 없는 반면 마르크스는 줄곧 지적으로나 육체적으로 한계에 부딪히곤 했다. "아홉 과목은 내가 볼 때 너무 많은 것 같구나. 몸과 정신이 견딜 수 있는 수준 이상은 하지 않았으면 좋겠다." 마르크스가 대학 공부를 시작했을 때 아버지가 한 충고다. "지구상에서 병약한 학자만큼 불행한 존재는 없다. 그러니 네 건강이 견딜 수 있는 이상의 공부는 하지 말거라." 마르크스는 이런 충고를 귀담아듣지 않았다. 평생의 습관인 흡연을 시작했고, 밤늦게까지 책을 읽고 연구에 몰두했다. 이런 과부하에 걸핏하면 폭음까지 했으니 거의 치명적이었다. 여러 해가 지난 어느 날 둘이서 "엄청 때려 마셨는데" 황소 같은 엥겔스는 다음날 정확히 제 시간에 말짱한 정신으로 나타난 반면 마르크스는 두 주를 완전히 뻗어버렸다.

본에서 피곤한 일 년을 보낸 뒤 마르크스는 법학 공부를 마칠 요량으로 베를린 대학으로 갔다. 아버지는 다시 아들에게 편지를 보내 헤겔주의의 본산에서 기다리고 있을 지적 위험들에 대해 경고했다. "윤리도덕을 팽개 친 자들이 말을 이리저리 비틀어서 이제는 저희들끼리도 서로 귀를 막을 정도란다." 이런 충고 역시 마르크스는 아랑곳하지 않았다. 엥겔스가 연 병장을 뛰쳐나와 강의실로 달려간 것처럼 마르크스는 법학을 접고 철학 으로 돌아섰다. 마르크스가 헤겔주의로 전향하는 데에는 그리 오랜 시간 이 걸리지 않았다. 그는 프랑스거리에 있는 맥줏집에서 청년 헤겔파들과 전향을 축하했다. 이어 아르놀트 루게, 브루노 바우어와 함께 술 퍼마시 고 철학을 논하는 박사클럽Doktorklub을 결성했다. 아지트는 히펠의 와인 바였다.

고향 트리어의 집에 있는 아버지는 당혹했다. "아, 너의 행동은 지금까 지 무질서에 불과했다. 모든 분야의 지식을 어슬렁거리며 흐릿한 등불에 의존해 진부한 전통을 뒤지고 다니는구나. 맥주잔으로 타락하더니 이제 는 빗질도 안 한 머리에 실내복 차림으로 전락해가는구나." 아버지는 아 들에게 간곡히 타일렀다. "세상과의 교류라는 게 고작 지저분한 방 안에 처박혀 있는 것이냐? 예니가 보낸 사랑의 편지와 이 애비가 눈물로 쓴 충 고의 편지는 읽지도 않은 채 어지러운 방 안에 뒹굴고 있겠지…." 하지만 일단 불이 당겨지자 마르크스는 부모의 좀스러운 걱정 따위는 더더욱 아 랑곳할 시간이 없었다. 그러면서도 헤겔주의 철학의 고지를 오르는 동안 집에서 보내주는 돈은 꼬박꼬박 챙겼다. 생애 마지막 날까지 아들의 행태 에 좌절했던 하인리히는 1838년 폐결핵으로 세상을 떠났다. 카를 마르크 스는 장례식에 가지 못했다. 그러고도 이후 아버지 초상화는 평생 지니고 다녔고, 걸핏하면 울었다. 마르크스의 유별난 면모다.

아버지로부터 완전히 벗어난 마르크스는 이듬해에 법학 학위는 완전히 포기하고 철학박사 학위 과정을 시작했다. 주제는 "데모크리토스와 에피쿠로스 자연철학의 차이"였지만 사실은 헤겔 사후와 비슷한 그리스 철학의 전환기를 모델로 독일 현대 철학을 두루 비교해 비판하는 내용이었다. 이 박사학위 논문의 결론은 점차 확대돼가는 인간의 자기의식의 이름으로 철학적 비판을 수행하는 청년 헤겔파에 대한 지지였다. 아이히호른과 셸링, "헤겔 우파"의 감시의 눈초리가 번득이는 베를린 대학에서 이런 논문이 통과될 가능성은 거의 없었다. 다행히 예나 대학은 분위기가 한층 느슨했다. 1841년 카를 마르크스는 고향에 나타나 박사학위를 폰 베스트팔렌 남작에게 헌정했다.

문제는 이제 무엇을 할 것이냐였다. 향토장학금은 아버지 사후 거의 바닥이 나고 있었다. 본 대학의 브루노 바우어와 같이하기로 한 학문적 작업도 1842년 바우어가 포기함으로써 무산됐다. 해결책은 언론이었다. 마르크스는 검열에 관한 기사(이 기사 역시 바로 검열당했다)나 재산권, 경제불황, 프로이센 정부 등에 관한 일련의 기사를 통해 철학적 분석을 구체적인 정치 흐름과 연결시키기 시작했다. 혁명적 지성을 서서히 철학적 성찰에서 사회적 현실 쪽으로 돌린 것이다. 마르크스는 처음에는 아르놀트 루게가 운영하는 「독일연보年報」에 기고하다가 나중에는 쾰른에서 발행하는 「라인 신문」에 합류했다. 그렇게 열정과 정치적 수완과 글재주를 발휘한 끝에 1842년 10월에는 「라인 신문」 편집장이 됐다.

마르크스가 관리 책임을 맡으면서 「라인 신문」의 판매부수는 두 배로 뛰었고, 도발적이면서도 아슬아슬한 보도로 전국적인 명성을 얻었다. "모든 탁월한 저널리스트의 핵심적인 자질이 금세 드러났다. 권력에 대해 진실을 말하는 과단성, 잘 보여야 할 사람들에 대해서도 거침없이 쓸 얘기는 쓰는 자신감 등등."[32] 프랜시스 윈1957~. 영국의 언론인, 작가, 방송인의 이런 평가는 마르크스가 편집장으로서 보인 용기에 관해 많은 진실을 담고 있다. 그러나 대개의 저널리스트들과 달리 신문 소유주 눈치를 보지 않았다는 얘기는 아니다. 「라인 신문」 제호 바로 밑에 달린 "정치와 상공업을 위하여"라는 모토에서 알 수 있듯이 이 신문에 돈을 대는 사람들은 쾰른을 근거지로 한 무역 엘리트였다. 이들은 프로이센의 절대주의 체제하에서도 나폴레옹 시대에 일군 자유주의적 발전을 지속해나가려는 성향이 강했다. 꼭 정치적인 이유에서가 아니라 상업적인 이유에서라도 종교적 관용, 언론 자유, 헌법에 근거한 자유권 등을 지키려 했으며 독일의 통일을 추구했다. 마르크스는 경우에 따라 옛 친구들을 내버리면서까지 그들이 원하는 바를 기꺼이 맞춰줬다.

진지하지만 다소 구식인 라인란트의 자유주의자들에게 베를린 자유파의 일원으로 어릿광대짓—무신론, 헐렁한 생활 스타일, 정치적 극단주의, 음주 소란 등등—을 하던 마르크스 같은 인물은 점잖은 개혁에 오히려 방해가 될 수 있었다. 자유파와 깊은 관계였다는 사실이 알려지면 트리어 선술집 클럽 회장이자 술 취한 박사클럽 핵심 회원이었던 마르크스로서는 장래가 위태로워질 것이 뻔했다. 그래서 이제는 근엄한 목소리로 독자들에게 선언했다. "난폭함과 불량배 같은 짓거리는 이제 단호히 배격해야 한다. 우리 시대는 고결한 목표를 성취하기 위해 진지하고 강인한, 건전한 정신을 가진 사람들을 요구하고 있다." 루게에게 보낸 편지에서는 훨씬 노골적으로 청년 헤겔파 기고자들이 검열 당국의 화를 돋우는 바람에 폐간 위험이 커지고 있다고 불평했다. "[에두아르트] 마이엔 등등이 우리한테 보내오는 기사들은 세계 곳곳에서 일어나는 혁명에 관해 멋대로 휘갈겨 쓴 것들뿐이야. 생각도 없고 문체도 조잡하고 무신론과 공산주의(그분들은 이런 공부는 해본 적도 없지)를 버무려놓았더군. …공산주의와 사회주의 이념을 연극 리뷰에 슬그머니 끼워 넣는 것은 부적절하다고 분명히 밝혀뒀어. 정말 부도덕한 일이야. 그리고 공산주의 얘기를 하려거든 전혀 다른, 좀 더 근본적인 접근이 필요해."

이런 불화를 고려할 때 서구 정치사상에서 가장 큰 영향력을 발휘하게 될 친구 관계의 출발이 영 신통치 않았다는 것은 별로 놀라운 일이 아니다. 엥겔스의 회고에 따르면 그는 1842년 11월 어느 날 우연히 「라인 신문」 사무실에 들렀다. "거기서 우연히 마르크스를 만났다. 그게 우리의 첫 대면이었는데 뭔가 좀 썰렁했다. 마르크스는 바우어 형제에게 반감을 가지고 있었다. 그는 「라인 신문」이 정치 토론과 행동보다는 신학적 선전이나 무신론을 위한 기관지가 되는 것에 반대하는 것은 물론이고 에드가 바우어가 외치는 공허한 공산주의에도 반대한다고 했다. …나는 바우어 형제와 편지를 주고받는 사이라 그들 편으로 간주됐다. 바우어 형제와 교류가 잦은 나는 마르크스를 좀 삐딱하게 보는 편이었다."[33] 마르크스 입장에서는 약간의 시기심 같은 것도 없지 않았을 것이다. 마르크스는 이데올로기 경쟁이 일 기미가 조금만 보여도 대단히 민감하게 반응하는 스타일인데다 1840년대 초면 청년 엥겔스도 나름으로 이름이 난 상태였다. 익명의 가면을 쓰기는 했지만 「부퍼탈 통신」이나 「셸링과 계시」 같은 팸플릿, 「독일 텔레그라프」와 「라인 신문」 기고를 통해 엥겔스는 급진파 언론에서 촉망받는 인물로 자리를 굳혔다. 언론인으로서 존재감을 확보하려고 애쓰던 마르크스로서는 베를린의 젊은 장교를 필요 이상으로 환대할 생각이 없었던 것이다.

어쨌든 엥겔스는 이제 베를린을 떠나게 된다. 1842년 10월 자원 복무 1년을 마치고 감사장을 받아들었다. 감사장은 제대할 때 주는 의례적인 수준의 증서로 "복무 기간에 행동거지나 군사 실무에서 모범을 보였다"는 내용이었다.[34] 엥겔스 아버지는 그런 관례적인 표창에 대해 별로 신뢰하지 않았다. 오히려 처남 카를 슈네틀라게에게 보낸 편지에서는 급진적인 성향의 아들이 돌아온 데 대해 심각한 우려를 표시했다. "어렸을 때부터 녀석의 극단적인 성향을 잘 아는 터라, 브레멘에 가 있은 이후 세계관이 어떻게 달라졌는지 나한테는 편지에 한 마디도 안 했지만 정상적인 생각을 하고 있을 리는 만무하지." 하지만 엥겔스 부모는 자신들의 신념을 양보할 생각은 추호도 없었다. "큰애한테 분명히 말해둘 거야. 너 때문에 내가 생각을 바꾸거나 감출 일은 없을 거라고. 종교에 관해서든 정치에 관해서든 말이야. 우리는 예전 생활방식 그대로 살아갈 거고, 그 아이가 앞에 있어도 하느님의 말씀과 기독교 서적들을 읽을 거야." 경건한 아버지로서는 심려가 컸지만 참는 수밖에 없었다. "녀석이 철이 들려면 하늘의 뜻이 있어야 돼. …그때까지는 흰 양떼 무리 속에 한 마리 검은 양처럼 대대로 물려받은 신앙에 대해 적대적인 아들을 한 집안에 두고 보아야 한다는 게 참 참기 어렵겠지." 한 가지 가능한 해결책은 있었다. "녀석에게 일을 많이 떠맡기려고 해. 그럼 어디에 있든지 저 모르게 내가 세심하게 관찰할 수 있을 거야. 위험한 데로 빠지지 않도록 말이야."[35] 아버지의 계획은 아들을 멀리 영국 맨체스터로 보내는 것이었다. 거기서 에르멘 앤드 엥겔스사의 인근 샐퍼드 투자 상황을 체크하면서 "영국식 장사 수완"을 배운 다음 돌아와서 엥겔스키르헨 공장 일을 돕도록 하겠다는 것이었다. 굉음 요란한 공장과 무뚝뚝한 상인들이 많은 "면직도시Cottonopolis" 맨체스터에 면방적공장이 많다고 해서 붙은 별명에서 일하다 보면 분명 더 과격해지지는 않을 것이라는 계산이었다. 역시 헛된 기대였다. 맨체스터로 가는 길에 엥겔스는 공산주의를 만나게 된다.

생시몽과 푸리에의 사회주의

역사학자 에릭 홉스봄1917~. 영국의 대표적인 마르크스주의 역사학자은 마르크스와 엥겔스가 얼마나 뒤늦게 공산주의에 도달했는지에 대해 쓴 적이 있다. 두 사람은 사회주의에 관해서도 똑같이 더딘 행보를 보였다.36 1830년대와 1840년대 초 공산주의와 사회주의라는 용어는 서로 넘나들며 사용되기도 했지만 나름의 독특한 철학적 전통과 독자적인 지적·정치적 계보가 있었다. 그리고 우리가 지금 논하는 프로이센 출신의 두 주인공이 등장하기 훨씬 이전부터 상당한 인기를 누리던 이념이었다.37 사회주의의 기원은 언제 어디라고 콕 집어서 말하기가 매우 어렵다. 형태가 다양한 만큼 연원도 여러 가지로 거슬러 올라갈 수 있다. 플라톤의 『국가』나 구약 시대 예언자 미가가 주창한 영적 평등, 나사렛 예수가 설교한 형제애, 토머스 모어*와 토마소 캄파넬라**가 설파한 유토피아 사상을 기원으로 잡기도 하고, 푸트니 논쟁Putney Debate*** 당시 급진 민주주의 계열의 수평파水平派를 원조로 보기도 한다.38

그러나 현대적 형태의 사회주의는 프랑스 혁명의 종교적·이데올로기적 혼란 속에서 태어난다. 1790년대와 1800년대 초 프랑스 전역에서 로마 가톨릭교회가 쇠퇴하고 탈기독교화가 확대되면서 새로운 정신을 갈망하는 사회 분위기로 말미암아 사회주의 색채를 띠는 정파가 많이 등장했다. 그런 종류의 최초의 정파 가운데 하나를 설립한 사람이 클로드 앙리

---

* 1477~1535. 영국의 정치가, 인문주의자. 이상적 국가상을 그린 『유토피아』를 썼다.
** 1568~1639. 르네상스 시대 이탈리아 철학자. 『태양의 나라』에서 이상사회를 그렸다.
*** 영국 청교도 혁명 당시 1647년 10월 28일~11월 11일에 런던 남서부 푸트니의 성모 마리아 교회 등에서 헌법 제정 문제를 놓고 정파 간에 벌어진 논쟁.

드 루브루아 생시몽 백작이었다. 귀족 출신인 생시몽은 프랑스군의 영웅이었다가 프랑스 혁명 지지자로 변신하고, 부동산 투기로 갑부가 됐지만 다시 게으른 부자들의 골칫거리가 된 인물이다. 루이 14세 시절 베르사유 궁전에 대한 회상록으로 유명해진 생시몽 백작의 손자인 그는 사회가 이제 새롭고 중차대한 단계로 접어들고 있다고 믿었다. 이 단계는 과학과 산업의 시기이며 새로운 형태의 통치와 종교가 필요했다. 그는 사회를 "생리학적 현상처럼 …유기적으로 조직된 신체"로 이해하는 "인간 과학"을 주장했다.[39] 인간사를 합리적으로 경영함으로써 1790년대 혁명 과정에서 프랑스가 겪었던 바와 같은 무정부 상태를 피할 수 있다고 본 것이다. 그러나 그런 경영 체제가 성공하려면 권력이 구체제의 족벌 엘리트로부터 산업계층, 과학자, 엔지니어, 예술가 등으로 구성된 조직으로 이양되어야 했다. 그런 사람들만이 "모든 개인이 능력에 따라 분류되고, 일한 만큼 보상 받는" 사회를 설계할 수 있었다. 정치는 이제 엄밀한 관리의 문제가 되면서 "추측에서 실증으로, 형이상학에서 물리학으로" 변화하게 된다.[40] "통치"라고 하는 정치적 행위는 사회를 "관리"하는 객관적 과정으로 변환되고, 그럼으로써 개인은 저마다의 잠재력을 실현할 수 있게 된다. 후일 마르크스가 잘 써먹은 생시몽의 표현대로 "능력에 따라 일하고, 일한 만큼 받는" 사회가 되는 것이다.

생시몽이 말하는 이상사회의 핵심에는 산업의 윤리가 있었다. 생시몽이 높이 평가하는 영웅은 "산업계급les industriels"으로 기생하는 계층이 아니라 생산하는 계층이었다. 그가 가장 미워한 적은 프랑스의 전통적인 지배층—귀족, 성직자, 관료(그는 이들을 "게으른 자들les oisifs"이라고 불렀다)—과 역시 "게으른 자들" 혹은 "소비꾼들"이라고 혹평한 신흥 부르주아지였다. 부르주아지는 상속으로 부를 물려받거나 노동자들의 피땀을 쥐어짜 재산을 축적했다. 그러나 다가오는 과학의 시대에는 인간이 인간을 착취하는 일은 없어지는 대신 하나로 뭉쳐 자연을 최대한 이용하게 된다. 사적 소유, 상속, 경쟁과 같은 관행들은 사회가 집단적으로 조화를 이루면서 최선을 다해가는 가운데 폐기된다. "모든 인간은 일을 할 것이다. 인간은 스스로를 노동자로 간주하게 될 것이다. 사람마다 어떤 작업장에 배속되는데 작업장의 임무는 인간의 지성을 나의 성스러운 통찰에 따라 인도하는 것이다. 뉴턴 최고위원회가 그 작업을 관장할 것이다."[41]

여기서 말하는 '뉴턴 최고위원회Supreme Council of Newton'란 무엇인가? 생시몽은 그것을 새로운 사회를 총괄하는 기구로 봤다. 이는 일종의 석학碩學—"천재들"—모임으로 "인류의 앞길을 밝혀주는 횃불" 역할을 하게 된다는 것이다. 이 엘리트 테크노크라시가 발명실chambre d'invention(엔지니어 200명과 예술가 100명으로 구성된다), 검사실chambre d'examination(생물학자 100명, 물리학자 100명, 화학자 100명으로 구성된다), 집행실chambre d'exécution(당대의 지도적 위치에 있는 산업계층과 기업가들)을 관장한다. 아이작 뉴턴이 중력이라는 원리를 중심으로 우주의 질서를 새롭게 규정한 것처럼, 수학자를 위원장으로 한 최고위원회는 어디서나 적용 가능한 보편법칙에 따라 사회가 잘 굴러가도록 유도한다.

『새로운 기독교』(1825년)에서 생시몽은 이런 사상을 더 발전시켜 세속적인 인류 종교로 발전시키자고 촉구했다. 그의 주장에 따르면 사회를 효과적으로 통치하는 과정에서 인류의 조화라고 하는 새로운 정신이 솟구쳐 나온다. 그 정신의 토대는 "기독교 윤리의 근본 원칙"으로 돌아가는 것이다. 다시 말해 형제애의 회복이다. 이에 따라 "극빈층의 도덕적·물리적 상태를 개선"하는 일은 우리의 사명이 된다. 이는 현대 자본주의를 떠받치고 있는 사악하고 낭비적이며 비인간적인 경쟁 시스템하에서는 도저히 달성할 수 없는 목표였다.[42] 생시몽주의자들과 그들이 주창하는 형제 애라고 하는 복음에 영감을 준 것은 집단적인 행동을 통해 도덕적 갱신과 정신적 성장을 이룰 수 있다는 약속이었다. 생시몽은 인간이 한데 뭉치기 만 하면 생산적인 에너지를 지상에서 새로운 조화를 창출하는 쪽으로 돌 릴 수 있다고 확신했다.

생시몽의 탈자본주의적 · 탈기독교적 유토피아 사상을 계승한 인물이 19세기 초 프랑스의 저명한 사회주의자 샤를 푸리에였다. 진보 진영에서 는 한결 소탈한 축에 속하는 푸리에는 1772년 부유한 직물 상인의 아들로 태어나 평생을 실크 중개상과 세일즈맨으로 프랑스 남부, 특히 실크 방직 으로 유명한 리옹에서 보냈다. 그는 이렇게 말하곤 했다. "나는 시장의 아 들이다. 장사꾼 사회에서 태어나 자랐다. 장사의 비열한 면모를 두 눈으 로 목격했다."[43] 그러나 푸리에의 사회주의는 체험의 산물만은 아니었다. 그는 새로운 콜럼버스를 자처하면서 일 년간 파리 프랑스국립도서관에서 자연과학을 공부한 뒤 현대 문명의 궁핍과 착취와 불행을 단번에 종식시 킬 수 있는 진정한 인간 과학을 발견했다고 주장했다. 이에 관한 자세한 얘기를 담은 것이 1808년에 낸 기이한 저서 『네 가지 운동의 이론과 인간 의 일반적 운명』이었다.

푸리에는 '레모네이드로 된 바다'와 '짝짓기 하는 행성들'에 관한 설명 사이에 간단한 명제를 내걸었다. 남성과 여성은 신이 주신 자연적인 열정 에 지배된다. 각 개인은 정확히 810종의 서로 다른 성격 유형으로 구분할 수 있으며, 각 유형은 열두 가지 열정에서 비롯되고, 인간이 살아가는 세 계는 자연 전반의 체계를 구성하는 네 가지 운동, 즉 사회적 · 동물적 · 유 기적 · 물질적 운동에 지배된다(푸리에는 '사회학의 린네'라고 할 만큼 분류에 능했다)는 것이다. 이런 열정을 억압하려는 시도야말로 현대 사회의 끔찍한 실수였다. "자연은 문으로 쫓아내면 창문으로 다시 들어온다." 그러나 부르주아지가 주도하는 19세기 프랑스에서 일부일처제 같은 인위적인 제도로써 하고 있는 일이 바로 그런 억압이었다. 그러다 보니 그야말로 불필요한 반작용을 야기했다. 그것은 "양성良性인 자연적 열정에 비하면 악성惡性"이었다. 예를 들어 교회가 강요하는 일부일처제에 대한 반작용은 프랑스의 경우 32종의 간통 유형에서 확실히 엿볼 수 있다. 푸리에가 말하는 조화로운 사회에서는 시민들에게 성적 자유가 충분히 허용된다. 본인이 원하는 대로 관계를 시작할 수도 있고, 끝낼 수도 있다. 여성은 임신과 출산을 자신이 결정하며 어린이들에게도 생물학적 아버지나 키워준 아버지 중에서 어느 한쪽을 선택할 기회가 주어진다.[44] 경제도 성과 마찬가지다. 양성 열정을 억압하려는 시도는 야심을 탐욕으로 변질시키고 노동에서 즐거움을 박탈함으로써 착취를 일삼는 기생적인 중개인들이 번창하는 결과를 가져왔다. 1790년대 마르세유의 실업, 빈곤, 기아에 분노한 푸리에는 자본주의의 치명적인 해악을 비난했다. "자본주의는 파산, 투기, 고리대금, 온갖 형태의 사기 등등을 나란히 거느리고 다니는 가짜다."[45] 푸리에는 특히 상인계급을 경멸했다. 열심히 일하지도 않고 물레를 돌리지도 않으면서 화폐로 막대한 이윤을 챙긴다는 것이다.

그러나 자본주의의 가장 큰 범죄는 기쁨을 박탈함으로써―좀 더 정확히 얘기하면 부자들에게만 기쁨을 허용함으로써―인간의 영혼을 더럽힌다는 것이었다. 좋은 음식이나 사랑, 예술품 같은 사치품을 손에 넣으려면 돈이 필요하기 때문에 부자들만이 그런 기쁨을 누리고, 푸리에와 같은 대다수는 그저 갈망만 하고 만다는 것이다.[46] 이런 부당한 상태를 촉진하는 것이 절제와 거룩한 청빈이라고 하는 로마 가톨릭교회의 위선적인 교리였다. 고독하게 물건을 팔러 돌아다니면서 현실에 좌절해본 푸리에는 무일푼 상태나 억압적인 일부일처제 결혼생활을 미덕이라고 보지 않았다.

전통적인 정치는 이런 인간의 고통에 대한 답을 갖고 있지 않았다. 현대 사회의 부자연스러운 억압을 해결할 개혁이나 경제적 조정 프로그램도 없었다. 그래서 답은 기존 사회질서를 폐기하고 인간을 팔랑주 phalange*라고 하는 자율적인 공동체로 재조직하는 것이었다. 팔랑주는 "열정적인 흡인력"의 과학을 토대로 한 것이었다. 도덕주의자들의 인위적인 설계가 아니라 진실한 인간 본성을 기초로 해서 조직된다는 얘기다. 팔랑주는 서로 다른 인성人性 유형에 따라 조직하는데 팔랑주 하나당 이상적인 수용 인원은 1620명이었다. 우선 모든 주민들에게 "성적 최소한"을 보장해줌으로써 가부장적 부르주아 사회에서 "성적인" 관계를 왜곡하는 좌절과 욕망을 제거한다. 푸리에는 정교한 구상에 따라 이루어지는 집단 성관계에 대해 상세히 묘사하기도 했다. 이는 가톨릭 미사를 감각적인 형태로 뒤집은 이벤트로 모든 형태의 성적 취향(근친상간도 포함된다)을 용인하는 팔랑주에서는 현실이 된다는 것이다.

"성적 최소한"과 더불어 "사회적 최소한"도 보장된다. 성적인 사랑에 대한 존중을 회복하려 한 것처럼 푸리에의 체계는 노동의 존엄을 부활시키고자 했다. 현대식 고용이 문제가 되는 것은 인간의 자연스러운 열정의 충족을 박탈하기 때문이었다. 단조롭고 저마다의 소질에도 맞지 않는 과업을 마구잡이로 부과하는 것이 문제였다. 그런데 팔랑주에서는 구성원들이 친구나 연인들끼리 자발적으로 집단을 이루어 하루에 최고 여덟 가

---

* 고대 그리스 육군의 사각형 밀집대형을 일컫는 팔란크스phalanx에서 파생된 말로 원래는 결사체를 뜻한다. 영어로는 phalanstery라고도 한다.

지까지 다른 일을 할 수 있다. 이렇게 각자 능력을 마음껏 풀어놓게 하면 재능이 만개한다. 남성과 여성은 들판으로, 공장으로, 작업장으로, 스튜디오로, 주방으로 가서 열정을 마음껏 불태운다. 푸리에는 가톨릭교회와 달리 인간이 고통받기 위해 태어난 존재라고 생각지 않았다. 새로운 공동체를 설립함으로써 인간은 내적인 열정과 합치하는 방향으로 재능을 꽃피울 수 있게 되는 것이다.

생시몽과 푸리에는 한 번도 급진적인 평등(푸리에는 이를 "사회적 해독"이라고 했다)을 주창하거나 "인민"의 이름으로 폭력을 통해 권력을 장악해야 한다고 한 적이 없다. 두 사람의 사회주의는 인간의 완성에 관한 고상한 비전이었다. 그것은 종종 이상해 보이기도 하지만 근본적으로는 우리를 고무시키는 열정이었다. 실제로 유혈과 공포로 얼룩진 프랑스 혁명 체험이나 그에 대한 입장을 고려할 때 두 사상가는 기존 사회체제를 폭력적으로 변화시키는 데에는 거의 관심이 없었다. 오히려 기존 사회의 불평등이나 부정의와는 다른, 조화로운 공동체를 통한 점진적인 도덕적 개혁이라는 프로그램을 추구했다. 엥겔스는 이를 이렇게 설명했다. "사회는 해악 외에는 아무것도 제공하지 않았다. 그런 해악을 제거하는 것은 이성의 과제였다. 그렇다면 새롭고, 좀 더 완벽한 사회질서 시스템을 찾아내 그것을 선전을 통해 사회에 들이밀어야 했다. 그리고 가능한 곳이라면 어디서나 시범사업을 통해 실례를 보여주는 방식으로 가능했다."[47] 푸리에의 비전을 공동체를 만들어 실제로 구현한 곳은 미국이었다. 매사추세츠 주의 브룩 농장Brook Farm이상향 공동체를 목표로 1841년에 설립된 실험농장, 텍사스 주 댈러스 카운티의 리유니언La Réunion1855년 유럽 이민자들이 세운 사회주의 유토피아 공동체, 뉴저지 주의 래리턴 베이 유니언Raritan Bay Union1853년에 발족한 사회주의 유토피아 공동체 등이 잇달아 설립됐다. 이런 팔랑주들은 단명한 데다 내용 면에서도 기대에 훨씬 못 미쳤다. 미국 사회를 푸리에주의적인 프로젝트로 개조하기에는 너무도 역부족이었던 것이다. 그런 실패 탓에 엥겔스는 생시몽과 푸리에—로버트 오언까지 포함해서—를 마르크스와 본인이 주창한 엄밀하고도 실천적인 "과학적 사회주의scientific socialism"와 대비해서 "공상적 사회주의자utopian socialist"로 매도할 수 있었다. 후일 엥겔스는 부르주아 결혼제도에 대한 푸리에의 분석에 큰 빚을 졌다고 밝히고 그의 사회비판을 극찬하면서도 ("푸리에는 점잖은 사회의 위선과, 이론과 실제의 모순, 생활양식 전반의 나른함을 가차 없이 폭로했다") 다른 한편으로는 공상적 사회주의자들이 프롤레타리아 계급의 역할 혹은 역사의 점진적인 혁명적 발전을 이해하지 못했다고 비판했다. "이렇게 새롭게 고안해낸 사회 시스템들은 공상적인 것으로서 실패할 수밖에 없는 운명이다. 구상이 치밀하고 완벽할수록 그저 공상으로 끝나기 십상이다."[48]

19세기 초의 프랑스에는 엥겔스처럼 인성 유형이니 열정이니 하는 식의 현실과 동떨어진 헛소리를 못 참는 이데올로그특정 이데올로기를 열렬히 주창하는 사람들이 있었다. 그들이 바로 공산주의자였다. 에티엔 카베와 루이 오귀스트 블랑키를 중심으로 한 공산주의자들은 1830년대에 파리의 이런저런 정파를 평정하고, 사회 분석보다는 직접적인 정치 변혁에 열정을 쏟았다. 카베는 "가장 완벽한 평등의 기초 위에 세워진 사회"로의 평화적 이행을 주창했다. 반면에 블랑키는 혁명을 외치면서 프랑스 혁명 이후의 불평등과 빈곤에 대항해 1796년 인민의 이름으로 반란을 일으켰다가 단두대의 이슬로 사라진 "그라쿠스" 바뵈프의 순교를 극찬했다. "바뵈프주의자들Babouvists"과 "공산주의자들communists"(1840년대 초에 널리 쓰인 용어다)은 불만에 가득한 파리 노동자 계급의 지지를 토대로 팔랑주나 코뮌 같은 공동체 설립 운동 수준에 머물지 않고 기존 사회의 구조 자체를 바꾸고자 했다. 그들은 혁명적 공화파 전통을 되살려내야 한다고 외치면서 상속제와 사적 소유의 폐기를 요구하고 혁명 이후 추구해야 할 "국가 단위의 위대한 자산 공동체"를 구상했다. 블랑키와 그 지지자들이 지상낙원을 건설하겠다며 일으킨 무장봉기는 블랑키가 무기징역형을 받는 것으로 끝나고 말았다(나중에 수감 도중 석방된다). 마르크스와 엥겔스는 베를린과 본에서 저녁마다 술을 퍼마시며 헤겔 철학을 논하던 터라 그런 진지한 초기 공산주의자들과는 거의 관련이 없었다. 그러나 그들과 맥을 같이하는 독일인이 하나 있었다. 후일 엥겔스가 "우리 당 최초의 공산주의자"라고 평한, '공산주의자 랍비'라는 별명의 모제스 헤스였다.

'공산주의자 랍비' 모제스 헤스

마르크스·엥겔스와 마찬가지로 헤스도 라인란트에서 나고 자랐다. 1812년 본 출생으로 당시 본은 나폴레옹 치하에 있었다. 이사야 벌린 1909~1997. 영국의 저명한 철학자, 사상가의 표현에 따르면 프랑스가 라인란트를 점령하면서 "유대인 게토의 대문이 활짝 열렸으며, 수 세기 동안 그 안에 꽁꽁 숨어살던 사람들이 한낮의 햇빛 속으로 걸어 나왔다."[49] 헤스는 마르크스와 마찬가지로 유대계였으며 친가와 외가 양쪽에 랍비들이 있었을 만큼 유대교의 영향을 많이 받았다. 그러나 헤스의 아버지는 쾰른에서 제당업을 하며 시너고그_{유대교 회당}를 벗어나 비유대계 사람들과 어울려 사는 삶을 추구했고, 헤스는 아버지와 떨어져 "극단적인 정통파 유대교 계열"의 외할아버지 집에서 자랐다. 할아버지는 손자를 키우면서 유대인들이 이스라엘에서 추방된 이야기를 자주 들려주었다. "그런 이야기를 읽어줄 때면

엄한 할아버지의 눈처럼 흰 턱수염은 눈물로 젖었다. 우리 꼬마들 역시 저도 모르는 사이에 울고 흐느끼기 일쑤였다."[50]

헤스는 이런 정서적 유산에서 결코 완전히 자유롭지 못했지만 신앙은 상실했다. "나에게 가장 중요한 문제는 당연히 종교였다. 나는 나중에 종교에서 윤리의 원칙으로 옮겨갔다. 우선 따져보아야 할 것은 나의 현실 종교[즉 유대교]였다. 그것은 무너졌다. …아무것도, 아무것도 남지 않았다. 나는 세상에서 가장 비참한 인간이었다. 나는 무신론자가 되었다. 세상은 짐이고 저주였다. 나는 세상을 시체처럼 바라봤다."[51] 엥겔스의 아버지가 아들이 낭만주의로 기우는 것을 참지 못했던 것처럼 헤스의 아버지도 아들이 감상적인 내적 성찰에 빠지는 것을 두고 보지 못했다. 곧 설탕 만드는 가업을 도우라는 압력이 왔다. 그러나 헤스는 장사를 도덕적인 원칙에 대한 타협으로 봤기 때문에 아버지 말을 듣지 않았다. 그는 집을 뛰쳐나가 일 년간 유럽을 여행했다. 이사야 벌린은 이 시기의 헤스의 모습을 한없는 애정을 가지고 묘사한다. "남한테 잘하고, 고결하며, 친절하고, 감동적일 정도로 순수한 마음씨에, 열정적이고, 잔머리 굴리지 않는 젊은이였다. 이상을 위해서라면 얼마든지 희생할 각오가 돼 있었고, 인간에 대한 사랑과 낙관주의, 보편적인 이념에 대한 열정으로 충만했으며, 냉철하고 현실주의적인 가족들이 그렇게 붙잡으려고 했지만 세속적인 일의 세계는 거들떠보지도 않았다."[52]

그런 헤스가 무신론에 대한 치유책을 발견한 것은 1830년대 초 파리에서였다. 공산주의 비밀결사와 차츰 이상한 쪽으로 흘러가는 생시몽주의자들과의 만남을 통해서였다. 그 이전에 엥겔스가 그랬고, 그 이후로도 수많은 사람들이 그랬던 것처럼, 헤스도 종교적 유산을 내버림으로써 생긴 공백을 새로운 사회주의 인간 이데올로기로 메웠다. 그런 지적 전환

과정을 헤스는 『신성한 인류사』(1837년)에서 상세히 설명했다. 여기서 헤스는 "빈민"과 "부富의 귀족" 사이에 불균형이 커져만 간다고 강조하면서 바뵈프주의에서 영감을 얻은 자산 공동체를 해답으로 제시했다. 이 책은 독일 공산주의 사상을 맨 처음 표현한 문건 가운데 하나로 라인란트의 자유주의 서클에서 호평을 받았다. 마르크스와 엥겔스가 주의주장을 정식화하기 훨씬 전에 이미 헤스—그 뒤를 이은 것이 재단사 출신 공산주의자 빌헬름 바이틀링이다—는 독일 청중들에게 평등주의 계열의 급진적 공산주의 이념을 소개했다. 그런 공산주의야말로 지금과 같은 정신적 · 사회적 위기를 해결할 수 있다는 주장이었다.

헤스가 진정한 사상적 돌파구를 연 것은 그러한 공산주의 이념을 청년 헤겔파 사상에 접목시키면서였다. 그 과정에 없어서는 안 될 존재가 아우구스트 폰 치에스코프스키1814~1894. 폴란드 철학자, 경제학자, 사회 · 정치운동가라고 하는 매혹적인 인물이었다. 그의 전기를 쓴 작가는 치에스코프스키를 "폴란드의 알렉산드르 헤르젠1812~1870. 러시아의 정치사상가, 언론인이라고 할 수 있다"고 평했다. 치에스코프스키는 부유하고 교양 있는 귀족으로 폴란드 크라쿠프에서 공부하다 베를린 대학으로 갔다. 베를린에서는 셸링을 상대로 한 청년 헤겔파의 싸움에 참여했다.[53] 치에스코프스키는 행동욕이 강했고, 따라서 난해하기 이를 데 없는 헤겔 철학의 변설에 대한 관심은 곧 접었다. 1838년 출간한 『역사철학 서설序說』에서는 헤겔의 저작을 분석 도구에서 사회 변혁을 위한 시도로 재해석했다. 그에 따르면 변증법은 새로운 종합의 시대에 들어섰으며, 이제 사유가 행동과 하나 돼야 할 단계라는 것이다. 유럽이 필요로 하는 것은 "실천적인 행동, 즉 '프락시스praxis'의 철학이며, 사회적 삶에 직접 영향을 미치고 구체적인 행동 영역에서 미래를 발전시켜 나가는 일이었다."[54] 술에 빠져 공리공담을 일삼는 청년 헤겔파의 에너지는 이제 실천적 개혁 프로그램에 투입되어야 했다.

헤스는 치에스코프스키의 저서들을 접하고 깊은 감명을 받았다. "정신철학이 행동철학이 되어야 할 때가 왔다"고 헤스는 선언했다. 루트비히 포이어바흐가 종교적 소외를 종식시켜야 한다고 강조한 대목에 주목하면서 헤스는 나름의 사상을 한 단계 더 발전시켰다. 물론 헤스는 인간이 자신의 본질을 획득하는 것은 기독교의 신에 대한 굴종을 종식시킴으로써만 가능하다는 점에 동의했다. 그러나 그러한 급진적인 단절은 개인적 차원의 시도여서는 안 된다. 좀 더 폭넓은 공동체적 과정이 필요했다. "신학은 인간학이다. 그것은 진실이다. 그러나 아직 온전한 진실은 아니다. 여기서 추가해야 할 부분은 인간이라는 존재는 사회적 존재, 즉 공통의 목표를 향해 서로 협력하는 존재라는 것이며 …인간에 관한 참된 교의敎義, 즉 진정한 휴머니즘은 인간의 사회성을 드러내는 이론이라는 것이다. 다시 말해서 인간학은 사회주의다."[55] 사회주의 또는 공산주의(헤스는 마르크스 · 엥겔스와 마찬가지로 두 용어를 섞어 썼다)가 약속해주는 것은 지상의 천국이었다. 기독교에서 예언적인 톤으로 묘사한 모든 것이 사랑과 이성이라고 하는 영원한 법칙에 근거해 세워진 진정으로 인간적인 사회에서 실현된다는 것이다.[56]

이런 고상한 협력 단계에 도달하기 위해 시급히 필요한 것이 당대의 자본주의 시스템—오늘날의 수많은 병폐를 야기하는 원인이다—과의 대결이었다. 헤스는 사적 소유의 폐기와 더불어 화폐 경제로 인해 야기되는 소외도 종식시켜야 한다고 주장했다. 그래야만 이기주의와 경쟁의 문화가 줄어들고, 그 자리에 자유와 인간의 동료애에 토대한 새로운 사회성이 싹틀 수 있다는 것이다. 사회주의로 가는 거대한 역사적 운동에서 그가 유럽의 삼두마차—프랑스, 영국, 독일—라고 부른 나라들은 각자 특정한 역할을 맡아야 했다. 독일은 공산주의의 철학적 토대를 제공해야 하고, 프랑스는 그러지 않아도 이미 정치적 행동주의를 상당히 진척시킨 상황이며, 산업화가 가장 앞선 영국은 사회적 불쏘시개를 더 많이 모아들이는 역할을 해야 했다. "빈곤과 부의 귀족 간의 대립은 오로지 영국에서 혁명적 단계에 도달할 것이다. 마찬가지로 정신주의와 물질주의의 대립은 프랑스에서만 정점에 이를 수 있고, 국가와 교회의 적대감은 독일에서 극단에 이를 수 있다."[57]

헤스는 이러한 "사회적 문제 제기"—산업자본주의의 인간적 비용—를 처음으로 정치 동학動學에 도입한 부류에 속한다. 「영국의 다가오는 파국에 관하여」라는 논문에서 헤스는 거세지는 폭풍이 어떻게 해서 극심한 사회경제적 위기의 산물인지를 설명했다.

영국에 파국을 초래할 수 있는 요인은 정치적인 성격의 문제가 아니다. 산업은 사람들 손에서 자본가의 손으로 넘어가고, 소상인들에 의해 소규모로 이루어지던 상업은 이제 점점 더 거대 자본가와 투기꾼, 사기꾼들이 좌지우지하며, 토지 소유는 상속법에 의해 귀족 고리대금업자들 손에 집중된다. …이 모든 조건은 도처에 존재하지만 특히 영국에서 확고하기 때문에 우리를 위협하는 파국의 기본적이고도 본질적인 요인이 된다.[58]

헤스의 실천적이고 사회적인 이론화 작업은 청년 헤겔파를 공산주의적인 방향으로 끌어갔다. 1842년 가을, 엥겔스에 따르면 일부 청년 헤겔파(본인도 포함시켰다)는 "정치적 변화를 더욱 촉진시켜야 한다며 공유재산에 토대한 사회 혁명이야말로 일반 원칙에 부합하는 유일한 인류의 상태라고 선언했다."[59]

여기서도 분명한 것은 영국―거대한 공장과 부유한 공장주, 잔혹하게 착취당하는 프롤레타리아―이 "다가오는 파국"을 무대에 올릴 최적지라는 것이다. "영국인은 다른 무엇보다도 실질을 숭상하는 민족이다. 우리 세기에 있어서 영국의 의미는 전 세기에 프랑스가 가졌던 의미와 같다."[60] 그런데 마침 프리드리히 엥겔스는 바로 그 영국으로 향하고 있었다. 출발 전에 엥겔스는 근래에 서신 왕래를 시작한 모제스 헤스를 찾아가 잠시 대화를 나눴다. 헤스는 친구인 유대계 독일 시인 베르톨트 아우어바흐에게 엥겔스가 찾아온 얘기를 했는데 편지에 따르면 당시 엥겔스는 수줍고 순수한, 산악당 스타일의 프랑스 혁명 "'초년'의 혁명가" 같았다. 헤스의 조언을 다 듣고 나서 영국으로 향한 청년 헤겔파 엥겔스는 그때 이미 "열렬한 공산주의자"로 변신해 있었던 것이다.[61]

3장

맨체스터의
빛과 그늘

The Frock-Coated
Communist

1842년 8월 27일 「맨체스터 가디언」 신문 1면 공지사항 밑에 광고가 하나 났다. "헤이우드의 맥주제조업자" 윌리엄 애시워스 명의로 된 공지사항은 "금일 이후로 본인의 아내 앤 애시워스가 지는 채무에 대해 일절 책임지지 않음"이라는 내용이었다. 그 아래 광고는 에르멘 앤드 엥겔스사가 낸 것이었다. "본사는 치안 당국과 경찰, 임시경찰은 물론이고 친절한 이웃 분들께 최근 소요 기간에 효과적인 예방조치를 취해주시고, 작업장과 고용인들을 보호하기 위해 최선을 다해주신 데 대해 깊은 감사의 말씀을 드리는 바입니다." 감사 광고는 이렇게 이어진다. "에르멘 앤드 엥겔스사는 이러한 감사의 마음을 모든 임직원이 함께하고 있으며, 최근 총파업 기간에도 한 사람 예외 없이 최선을 다해 생산해 임했음을 밝혀드리는 바입니다." 간단히 말하면 엥겔스의 아버지와 동업자는 영국 국가 당국에 '플러그 폭동'이라고 하는 전대미문의 노동자 소요 사태를 진압해줘서 고맙다는 얘기를 하고 있는 것이다. 플러그 폭동은 민주주의를 요구하던 시위자 수천 명이 맨체스터 기병대의 칼 아래 무릎을 꿇은 1819년의 피털루 학살 사건 이후 노동자 계급의 불만을 가장 열정적으로 표출한 사건이었다.[1]

　플러그 폭동이 일어나기 직전 몇 달간 맨체스터 전역에서 빈곤이 확산되면서 정치적 환멸이 극심해졌다. "거리를 다니면서 사람들 상태를 보면 참상이 얼마나 심각한지 바로 알 수 있다. 산업은 황폐화되고, 가족들은 절망에 빠졌으며, 얼마 전까지만 해도 행복이 넘치던 곳에 불만과 비참함이 만연해 있다."「맨체스터 타임스」가 1842년 7월에 보도한 내용이다.[2] 그러나 맨체스터를 비롯한 랭커셔 주 면직산업 지구 슬럼가의 참상을 알리는 이런 기사들은 웨스트민스터 국회의사당에 앉아 계신 지주와 자본가, 상인들에게는 아무런 영향도 미치지 못했다. 소요 사태가 있기 직전 그해 여름에 하원의원들은 100만 명이 서명한 남성 보통선거권 제도 도입 요구 청원을 접수 즉시 거부했다. 청원은 노동계급이 이끄는 차티스트 운동에서 낸 것이었는데 이들은 앞서 제정한 「인민헌장」 6개조를 통해 영국 정치 제도를 민주주의적으로 개혁하라고 주장하고 있었다. 그런데 국회의원들은 "배고픈 40년대"*가 야기한 인간적인 참상마저도 인민헌장과 마찬가지로 그냥 무시해버린 것이다.

맨체스터의 공장주들은 선거권 확대 청원이 거부된 직후 노동자 계급이 허탈에 빠진 상태에서 50퍼센트 임금 삭감을 거세게 밀어붙였다. 그러자 분노한 공장 노동자들은 랭커셔로 몰려나가 대규모 집회를 열고 「인민헌장」 요구사항과 함께 "공정한 근무 시간에 공정한 임금을!"이라는 구호를 다시 외쳤다. 애시턴과 하이드를 비롯한 마을 공장과 탄광에서는 파업이 잇따랐다. 플러그 폭동이라는 명칭은 노동자들이 공장의 증기엔진을 멈추려고 보일러 플러그를 다 뽑아버렸다고 해서 붙은 것이다. 볼튼에서도 소요가 일어났고, 1842년 8월 10일 화요일 오전에는 남녀 1만여 명이

---

* 1835년에 시작된 경기 불황이 이어지면서 임금 삭감 등으로 엄청난 어려움을 겪던 영국의 1840년대를 말한다.

맨체스터 앤코츠 구區의 거대한 공장들을 둘러쌌다. 심상치 않은 조짐이었다. 희망을 잃어버린 노동자들은 무기까지 들고 점점 폭력적으로 변해갔다. 상점을 약탈하고 공장에 불을 지르고 경찰을 공격했다.

에르멘 앤드 엥겔스사의 중역들이 극찬한 것처럼 치안 당국의 대응은 신속하고도 효과적이었다. 시위 군중을 즉각 해산할 요량으로 소요금지법을 발동하고 군대를 동원하는 한편, 중산층에서 임시경찰을 모집해 소요 진압에 투입하기도 했다. 임시경찰에는 독일인 상인협회 회원들도 포함돼 있었다. 이들은 "입에는 시가를 꼬나물고, 손에는 굵은 경찰봉을 들고는 시내 곳곳을" 활보했다.[3] 시위자들은 모두 체포돼 끌려갔다. 8월 말 맨체스터는 군대에 점령된 도시 같아 보였다. 기차 편으로 군 병력 2000명이 추가로 투입됐기 때문이다.[4] "거리를 다녀보면 치안 당국이 얼마나 초비상인지를 금세 알 수 있었다"고 차티스트 운동가 토머스 쿠퍼는 회상했다. "기병대는 간선도로를 오르락내리락 하고 있었다. 그 뒤를 말이 끄는 대포가 따랐다."[5] 그런 군사적 무력 시위와 더불어 경제가 호전될 기미가 보이면서 소요는 진정됐다.

그러나 플러그 폭동은 한층 깊은 곳에 뿌리 내린 사회문제가 불길로 표출된 것에 불과했다. 날로 번창하는 부르주아지와 빈곤에 허덕이는 프롤레타리아 사이의 간극이 점점 벌어지고 있었던 것이다. "현대의 제조 기법은 맨체스터에서 정점에 도달했다"고 엥겔스는 썼다. "현대 제조 방식이 노동계급에 미치는 영향은 이곳에서 아무 제약 없이 완벽하게 표출될 것이 분명하다." 따라서 "적대세력은 점차 두 거대한 캠프로 나뉜다. 한편에는 부르주아지가 서고, 다른 한편에는 노동자들이 설 것이다."[6] 그리고 그런 투쟁이 어떻게 끝날지 아는 사람은 아무도 없었다.

사회적 분열로 얼룩진 이 도시가 앞으로 20년 동안 엥겔스의 활동무대가 될 곳이었다. 엥겔스가 산업화의 현실을 가장 날카롭게 묘사한『영국 노동계급의 상태』(1845년)를 쓴 곳도 맨체스터였다. 그리고 엥겔스가 마르크스주의 발전 과정에서 빼놓을 수 없는 일련의 지적·이데올로기적 진전을 이룬 곳 역시 1840년대 중반의 맨체스터였다. 당시 창고며 공장, 증권거래소, 빈민가, 술집 등등을 드나들면서 그는 산업화의 현장을 피부로 접했다. 이렇게 맨체스터를 포함한 랭커셔 주州는 현실적 데이터를 풍부하게 제공함으로써 엥겔스의 평소 철학적 신조에 살을 붙여주었다. 베를린이 강의실과 술집에서의 토론으로 점철된 정신의 도시였다면 맨체스터는 물질의 도시였다. 딘스게이트와 그레이트 두시 스트리트를 걸으면서, 샐퍼드 빈민가와 옥스퍼드 로드 주변 슬럼을 드나들면서 엥겔스는 산업화된 영국의 실상을 보여주는 "사실들, 사실들, 사실들"을 철저히 수집했고, 그 효과는 대단히 충격적인 것이었다. 공산주의는 엥겔스가 독일 철학의 유산에다가 런던, 리즈, 맨체스터의 길거리에서 목격한 계급 분열과 무자비한 자본주의의 실상을 접목함으로써 한 걸음 더 앞으로 나아갔다. 그런 참상에 대해 유일하게 믿을 만한 해법이 공산주의라는 것을 깨달은 엥겔스에게 헤스의 이론화 작업은 많은 도움이 되었다. 프랑스인들은 그러한 진실을 "정치적으로" 파악했고, 독일인들은 "철학적으로" 파악한 반면, 영국인들은 "참상과 절망과 빈곤이 급속도로 악화돼" 결국은 실제로 모종의 결론을 향해 치닫게 될 것이라고 엥겔스는 생각했다.7

맨체스터에서 나는 지금까지 역사 서술에서 아무 역할도 하지 못한, 또는 무시해도 좋을 역할밖에 하지 못한 경제적 사실들이 적어도 현대 세계에서는 결정적인 역사적 힘이라는 것을 절감했다. 경제적 요소들이 여러 사회 계급 사이에 충돌을 일으키는 기본요인이라는 걸 깨달았다. 그리고 영국처럼 고도로 산업화된 나라에서는 사회 계급들 간의 충돌이 바로 정당들 간의 다툼과 반목의 근본원인이며, 현대 정치사의 발전 과정에서 기본적인 의미를 갖는 요소라는 것을 인식하게 됐다.[8]

그러나 이러한 인식의 발전은 본인의 난감한 처지를 호전시키는 데 아무 도움도 되지 못했다. 엥겔스는 맨체스터에서 아버지한테 고용살이 하는 입장이었지만 어쨌든 부르주아 견습생이자 공장주였다. 그의 임무는 사업을 배우고 어떻게 하면 프롤레타리아로부터 최대의 가치를 뽑아낼 것인가를 파악하는 것이었다. 그러나 당시 그의 정치관은 전혀 다른 방향으로 가고 있었다. 청년 엥겔스는 노동계급의 저항을 진압한 사태에 대해 동료인 에르멘 앤드 엥겔스사 관리자들과 같은 정서를 공유하지 않았다고 하는 것이 공정한 평가일 것 같다.

면직도시의 지옥 같은 풍경

빅토리아 시대 맨체스터에 대해 현재 우리가 알고 있다고 생각하는 것 가운데 많은 부분이 사실은 엥겔스가 섬뜩한 필치로 남긴 기록이다. 겨우 24세의 나이에 쓴 『영국 노동계급의 상태』는 20세기 들어서 산업화 시대 유럽 도시의 끔찍한 상황과 착취, 계급 갈등을 문학적으로 그려낸 소품으로 여겨지곤 한다. 그러나 엥겔스의 작품 외에도 산업도시, 특히 맨체스터에 관해 기록한 문학 작품이나 문헌—일부는 엥겔스도 알고 있었고, 일부는 모르는 내용이다—은 많다. "러시올름에서 옥스퍼드 로드 아래쪽 끝 맨체스터로 들어가면 연기가 꽉 차 거대한 덩어리처럼 보여서 단테가 묘사한 지옥 입구보다 더 무시무시하다." 협동조합 운동의 선구자인 조지 제이콥 홀리오크1817~1906. 영국의 사회개혁가, 교육자가 남긴 이 기록은 맨체스터를 접한 사람들의 전형적인 반응을 보여준다. "불현듯 사전 지식이 없다면 누구도 거기 들어갈 엄두를 내지 못할 거라는 생각이 들었다."9

빅토리아 시대 분위기에서 "면직도시" 맨체스터는 현대의 모든 끔찍함의 대명사였다. 그것은 산업혁명의 참상을 보여주는 "충격의 도시"였으며, 증기력 시대가 얼마나 무시무시한 변화를 가져왔는지를 단적으로 보여주는 곳이었다. 1800년에서 1841년 사이 인접한 샐퍼드까지 포함해 맨체스터의 인구는 9만5000명에서 31만여 명으로 급증했다. 혁신과 기업가 정신을 중시하는 문화, 풍부한 노동력, 면사 방적에 필수인 습윤한 기후가 맞물리면서 섬유산업이 번창한—바르멘과 엘버펠트도 그랬다—덕분이었다. 사업가이자 발명가인 영국의 리처드 아크라이트—혁신적인 기계화와 수력 직조기로 더웬트 밸리 일대에서 면방적 분야를 개척했다—는 1780년대 말 맨체스터에서 처음으로 면방적에 증기력을 사용했다. 1816년이 되면 그가 맨체스터 중심부에 설립한 슈드힐 방적 외에도 증기력을 쓰는 공장이 85개나 더 생겨났고, 남성과 여성 및 어린이를 포함해 고용인원만 1만2000명에 달했다. 1830년에는 랭커셔 주에만 면방적공장이 550여 개나 됐고, 노동자는 10만이 훨씬 넘었다.

올드햄, 애시턴, 스테일리브리지 같은 주변 소도시들과 달리 맨체스터는 면직공업의 중심지 이상이었다. 맨체스터는 시장이고, 물류의 축이었다. 게다가 면방적 못지않게 건설업과 금융의 중심지로 이웃 소도시들과의 상업적 연계망도 컸다. 맨체스터의 부자들은 빅토리아 시대 각종 기록에 나오는 것처럼 방적공장 주인이 많았지만 은행가, 양조업자, 상인도 있었다.10 그러나 빈곤과 일확천금이 극명한 대조를 이루는 면직도시의 이미지 때문에 맨체스터에는 산업화의 이모저모를 살펴보려는 사람들이 많이 찾아왔다. 맨체스터는 증기력 시대가 유럽 문명에 어떤 파급효과를 미쳤는지를 생생하게 보여주는 현장이었다. 예를 들어 1833년 알렉시스 드 토크빌1805~1859. 프랑스의 정치학자, 역사가, 정치가은 미국 현지에서 민주주의를 연구하고 돌아온 지 얼마 안 되는 시점에 "이 신종新種 저승"으로 향했다. 맨체스터 초입에서 토크빌은 "언덕 위에 솟은 30~40개의 공장"이 역겨운 매연을 내뿜고 있다고 썼다. 사실 토크빌은 맨체스터가 눈에 들어오기도 전에 어느 방문객도 예외 없이 듣게 되는 "드르륵 드르륵 하는 기계 바퀴 소리와 보일러에서 증기가 빠지면서 삐이익 삐이익 하는 소리, 규칙적으로 덜커덕 덜커덕 하는 직조기 소리"와 "용광로의 소음"을 들었다. 무질서하게 뻗어나간 도시 안으로 들어가자 "진흙탕처럼 걸쭉하고 코를 찌르는 하천"이 눈에 들어왔다. 하천은 "공장들 옆을 지나면서 온갖 색깔로 얼룩이 졌다." 그러나 "이 역겨운 하수도에서 그토록 놀라운 증기력을 활용한 산업이 솟아나와 온 세계를 살찌우고 있다. 이 더러운 하수구에서 순금이 피어나고 있는 것이다."11

이런 관찰을 한 사람이 프랑스인 토크빌만은 아니었다. 독일인들도 거래차, 또는 정부의 산업 정보 수집 요청을 받고(프로이센 관료들은 영국이 급속히 번영을 이루자 당황했다) 맨체스터의 험, 코를튼, 아드윅 구區를 많이 방문했다. 그중에는 역사학자 프리드리히 폰 라우머, 여성 작가 요하나 쇼펜하우어철학자 쇼펜하우어의 어머니, 고위 관료인 요한 게오르크 마이, 그리고 심지어 오토 폰 비스마르크1815~1898. 후일 독일제국 총리가 된다도 있었다. 마이는 도시 풍경에 완전히 매료됐다. "맨체스터에는 수백 개의 공장들이 5~6층 높이로 치솟아 있다. 공장 건물 옆으로 난 거대한 굴뚝들은 시커먼 석탄 증기를 내뿜었다. 강력한 증기엔진이 사용되고 있다는 증거다. …집들은 매연으로 새까매졌다."[12] 몇 년 후 같은 지역을 돌아본 자유주의 계열 프랑스 언론인 레옹 포셰도 "이 질척거리는 동네에서 내뿜는 매연과 수많은 굴뚝에서 쏟아져 나오는 연기구름"에 질겁했다. 하천 역시 역겹기 이를 데 없었다. "맨체스터를 가로지르는 강은 온갖 염색 찌꺼기로 가득 차 있어서 거대한 염색통처럼 보일 정도다. 그야말로 황량한 풍경이 아닐 수 없다."[13]

공장 내부도 지옥 같기는 마찬가지였다. 맨체스터는 죽어라 일만 하는 것으로 유명했다. 빅토리아 시대의 현인賢人 토머스 칼라일1795~1881. 영국 사상가, 역사가, 비평가은 이렇게 말했다. "멀쩡한 귀로 들어보았는가? 월요일 오전 정확히 5시 30분에 맨체스터가 깨어나는 소리를. 수천 개의 공장이 대서양의 파도가 들이치는 듯한 소리를 내며 바삐 돌아간다. 여기서는 수만 개의 얼레와 물렛가락이 수만 번씩 돌아갈 준비가 항상 돼 있다. 그 소리는, 어쩌면 이미 잘 아시겠지만, 나이아가라 폭포처럼 장엄하다. 아니, 그 이상이다."[14] 이제 살펴보겠지만 방적공장 주인들은 특히 효율적인 시간 관리에 온 신경을 쏟았다. 미래에 계관시인이 되는 로버트 사우디는 맨체스터의 한 공장을 방문해 "여기선 게으름 같은 것은 없습니다"라는 말을 듣고 뿌듯함을 느꼈다. 어린이 노동자들은 새벽 5시에 출근했다. 아침과 저녁 식사 시간은 30분씩이었고 오후 6시에 퇴근했다. 이어 다음 교대조 어린이들이 들어왔다. 이렇게 해서 "물레는 절대 멈추는 법이 없다."[15] 독일 여행기 작가 요한 게오르크 콜에 따르면 그 결과 새로운 인종이 등장했다. "사방에서 기다란 줄이 밀려든다. 남자, 여자, 어린이, 엄청나게 많은 사람들이 서둘러 발길을 재촉한다. 그들은 한 마디도 하지 않았다. 꽁꽁 언 손을 면 옷에 찔러 넣고 길을 따라 종종걸음을 쳤다. 힘들고 단조롭기 이를 데 없는 작업장으로 가는 것이다."[16] 프랑스 역사학자 이폴리트 텐은 맨체스터를 "날림으로 지은 거대한 병영兵營이자 40만 명이 일하며 거주

하는 '빈민수용소'이며 중노동 형무소"와 다를 바 없다고 생각했다. 수천 명의 노동자를 좁은 공간에 가둬넣고 다른 생각은 할 틈도 없이 꽉 짜인 일을 시키는 것을 보고 텐은 엄청난 충격을 받았다. "손은 쉴 새 없이 돌아가고 발은 꼼짝 못하고, 그렇게 하루 종일, 그리고 매일" 일하는 모습은 거의 공포 수준이었다. "이보다 더 충격적인, 인간 본성에 어긋나는 삶이 또 있을까?"17

엥겔스는 이런 빈민가 기행문과 더불어 전문적인 도시 비평도 열심히 탐독했다. 가장 감동적인 것 중 하나는 맨체스터 도심의 아드윅 앤드 앤코츠 진료소 소속 의사 제임스 필립스 케이1804~1877, 영국 정치가, 교육가의 비평이었다. 1832년에 발표한 논쟁적인 글 「맨체스터 면방적업 노동계급의 도덕적·물리적 상태」는 콜레라 발병 과정에서 목격한 비참한 현실을 기독교적·의학적 견지에서 기록한 글로 여기서 케이는 "좁고 바글거리는 골목길, 참혹하기 이를 데 없는 벌집 같은 주거지는 빈곤과 질병이 싹트고 사회에 대한 불만과 정치적 무질서로 이어지는 원천"이라고 지적했다.18 엥겔스와 마찬가지로 케이는 맨체스터가 그토록 유례없는 번영을 구가하는 한편으로 극단적인 참상을 드러낸다는 사실에 도덕적인 참담함을 느꼈다. "그토록 엄청난 부富의 한가운데에 …거대한 괴물이 잠을 자고 있다." 이러한 개인적인 기록들과 같은 맥락에서 공무원 에드윈 채드윅*이 작성한 공식 출판물도 나왔다. 그가 쓴 『대영제국 노동자 위생 상태 보고서』(1842년)는 급속한 산업화가 공중 보건에 미치는 영향을 신랄하게 파헤쳤다. "매년 잉글랜드와 웨일스에서 예방 가능한 티푸스 때문에 죽어나

---

* 1800~1890. 영국의 사회개혁가. 빈민법 개정과 공공 보건 향상에 힘쓴 것으로 유명하다.

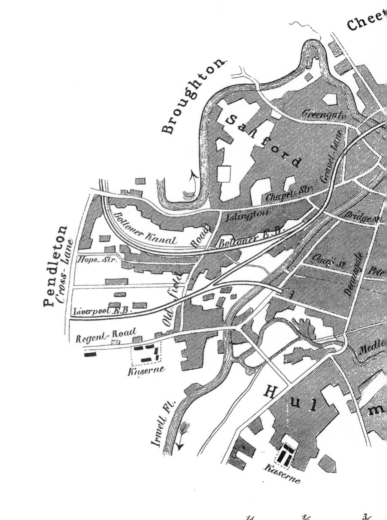

1845년 독일어판 『영국 노동계급의 상태』에
실린 맨체스터 일대 지도.

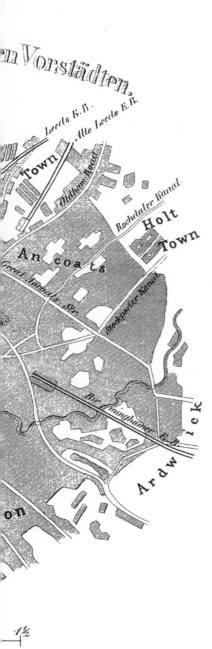

가는 한창 나이의 사람들 수가 워털루 전투에서 영국·프로이센 연합군에게 희생된 프랑스군의 두 배는 될 것이다."[19] 맨체스터 시 빈민구제위원회 부위원장 리처드 배런 하워드도 맨체스터를 혹평했다. 그는 도로 전체가 "비포장에 하수도나 하수구가 없는 상태"라고 서술했다. "쓰레기와 배설물 천지여서 돌아다닐 수가 없을 지경이고, 악취는 도저히 숨을 쉴 수가 없으며 …곳곳에 오물투성이 옥외 변소와 분뇨 구덩이가 널려 있고 하수관은 막혀 있다. 도랑에는 물과 똥덩어리, 각종 오물이 고여 있다. 거기서 나는 악취는 도저히 말로 설명할 수 없을 정도로 끔찍하다."[20]

당시의 의학 보고서에는 위생 문제만이 아니라 정신적·도덕적 황폐화도 거론됐다. 맨체스터의 노동계급은 종교에 대한 무관심 혹은 적대감(아일랜드 당시에는 영국의 일부였다인들의 가톨릭 성향은 그보다 더 나쁜 것으로 간주됐다), 난잡한 성생활, 알코올 중독, 도덕적 타락 등으로 악명이 높았다. 반면에 중산층은 천박한 물질주의로 유명했다. "대다수 주민들은 오로지 부를 획득하고자 하는 열망뿐이다. 그들의 가치관에서는 그런 목적을 이루는 것과 무관한 것은 모두 아무 가치가 없는 일로 여겨졌다." 한 주민은 이렇게 말했다. 맨체스터 주민들은 "종달새나 밤꾀꼬리 울음소리보다 끊임없이 덜커덕거리는 직조기 소리를 더 좋아한다"는 말이 있다. "맨체스터 사람에게 철학은 아무런 매력이 없는 일이고, 시의 매혹 같은 것도 관심 밖이다. 산과 바위와 골짜기와 시냇물도 즐거움을 주거나 경탄을 자아내는 대상이 아니다. 맨체스터 사람이 다가오면 숲의 요정도 움찔한다."[21] 평소 친정부 성향인 「맨체스터 가디언」도 "영국인 전체를 가게주인이라고 본다면, 맨체스터는 카운터에 앉아 손님이 입은 면제품의 질로 그 손님을 평가하는 자"라고 지적했다.[22] 독일 방문객들도 같은 평가를 내렸다. "일과 이윤과 탐욕은 여기 사람들이 생각하는 유일한 대상인 것 같다. …여기 사람들 얼굴에는 숫자, 오로지 숫자밖에 안 보인다."[23]

프롤레타리아와 부르주아지의 극심한 격차는 메울 수 없는 사회적 간극을 의미했다. 교회 참사회원인 리처드 파킨슨은 맨체스터에 대해 "세상에 부자와 빈자의 간극이 그렇게 큰 도시는 없다"고 지적했다. 사실 "주인인 면방적업자와 고용인인 노동자 사이에 사적인 대화는 거의 없었다."[24] 이처럼 도시 전체가 물리적으로는 바로 붙어살면서도 사회적 불균형은 이루 말할 수 없을 만큼 크다는 것이 레옹 포셰에게는 엄청난 충격이 아닐 수 없었다. 그는 맨체스터에는 "두 도시가 하나로 합쳐져 있다. 한쪽에는 널따란 공간과 신선한 공기, 건강에 필요한 모든 것이 있고, 다른 쪽에는 생존에 독이 되고 생명을 단축시키는 모든 것이 있다"고 묘사했다.[25] 이런 계급 분리 문제를 벤저민 디즈레일리1804~1881. 영국의 정치가, 정치소설가는 1845년에 발표한 소설 『시빌, 또는 두 국민』에서 핵심 주제로 다뤘다. 이 소설은 본인의 정치 강령을 제시한 것이기도 하다. 그는 한 도시 안에 부자와 빈자가 서로 완전히 별개인 두 국민으로서 공존하고 있다고 개탄했다. "그들 사이에는 교류도 없고 공감도 없다. 서로의 관습과 생각과 느낌을 전혀 알지 못한다. 완전히 딴 동네에 사는 사람들이나 다른 행성에 사는 사람들 같다. …다른 종족이라고 느껴질 정도다." 이들은 서로 다른 음식을 먹고 서로 다른 법률의 지배를 받았다.[26] 보수적인 토리당원 중에서도 가장 깐깐한 인물이 임박한 계급 갈등을 충격적으로 묘사한 것이다.

물론 맨체스터가 그런 비판을 받는 유일한 도시는 아니었다. 글래스고, 리버풀, 버밍엄, 브래드퍼드에 대해서도 같은 얘기를 할 수 있었다. 마찬가지로 유럽 대륙에서도 리옹, 파리, 베를린, 함부르크의 빈민가와 계급 분열, 부도덕한 이면 등등을 폭로한 문헌이 많이 있었다. 그러나 맨체스터는 뭔가 달랐다. 그것은 갈 데까지 간 산업화의 극치의 상징이었다. 이는 지식인, 행동가, 철학자는 물론 예술가들까지 지대한 관심을 보인 특이한 도시적 현상이었다. 오늘날로 치면 폭발적인 경제 성장을 기록 중인 중국의 대도시나 극빈층이 공존하는 아프리카의 화려한 대도시들과 비슷하다고 할 수 있겠다. 맨체스터에 관심을 가진 사람들은 하나같이 이 끔찍한 미래상을 체험하고 기록하고자 했다. 그러나 맨체스터의 사회적 위기를 한층 커다란 역사의 캔버스에 그린 것은 프리드리히 엥겔스의 재능이었다.

가족회사 '에르멘 앤드 엥겔스'

"영국에서 혁명이 가능하기는 할까? 개연성이 있을까? 이것은 영국의 미래가 달린 문제다."[27] 1842년 런던 항에 내린 엥겔스는 그 풍경에 압도됐다. "부두 양쪽으로 늘어선 수많은 건물, …양편으로 정박한 무수한 선박들. …이 모든 것이 너무도 거대하고, 너무도 인상적이어서 정신을 잃을 지경이었다. 그러면서 영국의 경이로운 위대함에 한없이 빨려 들어갔다." 그러나 영국의 사회적 위기에 대한 모제스 헤스의 예언에 자극을 받은 엥겔스는 임박한 격변의 징표를 찾으려고 애를 썼다.[28] 바로 눈이 간 곳이 프롤레타리아 계급이었다. 이들은 영국이 엄청난 상업적 위업을 이루는 데 필요한 대가를 치러야 했지만 결국은 부당한 시스템을 해체하는 운명을 타고났다는 것이 나중에 엥겔스가 내리게 되는 결론이다. "산업은 한 나라를 부유하게 만들어주지만 재산이 없는 절대 빈곤 계급도 만들어낸다. 이들은 하루 벌어 하루 사는 계급이다. 이들은 급속히 수가 늘어나고 나중에는 도저히 없애려야 없앨 수 없는 지경이 된다." 엥겔스는 마르크스가 운영하는 「라인 신문」에 기고한 일련의 기사에서 이렇게 썼다. 기사를 보내고 받는 과정에서 썰렁했던 마르크스와의 관계는 차차 좋아진다. 산업화의 소름끼치는 비용을 목격하면서 엥겔스는 청년 헤겔파의 정신, 의식, 자유 같은 관념들로부터 경제적 현실이라는 실용적인 언어로 옮겨간다. "무역이 조금만 요동쳐도 수많은 노동자들은 빈곤해진다. 얼마 안 되는 저축은 금세 바닥나고 굶어죽을 위기에 처한다. 문제는 그런 위기가 몇 년에 한 번씩 되풀이되게 돼 있다는 것이다."[29]

그러나 혁명에 나서기 전에 우선 아버지가 당부한 일을 처리해야 했다. 에르멘 앤드 엥겔스사는 1837년에 설립됐다. 아버지 엥겔스는 가족 기업 지분을 형제들에게 넘기고 받은 돈을 에르멘 형제가 운영하는 회사에 투자했다. 회사를 실질적으로 끌어가는 사람은 네덜란드 태생의 페터 에르멘이었다. 그는 1820년대 중반에 맨체스터로 이주해 작은 공장을 세운 뒤 다국적 면사 방적업체로 키운 인물이다. 동생인 안토니와 고드프리도 힘을 합쳤다. 엥겔스 아버지의 투자 덕분에 회사는 샐퍼드에 작은 면사 방적공장을 열 수 있었다. 맨체스터 서쪽에 면한 샐퍼드는 가성소다 처리법으로 세련된 면사를 생산하는 것으로 유명했다. 맨체스터와 리버풀을 잇는 철로변 위스트역驛 옆에 있는 샐퍼드는 머지 강 부두에서 원면을 실어오고 인근 어웰 강에서 끌어온 물로 표백·염색하기에 좋은 이상적인 입지를 갖췄다. 샐퍼드 공장은 당시 젊은 여왕 빅토리아가 즉위한 것을 기념해 '빅토리아 공장'이라고 명명했고, 빨간 탑 세 개를 새긴 트레이드마크가 달린 면사를 대량 생산했다. 이 마크는 16세기에 에르멘 가문이 하사받은 문장紋章이라고 한다. 이 공장이 바로 엥겔스가 처음 근무할 곳이었다. 400명의 노동자들이 면 방적기 앞에 앉아 바삐 움직이고 있었다.[30] 엥겔스가 정확히 어디 살았는지는 알 수 없지만 숙소는 에클스 구區에서 가까웠던 것 같다. 거기서 엥겔스는 경찰과 폴링 앤드 헴프리 벽돌제조회사 노동자들이 충돌하는 것을 목격하기도 했다. 현지에 전해오는 말에 따르면 엥겔스는 샐퍼드의 초승달 술집 단골이었다고 한다. 에클스 출신 역사학자 F. R. 존스턴은 엥겔스가 "그레이프스 호텔을 본거지로 해서 공산주의 세포"를 만들려 했다고까지 주장했다.[31] 샐퍼드 위스트 공장은 나중에(1891년) 윈터바텀 제책製冊 회사로 바뀌지만 1960년대까지 건물은 그대로 남아 있었다. 그러나 고속도로 건설에 따라 철거됨으로써 산업화와 사회주의의 역사를 상징적으로 보여주는 기념물은 사라지고 말았다.[32]

가족회사에서 일하면서 자본주의의 착취 대상인 사람들과 함께 지내다 보니 엥겔스가 겪는 심적 갈등은 아주 심했다. 몇 년 후 마르크스에게 보낸 편지에서는 깊은 속내를 털어놓기도 했다. "값을 후려치는 건 정말 추잡한 짓이야. …그중에서도 가장 추잡한 건 그냥 부르주아가 아니라 사실상 공장주라는 거야. 적극적으로 프롤레타리아 반대편에 서야 한단 말이지. 우리 영감 공장에서 며칠 지내니까 그런 추잡함에 익숙해지더라고."[33] 그러나 부르주아지를 위해 일을 한다고 해서 그들과 사이좋게 지낼 것까지는 없었다. "난 그들과 어울리지도 않고 디너파티에도 안 갔어. 중산층이 좋아하는 포르투갈산 포트와인이나 샴페인 같은 것도 손에 안 댔지. 여가시간은 거의 일반 노동자들과 교류하는 데 보내고 있어."[34] 엥겔스가 처음 찾아간 곳은 오언 추종자들이 세운 과학관으로 평범한 노동자들이 모여 강연도 듣고 책도 보고 춤도 배우고 하는 곳이었다.

차티스트 운동의 실상

로버트 오언은 엥겔스가 "공상적 사회주의자"라고 지칭한 3인방 중 마지막 인물이었다. 오언은 샤를 푸리에, 생시몽과 더불어 공상적인 미래를 꿈꾼 계열에 속한다. 후일 엥겔스도 인정하듯이, 세 사람 모두 역사의 흐름을 너무 엄격하게 파악한 과학적 사회주의 때문에 부당한 평가를 받은 측면이 크다. 그러나 어쨌든 오언은 마르크스나 엥겔스보다 사회정의에 관해 한층 실용주의적인 접근을 했다고 할 수 있다. 원래부터 섬유업을 했던 오언은 스코틀랜드 뉴래너크에 있는 자기 방적공장들을 공평한 고용과 응집력 있는 공동체의 모델로 만들기 위해 애썼다. 오언의 출발점은 인간의 타고난 천성에 기대기보다는 먼저 사회적 조건을 제대로 갖추는 것이 인간성 향상의 지름길이라는 믿음이었다. 기독교에서 말하는 원죄는 오류이며, 인간에게 필요한 것은 협동심을 최대로 끌어낼 수 있는 교육과 사회윤리였다. 뉴래너크에서 오언은 자선을 기초로 한 공동체를 운영했다. 노동시간을 줄이고, 미성년자 고용을 철폐하고, 주류 판매는 엄격히 규제했으며, 생활조건을 향상시키고, 무상 초등교육 제도를 도입했다. 『사회에 관한 새로운 견해, 또는 인성人性 형성 원리에 관한 에세이』(1813~14년)에서 오언은 자신의 접근법을 사회 전반에 어떻게 적용할 수 있는지를 상세히 논했다. 이 책은 1819년 섬유산업 분야 9~16세 노동자의 근로시간을 하루 12시간으로 제한하는 '면방적공장법Cotton Mills and Factories Act'이 통과되는 데 크게 기여했다.

그러나 의회에서 개량적인 법령이 아무리 많이 통과돼도 정치는 나폴레옹 전쟁 이후 영국을 괴롭혀온 구조적 빈곤에 대해 도무지 답을 줄 수 없었다. 오언은 가장 근본적인 잘못은 인간을 후진적인 미신 상태에 머물게 하는 기성 종교(기독교)와 인간의 본성을 타락시키는 사회적 경쟁 논리 (사적 소유에 대한 집착이 대표적인 예다)에 있다고 결론지었다. 당초의 산업 개혁 노력과는 상당히 거리가 있지만 이제 오언은 전반적인 도덕 혁명을 주창했다. "낡고 부도덕한 세계"의 악을 끊고 푸리에식으로 새로운 공동체를 만들겠다는 의도였다. 공동체는 농업과 산업을 중심으로 건설하고 거기서 교육과 협동조합식 생활을 통해 갱생을 촉진한다는 구상이었다. "어린이들을 종교와 신학 논쟁은 물론이고 그리스어와 라틴어 공부로 괴롭히지 않는다." 영국 햄프셔의 오언식 퀸 농장 정착촌에 대해 엥겔스는 경탄을 금치 못하며 이렇게 썼다. "어린이들은 자연과 자기 몸과 지적 능력에 대해 더 친숙해진다. …도덕 교육은 유일한 원칙을 익히는 것에 국한된다. 그 원칙은 '내가 당하면 싫을 일을 남한테 하지 말라' 는 것이다. 다른 말로 하면 완벽한 평등과 형제애의 실천이다."[35] 푸리에의 팔랑주나 생시몽주의자들의 실험과 마찬가지로 오언식 공동체 구상도 비용이 많이 들고 단명했다. 영국에서나 미국에서나 마찬가지였다.

오언식 사회주의의 또 다른 분파는 영국협동지식증진협회라는 조직으로 뭉쳤는데 이상향을 추구하는 공동체 노선보다 훨씬 생산적이었다. 이 협회가 강력히 비판한 것은 주로 현대의 경쟁 체제였다. 오언 추종자인 협회 지도자 윌리엄 러벳은 이렇게 선언했다. "인간의 이기심이야말로 경쟁의 원리라고 할 수 있을 것이다. 왜냐하면 이기심은 자신의 욕구나 취향을 충족시키기 위해 남과 경쟁하게 만들기 때문이다. 반면에 협동은 자선과 형제애를 발휘하게 하는 사회적 감정이라고 할 수 있다." 경쟁 시스템을 기초로 한 경제는 따라서 본질적으로 불평등하며 불안정했다. 부는 집중되고, 경기순환 주기는 점점 짧아지며, 빈곤은 깊어진다. 로버트 오언 자신은 점차 종교를 개혁하고 결혼이라고 하는 "부자연스럽고 인위적인 양성兩性의 결합"을 종식시키는 운동에 매진했다. 반면 추종자들은 협동과 도덕적 가치관에 토대한 정치 강령을 발전시키는 데 집중했다. 임금은 시장과 고용주의 변덕에 따라 가치가 결정되는 착취적 "임금 원칙"이 아니라 노동시간과 공정한 지급(본질적으로 공정한 하루 근무 시간에 대한 공정한 임금)을 원칙으로 해서 결정돼야 한다는 것이다. 오언주의자들은 재화를 공동으로 직접 판매하는 협동조합과 노동조합을 런던과 브라이튼에 세워 노동의 가치를 높이고, 과학관('모든 나라 모든 계급 협회Association of all Classes of all Nations'가 관장했다)을 운영하면서 사회주의와 동지애, 이성의 가치를 증진시켰다.

모든 나라 모든 계급 협회 활동 중에서 가장 규모가 크고 활발한 것이 회원 440명에 건물까지 확보한 과학관이었다. 과학관은 처음에는 샐퍼드에 있었는데 영국 북서부 지역에서 사회주의에 대한 관심이 높아지면서 1840년에 맨체스터 캠필드 구區에 있는 큰 건물로 옮겼다. 당시 과학관의 모습을 레옹 포셰는 이렇게 기억했다.

거대한 건물이다. …구입비는 모두 정비공과 장인들이 갹출한 것으로 7000파운드였다. 강의실이 하나 있는데 그 일대에서 가장 훌륭하고 넓은 홀로 오언 씨의 사도들이 진을 쳤다. 사회주의의 원리를 소개하는 일요 강연 말고도 일일 학교와 일요 학교를 운영했다. 또 각종 모임과 행사를 열어 지지자 수를 늘렸다. 들로 소풍을 가기도 하고, 노동계급을 위해 값싸고 유익한 여가 활동 프로그램도 제공했다. …그들이 그렇게 큰돈을 모았다는 것은 노동계급 중에서도 비교적 부유한 편에 속한다는 것을 말해 준다. 일요일 저녁마다 자리는 꽉꽉 찼다.[36]

1840년대에 맨체스터의 "사회주의자 공동체"는 많이 잡아 8000명 내지 1만 명쯤 됐다. 일요일 저녁마다 3000명이나 되는 사람들이 과학관 강의실을 꽉 메웠다. 프리드리히 엥겔스도 그중 한 명이었다. 바르멘에서 장인이라면 술 취한 모습만 봐왔던 엥겔스는 영국 노동계급이 그렇게 맑은 정신으로 대화를 나누고 각종 행사에 참여하는 것을 보고 깜짝 놀랐다. "과학관에서 지극히 평범한 노동자들이 정치, 종교, 사회 문제에 대해 확고한 인식을 가지고 발언하는 것을 들으면 놀라지 않을 수 없다."[37] 실제로 "성긴 무명옷 하나 걸친 노동자들이 독일의 '교양 있는' 부르주아보다 훨씬 유식하게 지질학이나 천문학을 비롯한 여러 주제들에 대해 논하곤" 했다. 이는 왕성한 문학 문화의 산물이라고 엥겔스는 생각했다. 루소와 볼테르, 토머스 페인* 같은 작가들은 맨체스터 중산층이 아니라 노동계급의 우상이었다. "바이런과 셸리는 하층계급에서만 읽는다. 특히 '점잖은' 사람이 셸리의 작품을 보다가는 품위 떨어진다고 손가락질 당한다."[38]

여러 사회주의 분파가 그러했지만 오언 추종자들도 각종 행사에 기독교 예배 형식 같은 것을 많이 동원했다. "형식 면에서 보면 이런 모임들은 교회 집회를 닮은 구석이 있다. 객석에서는 합창단이 오케스트라 반주에 맞춰 사회성 짙은 찬가를 노래한다." 사회주의자들의 행사에서 엥겔스가 주목한 부분이다. "그런 노래들은 반은 종교적인, 경우에 따라서는 완전히 종교적인 멜로디에다 공산주의 구호를 붙인 것이다. 그런 노래가 울려 퍼지는 동안 관객은 모두 서서 듣는다." 여기서 하는 설교들은 바보 같은 소리를 고래고래 질러대는 크루마허 목사의 설교보다는 훨씬 수준이 높

---

* 1737~1809. 영국 출신 미국 작가. 미국 독립전쟁과 프랑스 혁명 때 혁명이론가로 활동했다.

았다. "그러고 나서 아주 편안하게, 모자도 벗지 않고 연사가 강단으로 나온다. …이어 자리에 앉아서 강연을 한다. 중간에 웃음이 많이 터진다. 영국식 지성은 유머가 풍부하기 때문이다." 오언 추종자들의 집회는 노동자와 중하류층을 위한 단순 사교모임인 경우도 많았다. 일요일 저녁 파티에 가면 "보통 저녁 때 먹는 샌드위치와 홍차가 나왔다. 주중에는 강의실 홀에서 춤 강습회와 연주회가 열리기도 했다. 사람들은 아주 즐거운 시간을 보냈다."[39]

이따금 대중적으로 인기 있는 연사가 나오기도 했다. 1843년 말에는 유명한 최면술사 스펜서 홀이 유물론을 신봉하는 무신론자들 앞에서 "젊은 여성을 상대로 최면술과 골상학骨相學 시범을 통해 신의 존재, 영혼 불멸, 유물론의 부당함 등을 증명해 보였다". 시범에 매료된 엥겔스는 집으로 돌아와서 비슷한 사이비과학 실험을 직접 해봤다. "정신이 말똥말똥한 열두 살 난 소년이 실험재료가 되어주었다. 소년의 눈을 부드럽게 응시하며 살살 쓰다듬어주니까 소년은 어렵지 않게 최면상태에 빠졌다. …근육 경직이나 무감각 상태를 불러일으키기는 쉬웠다. 그것 말고도 우리는 특정한 초감각 상태와 맞물리면서 의지가 완전히 수동적인 상태가 되는 것을 발견했다." 그러나 변증법적 유물론의 공동 창시자가 그런 수리수리마하수리에 그렇게 쉽게 넘어가지는 않았다. "우리는 엄지발가락이 최면상태를 유발하는 기관이라는 것을 알아냈다. 거기를 살짝 건드려주기만 해도 최면 상태를 쉽게 유발할 수 있었다. 그러나 분명히 알아두어야 할 것은 환자가 이렇게 해서 어떤 상태가 될 것이라는 걸 납득하지 않으면 어떤 기관도 반응을 보이지 않는다는 것이다. 소년은 그런 훈련을 통해서 그저 암시만 주어도 그런 상태에 바로 빠지게 되었다."[40]

엥겔스에게 지적으로 큰 자극을 준 것은 오언주의자인 강사 존 와츠였다. 리본 제조공으로 코번트리 정비공 연구소^{영국 코번트리 대학의 전신} 사무부총장이었던 와츠는 오언의 사도인 동시에 "정치경제학political economy"의 맹렬한 비판자였다. 그가 말하는 정치경제학이란 애덤 스미스와 토머스 맬서스의 저작 및 그들이 주창한 자유무역, 분업, 자유방임주의 등이었다. 엥겔스는 경쟁에 대해 도덕적 차원의 비판을 가한 "뛰어난 인물"한테서 많은 것을 배우게 된다. 와츠는 당대에 큰 영향을 미친 논문『정치경제학파의 사실과 허구』(1842년)에서 "무역의 본질은 악惡이다"라고 썼다. "그리고 우리가 지금처럼 타락한 상태가 된 것은 다른 무엇보다도 바로 그것 때문이다." 교환가치와 명목임금—제조업자와 공장주들은 생산수단을 소유하고 있기 때문에 노동자들과의 협상에서 우위를 점한다—을 중심으로 한 자본주의 체제가 산업화된 영국을 괴롭히는 경제위기의 근본 원인이었다. 자본주의 체제는 "노동이 모든 부의 원천"이라는 진실을 부정하려고 했다. 와츠가 제안한 해결책은 산업화 이전의 협동적 교환 시스템, 즉 "노동에 대한 보수를 고정화하는 것, 생산량의 일정 부분을 노동자들 몫으로 돌려주는" 시스템으로 돌아가는 것이었다. 이와 함께 애덤 스미스에 대한 반론으로 와츠는 분업이 인간의 열의와 상상력을 얼마나 망치는지("하루 종일 철사를 고정시키거나 핀을 뾰족하게 가는 작업이 이성을 지닌 존재로서 과연 할 만한 일인가는 더 이상 따지고 자시고 할 것도 없다"), 그리고 공장 생활이 얼마나 참혹한지("이런 현실이 흑인들보다 훨씬 낫다고 할 수 있는가? 연민과 동정을 받아 마땅하지 않은가? 그러나 우리의 정치경제학파 학자님들은 임금 원리를 통해 이런 상태를 영구화하려고 획책한다")를 파헤쳤다.⁴¹

1830년대 말 오언주의자들은 맨체스터에서 대단한 세력을 형성했지만 국제 노동계급 운동에서는 주도권을 잃고 있었다. 그들의 자리를 대신한 것이 차티스트 운동이었다. 차티스트들은 누구나 쉽게 이해할 수 있는 6

개 항의 요구를 들고 나왔다. 남성의 보통선거권, 무기명 비밀투표, 매년 선거, 평등 선거구제, 국회의원에 대한 세비 지급, 의원 재산 자격 제한 철폐(그래야 노동계급이 의회에 대표를 내보낼 수 있다) 등. 오언주의자들의 유토피아적 야심과는 대조적으로 인민헌장은 노동계급의 어려움을 해소할 정치적 해결책을 찾으려는 실질적인 시도였다. 6개조의 인민헌장은 랭커셔 주에서 폭넓은 지지를 받았다. 맨체스터정치연합은 커살 무어 유원지에서 횃불 행진을 비롯한 대규모 시위를 조직했다. 1838년 9월 약 3만 명이 노동조합 깃발 아래 차티스트 운동 지도자 퍼거스 오코너의 연설을 들으러 모였다. 오코너는 열변을 토했다. "보통선거권"이야말로 "인간이 피흘리는 사태를 막을 수 있는 유일한 원칙입니다. …모든 인간이 자연이 모든 인간의 가슴에 각인해준 권리, 즉 모든 개인의 투표권에 들어 있는 자기방어권을 누릴 때까지 여러분은 절대 자신의 이익을 대변 받을 수 없습니다."[42] 그러나 이런 대중 집회는 기성 지배층의 우려만을 키우는 결과가 됐다. 1839년에 이어 1842년에도 차티스트들의 청원은 하원에 의해 거부됐다. 이처럼 노골적으로 멸시를 당하자 차티스트들은 과격해졌고, 중산층과의 동맹을 깨는 쪽으로 나아가면서 내부적으로는 도덕적인 힘이 효과적이냐 물리력을 행사할 것이냐를 놓고 논쟁이 벌어졌다.

어떤 의미에서 1842년의 플러그 폭동은 차티스트 운동의 정치적 무능력의 표출이었다. 그러나 엥겔스는 차티스트 운동이 갖는 의미에 대해서는 별로 의심하지 않았다. 현대의 해석은 차티스트 운동을 급진적인 18세기 정치의 부산물로서 투명한 정치와 경제의 도덕성을 선구적으로 요구한 운동으로 보는 경향이 있지만 엥겔스의 눈에는 순수하고 단순한, 노동계급의 "집단의식"을 핵심적으로 표현한 "계급 운동"으로 보였다.[43] 엥겔스는 거기서 많은 교훈을 얻고자 했고, 두 가지 별도의 경로를 통해 차티스트 운동에 대한 이해를 높였다. 첫 번째 경로는 조지 줄리언 하니였다. 하니는 차티스트 운동의 '무서운 아이'로 확고한 급진파였으며 무력 사용을 주창하고 대중 집회에서는 자유를 상징하는 붉은 모자를 흔들곤 했다. 보수파 동지들은 그의 행태를 매우 못마땅해했다. 하니는 감옥에 있을 때나 출옥 후에도 끊임없이 동료 차티스트 운동가들과 분란을 빚었고 나중에는 운동 진영에서 쫓겨났다. 그러나 로베스피에르프랑스 혁명 때 공포정치를 주도한 정치가를 숭배한 하니는 인민 봉기가 인민헌장의 요구사항을 달성하는 가장 확실한 길이라는 확신을 버리지 않았다.[44] 수십 년 뒤 하니는 엥겔스— "훤칠하고 잘생긴 청년으로 외모는 거의 소년처럼 발랄했다"—가 리즈에 있는 사무실로 찾아왔던 얘기를 회고했다. "그는 「북극성The Northern Star」〔차티스트 운동 기관지〕 고정 독자이며 차티스트 운동에 깊은 관심을 갖고 있다고 했다. 그렇게 해서 우리의 우정은 시작됐다."[45] 하니와 마르크스 · 엥겔스와의 우정은 위기도 많고 기복이 심했지만 어쨌든—간간이 편지를 주고받는 식으로—반세기 동안 지속됐다. 하니는 맨체스터에 대해 인상적인 평가를 한 바 있다. 1850년 엥겔스에게 보낸 편지의 한 대목. "나는 자네가 맨체스터에 대해 역겨움을 표현한다고 해도 하등 놀라지 않겠어. 거긴 정말 더러운 구더기 소굴 같은 데니까. 맨체스터에서 천수를 누리느니 런던에서 교수형을 당하는 게 낫지."[46]

엥겔스가 차티스트 운동을 접한 또 다른 경로는 맨체스터 직공 출신으로 차티스트 운동가가 된 제임스 리치였다. 후일 전국인민헌장협회 사우스 랭커셔 대표로 선출되는 리치는, 엥겔스에 따르면 "여러 해 동안 방적 공장과 광산 등 여러 산업 부문에서 일했고, 내가 볼 때는 정직하고 신뢰할 만하며 유능한 사람"이었다.[47] 리치는 또 "면직업자들뿐 아니라 사기꾼들은 누구나 두려워하는 대상"으로 유명했다. 1844년에 익명으로 발표한 논쟁적인 팸플릿 「한 노동자가 본 맨체스터 공장의 고질적인 진실」을 보면 그런 명성은 꽤나 설득력이 있다. "노동계급"에게 바친 이 팸플릿은 체험을 토대로 방적공장 주인들의 악습을 규탄하는 내용인데 자리를 잠시 비웠다고 임금을 깎는 것에서부터 임신한 여성이 잠깐 자리에 앉았다고 벌금을 매긴다든지, 시계를 조작하거나 "어린 꼬마"를 고용하는 일, 여성 노동자들에게 성 상납을 강요하는 관행 등등 생생한 사례가 돋보인다. 이런 증거들은 현대 국가란 부르주아의 계급이익을 감추는 위장막에 불과하다는 통찰과 더불어 상당 부분 엥겔스의 책에 반영된다. "노동계급은 이것[국가]을 도적 시스템에 불과하다고 볼 것이다. 그런 시스템을 통해서 고용주들은 법을 좌지우지하고, 극악한 흉계를 꾸며 범죄라고 하는 것들을 조작해낸 다음 그것으로 얽어서 처벌을 한다. 그들은 법을 만드는 국회의원인 동시에 판사이며 배심원이다."[48] 마르크스와 엥겔스가 후일 『공산당 선언』에서 말하듯이 "현대 국가의 행정부는 부르주아지 전체의 공동 관심사를 조정하는 위원회에 불과하다."[49]

이렇게 하니, 리치와 친해지고 개인적으로 차티스트 운동에 깊은 관심을 가졌지만 엥겔스는 영국의 위기를 극복할 해결책이 인민헌장 6개조이라고 생각하지는 않았다. 무엇보다도 그들이 주장하는 사회주의는 대륙의 발전된 이념(푸리에주의자, 생시몽주의자 또는 모제스 헤스를 중심으로 한 서클)과는 달리 "발전된 게 거의 없었"지만 더 큰 문제는 "사회악을 인민헌장으로 치유할 수 있다"는 믿음이었다.[50] 사소한 민주주의적 개량보다는 완전히 근본적인 무언가가 필요했다. 이런 정서를 가장 극적으로 표출한 것이 청년 엥겔스의 또 다른 영국인 멘토 토머스 칼라일이었다.

또 하나의 멘토, 토머스 칼라일

현인이자 탁월한 논쟁가인 동시에 반동적 인물인 칼라일은 엥겔스가 유일하게 진정으로 극찬한 영국의 지성이었다. 물론 그런 평가는 칼라일이 독일 문화의 열렬한 숭배자인 탓도 있다. 칼라일이 시사·문학 계간지 「에든버러 리뷰」 평론가로 활동할 당시 처음으로 한 작업은 독일 시인 요한 파울 리히터^{필명 장 파울} 번역이었다. 이를 계기로 칼라일은 차츰 괴테(괴테와는 정기적으로 편지도 주고받았다), 실러, 헤르더에 빠져들어 독일 낭만주의를 영국 청중에게 소개하는 일종의 문화 수입상 역할을 했다. 사라진 중세 영웅주의 세계에 대한 향수에 빠진 칼라일은 산업화 시대 영국의 비참한 현실과 낭만적인 중세를 극적으로 대비하는 쪽으로 나아갔고 결국은 서글픈 결론에 도달했다. "지금은 종교의 시대가 아니다. 우리에게는 거룩하고 영적인 것이 아니라 물질적인 것, 실용에 곧바로 도움이 되는 것만이 중요하다."⁵¹ 19세기는 "기계의 시대"였으며, 전통적으로 인간과 인간을 묶어주던 사회적 유대는 물질적 부를 좇는 과정에서 완전히 찢겨나가고 말았다. "우리는 그것을 사회라고 부른다. 그러면서 완전한 분리, 고립을 공공연히 고백한다. 우리의 삶은 서로 도움이 되는 것이 아니다. 오히려 전시 상황에나 어울릴 '공정 경쟁' 등등의 그럴듯한 법규를 내세워 상호 적대감을 부추기고 있다. 우리는 도처에서 현금 지불이 인간들 간의 유일한 관계가 아니라는 점을 까맣게 잊어버렸다."⁵² 이런 관점에서 본다면 인민헌장의 요구나 기타 정치적 응급조치들—칼라일은 이를 당대의 유명한 돌팔이 의사 이름을 따서 "모리슨의 만병통치약"이라고 폄하했다—은 이른바 '영국의 현실'을 치유하는 데 본질적인 역할을 하지 못할 것이다. 칼라일 입장에서 해결책은 새로운 종교성과 독재에 가까운 지도력의 결합이었다. 칼라일은 런던 체인로 가街에 있는 자택 거실 벽에 올리버 크롬웰*과 마르틴 루터** 부모의 초상화를 자랑스럽게 걸어놓았다.

1844년 중세 영국과 현대 영국을 비교한 칼라일의 저서 『과거와 현재』에 대한 서평에서 엥겔스(이때까지도 급진적 청년 헤겔파였다)는 "우리 역시 원칙의 결여, 내적 공허, 영적 죽음, 이 시대의 허위와 싸우는 데 관심이 있다"고 밝혔다. 그러나 종교는 분명 답이 아니었다. "우리는 칼라일이 묘사하는 바와 같은 무신론에 종지부를 찍고자 한다. 그것은 인간에게 종교로 말미암아 잃어버린 실체를 돌려줌으로써 가능하다. 그리고 그 실체란 신적인 실체가 아니라 인간적인 실체다. 이렇게 실체를 돌려주는 과정 전체는 자기의식의 각성에 다름 아니다."[53] 엥겔스에 따르면 칼라일의 결정적인 약점은 독일 문학은 읽고 독일 철학은 읽지 않았다는 것이다. 포이어바흐 없는 괴테는 그저 산만할 뿐이었다. 그러나 엥겔스는 칼라일의 비범한 산문 스타일―"칼라일은 영어를 자신이 완전히 새롭게 주조해내야 할 순수한 원료처럼 다뤘다"―과 자본주의 사회가 야기한 참상에 대한 강렬한 규탄에 대해서는 더할 나위 없는 찬사를 보냈다.[54] 『영국 노동계급의 상태』에서 엥겔스는 칼라일과 똑같은 역사적 비유(공장 단순 노동자의 처지를 노르만 정복 이후 노르만족 봉건영주의 채찍질 밑에서 신음하는 색슨족 농노에 비유하고, 자유주의자들이 말하는 "자유"라는 것은 결국 굶어죽을 자유 수준에 불과하다며 그들의 위선을 까발렸다)를 드는가 하면, 동일한 공식 자료를 논거로 삼기도 했다. "첼시칼라일은 런던 첼시에서 오래 살았다의 현인"을 직접 인용하기도

---

* 1599~1658. 청교도 혁명으로 공화정을 수립한 영국의 혁명가. 칼라일은 크롬웰을 군주 스타일의 영웅으로 숭배했다.
** 1483~1546. 독일의 종교개혁가. 칼라일은 루터를 성직자 스타일의 영웅으로 숭배했다.

했다. "제조업자와 노동자의 관계에는 인간적인 것이 전혀 없다. 순전히 경제적인 관계다." 엥겔스는 산업사회에 관한 장에서 기계에 의존하는 산업화 시대 영국을 강렬히 규탄한 칼라일의 저서 『시대의 징후』(1829년)를 그대로 인용했다. "제조업자는 자본이고, 직공은 노동이다. …칼라일은 그〔제조업자〕는 '현금 지불이 인간과 인간을 잇는 유일한 연결고리'라고 주장한다고 말한다."[55]

역작 『영국 노동계급의 상태』

칼라일이 "기계의 시대"를 비난한 것이나 오언주의자들이 도덕적 혁신을 주창한 것, 6개조의 인민헌장, 와츠와 제임스 리치의 경쟁에 대한 비난은 하나같이 엥겔스의 이데올로기 발전에 큰 자양분이 되었다. 그러나 엥겔스는 맨체스터에서 책만 읽지 않았다. 노동계급의 삶의 현실을 직접 대면하기 위해 "(남들과) 어울리지도 않고 디너파티에도 안 가고, 중산층이 좋아하는 포르투갈산 포트와인이나 샴페인 같은 것도 손에 안 댔다". "평범한 노동자들"과 유대를 다지기 위해서였다. 하지만 이 애송이 독일인 탐험가를 프롤레타리아의 음산한 지하세계로 안내해줄 사람이 누구일까? 사회주의자로서 박해를 피해 영국에 망명 와 있던 독일 작가 게오르크 베르트가 길동무를 해주기도 했다. 그 역시 "영국에서 가장 역겨운 제조업 도시" 브래드퍼드에서 마지못해 사무원으로 일하고 있었다. 양모 산업으로 발딱 일어선 이 신흥도시에 "극장도 없고 사교생활도 없고 괜찮은 호텔도 없고 도서관도 없고 문화적인 인간도 없다는 것. 너덜너덜한 프록코트를 걸치고 낡은 모자에 우울한 얼굴을 한 요크셔인들밖에 없다는 것"

은 베르트에게는 충격적이었다.[56] 요크셔의 속물주의를 벗어나기 위해 베르트는 페닌 산맥을 넘어 랭커셔 주로 친구이자 이념적 동지인 엥겔스를 찾아왔다. 두 사람은 맨체스터 여기저기를 조사하고 다녔다. 그런데 엥겔스가 맨체스터에서 애정을 느낀 또 한 여성이 있었다. 메리 번즈는 엥겔스가 처음으로 진정 사랑한 여자이며 맨체스터의 이면을 들여다볼 수 있게 해준 안내자였다.

"그 아줌마는 대단히 예쁘고 위트가 넘치고 진짜 매력적이었다. …물론 맨체스터 공장 아가씨(아일랜드계)였다. 배운 것은 없지만 조금 읽고 쓸 줄은 알았다. 그러나 우리 부모님_{마르크스 뿌은} …그 아줌마를 아주 좋아했다. 그 아줌마 얘기를 할 때면 정말 애정이 흘러넘쳤다."[57] 어린 시절 기억을 적은 엘레아노어 마르크스의 이 묘사가 유감스럽게도 우리가 엥겔스의 연인 메리 번즈에 대해 알고 있는 설명의 거의 전부다. 1822년 4월에서 1823년 1월 사이 어느 시점에 태어난 번즈는 아일랜드 염색공 마이클 번즈의 딸이었다. 마이클 번즈는 1820년대에 맨체스터로 건너와 첫 아내 메리 콘로이와 결혼했다. 1841년 인구조사에는 마이클 번즈가 두 번째 아내 메리 투오미의 남편이며, 맨체스터 중심가 딘스게이트 외곽의 열악한 주택에 살고 있는 것으로 돼 있다. 그러나 두 딸 메리 번즈와 리디아(애칭은 리지) 번즈는 올라 있지 않다. 10년 후 마이클 번즈와 둘째 부인은 뉴브리지 가街에 있는 공장으로 들어간 것으로 돼 있고, 그 후에는 1858년 사망통계에 올랐다.[58] 그러나 메리 번즈는 잘살고 있었다.

우리는 엥겔스가 1843년 초에 메리 번즈를 만났다는 것을 알고 있다. 그러나 그 만남의 정확한 성격에 대해서는 논란이 많다. 에드먼드 윌슨_{1895~1972. 미국의 저명한 문인, 사회평론가}은 확실한 증거는 없는 상태에서 메리 번즈가 에르멘 앤드 엥겔스사 공장에서 자동식 뮬 방적기 돌리는 일을 했다고 주장한다.[59] 1890년대에 엥겔스를 만난 사회주의자 막스 베어도 엥겔스가 "자기 아버지 공장에서 일했던 메리 번즈라는 아일랜드계 여자와 동거했다"고 주장한다.[60] 역사학자 하인리히 겜코프는 좀 더 모호하게 메리 번즈가 "맨체스터의 많은 면방적공장 가운데 하나에서 일했다"는 식으로 묘사한다.[61] 그러나 엥겔스 본인은 아버지 공장에서 일하는 여성 노동자들의 외모에 대해서 좋게 말한 적이 없다. "키가 크고 몸매가 좋은 아가씨는 단 한 명도 본 기억이 없다. 하나같이 땅딸하고 몸매도 안 좋았다. 외모는 형편없었다."[62] 맨체스터 향토 역사학자 로이 휘트필드에 따르면 메리 번즈와 리지 번즈는 맨체스터의 한 공장에서 일을 했고, 나중에 가정부가 되고 나서 엥겔스의 눈에 띄었을 가능성이 높다. 이와는 대조적으로 역사학자인 에드먼드 프로우* 부부는 한층 낭만적인 전설을 제시한다. 엥겔스가 메리 번즈를 만난 것은 오언주의자들이 운영하는 과학관 모임에서였는데 그때 번즈는 오렌지를 팔고 있었다는 것이다.[63] 이 버전은 게오르크 베르트가 쓴 이상한(너무 멋을 부려 작위적인 느낌을 주는) 시 「메리Mary」를 이해하는 데(연관관계가 너무 뻔하다) 도움이 된다. 시는 리버풀 부두에서 오렌지 파는 발랄한 피니언Fenian** 처녀의 삶을 노래한 것이다.

아일랜드에서 파도 따라 그녀는 왔다네
그녀의 고향은 티퍼래리.
그녀의 혈관에는 뜨겁고 격한 피가 흘러

---

* 1906~1997. 영국 노동운동가. 아내 루스 프로우와 함께 노동계급운동도서관Working Class Movement Library을 세웠다.
** 영국의 아일랜드 통치를 종식시킬 목적으로 1850년대에 아일랜드와 미국에서 결성된 단체의 단원.

젊은 아가씨 메리.

해변에 풀쩍 뛰어내렸을 때

멀리서 선원들은 이렇게 소리쳤지.

"메리 아가씨는, 오 맙소사,

그야말로 한 떨기 들장미 같다네!"[64]

메리 번즈를 둘러싼 추측들이 이렇게 다채로운 것은 기록이 별로 없기 때문이다. 그녀는 문맹이어서 본인이 쓴 것은 없고, 엥겔스는 나중에 이 시기에 쓴 편지들을 대부분 불태워버렸다. 게다가 엥겔스 자신은 번즈와의 관계를 공개적으로 밝히기를 꺼렸다. 친한 여동생 "거위" 마리에게도 메리 번즈에 관한 얘기를 편지에 써 보낸 적은 없다. 엥겔스는 맨체스터에서 사회적 위신을 지켜야 했고, 감시의 눈을 부릅뜨고 있는 부모와도 좋은 관계를 유지해야 할 형편이었다. 문맹인 아일랜드 공장 아가씨와 "동거"를 한다는 것은 그 어느 쪽에도 도움이 되지 않는 일이었다. 정치적으로는 계급적 신분의 불균형에 대한 당혹감 같은 것도 있었을 것이다. 면직업자들에 대한 사회주의자들의 비난 가운데 하나는 그들이 여성 노동자들을 거의 봉건 시대 수준으로 착취한다는 것이었다. 엥겔스 자신도 『영국 노동계급의 상태』에서 이 문제를 언급한 바 있다. "더구나 당연한 얘기지만 공장의 노예 상태라고 하는 것은 그보다 정도가 훨씬 더 심하다. 그래서 공장주는 **초야권**初夜權*까지 누리게 된다. 공장은 주인의 하렘이기도 하다."[65] 메리 번즈는 에르멘 앤드 엥겔스 소속 노동자인 적이 없

---

* 서양 중세 봉건시대에 농노가 결혼할 때 영주가 신랑보다 먼저 신부와 잠자리를 할 수 있는 권리.

거나 거기 다녔다 해도 엥겔스와 만났을 때는 이미 그만둔 상태였을지 모른다. 그러나 부르주아와 프롤레타리아, 공장주와 공장 여성 노동자 간의 성적 관계는 사회주의 서클에서는 극도의 혐오 대상이었다.

처음 만난 정황이 어떻게 됐든지 간에 엥겔스와 메리는 1843, 44년 무렵에 결합했다. 나중에 편지에서 볼 수 있듯이 둘 사이에는 깊은 애정이 있었다. 그리고 메리는 엥겔스가 산업화된 맨체스터의 어두운 그림자 속으로 들어가보는 데 큰 도움이 되었다. 그녀가 엥겔스를 그리로 안내함으로써 자본주의 사회에 대한 이해를 깊게 해준 것이다. 한 역사학자는 이렇게 평가한다. "그녀가 엥겔스를 맨체스터의 아일랜드계 이민자 커뮤니티로 안내했다. 그녀는 엥겔스를 여러 곳으로 데려갔는데 보통 때 같으면 외부인이 들어가기에는 안전하지 않은 곳이었을 것이다. 그녀는 노동자들이 견뎌야 하는 공장과 주거지의 사정이 어떤지를 알려주는 정보원이었다."[66] 엥겔스의 공산주의 이론 뒤에는 메리의 물질적인 현실이 있었던 것이다.

프리드리히 엥겔스가 살고 있는 두 세계—방적공장 주인의 맨체스터와 메리 번즈의 맨체스터—는 그가 철학에서 정치학으로 초점을 옮겨가는 데 깊은 영향을 미쳤으며 마르크스주의 형성에도 뚜렷한 족적을 남겼다. 그런 독특한 처지에 있었던 관계로 엥겔스는 산업자본주의와 노동계급의 차티스트 운동에 대한 생생한 이해를 청년 헤겔파의 자산과 결합시킬 수 있었다. "독일의 사회주의와 공산주의는 다른 나라들과는 달리 이론적인 전제에서 발전한 측면이 크다"고 엥겔스는 비판적으로 언급했다. "우리 독일 이론가들은 아직도 현실 세계를 너무 모르고 있었다. '나쁜 현실'의 개혁은 현실적인 조건들에 입각할 때에만 가능하다."[67] 1843년 「독불연보獨佛年報」(당시 마르크스가 편집장을 맡은 지 얼마 되지 않았다)에 실린 중요한 논문 「정치경제학 비판 개요」에서 엥겔스는 철학 이론에 치중하던 베를린 시절 스타일을 접고 유럽에 다가오는 경제적 모순과 사회 위기에 대해 냉철한 경험적 분석을 제시함으로써 맨체스터에서의 풍부한 경험을 과시했다. 이 논문에서는 경쟁과 시장 조작을 비판한 존 와츠의 영향과 성서적 필치가 강하게 느껴진다. "정치경제학, 즉 부富의 축적에 관한 학문은 상인들 상호간의 질투와 탐욕에서 태어난 것으로 이마에 극도로 혐오스러운 이기심의 딱지가 붙어 있다." 자본주의는 모든 것을 소비하는 야수로서 영국 경제의 지속적이고도 무한한 팽창을 요하며, 본질적으로 불안정한 시스템이 비용을 절감하는 상황에서는 경제 위기라고 하는 고통스러운 파국을 유발한다. 영국이 식민지를 끝없이 갈구하고—"당신들이 지구 끝까지 문명화를 진행한 것은 더러운 탐욕이 계속 배를 채울 새 영토를 얻기 위함이다"—부의 국내 집중이 점점 극대화되는 것은 바로 그 때문이다. 주기적인 경제 위기 때마다 신용 붕괴가 야기되면서 소자본가와 힘겹게 지탱하던 중산층은 파산했다. "중산층은 점차 사라지고 결국 세계는 백만장자와 빈민, 대토지 소유자와 가난한 농장 노동자로 양분될 것이다." 이런 긴장은 어느 시기에 이르면 클라이맥스로 치달아 유혈사태를 빚게 된다.[68]

엥겔스가 가장 주목할 만한 이데올로기적 발전을 이룬 것은 청년 헤겔파의 소외 개념을 정치경제학에 접목시키면서였다. 포이어바흐는 소외를 순전히 종교적 관점에서 논했다. "인간은 …자신의 본질을 외부로 투사함으로써 스스로를 그렇게 투사된 자신에 관한 이미지의 객체로 만든다." 그러나 엥겔스에게 인간의 본성에 대한 부정은 기독교만이 아니었다. 경쟁을 요체로 하는 자본주의는 소유권, 화폐, 교환 등등의 시스템을 통해 기독교와 마찬가지로 인간의 진정한 본질을 왜곡시키는 과정이었다. 자본주의하에서 인간은 자신으로부터 분리되어 사물의 노예가 되었다. "〔애 덤 스미스, 토머스 맬서스, 그리고 정치경제학의〕 이런 이론을 통해서 우리는 인간이 타락할 대로 타락했고, 경쟁에 지배당하고 있다는 것을 알게 됐다. 그런 이론들은 우리에게 사적 소유는 결국 인간을 상품으로 변질시키고 상품의 생산과 파괴 역시 수요에만 의존한다는 것을 보여주었다."[69] 이런 통찰은 포이어바흐와 헤스뿐 아니라 앤코츠 구區의 방적공장 정문 앞에서 일자리를 구하려고 줄을 선 수많은 사람들을 관찰함으로써 얻은 것이다. 그들은 약간의 경기 변동만 있어도 바로 극빈 상태로 떨어질 운명이었다.

이런 소외 과정을 촉발한 것, 정치경제학의 기저에 깔린 것—그리고 오언주의자, 푸리에주의자, 차티스트 운동가들이 하나같이 간과한 것—은 사적 소유였다. 사적 소유는 엥겔스가 쓴 「정치경제학 비판 개요」의 핵심 주제였다. 이 논문의 요지는 집필 직전에 프랑스 사회주의자이자 무정부주의자인 피에르 조제프 프루동의 『재산이란 무엇인가?』(1840년)를 읽은 것과는 별 관계가 없다. 프루동은 여기서 재산이란 "도둑질한 것"이라는 유명한 답을 내놓은 바 있다. 프루동의 주장에 따르면 타인에 대한 착취를 가능케 하고 현대 자본주의의 불공정성을 떠받치는 것은 고리대금을 통한 불로소득과 토지 임대료 형태의 사적 소유였다. 프루동이 개인의 노동과 소유권을 강조하면서 정치적 평등은 사적 소유의 폐기를 전제로 한다고 확신한 것은 청년 엥겔스와 코드가 맞았다(물론 프루동의 무정부주의 노선은 받아들이기 힘들지만). "사적 소유권, 그런 제도가 야기하는 결과, 경쟁, 부도덕, 많은 사람들이 겪는 참상 등등이 놀라운 지성의 힘과 진정 과학적인 연구를 통해 분석된다. 그 이후 나는 단 한 권의 책에 그런 것들이 일목요연하게 통합돼 있는 것을 본 적이 없다." 엥겔스는 오언주의 계열

잡지 「도덕의 신세계」에 쓴 프루동 책 서평에서 이렇게 평가했다.[70]

엥겔스는 사적 소유 개념을 프루동이 천착한 수준 이상으로 확대했다. 엥겔스에게 사적 소유란 정치경제학의 모든 자질구레한 측면까지("예를 들면 임금, 교환, 가치, 가격, 화폐 등등")를 망라하는 개념이었고, 그것이 어떻게 작동하는지를 그는 맨체스터에서 두 눈으로 목격했다.[71] 그는 사적 소유가 자본주의의 본질적인 전제인 동시에 제거 대상이라는 결론을 내렸다. "사적 소유를 폐기하면 이 모든 부자연스러운 분열이 사라진다." 불화와 개인주의는 눈 녹듯 사라지고 이윤과 가치의 진정한 본질이 선명해진다는 것이다. "노동은 그 자체로 보상받게 되고, 지금까지 소외돼왔던 노동에 따른 임금의 진정한 의미가 빛을 보게 된다. 말하자면 어떤 상품의 생산비를 결정하는 데서 노동이 차지하는 부분이 분명해지는 것이다." 사적 소유의 폐기 및 그에 따른 개인적 탐욕의 제거는 헤겔식으로 표현하자면 결국 역사의 종언 및 공산주의의 도래로 귀결된다. 이는 "위대한 변혁으로서 금세기는 그것을 향해 달려가고 있으며, 종국에는 인간과 자연이, 그리고 인간과 인간 자신이 다시 화해하게 될 것이다."[72] 이 모든 통찰이 별로 이름 없는 스물세 살짜리 공장주 수습사원 아들이 쓴 짧고 조숙한 논문에 다 들어 있다. 파리 센 강 좌안左岸 아파트에 살고 있던 마르크스가 이 "탁월한 논문"에 매료된 것은 전혀 놀라운 일이 아니다.[73] 그러나 「정치경제학 비판 개요」는 엥겔스가 진정으로 맨체스터에 바치는 기념비의 전주곡에 불과했다.

자네가 쓴 책을 다시 읽어봤어. 나도 이젠 늙었구나 싶은 생각이 절로 들더군. 정말 대단한 힘이야. 어떻게 그렇게 단호하면서도 열정적일 수 있나. 그때 자네 글은 그랬지. 정말이지 학자적 조심스러움 따위는 아랑곳하지 않을 때였어! 그 시절에 자넨 독자들에게 자네 이론이 당장 내일은 아니더라도 그 다음날이면 확실한 사실이 될 거라는 확신을 심어줬어. 하지만 바로 그런 환상이 작품 전체에 인간적인 따스함과 유머를 불어넣어 준 것이지. 그에 비하면 그 이후 우리가 쓴 글들은 정말이지 혐오스러워. "검은 것은 검은 것이고 흰 것은 흰 것"인데 점점 "회색에 회색이" 되어 간단 말이야….[74]

『영국 노동계급의 상태』가 출간된 지 거의 20년 후에 마르크스는 엥겔스에게 보낸 편지에서 이렇게 토로했다. 맞는 말이었다. 오늘날 이 책은 그 비타협적 열정 덕분에 서구 문학에서 가장 유명한 논쟁적인 책 가운데 하나로 평가되고 있으며, 당시 "영국의 상태"를 보여주는 고전—벤저민 디즈레일리의 『시빌, 또는 두 국민』, 찰스 디킨스의 『어려운 시절』, 엘리자베스 개스켈의 『메리 바튼』—중에서도 백미로 꼽히고 있다. 그러나 엥겔스의 저작과 위에 든 소설들(계급 분리에 대해 기독교적으로 용인하는 듯한 분위기를 깔고 있다)은 통렬한 규탄이라는 면에서는 차원이 다르다. 『영국 노동계급의 상태』는 자유방임주의적 산업화와 도시화의 공포스러운 모습을 전혀 가감 없이 있는 그대로 보여주면서 비슷한 종류의 기록으로는 유례가 없을 정도로 독자에게 도발을 했다. 예를 들어 중간 대목에서 엥겔스는 "나는 영국인들에게 고발장을 던진다"라고 선언한다. "나는 전세계 앞에 영국의 부르주아지가 살인, 강도 및 기타 엄청난 규모의 범죄들을 저질렀음을 고발한다."[75] 『영국 노동계급의 상태』는 역사와 통계를 섞어가면서 "대도시"에서부터 "아일랜드계 이민", "광산 프롤레타리아"까지 폭넓은 주제를 망라하면서 부르주아지에게 그 하나하나가 얼마나 엄청난 범죄들과 관련이 있는지를 보여준다. 직접 보고들은 내용을 이야기하기도 하고 제임스 리치의 글을 끌어오기도 했으며 중앙정부에서 나온 공식 기록물(이른바 청서Blue Books)도 자주 인용했다. "나는 자유주의자들의 기록에서 증거를 제시하기를 즐겼다. 자유주의를 떠드는 부르주아지가 입에 올린 말을 그들에게 그대로 돌려주는 방식으로 그 부당함을 폭로하자는 작전이었다."[76] 이런 논쟁 기술은 마르크스가 『자본론』에서 더할 나위 없이 완벽하게 구사하게 된다. 이렇게 해서 『영국 노동계급의 상태』는 수많은 공장실태조사위원회 보고서, 「맨체스터 가디언」과 「리버풀 머큐리」에 나온 기사, 그리고 피터 개스켈과 앤드루 우어 같은 자유주의 선전선동가들이 산업화 시대의 영국을 유쾌하게 묘사한 기록들로 가득하다.

『영국 노동계급의 상태』의 힘은 그 지적 엄밀성과 경험적 풍부함에 있다. 페이지마다 엥겔스가 메리 번즈와 함께 살펴본 맨체스터에 대한 묘사가 구체적으로 나온다. 그 악취, 소음, 더러움, 인간적인 공포 등등. 독일 사회민주주의자 빌헬름 리프크네히트가 후일 술회했듯이 "프리드리히 엥겔스는 냉철하고 명석한 두뇌의 소유자였으며, 그 어떤 낭만적인 또는 감상적인 기분에 물들지 않았다. 그런 만큼 인간과 사물을 색안경을 끼고 보는 법이 없고 항상 냉철하고도 명석하게 맑은 눈으로, 표면에 머물지 않고 사물의 저 깊은 바닥까지를 꿰뚫고 또 꿰뚫었다."[77] 『영국 노동계급의 상태』는 이런 지적 예리함의 빛나는 산물이었다. 그러면서도 저널리스트로서의 특출한 재능을 과시하면서 청년 헤겔파의 "환상"과 "이론에 빠져 허우적거리는 허튼소리"를 "살아 있는 현실"과 극적으로 대비시켰다.[78] 이렇게 정치철학과 물질적 현실을 결합함으로써 이후 엥겔스의 많은 논쟁적인 저작의 선구가 된다. "프롤레타리아가 처한 조건을 아는 것은 사회주의 이론의 굳건한 토대를 만드는 데 절대적으로 긴요하다"고 엥겔스는 천명했다.[79]

엥겔스는 책 서문에서 이렇게 썼다. "(이 책은) 영국인들을 대상으로 한 것이지만 독일 부르주아지 꼴통들에게 보내는 것이기도 하다."[80] 산업화로 야기된 사회 위기가 독일을 비롯한 유럽 대륙으로까지 번지는 것은 시간문제였기 때문이다. "독일 프롤레타리아의 현실은 영국에서 보는 것과 같은 전형적인 형태는 아직 아니지만 그럼에도 불구하고 우리는 기본적으로 동일한 사회질서를 가지고 있다. 이는 지식인들이 완전히 새로운 사회 체제를 가능케 할 새로운 기초를 마련하지 못한다면 북해 건너영국에서 이미 보았던 것과 같은 극단적인 양상이 조만간 여기서도 반드시 나타날 것이라는 의미다."[81] 1844년 말 바르멘의 부모 집에 돌아와서 쓴 『영국 노동계급의 상태』는 1845년 독일 라이프치히에서 출간됐으며 독일 독자층을 대상으로 했다(영어로 번역된 것은 미국판으로 1885년에 나왔고 영국 시장에는 1892년에야 보급됐다). 이 책은 산업화된 도시의 끔찍함을 다룬 역작이었다. 예전에 「부퍼탈 통신」에서 고향 바르멘의 하천을 묘사한 대목을 연상시키는 구절을 보자. 엥겔스는 맨체스터의 듀시 다리에 올라 "그 일대를 일목요연하게 보여주는" 광경을 기록한다. "저 아래 어크 강이 흐른다. 아니, 거의 고여 있는 수준이다. 석탄처럼 시커먼 악취 나는 좁은 하천에는 쓰레기와 찌꺼기들이 한가득이다. 그런 것들이 강 우안 둔덕 낮은 곳에 쌓인다. 가물 때는 시커먼 녹색의 찐득찐득한 점액 같은 것이 기다랗게 띠 모양의 웅덩이를 이루어 둔덕에 고여 있다. 그 아래 깊은 곳에서는 독가스 같은 것이 방울방울 기포를 내뿜는다. 그 악취는 하천 위에서 12~15미터 떨어져 있는 이곳 다리에서도 도저히 견딜 수가 없을 정도다." 엥겔스는 또 제임스 필립스 케이가 갔던 동네를 따라가며 노동자들의 비위생적인 주거 실태를 고발한다. "이런 골목에는 들어가는 바로 입구에 문도 없는 옥외 변소가 있다. 거기 사는 사람들은 골목을 드나들 때

Die Lage

der

arbeitenden Klasse

in

England.

———

Nach eigner Anschauung und authentischen Quellen

von

Friedrich Engels.

———

Leipzig,

Druck und Verlag von Otto Wigand,

1845.

『영국 노동계급의 상태』 초판 표지.

오줌과 대변이 널린 웅덩이를 지나치지 않을 수 없다." 주변 일대에는 이렇게 인간을 동물 수준으로 떨어뜨리는 "인간용 가축우리"가 수백 개는 더 있었다. 축축한 지하실에 수백 명씩 떼로 모여 살며, 아이들은 거기서 돼지와 같이 살았다. 철길이 동네를 가르지만 옥외 변소와 하천과 먹는 물은 하나로 뒤섞이는 것 같았다. 치명적이었다.

맨체스터 구시가는 그런 식이다. 그래서 내가 묘사한 내용을 다시 읽어볼 때마다 그건 과장이 아니라 오히려 더 암담하게 그려야만 그 더러움과 황폐함과 사람 살 곳 못 되는 실상을 제대로 전할 수 있겠다는 생각이 든다. 상주 인구가 2만~3만은 족히 되는 이런 정도의 구역을 건설할 때 당연히 고려해야 할 위생이나 환기, 건강 같은 문제는 아무 관심 대상도 아니다. 그런 구역이 영국 제2의 도시, 세계 최초의 제조업 도시 한복판에 존재하는 것이다.[82]

더 열악한 곳도 있었다. 맨체스터 남단, 옥스퍼드 로路 바로 건너편에는 아일랜드계 이민자 4만 명이 바글바글 모여 사는 구역이 있었다. 메리 번즈의 고향 사람들은 도시 주민 가운데에서도 가장 심한 착취와 혹사, 저임금에 시달리는 계층이었다. 프롤레타리아 중에서도 가장 취약한 층인 것이다.

오두막은 낡고 더럽고 비좁기 이를 데 없다. 길은 울퉁불퉁하고 곳곳에 골이 파였으며 하수구도 없고 포장도 안 된 곳이 많다. 쓰레기 더미와 역겨운 오물이 사방 웅덩이에 가득하다. …그 종족아일랜드계 주민은 이런 폐허 같은 오두막에 산다. 유리창은 깨져서 방수포로 가려놓거나 용수철 달린

덧문을 붙여놓았다. 문설주는 썩어서 너덜너덜하다. 컴컴하고 축축한 지하실 벌집 같은 데 사는 사람들도 있다. 더럽기는 상상을 불허하고 악취는 이루 말로 다 할 수 없다. 그런 환경에 처박혀 짐승처럼 살아가는 것이다. 무슨 특별한 목적이라도 있는 양 그들은 인간이 다다를 수 있는 맨 밑바닥 인생을 살고 있다.[83]

"티퍼래리"^{아일랜드} 출신인 메리 번즈를 안내자로 삼았지만 엥겔스는 아일랜드인은 거칠고 더럽고 늘 술에 취해 있다는 빅토리아 시대 중기의 왜곡된 이미지(이중 상당수는 토머스 칼라일이 정형화한 것이다)를 아무 의심 없이 받아들였다. 맨체스터에도 여러 층의 아일랜드인 커뮤니티가 있다는 것과 아일랜드인들이 차티스트 운동에 중요한 기여를 했다는 것(퍼거스 오코너와 제임스 브론터 오브라이언이 대표적인 인물이다)은 무시한 채 그들을 하나로 뭉뚱그려 타락한 집단으로 묘사했다. 엥겔스의 설명은 이런 식이다. "아일랜드인은 아무 생각 없고, 쾌활하며, 감자만 먹는 자연의 아이들"로서 "영국 공장도시들의 기계적이고 이기주의적이며 냉혹한 번잡함"에 적응할 능력이 전혀 없다.[84] 따라서 알코올 중독과 온갖 비행에 빠지는 것은 당연한 귀결이었다. "아일랜드인들은 남쪽 출신 기질답게 단순하다. 따라서 겨우 야만을 벗어난 수준이다. 인간적인 즐거움은 관심도 없고 …더럽고 가난하며 늘 술에 취해 있다." 그들의 또 다른 약점은 가축이다. "아랍인이 말을 좋아하듯이 아일랜드인은 돼지를 좋아한다. …돼지고기를 먹고 돼지와 같이 잠을 자며 아이들은 돼지와 놀고, 돼지를 타고, 돼지와 함께 더러운 곳에서 뒹군다."[85] 아일랜드인은 열악한 환경을 어떻게든 견뎌냈기 때문에 결과적으로 그들이 일하는 지역의 전체적 임금 수준은 낮아졌고, 따라서 아일랜드인이 도시 전체에 미치는 영향은 좋은 쪽과는 거리가 멀었다. 모든 경제 부문에서 "거친 아일랜드인들"이 일자리 경쟁에 나섬에 따라 빈곤은 심화됐다.

그들이 산업계의 끔찍한 노동 수요를 감당할 수 있었던 것도 천성이 미개하고 짐승 같기 때문이었다. 엥겔스는 공장에서 일하다가 다치거나 기형이 되는 양상을 하나하나 열거한다. "무릎은 안쪽과 뒤쪽으로 굽고, 발목은 툭 불거져 나와 일반적인 경우보다 훨씬 두껍다. 척추도 앞이나 한쪽으로 휘어 있다." 면방적공장의 장시간 노동이 미치는 신체적 악영향에 대한 설명이다. 광산업에서는 석탄과 철광석 수송이 가장 힘들었다. 그런 일을 하는 아이들은 이상할 정도로 육체적 사춘기가 늦게 왔다. 횡포라고 할 수밖에 없는 시간 관리에 대해서도 설명했다. "부르주아지가 프롤레타리아를 노예 상태로 묶어두는 현실은 공장 시스템에서 가장 적나라하게 드러난다." 엥겔스는 책을 쓰면서 공장 관리 규정집을 앞에 놓고 참조했다. "규정집에 따르면 3분 지각하는 노동자는 한 시간 임금의 4분의 1을 삭감한다. 20분 늦는 사람은 하루 임금의 4분의 1을 삭감한다. 아침 식사 시간이 될 때까지 출근하지 않은 사람은 월요일에는 1실링, 다른 요일에는 6펜스를 삭감한다 등등." 그러나 제임스 리치가 처음으로 폭로했듯이 시간은 엿장수 맘대로였다. "노동자들은 공장 시계가 15분 빠르다는 걸, 그래서 정해진 시간보다 먼저 출입문을 닫는다는 걸 알고 있다. 그렇게 해놓고는 관리직원이 여기저기 벌금 장부를 들고 다니면서 결근자 이름을 계속 적는다." 당시 실태에 대한 통렬한 비난을 들어보자. 노동계급은 "미국의 흑인보다 못한 노예다. 흑인 노예들보다 더 철저히 감시당하면서도 인간처럼 살고 인간처럼 생각하고 느끼라고 강요당하고 있기 때문이다!"[86]

더러운 주거 시설에 하루 벌어 하루 먹고 사는 맥 빠지는 생활, 정신적·육체적 고문과 다를 바 없는 작업장 여건—"여성은 출산이 어렵고, 아이들은 기형이 되며, 남자는 허약해지고 사지가 잘려나가기 일쑤이며, 젊은 세대고 늙은 세대고 할 것 없이 질병에 걸리고 쇠약해져 거의 난파 상태다. 그러면서 부르주아지의 지갑을 채워주는 일만 하고 앉아 있는 것이다"—은 음주와 매춘으로 타락할 수밖에 없는 요인이었다.[87] 요크셔 주의 공업도시 셰필드가 바로 그랬다. 엥겔스의 지적을 보자. "젊은 세대는 일요일이면 하루 종일 길거리에 나와 동전 따먹기를 하거나 난투극을 벌인다. 꼬박꼬박 싸구려 술집에 들르는 것도 일이다. …따라서 목격자들이 하나같이 증언하듯이, 셰필드에서는 아주 어려서부터 성관계를 하고, 14~15세면 매춘에 나서는 것이 하등 놀라운 일이 아니다. 나아질 여지가 없다는 절망감에 중범죄를 저지르는 것도 흔히 있는 일이다." 산업 도시 주민들이 직면한 곤경은 칼라일이 경고한 바 있는 사회 해체 바로 그것이었다. "잔인한 무관심, 개인적 이익에만 골몰하는 무감각한 고립이 더더욱 끔찍해진다. …인류가 그 하나하나가 별개의 본질과 별개의 목적을 지닌 단자單子로, 원자들로 해체되는 과정이 바로 여기에서 가장 극단적인 형태로 일어나고 있다."[88] 그럼 중산층은 이런 참상에 대해 어떻게 생각했을까? "언젠가 한 부르주아와 함께 맨체스터로 들어가다가 노동자 거주 구역의 끔찍한 실태며 건축이 건강에 미치는 악영향에 대해 얘기를 하면서 저렇게 엉망으로 건설한 도시는 정말이지 본 적이 없다고 말해줬다. 그 사람은 잠자코 듣더니 모퉁이에서 헤어질 무렵 이렇게 말했다. '그래도 여기서는 큰돈 벌 수 있어요. 안녕히 가세요.'"[89]

거주 구역상의 계급 분리

엥겔스가 그려낸 맨체스터는 표면적으로는 아무 목적이나 구조가 없는 것처럼 보였지만—"무계획하게 집들이 뒤죽박죽인 혼란 그 자체다"—알고 보면 숨 막히는 풍경 이면에는 소름끼치는 논리가 엄연히 존재했다. 마르크스가 『자본론』에서 자유와 평등이라고 하는 부르주아의 신기루 밑으로 깊숙이 들어가 자본주의의 "숨겨진 생산 거점"을 파헤친 것처럼 엥겔스는 능란한 헤겔주의자답게 도시의 외관을 뛰어넘어 그 진정한 본질을 낱낱이 까발렸다. 슬럼가는 금방이라도 무너질 듯한 강 둔덕에 우후죽순처럼 난립해 있고, 기찻길이 주거지를 갈랐다. 그러나 이런 발전 과정은 산업사회의 계급 분리를 완벽하게 반영하는 도시 형태였다. 엥겔스는 독창적인 시각으로 도시의 공간 배치 구조—도로, 거리, 가옥, 공장, 창고 등등—를 사회·정치권력의 표현으로 봤다. 부르주아지와 프롤레타리아의 투쟁은 직조실이나 차티스트 운동 관련 집회에서만 표출되는 것이 아니었다. 길거리 배치, 교통 시스템, 도시 설계 과정에 그대로 반영됐다. "도시 자체는 독특하게 건설됐다. 오래 살면서 매일 드나들어도 노동자들이 사는 동네나 노동자들과는 일절 접촉하는 일이 없게 돼 있는 것이다. …이렇게 된 이유는 노동자 거주 구역과 중산층 거주 구역이 확실하게 분리돼 있기 때문이다. 그렇게 된 과정은 분명한 의식적 결정에 따른 것이기도 하고 암묵적인 합의에 의한 것이기도 하다." 사적 소유로 말미암아 야기된 사회적 분리는 길거리에 깔린 포석만 봐도 알 수 있었다.

계급에 따른 거주 구역 분리에 대한 엥겔스의 분석은 딘스게이트 중심가에서 시작된다. 그곳은 대大상인과 방적공장 주인들이 거래를 하는 곳이었다. 1840년대에도 큰 도로는 지금과 마찬가지로 소매점이 밀집한 유명한 상업지역이었다. 길가에는 고급 사치품을 파는 가게와 눈에 확 띄는 창고가 많았다. 이탈리아식으로 디자인한 창고들은 물품 보관시설이지만 기업 선전용으로도 활용됐다. 또 현대의 대도시 중심가와 마찬가지로 "맨체스터 중심가 전체는 잠을 자는 상주 주민이 없어서 밤이면 텅 비었다. 야경꾼과 경찰들만이 검은 등을 들고 좁은 통로를 돌아다녔다". 그러나 도심의 교외라고 할 수 있는 그 주변에는 "노동자들만 사는 구역"이 "상업지역 주변으로 …빙 둘러 들어서 있었다". 그리고 그 너머로 진짜 교외에는 "중간층 부르주아지가 산다. …노동자 구역에서 가깝지만 길은 잘 정비돼 있다. 특히 촐튼과 치트햄 힐 아래쪽 지대가 그러하다. 상층 부르주아지는 여기서 더 멀리 벗어난 지역의 정원 딸린 저택에서 산다. 촐튼과 아드윅 또는 치트햄 힐, 브러튼, 펜들튼의 산들바람 부는 언덕이다. 그런 곳은 전망이 탁 트이고 공기가 신선하며 집들도 멋지고 안락하다". 이런 공간 구조 중에서도 가장 놀라운 부분은 다음과 같은 것이다.

부자 귀족들은 노동자 구역 한가운데를 지나 업무지구까지 최단거리로 이동한다. 길을 가는 중에 좌우로 즐비한 꾀죄죄한 동네들은 전혀 눈에 보이지 않는다. 증권거래소를 중심으로 사방으로 뻗은 간선도로 양 옆으로 가게들이 줄지어 늘어서 있다. 다 중류 혹은 중하층 부르주아지 소유다. 자기 가게인 만큼 외관을 말끔하고 그럴듯하게 보이려고 꽤나 신경을 쓴다. …그런 가게들이 위장은 아무리 많이 먹어도 탈이 안 날 정도로 튼튼하지만 신경은 예민하기 이를 데 없는 부자들의 눈을 가려주기 때문에 그들이 소유한 부와 동전의 양면을 이루는 더러운 참상은 일절 보이지 않는다.[90]

바르멘에서 염색공, 방직공들과 한동네에 살았던 엥겔스는 이런 구조에 충격을 받았다고 고백했다. "맨체스터처럼 그렇게 철저히 노동계급을 중심가에서 배제시킨 것은 지금껏 본 적이 없다. 부르주아의 눈과 신경을 거스를 만한 것은 일절 드러나지 않도록 용의주도하게 감춘 것이다." 엥겔스는 이런 도시 형태가 우연이 아니라고 확신했다. "나는 맨체스터의 자유주의 제조업자들과 관계의 거물급 인사들이 민감한 건설 문제에서 그렇게 순진하다고는 도저히 생각할 수 없다."[91] 물론 한 도시 안의 두 국민이라는 개념은 친숙한 것이었다. 레옹 포셰도 맨체스터의 계급 분리의 지정학에 대해 이미 지적한 바 있다. 그러나 엥겔스처럼 그렇게 예리하게 그런 이면을 꿰뚫고 정확히 서술한 사람은 없었다.

엥겔스는 전혀 다른 렌즈로 도시를 읽는 법을 확립했다. 그것은 계급의 힘의 관계가 도시 형태의 궁극적 결정 요인이라는 통찰이었다. 엥겔스는 약 30년 후 제2 제정帝政 시기의 파리에 대한 분석에서 이 문제를 다시 천착한다. 당시 파리는 조르주 외젠 오스만 남작의 도시 개선 사업 덕분에 쇠퇴 일로의 중세 도시에서 나폴레옹 3세의 위엄에 어울리는 대도시로 변모했다. 시장들이 들어서고 하수구가 뚫리고, 가로수를 심고 교회와 박물관을 다시 단장하고, 가장 중요한 것은 전통적인 노동계급 거주 구역 사이에 일련의 대로大路를 낸 것이다. 이 과정에서 주택 2만7000채가 헐렸고, 수만 명의 노동자들이 도시 중심가에서 쫓겨났다. 이런 도시 개선 사업은 아무리 분칠을 해도―공중보건을 위한 것이라고 하든 교통 개선을 위한 것이라고 하든―도시의 구조를 부르주아적 가치관을 강화하는 쪽으로 계급적 이해를 깔고 진행한 도시 설계임이 명명백백했다. 엥겔스는 이를 간단하게 "오스만적"이라고 표현했다.

"오스만적"이라는 얘기는 이제는 일반적인 관행으로 자리 잡은 행태를 말한다. 거대 도시의 노동계급 밀집 지역, 특히 중심부를 갉아먹는 것이다. 그것이 공중보건에 대한 고려에서 나온 것이냐, 도시 미화를 위한 것이냐, 또는 중심가에 위치한 대기업들의 요구에 따른 것이냐, 철도나 도로 부설과 필요 때문이냐 등등은 어찌 됐든 관계없다. 이유는 천차만별이겠지만 결과는 어디서나 똑같다. 볼썽사나운 뒷골목과 샛길은 사라지고, 부르주아지의 엄청난 성공을 과시하는 건물들이 들어선다. 그런 건물은 곧바로 다른 곳에서도 나타난다. 중심가 바로 옆이 될 수도 있다.[92]

"혁명은 반드시 온다"

엥겔스가 사전 준비 없이 공책을 들고 1840년대 맨체스터 거리를 거닐면서 눈에 들어오는 것을 그냥 기록했을 뿐이라고 주장하는 비평가와 전기 작가들도 있다. 스티븐 마커스에 따르면 "엥겔스는 체험을 기록하면서 그 체험을 소화하고 활용하고 명료화했으며, 어떤 의미에서는 체험을 창조하면서 스스로를 가꿔나갔다. 경험들을 언어로 바꾸는 과정에서 그 경험들의 구조를 만들고 밝혀낸 것이다."[93] 이와 비슷한 톤으로 역사학자인 사이먼 건영국 레스터 대학 도시사都市史 연구소장은 "엥겔스가 수많은 감각적인 인상들로부터 의미를 추출하기 위해 험악할 정도로 구체적인 르포르타주 스타일을 개발한" 과정을 기술한다.[94] 맨체스터의 향토사학자 조너선 쇼필드는 여기서 한 걸음 더 나아가 랭커셔 주가 엥겔스의 사고 틀을 바꿨고, 그와 더불어 공산주의의 성격까지 변질시켰다고 강조한다. "맨체스터가 없었다면 소련도 없었을 것이다. 그리고 20세기 역사는 아주 달라졌을 것이다."[95]

　이런 접근은 대개 엥겔스를 사회적으로는 예리하지만 철학적으로는 단순한 자료제공자로 평가하는 쪽으로 낙착된다. 마르크스의 협력자로서 엥겔스가 한 진정한 기여는 자본주의의 상황과 조건에 관한 자료를 제공하는 것이었다는 얘기다. 그러나 1842년 공산주의로 "개종"한 이후 맨체스터에 도착했을 때 엥겔스는 이미 산업사회의 정치적 의미에 관해 명확한 관점을 가지고 있었다. 그가 이 도시("현대적인 제조업이 정점에 달한" 도시였다)에 그렇게 끌린 것은 모제스 헤스에게 배운 공산주의와 사회혁명에 대한 예견이 진실임을 입증해주기 때문이었다. 맨체스터가 한 역할은 이론을 확인해준 것이지 창조하게 해준 것이 아니었다. 이는 『영국 노동계급의 상태』가 사회의 어두운 면을 생생하게 묘사하고 있기는 하지만 그 서술적 울림보다는 강렬한 사회비판이라는 점에서 동시대의 다른 도시 기행문들과 구별된다는 것을 의미한다.

　이 책의 서두에서 영국의 산업화에 대해 "인류사에서 유례가 없는 역사"라고 한 것은 바로 그 때문이다. 이런 식의 거대담론을 통해 엥겔스는 유럽의 "삼두마차"가 공산주의로 향하는 노정에서 각자 맡은 역할이 있다는 헤스의 주장을 재확인했다. "산업혁명이 영국의 역할이라면, 정치혁명은 프랑스의, 철학혁명은 독일의 역할이다."[96] 엥겔스는 산업화의 역동적인 과정이 길드와 도제관계로 구성되는 낡은 경제체제를 완전히 해체함으로써 "대자본가와 계급 상승의 전망이 전혀 없는 노동자"로 계급 분화를 촉진하는 과정을 폭로했다. 영국 산업혁명이 저지른 가장 큰 죄악은 사적 소유 시스템 탓에 19세기의 기술적·경제적 진보가 평등한 부의 분배를 가져오지 못했다는 것이었다. 산업자본주의는 부의 확대를 낳고 맬서스류의 기근에 대한 공포에 종지부를 찍었지만 사적 소유를 통해 불평등을 고착화함으로써 그런 혜택이 보통 사람들에게는 돌아가지 않았다. 산업화는 사회적 번영을 확산시키는 대신 프롤레타리아를 양산했다. 이들은 "두 손밖에 없고, 어제 번 것을 가지고 오늘 소비하며, 온갖 우연적인 사태 변화에 취약하고, 연명에 필요한 최소한의 생필품을 보장받지도 못하며, 위기 때나 고용주가 변덕을 부릴 때마다 빵을 빼앗길 수 있다. 프롤레타리아는 인간으로서 생각할 수 있는 가장 끔찍하고 비인간적인 상황에 처해 있는 것이다."[97] 이런 식으로 사회계급을 경제적으로 결정된 것으로 보는 관념은 후일 마르크스주의의 가장 강력한 명제 가운데 하나가 된다.

이렇게 영국의 급속한 산업화 과정에서 태어난, 절망에 찌들고 비참한 프롤레타리아가 『영국 노동계급의 상태』에 등장하는 어수룩한 주인공들이다. 엥겔스에 따르면 그들[소작농]은 산업화 이전 단계에는 "목가적이고 단순한" 삶을 살았지만 "지적으로는 죽은 상태"였다. "그들은 식물처럼 조용한 삶 속에 안주했다. 그리고 산업혁명이 없었더라면 그런 생활에서 결코 깨어나지도 못했을 것이다. 목가적인 전원생활은 낭만적으로 보일지는 모르지만 인간에 걸맞은 삶은 아니었다."[98] 노동계급은 농촌에서 쫓겨나고 멍한 전원생활에서 깨어나 공장에 떠밀려 들어간 다음에야 프롤레타리아로서의 존재 이유를 자각하게 된다. 이 부분이 엥겔스가 공산주의 전위로서의 프롤레타리아의 역사적 기능을 처음으로 설명하는 대목이다. 그런 역할을 할 수 있는 본질적인 이유는 도시에서 비참한 생활을 영위하기 때문이다. 「정치경제학 비판 개요」에서 자본주의가 인간을 인간적 본질로부터 소외시킨다고 본 엥겔스의 선구적인 관점은 이데올로기적 핵심에 해당하는 서론이었다. 이제 그가 샐퍼드와 리틀 아일랜드의 슬럼가를 누빈 것은 개릿 스테드먼 존스가 지적한 대로 "인간성의 존재론적 상실이라고 하는 포이어바흐적 개념을 형이상학적으로, 동시에 글자 그대로 확인하려는 시도였다. 그 개념에는 청년 헤겔파의 급진 공산주의적 해석이 가미된 종교적 소외와 함께 화폐 및 사적 소유라고 하는 제도가 엇물려 있다."[99] 산업도시에서 인간은 짐 싣는 소나 말 수준으로 격하됐다. 따라서 엥겔스의 텍스트에는 도처에서 돼지나 소 같은 동물 이미지가 수도 없이 등장한다. 『영국 노동계급의 상태』는 특히 노동계급의 주거 실태에 주목한다. "그런 주거 현실에서는 육체적으로 쇠퇴한 종족만이, 인간성을 모두 박탈당하고 도덕적으로나 육체적으로 동물 수준으로 전락한 종족만이 편안함을 느낄 수 있다."[100]

그러나 이런 고난은 어떤 의미에서 꼭 필요했다. 빈곤에 빠진 대중이 더 내려갈 수 없는 수준으로 곤두박질쳐야만, 그들의 인간성이 완전히 박탈돼야만 계급의식을 자각하게 되기 때문이었다. "여기서 인간성은 가장 완성된 형태로, 그리고 가장 잔인한 형태로 발전한다. 여기서 문명은 기적을 이루지만 문명화된 인간은 거의 야만 상태로 돌아간다." 드 토크빌은 그런 과정을 이렇게 묘사했다.[101] 노동운동의 탄생지인 도시는 이렇게 해서 엄청난 희생을 감수하는 장소이자 구원의 시발점이었다. 착취를 통해 궁극적인 해방이 오는 것이다. 후일 엥겔스가 「주택 문제에 관하여」라는 논문에서 지적한 대로 "현대의 대규모 산업에 의해 형성된 프롤레타리아만이 그들을 토지에 묶어놓았던 족쇄를 포함해 모든 인습적인 구속으로부터 해방됐기 때문에 바야흐로 모든 계급 착취와 모든 계급 지배에 종지부를 찍는 위대한 사회 변혁을 이루어낼 수 있다".[102]

중산층은 도시 계획을 통해서 노동계급을 눈과 마음으로부터 안 보이는 데에다 처박아놓으려고 했다. 그러나 프롤레타리아가 슬럼에 처박히게 되면서 도시 구조는 오히려 계급의식을 급속히 확산시켰다. 이렇게 해서 맨체스터는 중산층의 위업을 보여주는 동시에 그 파멸을 예언하는 현장이 됐다. 공장과 슬럼과 구빈원救貧院은 부르주아의 죽음을 예고하는 표지였다. 번쩍이는 도시들은 지금은 살아 있지만 곧 죽을 자들의 무덤이었다. "중산층은 사상누각에서 살고 있는 셈이다. 언젠가는 무너지고 말 것이다"라고 엥겔스는 단언했다. 글래스고에서 런던까지 혁명은 불가피했다. "장차 일어날 혁명과 비교하면 프랑스 혁명은, 1794년은 어린애 장난이 될 것이다."[103]

일견 장황해 보이는 1840년대 맨체스터에 대한 엥겔스의 서술에는 도시의 운명에 대한 깊은 통찰이 깔려 있다. 『영국 노동계급의 상태』는 단순히 문학적 서술이 아니라 정치적 설득을 목표로 한 유연한 선전 작업이었다. 풍경, 사람들, 산업 등등 모든 부문에 이데올로기적 역할을 부여했다. 따라서 엥겔스의 설명에서는 노동계급이 직접 말하는 것을 결코 들을 수 없다. 맨체스터 노동계급 내의 다양한 층위에 대해서도 알 수 없다. 같은 노동자라 해도 거리 청소부와 면방적공은 다르고, 보수파 토리당 지지자와 자유당원, 가톨릭교도와 프로테스탄트는 달랐다. 맨체스터의 다양한 경제 분야별 차이—면방적공장 외에 유통, 서비스, 건설, 소매업 등등—는 슬며시 무시되고 노동과 자본이라는 흑백 대립이 도시의 핵심으로 강조된다. 마찬가지로 부유한 노동계급 시민사회—노동자들에게 기술교육을 제공하는 기계공 연구소나 친선모임, 노동자 클럽, 정당, 각종 기관의 부설 교회 등등—도 전혀 모습이 드러나지 않는다. 엥겔스는 오로지 역사적 소명을 성취하고자 열망하는 프롤레타리아 대중의 획일적인 모습만을 제시한다.

이처럼 프롤레타리아가 수행할 역사적 역할에 집중하는 것이야말로 엥겔스와 오언주의 및 차티스트 운동의 본질적인 차이다. 오언주의자를 비롯한 사회주의자들은 노동계급을 산출한 넓은 의미의 사회경제적 힘에 대한 의식이 거의 없었다. 오언이 미국 인디애나 주에 건설한 이상적 공동체 뉴하모니나 푸리에가 주창한 팔랑주, 차티스트 운동 등은 사회혁명의 필요성을 고려하지 않았다. "그들은 역사의 발전이라는 것을 알지 못한 채 국가를 단번에, 하룻밤 사이에 공산주의 상태로 만들려고 한다. 정치적 행동을 지속해야만 나중에 가서 목표가 달성되고 운동이 더 이상 필요치 않게 되는 것인데도 말이다. …대신 그들은 박애와 보편적 사랑을 설교한다. 그런 것은 영국의 현 상태에서는 아무 효과가 없다. …그들은 너무 추상적이고, 너무 형이상학적이다. 따라서 이루는 것이 거의 없다."[104] 필요한 것은 실천할 수 있는 행동이었다. 차티스트 운동과 사회주의를 통합하고 역사를 공산주의를 향해 진전시키는 작업이 필요했다. "혁명은 반드시 온다. 평화적으로 해결하기에는 이미 너무 늦었다"고 엥겔스는 단언했다. 그러나 그래도 한 가지 희망이 있다면 가급적 많은 프롤레타리아를 공산주의로 개종시켜 혁명에 따르는 폭력을 최소화하는 것이었다. "프롤레타리아가 사회주의와 공산주의적 요소를 얼마나 흡수하느냐에 따라 혁명에 따르는 유혈과 복수와 야만이 줄어들 수 있다." 공산주의를 달성하는 특수한 과업은 프롤레타리아의 소명이지만 그렇게 해서 달성된 새로운 사회에서는 모든 계급을 포용하며, 계급 간의 해묵은 적대감은 해소되기 때문이다. "공산주의는 인류의 문제이지 노동자들만의 문제가 아니다."[105]

미래 공산주의 사회에서 프롤레타리아와 부르주아지 간의 충돌이 해소되면 계급투쟁이 벌어지는 장소―현대의 대도시―는 "자본주의 생산 양식이 폐기됨에 따라" 무용지물이 될 것이다.[106] 노동운동은 그런 도시들에서 탄생했지만 노동운동의 승리는 결국 도시와 농촌의 오랜 대립을 해소할 것이다. 후기 저작에서 엥겔스는 현대 산업 기술과 계획 경제로 말미암아 도시 지역의 상업적 집중 현상은 불필요해질 것이라고 예견했다. 대신 도시와 농촌이 융합됨으로써 열악하기 짝이 없는 위생 상태와 환경—"지금은 공기와 물과 땅에다 독을 풀어놓은 것과 같다"— 은 한결 나아질 것이다. 따라서 우리는 도시 급진주의의 위대한 사도인 엥겔스가 생의 마지막에 가서는 도시 생활이 불필요한 기술의 미래를 주창하는 아이러니를 보게 된다. "도시와 농촌의 대립의 폐기는 단순히 가능한 것만이 아니다. 그것은 산업 생산 자체가 직접적으로 필요로 하는 사항이 될 것이다. 농업 생산에 필요한 사항이기도 하고 대중의 건강을 위한 필요사항이기도 하다. …거대 도시 문명은 우리에게 안 좋은 유산을 남긴 것이 사실이다. 그것을 제거하는 데는 많은 시간이 들고 애로도 이만저만이 아닐 것이다. 그러나 제거돼야 하고 제거될 것이다. 그 과정이 다소 지연될 수는 있겠지만."[107]

과학적 사회주의의 근간

『영국 노동계급의 상태』의 파급력은 독일 급진 서클에서 바로 나타났다. "내가 아는 한, 독일어로 …현대의 대규모 산업이 만들어낸 사회 현상을 최초로 묘사한 사람은 나다"라고 엥겔스는 후일 자랑스럽게 술회했다. "이로써 독일 사회주의를 위한 실질적인 토대를 마련했다. 당시 막 피어난 독일 사회주의는 공리공담으로 시간을 낭비하고 있었다."[108] 엘버펠트의 한 공산주의자 말에 따르면 "지극히 신성하신 난센스와 말씀도 안 되는 헛소리들을 일거에 날려버린 프리드리히 엥겔스의 책은 선술집에 가도 있다."[109] 현지 「바르멘 신문」을 포함해서 부르주아 계열 서평은 대부분 『영국 노동계급의 상태』에 대해 매우 비판적이었다. 그러나 프로이센의 통계학자 프리드리히 루트비히 폰 레덴만은 예외였다. 그는 "주제와 철저함과 정확성으로 말미암아 특별한 주목을" 요하는 저서라고 평했다. 레덴이 특히 깊은 인상을 받은 것은 엥겔스가 "영국 부르주아지의 프롤레타리아에 대한 태도를 눈에 보이듯 생생하게 묘사한 부분이다. 부르주아지는 모든 주요 사회 이슈에 대해 전권을 행사하는 반면, 다른 쪽에서는 재산이라고는 땡전 한 푼 없는 자들이 분노와 좌절 속에 증오를 키우고 있었다".[110] 앞서 보았듯이 마르크스는 『영국 노동계급의 상태』에 매료됐다. 특히 방적공장 주인들이 공장 시계를 조작하는 관행에서부터 노동자들의 신체적 상태, 면방적 산업의 경제사에 이르기까지 축적된 온갖 자료는 큰 도움이 되었다. 마르크스는 자본주의의 비인간성의 구체적인 증거를 제시하고자 할 때면 엥겔스의 이 책을 뒤적이곤 했다. "영국에서 대규모 산업이 시작되는 시기부터 1845년까지에 대해서는 여기저기서 간단히 언급하는 정도로 그치겠다. 상세한 설명을 원하는 독자는 프리드리히 엥겔스의 『영국 노동계급의 상태』를 참조하시기 바란다." 『자본론』 제1권 관련 메모에서 마르크스는 이렇게 썼다. "자본주의 생산 양식의 본질에 대한 엥겔스의 통찰이 얼마나 완벽한 것이었는지는 그의 책이 출판된 이후에 나온 각종 공장 보고서, 광산 관련 보고서 등을 통해 입증된 바 있다."[111]

그러나 엥겔스의 기여는 단순한 사실 제공을 훨씬 뛰어넘는 것이었다. 마르크스주의 학자들은 『영국 노동계급의 상태』(「정치경제학 비판 개요」도 마찬가지다)가 공산주의 이론의 선구적인 텍스트라는 사실을 인정하는 데 매우 인색했다. 엥겔스는 빌헬름 리프크네히트의 말을 빌리면 스스로를

"탈脫헤겔화했다". 그는 산업화되는 맨체스터에서 인간들이 겪는 불의를 직접 목격하면서 베를린 시절의 "단순한 추상적 지식"을 넘어섰다. 24세의 엥겔스는 놀라울 정도로 성숙한 지성으로 청년 헤겔파의 소외 개념을 빅토리아 시대 영국의 물질적 현실에 적용시켰으며, 이를 통해 과학적 사회주의의 골조를 만들어냈다. 모제스 헤스에게서 얻어온 공산주의 이론의 싹이 맨체스터 시절에 꽃을 피운 것이다. 후일 주류 마르크스 사상으로 여겨지는 것 가운데 상당 부분─계급 분리의 본질, 현대 산업자본주의의 내재적 불안정성, 부르주아는 스스로 무덤을 파고 있다는 시각, 사회주의 혁명의 불가피성 등등─은 엥겔스의 이 탁월한 저서에서 이미 최초로 분명한 모습을 드러낸 것이다.[112] 그러나 『영국 노동계급의 상태』는 이후 30년 동안 사회주의 이데올로기에 관해 엥겔스가 쓴 저서로는 마지막 작품이기도 했다. 1844년 여름 맨체스터에서 견습 사원으로 일하는 기간은 끝이 났다. 그리고 에르멘 앤드 엥겔스의 후계자는 고향 바르멘으로 돌아갔다. 고향 가는 길에 엥겔스는 잠시 파리에 들러 카를 마르크스를 만났고, 만남은 서로 간에 전보다 한결 우호적이었다. 이때부터 엥겔스는 평생을 "무어인"을 보살피고 돕는 데 바쳤다.

4장

마르크스를 만나다

— 『독일 이데올로기』에서
『공산당 선언』까지

The Frock-Coated
Communist

부르주아의 파리를 날카롭게 묘파한 오노레 드 발자크 소설 『고리오 영감』의 마지막 장면에서 출세에 목마른 주인공 청년 라스티냐크는 프랑스의 수도와 대면한다. "불빛이 여기저기서 반짝이기 시작했다. 그의 열망하는 시선은 방돔 광장의 높다란 원기둥과 앵발리드 돔 사이에 고정됐다. 거기 펼쳐진 화려한 세계는 그가 그토록 들어가고 싶어하던 곳이었다. 그는 그 세계를 곧 손에 넣고야 말겠다는 듯한 표정으로 와글와글하는 군중들을 응시했다. 그의 입술은 이미 그 꿀같은 단맛을 느끼고 있는 듯했다. 이어 라스티냐크는 지극히 도전적인 어조로 말했다. '이제 나랑 한판 전쟁이다!'"

파리는 맨체스터 이후 엥겔스의 삶이 펼쳐질 화려한 무대였다. 그가 생각하는 파리라는 도시는 "쾌락에 대한 열정과 역사적 행동에 대한 열정이 결합돼 있는 도시였다. 그것은 그 어떤 다른 도시에서도 찾아볼 수 없는 특징이었다." 야심과 지적 갈망이 넘치고 여자를 밝히는 엥겔스는 라스티냐크처럼 파리가 주는 즐거움을 하나도 빼놓지 않고 즐기고 싶어했다. 속물들이 우글거리는 바르멘이나 걸핏하면 뿌연 스모그 보슬비로 젖는 맨체스터와 달리 파리는 부잣집 청년에게 너무나도 많은 기회를 제공했다. 발자크는 파리에 대해 이렇게 감탄한 바 있다. "파리는 바다다. 거기다 추를 던져봐야 결코 끝에 가 닿지 못한다. 파리를 샅샅이 뒤져서 묘사해보라. 그러나 아무리 꼼꼼히 조사하고 아무리 세심하게 지도를 만들어도, 이 바다를 탐사하는 사람이 그렇게 많고 그 진면목을 열심히 파헤쳐도, 항상 우리가 몰랐던 미지의 영역, 미지의 거대한 동굴이며 꽃이며 진주, 괴물이 나타날 것이다. 그것은 문학가라는 잠수부들이 꿈도 꾸지 못했거나 놓치고 만 것들이다."[1]

이 거대도시를 속속들이 알고 싶어하는 사람은 엥겔스만이 아니었다. 급진파, 지식인, 예술가, 철학자들에게 파리는 발터 벤야민1892~1940. 유대계 독일 철학자, 예술평론가이 말한 대로 "19세기의 수도"였다. 청년 헤겔파인 아르놀트 루게는 파리를 "세계사가 형성되고 항상 새롭게 영감을 주는 위대한 실험실"이라고 불렀다. "우리가 이런저런 승리를 얻고 이런저런 패배를 겪을 곳은 파리다. 시대를 앞서가는 우리의 철학도 파리에서 선언되고 프랑스 정신이 스며들어야만 승리할 수 있다."[2] 모제스 헤스의 유럽 삼두마차론에 걸맞게 파리의 혁명적 기질은 공산주의 투쟁에 핵심적인 촉진제가 되었다. 영국이 물질적 불평등을, 독일이 철학적 발전을 제공했다면 프랑스는 정치적 다이너마이트를 보탰다. 마르크스의 흥분된 표현을 빌리면 "수탉프랑스를 상징하는 동물이다의 벼슬"을 제공한 것이다.

좀 더 구체적으로 말하면 파리는 '공산주의자동맹' 형성의 무대였다. 공산주의자동맹은 마르크스와 엥겔스가 자신들의 철학을 구현하기 위해 합류한 정치적 도구였다. 여기서 엥겔스는 조직정치의 음습한 기술을 배웠다. 파리의 여인숙과 공장을 누비면서 엥겔스는 세계 차원의 공산당으로 정점에 도달할 운동을 조직하기 시작했다. 그는 정치 활동—표 조작에서부터 절차상의 술책까지—과 더불어 19세기를 통틀어 가장 논쟁적인 책 『공산당 선언』 집필을 마르크스와 함께했다. 이 모든 것은 카페 드 라 레장스에서 둘이 만나 한잔하면서 시작됐다. 레장스 카페는 벤저민 프랭클린, 루이 나폴레옹나폴레옹 3세, 볼테르가 드나들던 술집으로 이제 거칠 것 없는 두 프로이센 출신 철학도의 만남의 장소가 된 것이다.

애정 넘치는 사촌 같은 사이

마르크스와 임신 중인 예니 마르크스가 파리에 도착한 것은 그가 편집장으로 있던 「라인 신문」이 폐간되고 난 뒤인 1843년 10월이었다. 러시아 차르(황제) 니콜라이 1세가 이 신문의 반反러시아 논조를 문제 삼아 프로이센 당국에 압력을 가함으로써 신문 발행 허가가 취소됐다. 마르크스의 동료 편집자인 아르놀트 루게는 프랑스로 자리를 옮겨 새로 창간된 「독불연보」에서 일을 계속하자고 제안했다. 그러나 「독불연보」에 자기 돈을 엄청 쏟아 부은 루게는 몇 주 만에 제안 자체를 후회했다. 마르크스가 점차 편집 일에 열의를 보이지 않았던 것이다. "그 친구는 아무것도 제대로 끝내는 법이 없어. 무엇이든 하다 말고 다시 끝없는 책의 바다 속으로 풍덩 빠져들고 말지."[3] 더구나 두 사람 사이의 간극은 단순히 기질적인 것 이상이었다. 파리에 도착하자마자 마르크스는 루게의 청년 헤겔파 서클과 거리를 두기 시작했다. 스스로를 공산주의자로 분명히 자리매김하면서 파리 노동계급 운동가들과 어울린 것이다. "프랑스 노동자들 모임에 한번 와보셔야 합니다. 그럼 고된 노동에 시달리는 그 사람들이 얼마나 생기 넘치고 고결한지 금세 알게 될 겁니다." 1844년 8월 마르크스는 포이어바흐에게 보낸 편지에서 이렇게 말했다. "역사가 인간 해방의 실천을 준비하는 것은 우리 문명화된 사회의 구성원인 이들 '야만인들'을 통해서입니다."[4] 그러는 한편으로 프랑스 혁명을 연구하고 애덤 스미스와 데이비드 리카도*의 정치경제학 고전들(엥겔스의 「정치경제학 비판 개요」도 포함해서)을 꼼꼼히 읽으면서 마르크스는 초점을 종교적 소외 문제에서 자본주의 사회의 물질적 현실로 돌리게 됐다. "1843~45년은 그의 인생에서 가장 결정적인 시기였다"고 이사야 벌린은 단언한다. "파리에서 마르크스는 마지막 지적 전환을 이루었다."[5]

마르크스는 이제 헤겔주의 비판보다는 분업과 칼라일이 말한 현금 지불이 인간성에 대해 미치는 영향에 더 깊은 관심을 기울였다. 엥겔스가 맨체스터 노동자들을 관찰한 것처럼 마르크스는 계급에 기초한 자본주의가 점차 인간을 그 자신으로부터 소외시키는 과정을 관찰했다. 그리고 엥겔스와 마찬가지로 마르크스도 소외로 표현되는 위기에 대한 해결책은 자본주의가 만들어낸 빈털터리 프롤레타리아의 손에 달려 있다고 보았다. 정치경제학의, 사적 소유 시스템의 토대를 이루는 불의를 초월함으로써 인간을 그 본연의 모습으로 되돌리는 것("인간 해방")이 바로 역사에서 프롤레타리아가 맡아야 할 몫이었다. "공산주의는 사적 소유를, 그리고 나아가 인간의 자기소외를 적극적으로 폐기하는 것이고, 그렇게 함으로써 인간의 본질을 인간의 힘으로, 그리고 인간을 위해서 제대로 되찾아오는 것이다." 마르크스는 이렇게 썼다.[6] 이처럼 철학적으로 생각이 동일하다는 것은 마르크스와 엥겔스가 카페 드 라 레장스에서 건배를 할 무렵에는 1842년 「라인 신문」 사무실에서 처음 만났을 때의 썰렁한 기억은 완전히 사라졌다는 의미였다. 내리 열흘을 권커니 잣거니 하며 함께 보낸 두

---

* 1772~1823. 영국 경제학자. 고전학파의 창시자인 스미스의 이론을 계승·발전시킨 고전학파의 완성자로 일컬어진다.

사람은 정서적으로나 이데올로기적으로 유대가 확고해졌고, 그런 유대는 평생을 지속하게 된다. "1844년 여름 파리에서 마르크스를 만났을 때 우리가 이론적인 모든 분야에서 완벽하게 의견의 일치를 보고 있다는 것이 분명해졌다. 우리의 공동 작업은 그 시점을 기점으로 한다." 훗날 엥겔스는 이렇게 술회했다.[7]

이런 두 지성의 만남, 레닌의 말을 빌리면 "고대인들의 가장 감동적인 우정조차 능가하는" 동반자 관계의 성격은 무엇이었을까?[8] 에드먼드 윌슨은 마르크스가 엥겔스에게 아버지한테서는 도저히 느낄 수 없었던 "아버지 같은 권위"를 보여줬다고 주장하는데 설득력이 없다. 반대로 프랜시스 윈은 엥겔스가 마르크스에게 "엄마 대역 같은 역할"을 해줬다고 묘사한다. 이보다는 덜 프로이트적인 해석이지만 두 사람의 관계는 애정 넘치는 사촌 같은 사이라고 보는 것이 옳겠다. 두 사람은 고향이 프로이센 라인란트 지방으로 같은 데다 성격적으로는 상당히 다르지만 서로 보완해 주는 역할을 했다. "엥겔스는 상대적으로 밝고 구김살이 없었다. 기질적으로도 좀 더 균형 잡힌 성격이었다. 육체적으로나 지적으로도 엥겔스가 훨씬 유연하고 탄력이 있었다"는 것이 엥겔스 전기를 쓴 구스타프 마이어의 평가다.[9] 분명히 엥겔스는 "용龍" 같은 면모는 별로 없었다. "무어인" 스타일의 성급함, 지적 자기도취, 자본주의의 인간적 비용에 대한 적개심 같은 것도 한결 덜했다. 엥겔스는 마르크스보다 훨씬 초연한 스타일에 대단히 치밀하고 경험적이었다. 반면에 협력자인 마르크스는 진득하게 어디 한 곳에 집중을 못하고 번뇌·망상이 심했다. 마르크스의 사위인 폴 라파르그*는 엥겔스를 "늙은 하녀처럼 용의주도했다"고 평했다.[10] 육체적으로도 엥겔스가 걸핏하면 종기가 나는 마르크스보다 훨씬 강건했다. 마르크스는 개인적으로나 경제적으로 스트레스를 받으면 온몸에 점자처럼 오톨도톨한 물집이 잡히곤 했다. 성격 차이는 두 사람의 글씨에서도 잘 나타난다. 엥겔스는 학구적이고 균형 잡힌 서체(원고 곳곳에 깔끔하고 유머러스한 삽화도 많이 그려 넣었다)로 마르크스의 악필과는 명백한 대조를 이룬다. 마르크스는 격하게 휘갈겨 쓰는 스타일이어서 원고지에 잉크가 뚝뚝 떨어져 얼룩이 진 경우가 많다. 이런 마르크스의 글씨를 알아보는 사람은 거의 엥겔스뿐이었다는 사실은 두 사람의 우정이 어떠했는지를 단적으로 말해주는 상징이다.

이후 40년 동안 두 사람의 관계는 최악의 상황에서도 거의 흔들리지 않았다. 마르크스의 사위인 라파르그의 말을 들어보자. "돈과 지식…. 모든 것을 두 사람은 공유했다. …엥겔스는 마르크스에 대한 우정을 마르크스 일가 전체로 넓혔다. 마르크스의 딸들은 그에게 친자식이나 다름없었고, 아이들은 엥겔스를 '둘째 아버지'라고 불렀다. 이런 우정은 무덤을 넘어서까지 지속됐다."[11] 이런 우정의 기초를 이룬 것은 책임 분담이었다. 파리 시절 이후로 줄곧 엥겔스는 "우리의 시각"을 이데올로기적으로 설득력 있게 제시하는 능력은 마르크스가 뛰어나다고 인정했다. 그는 특유의 솔직하고 무덤덤한 어조로 자신이 지적으로 한 수 떨어진다는 사실을 인정했다. 엥겔스는 친구가 죽고 난 뒤 이렇게 썼다. "마르크스와 40년 동안 공동 작업을 하기 이전이나 이후나 내가 (공산주의―역자) 이론을 정초하는 데 나름의 몫을 한 것은 분명하다. …그러나 가장 핵심적인 기본 원칙은 대부분 …마르크스가 해낸 작업이다. …마르크스는 천재였다. 우리 같은 사람들은 기껏 재능이 있는 정도였다. 그가 없었다면 이론은 오늘날과

---

* 1842~1911. 프랑스 사회주의 운동가. 마르크스 · 엥겔스의 저작을 프랑스어로 번역했다.

같은 모습으로 발전하지는 못했을 것이다. 따라서 공산주의 이론에 마르크스의 이름이 붙는 것은 당연하다."[12] 마르크스의 천재성에 대한 신뢰가 있었기 때문에 엥겔스는 확신을 가지고 자기 사상을 가다듬는 일은 희생하고 오케스트라로 비유하면 "제2 바이올린" 역할조연에 머무는 것으로 만족했다. "마르크스에게 빛나는 제1 바이올린주연" 자리를 양보한 것이다.[13] 누구라도 그랬을 것이라고 엥겔스는 생각했다. 그만큼 친구에게 헌신적이었다. "어떻게 천재를 시기할 수 있겠나. 그건 정말 아주 특별한 것이다. 우리는 그런 재능이 없는 만큼 애초에 안 된다는 것을 안다. 그러나 그걸 시기한다면 끔찍한 소인배가 되는 수밖에 없다."[14] 여기서 중요한 점은 엥겔스가 마르크스의 사상으로 새삼 전향할 필요가 없었다는 것이다. 마르크스에 따르면 엥겔스는 이미 "경로는 다르지만 …나와 동일한 결과에 도달했"고, 서로의 철학적 입장을 이론적으로, 정치적으로 명료하게 설파하는 데 한마음으로 헌신했다. 유일한 차이는, 엥겔스의 말을 빌리면 "마르크스는 더 높이 서서 더 멀리 내다본다"는 것이었다. "그는 우리보다 훨씬 시야가 넓고 날카로웠다."[15]

두 사람 우정의 첫 결실이 『비판적 비판에 대한 비판. 브루노 바우어와 그 일파에 반대하여』(1845)라는 제목의 팸플릿이었다. 이 짧은 책은 맨체스터와 파리에서 보낸 시절 이후 청년 헤겔파의 관념론적 잔재에 대한 두 사람의 거부감을 확실하게 보여주는 동시에 마르크스와 엥겔스가 새로 수용한 유물론을 공개적으로 천명하는 역할을 했다. "하늘에서 땅으로 내려오는 독일 철학과 정반대로 여기서는 땅에서 하늘로 올라간다." 두 사람은 후일 청년 헤겔파와의 철학적 결별을 이렇게 간결하게 표현했다. "말하자면 인간이 말하고 상상하고 생각하는 것에서 출발해서 …피와 살을 가진 인간에게 도달하는 것이 아니라, 진짜 살아 움직이는 인간들로부터 출발해서 그들의 삶의 흐름을 토대로 그런 삶이 이데올로기에 반영되는 과정을 밝힌 것이다."[16]

마르크스와 엥겔스는 이제 새로운 사고를 토대로 관념론 철학의 유희를 "그저 습관적으로 하는 소리"로 규정하고 바우어의 베를린 서클을 자아도취에 빠져 사회 진보에 걸림돌이 되는 자들이라고 매도했다. "이제 독일 철학자들에 대한 전쟁이 선포됐다. 그들은 단순한 이론에서 실천적인 결론을 끌어내기를 거부하며, 인간은 형이상학적 질문에 대해 사변하는 일 외에는 할 일이 없다고 주장한다." 후일 엥겔스는 더더욱 날카로운 어조로 이렇게 비판했다.[17] 마르크스와 엥겔스는 "맥주파 지식인들"과 절연하고 사회·경제적 현실에 집중하고자 했다. 이념과 정신이라는 헤겔의 그림자를 뒤쫓는 일을 포기한 것이다. "독일에서 진정한 휴머니즘의 가장 위험한 적은 정신주의 혹은 사변적 관념론이다. 그들은 현실에 살아 있는 개인을 '자기의식' 혹은 '정신'으로 대체한다"고 두 사람은 단언했다.[18] 마르크스는 정치경제학을 읽고, 엥겔스는 맨체스터의 면방적공장에서 시간을 보내면서 두 사람은 사적 소유가 현대 사회 형성에 결정적인 역할을 한다는 것을 깨달았다. 사회구조를 결정하는 것은 물질적 현실이지 "빛바랜, 과부 신세가 된 헤겔 철학"이 아니었다. 그 증거가 필요하다면 그저 과거를 돌아보면 될 일이었다. 엥겔스는 헤겔식 이념이 아닌 피와 살을 가진 인간을 역사의 주체로 봄으로써 일단 유물론적 역사 해석의 초기 형태를 완성했다. 브루노 바우어에 대한 비판에서 그는 "역사는 아무것도 하지 않는다. '엄청난 부富'를 소유한 것도 아니고, 전투를 수행하는 것도 아니다"라고 썼다. "자산을 소유하고 행동을 하고 전투를 하는 것은 '역사'가 아니라 살아 있는 인간들이다. 자신의 목적을 달성하기 위해 인류를 조종하는 '역사'라는 독립적 실체는 없다. 역사는 인간들이 의도를 가지고 하는 활동일 뿐이다."[19]

「비판적 비판에 대한 비판」은 주제는 거창하지만 원래 바우어 일파에 대한 짧은 풍자 정도로 구상한 것이다. 그래서 엥겔스도 초고를 잽싸게 써놓고 1844년 9월 고향 바르멘으로 떠났다. 그는 파리를 떠나면서 "잘 있게, 친구. 열흘 동안 우리가 그렇게 죽이 잘 맞았다는 게 지금도 믿어지지가 않네"라고 썼다.[20] 그런데 엥겔스는 바보같이 원고까지 그 "친구"에게 맡기고 떠났다. 원고가 마르크스 스타일로 얼룩지게 될 것은 당연했다. 우선 길이가 문제였다. "자네가 「비판적 비판에 대한 비판」을 스무 장 분량으로 늘인 것은 적잖이 놀라웠어." 엥겔스는 이렇게 언급했다. "내 이름을 표지에 올린 것도 좀 이상하고. 내가 쓴 분량이라곤 고작 한 장 반인데." 또 하나 문제는 정치적 적대자 하나하나에 배정한 분량이 적당치 않다는 것이었다. "우리 두 사람이 「일반 문예지Allgemeine Literatur-Zeitung」* 에 대해 갖는 극도의 경멸감은 이 팸플릿에서 거기에 할애한 양과는 반비례해." 팸플릿 분량의 증가는 더 중요한 부분에 집중하지 못하고 여기 찔쩍 저기 찔쩍 하는 마르크스의 고질적인 약점이 일찌감치 나타난 것이기도 했다. "빨리 정치경제학 책을 끝내. 흡족하지 못한 부분이 많더라도 그런 건 별로 문제가 아니야. 생각이 익었으면 쇠가 달궈졌을 때 두드려야지." 엥겔스는 이런 간곡한 당부를 이후 수십 년간 지겹도록 반복하지 않을 수 없게 된다. "나처럼 하라고. 언제까지는 확실히 끝내겠다고 시한을 정해둬. 그리고 빨리 인쇄에 돌려야 돼." 마르크스는 독자를 사로잡을 생각에 저널리스틱한 제목까지 멋대로 추가했다. 바우어 일파를 조롱하는 뉘

* 바우어가 샤를로텐부르크에서 1843년 12월부터 1844년 10월까지 12호를 낸 잡지.

앙스를 강조해 팸플릿 최종 제목을 『성가족聖家族, 혹은 비판적 비판에 대한 비판. 브루노 바우어와 그 일파에 반대하여』*로 단 것이다. "새 제목은 …아마 그러지 않아도 화가 머리끝까지 치민 경건하신 우리 부모님과의 관계를 더 악화시킬 거야. 물론 자넨 그런 줄은 몰랐겠지." 엥겔스의 푸념이다.[21]

『성가족』이 출판되기 전에도 엥겔스 집안은 장남 때문에 조용할 날이 없었다. 2년 동안 영국에 다녀오고 가업인 "장사질"에 복귀하기로 했지만 아버지와의 관계는 여전히 살얼음판이었다. 두 사람 모두 무신론적 공산주의와 복음주의 프로테스탄티즘이 사이좋게 지낼 수 없다는 것을 잘 알고 있었다. "뭘 먹거나 마실 때, 잠잘 때, 심지어 방귀를 뀔 때도 하느님의 어린 양 운운하는 엿 같은 소리를 매번 듣곤 한다네." 엥겔스는 마르크스에게 이렇게 불평했다. "오늘 온 식구가 영성체**를 하러 갔지. …오늘 아침에는 듣기 괴로운 소리가 도를 넘었어. 어제 저녁에 엘버펠트에 있는 모제스 헤스네 집에 갔다가 늦게 들어온 게 화근이었어. 우리는 새벽 두 시까지 공산주의에 대해 열변을 토했지. 오늘은 당연히 내가 늦게 귀가한 것 때문에 다들 얼굴이 일그러졌지. 내가 무슨 감옥에라도 다녀왔나 싶어." 이런 상황에서 여동생 마리가 역시 공산주의자인 에밀 블랑크와 약혼함으로써 분위기는 더욱 나빠졌다. "당연히 우리 집은 완전히 아수라장이 됐다네."[22] 독실한 경건파인 엥겔스 부모는 일이 왜 이 지경이 됐는지

---

* '성가족'은 기독교에서 어린 예수와 마리아, 요셉 일가를 신앙의 모범 가족이라는 뜻에서 일컫는 말로 여기서는 바우어 일파가 신성불가침인 양 떠받들어지는 것을 비아냥거리는 의미로 썼다.
** 포도주와 빵을 예수의 피와 살로 보고 신부로부터 받아먹는 의식.

정말 알다가도 모를 일이라고 생각했을 것이다.

집안에 분란이 있다고 소명을 멀리할 엥겔스는 아니었다. 파리에서 라인란트를 거쳐 고향으로 돌아오는 길에 사회주의적 분위기가 크게 확산된 것을 보고 엥겔스는 매우 고무됐다. "쾰른에서 사흘을 보내면서 우리의 선전전이 엄청난 성과를 거둔 것을 알고 깜짝 놀랐어." 마르크스에게 보낸 편지에서 엥겔스는 이렇게 썼다. 심지어 몽매주의자들의 시온 산이라고 할 부퍼탈 일대에도 진전의 징표가 보였다. "이런 걸 보면 우리가 추구하는 이념이 자랄 수 있는 아주 좋은 토양이 될 가능성이 높아. 바르멘에서는 경감도 공산주의자더군. 그제 동창이 하나 찾아왔는데 지금은 인문 고등학교 선생을 하고 있는 친구야. 공산주의자들과는 일면식도 없지만 이념적으로는 상당히 열정적이었어."[23] 오언주의자들이 운영하는 잡지 「도덕의 신세계」에 기고한 기사에서 엥겔스는 "사회주의가 이 나라에서 얼마나 급속히 발전하고 있는지"에 대해 소개했다. 약간 사족 같기는 하지만 엥겔스는 이렇게 공언했다. "사회주의는 독일 당대의 문제다. …증기선을 타든 기차를 타든 우편마차를 타든 사회적 이념에 관심을 가진 사람을 꼭 만나게 된다. 그리고 그런 사람들은 사회를 재조직하기 위해 뭔가를 해야 한다는 데 동의한다." 엥겔스는 심지어 "대단히 경건하고 충실한 우리 집안에서도, 서로 영향을 주고받은 것도 아닌데, 생각이 달라진 사람을 예닐곱 명 정도 꼽을 수 있다"고까지 말했다.[24] 그런 성공의 결과 "성직자들이 우리를 비난하는 설교를 하고 있다. …지금은 청년들 사이에 무신론이 번지는 것을 문제 삼는 정도지만 곧 공산주의를 규탄하는 쪽으로 갈 것이다."[25]

엥겔스는 독일연방 전역에서 농민 봉기와 산업 노동자 파업이 점차 늘고 있다는 사실에 특히 고무됐다. 그중 가장 유명한 것이 1844년 6월 페터스발다우에서 일어난 슐레지엔 직공 봉기였다. 한때 그런대로 유복하고 독립적인 생활을 누렸던 직조 장인들은 외국 제품과의 경쟁 및 기술력 경쟁으로 수년간 가난에 시달려왔는데, 이들이 생활고를 이기지 못한 나머지 면방적공장들을 습격한 것이다. 유사한 폭동이 슐레지엔과 보헤미아 전역으로 번지면서 "사회 문제"―산업화의 가속화로 심화되는 빈곤과 착취에 어떻게 대처할 것인가―가 여론을 지배하는 이슈가 되기 시작했다. 슐레지엔 직공들은 하인리히 하이네의 가슴 저미는 시 「슐레지엔 직공들의 노래」(1845년) 덕분에 특히 악명을 얻었다. 노동자들은 "낡은 독일"에 대한 애가를 부르면서 사라져가는 사회를 애도하는 수의壽衣를 짠다.

북은 날고, 베틀은 삐걱거리고
우리는 열심히 밤이고 낮이고 짠다.
낡은 독일이여, 우리는 너의 수의를 짠다
세 겹 저주를 짜 넣는다
우리는 짜고 또 짠다!

엥겔스는 이 시를 영어로 번역하면서 소개 글에서 "살아 있는 독일 시인들 중에서 가장 저명한 하인리히 하이네가 우리 진영에 합류했다"고 강조했다.[26]

엥겔스의 정치적 전략은 공산주의에 대한 우려가 커지는 상황을 빌미로 공개 강연과 논쟁을 벌이는 것이었다. 그런 자리는 옛 멘토인 모제스 헤스와 함께 조직했다. 첫 번째 행사는 1845년 2월 엘버펠트의 유명한 술집 츠바이브뤼커 호프에서 열렸고, 자유주의 성향 엘리트들이 참석했다. 연단 앞으로 청중이 200명쯤 모였다. 지역 제조업체 사장들과 상회 대표,

법원 쪽 사람들, 지역 법무장관까지 참석한 자리에서 엥겔스는 공산주의의 강령을 개괄적으로 소개하면서 청중들의 반응을 유도했다. 그러나 노동계급 사람들—공산주의의 미래를 제 손으로 만들어갈 세력이지만 엘버펠트의 고급 술집에는 아직 출입할 처지가 못 되었다—은 본인들이 처한 곤경을 논의하는 이 자리에 같이하지 못했다. 엥겔스는 셸리 시 낭독으로 시작된 그날 저녁 모임을 놀라운 성공이라고 봤다. "경제 귀족에서부터 식료품점 주인에 이르기까지 엘버펠트와 바르멘의 모든 계층이 망라됐고, 프롤레타리아만이 배제됐다. …이어 벌어진 토론은 새벽 한 시까지 계속됐다. 주제는 엄청난 흥미를 끌었다. 지금 모든 토론과 대화의 주제는 공산주의이며, 매일 새로운 지지자들이 우리 쪽으로 몰려들고 있다."[27]

그러나 한 엘버펠트 주민은 그날 저녁 모임을 약간 다르게 기억한다.

부담스러운 모임이라는 인상을 주지 않기 위해 하프 연주자들을 불렀다. 모임을 시작하면서 사회 문제를 주제로 한 시를 몇 편 낭송했다. 이어 모제스 헤스와 "프리드리히 오스발트"엥겔스가 연설을 시작했다. 객석에는 무슨 흥미로운 얘기가 있나 하고 찾아온 공장주들이 앉아 있었다. 그들은 분노를 조소와 야유로 표현했다. 자본주의 사회에 대한 방어는 현지 극장장이 떠맡았다. 그가 공산주의를 심하게 공격할수록 유명 인사들은 서로의 건강을 위해 열심히 건배했다."[28]

엥겔스는 야유와 박수가 난무하는 대중연설을 즐겼다. "진짜, 살아 있는 사람들 앞에 나서서 대놓고 열변을 토하는 것은 '정신'의 눈으로 추상적인 청중을 가정해놓고 펜을 놀리는 일과는 전혀 다르다." 연설에서 엥겔스는 자본주의 사회는 본질적으로 사악하며, 부자와 빈자의 격차는 갈수록 커지고 중간층은 도태됨으로써 계급투쟁이 극심해질 수밖에 없다는 점을 강조했다. "지난 세기 국가의 주요 토대였던 소규모 중산층의 몰락이 계급투쟁의 일차적인 결과다. 우리는 매일 중산층이 자본의 힘에 밀려 무너지는 것을 본다."[29] 자본주의 생산양식에 내재해 있는 낭비와 파산과 실업이 순환적인 경제 위기와 시장 실패의 결과로 증대될수록 사회는 분배와 교환을 좀 더 합리적인 원칙에 따라 재조직할 것을 요구하게 된다고 엥겔스는 주장했다. 그렇게 재조직되는 사회는 경쟁이 제거되고, 자본과 노동이 중앙 집권적인 권위를 통해 효율적으로 배정되는 일종의 공산주의 체제가 된다는 것이다. 이렇게 해서 범죄는 사라지고, 개인과 사회의 긴장은 해소되며, 생산성은 급속히 오르고, 개인의 발전은 소수의 이익이 아니라 모두에게 도움이 되는 방향으로 조율된다. "개인의 힘을 사회의 집단적 힘에 융합시키고, 지금까지 서로 적대해온 힘들을 그렇게 한 방향으로 집중시킴으로써 노동력 절감을 극대화하게 된다."[30] 엥겔스는 청중을 안심시켜가며 공산주의의 미래에 도달하기 위한 실천적인 정책들을 설명했다. 어린이 교육 의무화, 빈민 구휼 시스템 재조직화, 자본에 대한 누진 과세 등등이 대표적인 정책이었다. "그러니까, 여러분, 하룻밤 사이에 국민의 뜻에 반해 공동 소유 제도 같은 것을 도입할 생각은 전혀 없습니다. 우리가 하고자 하는 것은 그런 방향으로 발전하기 위한 목표와 방법과 수단을 마련하는 것입니다." 엥겔스는 보수적인 엘버펠트 엘리트들을 이런 식으로 안심시켰다.[31] 사실 이 정도면 거의 구식 가부장주의 수준의 개선책이었다. "우리는 현대판 농노들의 조건을 인간적으로 개선하는 것을 과제로 삼아야 합니다." 젊은 공장주 후계자는 이렇게 설득했다.[32]

메시지는 대단히 유화적이었지만 이런 설교를 통해 엥겔스는 당국의 주목을 받게 됐다. 엘버펠트 시장은 앞으로 어떤 호텔이든 모임 장소를 내주면 영업허가를 취소하겠다고 으름장을 놓았다. 또 라인란트 주지사 격인 슈피겔-보를링하우젠 남작에게 서한을 발송해 불온한 토론 내용에 대해 설명하고 헤스와 엥겔스를 모임 주모자로 적시했다. 보안 당국도 끼어들었다. "바르멘의 프리드리히 엥겔스아버지 엥겔스는 아주 신망 있는 신사입니다. 하지만 그 아들은 과격파 공산주의자로 문인 행세를 하며 돌아다닙니다. 그자의 이름도 프리드리히일 것입니다." 내무부에 보낸 경찰 보고서에는 이렇게 적혀 있다.[33] 이런 정보를 토대로 프로이센 내무부는 엘버펠트와 바르멘에서 공산주의 모임을 일절 금하는 포고령을 발표했다. 아들이 말썽을 피우고 다녀서 아버지가 고생이 많다는 얘기가 곧 바르멘 상류층의 화제가 됐다. 부퍼탈의 저명인사인 게오르크 고트프리트 게르비누스1805~1871. 자유주의 계열 문학사가, 정치사가는 친구인 오토 프라이헤어 폰 루텐베르크에게 보낸 편지에서 공산주의 사상이 확산되면 얼마나 위험한지에 대해 언급하면서 "공산주의자들이 젊은 상인을 꼬드겨 의식화시킨" 사례로 엥겔스를 꼽았다. 그는 엥겔스 아버지와 나눈 대화도 소개했다. "아버지는 아들을 볼 때마다 참으로 괴로워한다네. 나한테 그러더군. '아버지로서 내가 얼마나 가슴이 아픈지 자넨 모를 거야. 우리 아버님은 바르멘 개신교 교구에 헌금을 많이 하셨지. 그 뒤를 이어서 내가 교회를 지었는데 이제 내 아들놈이 그걸 허물고 있어.' 그래서 내가 그랬지. '우리 시대가 그렇지 뭐…' 라고."[34]

엥겔스의 아버지는 아들의 정치활동에 대해 그야말로 분노했다. 그러나 잘못을 뉘우칠 줄 모르는 엥겔스는 마르크스에게 보낸 편지에서 당시의 사정을 이렇게 설명했다. "내가 공산주의자로 행세를 하고 다니니까 아버지의 부르주아적 분노가 이만저만이 아니네. 정말 대단치도 않아."[35] 그리고 엥겔스가 가족 회사에 나가지 않겠다고 선언한 데 대한 대응으로 아버지는 아들의 용돈을 대폭 삭감했다. 이렇게 해서 열렬한 혁명가는 "정말 개 같은 생활을 해야 했으며" 침울한 표정으로 집 주변을 배회했다. 브래드퍼드에서 일했던 친구 게오르크 베르트의 증언에 따르면 "그는 이제 가족과 너무 척이진 상태다. 무신론자에 불경스럽다는 평가를 받고 있으며 부자 아버지도 아들한테 생활비로 한 푼도 주지 않으려 한다."[36] 이런 상황에서 1844년 가을, 엥겔스는 서재에 틀어박혀 『영국 노동계급의 상태』 집필에 매달렸다. 그러나 이마저도 의구심을 불러일으켰다. "내 방에 앉아서 작업을 하고 있어도, 물론 공산주의 관련이지, 노친네들이 뻔히 안다니까." 이 무렵 정치적 기피인물로 찍힌 마르크스는 파리에서 추방돼 브뤼셀에서 어렵사리 망명객 생활을 하고 있었다. 엥겔스는 새로 사귄 친구에 대한 헌신의 뜻에서 책 선인세를 마르크스에게 주기로 약속했다. 이어 경찰이 자기도 체포하려고 한다는 소문을 듣고 부모를 더 이상 바르멘 부르주아지 사회에서 망신시키지 않을 요량으로 벨기에로 가서 마르크스와 합류하기로 했다. 벨기에 합류는 결정적인 사건이었다. 1845년 봄 엥겔스가 벨기에 국경을 넘을 무렵에는 분위기 자체가 이미 프로이센으로 다시 돌아가기는 상당히 어려워졌다. 여동생 마리와 에밀 블랑크의 결혼식에도 참석하지 못했다. "알다시피 우리 형제자매 중에서 내가 가장 사랑하는 건 너다. 넌 내가 가장 신뢰한 동생이었어." 엥겔스는 결혼식에 오빠가 참석하지 못해 실망하고 있던 여동생 "거위"에게 보낸 편지에서 이렇게 썼다. 그해 5월이었다.[37]

『독일 이데올로기』를 탈고하다

엥겔스는 브뤼셀에서 마르크스와 합류한 직후 공부를 좀 더 할 생각으로 다시 그와 함께 영국으로 갔다. 엥겔스는 메리 번즈(두 사람이 대륙으로 돌아갈 때 동행하게 된다)와 다시 만나는 사이 마르크스는 자유주의 경제학자들의 저작을 읽고 정부 간행물을 꼼꼼히 뒤지면서 정치경제학 연구에 몰두했다. 두 사람이 가장 좋아한 독서 장소는 맨체스터의 체담 도서관(17세기에 설립된 무료 공공 도서관) 창문 쪽 자리였다. 두 친구는 정치·사회 관련 데이터를 모으기 위해 10만 권쯤의 장서를 열심히 뒤졌다. "지난 며칠 동안 그 작은 퇴창 쪽 사각형 책상에 가 앉곤 했네. 24년 전에 우리가 앉았던 바로 그 자리 말이야." 1870년 마르크스에게 보낸 편지에서 엥겔스는 당시를 회고했다. "난 여기가 정말 좋아. 색유리 때문에 분위기가 항상 좋거든."[38] 두꺼운 참나무 책상과 스테인드글라스 창문은 지금도 그 자리에 있다. 물론 오늘날에는 좀 바뀌어서 도서관 바로 바깥에 젊은 학생들 웃음소리가 요란한 체담 음악학교가 붙어 있고, 주변에는 활기찬 고층 빌딩과 호텔, 공사 중인 크레인이 서 있다. 체담 도서관은 공산주의 창립자들의 손길을 찾아보려는 순례자들에게는 인기 있는 성지나 마찬가지다. 한 관광가이드는 이렇게 말했다. "중국 영사관 사람들을 여기로 데려와서 마르크스와 엥겔스가 만졌던 옛날 책들을 꺼내 보여주니까 눈물을 흘리더군요."[39]

엥겔스는 이번에는 맨체스터에 오래 머물지 않았다. 1845년 늦여름 무렵 마르크스와 함께 다시 벨기에로 돌아갔다. 이후 몇 달간은 둘이서 함께 지낸 가장 행복한 시간이었다. 두 친구는 각자 파트너와 함께 브뤼셀의 아파트에서 이웃으로 살면서 밤이 새는 줄 모르고 논쟁하고, 웃고, 술을 마셨다. "아내한테 새벽 3~4시까지 함께 집필하는 자네들의 철학 시스템을 애기해주었더니 그런 철학은 자기한테는 안 어울린다고 못마땅해하더군." 차티스트 운동가인 조지 줄리언 하니는 1846년 3월 엥겔스에게 이런 농담을 했다. "내 처가 브뤼셀에 오면 아마 자네들 와이프한테 쿠데타를 부추길 거야."⁴⁰ 브뤼셀은 엥겔스에게 사회주의에 전념할 기회를 제공했다. 벨기에에서는 "장사질"을 강요하는 사람이 없었다. 그런 걱정일랑 완전히 접고 저녁마다 바에서 마르크스, 모제스 헤스, 게오르크 베르트(브래드퍼드에서 브뤼셀로 오게 돼 대단히 기뻐했다), 슈테판 보른, 시인 페르디난트 프라일리그라트, 저널리스트 카를 하인첸과 정신없이 어울렸다. 러시아 귀족으로 후일 무정부주의자가 되는 미하일 바쿠닌은 이 서클에서 배제됐다. 그러자 바쿠닌은 친구인 혁명 시인 게오르크 헤어베크에게 험담을 늘어놓았다. "그 독일인들, 보른슈테트[민주주의 계열인 「독일 · 브뤼셀 신문」 편집장]니 마르크스니 엥겔스니 하는 그 선수들—특히 마르크스—은 여기서도 예의 못된 짓을 꾸미고 있어. 허영과 악의와 입씨름, 이론적으로는 옹졸하고 실질적으로는 비겁하고, 인생이니 행동이니 단순함이니 하면서 줄기차게 말만 떠들지 실제로는 인생이나 행동이나 단순함 같은 것은 전혀 없어. …누구 욕을 할 때마다 부르주아를 갖다 붙이지. 그러면서 정작 자기들은 머리끝에서 발끝까지 철두철미 부르주아야."⁴¹

이런 일만 없었다면 탈없이 잘 지냈을 망명객 서클에는 한 가지 문제가 있었다. 게오르크 베르트의 말에 따르면 "맨체스터에서 온 작은 영국 여자"가 문제였다. 당시 오고간 편지들에서 엥겔스의 "연인" 또는 "아내"로 묘사된 메리 번즈는 모두의 마음에 드는 인물은 분명 아니었다. 일부 사회주의자들은 그녀와 엥겔스의 관계에 대해 이데올로기적 반감을 갖고 있었다. 부잣집 방적공장 아들이 프롤레타리아 애인을 데리고 브뤼셀의 살롱을 누비고 다니는 것이 영 불쾌했던 것이다. 슈테판 보른에 따르면 "엥겔스가 애인을 서클에 데리고 오는 것은 심히 방자한 행동이었다. 노동자들이 자주 어울리는 자리였기 때문에 부잣집 공장주 아들들이 평민의 딸들을 데려와 재밋거리로 삼는다는 비난이 종종 터져 나왔던 것이다."[42] 메리 번즈만이 아니었다. 엥겔스는 다른 애인들도 사회주의 서클에 데려와 인사를 시키곤 했다. 특히 "마드무아젤 조세핀"과 "마드무아젤 펠리시"가 유명했다. 고위급 남작인 루트비히 폰 베스트팔렌의 딸이자 인텔리인 예니 마르크스도 그런 행태를 매우 민망해했다. 막스 베어의 말에 따르면 마르크스 부부는 "엥겔스와 그 여성 파트너들을 진심으로 대등한 상대로 여긴 적이 없었다. …가장 위대한 혁명가 중 한 사람인 마르크스는 도덕적 엄격성 측면에서는 랍비 조상들과 마찬가지로 보수적이었고 최대한 격식을 차렸다."[43] 이런 청교도주의―속물근성이라고 할 수도 있고, 도덕적 엄격성이라고 할 수도 있겠다―때문에 엥겔스가 브뤼셀에서 사회주의자들이 개최한 저녁 사교 모임에 애인을 데리고 나올 때마다 분위기는 아주 난감해졌다. 슈테판 보른도 그런 자리에 있었다.

거기 참석한 사람들 중에는 마르크스 부부, 그리고 엥겔스와 그의 …여자 친구도 있었다. 두 커플은 큰 방을 사이에 두고 떨어져 있었다. 내가 다가가 마르크스 부부에게 인사를 하자 그는 눈짓을 하며 의미 있는 미소를 보냈다. 자기 아내가 저 …여자 친구와는 일절 상종을 하지 않으려 한다는 것을 알려주는 미소였다. 귀족 출신인 마르크스 부인은 관습을 지켜야 할 때가 되면 매우 비타협적이었다. 누가 쓸데없이 나서서 그녀에게 그런 부분에서도 좀 양보를 하라고 했다면 발끈해서 오히려 성을 냈을 것이다.[44]

보른이 이런 얘기를 그날 저녁으로부터 수십 년이 지난 시점에, 그리고 마르크스·엥겔스와 사이가 틀어지고 나서도 한참 뒤에 했다는 것은 주목할 만한 부분이다. 그 자리에 없었던 엘레아노어 마르크스는 항상 "바보 같은 브뤼셀 얘기"라며 사실이 아니라고 부인했다. "우선 우리 부모님이 그런 프티부르주아식 얄팍한 '도덕'을 가지고 있었다는 것 자체가 부모님을 잘 모르는 사람 이야기입니다." 엘레아노어는 엥겔스 사후 독일 사회주의자 카를 카우츠키*에게 보낸 장문의 편지에서 이렇게 말했다. "나도 때로 장군〔엥겔스〕이 이상한 여성 친구들을 데리고 나타났다는 것을 알고 있습니다. 하지만 내가 아는 한 우리 어머니는 그럴 때마다 슬며시 웃곤 했어요. 유머 감각이 뛰어나고 중산층의 위선적인 '예절' 같은 것은 전혀 없는 분이었으니까요."[45]

이런 식으로 꽉 짜인, 경우에 따라서는 긴장이 흐르는 서클에서 『독일 이데올로기』라고 하는 탁월한 작품이 태어났다. 마르크스와 엥겔스가 같이 쓴 이 책은 두 사람 살아생전에는 출판되지 못했다. 출판사를 구하지 못해 원고를 "쥐들이 비판하듯 갉아먹도록" 처박아뒀다는 얘기는 유명하거니와 실제로 독자를 얻은 것은 1932년에 가서였다. 그러나 완성된 원고만으로도 자신들의 사상을 명료화하고자 했던 두 저자의 본래 의도는 충족이 됐다. 그리고 그것은 관념론에서 유물론으로 나아가는 여정에서 또 하나의 거보였다. 동시에 청년 헤겔파의 유산을 청산하고자 하는 의식적인 행동이기도 했다. 마르크스와 엥겔스는 지금까지 종종 그랬듯이 이데올로기상의 라이벌을 두들겨 팸으로써 자신들의 위치를 확고히 했다. 이

---

* 1854~1938. 마르크스주의 이론가, 독일 사회민주당 지도자. 1881년 런던에서 엥겔스를 만난 이후 1895년 엥겔스가 사망할 때까지 절친한 관계를 유지했다.

번에 눈에 들어온 사상가는 철학자 막스 슈티르너였다. 그리고 이번에도 상대에게 퍼붓는 비난의 정도는 그에게 진 빚의 크기에 비례했다.

베를린 청년 헤겔파 서클의 영향력 있는 일원인 슈티르너는 포이어바흐의 헤겔주의 비판을 납득할 수 없었다. 포이어바흐는 관념론 철학—즉 헤겔주의—이 기독교 신학보다 나을 게 별로 없다고 주장했다. 둘 다 인간이 인간 외부에 있는 뭔가를 섬기기를 요구한다는 것이다. 그 뭔가란 헤겔이 말하는 정신일 수도 있고 기독교의 하느님일 수도 있다. 따라서 둘 다 인간의 영적 상태를 빈곤화시키기는 마찬가지라는 얘기였다. 포이어바흐에 따르면 해결책은 인간이 "인간성을 섬기는 것"이었다. 그러나 슈티르너는 포이어바흐의 헤겔 비판이 포이어바흐 자신에게 똑같이 적용될 수 있다고 생각했다. 포이어바흐도 헤겔과 마찬가지로 기독교의 신의 자리를 역시 인간을 노예로 만드는 신적 현현顯現으로 대체한 것에 불과했다. 헤겔의 경우는 그것이 정신이었고, 포이어바흐의 경우는 절대화한 "인간"이었지만 슈티르너의 판단으로는 "인간적 종교란 기독교의 최신판 변형에 불과"했다. 이와는 전혀 다르게 슈티르너의 『유일자唯一者와 그의 소유』(1845년)는 신이나 인간, 정신 또는 국가 등에 헌신함으로써 결과적으로 소외를 야기하는 부작용 같은 것이 전혀 없는 절대적 자아주의를 주창했다. 그것은 지극히 무신론적이고 유아론적唯我論的이며, 절대적으로 무정부주의적인 이념이었다. 여기서 자아주의자는 "자신을 이념의 도구나 신의 그릇으로 보지 않는다. 그는 아무런 소명도 알 바 없으며, 자신이 인류의 발전을 위해 살아간다거나 그 과정에 조금이나마 기여해야 한다고 헛된 상상을 하지도 않는다. 그는 인류가 얼마나 잘 혹은 잘못 될지에 대해서는 아무 관심 없이 그저 제 삶을 살아갈 뿐이다."[46] 마르크스와 엥겔스는 슈티르너가 개인의 반란을 주창한 부분이나 그가 말하는 개인의 몰역사성에 대해서는 아무 관심도 없었다. 반면 포이어바흐의 인간주의 철학을 업데이트판 종교보다 나을 게 없다고 비판한 부분에 대해서는 유물론적 기질이 발끈했다. 슈티르너가 자아의 도덕성에 고착돼 있었다면 두 사람은 그의 개인주의 철학에서 벗어나 대중의 행동의 정치로 나아가고자 했다. 엥겔스는 마르크스에게 보낸 편지에서 다소 긴장된 어조로 이렇게 설명했다. "우리는 에고(자아)에서 출발해야 하네. 경험적인, 살과 뼈를 가진 개인으로부터 말이야. 슈티르너처럼 그 지점에 고착되지 않고 '인간'으로까지 과감하게 나아가려면 말이지. …한마디로 경험론과 유물론에서 출발해야 한다는 얘기야. 우리의 개념들, 특히 우리가 말하는 '인간'이 뭔가 현실적인 것이 되려면 그래. 특수한 것에서 보편적인 것을 연역해내야지, 그 자체로부터 또는 헤겔로부터, 뜬구름 같은 것에서부터 시작해서는 안 되네."[47]

이런 유물론적 야망이 『독일 이데올로기』의 토대였다. 이 저서는 사회 구조—종교, 계급, 정치 체제 등등—를 경제적·기술적 힘의 산물로 보는 마르크스와 엥겔스의 입장을 처음으로 상세히 설명한 것이었다. "관념, 개념, 의식 등의 생산은 일차적으로 물질적 활동 및 인간의 물질적 상호작용과 직접적으로 긴밀히 얽혀 있다. 삶을 결정하는 것이 의식이 아니라 의식을 결정하는 것이 삶이다."[48] 생산의 각 단계, 즉 인류사 초기의 원시 공산주의 사회에서부터 중세 봉건주의를 거쳐 19세기 산업자본주의에 이르기까지 각 단계는 그 사회에서 저마다 다른 "상호작용 형식"을 야기했다. 이런 형식들 가운데 가장 주목할 만한 것이 소유 체계로서 그것은 사회 계급, 정치 형태, 종교, 그리고 심지어 문화 운동에도 깊은 그림자를 드리웠다. 마르크스가 후일 술회하듯이 "사회적 관계는 생산력과 밀접히 연결돼 있다. 새로운 생산력을 획득하는 과정에서 인간은 생산양식을 바꾼다. 그리고 생산양식을, 생계를 영위하는 방식을 바꾸는 과정에서 맷돌이 봉건영주가 군림하는 사회를 만들었다면 증기력을 사용하는 제분소는 산업자본가가 중심이 되는 사회를 만든다."[49]

역사에 대한 유물론적 해석은 각각의 문명은 궁극적으로 그 문명을 꼴 짓는 생산양식의 표현이라는 주장이었다. 정치적·이데올로기적 상부구조는 경제적 토대에 의해 결정되는 것이며, 그 매개과정에 생산관계라고 일컬어지는 소유권 관련 규칙들이 작용한다. 이런 양상은 국가라고 하는 정치적 상부구조에서 여실히 드러났다. 국가는 간단히 말해서 "지배계급의 개인들이 공통의 이해관계를 관철시키고 한 시대의 시민사회 전체를 간명하게 보여주는 형식"이었다.[50] 그러나 특정 발전 단계에서는(예를 들면 17세기 중반 영국 내전청교도 혁명 때 중세적 스타일의 군주 찰스 1세와 도약하는 부르주아지가 충돌한 경우) 물질적 생산력이 기존의 소유관계 및 그에 따르는 정치·사회·이데올로기적 상부구조와 충돌을 빚게 되고, 따라서 혁명의 계기가 무르익는다. 정치 체제가 경제적 토대와 잘 맞지 않을 때 전자는 일련의 고통스런 변혁을 거쳐 후자에 맞게 재조정될 것이다. 그러나 그렇다고 해서 정치적 변화가 갑자기 또는 자동적으로 일어난다는 얘기는 아니었다. 지배 엘리트의 반발이 불가피하다는 점을 고려할 때 진보는 그것을 얻기 위한 싸움, 즉 정치적 조직화, 대중 운동, 실천적인 선동 등을 통해서만 확보할 수 있다. 영연방도 프랑스 공화국도 지배자들이 기꺼운 마음으로 넘겨준 것은 아니었다. "따라서 혁명이 필요한 이유는 지배계급을 다른 식으로는 타도할 수 없기 때문만은 아니다. 지배계급을 타도하는 계급은 혁명을 통해서만 모든 전통의 오물을 제거하고 사회를 새롭게 재구성할 수 있기 때문이다."[51] 이것이 마르크스와 엥겔스의 주장이었다.

『독일 이데올로기』는 그러한 획기적인 변동을 역사적으로 추동하는 힘이 계급투쟁이라는 것을 처음으로 명료하게 밝혀냈다. 산업화가 한창인 1840년대라는 시점에 그런 혁명을 촉발하고 공산주의의 도래를 알리는 것은 새로운 프롤레타리아 계급의 몫이었다. 공산주의는 프롤레타리아의 해방뿐 아니라 인간의 조건 전체에 변화를 약속하는 것이었다. 경쟁과 사적 소유가 공산주의 앞에 무너짐에 따라 인간은 "교환, 생산, 상호관계의 양식에 대한 통제권"을 되찾게 될 것이며, "인간과 그들이 만들어낸 생산물 사이의 소외"는 해소될 것이다. 분업이 개개의 인간을 "배타적인 특정 활동"에 몰아넣는 자본주의 사회와 달리 공산주의 사회는 생산을 규제함으로써 "누구도 한 가지 배타적인 활동 영역에만 국한되지 않고 각자 원하는 어떤 분야에서도 성과를 낼 수 있다. …오늘은 이 일, 내일은 저 일을 하는, 아침에는 사냥하고 오후에는 낚시하고, 저녁에는 소 먹이고, 저녁 먹고 나서는 문학평론을 할 수도 있다. 꼭 사냥꾼이 되고 어부가 되고 목동이나 문학평론가가 되지 않아도 마음 내키는 대로 말이다."[52] 그러나 이런 장밋빛 미래를 실현하려면 어떤 식으로든 누군가 선봉에 서야 했다.

의인동맹, 바이틀링, 프루동

"철학은 지금까지 세계를 다양한 방식으로 해석만 해왔다. 그런데 요는 세계를 **변화**시키는 것이다." 1845년에 쓴 『포이어바흐에 관한 테제』(1888년)에서 마르크스는 이렇게 선언했다. 그와 엥겔스가 '변화'를 만들어내기 위해 찾아낸 수단이 바로 의인동맹義人同盟이었다. 1830년대 파리에서 설립된 의인동맹은 독일계 이주 재단사들이 중심이 된 지하 공산주의 결사체로 그 정치적 연원은 바뵈프의 급진적 평등주의로까지 거슬러 올라 갈 수 있다. 이들은 1839년 루이 오귀스트 블랑키와 협력해 봉기를 일으 켰지만 결국 실패로 끝났고, 블랑키는 투옥되고 의인동맹의 다른 세 지도 자는 망명지를 찾아 영국해협을 건넜다. "1843년 런던에서 그 세 사람 모 두를 알게 됐다"고 엥겔스는 후일 회고했다. 엥겔스가 가장 인상 깊게 본 사람은 카를 샤퍼였다. "체격이 거대하고 결단력이 있으며 정력이 넘치 는, 공을 위해 사를 희생할 준비가 돼 있는" 인물로서 "직업 혁명가의 전 형이었다".[53] 샤퍼는 제화공 하인리히 바우어, 시계공 요제프 몰(엥겔스는 이들을 "진짜 사나이 삼총사"라고 불렀다)과 함께 1840년 런던 소호의 그레이 트 윈드밀 스트리트에서 의인동맹의 전위조직으로 독일노동자교육협회 를 세웠다. 이들은 블랑키주의자들과 계속 유대가 있었기 때문에—음모 와 폭동으로 세상을 뒤엎을 수 있다는 신념을 공유했다는 얘기다—엥겔 스는 1843년까지는 의인동맹에 가입하지 않았다. 그러나 1845년 영국에 여행을 갔을 당시 엥겔스와 마르크스는 의인동맹 회원들과 여러 차례 만 났다. 사회주의자 혹은 "형제격인 민주주의자들"의 국제 조직을 만들려는 시도의 일환이었다. 다시 브뤼셀로 돌아온 두 사람은 이를 위해 독일노동 자협회와 공산주의통합위원회를 설립해 유럽 전역에서 사회주의 선동과 노동자 교육을 강화하고자 했다. 의인동맹은 이 운동의 영국 지부로 운용 할 계획이었다.

정치적으로 공산주의통합위원회의 일차적인 목표는 민주주의 촉진이 었다. "오늘날 민주주의는 공산주의다. 민주주의는 프롤레타리아의 원칙, 대중의 원칙이 되었다"고 엥겔스는 설명했다.[54] 궁극적으로 민주주의는 프롤레타리아의 정치적 지배로, 나아가 공산주의로 귀결된다는 것이다. 사실 투표권을 획득한다면 그 자체로 혁명적인 사건이 될 것이었다. "공산주의나 공산주의자라는 말은 썩 먹히는 상황이 아니었다." 공산주의통합위원회 창설 멤버의 한 명인 슈테판 보른은 이렇게 회고했다. "사실 공산주의에 대해 말하는 사람은 거의 없었다. 그보다 훨씬 많은 사람들의 관심을 끈 것은 프랑스에서 선거법 개정을 위해 벌어지고 있는 운동이었다."[55] 봉건주의를 타파하고 민주국가로 나아가려면 아쉽지만 중산층과의 연대가 필수였다. "귀족을 타도하려면 이해관계의 폭이 넓고 재산도 더 많고 용기도 더 있는 다른 계급의 도움이 필요하다. 그들이 바로 부르주아지다."[56] 1845년부터 1848년 혁명 때까지 마르크스와 엥겔스는 부르주아지의 집권(필요하다면 무력으로라도)과 자유주의적 민주주의를 공산주의에 이르는 중간단계로서 일관되게 지지했다. 하룻밤 사이에 프롤레타리아 독재를 시행할 수는 없었다. 당시는 오랜 정치 참여를 통해 부르주아 민주주의 혁명을 먼저 이뤄야 할 상황이었다. "당은 진보에 도움이 되는 것이라면 무엇이든 지지해야 하며, 도덕적 원칙 운운하는 한가한 소리는 집어치워야 한다." 공산주의통합위원회는 이렇게 선언했다. 거의 스탈린주의를 연상케 할 정도다.[57] 그러나 이런 계급 연합에 대해 부르주아지가 썩 호의적이지는 않았다. 엥겔스는 이미 1847년 마지막 날에 이렇게 경고했다. "그러니 계속 용감히 싸우시라, 자비로우신 자본의 주인들이시여! 우리는 지금으로서는 당신들이 필요하다. 여기저기서 당신들이 지배자로 군림해도 좋다. 우리의 앞길을 위해 당신들이 중세의, 절대왕정의 질곡을 말끔히 걷어내주어야 한다. …그 보상으로 당신들은 잠시나마 지배자 자리를 누릴 수 있을 것이다. …하지만 잊지 마시라. '사형 집행인이 문밖에 대기하고 있다!' 는 사실을."[58]

유럽 공산주의 운동권 인사 모두가 부르주아지와 손잡는 것을 기꺼워한 것은 아니었다. 일시적 연합마저 꺼리는 사람도 많았다. 일부 세력은 즉각 프롤레타리아 혁명에 나서면 인류의 해방은 멀지 않았다며 마르크스와 엥겔스의 전략을 나약한 점진주의로 폄하했다. 그런 부류의 지도자 격인 인물이 떠돌이 재단사 빌헬름 바이틀링이었다. 바이틀링은 1839년 블랑키주의자들의 봉기가 실패하자 프랑스를 탈출해 스위스와 오스트리아로 갔다. 여기서 의인동맹 전초기지를 설립하고 열광적인 평민파 추종 세력을 모았다. 바이틀링의 단순한 정치 노선에는 애덤 스미스나 데이비드 리카도, 제러미 벤담1748~1832. 영국의 철학자, 법학자 같은 얘기는 별로 나오지 않았다. 그의 주장은 바뵈프 스타일의 공산주의와 기독교의 천년왕국설(새 천년이 곧 도래한다는 식의 포퓰리즘)을 열정적으로 버무려놓은 것이었다. 바이틀링은 기독교 급진파인 펠리시테 라므네1782~1854. 프랑스의 가톨릭 사상가, 철학·정치 저술가의 저서를 모델로 전과자 4만 명으로 군대를 구성해 무력으로 공산주의 체제를 수립하자고 촉구했다. 그러면 아담과 이브가 타락하기 이전의, 재화와 동료애와 사회적 조화가 어우러진 공동체가 바로 들어설 수 있다는 얘기였다. 그런 체제를 예고하는 그리스도와 같은 인물이 바로 바이틀링 자신이었다. 마르크스와 엥겔스가 산업자본주의의 얽히고설킨 구조 및 현대적 생산양식과 싸우고 있는 동안 바이틀링은 16세기 독일 뮌스터를 중심으로 일어난 재세례파再洗禮派의 광신적 천년왕국 운동 같은 것을 추진했다. 그는 공산주의를 위한 순교를 강조하면서 청중들에게 프로이센 교도관들에게 고문을 당해 생긴 시커먼 상처를 내보이곤 했다. 열에 들떠 복음주의와 원시 공산주의를 뒤섞은 바이틀링의 주장이 유럽 대륙 전역에서 열혈 추종자들을 끌어 모으자 마르크스와 엥겔스는 격분했다. 게다가 바이틀링은 박해를 당할수록 대단히 순교자적인 인물로 명성이 높아졌다. "그 친구는 이제 영웅에 선지자야. 이 나라 저 나라로 쫓겨 다니면서 그렇게 됐어." 엥겔스는 시니컬하게 지적했다. "지상에서 하늘나라를 실현할 수 있는 처방전을 주머니에 가지고 다니면서 남들이 그걸 빼앗아가려고 호시탐탐 노린다고 착각하고 있지."[59] 유럽 대륙의 사회주의 진영이 바이틀링의 단순하기 짝이 없는 노선에 아연실색한 것은 놀라운 일이 아니었다. 런던 의인동맹의 "진짜 사나이들"은 바이틀링을 대수롭지 않게 여겼지만, 1846년 바이틀링은 브뤼셀에 모습을 나타냈다. 공산주의 통합위원회의 지지를 얻어볼 요량이었다. 이 만남은 치열한 싸움이 될 터였다. 마르크스와 엥겔스는 이데올로기적 경쟁자에 대해서는 가차 없이 짓밟는 스타일이기 때문이었다. "재단사이자 선동가인 바이틀링은 젊고 금발에 미남이었다. 우아하게 마름질한 외투에 얼마 안 되는 턱수염은 기생오라비처럼 다듬었고, 내 예상과 달리 험악하게 씩씩거리는 노동자가 아니라 여기저기 돌아다니는 상인풍이었다." 브뤼셀 만남을 지켜본 러시아인 파벨 아넨코프*는 이렇게 회상했다. 이데올로그들은 "작은 녹색 탁자" 주변에 모였다. 아넨코프의 보고는 이렇게 이어진다. "마르크스는 탁자 한쪽 끝에 앉았다. 손에 연필을 들고 사자 갈기 머리를 메모지 쪽으로 푹 수그리고 있었다. 반면에 마르크스와 떼려야 뗄 수 없는 동업자이자 선전의 동지인 엥겔스는 키가 크고 자세가 반듯했는데 영국 신사처럼 기품 있고 진지한 표정으로 일종의 개회사를 했다. 그는 우선 주장을 널리 알려 여론의 변화를 끌어내는 데 헌신하는 사람들이 반드시 필요하다고 말했다. 이론을 연구할 시간과 기회가 없는 추종자들이 믿고 따를 기치가 될 단일한 가르침을 제공해줄 수 있기 때문이다." 그런데 엥겔스가 이 이야기를 좀 더 자세히 하려는 찰나, 마르크스가 벌떡 일어나 따져 물었다.

---

* 1814~1887. 문학평론가, 역사학자. 마르크스와 편지를 주고받았다.

"말씀해보시오, 바이틀링 선생. 당신은 독일에서 이런저런 설교로 큰 소란을 일으켰습니다. 무슨 근거로 그런 활동을 정당화할 수 있는 거요? 그리고 앞으로 또 무슨 근거로 무슨 짓을 하려는 겁니까?" 추상적인 표현과 성서적 이미지를 즐겨 사용하는 바이틀링이 과학적 엄밀성을 갖춘 답변다운 답변을 내놓지 못하자 마르크스는 탁자를 쾅 치며 소리쳤다. "무식이 무슨 자랑입니까?"[60]

바이틀링을 밟아주는 것만으로는 충분치 않았다. 똘마니들까지 까발려야 했다. 그중 가장 중요한 인물이 헤르만 크리게였다. 크리게는 뉴욕에서 주간지 「폴크스 트리뷴」을 발행해 바이틀링의 주장을 미국 독일계 이민자 사회에 보급했다. "그는 신문을 설립해 의인동맹의 이름으로 몽상적인 사랑을 외치며 감정에 허우적대는 공산주의를 설파했다. '사랑'을 근거로 삼는, 사랑으로 넘쳐나는 공산주의였다." 엥겔스는 이렇게 문제를 제기했다. 그런 이데올로기적 일탈에 직면했을 때는 광범위한 대중의 지지를 얻기 위해 노력하는 것보다 당의 순수성을 유지하는 게 훨씬 중요했다. 브뤼셀의 공산주의통합위원회는 크리게의 정치적 유해 행위에 대한 첫 번째 공식 조치로 창립위원(당시에는 위원이 18명에 불과했다) 한 명을 제명하기로 결정했다. 엥겔스가 서명한 「크리게 반대 회람」은 크리게에 대해 "유치하게 폼이나 잡고" "광적인 감정주의"에 빠져 있으며, 노동자들 사기에 해악을 미쳤고, 도저히 용인할 수 없는 수준으로 공식 공산주의 "노선"에서 일탈했다고 비난했다. 크리게가 저지른 범죄는 바이틀링과 마찬가지로 "세계사적 중요성을 갖는 혁명 운동"은 "고귀한 공동체 정신"이나 "사랑의 종교" 같은 모호한 열정 이상의 것에 토대해야 한다는 점을 도무지 인식하지 못한 것이었다. 마르크스와 엥겔스의 공산주의는 방법론적이고 철저한 사회 해방 과정으로서 프롤레타리아의 역사적 행동에 의존하는 것이었다. 엥겔스는 또 이렇게 선언했다. "그리고 공산주의는 이제 더 이상 상상을 가지고 그럴듯한 이상 사회를 꾸며내는 것이 아니라 프롤레타리아가 주도하는 투쟁의 본질과 조건, 그리고 그에 따르는 일반적 목표를 깊이 꿰뚫어보는 것을 의미한다."[61] 그런 작업은 그저 원한다고 해서 되는 일이 아니었다. 프롤레타리아는 미래를 만들어감에 있어서 자신들이 해야 할 기능을 이해할 필요가 있었다. 따라서 크리게의 과오는 이제 중단돼야 했고, 엥겔스가 "회람을 가지고 공격한 것은 그런대로 효과가 있었다". 그 직후 "크리게는 의인동맹 무대에서 사라졌다."[62] 듣기에도 으스스한 회람 3개조는 이후 150년 동안 좌파 정당에서 흔히 벌어지는 축출, 규탄, 정치적 숙청 등등을 전형적으로 보여주는 예고편이었다. 그리고 그 선봉에는 처음부터 엥겔스가 서 있었다. 이후 수십 년 동안 엥겔스는 마르크스에 대한 애정과 충성을 표하면서 당의 기강을 강화하고 이데올로기적 이단을 쫓아내 진정한 공산주의 신앙을 수호해야 하는 상황이 될 때마다 중세 종교재판 때의 대심문관大審問官 같은 역할을 했다.

바이틀링의 원시적인 공산주의 말고 유럽 대륙 공산주의 운동을 주도하는 마르크스·엥겔스에게 또 하나 위협이 되는 것은 프랑스 철학자 피에르 조제프 프루동을 중심으로 한 "진정眞正" 사회주의 또는 "철학적" 사회주의였다. 처음에 마르크스는—엥겔스도 마찬가지였다—프루동과 그의 1840년 저작 『재산이란 무엇인가?』에 깊은 인상을 받았다. 프루동은 마르크스에게 사적 소유의 불공정성에 대한 해결책은 바이틀링의 주장처럼 어떤 신비적인 "재화財貨 공동체"에 있는 것이 아니라는 사실을 가르쳐줬다. 프루동은 생산적인 노동으로부터 생기지 않는 모든 수입을 폐기하고 재화가 거기 투입된 노동을 기본으로 공정하게 거래되는 공정 교환 시스템을 정립해야 한다고 제안했다. 마르크스는 프루동식 접근을 대단히 높이 평가했고, 1846년 5월 그를 공산주의통합위원회 프랑스 대표로 초빙했다. 엥겔스는 프루동에게 편지를 보내 자신들이 제시한 "계획을 승인해" 달라며 매정하게 "거부하지는 않으시기를" 간절히 희망했다. 그러나 마르크스가 프루동에게 보낸 편지에서 그예 한마디를 덧붙이는 바람에 협조는 물 건너갔다. 문제의 발언은 이랬다. "추신: 이제 파리의 그륀 씨에 대해 싫은 소리를 좀 하지 않을 수 없군요. 그자는 먹물 사기꾼에 불과합니다. 현대 사상을 팔러 다니는 허풍선이 같은 부류지요."[63]

브뤼셀의 선동가들은 불행하게도 선을 넘고 말았다. 프루동은 독일인 망명자인 카를 그륀의 가까운 동지였고, 이른바 진정사회주의 대중화의 기수였다. 따라서 프루동은 마르크스와 엥겔스의 정치적 절대주의가 지나치다고 비판하는 글을 썼다. "우리는 모든 수단을 다해 사회 법칙을 발견하는 일에 협력해야 한다. …하지만 모든 교조주의를 폐기한 마당에 다시 우리 쪽에서 사람들에게 또 다른 종류의 교조를 심어주려고 해서는 안 된다. …새로운 불관용을 주도해서는 안 되며, 새로운 종교의 사도로 자처해서도 안 된다. 그 종교가 아무리 논리의 종교이고 이성의 종교 그 자체라도."[64] 마르크스와 엥겔스는 이런 비판을 귀담아듣지 않았다. 그리고 이후 몇 달 동안 프루동에 대해 악감정을 숨김없이 드러냈다. 프루동 공격은 마르크스의 신랄한 팸플릿 『철학의 빈곤: 프루동의 『빈곤의 철학』에 대한 회답』에서 절정에 달했다. 프루동의 『빈곤의 철학』을 마르크스 특유의 조목조목 따지는 문체로 분석한 이 책은 프루동 철학의 프티부르주아적 성격, 공상적인 노동 교환 계획, 자본주의적 관계들을 종식시키는 과정에서 프롤레타리아가 수행하는 역사적 역할에 대한 인식 부재 등을 혹독하게 비판했다. 마르크스와 엥겔스가 볼 때 가장 심각한 문제는 그륀과 프루동의 "진정사회주의" 개념이었다. 진정사회주의는 노동계급의 역사적 소명을 무시하고 공산주의가 요구하는 극적인 사회적 도약에 대해 제대로 인식하지 못하는 철학이었다. 그들의 접근법은 "부르주아 사회의 존재, 즉 그에 따르면 경제적 조건과 정치적 체제를 기정사실로 놓고 출발했다."[65] 국제 경쟁이 치열해지는 상황에서 프티부르주아적 생활양식을 보전하려는 편협한 시도는 공산주의의 최종 승리에 방해가 되는 것이었다. 그것은 산업화 이전 시대의 협업에 대한 낭만적인 관념과 결부되며 산업화가 가속화되는 과정에서 빈곤으로 추락하는 장인계급의 협애한 이익에 소심하게 부응하는 철학이었다. 바이틀링의 메시아주의적 평등주의가 최소한 공산주의의 역사적 사명은 제대로 인식한 반면 "진정사회주의"는 단순히 약간의 개량에 만족했다. 그러나 마르크스의 철학적 비판이 아무리 설득력 있는 것이었다 하더라도 프루동과 그륀의 동료들은 파리 노동계급 사이에서 탄탄한 입지를 가지고 있었다. 두 사람이 주창한 협동, 공정 가격, 완전고용 같은 정치 강령은 상당한 인기를 누렸다. 따라서 대심문관 엥겔스는 바로 그런 부분과 맞서 싸워야 했다.

여성 편력과 헤스 부인

1840년대의 파리에 대해 슈테판 보른은 "1789년 프랑스 혁명과 1830년 7월 혁명의 여운이 아직도 가시지 않았다"고 썼다. "동시대에 그런 사건이 전혀 없었던 독일과 달리 파리의 노동자들은 이미 지배 부르주아지에 대항하는 저항세력이 돼 있었다."[66] 1846년 8월 엥겔스가 파리로 달려갈 때는 확실한 임무를 띠고 있었다. 노동자들을 의인동맹으로 끌어들여 프롤레타리아들이 그륀의 "진정사회주의자들"이나 바이틀링의 "재단사 공산주의자들" 수중에 넘어가지 않게 하려는 것이었다.

프랑스의 거대도시는 발자크의 라스티냐크가 묘사한 대로 유혹적이면서도 위험했다. 산업화되는 맨체스터와 마찬가지로 파리도 점점 계급적으로 분리된 도시로 변해갔다. 역사적으로 파리는 항상 다양한 사회계급이 다닥다닥 붙어사는 것으로 유명했다. 한 미국인 방문객의 표현에 따르면 "왕궁 맞은편에 마구간이 있고, 성당 바로 옆에 닭장이 있었다". 그러나 이제는 부자들이 가난뱅이들과 담을 쌓기 시작했다. 위험한 인간쓰레기들이 사는 동네와 거리를 둔 것이다. 그중에서도 가장 악명 높은 것이 끔찍할 정도로 인구밀도가 높은 센 강 한가운데의 시테 섬이었다. "컴컴하고 꼬불꼬불한 좁은 골목이 미로처럼 최고재판소에서 노트르담까지 뻗어 있다." 외젠 수의 소설 『파리의 미스터리』(1842년)는 서두를 이렇게 시작한다.[67] 파리의 서쪽 구역은 부와 특권을 누리는 계층의 보금자리인 반면 지저분한 중앙부와 동쪽 지구는 점차 불만이 커져가는 위험한 계급들이 주로 거주했다. 당대의 소설가들은 프랑스의 수도를 섬뜩하고 쇠잔해가는 노파로 즐겨 묘사하곤 했다. 혁명의 영웅시대는 갈수록 질병과 매춘과 범죄로 얼룩진 끔찍한 현실과 천박한 상인 부르주아 문화로 빛이 바랬다. 정치경제학자 빅토르 콩시데랑은 1848년의 파리를 이렇게 묘사했다. "썩어가는 거대한 공장에는 빈곤과 전염병 …그리고 각종 질병이 한데 어우러져 햇빛조차 거의 들지 않는다. 그 악취 나는 소굴에서는 식물도 시들어죽고, 유아 일곱 가운데 넷은 일 년을 못 넘기고 죽는다."[68]

이민자 사회의 숙련 노동자들은 룸펜프롤레타리아 수준을 간신히 면하고 근근이 살아갔다. 엥겔스가 관심을 쏟은 대상은 바로 이들이었다. 프랑스의 산업혁명은 시기적으로 늦게 왔다. 그러나 1840년대 들어 경제가 다시 좋아지기 시작했다. 군수 부문 팽창, 철도 건설 증대와 함께 면직,

실크, 광업 부문이 발달하면서 산업생산과 외국 수출이 급증했다. 그러나 파리의 가내 수공업식 작업장은 여전히 공장식 생산 라인에 맞서 버티고 있었다. 패션 중심 시장에 물건을 파는 소규모 작업장의 숙련 노동자들은 파리 고용 시장의 상당 부분을 점하고 있었다. 1848년 파리의 노동자 수는 35만 명이었는데 그중 3분의 1은 직물 분야에 종사했고, 나머지의 상당수는 건설과 가구 제조, 보석 가공, 야금 및 각종 서비스업에 종사했다. 노동력의 상당 부분은 독일인이었다. 엥겔스가 독일인 노동자는 "어디에나" 있다고 할 정도였다. 1840년대 말 파리의 독일인 노동자는 약 6만이었다. 이처럼 세가 컸기 때문에 파리 일부 지역에서는 프랑스어는 한 마디도 들을 수 없을 정도였다.[69]

이런 상황에서 정치적 세력 확보 경쟁이 치열했다. 지금까지 보아온 것처럼 프랑스는 오랜 기간 사회주의 사상의 중심지였고, 푸리에와 생시몽이 활동하던 초기 이후에도 1840년대 들어 "사회 문제"―빈곤, 실업, 산업화 과정에서 야기된 거주지의 계급적 분화 등등―를 타고 급진파 정치 세력이 다시 등장했다. 프루동 쪽에 가담한 인물은 루이 블랑, 에티엔 카베, 피에르 레루, 조르주 상드 등으로 오언식 협동조합론에서부터 순수 공산주의까지 색깔은 다양했지만 하나같이 새로운 사회에 대한 비전을 제시했다. 이들의 주장은 착취와 빈곤에 시달리는 독일인 이민 공동체 사이에서 상당한 인기를 끌었다. 1843년에는 프로이센 정부가 추방당한 독일인들이 야기할 수 있는 위험을 조사하고 나설 정도였다. 1845년 마르크스가 프랑스에서 추방당한 것도 그런 맥락에서였다. 프랑스 왕 루이필리프가 "파리에서 독일인 철학자들을 완전히 일소해야 한다!"고 선언한 것도 체제 전복적인 팸플릿들이 수도를 감염시키는 데 대한 이유 있는 반응이었다.

엥겔스가 이런 정치적 시장에 뛰어들었을 때 가진 것이라곤 자신감밖에 없었다(그리고 아버지가 마지못해 다시 주기 시작한 용돈이 있었다). 그는 파리 노동계급으로부터 그륀과 바이틀링류의 일탈적인 사회주의 분파를 제거하려고 열심히 노력했다. 그의 목표는 이른바 슈트라우빙어(독일계 장인 및 숙련공)로 이들은 "진정사회주의" 성향이면서 생탕투안 제조업 지구에 주로 거주했다. 엥겔스가 슈트라우빙어들이 매주 여는 정치모임에 들어간 전술은 조직론을 배우는 사람에게는 교과서라고 할 만한 것이었다. 위협도 하고 이간질을 시키기도 하고 매도도 하고 이데올로기적 협박도 하면서 대중을 원하는 쪽으로 잘 끌어갔기 때문이다. "급히 몰아치고 공포 분위기도 조장하면서 절대다수를 내 편으로 끌어들이는 성공을 거뒀다네." 엥겔스는 자신의 활약상을 마르크스에게 의기양양하게 설명했다. "행동을 시작했지. 늙다리 아이저만[의인동맹 회원이었다]을 협박했더니 더 이상 모임에 나타나지 않더군." 엥겔스의 유일한 걱정거리는 슈트라우빙어들의 이데올로기적 이해 수준이 아주 초보적이라는 것이었다. "동지들은 무식 그 자체야." 문제는 이들의 생활형편이 비교적 괜찮다는 것이 계급의식 발전에는 장애가 된다는 것이었다. "그들 사이에는 경쟁이란 게 없고, 임금은 여전히 비참한 수준이지. 주인과 다툰다고 해야 임금 문제를 제기하는 것이 아니라 '장인의 자존심' 운운하는 수준이야." 엥겔스로서는 그들이 훨씬 더 가난하고 절망적이어야 공작을 하기에 이상적인 조건이었을 것이다.

그 다음 모임에서 엥겔스는 근시안적인 만족에 사로잡혀 있는 노동자들에게 공산주의의 진정한 의미를 확실히 설명하기로 결심했다. 이때부터 엥겔스는 마르크스주의 사상 대중화의 기수로 맹활약하기 시작했다. 그가 설명한 공산주의의 목표는 명쾌했다.

1. 부르주아지의 이해관계와 상반되는 프롤레타리아의 이익이 널리 관철되도록 한다.
2. 이러한 목표는 사적 소유를 폐기함으로써 달성한다.
3. 이러한 목표를 달성함에 있어 무력에 의한 민주주의 혁명 이외의 수단은 인정하지 않는다.

이어 이런 목표에 대한 찬반투표를 요구했다. 슈트라우빙어들이 열성적인 공산주의자인지 아니면 한갓 공상적인 논쟁만 하는 사교모임인지를 빨리 판가름 짓기 위해서였다. 후자라면 거기에 더 낭비할 시간은 없었다. "처음에는 거의 모든 파벌이 나를 반대했는데 끝에 가서는 아이저만과 그 밖의 그륀파 세 명만 반대파로 남았다." 엥겔스의 설명이다. 그는 그륀의 반프롤레타리아적이고 프티부르주아적인 정서와 그 제자들을 강력한 어조로 규탄했다. 그 결과 모임은 결국 공산주의에 대한 엥겔스의 정의를 13 대 2라는 절대다수의 찬성으로 수용했다. 이런 사정을 보면 엥겔스의 논쟁 기술이 어떠했는지, 그리고 그런 모임이 얼마나 긴밀한 유대를 가진 것이었는지를 어느 정도 알 수 있다.[70]

엘버펠트와 마찬가지로 파리에서도 사법당국은 엥겔스의 활동을 예의 주시했다. 파리시 경찰국도 관심을 갖고 있었다. 파리시경은 생탕투안 지구에서 소요가 빈번해지자 이를 빌미로 체제 전복 세력인 슈트라우빙어 세포 진압에 나섰다. 그륀의 추종자들은 엥겔스를 선동자라고 밀고했다. 곧 엥겔스가 파리 어디를 가든 스파이와 경찰 끄나풀들이 따라붙었다. 밤마다 토론을 하고 표결을 하는 등의 일에 지쳤을 엥겔스는 경찰의 위협이 다가오자 그것을 빌미로 오히려 저녁에 사회주의 연구를 하는 대신 파리의 쾌락 속으로 뛰어들었다. "지난 2주 동안 내 뒤를 따라다니던 자들이 정말 밀고자라면(일부는 틀림없어) 파리시경은 몽테스키외, 발렌티노, 프라도 같은 무도회 입장권을 꽤나 뿌려댔을 거야." 엥겔스는 마르크스에게 이렇게 말했다. "델레세르 선생〔파리시 경찰국장〕 덕분에 프랑스 젊은 여자들과 달콤한 만남을 좀 가졌지. 재미도 많이 봤고. 낮이고 밤이고 허투루 보내지는 않았어. 이번이 파리에서 놀 수 있는 마지막 기회일지 모르니까."[71]

20대 중반에 접어든 엥겔스는 연애라면 달인이었다. 야리야리한 피부에 잘생긴 얼굴, 분방한 태도 덕분에 여자들이 줄줄 따랐다. 엥겔스는 맨체스터의 투박한 메리 번즈 품을 떠나자마자 마르크스에게 보낸 편지에서 "애정 문제"가 좀 있어서 "정리를 해야겠다"고 했다.[72] 1845년 1월에는 그 문제가 "끔찍한 결말에" 이르렀다고도 했다. "구체적인 내용은 따분해할 테니 말하지 않을게. 더 어떻게 할 수가 없어. 그래서 이제 완전히 끝을 냈어."[73] 브뤼셀에서 여름을 보내면서 엥겔스는 다시 "아내" 메리 번즈와 합쳤다. 그러나 순진한 슈테판 보른은 엥겔스가 파리에서 가을을 보내면서 걸핏하면 주야장천으로 술 퍼마시고 "팔레르와알 극장의 저속한 쇼"를 즐기는 것을 보고 아연실색했다.[74] 엥겔스에게는 애인들이 줄을 섰고("거친 매너"가 오히려 "여자들한테는 잘 통했던" 것 같다), 저녁이면 이상한 화가 집단과 술을 펐다. 또 그가 속한 계층이나 그 시대의 많은 사람들이 그런 것처럼 돈을 주고 성을 사는 데 아무 거리낌이 없었다. 그런 엥겔스가 일 년 뒤에는 매춘을 "가장 확실한 착취", 즉 "부르주아지가 프롤레타리아의 육체를 직접적으로 공격하는 형태의 착취"라고 비난한다. 그러나 당시로서는 그런 문제의식은 전혀 없었다.[75] "정말 그 지루한 브뤼셀을 벗어나서 여기 파리로 한번 와봐. 자네랑 술 퍼마시고 몰려다니면 정말 재미날 텐데 말이야." 엥겔스는 가장인 마르크스를 이렇게 유혹하기도 했다. "5000프랑만 있으면 (혁명 관련—역자) 일만 하면서 완전히 망가질 때까지 여자들이랑 재미나 보겠는데. 프랑스 여자가 없다면 인생은 살 가치가 없을 거야. 하지만 프랑스 여성 노동자들이 있는 한은 정말 죽이는 거지!"[76] 여자관계에서도 개인적인 것과 이데올로기적인 것이 잘 어우러졌다는 것이 엥겔스로서는 더할 나위 없는 행복이었다. 그는 성적 욕망이 강하고, 여자 사귀는 걸 좋아했으며, 결혼과 일부일처제라고 하는 부르주아 도덕을 천성적으로 혐오했다. 시간이 가면서 그런 성향은 결국 사회주의 페미니즘이라고 하는 일관된 이론으로 발전하게 된다. 그러나 20대 중반의 엥겔스는 그저 파리의 나이트라이프라면 사족을 못 쓰는 청년이었다.

엥겔스의 여성편력에는 좀 더 어두운 측면이 있었다. 마르크스와의 우정이 시작된 이후 모제스 헤스에 대한 엥겔스의 태도는 썰렁해졌다. 엥겔스는 점차 "공산주의자 랍비"를 폄훼하는 쪽으로 갔다. 헤스는 엥겔스를 사회주의에 입문시킨 인물이지만 이데올로기적으로는 입장이 확고하지 않았고, 점차 그륀의 "진정사회주의"에 동조했다. 그러자 그러지 않아도 의구심을 갖고 있던 엥겔스로서는 '이건 아니다' 싶었다. 마르크스와 엥겔스는 못된 동네 골목대장이 죄 없는 애들을 못살게 굴듯이 헤스 부인 문제를 거론함으로써 정치적 사안을 개인적인 문제로 비화시켰다. 쾰른 경찰 보고에 따르면 지뷜레 헤스는 창녀 출신으로 재봉사가 된 여자였다. 그녀를 시궁창에서 구해준 사람이 헤스였다. 애정 때문이기도 하지만 정치적 신념에 따른 행동이기도 했다. 이사야 벌린에 따르면 "그는 인간들 간에 사랑과 평등이 필요하다는 것을 보여주는 행동을 하고자 했다." 그런데 정작 지뷜레는 한눈을 팔고 있었던 것 같다.[77]

1846년 7월 엥겔스는 헤스를 돕는 차원에서 브뤼셀로 가 여권이 없는 헤스 부인을 프랑스로 몰래 데려왔다. 파리에 도착하자마자 마르크스에게 보낸 일련의 편지에서 엥겔스는 그녀의 이름을 언급했다. 편지들에는 이런저런 여자에 대한 천박한 표현이 적지 않다. "헤스 부인은 남편감을 찾고 있어. 헤스는 전혀 개의치 않지. 적당한 사람이 있을지 생탕투안에 있는 그셀 부인에게 알아봐주게. 뭐 서두를 건 없어. 경쟁이 치열하진 않을 테니까." 그해 9월 엥겔스는 사실상 남편 노릇을 했던 것으로 보인다. 그 직후 마르크스에게 보낸 편지에서 엥겔스는 "죽인다 살린다 난리를 치는" 헤스 부인을 "생탕투안 저 끝으로" 돌려보냈다고 말했다. 오쟁이 진 헤스가 이런 사정을 모르고 오히려 자기와 우정을 회복하려고 애썼다는 것이 엥겔스에게는 그야말로 깨소금 맛이었다. 1847년 1월 헤스가 마침내 파리에 나타나자 엥겔스는 삐기는 투로 마르크스에게 이렇게 말했다. "그 친구, 쌀쌀맞게 비웃어줬으니까 다시 돌아올 마음은 없을 거야. 독일에서 임질에 걸려 왔기에 그래도 치료에 이러저러한 것이 좋다고 충고는 해줬지." 엥겔스가 아내를 유혹했다는 사실을 헤스가 알았을 때 두 사람의 우정이 완전히 끝난 것은 놀라운 일이 아니었다. 헤스는 브뤼셀로 돌아가 한때 제자였던 엥겔스를 개 취급하기 시작했다. 반면 엥겔스는 태연자약했다. "모제스가 브뤼셀 사람들 모두가 보는 앞에서 권총을 휘두르고 질투의 뿔을 세우며 날뛴다면 …정말 볼 만하겠군." 엥겔스는 마르크스에게 보낸 편지에서 이렇게 여유를 부렸다. 그러나 엥겔스로서도 신경이 곤두서지 않을 수 없는 것은 "강간이라는, 새빨간 거짓말"이었다. 엥겔스는 친구인 마르크스에게 헤스의 그런 주장은 그야말로 난센스라고 단언했다. "그 친구한테 자초지종을 자세히 얘기해주면 놀라 자빠질 걸. 지난 7월 여기 파리에서 예언자 흉내 내는 그자의 부인이라는 년이 나한테 정식으로 사랑고백을 했어. 물론 안 될 거라는 체념 같은 것도 있었겠지. 그러고는 부부 사이 밤일이 어떤지 지극히 은밀한 비밀까지 털어놓더군! 그 여자가 나한테 화가 난 이유는 저는 좋다는데 받아주지를 않아서야." 이어 엥겔스는 막 가는 표현을 써가며 떠들었다. "뿔 난 지크프리트모제스 헤스에게 …과거, 현재, 미래의 내 애인들한테 마음대로 똑같이 복수해보라 그래." 그러면서 애인들 이름을 줄줄이 나열까지 했다. 그러나 명예가 걸린 문제를 가지고 더 시끄럽게 하면 "정정당당하게 본때를 보여주겠다"고 했다. 브레멘에서 부잣집 자제들과 어울릴 때 여러 차례 결투를 해본 경험을 믿고 하는 소리였을 것이다.[78]

정말 엥겔스가 헤스 부인을 강간했을까? 일부러 "거친 매너"를 과시했던 엥겔스는 파리 체류 기간에 성적 포식자라고 할 만한 인물이었음은 분명하다. 그러나 완력까지 써가면서 그랬을 것 같지는 않다. 두 사람이 연애를 하다가—엥겔스로서는 모제스 헤스에게 수치심을 안겨주려는 욕심도 작용했을 것이다—나중에 관계가 나빠졌을 것이라는 게 가장 개연성 있는 추론이다. 그러나 1898년 엘레아노어 마르크스가 카를 카우츠키에게 보낸 편지에는 흥미로운 구절이 나온다. 마르크스 가족은 서로 못할 말이 없을 만큼 개방적인데 이상하게도 파리에서 엥겔스와 관련됐던 일에 대해서는 언급을 꺼렸다는 것이다. "그 일에 관계된 여자는 나도 분명히 아는 사람이었어요. 그리고 내가 들은 바로는 뭔가 볼썽사나운 일이 있었던 것 같아요. 하지만 확실한 진상이 뭔지는—그냥 말 안 하고 덮어둬야 할 사건이라는 것 말고는—모르겠어요." 그러면서도 엘레아노어는 "바보 같은 청년의 말도 안 되는 짓거리"라고 분명히 못을 박았다.[79]

『공산당 선언』의 탄생

인상적인 것은 엥겔스가 그렇게 여자 꽁무니를 쫓아다니면서도 정치적으로는 상당한 성과를 이뤄냈다는 점이다. 1847년 6월 의인동맹은 런던에서 집회를 열었다. 마르크스와 엥겔스는 신입 회원으로 초대를 받았다. 집회의 목적은 샤퍼와 바우어, 몰이 브뤼셀의 공산주의통합위원회에 참여함으로써 구식 비밀결사 스타일을 지양하고 좀 더 공개적인 정치 활동에 나서자는 것이었다. 마르크스는 경제 사정이 다시 나빠졌기 때문에 브뤼셀 지부 대표는 독일인 교사이자 공산주의자인 빌헬름 볼프*가 맡았다. 한편 엥겔스는 파리 지부 모임에서 대표로 선출되기 위해 사상 · 조직 투쟁에 여념이 없었다. "엥겔스는 그렇게 되기를 바랐지만 내가 보기에 그를 대표로 올리기는 대단히 어려웠다." 슈테판 보른의 회고다. "그에 대한 반대가 만만치 않았다. 나는 간신히 그를 대표로 선출시켰다. 하지만 대표 지명에 '찬성하는 사람은 손을 들라'가 아니라 '반대하는 사람은 손을 들라'는 식으로 회의를 진행했다. 물론 편법이었다. 지금 생각해도 혐오스러운 술책이었다. 같이 집에 가는 길에 엥겔스는 내게 '잘했어'라고 했다."[80]

의인동맹 런던 집회는 공산당 발전사에서 결정적인 계기였다. 대표들은 의인동맹을 공산주의자동맹으로 개명하고 "모든 인간은 형제다"라는 모토도 훨씬 화끈하게 "만국의 노동자여, 단결하라!"로 바꿨다. 엥겔스에게는 공산주의자동맹의 정치 · 경제적 입장을 최대한 그럴듯하게 소개하

---

* 1809~1864. 교사 출신으로 1846년 브뤼셀에서 마르크스 · 엥겔스를 만난 이후 평생 절친한 동지로 지냈다. 죽으면서 재산의 상당 부분을 마르크스에게 남겼고, 마르크스는 『자본론』 제1권을 그에게 헌정했다.

는 "혁명의 교리문답" 작성 책임이 맡겨졌다. 그 결과가 「공산주의 신앙고백 초안」으로 제목에서부터 초기 공산주의 운동의 특징인 종교적 열정과 개인적 헌신이 흠뻑 묻어났다.

문 1: 당신은 공산주의자입니까?

답: 네.

문 2: 공산주의자들의 목표는 무엇입니까?

답: 모든 사회 구성원이 자신의 능력과 소양을 완전히 자유롭게 발현하고 활용하면서도 사회의 기본 조건을 해치지 않는 사회를 조직하는 것입니다.

문 3: 그런 목표를 어떻게 달성하려고 합니까?

답: 사적 소유를 철폐하고 소유 공동체로 대체함으로써입니다.[81]

22개조에 달하는 신앙고백 초안은 마르크스와 엥겔스가 혐오한 "진정" 사회주의 혹은 공상적 사회주의의 요소를 많이 가미한 타협적인 성격의 문건이었다. 특히 "모든 개인은 행복을 위해 애쓴다. 개인의 행복은 만인의 행복과 분리할 수 없다" 같은 싱거운 구절도 들어가 있다.[82] 그러나 이 신앙고백은 나중에 『공산당 선언』에서 완성되는 내용들을 초보적이나마 아주 대중적인 필치로 담은 것이기도 하다. 프롤레타리아의 등장과 사회주의 혁명을 선도하는 프롤레타리아의 역사적 기능이 교리문답의 핵심을 이뤘다. 엥겔스가 쓴 이 문건은 마르크스와 함께 지난 5년 동안 발전시킨 역사와 사회에 대한 유물론적 해석으로 가득했다. 정치혁명은 소유관계와 생산양식의 분리에 의존한다고 문건은 선언했다. 반란에 성공할 가능성은 정치·사회적 상부구조가 경제적 토대와 일치하느냐 그렇지 않으냐에 달려 있다는 얘기였다. 그러나 양자의 의존관계를 중시한다고 해서 공산주의자들이 바람직한 상태를 실현하기 위해 투쟁하는 행위를 배제하는 것은 아니었다. "결국 억압받는 프롤레타리아가 이렇게 해서 혁명으로 내몰리게 되면, 우리는 말만이 아니라 행동으로 프롤레타리아의 대의大義를 수호할 것이다." "프롤레타리아의 정치적 해방"으로 가는 첫 걸음은 "민주 정치 체제"의 확보였다. 그 이후에야 사적 소유의 제한이나 국가에 의한 보편 무상 교육 실시, 그리고 결혼 제도에 대한 모종의 개혁까지 가능하다는 것이었다.[83]

대회를 마치고 나서 엥겔스는 여기저기를 오가면서 조직 강화에 몰두했다. 마르크스는 곳곳에서 여행 금지령이 내려진 상태여서 그럴 수가 없는 형편이었다. 엥겔스는 우선 런던에서 브뤼셀로 가 공산주의자 조직을 탈취하려는 독일계 라이벌 분파들에 맞서 마르크스주의의 입장을 옹호하고, 그 다음에 다시 파리로 가 「공산주의 신앙고백 초안」을 현지 공산주의자동맹 지회들에게 설파했다. "선전 조직을 꾸리면서 동시에 여기저기 연설하러 다니느라 정신이 없네." 엥겔스는 파리에서 마르크스에게 편지를 보내 활동 상황을 알렸다. "난 바로 공산주의자동맹 (중앙—역자) 위원회 위원으로 선출돼 연락 책임을 맡았다네." 위원회가 「공산주의 신앙고백 초안」을 공식 강령으로 채택하도록 하기 위해 엥겔스는 당시 비슷한 문건을 만들어 홍보하고 다니던 모제스 헤스를 따돌리는 작전을 썼다. 여기서 엥겔스는 다시금 "모제스에게 악마 같은 술책을" 쓰는 정치적 수완을 발휘했다. "지난 금요일, 위원회에서 이 문건〔헤스의 강령 버전〕을 조목조목 따지고 들었네. 반도 안 짚었는데 그 친구들은 **충분**하다고 하더군. 아무런 반대 없이 새 초안 작성 작업을 내게 위임했어. 그걸 가지고 다음 주 금요일에 위원회에서 토론을 한 뒤 몰래 런던으로 보낼 거야. 당연히 아무도 알면 안 되지. 그러면 우리 모두 낙마해서 엄청난 소동이 벌어질 테니까 말이야."[84]

1847년 10월 엥겔스가 작성한 두 번째 교리문답 초안은 그해 11월로 예정된 공산주의자동맹 2차 대회에 부칠 것으로 제목은 「공산주의의 원리」였다. 내용은 상당 부분 「공산주의 신앙고백 초안」과 비슷하지만 유물론을 강조하고 공상적 사회주의를 약화시킨 것이 특징이었다. 또한 프롤레타리아 혁명을 좀 더 공개적으로 요구하면서 자본주의의 전지구적 성격과 노동자 연대를 새롭게 강조했다. 엥겔스는 이렇게 설명했다. "따라서 이제 영국이나 프랑스에서 노동자들이 자신을 해방시키면 그 결과는 다른 모든 나라에서 혁명으로 이어질 것이다. 그렇게 되면 그런 나라의 노동자 해방도 조만간 이루어질 것이다." 그러나 그날까지는 자본주의가 전지구적 차원으로 확산되는 과정을 용인해야만 했다. "현대 사회의 그 모든 비참함과 그 모든 경제 위기를 낳은 대규모 산업이라고 하는 제도야말로 사회 조직이 달라질 때 바로 그 비참함과 재앙적인 경기 변동을 끝장낼 요소이다." 『독일 이데올로기』에서 엥겔스는 사회 질서가 "더 이상 기존 조건에 상응하지 않을" 때 혁명이 야기된다고 주장했다. 「공산주의의 원리」에서는 여전히 사적 소유 폐기와 민주주의 정치 체제 도입을 주장하면서도 한 걸음 나아가 사회주의로의 이행 단계들을 좀 더 확장시켰다. 그중 하나가 푸리에와 오언의 전통을 연상시키는 내용으로 "국유지에 대형 건물을 세워 농업과 산업에 종사하는 시민들의 공동체를 위한 거주지로 제공하는 것이었다. 이렇게 해서 도시적 삶과 농촌식 삶의 장점을 결합하고 어느 한쪽에 치우치거나 어느 한쪽의 나쁜 점이 강조되지 않도록" 하자는 것이었다. 엥겔스는 또 이제 다가올 공산주의 체제에서는 남녀 양성의 관계도 변혁될 것이라고 예견했다. "공산주의 질서는 사적 소유를 폐기하고 아이들을 공동체적으로 교육함으로써 지금까지 존재했던 결혼 제도의 두 가지 토대—사적 소유를 통해 아내는 남편에게 의존하고 자녀들은 부모에게 의존하게 되는 구조—를 완전히 허물어버릴 것이기 때문"이었다.[85]

「공산주의의 원리」는 1914년에 가서야 출판이 되지만『공산당 선언』의 기초가 됐다. "이번 대회는 그야말로 결정적일 거야." 엥겔스는 대회 참석 차 마르크스와 함께 런던으로 가기 직전에 이렇게 당부했다. "「공산주의 신앙고백 초안」에 대해 생각 좀 더 해줘. 내 생각엔 우리가 최대한 노력을 해서 교리문답 형식을 버리고 그냥 '공산당 선언'이라고 해야 할 것 같 아." 1847년 11월 독일노동자교육협회 본부(지금의 런던 그레이트 윈드밀 스 트리트 레드 라이언Led Lion 레스토랑 위층에 있었다)에서 꼬박 열흘간 계속된 2차 대회에서 「공산주의의 원리」는 강력한 비판에 직면했다. 그러나 마르 크스가 대회 주도권을 잡았다. "그의 연설은 간결하고 설득력이 있으며 논리는 탄탄했다"고 엥겔스는 회고했다. "그는 쓸 데 없는 말은 한 마디도 하지 않았다. 문장 하나에는 한 가지 생각만 담았으며, 생각 하나하나는 유창한 논증을 구성하는 본질적 요소로 작용했다."[86] 결국 끝에 가서는 "모든 모순과 의심이 마침내 제거되었고, 새로운 기본 원리가 만장일치로 채택됐다. 그리고 마르크스와 나는 공산당 선언을 기초하라는 위임을 받 았다. 공산당 선언은 그 직후에 완성됐다."[87]

「공산주의 신앙고백 초안」과 「공산주의의 원리」는 문장이 거칠고 왕왕 무색무취했지만 이 둘을 토대로『공산당 선언』의 물 흐르는 듯한 산문이 태어났다. 에릭 홉스봄은 "이상주의적 확신과 도덕적 열정, 예리하기 이 를 데 없는 분석, 그리고—특히—음울한 문학적 웅변이 완벽하게 결합 돼 마침내 19세기에 가장 유명하고, 가장 널리 번역된 팸플릿이 탄생했

『공산당 선언』 초판 표지.

다"고 극찬했다. 마르크스와 엥겔스는 런던에서 『공산당 선언』 작성 작업을 함께 시작해 브뤼셀에서까지 계속했다. 그러나 최종 탈고를 한 사람은 마르크스였고, 위원회 합의 과정이 없었다는 것이 오히려 다행이었다. 두 사람이 최대한 개성을 발휘할 수 있어서 오히려 『공산당 선언』의 가독성을 높이는 결과가 됐기 때문이다. 서사시적인 첫 문장("지금 한 유령이 유럽을 떠돌고 있다. 공산주의라는 이름의 유령이")에서부터 인간의 열정에 호소하는 마지막 문장("프롤레타리아가 잃을 것은 쇠사슬밖에 없고, 얻을 것은 새 세상이다. 만국의 노동자여, 단결하라!")까지 『공산당 선언』은 영웅적인 필치로 써내려간 논쟁적인 글이다. 모임과 초안 방향 설정 회의 등등 힘겨운 지적 기초 작업은 대부분 엥겔스가 맡아서 했다. 독일 사회주의 지도자 빌헬름 리프크네히트의 다음과 같은 지적은 백번 맞는 말이다. "이 사람이 기여한 건 무엇이고 저 사람이 기여한 건 무엇인가? 이런 질문은 무의미한 얘기다. 그것은 하나의 형틀에서 나온 것이며, 마르크스와 엥겔스는 하나의 정신이었다. 『공산당 선언』에서 서로 뗄 수 없이 한 몸이 된 것과 같이 두 사람은 죽을 때까지 모든 작업과 계획을 함께했다."[88]

『공산당 선언』이 프롤레타리아의 등장에 관해 엥겔스가 예전에 밝혀놓은 부분에 많이 빚지고 있음은 명백하다. 그는 이렇게 말했다. "노동자 계급은 일을 찾을 수 있어야만 생존할 수 있으며, 일을 찾으려면 그들의 노동이 반드시 자본을 증식시키는 것이어야 한다." 이런 사회경제적 설명은 공산주의로 이행하는 과정에서 산업혁명이 하는 역할을 깊이 인식한 것으로 『영국 노동계급의 상태』에서 바로 도출되는 결론이라고 할 수 있다. 영국 프롤레타리아 특유의 역사가 『공산당 선언』에 와서 갑자기 노동계급 발전의 보편적인 원형이 된 것이다.[89] 『공산당 선언』은 엥겔스가 이미 개괄적으로 제시했던 여러 개념을 다시 풀이하고 강조했다. "출생에 따라 신분이 결정되는 봉건시대의 굴레를 무자비하게 뜯어내버림으로써 인간과 인간 사이에 벌거벗은 이기심과 감정 없는 '현금 지불'이라는 관계만이 남게 된" 부르주아 사회의 도덕적 본질을 저주했고, "현대 국가의 행정부는 부르주아지 전체의 공동 관심사를 조정하는 위원회에 불과하다"고 지적함으로써 부르주아 정부의 계급 편향을 폭로했다. 특히 부르주아지가 "자신의 무덤을 파는 자들"을 양산하게 되는 치명적인 아이러니를 지적하기도 했다. 그러면서 공산주의의 핵심 요구는 "사적 소유의 폐기라고 하는 한 구절로 요약"할 수 있다고 재삼 강조했다.

마르크스는 농업·산업 공동체 계획이나 결혼 제도의 종언 같은 엥겔스의 평소 지론 일부(공산주의 비판자들에게는 좋은 공격 대상이다)는 일부러 뺐다. 대신 엥겔스라면 도저히 해낼 수 없을 수사학적 도약을 펼쳐보였다.

부르주아지는 인간의 활동이 어디까지 성취할 수 있는지를 역사상 처음으로 보여주었다. 그들은 이집트의 피라미드, 로마의 수로水路, 고딕 성당과는 전혀 다른 기적을 이룩했다. 그들은 그 이전에 모든 민족이 감행했던 대이동이나 십자군 전쟁과는 전혀 다른 원정遠征을 달성해냈다.
부르주아지는 생산수단과 생산관계, 그리고 사회적 관계 전체를 지속적으로 혁신하지 않고는 존재할 수 없다. …모든 낡고 녹슨 관계들은 그에 수반되는 고색창연한 관념 및 생각들과 더불어 해소되고, 새로 형성된 모든 관계도 화석처럼 고착되기 전에 벌써 낡은 것이 되어버리고 만다. 모든 신분적이고 지속적인 것은 증발해버리고, 모든 신성한 것은 모독당하며, 인간은 마침내 삶의 현실과 서로에 대한 관계를 냉정한 눈으로 바라보지 않을 수 없게 된다.[90]

이런 극단적인 예언에도 불구하고『공산당 선언』은 1848년 2월 독일노동자교육협회 런던 사무국에서 출간된 이후 "침묵의 음모"에 밀려 묻히고 말았다. 공산주의자동맹 회원 몇 백 명은 아마도 이 소책자를 읽었을 것이고, 영어 번역판도 1850년 하니가 운영하는 차티스트 운동 계열 신문「붉은 공화파」에 연재됐다. 그러나 책은 많이 팔리지도 않았고, 이렇다 할 영향을 미치지도 못했다. 그 이유는 다른 무엇보다도 현실 역사가『공산당 선언』을 앞서가고 있었기 때문이다. 마르크스가 말한 부르주아지는 이미 그토록 많은 일을 성취했지만 이제 또 하나의 위업을 추가할 시점에 와 있었다. 프랑스 왕 루이필리프의 군주제가 폐기될 상황에 처한 것이다. 1848년 2월 24일 아침, 알렉시스 드 토크빌은 파리에 있는 도심 별장에서 걸어 나오다가 얼굴에 차가운 바람을 맞으면서 "혁명의 냄새가 떠도는 것이 느껴진다"고 단언했다. 그날 오후 파리의 카퓌신 거리는 피로 물들고 샹젤리제를 따라 늘어선 가로수들은 바리케이드용으로 베어졌다. 1830년 7월 혁명으로 다시 시작된 프랑스 군주제는 와해됐다. "우리의 시대, 민주주의의 시대가 밝아오고 있다"고 엥겔스는 선언했다. "튈르리 궁전과 팔레르와얄에서 타오르는 화염은 프롤레타리아의 여명이다."[91] 프랑스 수탉이 다시 홰를 친 것이다. 파리는 이미 그 운명을 성취하고 있었다. 혁명이 도래한 것이다.

5장

1848년

— 풍성한 수확의 해

The Frock-Coated Communist

"밤 열두 시 반에 기차가 도착했다. 목요일의 혁명에 관한 고무적인 소식이 쏟아져 나왔다. 역에 모인 사람들은 일제히 환호성을 질렀다. 갑자기 열정이 분출했다. 공화국 만세!" 1848년 3월 유럽을 뒤흔든 사건들에 대해 엥겔스는 흥분을 감추지 못하고 이렇게 썼다.[1] 프랑스 왕정이 붕괴될 당시 마르크스와 엥겔스는 엉뚱한 장소에 있었다. 최신 뉴스에 목말라하며 브뤼셀 기차역에 나가 프랑스 소식을 전해줄 사람들을 애타게 찾고 있었으니 말이다. 혁명에 목이 타는 두 사람은 그렇게 이후 1년 반 동안 위대한 1848년 혁명의 뒤를 좇았다. 때로는 붙잡기도 하고 때로는 잡아당기기도 했지만 경우에 따라서는 휩쓸리기도 했다. 환한 미래가 손에 잡힐 듯한 시기인 동시에 좌절을 맛보아야 하는 시기이기도 했다.

마르크스와 엥겔스의 희망적인 시각으로는 1848년의 놀라운 사건들이 부르주아 민주주의 혁명의 교과서처럼 보였다. 유럽의 낡은 정치·법률 제도는 급변하는 자본주의 생산양식과 맞지 않았고, 따라서 새로운 경제 현실에 맞춰가지 않을 수 없게 됐다. 산업화라고 하는 토대와 봉건적인 상부구조 사이의 불일치가 커짐에 따라 다음 단계로 부르주아지가 주도하는 혁명이 올 것은 분명했다. 중산층이 제 손을 더럽히며 구세계를 제거한 다음, 즉 부르주아 혁명 다음 단계는 프롤레타리아의 지배가 예정돼 있었다.

지난 10년간은 "그저 탁상공론"만 해왔지만 1848년을 거치면서 이제 과감한 실천의 전망이 보이고 역사의 진보를 지원할 기회가 온 것이다. 진보의 불가피성을 확신하면서 마르크스와 엥겔스는 정치적 조직화, 신문을 통한 선전전, 그리고 종국에 가서는 무력 봉기 등 모든 수단을 동원해 혁명의 발걸음을 가속화하고자 했다.『공산당 선언』이 출간된 뒤 마르크스와 엥겔스는 체포의 위험과 프로이센 감시자들을 피해 브뤼셀에서 베른으로, 파리에서 쾰른으로 대륙을 누비며 유럽 구체제의 몰락을 촉진하고자 애썼다.

특히 엥겔스는 1848년이라고 하는 전쟁터를 유감없이 누볐다. 산악당을 자처했고 펜싱으로 결투를 하는가 하면 병영에서는 권투를 했던 그가 마침내 최전선에서 전투를 체험한 것이다. 어려서 꿈꾸던 모험을 실현하듯이 엥겔스는 고향 바르멘에서 붉은 깃발을 쳐들고 프로이센 군대에 맞서 싸우다가 포격이 심해지자 독일 남서부 슈바르츠발트 삼림지대를 통해 탈출했다. 바리케이드 앞에서 피 흘리며 삶과 죽음을 오가는 혁명 투쟁에 직접 뛰어든 것이다. 이후 수십 년 동안 엥겔스는 동지나 적들이 그때의 기억을 잊는 것을 허용하지 않는다.

전유럽을 휩쓴 혁명의 폭풍

개인적인 영웅담은 그렇다 치고, 복잡한 현실을 들여다보면 1848~49년의 혁명—덴마크에서부터 시칠리아, 사르데냐_{토리노를 수도로 한 북이탈리아의 소왕국},

피에몬테, 프랑스, 프로이센, 작센 왕국, 헝가리, 오스트리아까지 전유럽에서 일어났다—은 마르크스와 엥겔스가 이상화한 계급 봉기와는 거리가 멀었다. 일련의 혁명을 촉진한 요인은 경제 불안에서부터 민족 통일의 열망, 왕정을 종식시키고 민주주의를 도입하고자 하는 공화파의 요구 등등 다양했다. 이러한 봉기, 폭동, 반란, 혁명—어떤 식으로 불러도 상관없다—은 노동자들의 지지 정도, 급진파 지도부의 존재 여부, 반동세력의 반격 수준에 따라 급속히 반전되거나 역전될 수도 있었다. 1848년 혁명은 이처럼 극히 유동적인 여건 탓에 결과적으로는 원래의 꿈을 이루지 못했다. 그 때문에 역사학자 A. J. P 테일러*는 1848년을 '중대한 전환점'이라고 규정하면서도 유럽이 "전환을 이루는 데는 실패했다"고 봤다. 마르크스와 엥겔스로서는 이렇게 과대평가된 "민주주의의 시대"는 개인적으로는 실망이고, 이데올로기적으로는 재평가가 필요한 시간이었다.

1848년 봄 유럽을 휩쓴 거대한 폭풍은 팔레르모_{이탈리아 시칠리아 섬의 중심지}에서 일어난 손바닥만 한 먹구름으로 시작됐다. 스페인 부르봉 왕가의 페르디난도 2세와 나폴리에 거점을 둔 그의 무신경한 정부에 대한 불만이 들끓다가 결국 그해 1월 폭동이 일어났다. 폭압적인 나폴리 정부 치하에서 수십 년을 시달려온 시칠리아의 핵심 가문들은 광범위한 경제난을 기화로 1816년 이전의 자율적인 의회를 회복하고자 했다. 조직적인 가두시위는 금세 경찰에 대한 공격으로 확산됐다. 곧 바리케이드가 등장하고, 왕실군대는 병영을 버리고 이탈리아 본토 나폴리로 철수했다. 이어 부르봉 왕가가 무너졌다. 몇 주 만에 임시정부가 구성됐고 새 의회가 선출됐다.

---

* 1906~1990. 20세기를 대표하는 영국 역사학자 가운데 한 사람. 옥스퍼드 대학 교수 등을 지냈고, 유럽 근현대사 관련 저술로 특히 유명하다.

이렇게 시칠리아가 혁명의 선봉에 섰지만, 유럽 전역의 왕실들은 벌써부터 온갖 압박에 시달리고 있었다. 사회적 압력이 거세지고 재정 수입이 급락하면서 의회를 소집하지 않을 수 없는 형편이 된 것이다. 이런 식의 국민의회는 대개 세금을 새로 부과해 왕실 수입을 보장해주는 역할을 하곤 했는데 이번에는 정치인들이 헌법 제정과 개혁을 요구하고 나섰다. 1848년 혁명 발발 직전까지의 이 시기를 보통 독일사를 기준으로 '3월 혁명 이전 시대'라고 한다. 당시에는 유럽 곳곳의 수도를 중심으로 언론과 의회에서 온갖 기대가 넘쳐흘렀다. 10년 동안 흉작이 계속되면서 불안은 가속화됐다. 곡물 값은 치솟고, 경기불황은 깊어지고, 기근이 번질 위기에 처했다. 특히 1845년의 극심한 흉작은 농촌 경제에 심각한 타격을 주었다. 동시에 신용경색이 심해지면서 도시 시장에서도 신용이 붕괴되고, 금융 부문은 위기에 처했으며, 무역과 거래가 급감했다. 식료품 값이 치솟고, 가처분 소득은 급감하고, 실업이 만연했다. 이런 현실 탓에 민중들은 1815년 빈 회의를 통한 체제 재편 이후 유럽을 통치해온 왕정에 대해 더더욱 반감을 갖게 됐다. 그러나 마르크스가 예언했듯이, 그런 불만을 유럽 전체를 휩쓰는 불길로 키우는 데는 역시 프랑스의 역할이 필요했다.

프랑스의 1848년 2월 혁명은 파리 노동자들을 유럽 공산주의 운동의 선봉에 서게 했다. 팔레르모 봉기 이후 프랑스 급진파들은 야외에서 대규모 집회를 열어—프랑스 혁명 때 시작된 전통적인 불만 표출 방식이다—남성의 보통선거권과 경제개혁을 주창했다. 1789년 프랑스 혁명에 대한 향수가 새삼 커지면서 파리 극장에 모인 군중들과 무도회장 바깥에 집결한 시민들은 목청을 돋워 혁명가를 불렀다. 루이필리프 국왕 밑에서 총리로 있던 프랑수아 기조(자유주의 역사학자로도 유명하다)는 국민들의 외면을 받고 있는 상태에서 위기에 대처한답시고 야외 집회를 금지하고 국민방위군까지 동원했다. 1848년 2월 23일 기조는 정치적 책임을 지고 사임했다. 다음날 루이필리프도 퇴위하고 영국으로 망명했다. 파리에서는 가두투쟁이 벌어졌고, 공포에 사로잡힌 병사들이 우발적으로 시위자들에게 총격을 가하는 사건이 일어났다. 이후 프랑스 혁명 때 보았던 상황이 그대로 되풀이됐다.

당시 벨기에에 체류 중이던 마르크스와 엥겔스는 브뤼셀도 전유럽을 휩쓰는 혁명 대열에 동참하도록 만들기 위해 온갖 노력을 다했다. 두 사람이 줄리언 하니에게 보낸 편지에서 한 표현을 빌리면 브뤼셀 시민들이 "벨기에 정치 실정에 맞는 방식으로 프랑스인들이 쟁취한 권리를 획득하기를" 원한 것이다. 마르크스가 구상하는 "평화적이지만 열렬한 선동"은 시청 앞 집회를 조직하고, 청원서를 작성하고, 돌아가신 아버지가 물려준 자산을 처분한 돈으로 벨기에 노동자들에게 무기를 쥐어주는 것 등등이었다.[2] 그러나 교활한 벨기에 국왕 레오폴트 1세는 루이필리프처럼 바다 건너 영국으로 튈 생각이 전혀 없었다. 벨기에 경찰은 말썽 많은 독일인 손님들에 대해 재빨리 손을 썼다. 1848년 3월 3일 마르크스는 24시간 안에 벨기에를 떠나라는 통보를 받았다. 엥겔스도 얼마 후 마르크스의 뒤를 따랐다.

'19세기의 수도'라는 별명에 걸맞게 파리는 전유럽으로 확산되는 봉기의 선봉에 섰다. 자유와 민주주의에 대한 열망, 민족주의, 공화주의가 보수 체제에 도전하는 상황이었다. 보수 체제란 나폴레옹이 워털루 전투에서 패한 이후 유럽 대륙의 체제를 재편하는 과정에서 강화된 왕정과 1789년 프랑스 혁명 이전 앙시앵레짐舊體制식 전제정치를 말한다. 급진파 입장에서는 도시에서는 빵을 달라는 폭동이 일어나고 농촌에서도 소요가 급증함으로써, 헌법 개혁 및 국가의 완전 독립을 밀어붙일 절호의 기회였다. 1848년 3월 초 빈의 오스트리아 의회를 학생운동가와 노동자들이 점거했다. 바로 바리케이드가 세워지고 합스부르크 왕가에서는 피의 반격에 나섰다. 그러나 오만한 구체제의 상징인 오스트리아 총리 클레멘스 폰 메테르니히는 결국 사임할 수밖에 없었다. 그리고 나중에는 영국으로 망명했다. 합스부르크 왕정이 비틀거리자 그 지배를 받던 이탈리아 북부의 소국들에서도 봉기가 일어났다. 롬바르디아, 피에몬테, 베네치아, 밀라노 등에서 도시 빈민들이 봉기를 주도했다. 특히 밀라노는 요제프 라데츠키 원수가 지휘하는 오스트리아군의 격렬한 반격을 받게 된다. 저 유명한 '5일 전쟁' 기간에, 하룻밤 사이에 1500개의 바리케이드가 설치되고 좁다란 도로들은 격렬한 시가전의 무대로 변했다. 그러나 마르크스와 엥겔스가 향한 곳은 혁명의 실험실이자 이제 제2공화국으로 탈바꿈한 파리였다.

한때 두 사람을 괴롭히고 추방했던 파리는 이제 마르크스와 엥겔스 및 공산주의자동맹 집행위원회를 열렬히 환영했다. 혁명으로 들어선 임시정부는 사회주의 철학자 루이 블랑, 급진파 언론인 페르디낭 플로콩을 비롯해 온건 공화파 인사들이 중심이 돼 있었다. 특히 플로콩이 운영하는 신문 「개혁」은 엥겔스가 필자로 연을 맺은 적이 있었다. 이들은 공산주의 혁명가들을 한껏 환영했고, 경찰 정보원들에게 시달리는 데 익숙한 엥겔스로서는 완전히 달라진 상황이 너무도 흡족했다. "최근에 튈르리 궁전의 주앵빌 루이필리프 국왕의 3남으로 유명한 해군 장성이자 작가이 쓰던 호화로운 방에서 늙은 앵베르를 만났지. 브뤼셀에서는 처량한 난민 신세였는데 지금은 튈르리 궁 관리책임자가 됐더라고." 매제 에밀 블랑크에게 보낸 편지에서 엥겔스는 자랑을 듬뿍 담아 이렇게 말했다.[3] 물론 늘 그렇듯이 편지 뒷부분은 새로 들어선 임시정부의 우유부단함과 어리석음, 취약함 등에 대한 비난으로 가득했다.

혁명의 꿈에 들뜬 파리는 엥겔스를 환대했지만 중간거점일 뿐이었다. 마르크스에게 보낸 편지에서 밝힌 대로 그의 마음은 독일을 향해 달려가고 있었다. "프리드리히 빌헬름 4세가 똥고집을 꺾지 말아야 할 텐데! 그렇게만 되면 모든 걸 얻을 수 있고, 서너 달이면 우리는 독일 혁명을 이루게 될 거야. 그자가 봉건 체제를 고집해야 할 텐데 말이야! 하지만 그 변덕스러운 정신병자가 어떻게 할지는 악마만이 알겠지…."[4] 혁명을 조국에 이식하려는 희망에 부푼 사람은 엥겔스만이 아니었다. 파리의 대규모 독일인 이주민 공동체도 라인 강을 건너 그토록 염원하던 민주주의 공화국을 발족시키고자 하는 열망에 불탔다. 이들은 그런 목표를 실현하기 위해 '독일 장인匠人 자원병 군단'을 파리 근교에서 조직하고 프로이센으로 달려가 공격 작전을 펼 준비를 했다. 프랑스 임시정부로서는 말썽 많은 슈트라우빙어들이 제 발로 나가준다니 고마운 일이었다. 임시정부는 전선으로 향하는 그들을 돕는 차원에서 하루에 50상팀프랑스의 옛 화폐단위로 100분의 1프랑씩 보조금을 지급했다.

마르크스와 엥겔스는 프로이센군에 대한 직접 공격 방식으로는 실패할 게 뻔하다고 확신했다. 그리고 실제로 그렇게 됐다. 두 사람은 좀 더 정교한 접근을 선호했는데 그 개요를 담은 것이 「독일에서의 공산당의 요구」다. 흥미로운 것은 『공산당 선언』이 혁명을 촉구하는 급박한 어조로 돼 있는 반면, 이 한 장짜리 전단은 즉각적인 혁명이나 사적 소유에 대한 전면전을 요구하지 않았다. 오히려 지금 부르주아 혁명이 필요한 이유를 상세히 설명했다. 공산주의 혁명은 복합적인 과정이기 때문에 어리바리한 이주민 오합지졸들이 나서서 하룻밤 사이에 쟁취할 수 있는 게 아니라는 얘기였다. 따라서 정치와 군사 부문을 장악한 융커 계급을 제거한 뒤 남성 보통선거권, 언론의 자유, 법의 지배, 권한 있는 의회를 확보하는 방식으로 부르주아 공화국 수립을 위해 힘을 모으는 것이 급선무라고 주장했다. 이 단계에서 공산주의자동맹은 독일 부르주아지와 프티부르주아지, 노동 계급 및 농민층까지를 민주주의 대연합으로 통합하고자 했다. 이에 필요한 전략으로는 폭력적인 정치 행동이 아닌 선전전과 조직화를 촉구했다. 사전 정지 작업을 위해 마르크스와 엥겔스는 독일노동자클럽을 꾸렸고, 이 조직에서 공산주의 운동가 300명 정도를 은밀히 라인란트로 파견했다.

그러나 현지 상황은 이미 정지 작업이 잘돼 있는 상태였다. 1848년 혁명의 특징 가운데 하나는 전유럽에서 벌어지는 상황이 급속히 전파됐다는 것이다. 증기기관차와 전신電信이 군대와 무기는 물론이고 정보와 이념의 이동을 손쉽게 만든 것이다. 특히 팽창해가는 신문 산업은 시사적인 사안들을 지속적으로 보도했다. 1848년 2월 파리 튈르리 궁에서 횃불이 타올랐다는 소식은 성난 급진파 독일 대중들에게 더할 나위 없는 자극제가 되었다. 다른 유럽 지역과 마찬가지로 독일에서도 일련의 흉작이 경기 침체와 맞물리면서 식료품 값이 급등하고 생활수준은 급락했다. 농촌에는 기근이 들고, 도시에서는 빵을 요구하는 봉기가 이어졌으며, 심각해져만 가는 실업으로 독일 왕정의 정치적 기반은 무너지고 있었다. 바이에른 왕국에서는 프랑스 2월 혁명 소식이 들려오자 루트비히 1세(아일랜드 무희 롤라 몬테즈와 사랑에 빠져 커져만 가는 농민의 고통 따위는 안중에도 없었다)가 바로 퇴위하고 아들인 막시밀리안 2세가 왕위에 올랐다. 작센 왕국에서는 3월 혁명이 일어나자 프리드리히 아우구스트 2세가 개혁 성향 내각을 임명하라는 요구를 받아들이고 보통선거권을 확대하고 국민의회를 소집했다. 독일연방의 여러 국가에서는 "대중 집회 민주주의"가 번창했다. 각종 청원서가 작성됐으며, 대규모 군중집회가 열리고, 숙련노동자와 농민·노동자 학생들이 떼를 지어 시청과 궁전 앞으로 몰려갔다. 역사학자 제임스 J. 쉬한1937~. 미국의 독일 근현대사 전문 역사학자에 따르면 "1차 세계 대전 직전 몇 달 간이 예외일 수는 있겠지만 독일 역사에서 그토록 자발적으로 사회적 행동이 분출하고, 정치에 대한 희망이 꽃폈던 적은 없다."[5]

혁명이 정식으로 프로이센의 문을 두드린 것은 1848년 3월이었다. 당시 수도 베를린은 경기불황으로 극심한 고통을 겪고 있었다. 제조업은 붕괴되고 실업률은 치명적인 수준으로 치솟았다. 청원과 집회, 시위는 거리에서 집단 야영을 하는 식으로 점차 과격해졌고, 수도 전역에서 군부에 반대하는 충돌 사건이 일어났다. 대중의 예상과 달리, 국왕 프리드리히 빌헬름 4세는 막무가내로 버티는 대신 검열을 완화하고 (작센 왕국처럼) 진보적인 헌법 개혁안을 제시함으로써 봉기의 흐름을 교활하게 통제하는 전략을 썼다. 여러 양보안이 발표되자 베를린의 격한 분위기는 금세 누그러졌다. 군중들은 환호성을 지르며 궁전 앞 광장으로 몰려들었다. 자비로운 군주의 모습을 먼발치에서나마 보기 위해서였다. 그런데 프리드리히 빌헬름 4세가 군중의 환호를 받고 있는 사이 몰지각한 군 사령관들은 기병 대대를 투입해 광장을 쓸어버릴 계획을 짜고 있었다. 군이 밀고 들어오는 가운데 장교 둘이 얼떨결에 발포를 했다. 다친 사람은 없었지만 열에 들뜬 베를린 군중들은—그러지 않아도 베를린의 장교 집단을 의심하던 차에—군이 먼저 도발을 했다고 생각했다. 군중들은 바리케이드를 치고 돌멩이 같은 것들을 모았다. 이렇게 해서 유럽에서도 가장 심한 유혈 사태를 빚은 3월 혁명이 시작됐다. 단 하루 만에 시위자 300명 이상(공공 사업에 고용된 숙련공과 노동자가 대부분이었다)이 살해되고, 군도 100명 가까이 사상자를 냈다. 대학살 직후 프리드리히 빌헬름은 분위기에 밀려 희생자들을 둘러보는 시늉을 했다. 그와 엘리자베트 왕비는 몰려든 군중들 앞에서 "공포로 새하얗게 질린 얼굴"로 서 있었다. 이때 엘리자베트 왕비

는 "그래도 기요틴*은 없네"라고 소곤거렸다고 한다.6 국왕 부부가 단두
대의 이슬로 사라지는 불행을 모면하기 위해 프리드리히 빌헬름은 더 많
은 양보 조치를 취했다. 군대를 베를린에서 철수시키고 프로이센을 더 자
유화하겠다고 약속하는 치욕적인 교서를 발표했다. 또 전독일의 통일과
자유민주주의 실현을 위한 우선적인 조치로 전독일을 망라하는 국민의회
소집을 지지한다고 선언했다.

왕정이 후퇴하면서 마르크스와 엥겔스가 말한 부르주아 혁명을 위한
조건이 무르익었다. 두 사람은 유혈이 낭자한 베를린 — "비굴한 프티부르
주아지"와 "관료, 귀족, 궁정 쓰레기들이 우글거린다"는 이유로 둘은 베
를린을 탐탁지 않게 생각했다 — 의 광장과 거리로 향하는 대신 다시 라인
란트 주 쾰른 시로 가서 독일 정치의 새 장을 열기로 했다. 쾰른에는 마르
크스가 「라인 신문」 편집장으로 있을 때 쌓아둔 인맥이 그대로 남아 있었
다. 게다가 쾰른은 산업화가 급속히 진행되고 프롤레타리아가 커지는 한
편으로 부유한 제조업 엘리트들이 늘어나면서 "모든 면에서 당시 독일에
서 가장 발전한 지역"이었다.7 도시화되고 산업화된 라인란트는 이제 임
박한 혁명의 최전선이 될 운명이었다. 더구나 검열도 완화돼 「라인 신문」
을 복간하려는 마르크스의 구상에는 더할 나위 없는 적지였다.

그러나 쾰른에도 장애물이 없지는 않았다. 그중 가장 큰 것이 안드레아
스 고트샬크였다. 고트샬크는 아버지가 도살업자로 빈민가 주민들을 돌
보는 유능한 의사였다. 그는 쾰른의 3월 혁명을 용감하게 이끌면서 시청
을 급습하고 투표권 개혁과 상비군 폐지, 언론 자유 등을 요구했다. 그러

---

* 프랑스 혁명 때 국왕 루이 16세와 왕비 마리 앙투아네트를 처형하는 데 사용된 단두대.

나 불운하게도 당국에 체포돼 수감됐다가 베를린 폭동 직후 석방됐다. 마르크스와 엥겔스가 쾰른에 도착했을 때 고트샬크는 회원이 8000명이나 되는 노동자협회를 이끌면서 쾰른의 정국을 상당 부분 좌지우지하고 있었다. 이런 식의 순진한 프롤레타리아 운동에 대해 마르크스가 격분한 것은 당연했다. 마르크스는 고트샬크의 노선에 대한 대응으로 민주주의회라는 별도의 노동자 조직을 설립했다. 쾰른의 노동계급 운동을 분열시키려는 노골적인 시도였다. 물론 공정하게 말하면 이런 분열 시도는 실질적인 이데올로기 차이의 반영이었다. 고트샬크는 모제스 헤스와 카를 그륀을 비롯해 자본주의 체제를 공정한 교환이 이루어지도록 평화적으로 재편할 것을 주장하는 "진정사회주의"의 추종자였다. 고트샬크식 사회주의는 마르크스와 엥겔스가 말하는 유의 공산주의와는 거리가 멀었다. 계급투쟁의 힘이나 프롤레타리아 혁명으로 가는 역사적 발전과정 같은 것은 외면했다. 그러면서 노동자협회는 당파 정치를 초월하는 인류애의 이상을 토대로 협동과 상호주의를 강조했다. 이런 노선이야말로 마르크스와 엥겔스가 기회 있을 때마다 프티부르주아적이고 공상적이며 순진한 생각이라고 비판한 것이었다.

이이러니하게도 그런 입장 때문에 진정사회주의자들은 지배 부르주아지에 대해 마르크스와 엥겔스보다 더 적대적이었다. 부르주아 민주주의라고 하는 중간단계를 거칠 이유가 없다고 생각했기 때문이다. 이들은 봉건적 성격이 강한 통치체제에서 부르주아 민주주의 단계를 거치지 않고 바로 사회주의로 넘어가고자 했다. "당신들은 억압받는 사람들의 해방에 대해 한 번도 진지하게 생각한 적이 없다." 고트샬크는 이런 식으로 프로이센의 두 먹물^{마르크스와 엥겔스}에게 맹공을 퍼부었다. "노동자의 참상, 가난한 자의 배고픔도 당신들에게는 그 잘난 과학 혹은 원칙의 관심사일 뿐이다.

…당신들은 노동자들의 반란을 믿지 않는다. 그들의 넘치는 피가 이미 자본의 파괴를 준비하고 있는 이 마당에도. 당신들은 혁명의 영원함을 믿지 않는다. 당신들은 심지어 혁명의 잠재력조차 믿지 않는다."[8] 입헌 정부 수립을 추구하는 것은 카를 그륀의 말을 빌리면 "유산계급의 이기적인 소망"일 뿐이며 "진정사회주의자들"은 그런 것은 거들떠보지도 않는다. 진정사회주의자들은 전독일을 망라하는 국민의회 선거를 보이콧했다. 따라서 노동자협회는 부르주아 민주주의 스타일의 혁명을 주도면밀하게 추진하려는 마르크스·엥겔스와 정면충돌하게 됐다.[9]

프로이센에서 공산주의로 가는 과도기 체제로 부르주아 민주주의를 수립하려고 한 마르크스와 엥겔스로서는 노동자 협동조합 같은 헛소리를 너그럽게 봐줄 기분이 전혀 아니었다. 봉건적인 독일은 발전단계상 후진적이었던 만큼—산업화가 한참 앞서나가 있고 노동계급이 발전한 영국과는 전혀 달랐다—아직 프롤레타리아 혁명이 성공할 준비가 돼 있지 않았다. 진정사회주의자들의 헛된 시도에 대한 두 사람의 적대감은 곧바로 마르크스가 새로 창간한 「새 라인 신문」 지면을 통해 분명히 드러났다. 파업이나 과격한 집회, 기타 프롤레타리아 봉기의 징후 등에 대해서는 의도적으로 지면을 거의 할애하지 않은 것이다. 「새 라인 신문」이 쾰른의 급진적 노동계급에 대해 대단히 적대적인 태도를 보인 탓에 역사학자 오스카 J. 하멘은 이 신문은 반동적인 경쟁지 「쾰른 신문」보다 임금이 훨씬 싼 임시직 인쇄 노동자들을 고용해서 찍었다고까지 주장할 정도다.[10] 마르크스와 엥겔스의 정치적 전략은 분명했다. 「새 라인 신문」을 "민주주의 운동의 도구"로 만드는 것이었다. 그러나 엥겔스에 따르면 여기서 말하는 민주주의란 "항상 모든 관점에서 프롤레타리아의 특수성을 강조하는 민주주의다. 다만 아직은 그것을 공개적인 깃발에 새길 수 없는 단계다."[11] 민주주의 확보 투쟁은 장기적으로는 프롤레타리아의 각성을 촉진시켜 때가 되면 그들에게 부르주아지와 맞붙을 정치적 수단을 제공해줄 것이다. 「새 라인 신문」은 하루가 멀다 하고 프로이센 관료와 융커 귀족들에게 모욕을 퍼부었다. 그러나 이 신문이 주장하는 개혁은 상당히 온건한 수준으로 보통선거권, 봉건적 제도 폐지, 실업자 지원 등이 중심 요구사항이었다. 마르크스는 신문 특유의 과격한 표현을 즐겼지만 실제로 이 신문이 요구한 것은 대단히 온건하고 부르주아지에게 우호적인 내용이었다. 그런 것들 이야말로 진정한 혁명으로 가는 첫 단계였기 때문이다. 이런 노선 덕분에 「새 라인 신문」은 상업적으로도 큰 성공을 거뒀다. 판매부수는 하루 5000부에 육박할 정도로 급등했다.

마르크스와 엥겔스는 중도적이고 자유주의·민주주의적인 입장을 견지했기 때문에 지역 중산층들로부터 신문 투자를 유치하기는 그리 어렵지 않을 것이라고 봤다. 이렇게 번지수를 잘못 짚은 상태에서 엥겔스가 부퍼탈로 파견됐다. 투자 유치를 위해 부르주아지들에게 아양을 떨러 간 것이다. 이번 귀향 역시 힘겨웠다. "에르멘 형제는 오늘 내가 사무실에 들어서니까 아주 벌벌 떨더군." 매제 에밀 블랑크에게 보낸 편지에서 엥겔스는 비아냥거리는 투로 이렇게 말했다. 놀랄 일도 아니지만 투자 유치는 성공은 아니었다. 바르멘의 부르주아지는 공산주의가 주장하는 바를 잘 알고 있었다. "여기 급진파 부르주아들도 우리를 미래의 주적主敵으로 알고 있더군. 그러니까 우리 손에 무기를 쥐어줄 생각이 전혀 없는 거지. 그럼 그걸 곧 저희들한테 들이댈 테니까 말이야." 이어 엥겔스는 집안사람들한테 「새 라인 신문」에 투자 좀 하라고 권유해봤지만 성과는 없었다. 삼촌 아우구스트는 유명한 반동파로 바르멘 시청 집행부의 일원이었고, 동생 헤르만은 반혁명적인 지역 방위 의병대 대장이었다. 아버지 얘기는 더

할 것도 없었다. "우리 노인네한테는 아무것도 우려낼 게 없어. 반동적인 「쾰른 신문」조차도 불온한 선동의 온상으로 보니까. 우리한테 1000탈러만 투자하라고 하면 포도 알 1000개를 던질 거야."[12]

마르크스와 엥겔스가 간신히 긍정적인 답변을 얻어낸 극소수 투자자들도 엥겔스가 새로 선출된 프랑크푸르트 국민의회*에 대해 통렬한 비판을 가한 후로 모두 등을 돌렸다. 엥겔스가 공산주의자동맹의 역사를 다룬 글에서 썼듯이 "그달 말이 되자 우리한테 남은 투자자는 단 한 명도 없었다".[13] 그래도 신문은 당분간 개신개신 발행됐다. 마르크스는 독일 정치를 다룬 기사를 많이 쏟아냈고, 엥겔스는 주로 외교와 군사 문제에 대해 글을 썼다. 주주들은 겁을 먹었지만 사실 「새 라인 신문」은 원칙적으로는 프랑크푸르트 국민의회를 적극 지지하는 쪽이었다. 마르크스와 엥겔스는 국민의회 대표들이 독일의 개혁을 좀 더 폭넓고 신속하게 앞당김으로써 통일 부르주아 국가를 만들기를 바랐다. 그것이 진정한 혁명으로 가는 데 없어서는 안 될 첫 걸음이었기 때문이다. 문제는 국민의회의 "의회 특유의 고질병"이었다. 논쟁은 끝없이 이어지고, 말만 많은 법률가, 관리, 학자들이 계속 단상에 올랐다. 비생산적인 회기가 일단 끝났을 때 엥겔스는 국민의회를 "한물간 늙은 정치인들이 푼수 짓을 하면서 행동도 사고도 얼마나 무능한지를 과시하는 무대에 불과하다"고 혹평했다.[14] 의사 진행이 한없이 지연됨에 따라 비용도 만만치 않았다. 이리저리 흩어져 있는 독일 연방의 여러 나라들이 단일 부르주아 공화국으로 합치려면 혁명이라고 하는 소중한 기회를 신속하게 활용해야 했다. 그런데 프랑크푸르트 국민

---

* 1848년 5월~1849년 6월 프랑크푸르트에서 열린 독일연방 의회로 독일 최초의 전국적 의회였다.

의회 대표들이 절차와 회의록의 사소한 문제를 가지고 입씨름만 하는 사이 반동세력이 재집결하고 있었던 것이다. 파리에서는 이미 반동세력이 반격에 나선 상태였다.

반혁명 세력의 발호

파리 임시정부의 밀월기간은 오래가지 않았다. 재정 상황이 악화되면서 공화파 행정부는 세금을 올리지 않을 수 없었고, 프랑스 국민의회 대표를 뽑는 1848년 4월 선거에서는 쫓겨난 국왕에 충성하는 보수파가 다시 득세했다. 사회주의 및 공화파 후보들은 참패했다. 전체 876석 가운데 100석밖에 얻지 못한 것이다. 권력을 장악한 보수파는 재빨리 반격에 나서 임시정부의 대표적 업적인 "국가 보조 작업장national workshop" 제도를 폐지했다. "진정사회주의"의 실현으로 평가받던 이 제도는 파리에 거주하는 남성 실업자에게 급여가 괜찮은 공공사업 형태의 일자리를 제공하거나(파리 일원의 작업장이면 원하는 곳에 지원하면 된다) 상당한 액수의 실업 수당을 지급하는 것이 골자였다. 그러나 이 제도는 수만 명의 노동자와 무위도식자, 기회주의자들이 복지 혜택을 받기 위해 파리로 몰려드는 바람에 얼마 안 가서 위기에 처했다. 비용이 만만치 않게 드는 데다 하는 일 없이 수당만 타는 인간쓰레기들이 넘쳐났다. 반면에 국가 지원을 받지 못하는 일반 고용주들은 국가 지원 기업들과 경쟁을 하려면 울며 겨자 먹기로 단기간에 임금을 크게 올려줘야만 했다. 이렇게 반감이 극심해진 상태에서 새로 선출된 보수파 의회는 국가 보조 작업장 제도의 폐지 의사를 밝히고 실업자들은 군에 입대하든지 저임금 일자리로 돌아가라고 강요했다. 인민의 반발을 두려워한 의회는 과격한 정치 모임과 야외 대중 집회를 금지하는 일련의 조치도 발동했다. 1848년 6월 정부는 재정 지원을 받는 파리 노동자 12만여 명에게 최후통첩을 보냈다. 입대를 하든지 집으로 가라는 얘기였다. 특히 가난한 사람들이 많이 거주하는 파리 동부에서는 "일자리가 아니면 죽음을 달라!" "빵이 아니면 죽음을 달라!" 같은 구호를 외치며 노동자들이 가두투쟁에 나섰다. 다음날 아침에는 높다란 바리케이드가 다시 세워졌다.[15]

파리에서 혁명이 다시 불타오르는 시점에 유감스럽게도 엥겔스는 쾰른에 발이 묶여 있었다. 그러나 지리적으로 떨어져 있었지만 엥겔스는 「새라인 신문」에 파리 사정을 급박하게 전하는 기사를 썼다. 마치 귓가로 총탄이 피융 피융 날아가는 것처럼 생생한 글들이었다. 엥겔스 입장에서 1848년 6월 사태가 그해 2월 혁명보다 한층 고무적인 이유는 "순전히 노동자들이 들고 일어난" 봉기였기 때문이다. 프랑스는 부르주아 혁명에서 프롤레타리아 혁명으로 급격히, 그리고 열정적으로 옮겨가고 있었다. 나아가 6월 사태는 국제 프롤레타리아 연대를 강화할 수 있는 계기였다. "사람들은 2월 혁명 때처럼 바리케이드 앞에 서서 '조국을 위해 죽자'고 노래하지 않는다"라고 엥겔스는 썼다. "6월 23일에 들고일어난 노동자들은 생존을 위해 투쟁하고 있는 것이며, 조국은 이제 그들에게 아무 의미도 없다." 프랑스 혁명 때라면 자코뱅당원이 됐을 엥겔스는 "피로 물든 파리"를 고대 로마의 대규모 노예 반란에 비교하면서 5만 명이 참가한 6월 봉기를 "지금까지 일어났던 것 가운데 가장 위대한 혁명, 즉 프롤레타리아와 부르주아지가 대결하는 혁명으로 발전했다"고 극찬했다.[16] 후일 마르크스는 『프랑스의 계급투쟁, 1848~1850』에서 6월 사태는 "노동과 자본이 맞붙은 전쟁"이나 마찬가지라고 주장했다. 현대의 학자들은 당시 봉기에 프롤레타리아가 대거 가담했다는 데 대해 회의적이지만 정부가 취한 반동 정책들에 대해 적나라한 계급적 적대감이 표출된 것만은 분명하다.

민중 봉기에 대한 반격을 주도한 인물은 루이 외젠 카베냐크였다. 카베냐크는 알제리 총독 출신의 무자비한 군인으로 최근에 전쟁장관으로 임명된 상태였다. 그예 소름끼치는 일이 벌어지고 말았다. 카베냐크의 군대는 거리 곳곳에서 기병대의 돌격을 시작으로 시민들이 쌓은 바리케이드에 포도탄*을 난사했다. 이어 일제사격과 콩그리브 로켓 발사로 전투를 깔끔하게 마무리 지었다. 엥겔스는 전언 등을 토대로 사태의 전말을 독자들에게 상세히 전했다. 그러면서 사회주의의 대의를 위해 순교하는 사람들을 극찬한다. "강력한 국민방위군 파견대가 클레리 거리에 쳐놓은 바리케이드 옆쪽을 쳤다." 1848년 6월 28일자 「새 라인 신문」에 실린 엥겔스의 기사는 이렇게 이어진다.

바리케이드를 지키던 사람들은 거의 대부분 철수했다. 남자 일곱과 여자 둘, 젊고 아리따운 여자 노동자 둘만이 남아서 제 위치를 사수하고 있었다. 한 남자가 바리케이드로 올라가 깃발을 쳐든다. 나머지 동료들은 엄호사격을 한다. 국민방위군이 응사하자 깃발 든 남자가 쓰러진다. 이어 여성 노동자가, 키가 크고 말쑥한 옷차림의 아리따운 처녀가 맨손으로 깃발을 움켜쥐더니 바리케이드 위로 올라가 국민방위군을 향해 나아간다. 사격이 계속되고 방위군 부르주아 출신 병사들이 처녀를 쏘아 쓰러뜨린다. 그들의 총검 가까이까지 다가갔을 때였다. 다른 여성 노동자가 즉시

* 여러 개의 철 구슬을 포도송이처럼 묶어 사용하는 구식 대포 탄환.

뛰어나가 깃발을 쥐고 쓰러진 동료의 머리를 받쳐 든다. 동료의 죽음을 확인한 그녀는 분노를 이기지 못하고 국민방위군에게 마구 돌을 던진다. 그녀 역시 부르주아지의 총탄에 쓰러진다.[17]

파리의 무정부 상태는 민중 봉기에 부딪힌 유럽의 정권들에게 유리하게 작용했다. 늦은 여름 프로이센의 반동세력은 한층 대담하게 국민의회의 자유주의적 요구를 억눌렀다. 군대를 투입해 공화파와 사회주의자 클럽을 진압한 것이다. 「새 라인 신문」 편집진은 끊임없이 괴롭힘을 당했다. 마르크스와 엥겔스는 거의 매주 치안판사에게 "검찰총장을 모욕 또는 비방했다"거나 "반란을 선동했다"거나 그 밖의 체제 전복 활동을 한 혐의에 대해 신문을 받았다. 쾰른의 노동자들은 반혁명 세력이 점점 강해지자 공안위원회를 조직하고 쾰른 북쪽 황무지 보링엔 인근 프륄링어 하이데에서 군중집회를 열었다. 9월 17일 뱃머리에 붉은 깃발을 단 바지선들을 타고 노동자와 사회주의자 약 8000명이 라인 강을 따라 올라가 엥겔스의 격려 연설을 들었다. 연설에서 엥겔스는 프로이센 정부와의 투쟁에서 쾰른 시민들은 "생명과 재산을 희생할 각오를" 하자고 호소했다.[18] 열흘 뒤 쾰른에 계엄령이 선포됐다. 대중 집회는 금지되고, 민병은 해산됐으며, 모든 신문이 정간됐다.

다행히 마르크스는 보링엔 집회에 참석하지 못했다. 그러나 나머지 「새 라인 신문」 편집위원들에 대해서는 반역 혐의로 체포영장이 발부됐다. 빌헬름 볼프는 바이에른 팔츠로 튀었고, 게오르크 베르트는 헤센다름슈타트의 빙엔으로 갔으며, 카를 샤퍼(공산주의자동맹의 전신인 의인동맹 창설을 주도한 3인방 중 한 사람이다)는 곧장 투옥됐다. 쾰른 검찰총장은 특히 "상인" 프리드리히 엥겔스를 잡고 싶어했다. 체포영장에 적힌 엥겔스의 인상

착의는 이마는 "평범하고" 입매가 "반듯하며" 치열이 "고르고" 얼굴이 "갸름하며" 혈색이 "좋고" 몸매가 "호리호리하다"고 돼 있었다. 불행하게도 엥겔스의 어머니가 아침 커피를 마시면서 「쾰른 신문」을 보다가 거기 실린 체포영장 내용을 보게 됐다. 낙담한 어머니는 아들을 심히 야단쳤다. "이제 정말 도를 너무 지나쳤구나. 내가 그렇게 그만하라고 몇 번을 애걸했건만. 넌 다른 사람들 얘기만 들었지. 이상한 사람들 말이야. 네 어미의 간청은 한 귀로도 듣지 않았어. 요즘 내 마음이 어떤지, 얼마나 가슴이 쓰린지, 하느님만이 아실 게다." 주변 사람들 얼굴 대하기도 창피한 터에 어머니의 마음은 찢어질 듯했다. "네 걱정밖에 없구나. 네가 아직 꼬마였을 때 옆에서 놀던 모습이 자꾸 생각나. 그땐 정말 행복했단다. 내가 너한테 얼마나 기대가 컸었는데…." 유일한 해결책은 엥겔스가 안 좋은 친구들과 절연하고 대서양을 건너가서 사업으로 새 인생을 시작하는 것이었다. "사랑하는 아들아, 슬픔에 잠긴 불쌍한 어미의 말이 아직 네게 일말의 의미가 있다면 아버지 충고를 따르거라. 지금까지 해왔던 일 다 접고 미국으로 가거라. 너만큼 공부했으면 충분히 좋은 회사에 자리를 잡을 수 있을 거야."[19] 어머니는 그만큼 아들을 몰랐다.

볼프나 베르트와 마찬가지로 엥겔스도 이제 도망자 신세가 됐다. 엥겔스는 잠시 바르멘에 들렀다가(마침 다행히 부모님은 출타 중이었다) 브뤼셀로 향했다. 그러나 벨기에 당국 역시 그를 예의주시하고 있었다. 경찰은 엥겔스와 동료 공산주의자 에른스트 드론케가 들어온 것을 포착했다. 한 신문 보도에 따르면 "경감이 두 사람을 시청으로 데려갔다가 다시 프티카르메 교도소로 이송했다. 한두 시간 후 경찰은 두 사람을 천으로 가린 마차에 태워 남부 기차역으로 보냈다."[20] 1848년 10월 5일 벨기에 경찰은 "부랑자" 추방권 —공산주의자들을 처리할 때 자주 쓰는 방법이었다—을 발동해 두 자유의 전사를 파리행 열차에 던져 넣었다. 엥겔스와 드론케가 밤새 기차에 실려 가는 사이 유럽은 훨훨 불타고 있었다. 혁명 세력과 반혁명 세력의 싸움은 유럽 전역에서 점점 거세졌다. 프랑스에서는 루이 나폴레옹·후일의 나폴레옹 3세 황제이 대권을 향해 치닫고 있었다. 빈에서는 오스트리아 제국 군대가 의회에서 나오는 혁명파들에게 대포를 쏘아댔다. 프라하에서는 합스부르크 왕가 군대가 체코인들의 봉기를 진압한 뒤 곧바로 이탈리아 북부를 다시 공격했다. 베를린에서는 프로이센 군대가 수도를 탈환하기 일보직전이었다. 그리고 쾰른에서는 마르크스의 「새 라인 신문」이 "6월과 10월의 무도한 도살행위"에 대해 보복하는 방법은 "혁명적 테러" 뿐이라고 외치고 있었다.[21] 그럼 프리드리히 엥겔스는 프롤레타리아의 새벽을 맞기 위해 그때 무엇을 하고 있었을까? 투쟁의 전선으로 돌아갔던가? 파리에서 선전선동을 하고 있었을까? 노동자들의 방어 기금 마련을 지원하고 있었을까? 아니다. 세상만사 다 떨치고 도보여행을 하고 있었다.

여행은 파리에서 시작됐다. 엥겔스는 카베냐크군이 파리 시민을 학살하는 것을 보고 완전히 의기소침했다. "파리는 죽었다. 파리는 더 이상 파리가 아니었다. 거리에는 부르주아지와 경찰 끄나풀들밖에 없었다. 무도회장과 극장들도 사람이라곤 그림자조차 구경할 수 없었다. …파리는 다시 1847년의 파리로 돌아갔다. 그러나 정신도, 활력도, 열정과 흥분도 없었다. 그 시절 노동자들이 파리를 들뜨게 만든 그 모든 것은 사라졌다."[22] 엥겔스는 가장 프랑스적인 것을 느낄 수 있다는 시골로 향했다. 28세의 도망자 엥겔스는 혁명의 난장판에 진저리가 났던 것 같다. 감각적인 것을 즐기는 푸리에주의자적인 면모가 다시 발동했다. 반란을 꿈꾸는 삶에 실증을 느낀 나머지 프랑스 시골로 도피해 성애와 미식에 탐닉한 것이다.

엥겔스는 파리에서 스위스 제네바까지 발길 내키는 대로 돌아다닌 여정을 10대 때의 화려한 미문을 연상시키는 필치로 기록했다. 이 미출판 여행기에도 파리 국가 보조 작업장에서 지냈던 사람들을 만났을 때처럼 왕왕 정치적 발언이 번득인다. 그들은 어쩔 수 없이 시골로 돌아가 있었는데 엥겔스는 그들이 이데올로기적으로 극도로 퇴화된 것을 보고 깜짝 놀랐다. "자기 계급의 이익이나 노동자들에게 직접 영향을 미치는 정치 시사 문제에 대한 관심이라고는 전혀 없었다"고 엥겔스는 적고 있다. "그들은 이제 신문도 전혀 안 읽는 것 같았다. …이미 촌무지렁이가 다 돼 있었다. 여기 온 지 겨우 두 달밖에 안 됐는데 말이다."[23] 그러나 당시에 쓴 일기는 정치 문제에는 별 관심이 없고, 포도주와 여자, 루아르 계곡의 자연미에 대부분을 할애하고 있다. "오솔길에는 느릅나무, 물푸레나무, 아카시아, 밤나무 등이 늘어서 있다." 시골 풍경 묘사는 이런 식이다. "계곡 평탄부에는 목초지가 무성하고 기름진 밭이 펼쳐져 있다. 그루터기 사이로 토끼풀 새싹이 돋아나고 있다."

일부 대목은 고급 포도주 안내 팸플릿 같은 느낌을 주기도 한다. "참으로 다양하다. 보르도에서 부르고뉴까지 …프티 마콩이나 샤블리에서 샹베르탕까지 …또 거품이 톡톡 튀는 샴페인이라니! …몇 병이면 카드리유 춤을 추는 기분에서부터 라마르세예즈*를 부르는 기분까지, 캉캉의 환희에서부터 질풍노도 같은 혁명의 열정까지 다 맛볼 수 있다. 거기다가 마지막으로 샴페인 한 병을 추가하면 다시 세상에서 가장 유쾌한 카니발을 즐기는 기분에 빠져든다!" 전유럽의 혁명가들이 바리케이드 위에서 목숨을 바치고 있을 때 엥겔스는 "온통 붉은 색으로 치장한" 소도시 오세르로

* 1792년 프랑스 혁명 때 만들어진 이후 혁명가로 널리 애창됐고, 1879년 프랑스 국가로 공인됐다.

들어가면서 슬그머니 농담을 던진다.

여기는 큰 건물 하나만 그런 게 아니라 도시 전체가 빨간색으로 장식돼 있다. …배수로에도 검붉은 액체가 흘러내리고, 포석에도 붉은 물이 줄줄 흘렀다. 턱수염이 무성한 불길해 보이는 남자들이 큰 나무통에다가 역시 불길해 보이는, 거무스름하면서도 붉은 거품이 이는 액체를 담아 날랐다. 붉은 공화국이 무시무시한 몰골을 한 채 쉼 없이 일하고 있는 것 같았다. …그러나 오세르라는 붉은 공화국은 더할 나위 없이 순수했다. 부르고뉴 포도주가 익는 시절이었으니 말이다.

동료 혁명가들이 이런 농담을 순순히 받아줄 수 있었을까? 이런 농담은 또 어땠을까? "1848년의 수확은 그야말로 풍성했다. …46년보다 나았고, 아마 34년보다도 훨씬 나았을 것이다!" 분류를 좋아하는 엥겔스는 포도 재배 농가에서 만난 여자들도 포도주 종류 구별하듯이 상세히 분류했다. 엥겔스의 취향은 "센 강과 루아르 강 사이 여자들처럼 투박하고 지저분하고, 헝클어진 머리의 덩치들"보다는 "깨끗이 씻고, 곱게 빗질하고, 몸매도 날씬한 생브리나 베르망통 같은 동네의 부르고뉴 여자들" 쪽이었다. 그러나 대개 까다로운 취향을 겉으로 드러내지는 않았다. 그저 즐기면 그만이었으니까. "포도주 양조업자와 아가씨들하고 잔디밭에 누워 포도를 깨물고 포도주를 마시면서 잡담하고 웃고 하다가 야트막한 산에 올랐다."[24]

코슈트가 주도한 헝가리 봉기

프랑스 시골에서 한참 재미를 본 엥겔스는 11월 초 스위스로 넘어갔다. 이 무렵 독일에서는 반혁명 세력이 득세해 1848년 3월 혁명으로 쟁취한 것들을 모두 원상으로 돌려놓고 있었다. 프리드리히 빌헬름 4세는 기존의 개혁 조치들을 폐기하고 아저씨뻘인 브란덴부르크 장군(백작)을 총리로 기용해 그의 반동 노선을 밀어줬다. 브란덴부르크는 포츠담으로 물러나 있던 군대를 다시 베를린에 투입해 프로이센 의회를 해산했으며, 급진파 신문들을 폐간하고, 계엄령을 선포했다. 이런 상황에서 엥겔스가 쾰른으로 돌아갈 생각이 별로 없었던 것은 놀라운 일이 아니다. 반역죄에 대한 처분이 기다리고 있었기 때문이다. 엥겔스는 다시 스위스 베른으로 몸을 숨겼다(어머니는 아들이 한겨울에 스위스로 갔다가 감기라도 걸릴까 염려되어 남편 몰래 돈을 부쳐줬다). 이어 내키지는 않지만 현지 노동자협회 일에 관여하면서 대부분의 시간을 부르고뉴 산골에서 빈둥거리는 동안 챙겨보지 못했던 혁명 상황을 따라잡는 데 보냈다.

엥겔스는 특히 라요시 코슈트*가 주도한 헝가리 봉기에 관심이 많았다. 헝가리를 통치하던 오스트리아 합스부르크 왕가에 도전하는 민족 봉기는 18세기 말 이후 점차 거세졌다. 헝가리 원주민인 마자르족 문화가 낭만주의와 더불어 되살아나면서 합스부르크 제국 곳곳에 흩어져 사는 수백만 명의 슬라브족에 대한 편견도 노골화됐다. 수십 년에 걸쳐 부활한 마자르 문화가 응집력 있는 정치·사회 개혁 운동으로 발전했다. 개명된 헝가리

---

* 1802~1894. 헝가리의 독립운동가, 정치개혁가. 1848~49년 혁명 때 오스트리아 지배세력을 몰아내고 잠시 집권했으나 러시아군의 개입으로 이탈리아로 망명했다.

귀족들이 주도한 이런 운동은 오스트리아의 간섭을 떨쳐내고 민족 자결권을 획득하려는 쪽으로 나아갔다. 파리와 빈에서 일어난 봉기에 고무된 코슈트와 동료 귀족들은 무혈혁명으로 의회를 접수하고 반(反)봉건적인 일련의 법률을 발효시켜 헝가리의 주권을 회복했다. 그러나 헝가리는 낭만주의들이 상상하는 것과 달리 단일 민족국가인 적이 없었다. 따라서 마자르 문화의 급부상은 합스부르크 왕가 세력뿐 아니라 헝가리 민족주의를 못마땅하게 보는 슬라브, 크로아티아, 루마니아족 등 소수민족의 저항에 부딪혔다. 1848~49년 겨울, 오스트리아-크로아티아 연합군과 마자르 민족주의를 표방한 코슈트 군대 간에 격렬한 전투가 이어졌고, 헝가리군은 마침내 부다페스트를 장악했다.[25] 이 전투는 엥겔스에게 여러 면에서 매력적이었다. 그는 한때 역사를 "영웅" 중심으로 해석하는 토머스 칼라일의 이론에 대해 비판적이었지만 이제 영웅적인 군인 정치가들에게 매료됐다. 나폴레옹, 영국 청교도 혁명을 이끈 크롬웰, 워털루 전투에서 나폴레옹을 격파한 웰링턴 등이 특히 영웅으로 여겨졌다. 이와 비슷한 이유에서 엥겔스는 코슈트를 정정당당한 대의명분을 위해 싸우는 "진정으로 혁명적인 인물"이라고 봤다. 그는 헝가리 귀족들은 절대왕정을 거부할 뿐 봉건적인 귀족 지배체제를 추구하기는 마찬가지라는 일반론을 도외시한 채, 마자르족의 민족주의적 열망과 더불어 공화주의 정신과 군사전략—하나같이 구체제식 왕정을 뒤엎고 부르주아 민주주의 혁명을 완수하는 데 필수적인 요소다—을 높이 평가했다.

이보다는 덜 적극적이지만 마자르족의 슬라브족에 대한 편견에 가까운 반감도 지지했다. 엥겔스는 당분간 유물론적 계급 분석을 포기하면서 인종적 관점과 민족주의적 관점을 비과학적으로 뒤섞어 슬라브족을 "몰역사적인" 또는 "비역사적인" 민족이라고 낙인찍었다. 혁명적 진보에 걸림

돌이 되기 때문에 제거해야 할 존재라는 것이다. 엥겔스는 앞서 1848년 9월 쾰른 시위 직전에도 이런 식의 사이비 민족철학을 은근히 주장한 바 있다. 그해 7월 프로이센은 슐레스비히 공국과 홀슈타인 공국의 독립을 지원하기 위해 덴마크와 전쟁을 벌이던 중 갑자기 덴마크의 슐레스비히 합병을 수용하고 퇴각했다. 프로이센이 이런 치욕적인 강화조약을 맺자 라인란트 전체가 분노로 들끓었다. 통일 독일을 염원하는 혁명적 민족주의자들에게는 뼈아픈 좌절이었다. 엥겔스는 강화 조약 논란을 기화로 "잔인하고 지저분하며 해적질이나 일삼는 스칸디나비아인들의 민족적 특성"에 대해 맹공을 퍼부었다. 스칸디나비아인들은 "항상 술에 취해 있다가 느닷없이 감상에 빠져 울고불고한다"는 식이었다. 이런 마구잡이식 정형화의 이면에는 슐레스비히와 홀슈타인에 대한 프로이센의 민족적 종주권을 옹호하는 불온한 논리가 숨어 있었다. "프랑스가 플랑드르, 로렌, 알자스를 차지한, 그리고 조만간 벨기에를 차지할 권리와 동일한 바로 그 권리로 독일은 슐레스비히를 차지하는 것이다. 그것은 야만에 대한 문명의, 정체에 대한 진보의 권리다." 엥겔스는 「새 라인 신문」에 실린 기사에서 이렇게 썼다.[26] 우크라이나 역사학자 로만 로스돌스키[1898~1967. 마르크스주의 이론가이자 사회사학자]는 오래전에 엥겔스의 "비역사적" 민족 이론은 헤겔에게서 빌려온 것이라고 주장했다. 헤겔은 『엔치클로페디』 제3부 『정신철학』에서 국가를 수립할 능력이 있는 민족들만이―그 타고난 "자연적·정신적 능력" 덕분에―진보하는 역사의 일부로 간주될 수 있다고 주장했다. "국가 형성이 불가능한 민족은 …엄격히 말해 역사라는 게 없는 것이다"라고 헤겔은 단언했다. "국가 등장 이전에 존재했던 모든 민족과 지금도 여전히 야만 상태에 살고 있는 민족들도 마찬가지다."[27] 이런 주장은 논거가 되는 "민족의 능력"이 무엇인지 대단히 모호하기 때문에 자의적인 구분이 아닐 수 없다. 헤겔은 부르주아지와 기업가, 자본가, 임금노동자 같은 계층을 형성하는 능력을 염두에 둔 듯하다. 그러나 엥겔스는 헤겔의 주장만을 근거로 국가가 없는 여러 민족들을 비역사적이라고 매도한다. 통일된 민족국가를 향해 나아가는 마르크스주의적 발전 과정에 장애가 되며 따라서 본질적으로 반혁명적이라는 것이다. 이런 민족으로 엥겔스는 프랑스의 브르타뉴인, 스코틀랜드의 게일인, 스페인의 바스크족을 꼽았다. 슬라브족도 당연히 포함된다. "어느 한구석에 찌꺼기처럼 처박힌 소수민족이 없는 나라는 유럽에 단 하나도 없다." 1849년 1월 13일자 「새 라인 신문」에 기고한 에세이 「마자르인의 투쟁」에서 한 말이다. 그리고 "이런 찌꺼기 민족들이 항상 반혁명의 기치를 열광적으로 치켜들고, 완전히 멸절되거나 자체 민족성을 상실할 때까지 여전히 그러리라는 것"은 놀라운 일이 아니었다. "그들의 존재 자체가 위대한 역사적 혁명에 대한 항거이기 때문이다."[28] 고대부터 존속한 민족들과 역사적 진보 사이의 투쟁의 가장 좋은 예는 북아메리카에서 찾아볼 수 있을 것이다. 미국은 멕시코로부터 캘리포니아와 텍사스를 비롯한 땅을 무력으로 빼앗았다. 이런 영토 강탈을 엥겔스는 전적으로 지지했다. 엥겔스는 "게으른 멕시코인들로부터 그 멋진 캘리포니아를 빼앗았다는 것이 과연 부당한 일일까?"라고 묻는다. 어차피 캘리포니아는 "멕시코인들이 가지고 있어봐야 아무것도 할 수 없다"는 것이다. 멕시코인들이 금광을 개발하고 태평양 연안을 따라 도시를 건설하고 철도를 깔고 세계 무역을 변환시킬 능력이 있었는가? 전혀 아니다. "그 과정에서 극소수 스페인계 캘리포니아인과 텍사스인들의 '독립'이 손상되고, 일부 지역에서는 '정의'와 기타 도덕적 원칙이 훼손됐을 수 있다. 하지만 세계사적 중요성을 갖는 사실들과 비교하면 그런 게 무슨 대수인가?"[29]

엥겔스 입장에서 "비역사적" 민족을 정복하는 것은 특히 슬라브족의 경우 적절한 일이었다. 슬라브족은 코슈트가 이끄는 마자르족의 독립 운동에 대항해 합스부르크 왕실 제국과 차르 체제의 러시아 편에 붙음으로써 궁극적으로 반혁명적인 범죄를 저질렀다는 것이다. 20세기 들어 독재자들 입을 통해 종종 듣던 말과 다르지 않다. 엥겔스는 진보와 역사를 위해서라면 인종청소도 불사해야 한다고 주장한 것이다. "난 권위주의적인 성향이 강해서 그런지 유럽 한복판에 그런 원주민들이 있다는 것은 시대착오라고 본다네." 독일 사회주의 이론가 에두아르트 베른슈타인*에게 보낸 편지에서 엥겔스는 슬라브족에 대해 이렇게 썼다. "그들과 그들이 가축을 훔쳐갈 권리는 유럽 프롤레타리아의 이익을 위해서라면 무자비하게 희생시켜버려야 할 거야."[30] 잔혹한 이데올로기라 아니할 수 없다. 더구나 포도주와 여자에 빠져 유유자적하다가 돌아온 지 몇 주도 되지 않아 아무 일 없었다는 듯이 "야만족 슬라브인들에 대한 피의 보복" 운운한다는 것은 정말이지 섬뜩하다. "다음번 세계대전은 지구상에서 반동적인 계급과 왕조는 물론이고 반동적인 민족 전체가 사라지는 결과를 가져올 것이다." 엥겔스는 「새 라인 신문」에 유쾌한 어조로 이렇게 썼다. "그리고 그것 역시 하나의 진전이다."[31]

1848년 12월 엥겔스는 혁명의 현장에서 멀찍이 떨어져 있는 것도 지겨운 나머지 "운동"으로 돌아가고 싶어졌다. "고트샬크와 프리드리히 아네케**도 무죄판결을 받았으니 나도 곧 복귀하면 안 될까?" 엥겔스는 형편

---

* 1850~1932. 폭력 혁명을 거부하고 의회주의를 통한 점진적 개혁을 주창하는 수정주의를 내세웠다. 런던에서 활동하면서 엥겔스와 교분을 쌓았다.

을 살펴가며 우울한 어조로 쾰른에 있는 마르크스에게 편지를 보냈다. 베른에서 성찰의 시간을 가지면서 "외국에서 빈둥거리던" 때의 즐거움은 사그라졌다. "쾰른에서 경찰에 붙잡혀 조사를 받는 게 스위스에서 자유롭게 사는 것보다 낫다는 결론에 도달했네." 게다가 브란덴부르크 장군이 혁명을 막기 위해 안간힘을 썼지만 라인란트의 혁명 정신이 프로이센 당국의 반격에 완전히 주눅 들지는 않았다. 민주주의의 불길을 살려내기 위해 프랑크푸르트 국민의회 좌파 대의원들은 48년 3월 혁명으로 얻은 자유주의적 성과를 수호하고자 3월협회Central March Association를 만들었다. 1849년 봄이면 협회 회원은 50만이 넘었다. 투쟁은 전혀 끝난 게 아니었다.

한편 「새 라인 신문」은 마르크스가 논조를 좀 더 확실하게 좌파적인 쪽으로 가져간 이후 제대로 목소리를 내게 됐다. 이제 마르크스는 소심한 부르주아지가 혁명을 "그르쳤다"고 공공연히 비난하면서 노동자를 위한 독자 정치노선을 발전시켜갔다. 이는 부르주아 민주주의 운동과는 분명히 다른 것이었다. 1848년의 노동계급-중산층 동맹은 이제 확실히 재조정을 거쳐야 할 시점이 됐다. 프롤레타리아 지배를 곧장 도입하는 작업이 시작된 것이다. 엥겔스가 볼 때 마르크스는 「새 라인 신문」을 통해 최고의 성과를 냈다. "지금까지 「새 라인 신문」만큼 효과적으로 프롤레타리아 대중에게 영향력을 발휘하고 감동을 선사한 독일 신문은 없었다. 그리고 그것은 뭐니 뭐니 해도 마르크스의 공이었다."[32] 엥겔스는 이 신문이 과격파 노선으로 선회하자 몹시 기뻐했다. 쾰른으로 돌아온 직후인 1849년 1월 기고한 글에서 엥겔스는 자신을 포함해 동료 혁명가들이 부르주아지에

** 1818~1872. 프로이센 장교로 공산주의 사상 때문에 전역당했다. 공산주의자동맹 회원이자 「새 라인 신문」 편집자로 고트샬크와 함께 쾰른 노동자협회 지도부의 일원이었다.

대해 너무 순진한 생각을 갖고 있었다고 비판했다. "프랑스와 독일에서 혁명이 일어난 이후 우리는 부르주아지를 너무 너그럽게 배려해주었다. 왜 그랬던가? 부르주아지가 다시 고개를 쳐들고 우리를 배신하도록, 잔머리 굴리는 반혁명 세력이 무지막지한 군홧발로 우리 목을 찍어 누르게 내버려두려고 그랬던 것은 아니지 않은가?"[33]

코슈트가 압도적인 합스부르크 왕실 군대에 맞서 군사적으로 큰 타격을 가한 데 고무된 엥겔스는 이제 헝가리식 봉기 전술을 독일에 도입하고자 했다. 1849년 초 엥겔스의 구상은 프랑크푸르트와 남부 독일이 봉기를 일으켜 마자르족 봉기와 힘을 합침으로써 독일과 오스트리아의 반동적인 왕정 세력에 대항하는 광범위한 혁명 연대를 조직하는 것이었다. 이런 전략이 성공하려면 게릴라 전술을 정교하게 구사해야만 했다. 라인란트의 혁명가들로서는 프로이센군과 대놓고 맞붙어서는 승산이 전혀 없었기 때문이다. 헝가리에서 배운 교훈은 분명했다. "대중 봉기와 더불어 혁명전쟁을 수행하되 도처에서 게릴라전을 펴는 것. 이것이야말로 작은 나라가 큰 나라를 이길 수 있는 유일한 방법이다."[34] 그리고 이제 행동의 순간이 왔다. 1849년 3월 프랑크푸르트 국민의회의 멍텅구리들이 마침내 역사적인 일을 해냈다. 표결을 통해 온전한 제국 헌법을 채택함으로써 독일연방 소속 국가 모두를 제대로 된 단일 연방체제로 묶겠다고 나선 것이다. 정치적 지각변동을 일으킬 이런 결정은 단일 통화, 관세 제도 일원화, 국방 정책의 중앙 집권화 등을 수반하면서 진정한 입헌군주제의 기초를 놓는 것이었다. 관건은 프로이센 국왕 프리드리히 빌헬름 4세가 입헌군주제라는 제약을 받아들여 민주적 의회와 협력할 용의가 있느냐였다. 두말할 필요도 없이, 왕권은 신이 준 권리라고 철석같이 믿는 이 대단한 봉건군주는 의회의 제안을 거부했다. "이른바 왕관이라고 하는 것은 사실 왕관이 전혀 아니다. 실제로는 개목걸이에 불과하다. 그걸 가지고 저들은 나를 1848년 혁명에 묶어두려는 것이다." 의회의 제안에 대해 프리드리히 빌헬름 4세는 거들떠보지도 않았다.[35]

3월협회와 기타 급진파 그룹들로서는 제국 헌법 제안은 지금까지 투쟁해서 얻은 성과를 모두 반영한 것이었다. 따라서 헌법이 유야무야되는 것을 그냥 두고만 볼 수는 없었다. 라인 강 연안 베스트팔렌에서 헌법 지지 봉기가 일어나자 프리드리히 빌헬름 4세는 프로이센 향토방위군을 동원해 노동자들을 진압했다. 1849년 4월 독일 서부와 남부에서 혁명의 불길이 다시 타오르기 시작했다. 과격파 공산주의자와 사회주의자들이 대결보다 타협을 선호한 중산층 민주주의자들 및 제헌파가 장악했던 지도부 자리를 장악했다. 정치적 해결이 점점 불가능해지면서 폭력적인 소요가 다시 일어났다. "도처에서 사람들이 중대를 편성하고 지도자를 뽑고 무장을 하고 탄약을 조달하고 있다." 엥겔스가 들뜬 어조로 전한 당시 분위기다.[36] 작센 국왕 아우구스트 2세가 의회를 폐쇄하고 프리드리히 빌헬름 4세와 보조를 맞춰 제국 헌법을 거부하자 5월 3일 드레스덴에서 봉기가 일어났다. 노동자와 혁명가들이 거리로 쏟아져 나와 작센과 프로이센 연합군에 맞서 싸웠다. 바리케이드를 지키는 사람들 중에는 베를린 대학에서 엥겔스와 함께 강의를 들었던 미하일 바쿠닌(이제 열렬한 무정부주의자가 됐다)과 고지식한 슈테판 보른(이전 몇 달간은 베를린에서 노동자협회 운영에 몸담았었다), 작곡가 리하르트 바그너(당시 드레스덴 궁정 오페라단 지휘자였다)도 있었다. 라인란트는 남쪽에서 봉기가 시작됐다. 뒤셀도르프, 이절론, 졸링엔, 심지어 부퍼탈까지 봉기에 가담했다. 엥겔스는 지금까지 혁명전쟁을 무수히 연구했고, 프로이센의 보수주의를 신랄히 비난하는 기사를 썼고, 모제스 헤스와 저녁마다 기나긴 토론을 하면서 오만한 산업자본가들에게 보여줄 공산주의의 미래상을 구상해왔다. 그런 그가 이제 그토록 열망하던 혁명의 순간이 왔음을 확신했다. 부퍼탈 출신인 엥겔스는 "엘버펠트의 바리케이드 곳곳에 「새 라인 신문」도 보였다"며 자랑스러워했다.[37]

엘버펠트에서의 바리케이드전

1849년 5월 프로이센 당국에 대한 반대가 라인란트 전역으로 확산되는 가운데 엘버펠트의 노동자들은 시내가 한눈에 내려다보이는 큰 맥줏집에 모여서 저항전을 촉구하는 민주주의자들과 급진파들의 격려 연설을 들었다. 그 결과 혁명 민병대가 결성됐고, 시 방위군은 현명하게도 민병대 무장 해제에 반대했다. 뒤셀도르프에서 파견된 일단의 병력이 도착해 무장 해제에 나서려 했으나 시장은 철수를 명했다. 뒤셀도르프 파견 병력이 명령을 거부하자 5월 10일 시장은 피신했고 엘버펠트는 무장 봉기 상태로 들어갔다.[38] "키프도르프 중앙부와 호프캄프 아래쪽은 바리케이드로 완전히 봉쇄됐다." 엘버펠트의 외과의사 알렉산더 파겐슈테허는 당시 상황을 이렇게 회고했다. "동지들은 낡은 바리케이드를 보강하고 새 바리케이드를 세우느라 여념이 없었다."[39] 저항을 조직화하기 위해 엘버펠트정치클럽은 공안위원회를 설립했다. 여기에는 기존 시市 행정부 요인들도 포함됐다(일부 열혈 운동가들은 이를 대단히 못마땅해했다).

이런 미묘한 상황에 엥겔스가 끼어들었다. 최대한 현지 인사들의 반감을 사지 않으려고 애쓰면서 엥겔스는 엘버펠트에ー"졸링엔 노동자들이 그래프라트 무기고를 급습해 탈취한 탄창 두 개를 가지고"ー도착하자마자 공안위원회에 보고를 했다. 혁명가 엥겔스의 명성을 잘 아는 위원들은 그가 왜 나타났는지를 정확히 알고자 했다. 엥겔스는 쾰른 노동자들이 자신을 보냈다고 거짓말을 했다. 그러면서 프로이센의 반격이 예상되는 만큼 자신이 군사적으로 도움이 될 수 있을 것이라고 말했다. 이는 진심이었다. 그러나 더 중요한 것은 "그가 고향 사람들이 처음으로 일으킨 무장봉기에 동참하는 것을 명예의 문제로 생각했다"는 점이다. 게다가 엘버펠트의 선량한 시민들은 그의 과격 공산주의 노선을 염려할 필요가 없었다. "그는 오로지 군사적 문제에만 신경 쓸 것이며 운동의 정치 노선에 대해서는 일절 관여하지 않겠다고 분명히 말했다."[40] 이런 주장을 곧이곧대로 믿은 공안위원회는 엥겔스에게 바리케이드 감시 및 포대 배치, 방어 강화 임무를 맡겼다. 엥겔스는 공병 중대 같은 것을 꾸려 방어 시설을 재배치하고 좁은 부퍼 계곡 입구 일대를 보강했다.[41] 그러나 엥겔스 같은 "골수" 급진파가 엘버펠트의 바리케이드가 공산주의 혁명에 기여할 수 있는 몫을 놓칠 리 없었다.

"하스펠 다리 옆 바리케이드로 올라가봤다. 소형 뉘른베르크 구경 예포용 대포 서너 문으로 무장한 상태였다. 나는 인근 가옥 앞에서 멈춰 섰다. 장애물로 사용되는 가옥이었다." 엥겔스의 일거수일투족을 불안하게 바라보던 파겐슈테허의 언급은 이렇게 이어진다. "가옥은 초소로 활용되고 있었다. 그리고 지휘자는 바르멘 출신 엥겔스 박사였다."[42] 엥겔스는 관할 지역을 그럴듯하게 꾸며놓았다. "시장 관사 옆 바리케이드 위에는 관사 커튼을 찢어 만든 붉은 깃발이 걸려 있었다. 젊은이들도 그 커튼으로 머리띠며 어깨띠 같은 것을 만들어 걸치고 있었다. 그런 장식들은 모두 공화국을 상징하는 것이었다. 그 공화국은 말할 것도 없이 붉은 공화국이다."[43] 이제 공안위원회에서도 엥겔스의 의도를 알아챘다. 우려했던 대로 공산주의 급진파가 사태를 장악하려는 시도였으며, 부퍼탈에서 가장 유명한 공산주의자가 그 작업을 선동하고 있었다. "우리의 황량한 거리에 쳐진 바리케이드들 위에 마침내 붉은 공화국 깃발이 나부끼자 좋은 뜻으로 엥겔스를 받아들여줬던 엘버펠트 시민들은 진실을 깨닫게 됐다." 후일 한 현지 신문은 1849년 5월 당시의 사태를 되돌아보는 기사에서 이렇게 지적했다.[44]

엘버펠트에서 활약하던 시절의 엥겔스에 대해서는 신화와 전설이 적지 않았다. 그중 가장 드라마틱한 것은 엥겔스 아버지가 하스펠 다리에서 반란군 포수들을 지휘하는 아들을 만났다는 이야기다. 현지 주민으로 바르멘에서 제조업을 하는 프리드리히 폰 아이너른은 "바리케이드에 올라선 아들"과 "기품 있는 노년의 공장주"가 만났다(그것도 하필 아버지가 교회에 가는 길이었다)고 전한 바 있다. 이 불안한 만남은 실제 상황이라고 하기에는 너무도 드라마틱하다.[45] 아닌 게 아니라 둘이 만났다는 증거는 희박하다. 몸값을 노리고 엘버펠트 시 고위간부 다니엘 데어 하이트와 그의 어머니, 남동생을 납치해 억류한 사건에 엥겔스가 연루돼 있다는 알렉산더 파겐슈테허의 주장도 비슷한 종류다. 역시 파겐슈테허의 분노에 찬 주장 말고는 사실 여부를 뒷받침할 만한 자료가 별로 없다. 분명한 사실은 엥겔스가 엘버펠트에 머문 기간은 짧았고, 전반적으로 평판이 아주 나빴다는 것이다. 공안위원회 위원인 획스터라는 이름의 변호사는 엥겔스가 "몽상가이며, 모든 것을 파괴하는 부류"라고 봤다.[46] 독일을 상징하는 삼색기三色旗를 적기赤旗로 바꾼 것도 전혀 좋은 소리를 듣지 못했다. 봉기에 참여했던 미술 교사 요제프 쾨르너에 따르면 "다음날 아침 사람들은 깜짝 놀랐다. 봉기에 대한 강경 진압을 막고 엥겔스가 더 이상 망나니짓을 못하게 하려면 붉은 깃발 등등을 신속히 제거하고 그를 '도시에서 내쫓는' 수밖에 없었다."[47] 엥겔스에게 최후통첩을 전하는 일을 맡은 사람이 획스터였다. 획스터는 엥겔스에게 다가가 딱딱한 어조로 이렇게(엥겔스의 버전이다) 말했다. "귀하의 행동에 대해 나쁘게 말할 것은 전혀 없지만 귀하가 이곳에 있다는 사실 자체에 대해 엘버펠트 시민들은 극도의 경계심을 갖고 있습니다. 우리는 귀하가 언제 붉은 공화국을 선포할지 모른다고 우려하고 있으며, 귀하가 이곳을 떠나주기를 원합니다."[48]

엥겔스는 분노하며 "선생이 지금 말한 요구 사항을 공안위원회 전원의 서명을 받아 문서로 보내주시오"라고 요구했다. 공안위원회가 그저 압력을 가해 행동을 자제시키려는 정도로 보고 더 세게 역공을 취하려는 계산이었겠지만 전혀 먹히지 않았다. 공안위원회는 전원이 서명한 성명서를 곧바로 보낸 것은 물론이고 그 문건을 시내 곳곳에 게시했다. 엥겔스로서는 치욕이 아닐 수 없었다. "우리는 바르멘 출신이자 최근에는 쾰른에 거주했던 시민 프리드리히 엥겔스가 지금까지 우리 시에서 보여준 행동을 종합적으로 평가했다. 그 결과 그에게 오늘부로 우리 시를 떠나주기를 요청하는 바이다. 그의 존재가 우리 운동의 성격에 대한 오해를 확산시킬 수 있기 때문이다." 메시지는 더할 나위 없이 분명했다. 엥겔스에 따르면 "무장한 노동자들과 자원병들은 공안위원회 결정에 극도로 분개했다. 그들은 엥겔스가 계속 남아 있어야 한다고 요구했으며, '목숨을 바쳐서라도 그를 보호' 할 것이라고 말했다."[49] 그러나 목적을 위해서라면 자기이익을 희생할 줄 아는 엥겔스는 결정을 받아들여 엘버펠트를 떠나기로 했다. 그가 떠나자 도시는 다시 온건한 분위기로 돌아갔다. 일주일 뒤에 프로이센 군이 들어와 부퍼탈을 진압하려고 했으나 그때는 이미 바리케이드는 다 철거되고 적기 같은 것들도 사라진 뒤였다. 엥겔스는 엘버펠트를 떠나면서 또다시 신랄한 비난을 들었다. 매제인 아돌프 폰 그리스하임이 엥겔스 때문에 가족들이 줄곧 고초와 모욕을 당했다고 욕하는 편지를 보내온 것이다. 체포영장이 발부되고, 경찰이 집안을 여러 차례 수색했으며, 이웃들의 끝없는 쑤군거림에 시달렸다는 내용이었다. 그리스하임의 편지는 이렇게 이어졌다. "처남도 가족이 있고 나처럼 가족을 염려한다면, 저 감사할 줄 모르고 겁 많은 무뢰배 말썽쟁이들보다 사랑하는 이들과 함께할 때 이 짧은 인생에서 더 많은 것을 얻을 겁니다. …영원히 구제 불가능한 인류를 위해 희생하겠다는 헛된 생각을 여전히 하시는 것 같습니다. 사회의 그리스도가 되어 대의에 몸 바치겠다는 얘기지요?"[50]

라슈타트 전투를 지휘하다

다시 엥겔스에게 체포영장(특기사항으로 "특징: 말씨가 매우 빠르고 근시임"이라고 적혀 있다)이 발부되고, 「새 라인 신문」이 멜로드라마처럼 붉은 글씨로 종간호를 낸 이후 폐간되면서 독일의 봉기에 미치는 공산주의의 영향력은 끝이 난 것처럼 보였다. 그러나 혁명의 기회가 남아 있는 한 마르크스와 엥겔스는 결코 포기하지 않았다. 두 사람은 쾰른에서 프랑크푸르트로, 거기서 다시 바덴, 슈파이어, 카이저스라우터른, 빙엔으로 장소를 옮기면서 제국 헌법을 위한 무장투쟁을 지지했다. 그러나 말이 그렇지 사실은 봉기를 좀 더 혁명적인 어젠다를 성취하기 위한 수단으로 보고 지지한 것이다. 엥겔스의 생각으로는 마지막으로 봉기가 성공할 가능성이 있는 곳은 독일 남서부 귀퉁이 바덴-팔츠였다. 그의 보고에 따르면 "사람들은 정부에 대한 증오로 하나가 돼 있다. 정부가 약속을 어기고 일구이언하면서 정치적 반대파를 잔인하게 박해했기 때문이다. 반동계급인 귀족,

관료, 대x부르주아지는 극소수였다."[51]

유감스럽게도 바덴의 혁명 열기는 법률가 출신인 로렌츠 페터 브렌타노*의 우유부단한 리더십 때문에 차츰 식어가고 있었다. 브렌타노는 자칫하면 반역죄로 걸릴지 모른다는 두려움을 떨치지 못했다. 더구나 브렌타노 일파는 치열한 혁명 정신이 매우 부족한 듯했다. "사람들은 하품을 하고 잡담을 하고 이런저런 얘기를 하다가 썰렁한 농담이나 전략을 늘어놓기도 하고 이 사무실 저 사무실을 오가며 시간을 죽였다." 엥겔스는 바덴 투쟁을 정리한 『독일 제국 헌법 쟁취 투쟁』에서 왠지 안 될 것 같은 당시 분위기를 이렇게 묘사했다. 늘 그랬듯이 마르크스와 엥겔스는 지도부의 무능을 공개적으로 비판했다. 엥겔스는 지도부의 취약점을 너무 정확히 분석해내고 다가올 프로이센 당국의 대공세를 확실히 예측함으로써 한때 스파이로 몰려 체포되기도 했다. 그토록 사기를 죽이는 얘기만 하는 걸 보면 필시 혁명의 적이라는 논리였다. 엥겔스는 감옥에서 하루를 보내고 여러 공산주의 운동가들의 주선 덕분에 풀려났다. 이 시점에 마르크스는 희망이 없다고 판단해 바덴 봉기에서 발을 빼고 다시 파리로 갔다.

엥겔스도 그럴 생각이었다. 그런데 프로이센 장교 출신으로 봉기군 사령관인 아우구스트 폰 빌리히가 노동자와 대학생 자원병으로 구성된 800명 규모의 부대를 이끌고 카이저스라우터른에 입성했다. 엥겔스는 당시 상황을 이렇게 설명한다. "군사 교육을 받을 기회를 놓치고 싶은 마음은 추호도 없었기 때문에 나도 큰 칼을 차고 달려가 빌리히 진영에 합류했지."[52] 엥겔스는 곧바로 빌리히의 부관으로 위촉됐다. 엥겔스는 자기가 모

---

* 1813~1891. 당시 1848년 혁명으로 들어선 바덴 임시공화국 수반이었다.

시는 사령관을 바덴-팔츠 혁명군에서 그래도 얘기가 되는 극소수 인물 가운데 하나로 봤다. 빌리히는 전투시에는 "용감하고 냉철하며 능수능란하고 상황을 빨리, 정확히 판단할 줄 알았"지만 교전 지역을 벗어나면 끔찍이도 지겨운 인물이었다. 그래도 엥겔스는 그를 "따분하지만 진정한 사회주의자"라고 평했다.[53] 어쨌든 엘버펠트에서 쫓겨난 이후 이곳이야말로 진짜 전투를 겪어볼 기회였다. 프로이센군은 이미 1848년 혁명의 마지막 요새인 바덴을 포위해 들어오고 있었다.

"군대에 다녀오지 않았거나 항해를 못 해본 남자는 늘 계면쩍어한다"고 18세기 영국 시인 새뮤얼 존슨은 말했다. 그런데 엥겔스는 전투에 참가했다는 이유로 아주 당당했다. 바덴 작전作戰 직후 예니 마르크스에게 보낸 장문의 편지에서는 은근히 폼을 잡는다. "핑 핑 총알 날아가는 소리는 사실 별 거 아닙니다." 그쯤은 대수롭지 않다는 투다. "그런데 전시에는 비겁한 행동이 많이 나타나는 법인데도 실제로 겁쟁이 같은 행동을 한 친구는 열두 명밖에 못 봤어요."[54] 엥겔스는 모두 네 차례 전투에 참가했다. "그중 두 번은 정말 중요한 전투였다." 하지만 대부분의 시간은 소규모 접전과 퇴각을 반복하는 식으로 성과 없이 보냈다. "숲이 우거진 경사면에 올라서자 바로 탁 트인 공간이 나왔고, 건너편 나무 많은 끝 쪽에서 프로이센 소총수들이 우리를 향해 총을 쏘아댔다. 나는 자원병 몇 명을 더 끌고 올라왔다. 그 친구들은 잔뜩 겁을 먹고 어쩔 줄 몰라 낑낑대고 있었다. 최대한 엄호사격을 해주면서 지형을 자세히 살폈다." 엥겔스의 『독일 제국 헌법 쟁취 투쟁』에 나오는 전형적인 전투 상황 설명이다.[55] 엥겔스는 빌리히와 일부 간부급, 그리고 노동자 대원들에 대해서는 높이 평가했지만 대학생 자원병은 경멸했다. 정식으로 대학을 다니지 않고 독학을 한 사람 특유의 열등감 같은 데서 비롯된 감정이라고 할 수 있다. "전투 기간

내내 대학생들은 대부분 겁 많고 투정 많은 샌님들이었다. 작전 내용을 시시콜콜 설명해줘야 했고, 발이 아프다 힘들다 불평불만도 많았다. 전투가 무슨 야유회인가?"[56]

엥겔스가 가장 큰 전투를 치른 곳은 독일 서쪽 국경 끝인 무르크 강변 라슈타트 요새였다. 그는 당시를 회고하며 예니에게 "총탄이 쏟아지는 상황에서 용감해지는 것은 모든 인간의 가장 평범한 특징"이라고 말했다.[57] 혁명군 1만3000명의 4배나 되는 프로이센군을 상대하면서 엥겔스는 탁월한 전투 솜씨를 보였다. 그는 빌리히 부대 노동자 중대를 이끌고 프로이센 1군단과 맞서 무르크 강변에서 일련의 접전을 벌였다. 실제로 동료 자원병들은 엥겔스가 "열정과 용기"를 가지고 기꺼이 전투에 임했다고 칭찬을 아끼지 않았다.[58] 그러나 빌리히의 병사들은 프로이센군에 비해 화력에서 밀리고 전술에서도 뒤졌기 때문에 승리의 가능성은 전혀 없었다. 라슈타트 전투는 피어린 참패였다. 공산주의자동맹 창립 멤버인 요제프 몰도 이 전투에서 죽었다.

혁명군 낙오병들은 남쪽으로 퇴각해 슈바르츠발트 삼림지대를 거쳐 스위스 국경으로 향했다. 빌리히와 엥겔스는 마지막 저항을 해볼 생각이었지만 기진맥진하고 배고픈 병사들은 이제 말을 듣지 않았다. "우리는 로트슈테텐을 지나 국경으로 가서 그날 밤 야영을 했다. 아직 독일 영토 안이었다. 7월 12일 아침 우리는 하늘을 향해 소총을 난사한 뒤 스위스 땅으로 들어섰다. 바덴과 팔츠군은 그게 마지막이었다."[59] 출발부터 불리한 여건인 데다 지휘부가 분열되고 병참도 형편없었기 때문에 바덴-팔츠 작전은 실패할 수밖에 없는 게임이었다. 그러나 엥겔스로서는 어떤 면에서 중요한 목표 하나를 달성했다. 진짜 전투에서 피 맛을 보았기 때문에 그어떤 혁명가한테도 두 눈 똑바로 뜨고 당당하게 말할 수 있게 된 것이다.

"무수한 전장을 누볐지만 나는 손끝 하나 다치지 않았어요"라고 엥겔스는 예니 마르크스에게 말했다. "결국 현장에 있었던 건 「새 라인 신문」 사람이었지요. 민주주의파 건달들도 바덴과 팔츠에 와 있기는 했지만 자기들이 하지도 않은 영웅적인 행동을 했다고 떠들고 다니더군요."[60] 마르크스도 엥겔스의 전투 참가가 대중적 이미지 차원에서 어떤 의미를 갖는지 잘 알고 있었다. "자네가 실전에 참여하지 않았으면 우린 그 사안에 대해 의견을 내기도 쑥스러웠을 거야." 마르크스는 파리에서 보낸 편지에서 이렇게 말하고 최대한 빨리 혁명전쟁 체험을 글로 쓰라고 재촉했다. "그 정도면 제법 팔려서 돈도 될 것"이라는 게 마르크스의 확신이었다.[61]

피난처를 찾는 정치 망명객 수천 명과 함께 스위스로 돌아온 엥겔스는 신변은 안전해졌지만 역시 무료했다. 그래서 마르크스의 권고를 받아들여 단기간에 『독일 제국 헌법 쟁취 투쟁』을 집필했다. 총알이 빗발치는 상황에서 영웅적인 행동을 했다는 명성을 확인시켜주는 동시에 1848년 이후 혁명 실패가 누구 때문이냐에 대한 논란에서 주도권을 잡기 위한 작업이었다. 1848년의 수확 전체를 허사로 만들었다는 혹평을 받은 '빌어먹을 악당들'은 바로 부르주아지였다. 그들은 노동자들을 속여 봉기에 나서게 한 다음 반혁명이 고개를 쳐들자 바로 내버렸다. 신랄한 첫 장에서 엥겔스는 부르주아지를 "사소한 위험이라도 다가오면 덜컥 겁을 집어먹고 제 살 궁리만 하는 비겁한 무리이며, 자신들이 촉발한 운동을 다른 계급이 불안한 눈길로 예의주시하면 또 두려움에 벌벌 떨며 이러지도 저러지도 못하는 자들"이라고 혹평했다. 급진파 민주주의자나 공산주의자, 프롤레타리아 쪽에는 아무 잘못이 없었다. 오히려 그들은 혁명을 배신한 부르주아지에게 "등을 찔린" 셈이었다. 이후 몇 달이 지나면서 부르주아지의 우유부단함—"사태가 무정부 상태로 빠질 기미가 조금이라도 보이면(이

때야말로 결정적인 투쟁의 순간이다) 그들은 두려움에 떨며 발을 뺀다"—을 경멸하는 엥겔스의 태도는 정치 이데올로기로까지 굳어진다.[62] 유럽이 대전환에 실패한 이후 마르크스와 엥겔스는 부르주아 민주주의 혁명을 거친 뒤 프롤레타리아 지배로 나아간다는 2단계 모델을 원점에서부터 다시 생각할 필요가 있다는 결론에 도달했다. 그리고 이제 두 사람에게는 재고에 필요한 시간이 충분했다.

마르크스가 파리로 돌아온 지 한 달이 지난 시점에 반동세력의 촉수가 뻗쳐왔다. 시 당국이 "브르타뉴 퐁틴 늪지"로 유배를 보내겠다고 협박하자 마르크스는 하는 수 없이 런던 망명을 결심했다. "그러니까 자네도 바로 런던으로 떠나야 돼." 당시 스위스 로잔에 머물고 있던 엥겔스에게 보낸 편지에서 마르크스는 이렇게 당부했다. "어떤 경우라도 안전이 제일 중요해. 프로이센에서는 자네를 두 번 잡아 죽여도 시원치 않을 거야. 먼저 바덴에서의 일이 그렇고, 엘버펠트 일도 그렇지. 그리고 스위스에 있어봐야 아무것도 할 수 없어. …런던에 오면 바로 일을 시작하자고."[63] 그러나 지명수배자가 반혁명이 부활하던 시기에 포연이 가시지 않은 유럽을 벗어나기란 쉬운 일이 아니었다. 프랑스와 독일은 아예 들어갈 수 없었다. 그래서 엥겔스는 피에몬테를 거쳐 이탈리아 남부 항구도시 제노바로 향했다. 거기서 영국행 코니시 다이아몬드 호를 탈 생각이었다. 바덴 전투의 용사 엥겔스는 마침내 마르크스와 합류했다. 희한하게도 1848년 혁명의 소용돌이에서 비켜간 영국 수도 런던은 이주민과 망명객, 혁명가, 공산주의자들의 피난처였다. 유럽 대륙의 혼란에서 멀찍이 비켜서 있던 빅토리아 시대 중기의 보수적인 영국은 이후 40년 동안 엥겔스의 고향이 된다.

6장

맨체스터 시절

— 시련과 좌절

The Frock-Coated Communist

토요일에 여우사냥을 나갔어. 안장에 꼬박 일곱 시간을 앉아 있었네. 며칠이 지났는데도 흥분이 가시지를 않아. 정말 육체의 향락으로는 최고야. 사냥꾼들 중에서 나보다 말을 잘 타는 사람은 딱 둘이었어. 하지만 그 사람들은 말도 훨씬 좋은 놈이었지. 정말이지 건강에는 그만이야. 적어도 스무 명은 말에서 떨어졌고, 말도 두 마리는 지쳐서 나가떨어졌어. 여우는 한 마리 잡았네(내가 죽은 걸 확인했지).[1]

바르멘의 바리케이드 위에서 붉은 깃발을 치켜든 지 10년이 지난 시점의 프리드리히 엥겔스는 놀라운 성격 변화를 겪은 것처럼 보였다. 1849년의 혁명가는 이제 맨체스터 사회의 견실한 시민이 되어 있었다. 체셔의 유서 깊은 여우사냥 대회에 나가고, 앨버트 클럽이나 브레이즈노즈 클럽 같은 사교 모임에 회원으로 적극 참여하는가 하면 환경이 좋은 교외에 거주하면서 회사 일도 열심히 해 곧 에르멘 앤드 엥겔스사의 동업자로 발돋움하게 된다. "이제 얼마 있으면 면방적업계의 거물이 되신다니 정말 기뻐요." 예니 마르크스가 남편 친구에게 보낸 편지에서 한 축하의 말이다.[2] 엥겔스 아버지와 어머니도 골칫덩어리 장남이 가업에서 제자리를 찾았으니 이제 한시름 놓을 수 있을 것처럼 보였다. 많은 청년 급진파들이 그랬듯이 엥겔스도 선동가에서 결국은 평범한 아저씨로 돌아서고 만 것일까? 아니면 "오스발트"라는 필명을 썼을 때처럼 또 하나의 위장술에 불과한 것이었을까?

사실 엥겔스 인생의 중기中期는 시련기였다. 다시 맨체스터로 돌아온 엥겔스는 굴욕스럽기는 하지만 어쩔 수 없이 에르멘 앤드 엥겔스사로 들어갔다. 여기서 면사綿絲 장사로 보낸 20년은 낙담과 좌절로 점철된 희생의 시기였다. 카를 마르크스는 이 기간을 '엥겔스의 질풍노도 시절'이라고 불렀다. 그런데 엥겔스가 그렇게 된 것은 상당 부분 마르크스 책임이었다. 1850~70년 엥겔스는 자기 인생에서 의미 있는 많은 것들—지적 탐구, 정치 활동, 마르크스와의 공동 작업 등등—을 포기하고 과학적 사회주의의 대의를 위해 희생했다. 가히 영웅적인 행동이라 할 만했다. 마르크스는 위로조로 "우리 둘은 동업자 관계야. 내가 이론적인 부분과 조직 쪽을 맡고 있는 거지"라고 설명했다. 반면에 엥겔스의 역할은 장사를 통해 재정적 지원을 제공하는 것이었다.[3] 우선 마르크스와 그의 늘어나는 식구들을 보살펴야 했다. 그리고 가장 중요한 일은 마르크스가 돈 걱정 없이 『자본론』 집필에 전념하도록 돕는 것이었다. 엥겔스는 그렇게 자신의 경제적 안락함과 철학을 연구할 시간, 그리고 심지어 명예까지 모든 것을 내놓았다. 맨체스터 시절은 "제2 바이올린"역을 자임한 대가가 얼마나 큰 것인지를 여실히 보여준다.

런던 소호의 마르크스 일가

"1848년 이후 런던에 온 정치 망명객과 이주자들의 속 깊은 이야기를 외부의 시각으로 써볼 생각을 한 사람이라면 당대의 기록에다가 서글픈 추억을 덧칠하지 않을 수 없었을 것이다." 러시아 망명객 알렉산드르 헤르젠은 회고록에서 이렇게 썼다. "그 고통과 궁핍과 눈물과 …그리고 그 쪼잔함과 편협함, 지적 능력과 자질과 이해력의 빈곤, 아귀다툼식 말싸움과 상처받은 허영으로 인한 분노 등등…."[4]

1849년 코니시 다이아몬드 호에서 내린 엥겔스는 일단 런던 첼시에, 그리고 얼마 후 소호에 방을 구하면서 바로 그런 현장 속으로 다시 들어갔다. 그러나 서로 삐치고 이전투구를 벌이는 일도 도처에 숨어 있는 프로이센 밀정들 때문에 더더욱 어려워졌다. "우리가 한 발짝만 나서도 가는 곳마다 그들이 따라붙었다." 1850년 7월 시사주간지 「스펙테이터」에 기고한 글에서 엥겔스는 분노를 터뜨렸다. "버스를 타거나 커피하우스에 들어가도 바로 이상한 친구들이 따라붙는다. …대개 말끔하고 번듯한 것과는 거리가 먼 자들이다."[5] 맨체스터 시절에는 공산주의자동맹 중앙위원회 위원 선출 및 런던 독일노동자교육협회 회원 자격을 둘러싼 다툼이 일어나는가 하면, 가난한 망명객들을 위한 자선기금 배분을 놓고 난투가 벌어지기도 했다. 마르크스와 엥겔스는 금세 예전의 분파주의적인 모습으로 돌아갔다. 기존의 독일난민구호위원회를 따돌리고 새로 사회민주주의독일난민구호위원회를 설립했다. 프로이센 추적자들을 피해 스위스에서 지루한 나날을 보낸 뒤 이제 브뤼셀과 파리에서 보냈던 호시절 같은 분위기로 돌아온 것이다. 그것은 이전투구가 난무하는 정치의 장이었다. "대체로 여기 사정은 아주 좋아." 엥겔스는 출판업자인 친구 야콥 샤벨리츠*에

* 1827~1899. 스위스 출판업자. 1846~48년 영국에 머물면서 독일 망명객들과 어울렸다.

게 보낸 편지에서 이렇게 적었다. "구스타프 슈트루베*은 어중이떠중이들과 어울려 노동자협회와 우리를 못살게 굴려고 온갖 음모를 꾸미고 있지. 그래 봤자지. 저들은 우리 협회에서 쫓겨난 온건파 불평분자들과 함께 비밀 클럽을 만들었어. 하인첸은 거기서 공산주의자들의 주장이 불온하다며 불만의 소리를 높이고 있지."[6] 행복한 시절이었다.

런던 소호의 그레이트 윈드밀 스트리트를 중심으로 맥주 퍼마시며 담배연기 뿜어대는 혁명가들의 세계는 활기차게 돌아갔지만 정치적으로는 시대착오였다. 후일 엥겔스는 "혁명 혹은 반혁명이 모두 실패로 돌아간 뒤에도 외국으로 망명한 인사들은 오히려 더더욱 열정적으로 행동에 나섰다"고 썼다.

온갖 색깔의 분파가 형성되고 있다. 이들은 방향을 오도한다느니 배신을 때렸다느니 도덕적인 죄악을 저질렀다느니 하며 온갖 이유로 서로를 비난하고 있다. 그들은 또 조국과 긴밀한 유대를 유지하면서 조직을 꾸리고 음모를 꾸미고 팸플릿과 신문을 발행하고 24시간 안에 다시 들고일어나면 승리는 확실하다고 호언장담을 한다. 그런 기대 속에서 정부 요직을 벌써부터 나눠먹기도 한다. 당연히 결과는 실망, 또 실망뿐이다. …비난을 비난으로 되받으면서 결국은 아무것도 아닌 것까지도 물고 늘어지는 싸움으로 번진다.[7]

그들은 1848년 혁명의 실패─부르주아 민주주의 혁명은 구체제의 반

---

* 1805~1870. 독일 정치인, 변호사, 언론인. 1848~49년 바덴 봉기에 적극 가담했다.

동에 밀려 무너지고 말았다―가 얼마나 참담한 것이고 유럽 대륙에서는 여전히 반혁명 분위기가 지배적이라는 사실을 전혀 깨닫지 못했다. 그레이트 윈드밀 스트리트의 공산주의자들은 여전히 왕정 타도가 임박했다고 믿고 있었다. "혁명은 아주 급속도로 진행 중이야. 혁명이 다가오고 있다는 건 누구나 알 거야." 1850년 3월 프랑스의 정치지형에 대해 엥겔스는 자신에 찬 목소리로 단언했다(그러나 프랑스는 당시 루이 나폴레옹을 중심으로 왕정복고 쪽으로 가고 있었다. 2년 후 대통령 루이 나폴레옹은 쿠데타를 일으켜 황제가 된다).[8] 마르크스와 엥겔스는 긴박한 분위기를 틈타 좀 더 조직적이고 독자적인 노동계급 운동을 전개할 계획이었다. 대륙에서 혁명이 실패한 이후 줄기차게 부르주아지에게 "등을 찔렸다"고―자유주의파 부르주아지는 지배계급과 화해할 수 있을 만한 기미가 보이자마자 바로 노동자들의 요구를 희생시켰다―떠들어온 것이 이제는 좀 더 포괄적인 정치 전략의 기초가 되었다. 1850년 3월에 쓴 「공산주의자동맹 중앙위원회에서 동지들에게 보내는 글」에서 마르크스와 엥겔스는 특정한 노동자 조직만이 자유주의 연합이라는 덫에 빠지지 않고 다가오는 혁명에서 정치적 성과를 거둘 수 있다고 주장했다. "한마디로, 이제 승리의 첫 순간부터 더 이상 믿지 말아야 할 대상은 무너진 반동세력이 아니라 한때 노동자들과 동맹을 맺었던 세력입니다"라고 두 사람은 강조했다.[9] 따라서 "영구혁명"―후일 레온 트로츠키*가 전매특허처럼 사용해 유명해진 개념이다―과 더불어 프롤레타리아가 한층 공격적으로 권력의 조종간을 잡는 일이 필수였다. 부르주아지의 단일 세력화를 저지하려면 민주주의 혁명이 시

---

* 1879~1940. 러시아 공산주의 이론가, 러시아 혁명 지도자. 레닌 사후 스탈린과의 권력투쟁에서 패하여 망명했다가 멕시코에서 암살당했다.

작된 이후에도 평화로운 날은 있을 수 없었다.

그러나 동시에 혁명은 사회경제적 토대가 무르익지 않은 상태에서 성급히 밀어붙여서도 안 되는 일이었다. 그리고 쾰른에서 그랬던 것처럼, 이렇게 정치적으로 사태를 예의주시하며 기다리는 자세 때문에 두 사람은 공산주의자동맹 회원 다수와 사이가 벌어졌다. 런던에서 공산주의자동맹을 이끄는 인물은 카를 샤퍼와 엥겔스가 바덴에서 사령관으로 모신 아우구스트 빌리히였다. 둘 다 즉각적인 군사행동을 주장하고 있었다. 마르크스와 엥겔스가 보기에 그런 노선은 시시껄렁한 테러리즘이자 공산주의의 대의를 일찌감치 그르치는 행동이었다. 게다가 마르크스는 빌리히가 혁명전쟁 참전 용사랍시고 안하무인으로 허세를 부리며 으스대는 꼴을 견딜 수 없었다(가장 분개한 것은 역시 혁명을 위해 싸운 것을 무슨 훈장처럼 들먹이는 행태였다). 마르크스가 훈장 단 노동계급의 전사에게 도전장을 던지고, 이어 홧김에 공산주의자동맹 중앙위원회를 독일로 옮긴 것은 당연한 일이었다.

그러나 마르크스와 엥겔스가 의견 충돌을 빚은 사람은 빌리히와 샤퍼만이 아니었다. 독일인 공동체 지도자인 고트프리트 킨켈*, 베를린 시절 친구였다는 아르놀트 루게와도 사이가 안 좋았다. 슈트루베와 하인첸, 망명 와 있던 이탈리아 민족주의자 주세페 마치니, 프랑스 사회주의자 루이 블랑과 알렉상드르오귀스트 르드뤼롤랭**, 한때 두 사람이 영웅시했던 라요시 코슈트는 물론 심지어 차티스트 운동가인 오랜 동지 줄리언 하니와도 썰렁했다. 엥겔스는 완전한 정치적 고립까지 감수하면서 비타협적 자

* 1815~1882. 민주주의 사상가, 시인, 신학자. 1849년 팔츠 봉기에 참여했다.
** 1807~1874. 변호사 출신 공화파 정치인으로 1848년 2월 혁명 직후 구성된 프랑스 임시정부에서 내무장관으로 주도적인 역할을 했다.

세를 끝까지 견지했다. 그는 마르크스에게 보낸 편지에서 "마침내 우린 우리에게 필요한 것은 인기도, 어느 나라 어느 정파政派의 지지도 아니라는 것을 보여줄 기회를—처음으로—얻게 됐네"라고 썼다. 공산주의 이데올로그로서 두 사람의 역할은 역사의 행진을 기록하고 보여주는 한편으로 자본주의의 모순을 극명하게 밝혀냄으로써 프롤레타리아로 하여금 앞으로 짊어져야 할 혁명의 의무를 깨닫고 준비하도록 만드는 것이었다. 그에 따르는 정치적 고립은 청교도적인 열정으로 희생과 순교를 마다하지 않는 엥겔스의 성향에 딱 맞았다. "공식적인 지위를 벌레 보듯 하는 우리 같은 사람들이 어떻게 '정파' 같은 데 어울리겠나?" 엥겔스는 마르크스에게 이렇게 반문했다.[10]

노선 투쟁보다 더 어려운 것은 런던 체류 기간에 두 사람을 괴롭힌 가난이었다. 예니 마르크스가 남편을 뒤따라 영국해협을 건넌 것은 1849년 9월이었다. 꼬마 셋을 업고 안은 채 뱃속에는 넷째를 임신한 상태였다. 뱃속에 있던 이 아이가 하인리히 기도로 1849년 11월 5일에 태어났다고 해서 마르크스는 "포크시Fawksey"*라는 특이한 별명을 붙여줬다. 마르크스가 프리랜스 저널리스트로 일해서 얻는 수입은 부정기적이었고, 저서 출판 계약금은 너무 짧고, 「새 라인 신문」 복간 시도는 실패로 끝났다. 그는 가족을 부양할 능력이 없었다. 부인 예니 마르크스는 후일 이 시기를 "가장 힘들고 끊임없이 궁핍에 시달린, 정말 비참한" 시절이었다고 회고한

---

* 1605년 11월 5일 가톨릭교도들을 탄압하는 영국 왕 제임스 1세를 암살하려다 처형당한 가이 포크스Guy Fawkes에서 딴 별명으로 '꼬마 포크스'라는 뜻이다. 포크스를 비롯한 가톨릭 세력이 웨스트민스터 국회의사당에 화약을 설치해 왕과 의원들을 폭사시키려 한 이 사건을 '화약 음모 사건Gunpowder Plot'이라고 한다. 영국에서는 지금도 11월 5일을 '가이 포크스의 날'이라고 해서 불꽃놀이와 음모자 인형 화형식을 한다.

다.[11] 마르크스 일가는 누추하고 비좁은 아파트를 전전했고, 아이들은 영양결핍에 시달렸다. 특히 막내 기도에게 끔찍한 가난은 치명타였다. "그 아이는 세상에 나온 이후로 밤새 탈 없이 잔 적이 한 번도 없어요. 기껏 두세 시간 자다가 깨서 또 울곤 했지요. 최근에도 여러 번 경기를 일으켰어요. 늘 그렇게 죽음과 비참한 삶 사이를 오락가락했답니다. 아파서 그런지 젖도 있는 힘을 다해서 빠는 바람에 제 젖꼭지에 상처가 났어요. 거기서 피가 나 그 작고 떨리는 아기 입이 온통 피로 물들었지요." 예니는 공산주의자 친구인 요제프 바이데마이어*에게 도움을 호소하는 편지에 이렇게 적었다.[12] 귀족(폰 베스트팔렌가)의 후예인 예니 같은 숙녀가 빵집이나 정육점 주인, 우유배달부, 점원들에게 외상값 독촉을 받는다는 것은 치욕이 아닐 수 없었다. 그 사이 마르크스는 빚쟁이들을 피해 이사 갈 셋집을 구해야 했다. 맥 빠지고 수치스러운 나날이었다. 어린 기도가 최대의 피해자였다. "끝으로, 우리 꼬맹이 화약 음모꾼 포크시가 오늘 아침 10시에 죽었다네." 1850년 11월 마르크스가 엥겔스에 보낸 편지의 한 대목이다. "여기 분위기가 어떨지 상상이 가겠지. …혹 괜찮다면 우리 집사람한테 위로의 말이라도 몇 자 적어 보내주게. 그 여자, 정신이 나간 상태야."[13] 마르크스 부부는 이후 자녀 둘―프란치스카와 에드가(별명이 "무슈 대령"이었다)―을 더 잃게 된다. 역시 가난과 나쁜 환경과 질병 탓이었다.

마르크스가 사는 소호 딘 스트리트 아파트에서 길을 따라 한참 아래쪽 매클레스필드 스트리트에서 하숙을 했던 엥겔스도 경제적으로는 나을 게 없었다. 엥겔스는 난민 공동체 지원금을 모금하러 다니면서 여러 건의 출

* 1818~1866. 프로이센 장교 출신 혁명가, 언론인. 1848년 혁명에 참가하고 마르크스가 운영하는 「새 라인 신문」 편집자로 활동했다.

판 계약을 추진했다. 마르크스처럼 딸린 식솔은 없었지만 그 역시 돈이 궁했다. 그나마 관대했던 부모가 다시 체포영장이 날아들자 재정지원을 완전히 끊어버렸기 때문이다. "너한테 돈을 부쳐주면 지내기는 좀 낫겠지. 하지만 내가 볼 때 죄악이라고밖에 할 수 없는 사상을 퍼뜨리고 다니는 아들한테 왜 재정지원을 해야 하는지 의문이구나." 엥겔스의 어머니 엘리제는 이런 답신을 보냈다.[14] 소호에서는 영 일이 안 풀리고 마르크스의 절망적인 상황을 더 이상 좌시할 수도 없었던 엥겔스는 불가피한 선택을 하게 된다. 생활비를 해결하고 마르크스를 도와 두 사람이 추구하는 대의를 이루는 유일한 방법은 고집을 꺾고 가족과 화해해 가업으로 복귀하는 것이었다. 여동생 마리가 부모와의 화해를 요령껏 주선해주었다. "우리 가족은 결국 오빠가 적어도 당분간은 진심으로 일에 복귀하고 싶어 한다는 결론을 내렸어요. 그럼 오빠도 안정적인 수입이 확보되겠지. 오빠네 사람들이 잘돼서 다시 오빠 하던 일을 할 수 있게 되면 바로 그만둘지도 모르지만요." 마리는 편지에 부모의 축복의 말을 함께 전했다.[15] 그러면서 아버지 말씀이, 오빠가 회사에 합류하는 게 썩 달갑지는 않지만 가족 사업에 도움은 될 거라고 했다는 것이다. 달리 선택의 여지가 없었기 때문에 엥겔스는 당분간 부모의 제안을 받아들이기로 했다. 당분간이었기 때문에 혁명이 부르면 다시 바리케이드로 돌아갈 수도 있었다. 엥겔스는 이렇게 썼다. 아버지는 "적어도 3년은 날 필요로 할 거야. 나로서도 오래 매여 있기로 한 것은 아니니까 꼭 3년까지는 안 갈 수도 있어. 더구나 내가 쓰는 글이나 혁명이 일어날 경우 여기서 뭘 하느냐 같은 문제는 일절 거론이 없었다네. 아버지는 그런 생각은 꿈에도 못 할 거야. 그저 '이젠 안심이다' 하고들 계시겠지!"[16] 충분히 안심할 만했다. 엥겔스는 결국 가족 회사에서 꼬박 19년을 일하게 되니 말이다.

에르멘 앤드 엥겔스사로 복귀하다

1848년 혁명의 실패를 가장 애통해한 것은 맨체스터였다. 그해 4월 10일 월요일 런던 케닝턴 코먼에서 열린 대중 집회는 결국 영국 급진파 노동계급 운동의 와해를 알리는 신호탄이었다. 당시 차티스트 운동가들은 국회의사당까지 행진해 인민헌장 요구사항 6개조를 관철시키려 했으나 대중의 무기력과 정부의 탄압에다 비까지 내리는 바람에 실패하고 말았다. 15만 명이 모여 민주주의를 요구했으나 정부에서는 임시경찰 8만 5000명, 군 병력 7000명, 정규 경찰 5000명을 동원했고, 여기에 첼시 지역 연금생활자 1200명과 나폴레옹을 무찌른 영국의 영웅 웰링턴 공작까지 가세했다. 이슬비가 부슬부슬 내리는 가운데 차티스트 운동가들은 하는 수 없이 마차를 타고 템스 강을 건너 청원서를 의회에 전하는 선에서 집회를 끝냈다. 유럽의 수도들이 화염에 휩싸여 있는 가운데 계급의식이 가장 높은 영국 프롤레타리아가 봉기에 실패했다는 것은 괄목할 일이었다. 사회·정치적 개혁을 요구하는 차티스트 운동가들의 목소리가 가장 크게 울려 퍼진 랭커셔의 공장과 들판에는 실망감이 역력했다. 그러나 이 모든 사태는 달라진 현실의 반영일 뿐이었다.

1846년 곡물법—나폴레옹 전쟁 이후 도입된 제도로 수입 곡물에 높은 관세를 매겨 곡물 가격을 인위적으로 높게 유지시키는 역할을 했다. 그 때문에 토지 소유 특권층에게 보조금을 지급하는 격이라는 악평을 받아왔다—폐지는 이른바 '맨체스터 학파'*의 승리였다. 이들이 내세우는 철학은 자유무역과 국가 개입 최소화, 개방 시장과 민주주의였다. 하원의원인 존 브라이트와 리처드 코브던이 주도한 중산층 중심의 이 정치운동은 보호관세 및 과다한 국가지출(제국주의 정책과 연결된 경우가 많았다) 폐지를 강력히 요구했지만 노동조합의 이해관계에는 별 관심을 보이지 않았다. 그런데 한때 계급 전쟁과 경제 불안, 프롤레타리아 혁명 같은 끔찍한 재앙이 곧 닥칠 것만 같았던 맨체스터가 이 운동의 정신적 고향이었다. 산업혁명의 추악함을 여실히 드러내던 이 "충격적인 도시"가 빅토리아 시대 중기 경제 붐을 타고 중산층의 도시로 탈바꿈한 것이다. "면직도시" 맨체스터는 이제 공장 폐쇄, 파업, 횃불 든 집회가 빈발하는 도시가 아니라 대중목욕탕과 세탁장, 도서관, 공원을 두루 갖추고 정비공 연구소와 공제조합들이 활발한 사회 활동을 하는 도시가 된 것이다.

엥겔스가 과거를 회상해보니 1845년에 쓴 『영국 노동계급의 상태』는 이미 구닥다리가 되었다. 가난한 아일랜드 이민자들이 모여 살던 리틀 아일랜드는 상가가 들어서 번영을 누리고 있었다. 교회는 기부금이 넉넉했고, 여러 층짜리 창고 겸 전시장 건물은 르네상스식 공공건물 양식으로 번듯하게 지어졌다. 그중에서도 가장 상징적인 건물이 1819년의 피털루 학살 사건 현장에 여봐란듯이 들어선 자유무역센터였다. 이 건물은 곡물법 폐지 승리를 기념해 건립된 것으로 이탈리아 베로나의 그란 구아르디아 베치아Gran Guardia Vecchia를 모델로 했다. A. J. P. 테일러의 말에 따르면 자유무역센터는 "만인은 동등하게 태어났다고 하는 대명제에 바치는 헌사로 그 어떤 건물보다도 당당하고 많은 사람들이 편히 이용할 수 있었다. …맨체스터 사람들은 영국의 귀족·신사계급을 피 한 방울 안 흘리고 완전히 굴복시킨 것이다. 자유무역센터는 그들의 승리의 상징이었다."[17] 급진적이던 맨체스터는 이제 기가 다 빠져서 1851년 10월이 되면 여왕

---

* 19세기 전반 맨체스터를 중심으로 자유무역을 주창한 실천가 집단. 경제학 학파라기보다는 극단적인 경제적 자유주의를 실행하려는 운동이었다.

폐하께서 행차하시기에 조금도 부족함이 없었다. 빅토리아 여왕과 부군 앨버트 공의 행차는 빅토리아 브리지를 건너 자유무역센터로 이어졌는데 이탈리아풍의 아치로 장식한 천장이 높은 홀을 지나 센터 운영위원회 이사들에게 이런저런 작위를 수여하는 것으로 끝이 났다. 이런 의식은 부르주아들의 자존심을 높여주고 지역적으로도 자긍심을 갖게 하는 대단한 행사였다. 상업이 발달하고, 종교적 관용이 넘치며, 시민사회가 정치적 자율을 행사하는 맨체스터에 대해 왕실에서도 그 대단함을 공인해준 셈이다. 「맨체스터 가디언」에 따르면 이 도시는 "중산층이 중심이 돼 산업이 효율적으로 번창하는 공동체"임을 입증한 것이다.[18]

이런 식으로 부르주아 진영이 확대되는 것이 엥겔스로서는 끔찍한 일이었다. 심지어 엥겔스에게 도움도 많이 줬던 오랜 친구인 오언주의자 존 와츠는 희희낙락하는 자유주의 진영과 손을 잡았다. "최근에 존 와츠를 만나고 왔네. 그 친구, 아주 능수능란하더군. 딘스게이트의 가게도 한참 더 키웠어." 마르크스에게 보낸 편지에서 엥겔스는 이렇게 말했다. "내게 한 몇 가지 제안으로 보아 그 친구가 부르주아 자유주의를 떠들어대는 건 양복점을 키우기 위한 작전이야."[19] 엥겔스가 가장 수치스럽게 생각한 것은 와츠가 새로 도서관과 독서 공간을 만들기 위해 급진파들의 광장이었던 오언주의 계열 과학관 건물을 팔려고 한다는 것이었다. "여기 자유무역 주창자들은 번영을 미끼로 삼아 프롤레타리아를 돈으로 사려 하고 있어. 존 와츠가 그 브로커 역할을 하는 거고."[20]

차티스트 운동가였던 토머스 쿠퍼도 한때 동지였던 이들이 부르주아적 성향으로 흐르는 것을 대단히 우려했다. "예전에 우리가 차티스트 운동을 할 때, 랭커셔 노동자들은 수천 명씩 누더기 옷을 걸치고 나온 것이 사실이다. 끼니를 때우지 못하는 사람도 많았다. 그러나 그들의 지성만큼은 어디서나 빛났다." 쿠퍼의 자서전은 이렇게 이어진다. "그들은 무리를 지어서 정치적 정의라고 하는 대의를 논하곤 했다. …그런데 지금은 랭커셔에서 그렇게 토론하는 무리를 볼 수 없다. 잘 차려입은 노동자들이 호주머니에 손을 넣고 걸어가면서 하는 말을 들어보면 '협동조합'이 어떻고, 자기 지분이 어떻고, 주택 금융 공제조합이 어떻고 하는 얘기들뿐이다."[21] 대단히 유감스럽기는 하지만, 엥겔스로서는 이런 부르주아화 경향이 심화된다는 사실에 주목하지 않을 수 없었다. 그러면서 이렇게 투덜거렸다. "영국 프롤레타리아는 이제 점점 더 부르주아화되고 있어. 따라서 세계에서 가장 부르주아적인 이 나라의 궁극적인 과제는 기존의 부르주아지에 더해서 귀족도 부르주아지로 만들고 프롤레타리아도 부르주아지로 만드는 일이 될 것 같네."[22] 1850년대 초 엥겔스는 사회주의자 어니스트 존스*의 지도력을 신뢰하면서 몰락한 차티스트 운동을 되살려내려는 그의 시도가 어느 정도는 성공할 것으로 봤다. 심지어 "그런 친구들과 작은 클럽을 만들거나 그들과 『공산당 선언』을 가지고 토론하는 정기 모임을 조직할" 생각까지도 했다.[23] 그러나 존스가 마르크스 · 엥겔스 노선에 전폭적으로 동조하지 않고 중산층 개혁가들과 너무 많은 타협을 하자 엥겔스는 그와의 관계를 끊었다. "영국 프롤레타리아의 혁명적 에너지는 완전히 소진됐다"는 것이 1863년에 엥겔스가 내린 결론이었다.[24]

빅토리아 시대 중기 경제 붐에 드라이브를 걸면서 프롤레타리아의 정치적 야심을 누그러뜨린 것은 면직업의 활황이었다. 미국, 호주, 중국 등 신흥 시장 덕분에 이윤이 크게 늘고, 기술 발전 덕분에 생산성이 지속적

---

* 1819~1869. 영국 차티스트 운동 지도자, 시인, 소설가로 마르크스 · 엥겔스와도 교분이 있었다.

으로 증대됐다. 경제 발전은 특히 랭커셔 지역에서 두드러졌다. 임금 수준과 고용이 모두 높아졌다. 랭커셔 일대 공장 2000곳에서 밤낮으로 돌아가는 기계식 직조기만 30만 틀이었다. 1860년 면직 산업이 절정에 이르렀을 때는 영국 수출 총액의 40퍼센트 가까이를 차지했다. 재봉틀의 발명으로 특정 재봉실 수요가 늘면서 에르멘 앤드 엥겔스사는 재봉실 판매로 상당한 재미를 봤다. 1851년에는 고드프리 에르멘이 면사 연마법 특허를 얻고 "다이아몬드 실"이라는 독점 제품을 출시해 회사 규모를 더 키웠다. 주문이 늘면서 회사는 사무실을 사우스게이트 7번지(지금의 골든 라이언 레스토랑 안마당이 내려다보이는 창고)로 옮기고 기존의 샐퍼드 빅토리아 공장 외에 공장을 하나 더(에클즈 리틀 볼턴의 벤클리프 공장) 매입했다.

이처럼 회사는 활황이었지만 늘 그렇듯이 그 이면에는 내분이 벌어지고 있었다. 에르멘 앤드 엥겔스사는 동업자 네 명, 즉 페터, 고드프리, 안토니 에르멘과 엥겔스 아버지의 공동 소유로 돼 있었다. 영국과 독일에 걸친 이 대기업의 맨체스터 본부는 페터와 고드프리가 운영했고, 엥겔스 아버지는 라인란트에 있는 엥겔스키르헨 공장을 주로 맡았다. 페터와 고드프리는 에르멘 앤드 엥겔스 외에 인쇄소와 표백공장도 따로 경영했다. '에르멘 브라더스'라고 하는 이 회사는 구조상으로는 에르멘 앤드 엥겔스와 별개였지만 사무실도 같이 쓰고, 에르멘 앤드 엥겔스에 납품도 많이 했다. 엥겔스 아버지는 에르멘 형제가 농간을 부리고 있다고 확신했다. 그래서 아들—본사 파견 총무부장으로 들어갔다—이 회사 재정 상태를 확실히 파악해 잔재주 부리는 것을 막아주기를 바랐다.

에르멘가 형제들은 당연히 경영진에 들어온 새 감사를 탐탁지 않아 했고 최대한 애를 먹었다. 그들은 8년 전 사무실에서 견습 사원 일을 하던 엥겔스를 잘 기억하고 있었다. 당시 "그는 회사 일은 최대한 덜 하고 대부분의 시간을 정치 모임이나 맨체스터의 사회 현실을 연구하는 데 보냈다".[25] 그런데 이제 엥겔스의 말을 빌리면 페터 에르멘은 여간이 아니었다. "꼬리가 덫에 물린 여우처럼 이리 뛰고 저리 뛰고 하면서 나를 못 잡아먹어 안달이었다. 저 악마 같은 바보는 그럼 내가 '안녕히 계세요' 하고 물러날 줄 알았나 보다!" 에르멘가도 나름의 문제가 있었다. 페터와 고드프리가 회사 주도권을 놓고 다투고 있었던 것이다. "싸우는 두 형제 사이에서 자세를 잘 잡으세요." 예니 마르크스는 면사 한 박스를 보내준 엥겔스에게 감사를 표하면서 회사 내 역학관계에 대해 충고의 말을 전했다. "그 사람들 싸움 덕에 아버님 입장에서는 아들이 없어서는 안 될 존재가 될 거예요. 프리드리히 엥겔스 2세가 아버지의 소중한 동업자가 될 날이 벌써 눈에 선하네요."[26]

아무도 예상치 못했지만 엥겔스는 열심히 효율적으로 업무를 처리했다. 회계장부를 꼼꼼히 살펴보고, 에르멘 앤드 엥겔스와 에르멘 브라더스의 관계를 분명히 했으며, 열과 성을 다해 엥겔스가의 이익을 챙겼다. "우리 노인네는 내가 보낸 업무 관련 편지들을 보고 아주 흡족해했어. 내가 여기 있는 게 나로서는 엄청난 희생을 하는 것이라고 생각하셔." 자본가로서는 어울리지 않는 엥겔스는 마르크스에게 이런 얘기를 전했다.[27] 아닌 게 아니라 아버지와 아들은 화해 단계까지 갔다. 1851년 6월 두 사람은 바르멘 다리 사건(사실은 아닐 것이다) 이후 처음으로 맨체스터에서 만났다. "아버지랑 내내 같이 있는 건 좋지 않을 거다. 그리고 정치 얘기는 피하도록 해라. 너는 생각이 너무 다르니까." 불안한 어머니는 부자가 만나기에 앞서 아들에게 이렇게 충고했다.[28] 어머니 말이 맞았다. 엥겔스 아버지의 맨체스터 출장은 전반적으로 좋았지만 엥겔스는 "노인네가 여기 며칠 더 머물면 또 심하게 말다툼을 하게 될 것"이라고 예상했다. "예를 들면 출장 마지막 날, 아버지는 에르멘 형제가 자리를 같이한 틈을 이용해 …프로이센의 제도를 열심히 옹호하려고 했어. 한두 마디 던지고 인상을 썼더니 그만두시더군."[29]

가족과의 관계가 나아지고 에르멘가 형제들을 골탕 먹이는 재미도 쏠쏠하고 장부 정리 일도 만만치 않았지만 엥겔스가 장사라고 하는 끔찍한 일로 돌아갔다는 사실만은 피할 수 없는 현실이었다. 당시 그가 쓴 편지들을 보면 "빌어먹을 장사"니 "더러운 장사"니 하는 표현이 수도 없이 나온다. 사무실에서 보내는 시간 때문에 연구 작업이나 언론, 사회주의 관련 활동은 줄곧 크게 제약을 받을 수밖에 없었다. 단조롭고 따분하기 이를 데 없는 생활이었다. "럼주에 물을 타 마시고 열심히 공부하고 '몸을 비비 꼬며 지루하게' 시간을 때우지." 1851년 친구 에른스트 드론케에게 보낸 편지에서 엥겔스는 이렇게 푸념했다. 마르크스에게는 훨씬 솔직했다. "여긴 지겨워 죽겠어."[30] 정치적으로 보면 엥겔스가 하는 일은 그만한 대가가 따랐다. 부르주아 공장주라는 위치가 공산주의 운동권 안에서 엥겔스와 마르크스의 입지를 좁힐 위험이 컸기 때문이다. "곧 얼간이들이 이렇게 말할 거야. 저 엥겔스라는 자가 하는 짓 좀 봐. 그러면서 어떻게 우리들 이름을 들먹이고 우리한테 이래라 저래라 하지? 저기 맨체스터에 있는 그 친구, 노동자들을 착취하면서 말이야 등등. 내가 지금은 신경 안 쓰지만 분명히 그렇게 될 거야." 엥겔스는 마르크스에게 이렇게 털어놓았다.[31] 그리고 그런 비난이 엥겔스에게 쏠리고 있는 것은 분명했다. 예를 들어 바르멘의 중년 실업가로 엥겔스 집안과 친구인 프리드리히 폰 아이너른은 1860년 엥겔스를 찾아와 웨일스 일대를 함께 도보로 여행하면서 (이때 엥겔스는 하이네의 시 「귀향」을 노래했다) 그에게 여러 가지 질문을 퍼부었다. 아이너른은 "그 친구의 논쟁적인 언변에 절로 기운이 났다"며 다음과 같이 회고했다.

차마 대놓고 말은 못했지만, 그 친구는 제조업자이자 "거대 자본주의 기업"의 공동 소유주이기 때문에 거느리고 있는 종업원들의 복지에 크게 신경을 쓰지 않는다면 '이론 따로 행동 따로'라는 말이 나올 게 뻔하다. 그러나 그가 가르치는 바에 따르면 만인의 경제적 자유는 국제 노동계급의 조직적인 협력을 통해서만 달성할 수 있다. 따라서 그는 그런 사소한 도움은 혁명운동에는 무의미할뿐더러 오히려 장애가 된다고 치부했다. 그는 기본적인 자유에 그 어떤 제약도 받으려 하지 않았다. 개인적으로 번 돈은 본인이 적당하다고 생각하는 곳에 마음껏 썼다.[32]

이런 비판은 근거가 없는 것은 아니었다. 종업원들을 "책임지는" 문제에 있어서 엥겔스는 냉정한 편이었다고 볼 수 있다. "고드프리가 세 명을 나한테 떠맡겼어. 정말 무용지물들인데…. 한둘은 잘라야 할 것 같아." 1865년 노동법 유연화를 적극 옹호하며 쓴 편지에서 엥겔스는 마르크스에게 이렇게 말했다. 한 달 후 일처리 실수로 그중 한 명이 해고됐다. "칠칠치 못하게 굴더니 결국 사고를 친 거지. 그래서 잘렸어."[33] 공정하게 말하면, 에르멘 앤드 엥겔스사 공장에서 일하는 육체노동자들은 사무직과 달리 평균 이상의 노동조건을 누린 것으로 돼 있다. 1871년 벤클리프(에르멘 앤드 엥겔스 제2 공장이 있는 곳)의 질병장례공제조합 연례 총회는 "마을에 돌아다니는 젊은 여공들은 말끔하고 옷도 잘 입었다"고 지적하면서 "그렇게 급료가 좋고 안정적인 공장은 별로 없다"고 평가했다.[34]

엥겔스 본인도 급료가 좋았다. 일은 지겹고 혐오스러웠지만 처음 연봉이 100파운드로 상당한 액수였다. 여기에 "잡비와 판공비" 조로 연간 200

파운드가 추가됐다. 1850년대 중반부터는 회사 이윤의 5퍼센트도 가져갈 수 있게 됐다. 엥겔스의 몫은 1850년대 말이 되면 7.5퍼센트로 늘었다. 1856년 엥겔스가 회사 이윤에서 가져간 액수는 408파운드였다. 1860년 에는 978파운드로 급등했다. 따라서 연간 수입은 1000파운드가 넘은 셈이다. 이를 오늘날의 가치로 환산하면 15만 달러환율을 1달러 1200원으로 잡으면 1억8000만 원쯤 된다.*

어쨌든 당혹스러운 진실은 엥겔스의 고소득이 맨체스터의 프롤레타리아 노동력을 착취한 직접적인 결과라는 것이었다. 본인과 마르크스가 그토록 비난하던 바로 그 악행이 자신들의 생활양식과 철학을 지탱하게 해준 것이다. 이런 정치적 모순에 대해 엥겔스는 마르크스(엥겔스네 회사가 잘나갈 때 가장 큰 혜택을 본 사람이었다)보다 훨씬 노심초사했지만 돈은 계속 썼다. 빤한 변명은 엥겔스가 공장 노동자들로부터 돈을 벌어 지원하지 않았다면 마르크스는 자본주의에 대한 과학적 분석에 전념하지 못했을 것이라는 주장이다. "물론 노동계급의 적들은 엥겔스가 직장을 그만두고 거기서 얻는 수입도 포기하는 쪽을 원했을 것이다." 후일 엥겔스의 폭리 취득에 대한 공산주의 계열의 공식 입장은 이런 식이다. "그렇게 되면 마르크스를 지원할 수 없었을 것이고, 그러면『자본론』도 쓰지 못했을 것이다. 따라서 노동계급이 정치적 · 이론적으로 독립하는 과정도 지체됐을

* 사회적인 맥락을 제대로 파악하기 위해 사회평론가 더들리 백스터는 1861년도 국세조사를 분석해 소득을 기준으로 빅토리아 시대 중기 영국의 계층 분석 결과를 내놓았다. 중산층에 끼려면 소득이 과세 대상 문턱인 연봉 100파운드를 넘어야 했다. 성직자, 장교, 의사, 공무원, 변호사 등은 대개 연봉이 250~350파운드 수준이었다. 백스터는 아주 안락한 생활을 누리는 상류 중산층에 속하려면 연봉이 1000~5000파운드는 돼야 한다고 추정했다. 엥겔스가 얼마나 부자인지는 빅토리아 시대의 위대한 소설가 앤서니 트롤럽이 우체국 직원 일을 본업으로 하면서 연봉 140파운드로 살아가야 했던 것과 비교해보면 쉽게 알 수 있다.―원주

것이다." 그런데 감사하게도 "엥겔스는 공장 주인이자 장사꾼으로 활동해 번 돈을 노동계급 해방 투쟁을 위한 기여로 보았으며, 평생 그런 목적을 위해 사용했다"는 것이다.[35]

엥겔스는 맨체스터에서 런던의 마르크스에게 처음 보낸 편지에서 이미 봉급의 일부를 보내주겠노라고 했다. 그러나 면직물 장사를 해서 공산주의의 대의를 위해 지적인 작업을 하는 마르크스를 경제적으로 돕겠다고 명시적으로 약속한 것은 전혀 없었다. 다만 그런 식으로 분업을 해야 한다는 암묵적인 합의 같은 게 있었을 따름이다. 이렇게 해서 이후 엥겔스가 회사 일을 하는 동안 돈은 북쪽의 맨체스터에서 남쪽의 런던으로 흘러 내려갔다. 고드프리 에르멘이 사무실을 비우고 없을 때는 에르멘 앤드 엥겔스 금고에서 우편환이나 우표, 5파운드짜리 지폐를 비롯해 몇 파운드씩 슬쩍해 보내기도 했다. 월급날이 되면 뭉칫돈을 보냈다. 이 밖에도 식료품을 가득 담은 바구니를 보내기도 하고 포도주를 궤짝째 부치기도 했으며 마르크스의 딸들 생일 선물도 꼬박꼬박 챙겨줬다. "친애하는 엥겔스 선생님"(예니 마르크스가 편지에서 엥겔스에게 이런 호칭을 사용한 것은 당연하다)은 정기적으로 연봉의 절반 이상을 마르크스 가족에게 나눠줬다. 엥겔스가 회사 일을 했던 20년간 그 총액은 3000∼4000파운드—요즘 화폐가치로 환산하면 45만∼60만 달러5억4000만~7억2000만 원—수준이다. 그러나 이 정도로는 결코 충분치 않았다. "솔직히 정말이지 자네한테 이런 편지를 쓰느니 손가락을 잘라버리고 싶네. 반평생을 남한테 의지하며 살아간다는 건 정말이지 정신이 피폐해지는 일이야." 마르크스가 급히 돈을 보내 달라고 호소하는 편지는 보통 이렇게 시작된다.[36] "자네가 나를 위해 엄청 난 수고—자네가 생각하는 것 이상으로 훨씬 엄청나지—를 해온 것을 생 각하면, 이런 하소연으로 자네를 끊임없이 괴롭히는 게 얼마나 괴로운지는 말할 필요도 없겠지." 다른 편지는 이렇게 시작한다. "지난번에 보내준 돈에다가 1파운드 빌려서 학교 수업료는 해결됐네. 1월에 진 빚의 두 배는 안 될 거야. 정육점하고 식료품 가게 주인이 차용증서를 써달라고 해서 써줬어. 하나는 10파운드짜리고 다른 하나는 12파운드짜리야. 기한은 1월 9일로 했네."[37] 마르크스는 심적으로 우울할 때는 아내한테 구걸 편지를 쓰게 했다. "선생님한테 돈 문제 얘기를 쓰는 건 정말 하기 싫은 일입니다. 벌써 그렇게 많이 우리를 도와주셨으니 말이에요. 하지만 이번에는 달리 수가 없어서요." 1853년 4월 편지에서 예니는 이렇게 하소연했다. "좀 보내주실 수 있을까요? 빵집 주인이 금요일 이후로는 빵을 배달해줄 수 없다고 성화네요."[38]

많은 전기 작가들이 지적한 것처럼 마르크스는 가난하지 않았다. 그의 전기를 쓴 데이비드 맥렐런1940~. 영국의 마르크스·마르크스주의 연구가의 신중한 판단에 따르면 "마르크스의 어려움은 진짜 가난해서라기보다는 체면을 유지하려는 욕심에서 비롯됐다. 거기에다 생활비를 아껴 쓸 줄 모르는 행태도 한 몫했다."[39] 엥겔스가 보내는 보조금에 신문 기고와 책 인세, 얼마간의 유산에서 나오는 수입을 합치면 연 수입은 총 200파운드 정도였다. 이는 소호에서 궁핍하게 지낸 몇 년을 빼고는 재정 상태가 일반 중산층 가구보다 훨씬 낫다는 의미였다. 그러나 마르크스는 돈 관리가 젬병이었다("돈이 똑 떨어지기 전에야 돈 얘기 꺼낼 사람은 아무도 없을 거야"라는 식이다). 흥청망청 쓰다가 쫄딱 굶고 되는대로 사치하다가 다시 내핍하고 하는 식이었다. 예상치 못한 목돈이 들어올 때마다 마르크스 일가는 더 큰 새 집으로 이사를 갔다. 소호에서 켄티시 타운으로, 거기서 다시 초크팜으로… 엥겔스가 감당하기에는 비용이 너무 커졌다. "우리 집이 우리 분수에 넘치는 건 사실이야. 더구나 올해에는 전보다 훨씬 풍족하게 지냈지." 첨단 유행이 넘치는 메이틀랜드 파크 로드의 좋은 집으로 이사한 뒤 마르크스가 엥겔스에게 보낸 편지에서 한 말이다. "하지만 아이들이 사회적으로 출세하고 미래를 제대로 가꾸려면 이 방법밖엔 없어. …단순히 실리적인 관점에서 보아도 순전히 프롤레타리아적인 생활을 하는 것은 지금 상황에서는 적절할 것 같지 않네."[40] 이게 문제의 본질이었다. 마르크스 부부는 보헤미안 기질의 엥겔스보다 훨씬 더 체면을 중시하고 딸들을 좋은 데 시집보내고 상류사회에서 밀려나지 않는 것에 신경을 썼다. 간단히 말하면 부르주아로 살았던 것이다. 예니 마르크스의 변명을 들어보면 엥겔스의 아낌없는 배려에 대한 감사의 마음은 전혀 느껴지지 않는다. "아이들을 위해서 우리는 진작부터 꽤 괜찮은 수준의 중산층 생활을 해왔어요. 이리저리 하다 보니 부르주아적인 생활을 하게 됐고, 우리는 거기에 빨려 들어갔지요."[41] 예언자 스타일의 철학자이신 마르크스 본인은 가족 부양을 위해 직업을 갖고 자신을 내던질 생각은 꿈에도 하지 않았다. 그럴수록 씀씀이가 큰 마르크스 가족의 생활을 뒷받침하기 위해 사무실에 매여 힘겨운 나날을 보내야 하는 것은 엥겔스였다. 그러니 마르크스를 현실에 살아 있는 진짜 미코버 씨Mr. Micawber *라고 평가해도 전혀 망발은 아닐 것이다. 엥겔스 덕분에 마르크스는 항상 뭔가가 찾아올 거라는 걸 알고 있었다. "우편배달부가 똑 똑 하고 두 번 문을 두드리자 남편이 뛸 듯이 기뻐했어요. '왔다, 프리드리히야. 2파운드네. 우린 이제 살았어!' 하고 소리치더군요." 1854년 예니가 가족의 은인에게 보낸 편지의 한 대목이다.[42] 마르크스가 뒤에서 엥겔스를 "물주物主 선생"이라고 불렀다는 것은 놀랄 일이 아

* 찰스 디킨스의 자전적 장편소설 『데이비드 카퍼필드』(1850)년에 나오는 인물. 하는 일 없이 빈둥거리면서도 언젠가 행운이 찾아올 것이라고 철석같이 믿고 사는 낙천적인 인물의 대명사다.

니다.

『자본론』 집필을 위한 서신 교환

돈이 흘러들어가면서 오가는 편지도 잦아졌다. 마르크스와 엥겔스는
파리, 브뤼셀, 쾰른 등에서 가까이 붙어 지낸 이후로 서로 떨어져 사는 것
을 도저히 못 참았다. 그러나 후세인들은 그 덕을 보았다. 1850~60년대
는 두 사람이 주고받은 편지의 양 면에서는 황금기라 할 수 있고, 그 편지
들을 통해 당시 사정을 시시콜콜 들여다볼 수 있기 때문이다. 두 친구는
빅토리아 시대 중기에 일어난 영국의 우정 혁명—1840년 5월 1일 세계
최초의 우표 페니블랙penny black이 발행됐고, 우체국과 우체통 등이 고안
됐다—을 최대한 활용했다. 맨체스터에서 밤 12시 전에 편지를 부치면
다음날 오후 1시까지는 마르크스에게 배달됐다. 오전 9시까지 부치면 당
일 오후 6시까지는 들어갔다. 이렇게 해서 오고간 수많은 편지들을 통해
우리는 두 사람의 신경증과 좌절, 열정, 실망 등등을 더할 나위 없이 상세
하게 들여다볼 수 있다. 허세와 호언장담, 부인이 바람 나 도망간 망명객
들 얘기, 주야장천으로 술 푸는 얘기 등등이 부지기수다. 프랜시스 윈의
말을 빌리면 "역사와 가십, 정치경제학과 유치한 음담패설, 드높은 이상
과 저열한 남녀관계 얘기가 마구 버무려진 진수성찬"이라고 할 수 있다.[43]
편지들은 두 사람이 서로에 대해 얼마나 애정이 깊었는지도 여실히 보여
준다. 사랑하는 가족을 잃었을 때는 위로해주고 일을 할 때는 격려해주는
가 하면 정치 전략을 놓고는 비판을 주고받는 모습이 생생하다. 특히 사
진을 보내고 받는 대목은 대단히 감동적이다. 사무실에서 일하는 엥겔스

나 서재에서 연구하는 마르크스에게 우편배달은 그날의 하이라이트였다. "두 친구 분은 거의 매일 서로에게 편지를 썼다"고 엘레아노어 마르크스는 회고했다. "그리고 내 기억으로는 무어인ㅅ—우리는 집에서 아버지를 이런 별명으로 불렀다—은 편지에다가 대고 뭐라고 뭐라고 중얼거리곤 했다. 편지를 쓴 사람이 바로 그 자리에 있는 것처럼. '아니, 그러면 안 되지', '자네, 거기 가만있어' 등등. 그러나 무엇보다도 기억에 남는 건, 무어인이 엥겔스 아저씨 편지를 읽으며 낄낄 웃다가 잠시 후 울던 일이다. 아버지 두 뺨에는 굵은 눈물이 줄줄 흘러내렸다."[44]

맨체스터와 런던을 오간 초기 편지들은 경제공황 전망을 논한 것이 많았다. 두 사람이 공산주의자동맹에서 빌리히-샤퍼 파벌과 갈등을 빚은 데에는 혁명은 적절한 경제적 여건이 성숙했을 때에만 가능하다는 확신도 큰 몫을 했다. 마르크스와 엥겔스가 볼 때 사회경제적 전제조건이 성숙하지 않은 상태에서 빌리히나 샤퍼의 주장처럼 봉기나 폭동을 시도하는 것은 실패할 수밖에 없었다. 이는 1848~49년에 벌어진 사태를 통해 여실히 입증된 바였다. 혁명적 사회주의가 요구하는 것은 경제공황의 징표를 미리 포착함으로써 운동가들이 그 정치적 파급력에 미리미리 대처할 수 있게 하는 일이었다. 그리고 다행히도 운동 진영은 적 후방에 자기 사람을 하나 심어놓았다. 엥겔스가 면직도시 맨체스터의 경리실에 앉아서 국제 자본주의의 흐름을 꿰어차고 있었던 것이다.

"철도 부문 매수가 다시 최고조야. 1월 1일 이후 대부분의 주식이 40퍼센트는 상승했어. 아무리 나쁜 주식도 일단은 올랐지. 아주 고무적이야!" 엥겔스가 아버지 회사에서 일을 시작한 지 6개월이 지난 시점에 마르크스에게 전한 상황이다. 분명 자본주의의 파국이 임박해 있었다. 동인도 시장이 공급과잉인 상황에서 영국의 의류산업은 저가 면직물 범람으로 극심한 타격을 입었다. "시장의 붕괴가 대풍大豊과 맞아떨어진다면 사태는 정말 볼 만할 거야. 페터 에르멘은 벌써부터 죽을상을 하고 있어. 그런 새끼 청개구리들이 진짜 바로미터지." 1851년 7월 엥겔스는 이렇게 썼다. 런던과 리버풀에서 파산 건수가 급증하고 과잉생산으로 시장도 공급과잉이 되자 엥겔스는 1852년 3월이면 공황이 닥칠 것이라고 확신했다.[45] 그러나 3월 2일이 되자 "그런 얘기는 모두 추정"이라며 전망을 약간 바꾸었다. "9월에는 충분히 그렇게 될 수 있을 거야. 아마 초유의 사태가 되겠지. 그렇게 다종다양한 물건들이 다량으로 시장에 쏟아져 나온 적은 없었고, 생산수단이 그렇게 엄청났던 적도 없었으니까." 이런 전망에 찬물을 끼얹은 것은 통합기술자협회가 노동조건 개선을 요구하며 파업을 벌여 기계 조립을 방해한 사건이었다. 노동자들의 대변인인 엥겔스는 노조의 그런 이기적인 행동이 "공황을 적어도 한 달은 지연시킬 것"이라고 판단했다.[46] 그런데 3월이 4월이 되고 1852년이 1853년이 되어도 최후의 심판일은 도무지 올 기미가 없었다. 오히려 생산은 증가하고 수출은 늘고 임금은 오르고 생활수준은 향상됐으며, 빅토리아 시대 중기의 경제 붐은 지속됐다. 합리적인 설명이 불가능한 사태였다.

1856년 9월이 되면 맨체스터 증권거래소의 예언자께서는 다시금 목소리를 낸다. "이번에는 전무후무한 최후의 심판이 있을 거야. 유럽 산업 전체가 황폐해지고 모든 시장에 재고가 넘치고, …모든 점잖은 계급이 곤경에 처하고, 부르주아지의 완전 파산, 전쟁과 극단적인 낭비가 판을 치겠지." 마침내 엥겔스의 예언이 부분적으로는 맞아떨어졌다. 섬유시장의 과잉생산에다가 예기치 않은 원자재 가격 급등으로 면직 산업 분야에서 신용 붕괴가 초래된 것이다. 이어 은행 예금 인출 사태가 벌어지고 파산이 급증했다. 미국에서 영국과 독일을 거쳐 인도까지 설탕, 커피, 면화, 실크 가격이 폭락하면서 세계 경제가 흔들렸다. "미국의 공황은 엄청나지만 아직 끝난 게 전혀 아니야." 1857년 10월 엥겔스는 뛸 듯이 흥분한 어조로 이렇게 썼다. "영국에 미친 파급효과는 리버풀자치구은행 사태가 시작이라고 볼 수 있겠지. 다행이야. 앞으로 3~4년간 거래 상황이 다시 나빠질 거라는 의미거든. 우린 이제 기회를 잡은 거야." 혁명을 위한 여건이 무르익었다. 이제 혁명이 들이닥치는 일만 남은 것이다! "사람들을 분노하게 만들려면 일정 기간 계속적인 압력이 필요해." 이제 그 어느 때보다도 확실해진 것은 1848년은 잘못된 시점에 찾아온 새벽이었다는 사실이다. 그러나 이번에는 진짜였다. "이번에는 죽기 아니면 살기다." 그러나 파국 상태가 두 달간 계속됐는데도 프롤레타리아는 여전히 자신의 소명이 무엇인지를 인식하지 못했다. "아직은 혁명의 징후가 별로 없어. 그동안 호황이 오래 지속됐어. 활황이 오래 지속된 게 치명타였어." 1857년 12월에 엥겔스가 내린 진단은 우울했다. 그리고 이듬해 봄에는 다시 경기가 회복됐다. 인도와 중국 시장의 발전 덕분이었다.[47]

엥겔스의 마지막 희망은 미국 내전(남북전쟁)이었다. 1861년 4월 북부 연합이 남부의 항구들을 봉쇄하자 물류와 보험비용이 서서히 올랐고, 특히 중등품 뉴올리언스산 면화 가격이 높아졌다. 그 결과 영국의 생산과 고용이 심각한 타격을 입었다. 미국 남부에서 영국으로 수입되는 면화의 양이 1860년 260만 베일면화 꾸러미 단위로 1베일은 약 500파운드에서 1862년에는 7만 2000베일 이하로 떨어졌다. 에이브러햄 링컨 대통령의 이상과 북부의 노예제 폐지 정책을 열렬히 지지하던 랭커셔의 수십만 노동자는 원면 공급이 끊기자 임시직으로 내몰리다가 결국은 해고됐다. 이들의 소득이 줄면서 영국 북서부 경제 전반이 취약해졌다. 가게들은 문을 닫고, 저축은 급감하고, 빵을 달라는 소요가 일어났다. 1862년 11월이면 랭커셔 전역의 노동자 20만 명 가까이가 각종 구호위원회의 지원을 받는 형편이 됐다. 현대 경제사학자들은 당시 랭커셔의 "면화 기근飢饉"은 남북전쟁으로 인한 수출 금지 탓도 있지만 국제시장의 공급 과잉 때문이기도 하다고 평가한다. 그러나 어느 쪽이든 결과는 동일했다. "이제 속물들이 너나없이 등에 식은땀을 흘리는 걸 보게 될 거야." 엥겔스는 1865년 4월 리버풀의 수출입 산업이 극도로 위축되고 12만5000명의 공장 노동자가 맨체스터 거리를 방황하던 시기에 이렇게 진단했다. "스코틀랜드에서도 많은 사람들이 끝장이 났지. 그리고 곧 은행들 차례가 될 거야. 그렇게 되면 종말이지."[48] 면화를 기반으로 한 다른 기업들과 마찬가지로 에르멘 앤드 엥겔스도 직접 타격을 받았다. 공장에 반나절 근무제를 도입하고, 불필요한 재고가 쌓이는 것을 막는 한편으로 간부들 봉급까지 크게 삭감했다. 엥겔스로서는 개인적 손해야 어찌 됐든 다시 혁명의 기회가 찾아온 것이다. "여기는 고통이 점차 극심해지고 있네." 엥겔스는 그 실례로 영양부족, 폐렴, 장티푸스, 폐결핵 환자의 급증을 꼽았다. "다음 달쯤이면 노동자들도 참고만 있지는 않을 것으로 예상되네."[49]

그러나 실제로는 정반대의 일이 벌어졌다. 맨체스터 면직 산업 노동자들은 빅토리아 시대 중기 사회적 단결의 상징이 된다. 그들은 의연히 가난이라는 고통을 감내한 것이다. 이는 더 큰 도덕적 소명에 헌신하는 절제의 모범적 표현이었다. "노동자 계급 지도자들은 일반적으로 링컨이 이끄는 북부연합의 정책을 강력히 지지했다. 노예제에 대한 증오가 강렬했고, 민주주의에 대한 믿음이 확고했다." R. 아서 아놀드*는 저서 『면화 기

---

* 1863년 당시 공공근로사업법에 따라 실직 노동자들에게 일자리를 알선해주는 일을 맡은 행정관이었다.

근의 역사』(1864년)에서 이렇게 분석했다.[50] 한 정부 조사관은 "제조업 역사상 이렇게 급작스럽고 혹독한 시련을 말없이 체념으로, 그리고 자존심 어린 인내로 견뎌낸 적은 없었다"고 평가했다.[51] 공장 노동자들은 거리로 몰려나오는 대신 국제시장의 변덕을 강인한 내핍으로 받아들였고, 이런 자세는 빅토리아 시대 관리들에게 서로 돕고 인내할 줄 아는 점잖은 노동 계급이 마침내 성숙한 것으로 여겨졌다. 한때 급진파였다가 부르주아 옹호론자로 변신한 존 와츠는 그런 인내가 주일 학교 운영, 문맹 타파 운동, 협동조합 운동이 좋은 방향으로 결실을 맺은 것이라고 생각했다.[52] 맨체스터 프롤레타리아가 계급투쟁을 선뜻 바라지 않는다고 본 엥겔스의 우려는 그대로 맞아떨어졌다. 공산주의 운동 진영으로서는 참담한 현실이었다.

혁명이 지연되면서 엥겔스는 일상으로 돌아갔다. 그새 일은 더 많아졌다. 마르크스가 개인적으로 따온 일거리를 대신 좀 해달라고 부탁을 해왔기 때문이다. 1851년 초 한때 푸리에주의자였고, 당시는 노예제에 반대하는 진보적 신문 「뉴욕 데일리 트리뷴」의 편집국장이던 찰스 데이나 1819~1897. 미국 언론인, 작가, 행정부 관리가 마르크스에게 영국과 유럽 사정에 관해 고정 기고를 해달라는 청탁을 했다. 그러나 마르크스는 영어로 글 쓰는 게 매우 서툴렀다. 그래서 엥겔스가 독일어에서 영어로 번역하는 수밖에 없었다. 말이 번역이지 아예 엥겔스가 직접 쓰는 경우가 많았다. "독일 상황에 관한 기사를 금요일 오전까지 보내주면 시작으로는 정말 근사할 거야." 마르크스는 첫 회 기사가 확정됐다는 소식을 듣자마자 친구에게 보낸 편지에서 이렇게 스스럼없이 요구했다.[53] 엥겔스도 선선히 그러마고 했다. "어떤 종류가 돼야 하는지 바로 써서 보내주게. (1)단타로 끝낼 건지 아니면 시리즈로 할 것인지, (2)어떤 스탠스로 접근할 것인지."[54] 원고료는 건

당 2파운드로 꽤 높은 편이었고, 「뉴욕 데일리 트리뷴」은 미국 고정 독자가 20만 명이 넘었다. 그러나 마르크스는 사상가분께서 손수 하시기에는 허접스러운 일이라고 생각한 것이 분명하다. "신문에다가 잡문을 계속 쓴다는 게 너무 짜증나." 그는 기사를 직접 쓰지 않을 수 없는 상황이 되면 이렇게 화를 내곤 했다. "시간도 오래 걸리고 연구력을 분산시켜. 결국 아무것도 아닌 일인데 말이야."[55] 그러나 그런 일을 맨체스터에서 힘들게 일하는 동지에게 떠넘기는 데는 아무 거리낌이 없었다. "엥겔스 그 친구, 정말 일을 너무 많이 해." 미국인 친구 아돌프 클루스*에게 보낸 편지에서 마르크스는 도도한 어조로 말했다. "하지만 진짜 걸어 다니는 백과사전이라서 술을 먹었을 때나 맨 정신일 때나 낮이고 밤이고 언제든 일을 할 수 있지. 손은 또 얼마나 빠른지, 머리가 잘 돌아가기로도 타의 추종을 불허하지."[56]

틀린 말은 아니었다. 엥겔스는 저널리스트로서 탁월했고, 주제에 관계없이 편집자가 원하는 길이와 마감에 맞춰 기사를 요리할 줄 알았다. "오늘 저녁에는 자네가 쓴 기사 마지막 부분을 번역하고, 내일이나 목요일에는 '독일' 관련 기사를 손볼 거야." 엥겔스가 친구에게 보낸 편지에는 이런 식의 얘기가 많이 나온다. 마르크스의 요구에 충실히 따르는 엥겔스의 모습을 잘 보여주는 대목이다.[57] 하지만 엥겔스의 작업은 필요에 따라 마지못해 하는 일이었고, 따라서 「뉴욕 데일리 트리뷴」에 실린 기사 가운데 엥겔스의 지적 탁월함에 걸맞은 것은 거의 없었다. 기사 건수가 늘면서 맨체스터와 런던을 오가는 편지도 더욱 잦아졌다. 번역문을 보내기도 하

---

* 1825~1905. 독일 태생 미국 이민자로 워싱턴의 대표적인 건축가가 되었다.

고, 새 기사 관련 제안도 하고, 잘 모르는 주제에 관한 정보를 보내달라는 부탁도 있고, 간결하게 써달라는 요구도 있고("정말 그렇게 길게 쓰지 좀 말아. 데이나는 한 단 반 넘으면 싫어해"), 문체에 대한 비판("전쟁 기사니까 좀 더 강렬하게 해줘. 대중지라는 걸 감안해서 말이야")도 있었다. 원고가 리버풀발 뉴욕행 증기선에 제대로 도착했는지 확인해 달라는 황급한 부탁도 있었다.[58] 그러면서도 마르크스는 늘 천연덕스럽게 기사에 자기 이름을 달았다. "우리 남편이 선생님이 쓴 기사로 미국 서부와 동부, 남부를 깜짝 놀라게 했는데 기분이 어떠세요?" 엥겔스가 1848~49년 혁명사를 정리한 연재물 『독일의 혁명과 반혁명』이 「뉴욕 데일리 트리뷴」 독자들로부터 호평을 받자 예니가 한 질문이다. 참 경우가 없다고밖에 말할 수 없겠다.

물론 요구와 부탁을 어느 한쪽만 한 것은 아니었다. 두 사람 사이에 오간 편지들을 보면 마르크스가 『자본론』에 관한 생각을 가다듬는 데 있어서 엥겔스와 보조를 같이했음을 알 수 있다. 구상 가운데 많은 부분이 엥겔스에서 비롯됐다. 이미 1851년에 엥겔스는 마르크스에게 집필을 닦달하고 있다. "요체는 대작을 가지고 대중에게 다시금 어필해야 한다는 거야. …독일 출판 시장에서 오래 모습을 보이지 않아 생긴 공백을 메우는 것이 절대적으로 중요해."[59] 그러나 이로부터 9년이 지난 시점에도 책이 완성될 기미는 전혀 보이지 않았다. 그러자 엥겔스는 일단 책을 내는 것이 "급선무"인데 마르크스가 사소한 이론적 미비점을 이유로 쓸데없이 미적거리고 있다고 화를 낸다. "요는 써서 출판을 하는 거야. 자네가 생각하는 이론적 약점은 저 얼간이들은 알아채지도 못한다고. 지금 정세가 불안한데 완성도 하기 전에 다른 일로 중도하차하게 되면 어쩌려고?"[60]

결국 마르크스는 대영大英박물관 열람실 07번 좌석에 매일 나가 앉아 대작 집필에 들어갔다. 이어 여러 기술적인 자료를 요청하며 엥겔스를 괴롭혔다. 대영박물관에는 볼거리와 각종 자료가 많았지만 자본주의 작동방식에 관해서는 맨체스터의 면직물 거래만큼 현실을 제대로 보여주는 것은 없었다. "이제 경제학 관련 항목에 도달했어. 자네가 실질적인 도움을 줬으면 좋겠네. 이론적인 저술에서는 마땅한 설명을 찾을 수 없어서 말이야." 1858년 1월 마르크스는 이렇게 써 보냈다. "자본 순환 관련 부분인데. 다양한 부문에서 다양한 형태가 있겠지. 이윤과 가격에 미치는 영향도 그렇고. 그런 쪽 정보를 준다면 정말 환영이야." 이후에도 기계 비용과 감가상각 비율, 동일 기업 내 자본 배분 상황, 회사 장부에서 총매출액을 계산하는 방식 등등에 관한 질문이 계속 이어졌다. "이론적인 법칙은 아주 간단하고 자명해. 하지만 그게 실제로 어떻게 작동하는지를 제대로 알아야 하네."[61] 이후 5년간 현실이 돌아가는 방식에 관한 정보를 달라는 부탁은 끝없이 이어졌다. "고용된 노동자들의 유형 전부, 그러니까 자네 공장을 예로 들어 무슨 일을 하는 쪽에 몇 명, 또 무슨 작업에 몇 명 하는 식으로 그 비율까지 좀 알려줄 수 있겠나?" 1862년에는 이런 부탁도 한다. "실례가 필요해. 분업이 제조업의 기본이라고 애덤 스미스가 서술한 바 있지만 기계설비가 많은 작업장에서는 분업은 존재하지 않는다는 걸 보여줄 사례 말이야. …필요한 건 오직 사례야."[62] 엥겔스가 에르멘 앤드 엥겔스사에서 보낸 세월이 『자본론』의 경험적 토대가 됐다. "실제가 그 어떤 이론보다 낫지. 그래서 자네가 회사를 어떻게 경영하는지 **아주 구체적으로**(실례를 들어서) 설명을 좀 해주었으면 하네." 또 다른 주문은 이런 식으로 된다.[63]

엥겔스가 『자본론』에 한 기여는 통계 제공 정도를 넘어 마르크스의 경제철학을 먼저 듣고 방향을 잡아주는 수준이었다. "원고로 정리하자면 꽤 길고 복잡한 문제가 되겠지만 한두 마디로 할 테니 자네 의견을 들려줬으면 좋겠네." 1862년 8월 2일자 마르크스의 편지는 이렇게 시작된다. 이어 불변자본(기계류)과 가변자본(노동)의 차이에 대해 설명했다. 이 부분이 피고용인 착취에 관한 "잉여가치" 이론의 초안으로 후일 『자본론』의 핵심이 된다. 엥겔스는 마르크스가 공장 노동자의 노동의 가치와 노동을 임금으로 보상하는 비율을 계산하는 방식에 대해 방법론적으로 많은 이의를 제기했다. 그러나 마르크스는 지나치게 깊이 따지고 드는 것을 별로 좋아하지 않았으며, 그런 비판은 수용하기 어렵다고만 답했다. "제3권 시작 직전에 …그런 반론들에 대해 미리 반격을 하게 되면 변증법적 구성 전체가 흐트러지게 돼."[64]

『자본론』과 관련해 수많은 편지를 주고받았지만 그런 복잡한 주제들에 대해 글로 의견 교환을 한다는 것은 때로 너무 힘겨웠다. "며칠만이라도 자네가 좀 와줄 수 없겠나? 자체 비판을 통해 전에 쓴 내용을 상당 부분 죽여버렸네. 앞으로 나아가기 전에 자네랑 그런 부분들에 대해 논의를 해봤으면 해. 이런 문제를 편지로 논한다는 게 자네나 나나 너무 힘드니까." (1862년 8월 20일자 마르크스의 편지) 엥겔스처럼 활력이 넘치는 사람도 사무실에서 하루 일과를 끝내고 마르크스의 부탁을 받아들면 다소 힘에 겨웠다. "면화 때문에 골치라서 지대 이론은 정말 들여다보기가 힘들군." 1862년 9월에 보낸 답신에서 엥겔스는 피곤에 지친 목소리로 이렇게 말했다. "그 문제는 일이 좀 정리되면 들여다볼게."[65]

두 세계에서의 이중생활

지적인 문제나 개인사에 관해 그렇게 많은 편지를 주고받으면서도 엥겔스가 한 가장 큰 희생에 대해 일말의 언급이 없다는 사실은 참으로 당황스럽다. "1851년 초여름에 그 사건이 일어났어요. 그 얘긴 앞으로 다시는 하고 싶지 않지만, 우리에게 사적으로나 공적으로 큰 슬픔을 안겨주었지요." 예니 마르크스가 헨리 프레더릭 데무트의 출생에 얽힌 민감한 얘기를 언급한 것은 이게 다다.[66] 사내아이의 어머니는 헬레네 렌헨 데무트로 마르크스 집안에서는 "님Nim"이라는 애칭으로 통했다. 데무트는 오래전부터 마르크스 집안에서 같이 산 가정부였다. 심지어 마르크스네가 소호에서 비좁은 셋방을 전전할 때도 님에게는 방을 따로 주었다. 사실 그런 한식구 같은 관계가 오히려 위기를 불러온 셈이다. 1850년 예니 마르크스가 생활비를 마련하러 유럽으로 떠난 사이 마르크스가 28세의 가정부 데무트를 유혹한 것이다. 이어 1851년 6월 23일 마르크스와 데무트의 자식인 프레디프레더릭의 애칭 데무트가 세상에 태어났다. 예상대로였지만 누구도 축복해주는 사람은 없었다.

프레디 데무트는 마르크스의 아들이었다. 그러나 출생증명서에는 아버지 난이 공란이었다. 이때 비공식적으로 친부임을 인정해준 사람이 엥겔스였다. 마르크스 부부의 결혼생활을 지켜주기 위해, 그리고 좀 더 큰 차원에서는 정치적 대의를 위해(영국에 망명 온 혁명가들은 섹스 스캔들을 빌미로 정적을 매장시키는 데는 선수였다), 엥겔스는 마르크스의 아들이 자기 세례명'프레더릭'은 '프리드리히'의 영어식 표기을 쓰는 것을 허용했다. 그리고 그런 과정에서 당연히 엥겔스의 명예는 훼손됐다. 마르크스는 프레디의 양육 문제에서도 야비한 태도를 보였다. 이스트 런던에 사는 매정한 양부모에게 덜렁 떠맡기고 만 것이다. 프레디는 제대로 된 교육도 받지 못했고, 마르크스가 다른 자식들에게 베풀어준 혜택은 언감생심이었다. 그 사이 마르크스의 자녀들은 셰익스피어 연극을 관람하고, 햄스테드 히스 공원에서 부르주아식 주말 피크닉을 즐기고, 아버지가 하는 사회주의자 특유의 농담에 깔깔거리고 있었다. 프레디는 재단사와 선반공 일을 하면서 살았고 연합 기술자협회(노조) 회원이었다. 정치적으로는 노동당 해크니 지부 당원이었다. 후일 엥겔스는 런던으로 이주했는데 마르크스가 죽은 다음에 님 데무트를 가정부로 고용했다. 프레디는 아들 해리를 데리고 엥겔스가 사용하는 출입문으로 들어가—해리의 회고에 따르면—"지하실"에서 "어머니 같은 분"을 만나곤 했다. 그럴 때마다 엥겔스는 일찌감치 자리를 피했다.

마르크스의 딸 엘레아노어(집안에서는 "투씨"라는 애칭으로 통했다)는 프레디가 어렵게 사는 것을 보고 마음이 아팠던 것 같다. "내가 너무 '감상적'일지는 모르겠지만, 프레디가 평생 너무 부당한 대우를 받고 산다는 느낌을 떨칠 수가 없어요." 엘레아노어는 1892년에 이렇게 썼다. 게다가 주변의 가까운 사람들에게는 그렇게 너그럽고 따뜻한 엥겔스가 "아들"에게는 왜 그리 냉담한지도 이해가 가지 않았다. 그러나 엥겔스가 임종하는 자리에서 모든 진실이 밝혀졌고, 투씨는 경악했다. 엥겔스의 마지막 가정부이자 반려였던 루이제 프라이베르거(를 카우츠키의 전 부인)는 1898년에 쓴 편지(현재 암스테르담 소재 국제사회사연구소에 보관돼 있다)에서 엥겔스가 죽기 전날 밤 투씨에게 프레디의 진짜 아버지가 누구인지 털어놓았다고 전한다. "장군[엥겔스의 별명]은 우리에게 사실을 밝혀도 된다고 했어요. …본인이 프레디를 매몰차게 대했다고 욕하는 사람들이 있으면…. 그분은 이제 아무에게도 더 이상 도움이 되지 않는 상태에서 본인 이름이 중상과 비방의 대상이 되는 걸 원치 않는다고 했어요." 이후 투씨는 프레디에게 친구처럼 잘해줌으로써 그동안의 설움을 보상해주려고 무진 애를 썼다. 프레디는 투씨와 자주 편지를 주고받으면서 가장 신뢰하는 친구가 된다. 그러나 그때쯤에는 '나쁜 아버지'라는 엥겔스의 오명이 이미 자리를 굳힌 상태였다. 이 스캔들은 엥겔스가 친구를 보호하고 사회주의의 진군을 촉진하기 위해 개인적으로 얼마나 큰 희생을 감수했는지를 잘 보여준다.[67]

프레디의 친부에 관한 거짓말은 결국 엥겔스가 인생 중기 몇 십 년간을 이중생활을 하다 보니 생기는 문제였다. 그는 낮에는 점잖은 면직 회사 중역으로 프록코트(상의가 무릎까지 내려오는 19세기 남성복 정장)를 걸친 중상류층 인사였다. 그러나 밤에는 혁명적 사회주의자로 하층민들을 옹호하는 열렬한 사도였다. 회사 자리를 유지해 마르크스를 먹여 살리고, 공산주의의 대의가 좌절하지 않도록 하려면 겉으로는 깔끔한 풍모를 유지하지 않을 수 없었다. 그러나 그것은 고통스러운 일이었다. 두 세계를 넘나들며 살아야 한다는 것은 그야말로 피곤한 일이었다. 반듯한 겉모습과 개인적 신념 사이의 모순이 커지면서 엥겔스는 자주 아프고 우울해졌으며 신경쇠약에 시달렸다.

그의 사생활, 즉 진짜 생활의 버팀목은 줄곧 연인관계였던 메리 번즈와 그 여동생 리지였다. 그러나 맨체스터 상류사회의 일원으로 남아 부모에게 걱정을 끼치지 않으려면 사업상의 동료나 가족들에게 아일랜드 출신 자매와의 관계는 비밀로 하는 수밖에 없었다(그러나 골치 아픈 매제 아돌프 폰 그리스하임이 그런 관계 때문에 엥겔스 가문의 사회적 위신이 타격을 입었다고 불평하는 편지를 엥겔스에게 보낸 것으로 보아 비밀이 제대로 지켜진 것 같지는 않다).[68] 엥겔스는 처음 맨체스터에 도착하자마자 스트레인지웨이즈 구區 그레이트 듀시 스트리트 70번지에 하숙을 구했다. 하숙집 주인은 이사벨라 태섬 부인으로 "늙은 마녀 같은 여자"였다. 하숙집은 현재 흉물스러운 빅토리아 교도소가 있는 지점과 가까웠다. 환경이 좋지 않은 이 하숙집에는 동료 하숙인이 셋이었는데 제화공과 청소부, 그리고 또 한 명은 은그릇을 만들어 파는 일을 했다. 아버지가 찾아오면 보내준 용돈을 허투루 쓰지 않았다는 것(마르크스에게 주지 않았다는 것)을 보여주기 위해 좀 더 비싼 하숙집 몇 곳을 전전하다가 1853년 3월에는 번즈 자매와 살림을 합쳤다. 엥겔스의 맨체스터 체류 시절을 치밀하게 재구성한 로이 휘트필드의 연구 덕분에 우리는 촐튼온메드록 구와 모스 사이드 구의 빈민구호세 대장을 통해 '프레더릭 만 번즈'*라는 사람(엥겔스답게 말장난을 한 작명이다)이 벌링턴 스트리트 17번지에, 그리고 얼마 후에는 세실 스트리트 27번지에 거주했다는 사실을 알 수 있다.[69] 그러나 1854년 4월에 일이 터지고야 말았다. "저 속물들이 내가 메리와 동거하고 있다는 걸 알아챘어." 화가 난 엥겔스는 마르크스에게 이렇게 전하고 하는 수 없이 "다시 따로 하숙집"을 구했다.[70]

1854년 프롤레타리아 출신 아가씨들과 동거하고 있다는 사실이 발각된 이후 엥겔스는 돈이 궁했지만 어쩔 수 없이 다시 두 집 살림을 하게 된다. 하나는 남들에게 개방된 곳이고, 또 하나는 은밀한 주거지였다. 엥겔스의 공식 주소지는 러시올름에 있는 워머 스트리트 5번지였다. 우편물 수취 주소지로 사업 관계자들을 만나는 등 부르주아로서 사회활동을 하는 공간이었다. 번즈 자매는 세실 스트리트에 숨겨놓았다. 1858년에는 공식 주소지를 다시 손클리프 그로브로 옮겼다. 1861년 이 지역 인구조사 대장에는 엥겔스가 "근시인 프로이센 출신 상인"으로 올라 있다.[71] 이와 함께 엥겔스는 번즈 자매도 노동자들이 많이 사는 헐름과 아드윅의 교외로 옮겼다. 두 자매는 각자 날림으로 지은 작은 집에서 지냈다. 빈민구호세 대장에는 두 주소지―라이얼 스트리트 7번지와 하이드 로드 252번지―거주자

---

* Frederick은 엥겔스의 이름 프리드리히의 영어식 표기이고, Mann은 독일어로 남편 또는 남자를 뜻하며, Burns는 메리 번즈의 성이다.

가 프레더릭 보드맨과 메리 보드맨, 그리고 "엘리자베스 번"이라는 이름으로 돼 있다. 엥겔스는 교묘하게 애인과 그 여동생을 공식 주거지에서 딱 800미터 떨어진 곳에 숨겨둔 것이다.

이후 15년 동안 엥겔스는 번즈 자매의 거주지를 은밀히 옮겨가면서 번듯한 겉모습을 유지했다. "지금은 거의 모든 시간을 메리랑 보내고 있네. 최대한 돈을 아껴야 하니까." 1861년 마르크스에게 보낸 편지에서 밝힌 근황이다. "하숙집을 아주 없앨 수는 없어. 그러면 메리랑 살림을 완전히 합쳐야 하니까." 하지만 그게 쉽지는 않았다. "자네 말이 맞아. 난 거의 파산 상태야." 얼마 후 마르크스가 급전을 부탁하자 엥겔스는 이렇게 써보냈다. "하이드 로드에서 가정적인 생활을 하면 적자를 메울 수 있을 것으로 기대하고 있네. 여기 5파운드를 동봉할게."[72] 1864년 엥겔스가 손클리프 그로브 하숙집 가정부와 다툰 뒤 세 사람은 다시 집을 옮겼다. 엥겔스는 공식 주거지를 부자동네인 옥스퍼드 로드 도버 스트리트의 아파트로 옮겼다. 비공식 주거지는 인근 모닝턴 스트리트에 두었다. 이렇게 주소지를 복잡하게 옮겨가며 남들이 공적인 생활과 사적인 생활의 경계를 뚫고 들어오지 못하게 하는 일은 그러지 않아도 힘든 회사 생활에 무거운 짐을 하나 더 추가하는 것이었다. 이 과정에서 드는 비용과 번거로움에 대해 엥겔스가 투덜거리는 것은 당연했다. 그러나 간섭받는 것을 끔찍이도 싫어하는 엥겔스로서는 완전히 다른 두 세계를 오가면서 나름의 자유를 만끽한 것도 사실이다.

혁명가로서의 본모습을 드러낼 수 있는 곳은 사적이고 비공식적인 환경에서였다. 여기서 엥겔스는 가까운 사회주의 계열 동지들과 지적인 논쟁 상대를 정기적으로 불러 맥주를 마시면서 최근 철학계의 흐름을 논하고, 부르주아지의 타협적 성향이 짙어가는 현실을 개탄하기도 했다. 브뤼셀에서 공산주의자로 활동하다가 맨체스터 중산층 아이들의 가정교사로 변신한 빌헬름 볼프(볼프가 '늑대'라는 뜻이어서 라틴어로 늑대라는 의미인 "루푸스Lupus"라는 별명으로 통했다)가 가까운 친구였다. "수년간 볼프는 맨체스터에서 나와 똑같은 생각을 가진 유일한 동지였다." 후일 엥겔스는 이렇게 회고했다. "우리가 거의 매일 만난 것, 그리고 내가 그의 본능에 가까운 정세 판단 감각을 극찬한 것은 놀라운 일이 아니다."[73] 한때 "역겨운" 도시 브래드퍼드에서 사무원으로 일했던 게오르크 베르트도 나중에 사업 관계로 쿠바 아바나로 떠날 때까지 맨체스터 서클의 일원이었다. 또 가까운 인물로는 다름슈타트 태생의 카를 쇼를레머를 꼽을 수 있다. 쇼를레머는 오웬즈 칼리지* 유기화학 강사로 영국 왕립협회 회원이었으며, 파라핀계 탄화수소 전문가였다. 이 물질은 자주 폭발을 일으켜서 그러지 않아도 "얻어맞아 멍 든 것처럼 보이는 (쇼를레머의) 얼굴"에 다시금 화상을 입히기도 했다. 그런 모습을 보고 엥겔스는 낄낄대곤 했다.[74] 쇼를레머는 열렬한 사회주의자이기도 했다. 마르크스와 엥겔스는 그를 깊이 신뢰했고, 『자본론』 원고 교정을 맡기기도 했다. 토요일 밤 증권거래소 모퉁이 옆 뉴마켓 플레이스에 있는 '초가지붕 선술집Thatched House Tavern'에 가면 쇼를레머가 엥겔스와 함께 앉아 떠드는 모습을 볼 수 있었다.[75]

도버 스트리트 아파트에 같이 살았던 새뮤얼 무어**도 절친한 동료였다. 면직물 장사를 하다가 실패한 뒤 변호사가 된 마르크스주의자로 성향에 어울리지 않게 나중에는 나이지리아 아사바에서 왕립나이저회사Royal Niger Company*** 관할지역 수석재판관으로 활동했다. 이렇게 자주 만나는

---

* 직물 거래로 큰돈을 번 사업가 존 오웬즈가 남긴 유산으로 1851년에 설립된 대학. 지금의 맨체스터 빅토리아 대학의 전신이다.
** 엥겔스, 마르크스와 친했다. 1888년 『공산당 선언』을 영어로 번역했다.

친구들 외에도 독일인 망명객과 실직한 공산주의자, 먼 친척들이 가끔 들렀으며, 마르크스도 종종 오가곤 했다. 반가운 친구들을 만나 술잔을 기울이다가 왕왕 사고로 번지기도 했다. 엥겔스가 쓴 편지에 이런 대목이 나온다. "다들 술에 취했는데 갑자기 나도 모르는 한 영국인이 내게 모욕적인 말을 퍼부었어. 그래서 가지고 있던 우산으로 한 대 갈겼지. 그런데 우산살 꼭지가 그 친구 눈에 찔린 거야." 유감스럽게도 문제의 영국인은 엥겔스를 폭행 혐의로 고소했고, 치료비와 손해배상조로 55파운드를 요구했다. 엥겔스는 마지못해 합의금을 내줬다. "주변에 소문이 퍼져서 노인네랑 또 말싸움하는" 상황만은 피해야 했기 때문이다.[76]

체셔에서의 여우사냥 대회

엥겔스의 공적인 삶은 그렇게 술집에서 언쟁하고 하는 것과는 전혀 딴 세계였다. 체셔 여우사냥 대회는 빅토리아 시대 영국에서 가장 큰 여우사냥 대회의 하나로 "귀족적인 체셔 주州에서 일류신사들이 참가하는 사교·오락 경기"로 1783년 존 스미스배리 경卿이 벨보아, 밀턴 혈통 사냥개들을 불러 모아 시작했다. 체셔 주는 여우사냥 하기에 가장 좋은 지역의 하나로 꼽힌다. "체셔에는 공원과 대저택이 많고, 귀족들은 아주 오래 전부터 여우사냥을 열렬히 후원했다. 사실 영국 상류층 사이에서 여우사냥열이 체셔보다 강한 주는 없다."[77] 체셔 여우사냥 대회는 11월부터 이

*** 나이지리아를 식민지로 만들기 위해 1886년 영국이 세운 국영회사.

듬해 4월까지 맨체스터 바로 남쪽 태튼 홀에서부터 크루 동쪽 크루 홀까지, 노튼 프라이오리에서 머지 강을 따라 매클리스필드 바로 외곽의 올덜리 파크까지 주 전역에서 열렸다. 그러나 여우사냥은 돈이 별로 안 드는 취미가 아니었다. 체셔 여우사냥 협회 연간 회비는 10파운드로 알려져 있다. 말 관리까지 포함한 회비는 70파운드까지 될 수 있었다(지금 금액으로 환산하면 1만2000달러 가까이 된다). 사냥말과 사냥개 비용도 만만치 않았다. "머레이라는 말장수를 토요일에 만나서 괜찮은 놈이 있는지 물었습니다. …사냥개들까지 딸려서 좋은 말로 비용은 한 70파운드쯤 생각하고. 되는 눈치였어요." 엥겔스의 말 관리를 맡은 제임스 우드 로맥스라는 사람이 그에게 보낸 메모 앞부분이다.[78] 다행스러운 것은 사냥과 같은 점잖은 취미활동을 하는 데는 아버지의 도움을 받을 수 있었다는 사실이다. "크리스마스 선물로 말을 사라고 우리 노인네가 돈을 부쳐왔어. 마침 좋은 놈이 있어서 지난주에 샀지." 1857년 마르크스에게 보낸 편지에서 엥겔스는 이렇게 전했다. "하지만 자네랑 식구들은 런던에서 사정이 좋지 않을 텐데 나는 말까지 사고 해서 정말 마음에 걸리는군."[79]

엥겔스가 처음에 누구 소개로 체셔 여우사냥에 나갔는지는 분명치 않다. 하지만 그는 곧 영국 최고위층 귀족들과 함께 사냥 대회의 터줏대감이 됐다. 마르크스의 사위인 폴 라파르그가 기억한 바로는 이렇다. "그는 말을 정말 잘 탔고, 여우사냥용 말을 따로 갖고 있었다. 지역 신사와 귀족들은 옛날부터 내려오는 관습에 따라 기수 전원에게 초청장을 보냈는데 그는 한 번도 빠진 적이 없었다."[80]*

엥겔스는 여우사냥을 혁명에 필요한 전투 기술을 가르쳐주는 "최고의 학교"라는 식으로 정당화하려고 했다. 실제로 그는 영국 기병대의 극소수 장점 가운데 하나가 입대 전에 여우사냥을 많이 했다는 부분이라고 봤다.

"그들은 대부분 정열적인 사냥꾼이어서 본능적으로 지형에 대한 판단이 아주 빠르다. 그런 감각은 사냥에서 얻은 것이다." 영국의 군사전략을 논한 엥겔스의 글에 나오는 대목이다.[81] 그러나 아무리 그럴듯한 이유를 갖다 붙여도 엥겔스를 흥분시킨 것은 역시 사냥의 스릴이었다. 그는 사냥꾼 대열의 선봉에 서는 것을 마다하지 않았다. "그는 언제나 앞장서서 도랑과 울타리 같은 장애물을 치웠다"고 라파르그는 기록했다.[82] "어제 말이야, 말을 타고 높이가 1.5미터가 넘는 울타리를 뛰어넘었어. 그렇게 높은 점프는 처음이야." 엥겔스는 대영박물관 열람실에 쭈그리고 앉아 자료와 씨름하는 마르크스에게 이렇게 자랑했다. 치질로 괴로울 때도 신이 나서 사냥감을 뒤쫓아 45킬로미터를 달렸다. 그 시절의 엥겔스는 피를 보려는 욕망이 대단했음이 분명하다. "어제 사람들이 하도 졸라서 사냥 모임엘 갔어. 그레이하운드를 풀어서 산토끼를 잡았지. 말안장에 일곱 시간은 앉아 있었어. 일은 좀 소홀히 하게 됐지만 어쨌든 다시 활력이 솟았네."[83]

엥겔스는 사냥 외에 다른 취미에 대해서는 그렇게 광적이지 않았다. "요즘 이곳 사람들은 너나없이 미술애호가야. 전시회 그림 얘기만 해." 1857년 여름 트래퍼드 파크에서 열린 저 유명한 「명화전Art Treasures Exhibition」**에 다녀온 뒤 엥겔스는 마르크스에게 보낸 편지에서 이렇게

---

* 2004년 영국 노동당 정부는 여우사냥 금지 입법을 추진했다. 그 과정에서 일부 의원들은 엥겔스가 체셔 여우사냥 대회 회원이었다는 사실을 여우사냥 금지법 반대 논리로 활용했다. 크레이그밀러의 길모어 남작은 상원 법안 토론에서 이렇게 말했다. "여우사냥을 하면서 계급투쟁에 나선다는 생각은 가엽고 딱하지만 양쪽 모두의 권위자인 프리드리히 엥겔스가 이미 모범을 보여준 바 있습니다. 나는 그게 바로 적어도 어떤 면에서는 옛날 공산주의가 지금의 노동당보다 훨씬 현실감각이 있었다는 것을 보여주는 사례라고 봅니다." 여우사냥을 즐긴 빅토리아 시대의 좌파 인사는 엥겔스뿐이 아니었다. 일일 노동시간을 줄이자는 공장 개혁 운동을 주도한 마이클 새들러, 농업노동자들을 각성시킨 조셉 아치, 목수·소목장협회 사무총장 로버트 애플가스도 말을 타고 사냥개들을 따라다니며 여우사냥을 했다. —원주

말했다. 그나마 16세기 르네상스 시대 이탈리아 화가 티치아노의 「아리오스토의 초상」이 그의 마음에 들었다. "전반적으로는 그냥 그래. 자네도 부인이랑 이번 여름에 여기 와서 한번 봐야지."[84] 전시회는 맨체스터의 대표적인 상인인 엥겔스의 신분에 딱 어울렸다. 그가 사는 세계는 각종 저녁 모임과 클럽 활동, 자선 행사, 손클리프 그로브와 도버 스트리트 주택가 인근 점잖은 독일인들이 많이 사는 지역을 중심으로 한 인맥 등등으로 구성돼 있었다. 맨체스터는 1780년대 이후 프로이센 출신 상인들의 메카였다. 1870년대가 되면 맨체스터에서 활동하는 독일계 영업소가 150곳쯤 됐고, 독일 출신 주민은 1000명이 넘었다. 독일인 공동체에서도 지위가 높은 이들은 밤이면 옥스퍼드 스트리트의 실러연구소에 모였다.[85] 이 연구소는 1859년 프리드리히 실러 탄생 100주년 기념 축제를 계기로 발족한 것으로 독일인 공동체에 사교의 장을 마련해주고 고향의 문화 행사를 소개하는 것이 설립 취지였다. 1860년대 중반에는 회원이 300명이나 되었고, 장서가 4000권에 볼링장, 당구장, 체력단련실에다가 썩 괜찮은 독서실까지 갖추었다. 남성 합창단 연주회에서 공개강좌 시리즈, 아마추어 연극 공연까지 각종 행사도 자주 열렸다. 엥겔스는 1861년에 회원으로 가입했다. 그런데 얼마 후 대출 도서 반납 기한을 넘기는 바람에 벌금을 물라는 통보를 받고 사서와 대판 싸웠다. "그 통지문을 보고 갑자기 고향으로 내동댕이쳐진 느낌을 받았어." 물론 그리던 고향으로 돌아간 듯한 기분이라는 말은 아니다. "실러연구소 사서가 아무 설명도 해주지 않은 상

** 1857년 5월 5일~10월 17일 맨체스터에서 열린 미술전시회. 지금까지 영국에서는 물론 세계적으로도 최대 규모의 전시회로 꼽힌다. 출품작 1만6000여 점에 142일 동안 내외국인 130만 명이 관람했다. 이는 당시 맨체스터 인구의 4배다. 이 전시회는 공공미술관들의 컬렉션과 전시에 큰 영향을 미쳤다.

태에서 덜커덕 출두통지서 같은 게 날아든 거야. '24시간 내에' 잘못을 사죄하지 않으면 중벌에 처하겠다고 으름장을 놓는 독일 경찰 같았지."[86] 경찰의 출두명령을 여러 차례 받았던 엥겔스로서는 별것 아닌 체납 벌금 납부 통지서를 보고 압제적인 프로이센 국가를 연상한 것이다.

그러나 얼마 후 엥겔스는 다시 실러연구소에 나갔다. 연구소에서 하는 각종 행사에 열성적으로 참여해 운영위원으로 뽑혔고, 나중에는 표결을 거쳐 운영위원장으로 선출됐다. 엥겔스는 연구소 운영에도 수완을 발휘했다. 간부들 모임에 맥주를 곁들이고 소위원회도 많이 구성했으며 맨체스터 회원제 대출 도서관에서 장서 6000권을 구매하는 작업도 지휘했다.[87] 그러나 이듬해 저명한 대중 과학 저술가 카를 포크트에게 초청장이 발송된 이후 연구소와 완전히 연을 끊었다. 연구소 측은 몰랐지만 포크트는 마르크스와 엥겔스가 가지고 있는 블랙리스트에 보나파르트파 스파이로 올라 있었다. 엥겔스는 즉시 운영위원직을 사임했다.

다행히 엥겔스가 후원 활동을 할 수 있는 기관은 많았다. 새뮤얼 무어와 함께 "우리의 자비로우신 여왕 폐하 부군의 이름을 따서" 만든 앨버트 클럽 회원이 되었다. 이 클럽은 흡연실─"우리는 당연히 이 흡연실이 맨체스터에서 가장 훌륭하다고 생각한다네"─로 유명했으며, 카드놀이실과 회원 전용 식당, 당구대 등도 화려했다. 회원 명단을 보면 샤우프, 슈라이더, 폰 린델로프, 쾨니히 같은 이름들이 많았다. 클럽에 독일계 회원이 많다는 얘기로 거의 50퍼센트 수준이었다.[88] 앨버트 클럽 외에 엥겔스는 아테노임, 브레이즈노즈 클럽, 맨체스터외국어도서관, 그리고 심지어 증권거래소 회원이기도 했다. "이제 증권거래소 회원이 되셨군. 정말 높으신 분이야. 축하하네." 마르크스는 약간 빈정거리는 투로 이렇게 썼다. "자네가 곧 늑대들과 어울려 우짖는 소리를 들었으면 좋겠네."[89] 강좌, 저녁 모임, 연주회 등등 스케줄이 엄청 많았지만 엥겔스는 맨체스터가 여전히 시골티를 벗지 못한 것을 경멸했다. "지난 반년 동안 바닷가재 샐러드를 만들어볼 기회가 한 번도 없었어. 내 솜씨 알잖아? 정말 끔찍한 일이야. 그러니 솜씨가 녹슬지." 귀족 공산주의자의 원조답다.[90]

건강 악화로 퇴사하다

1850년대 중반이 되면 엥겔스의 이중생활은 결국 사단이 나고 만다. 업무는 과중하고 스트레스는 심해져 인내의 한계에 다다른 것이다. "직원 셋을 감독하고, 바로잡아주고, 야단치고, 여기저기 지시를 하고 있네." 1856년 엥겔스가 마르크스에게 한 불평이다. "게다가 제조업자들하고 불량 실이나 납품 지연 같은 문제를 가지고 실랑이를 해야 하지. 내 일 자체도 그렇고." 사업상 보내고 받는 편지도 양이 엄청났다. 아버지와 고드프리 에르멘의 채근도 대단해서 "매일 저녁 사무실에서 8시까지 뼈 빠지게 일하고, 저녁 먹고 나서도 10시까지는 내 작업을 시작할 수가 없었"다. 언론 활동은 심각한 타격을 입었고, 러시아어 공부는 지체됐고, 사회주의 이론 작업은 거의 진척을 보지 못했다. "이번 여름엔 전체적으로 재점검을 해봐야겠어." 1857년 3월 엥겔스는 현실을 근본적으로 되돌아볼 결심을 했다.[91] 그러나 이 시점에 마르크스가 찰스 데이나가 새로 기획한 『뉴 아메리카 백과사전』에 원고를 써주기로 계약을 함으로써 엥겔스는 새로 부담을 안게 됐다. 이 계약은 돈은 꽤 되지만 당시 형편으로는 도저히 감당이 안 되는 일이었다. 물론 엥겔스는 마르크스가 돈을 벌게 된 것을 기뻐했다("이제 다시 모든 게 잘 굴러갈 모양이네"). 그러나 각종 자료를 찾고 하는 지루하고 짜증나는 일을 도와줘야 할 사람은 엥겔스였다. 1857년 초여름 엥겔스의 몸은 완전히 망가졌다. "집에 앉아서 아마유 습포로 얼굴 왼쪽에 찜질을 하고 있네. 지저분한 종기가 좀 나아질까 하고. …한 달간 얼굴이 너무 아파서 고생하고 있어. 처음에는 치통이 오더니 다음에는 뺨이 부풀어 오르고, 그 다음에는 치통이 더 심해지더니 이제는 입안이 완전히 곪아터졌나 봐." 한여름에는 기진맥진한 상태에서 전염단핵구증傳染單核球症*이 악화돼(빅토리아 시대 영국에서는 이 병이 우려스러울 정도로 많이 퍼졌다) 여동생 마리가 와서 간호를 맡았다. "내 처지가 정말 가련해. 구부정한 어깨에 절뚝거리면서 기운이 하나도 없어. 지금도 통증 때문에 정신이 하나도 없네."[92] 그러면 친구의 이런 고통에 대해 마르크스는 어떤 반응을 보였을까? "자네도 알다시피 그렇게 아픈 마당에 자네에게 또 짐을 지운다는 게 나로서는 얼마나 하기 싫은 일인지 몰라." 말은 이렇게 하면서도 마르크스는 『뉴 아메리카 백과사전』 원고를 재촉했다. 그것도 빨리 보내달라는 것이다. 엥겔스의 심신이 완전히 무너질 지경이 되어서야 마르크스의 재촉은 약간 누그러졌다. "지금 자네한테 가장 중요한 것은 물론 건강을 회복하는 일이지. 데이나한테 좀 더 기다려줄 수 있는지 물어봐야겠어." 아픈 친구를 계속 괴롭히기가 뻘쭘했던지 1857년 7월 마르크스는 이렇게 말했다.

물론 마르크스가 엥겔스의 건강을 염려하지 않았다고 한다면 틀린 말일 것이다. 실제로 두 사람이 주고받은 편지에는 병과 복약, 치료법, 담당

---

* 바이러스 감염에 의한 급성 감염 질환. 피로와 근육통이 1~2주 지속되다 발열, 인후통, 림프절이 붓는 등의 증상이 나타난다. 발진이 나타나기도 하며, 간과 비장이 커지기도 한다. 이런 증상은 2~4주간, 권태감과 집중력 저하는 수개월까지 가기도 한다.

의사에 관한 얘기가 자주 나온다. 두 사람은 건강에 대한 염려가 지나치다고 할 정도로 병에 신경을 쓰기도 했다. "'기침'은 좀 어때?" 마르크스가 엥겔스의 증상을 처음 알았을 때 한 질문이다. 그는 대영박물관에서 "의학적인 연구를 꼼꼼하게" 한 뒤(어떻게 해서든 『자본론』 집필을 미루려는 마음에서 잠시 딴청을 부린 것이라고도 할 수 있다) 친구에게 이렇게 말했다. "철분을 섭취하고 있는지 알려주게. 자네 같은 경우는 대개 철분을 섭취하면 금세 낫는다는 게 입증이 됐거든."[93] 엥겔스는 반신반의하면서 철분과 대구 간유肝油 중에서 뭐가 더 효과가 있을지를 한참 얘기한 뒤 노르웨이산 대구 간유가 낫겠다는 결론을 내렸다. 그러나 이런 경우는 예외적이었다. 대개 건강 문제는 역시 마르크스에게 있었다. 그는 간 질환에서부터 두통, 불면증에 이르기까지 스트레스성 질환을 달고 살다시피 했고, 온몸을 들쑤시는 종기 때문에 극심한 고통을 받았다. 마르크스가 얼마나 괴로워했는지는 1866년 엥겔스에게 보낸 편지에서 엿볼 수 있다. 당시 마르크스는 가랑이 주변에 종기가 엄청 심했다. "최근 1년 반 동안 고환에서 엉덩이 사이가 너무 가려워서 벅벅 긁다가 피부가 벗겨지곤 했어. 정말 너무도 괴로웠지." 마르크스는 종기가 곪아터질 때면 면도칼로 종기를 잘라버렸고, 그럴 때마다 피고름이 튀었다. 엥겔스는 석회 인산염이나 비소를 써보는 게 좋지 않겠느냐고 권했다. 맨체스터에서 새로 알게 된 소아과의사 에드바르트 굼페르트에게 조언을 구하기도 했다. 굼페르트는 비소를 사용해 "화농과 악성 종기를 세 달 만에 완치시킨" 바 있었다.[94]

엥겔스가 전염단핵구증에서 회복된 것은 의학적으로 치료를 잘해서라기보다는 1857년 맨체스터에 불어닥친 경제공황 때문이었다. 페터 에르멘과 그 형제들이 면화 값 폭락으로 죽을 쑤는 상황을 보는 것이 일종의 피로회복제 역할을 한 것이다. "지난주 증권거래소는 전반적으로 아주 좋은 분위기였어. 그 친구들은 예상치 못하게 갑자기 호기로 접어들자 열받았지."[95] 그러나 엥겔스는 병이 나았다고는 하지만 아직 몸이 극도로 약한 상태였고, 1860년 3월 아버지가 사망하자 병이 재발했다. 병이 도진 것은 아버지의 죽음 때문이라기보다는—아버지에 대한 애틋한 정 같은 것은 별로였다—에르멘 앤드 엥겔스사 지분을 놓고 가족들 간에 벌어진 다툼 때문이었다. 고드프리 에르멘은 호시탐탐 엥겔스를 회사에서 쫓아내려고 했다. 엥겔스는 미래를 위해 자리를 지키려고 필사적으로 노력했지만 에르멘 형제들과의 관계는 급속도로 악화됐다. 에르멘가 형제들은 사업 감각이 날카로운 데 반해 엥겔스는 "육체적으로 너무 약해져서 온전한 몸과 마음으로 시급한 결정을 전혀 내릴 수 없는 형편"이었다. 엥겔스는 이러다가는 좋은 조건으로 동업자 관계를 정리할 수도 없을 것이라는 걸 알고 있었다. 그래서 수치스럽기는 하지만 동생 에밀을 불러서—"맑은 눈과 확고한 의지력과 날카로운 상황 판단으로"—에르멘 형제들과의 협상을 맡아 조금이라도 좋은 조건을 확보하게 했다.[96]

에르멘 형제들과의 갈등만 문제가 아니었다. 동생 루돌프와 헤르만이 위기를 틈타 엥겔스—장남이자 가업의 상속자다—를 번창하는 엥겔스 키르헨 지사에서 몰아내려 한 것이다. 이때 사랑하는 어머니는 병석에 누워 있었다. 장티푸스로 추정된다. "7주 동안 계속 긴장과 흥분 속에서 지냈네. 이제 정점이야. 이보다 더 나빴던 적은 없으니까." 1860년 5월 마르크스에게 보낸 편지에 나오는 토로다.[97] 형제들의 잔꾀에 밀려 엥겔스는 어쩔 수 없는 타협을 선택했다. 모든 권리를 에르멘 앤드 엥겔스 독일 지사에 양도한다는 부당한 조건이었다. 그렇게 한 이유는 병석에 누워 있는 어머니에게 더 큰 괴로움을 안겨드리지 않기 위해서였다. "사랑하는 어머니, 이 모든 것을 감수한 것은 어머니를 위해서랍니다. 무슨 일이 있어도 유산 문제를 둘러싼 가족들 간의 불화로 황혼기에 접어든 어머니를 마음 아프게 하고 싶지는 않습니다." 장남의 편지에는 어머니에 대한 사랑이 가득 담겨 있었다. "사업이라면 백 번도 더 할 수 있겠지요. 하지만 어머니는 딱 한 분밖에 없는 겁니다." 그러면서도 어머니에게 "가업에서 이런 식으로 손을 떼야 한다는 것은 도저히 받아들일 수 없는 일"이었다는 것을 분명히 밝혔다.[98] 형제들이 맨체스터 지사에 1만 파운드를 출자하는 대신 엥겔스는 1864년까지 에르멘 앤드 엥겔스사의 동업자 자격을 유지하기로 했다. 약해진 몸 상태를 고려할 때 엥겔스로서는 그 정도가 얻어낼 수 있는 최상이었다.

7장

맨체스터 시절을 접다

The Frock-Coated
Communist

엥겔스는 번즈 자매와 이중 살림을 하면서 회사 경영에 몰두하는 틈틈이 체셔 여우사냥 대회에 나갔다. 그런 와중에도 마르크스주의에 중요한 이론적 기여를 했다는 것은 참으로 믿기지 않는 일이다. 최초의 업적이라고 할 만한 것은 마르크스와 함께 쓴 『독일 이데올로기』에서 개괄적으로 제시했던 "사적유물론史的唯物論" 개념을 더욱 발전시킨 것이다. 엥겔스가 보기에 과거에 대한 접근 방식으로서의 사적유물론—생산양식을 소유관계 및 포괄적인 사회구조를 결정하는 요소로 본다—은 마르크스가 이룩한 주요 업적 가운데 하나였다. 그는 마르크스가 "역사 변동의 위대한 법칙"을 발견했다고 썼다. 그 법칙이란 "지금까지의 모든 역사는 계급투쟁의 역사이며, 다양하고 복잡한 정치적 투쟁에서 유일한 핵심은 사회계급들의 사회적·정치적 지배권 다툼"이라는 것이다. 따라서 "각 역사 단계를 지배하는 관념과 사상들은 간단히 말해서 삶의 경제적 조건 및 해당 시기의 사회적·정치적 관계를 가지고 설명해야 하며, 사회적·정치적 관계는 다시 경제적 조건에 의해 결정된다."[1] 또는 마르크스가 1859년에 쓴 『정치경제학 비판』 서문에서 언급한 대로 "물질적 삶의 생산양식이 사회적·정치적·지적 삶의 과정 일반을 결정한다. …인간의 의식이 그들의 존재를 결정하는 것이 아니라, 반대로 사회적 존재가

인간의 의식을 결정한다."² 이런 통찰들이 허위의식("그럴듯해 보이지만 잘
못된 의식")이라는 현상을 파악하는 데 결정적인 역할을 했다. 허위의식은
역사에서 나타나는 정치적 변동이나 지적 변동―16세기 종교개혁이나
18세기 말~19세기 중엽의 낭만주의 등등―이면에 있는 진정한 유물론
적 동기를 불가피한 사회경제적 힘의 작동이 아니라, 사상이나 종교의 자
율적 역할이 발휘된 결과로 잘못 해석한다. 이와 마찬가지로 애덤 스미스
와 데이비드 리카도처럼 착취의 본질을 고려하지 않고 정치경제학을 분
석하면 부분적인 이해밖에 할 수 없다. 이것이 당대의 허위의식으로, 사
상이라고 하는 정치적 상부구조 밑으로 파고들어 사회의 유물론적 토대
에까지 도달하지 못하기 때문에 벌어지는 현상이다.

『독일 이데올로기』에서 마르크스와 엥겔스는 현대 자본주의 사회를 유
물론적 관점에서 고찰했다. 그런데 다시 관심을 과거로 돌려 당대의 법
률, 이데올로기, 종교, 그리고 심지어 예술과 과학까지를(모두 상부구조다)
결정하는 것은 각 시기의 경제적 조건(토대)―기술과 분업, 생산수단의 수
준 등등―이라고 주장했다. 개인은 역사라는 드라마를 꾸며가는 배우로
서 분명 자유의지가 있고, 선택권이 있다. 그러나 마르크스·엥겔스가 관
심을 가진 부분은 집단적인 현상과 사회 변동이었다. 이는 구조적인 경제
적 조건에 영향을 받는 무수한 개인적 결정들의 결과물이다. 엥겔스가 말
한 대로 "의지는 열정이나 의도에 의해 결정된다. 그러나 열정이나 의지
에 직접적인 영향을 미치는 요인은 전혀 다른 성격의 것이다." 여기서 마
르크스는 좀 더 생생한 표현을 추가한다. 1852년에 쓴 『루이 보나파르트
의 브뤼메르 18일』에서 마르크스는 "인간은 그 자신의 역사를 만든다. 그
러나 원하는 대로 만들어가는 것은 아니다"라고 했다. "인간은 자신이 선
택한 조건이 아니라 이미 앞에 놓인, 그리고 과거로부터 물려받은 조건하

에서 역사를 만들어간다. 앞서 죽은 세대의 그 모든 전통이 살아 있는 자들의 뇌리를 악몽처럼 짓누른다."[3] 마르크스와 엥겔스는 칼라일류의 "영웅" 사관을 폐기했다. "그러그러한 인간이, 유독 그런 인간이 특정 국가에서 특정 시기에 나타났다는 사실은 당연히 순전한 행운이다."[4] 그러나 나폴레옹이 없었다면 누군가 다른 사람이 그 자리를 메웠을 것이다. 위인과 영웅을 대신해 계급과 계급투쟁(주인/노예, 영주/농노, 자본가/노동자) — 이 자체가 생산양식의 역사적 발전의 산물이다 — 이 마르크스주의 역사 서술에서 결정적 요인으로 자리 잡게 됐다. 헤겔이 역사에서 정신의 행진을 추적한 것처럼, 마르크스와 엥겔스는 헤겔 비슷한 목적론적 틀 안에서 계급투쟁의 부침浮沈을 기록했다. 역사란 억압과 해방의 이야기로서 프롤레타리아의 최종 승리가 계급전쟁에 종지부를 찍을 때 — 이 단계야말로 역사 자체의 종언이다 — 까지 계속될 싸움이었다.

엥겔스는 일찍부터 이런 주장을 폈다. 나중에 두 사람이 발전시킨 사적 유물론은 일찍이 엥겔스가 『영국 노동계급의 상태』에서 제시한 경제사에 대한 독창적인 설명에 힘입은 바 크다. 산업혁명에 대한 엥겔스의 분석은 생산양식의 변화 — 분업, 기계화 추세, 가계家計의 붕괴, 길드 규약의 소멸 등등 — 를 당대의 정치적·종교적·문화적 태도를 이해하는 데 있어 가장 근본적인 요소로 보았다. 그러나 엥겔스는 말년에 가서 그런 전략이, 모든 것을 협애한 경제적 원인으로 환원시키고 싶어하는 덜 떨어진 자들에 의해 훼손될 수 있다고 우려하게 된다. "유물론적 역사관에 따르면 역사의 결정요인은 최종적으로는 실제 삶의 생산과 재생산이다." 1890년 베를린 대학생 요제프 블로크 폰 뵈크니크가 제기한 일련의 이론적 질문에 대한 답신에서 엥겔스는 이렇게 단언했다. "그 이상에 대해서는 마르크스나 나나 주장한 적이 없다. 지금 경제적 계기가 유일한 결정요인이라는 식으로 왜곡하는 자들이 있는데 그건 우리의 주장을 우스꽝스럽게 만드는 짓거리다." 같은 편지에서 엥겔스는 사적유물론이라는 형틀에 새로운 변수를 추가했다. 상부구조—시대에 따라 달라지는 법률, 철학, 종교 등등—도 어떤 식으로든 경제적 구조에 "다시 영향을" 미치고, 그런 과정을 통해 역사 발전에도 영향을 준다는 주장이었다. "이 모든 요인들 역시 역사적 투쟁의 진로에 영향을 미친다. 결정적인 영향을 미치는 경우도 많다. 이 모든 요소들이 상호 작용하고 끊임없이 무수한 우연이 발생하는 가운데 …특정한 경제적 추세가 불가피한 요인으로서 최종적인 영향력을 발휘하는 것이다." 엥겔스는 마르크스주의의 역사적 사고방식을 진지하게 재점검하면서 역사란 정형화된 유물론에서 주장하는 것보다 훨씬 유동적이라고 주장했다. 변증법적 과정이란 단순히 원인과 결과의 문제가 아니라 대립항들의 상호작용이기 때문이다. 따라서 이제 엥겔스는 경제적 맥락이 "궁극적으로는 결정적"이지만 정치나 문화, 심지어 "전통" 같은 것도 인간이 내리는 여러 결정과 역사를 형성하는 데 일정한 역할을 할 수 있다고 생각했다. 과거란 "항상 많은 개인들의 의지의 충돌이 만들어낸 결과였다. 반면에 개인 각자의 의지는 여러 삶의 조건에 의해 지금과 같은 형태로 형성된 것이다". 사적유물론에 이러한 유보조항이 도입됨으로써 정치적 도구로서는 말할 것도 없고 신뢰할 만한 지적 도구로서도 가치가 떨어진 것처럼 보였다. 당시 일흔의 나이로 유럽을 대표하는 공산주의 예언자로 확고히 자리를 굳힌 엥겔스는 성찰적인 자세를 보이면서 예전에는 관념론자들의 역사관을 반박하느라 본인과 마르크스가 유물론적 요소를 지나치게 강조했을 수 있다는 점을 인정했다. "일부 젊은 작가들이 정도 이상으로 경제적 측면을 강조하는 데 대해 마르크스와 나도 어느 정도 책임이 있다. 우리는 그런 것을 부정하는 적들을 상대하면서 사적유물론의 원칙을 강조하지 않을 수 없었다. 그리고 다른 요소들이 상호작용하는 양상에 대해 제대로 평가할 만한 시간과 공간과 기회도 별로 없었다." 엥겔스는 후학들에게 특별히 당부하는 글에서 이렇게 썼다. 여기서 엥겔스는 자신의 역사 일반이론이 맞지만 뻔한 소리(어떤 시기의 경제적 맥락을 고려해야 한다는 것은 너무 당연한 소리다)로 비치거나 과도한 경제 환원론으로 전락할 위험에 처해 있다는 것을 분명히 인식하고 있었다.[5]

1850년대 맨체스터에서 활동하던 엥겔스는 아직 그런 후일의 이론적 문제들에 봉착하지 않았다. 실제로 엥겔스는 사적유물론을 적극 옹호한 저서 『독일 농민전쟁』(1850년)에서 "당시 독일의 정치구조와 그에 대한 반란, 그리고 당시의 정치·종교 이론들을 원인으로서가 아니라 농업, 산업, 도로, 수로 및 당시 통용되던 상품과 화폐의 거래 등등의 발전 단계의 결과로" 설명하고자 했다.[6] 사실 그의 노림수는 구태의연한 방식으로 역사를 끌어다가(사실관계는 독일 역사학자 빌헬름 치머만이 1841~43년에 낸 『대大농민전쟁사』를 베끼다시피 했다) 자기 시대의 정치투쟁을 지원하려는 것이었다. 구체적으로 말하면 1520년대의 농민전쟁을 1848~49년 혁명의 좌절로 의기소침해진 당시 독일 급진파들에게 강력한 자극제로 제시하고자 한 것이다. "2년 동안의 투쟁이 좌절되고 다들 맥 빠져 하는 지금이야말로 독일 인민들로 하여금 서투르지만 힘차고 강인했던 위대한 농민전쟁 당시의 인물들을 되새기게 할 절호의 시기다."[7] 엥겔스는 실제로 그렇게 했다. 그것도 원조 유물론자답게 단순하고 아둔할 정도로.

아이러니하게도 엥겔스 농민전쟁사의 주인공은 칼라일이 말한 위인, 즉 프로테스탄트 급진파 토마스 뮌처라고 하는 "걸출한 인물"이었다. 독일 천년왕국설의 전통에 서 있는 신비주의자로 이곳저곳을 떠돌아다닌 뮌처는 1520년대 초에 종교개혁 급진파와 전통적인 농민들의 반란을 한

데 묶어 신을 믿는 자들이 신을 믿지 않는 자들에 맞서 싸우는 "기독교 동맹"을 조직했다. 그는 신의 수난을 강조하고 사회적 평등과 더불어 영적 평등을 주창했으며, 마르틴 루터의 "중산층 중심 종교개혁"을 공격하면서 교회가 요구하는 높은 십일조 부담과 실망스러운 토지개혁에 대한 가난한 농민들의 분노를 자극했다. 대학에서 신학 등을 공부하고 여러 해 동안 알슈테트, 프라하, 츠비카우 등을 돌아다니며 설교가로 이름을 떨친 뮌처는 프로테스탄트 신학적 색채가 강한 사회 개혁 비전을 제시했다. 그러나 엥겔스는 이에 대해서는 언급을 회피했다. 다만 "당시의 계급투쟁은 종교적인 외피를 걸치고 있었다"고만 지적하고 그런 양상도 결국 그 기저에는 유물론적 기초가 깔려 있다는 것을 잊어서는 안 된다고 했다.[8] 이런 시각에 맞춰서 엥겔스는 16세기 초 독일 사회의 경제적 토대에 대해, 그리고 계급 분화―봉건귀족, 부르주아 프로테스탄트 개혁가들, 그리고 농민층―가 16세기라고 하는 혁명의 시대를 어떻게 형성했는지에 대해 지극히 상세하게 설명을 이어갔다. 뮌처는 단지 민중적 요소를 도입해 그들의 계급의식을 각성시켰을 뿐이다. 그를 제대로 이해한다면, 농민층 중에서도 가장 각성된 집단을 계급투쟁으로 나아가도록 조직하는 데 성공한 마르크스주의 선동가의 원조라고 할 수 있었다. "뮌처의 종교철학이 무신론에 가까워진 만큼 그의 정치 강령은 공산주의에 근접했다. …뮌처가 말하는 하느님의 왕국이란 계급 차별이 없고, 사적 소유가 없고, 사회 구성원들과 멀리 동떨어진 국가 권력이 없는 사회를 의미했다."[9] 그의 불행은 당대의 생산양식을 너무 앞서갔다는 것이었다. "극단적인 당파 지도자에게 닥칠 수 있는 최악의 불행은 운동이 아직 성숙하지 않은 시점에 권력을 잡는 상황에 몰리는 것이다."[10] 뮌처는 설교를 통해 정치적 조직화를 이루었지만 봉건 사회 체제도 그 농업 경제도 혁명적인 공산주의를 수용할 준비가 아직 되지 않은 상태였다. 따라서 1525년 동부 독일 프랑켄하우젠의 들판에서 뮌처가 이끄는 오합지졸 농민군은 루터를 후원하는 영주군領主軍에게 무참히 살육당했다. 여기서 엥겔스가 늘 말하는 식으로 동맹자라고 믿던 부르주아 세력에게 "등을 찔리는" 상황이 또다시 벌어진 것이다.

'장군'이라는 별명의 군사 전문가

1525년 농민전쟁의 패배와 1848~49년 혁명의 실패는 경제적 토대와 정치적 상부구조 사이의 불일치의 결과만은 아니었다. 과다한 군사적 과오 역시 어느 정도 역할을 했다. 따라서 전쟁에 대한 연구가 이제 엥겔스의 학문적 관심사가 됐다. 맨체스터로 이주할 준비를 하면서 그는 프랑크푸르트의 독일 공산주의자 동료인 요제프 바이데마이어에게 편지를 보내 전쟁사 관련 책들을 추천해달라고 했다(나중에 엥겔스는 퇴역한 프로이센 장교의 소장 도서 전체를 사들였다). 군사학 지식을 확실히 갖춤으로써 "이론적 토론에 끼어도 바보가 되지 않기 위해서"였다.[11] 전쟁은 엥겔스의 "전문 분야"였고, 일단 했다 하면 뿌리를 뽑는 성격대로 엥겔스는 지휘부의 기능, 전략의 본질, 군사지리학의 역할, 군사기술 및 군의 사기와 기강 등에 대한 연구에 몰두했다. 이론적으로는 "위인들"에 대해 반감을 가지고 있었지만 엥겔스는 위대한 장군들의 족적을 살피면서 감탄을 금할 수 없게 된다. 그는 주세페 가리발디*와 윌리엄 네이피어1786~1834. 영국의 군인, 외교관를 학생이 스승을 떠받들 듯이 극찬했다. 그러나 그를 진정으로 매료시킨 것은 빛과 어둠의 양극단이 충돌하듯이 나폴레옹과 웰링턴이 맞붙은 전투였다. 엥겔스는 그 모든 유물론적 성향에도 불구하고 워털루 전투의 영웅 웰링턴("보통사람도 천재의 경지를 엿볼 수는 있다고 한다면, 그는 과연 천재였다")을 숭배했으며, 1852년에는 영국에서 가장 반동적이지만 위대한 장군이자 정치가였던 웰링턴의 서거를 공식적으로 애도했다.[12]

전쟁사 연구에 보낸 몇 년은 1850년대 중반 크림 반도가 러시아, 영국, 프랑스군을 비참한 수렁으로 빨아들이는 각축장이 되면서 빛을 발하게 된다. 엥겔스는 영국의 대표적인 군사평론가로 또 다른 역할을 시작했고, 심지어 그런 식견을 잘 활용하면 맨체스터에서 탈출할 기회가 올 수도 있을 것으로 기대했다. 1854년 크림 전쟁**이 발발하자 엥겔스는 즉시 「데일리 뉴스」에 특파원 자리를 제안했다. "현 상황에서 본인이 귀 신문의 군사 부문에 기여할 수 있는 기회가 있다면 대단히 바람직할 것으로 기대합니다." 엥겔스는 이렇게 말하면서 프로이센 포병 부대에 근무한 것을 필두로 "남부 독일 봉기에 적극 참여한" 내역 등등 본인의 군사 관련 경력을 짧게 첨부했다. 엥겔스는 개인적으로 러시아군의 완패를 바랐지만 정치적 성향은 "가급적 군사 평론"과 뒤섞지 않겠다고 약속했다. 그러나 그런 다짐에도 불구하고 일은 성사되지 않았다. 「데일리 뉴스」 자식들 잘해보라 그래." 엥겔스는 에르멘 앤드 엥겔스사를 떠나 새로운 인생을 살아볼 기회가 사라지자 화가 치민 나머지 마르크스에게 보낸 편지에서 이렇게 토로했다. 급료와 시험 기사, 근무 조건 등등 모든 게 얘기가 잘된 것 같았다. 그런데 "최종 답변은 기사가 너무 전문적"이라는 것이었고 따라서

---

* 1807~1882. 19세기 이탈리아 통일 운동에 헌신한 군인, 공화주의자.
** 1853년 10월~1856년 2월 러시아가 흑해로 진출하기 위해 오스만 제국 · 영국 · 프랑스 · 프로이센 · 사르데냐 연합군과 벌인 전쟁.

엥겔스는 군사 전문지 쪽으로 발길을 돌려야 했다. 엥겔스가 그렇게 화를 내는 것은 극히 드문 일로 런던에 와 있는 독일 이민자들이 자신의 군 경력을 우습게 말하는 바람에 좋은 기회를 망쳤다는 얘기였다. "군인 엥겔스는 1년간 자원 복무했을 뿐 공산주의자에 면직 회사 사무직원일 뿐이라고 말하는 것보다 더 쉬운 일은 없을 거야. 그래서 모든 게 끝나고 말았지."[13] 계획이 모두 틀어지자 따분한 장사질이나 하고 있다는 좌절감이 다시 밀려들었다. 그러나 사람들이 뒤에서 엥겔스를 씹었다는 증거는 거의 없는 반면에 그가 마르크스를 대신해 「데일리 트리뷴」에 쓴 칼럼들을 보면 군사 평론이 지나치게 분석적이라는 증거는 아주 많다. 영국군 경기병 여단이 무모하게 러시아군을 향해 돌격한 사건(크림 전쟁에서 가장 드라마틱하면서도 처참한 패배 가운데 하나로 기록된다)에 관한 기사가 대표적인 사례다. 엥겔스는 "여단장 카디건 백작이 경기병들을 반대편 계곡으로 이동시킨" 과정을 서술한 뒤 여단이 궤멸되는 상황을 무미건조하게 설명한다. "진격한 700명 가운데 전투태세를 다시 갖춘 병력은 200명이 못 되었다. 경기병 여단은 지원군이 새로 올 때까지는 완전히 궤멸된 상태라고 해도 과언이 아니다."[14] 이런 무미건조한 기사를 「데일리 뉴스」가 실어줬다는 것이 오히려 놀라울 정도다.

그러나 다행스럽게도 이후 엥겔스의 문체는 성숙해졌다. 그래서 1850년대 말 이탈리아 통일 문제를 놓고 프로이센, 오스트리아, 프랑스 간에 긴장이 고조되는 상황에서 익명으로 「포 강과 라인 강」이라는 팸플릿을 출간함으로써 군사 평론 분야에 다시 발을 들여놓을 수 있었다. 당시의 정세를 노련하게 조망하고 산악 지형과 전투 준비 태세를 분석하면서 엥겔스는 프랑스와 오스트리아 사이에 전쟁이 벌어질 경우 군사적 시나리오가 어떻게 될 것이냐는 관점에서 러시아가 취할 입장을 개괄적으로 서술했다. 마르크스는 팸플릿을 받아보고 나서 이렇게 썼다. "다 읽어봤네. 정말 명석해. 정치적인 측면도 아주 잘됐어. 그게 정말 어려웠을 텐데. 이 팸플릿은 큰 성공을 거둘 거야."[15] 정말 그랬다. 독일과 오스트리아 언론에서 극찬을 받았고, 주세페 가리발디 장군이 대량 구매했다는 소문도 돌았다. 실제로「포 강과 라인 강」은 각국의 사정에 빠삭했기 때문에 익명의 필자가 누구냐를 놓고 각국 군부에서는 누구누구일 거라는 추정이 난무했다. "자네가 쓴 팸플릿이 최고위급은 아니더라도 고위급 군부 인사들(프리드리히 카를 왕자도 포함된다네) 사이에서 프로이센의 한 장군이 쓴 것으로 간주되고 있네." 마르크스가 팸플릿의 성공을 기뻐하며 엥겔스에게 전한 얘기다.[16] 그러나 아쉽게도 맨체스터 상인의 정체는 알려지지 않았다.

프랑스와 오스트리아 사이에 일촉즉발의 긴장이 조성된 것은 보나파르트가 권력을 장악하면서 생긴 극적인 결과의 하나에 불과했다. 나폴레옹 3세는 등극 이후부터 제국 프랑스의 지배영역을 확대하고자 노력했고, 1850년대 말이 되면(나폴레옹 3세 암살 시도에 영국이 관련됐다는 얘기가 있지만 확실치 않다) 영국 군부 일각에서는 나폴레옹 3세의 야심이 영국 침략으로 이어질 것이라고 생각했다. 언론에서 애국주의를 고취시키자 1859년 5월 12일 영국 각지의 자원병 부대들—1804년 나폴레옹 1세를 격퇴하기 위해 소집된 것이 마지막이었다—이 보나파르트주의자들의 위협에 대처하기 위해 다시 결집했다. 17만 명의 자원병이 즉시 입대를 신청하는 놀라운 사태가 벌어졌다. "아일랜드 부대" "장인匠人 부대" "자치구 경비대"는 물론이고 "언론 경비대"까지 나섰다.[17] 총리 파머스턴 경卿이 침략해오는 적 함대를 막기 위해 영국해협 일대에 일련의 요새(그는 이를 '가건물'이라고 불렀다)를 세우는 사이 영국의 각 연병장과 공원에서는 자원병들의 어설픈 구보 소리와 프랑스를 증오하는 노래가 울려 퍼졌다. 엥겔스는 영국인들의 상무尙武 정신에 대해서는 원래부터 높이 평가하고 있었다("사냥꾼이 여기보다 많은 나라도 없다. 말하자면 그들은 평소에도 어지간히 훈련받은 경보병이며 명사수들이다"). 더구나 반동적인 보나파르트주의 체제에 저항하는 민초들의 자발적인 움직임인 만큼 열렬히 지지했다.[18] 그는 특히 자원병들이 받은 훈련을 높이 평가했다. 바덴 봉기 참전 용사로서 슈바르츠발트로 도피하면서 배운 것이 있다면 병참 지원과 적절한 지휘통제, 기본적인 군사기술이 대단히 중요하다는 사실이었다. "경험을 통해 우리가 배운 것은 대중의 애국심이 아무리 높아도 무기가 없거나 있어도 사용법을 제대로 알지 못하면 비상시에는 그런 열정이 별로 소용이 없다는 것이다." '프랑스군이 런던을 유린할 수 있을까?' 라는 자극적인 제목의 「데일리 트리뷴」 기고에서 엥겔스가 한 지적이다.[19] 다행히도 영국 정부는 군비 상황을 제대로 점검하고 훈련에 힘씀으로써 그런 우려를 불식했다. "3년이 지난 지금 전체적으로 볼 때 그때의 경험이 정말 큰 효과를 보았다." 1862년에 엥겔스는 이런 평가를 내렸다. "정부로서는 거의 돈 한 푼 안 들이고 16만3000명의 방어 병력을 확보했으니 말이다."[20] 영국에 대한 엥겔스의 찬탄은 런던에서 기차를 타고 맨체스터로 돌아가다가 일어난 해프닝 때문에 잠시 주춤했을 뿐이다. "총알이 유리창을 박살내고는 객실을 뚫고 지나갔어. 내 가슴에서 한 30센티미터쯤 벗어났지. 스릴 넘치더군. 아마 어떤 자원병이 무기를 함부로 쥐어주면 안 된다는 걸 과시하려 한 모양이야."[21]

영국 자원병들을 지지한 것은 엥겔스가 가끔 계급적 혼란을 일으킨 또 하나의 사례로 전제적 보나파르트주의에 대한 반감이 공산주의 이데올로기를 압도했기 때문이었다. 자원병들은 프랑스의 침략을 저지하는 최일선 부대였지만 본질적으로는 반동적인 세력이었다. 무더기로 자원 입대한 사람들은 노동자들이 아니라 자기 무기를 제 돈으로 구입하고 "모든 비용을 부담"하면서 일 년에 24일 동안 훈련에 참여할 수 있는 사람들이었다. 프레스턴 자원병 부대는 "노동계급적 요소가 일절 없는" 것으로 유명했고, 40 (맨체스터) 랭커셔 소총 자원병 부대는 대원 거의가 "신사"나 상인, 사무직원, 장인 등이었다.[22] 이들은 각 지역의 귀족과 자본가들이 지휘하는 부자들의 군대였다. 실제로 로치데일과 올드햄의 노동계급 급진파들은 자원병 부대를 시민들의 관심을 정치 개혁 문제에서 다른 곳으로 돌리려는 "보수당의 술책"이라고 치부했다. 자원병 부대는 실제로 빅토리아 시대 중기 영국의 부르주아 지배의 또 다른 표현이었다. 중산층 자원병들이 똘똘 뭉침으로써 알게 모르게 기존의 계급 서열화를 고착화시키는 역할을 한 것이다. 본능적으로 장교의 시각을 갖고 있던 엥겔스는 보르파르트주의자들에 대한 방어 태세에 모든 관심을 쏟았던 만큼 그 밖의 다른 요소들은 전혀 관심 밖이었다.[23]

그러나 보나파르트의 전략이 영국해협을 건너지 않는 것으로 밝혀지자 자원병들은 적잖이 실망했다. 나폴레옹 3세는 유럽 대륙의 다른 강대국과 충돌하는 쪽을 선택했다. 비스마르크가 총리로 있는 프로이센이었다. 북독일연방* 총리 비스마르크는 1866년에 이미 복잡한 슐레스비히-홀슈타인 문제를 놓고 오스트리아와 전쟁을 벌인 바 있었고, 1860년대 말이 되면 프랑스와의 충돌은 불가피해 보였다. 엥겔스는 철혈재상鐵血宰相으로 통하는 비스마르크 집권 초기 그의 결단력을 과소평가했고, 심지어 1866년 오스트리아와 프로이센의 전쟁에서는 오스트리아가 승리할 것으로 생

---

* 1866년 8월 프로이센 왕국을 중심국으로 북부 독일 22개 국가가 가맹한 군사동맹체. 1867년 7월 연방국가로 발전하고, 1871년 1월 독일제국으로 통일된다.

각했다. 물론 엄청난 오판이었다. 그러나 1870년 7월 상황이 되면 비스마르크의 호전성이나 야망, 전략적 능력 등에 대해 더 이상의 오해는 없었다. 실제로 프랑스-프로이센 전쟁일명 보불普佛전쟁에서 엥겔스의 군사 전문가로서의 능력은 더할 나위 없이 빛을 발하게 된다.

이번에는 엥겔스가 식견을 펼칠 무대를 제대로 찾았다. 마르크스가 런던에서 발행되는 중급 석간신문 「펠맬 가제트」에 군사평론가로 소개를 해준 것이다. 「데일리 뉴스」와의 계약이 무산된 데 대해 여전히 마음 상해있던 엥겔스는 「펠맬 가제트」의 기고 제안에 대해 미적지근한 반응을 보였다. "고료를 현금으로 잘 쳐주면 「펠맬 가제트」에 일주일에 두 번 정도 전쟁 관련 글을 쓸 수 있겠습니다." 엥겔스가 처음 쓴 칼럼들은 보나파르트군이 프로이센군에게 완패한 과정을 분석한 것으로 전선에서 보내온 보고와 유럽의 대표적인 신문들 보도를 토대로 한 것이었다. 그러나 7월 말에는 독일군의 작전에 관한 특종을 했다. 친구인 에드바르트 굼페르트의 사촌이 "77연대 중대장"으로 배속돼 있었던 것이다. 결과적으로 엥겔스는 프랑스군과 프로이센군이 자브뤼켄 근처에서 처음으로 큰 전투를 벌이게 된다는 것을 정확히 예측했다. "프로이센 쪽 전투 계획을 여기 동봉하네. 바로 전세마차를 잡아타고 이걸 「펠맬 가제트」에 전해주게. 그럼 월요일 저녁에 나올 거야." 특종을 놓치지 않으려는 마음에 엥겔스는 마르크스에게 이렇게 독촉했다. "나와 「펠맬 가제트」는 엄청 유명해질 거야. 이런 종류의 기사는 늦으면 치명적이야." 엥겔스가 맞았다는 게 밝혀졌다. 런던의 모든 신문이—「더 타임스」에서 「스펙테이터」까지—엥겔스의 기사를 그대로 받았다. "전쟁이 어느 정도 지속되면 자넨 곧 런던에서 군사 문제의 최고 권위자로 인정받게 될 거야." 마르크스가 보낸 답신에는 친구에 대한 자부심이 넘쳤다.[24] 엥겔스의 권위가 더욱 빛을 발한 것은

1870년 8월 프랑스군이 스당에서 패하고 보나파르트 황제가 포로가 될 것이라고 예견하면서였다. 이후 엥겔스의 예언이 계속 맞아 들어가면서 마르크스 일가는 그를 "참모부General Staff"나 짧게 "장군The General"이라는 별명으로 부르게 됐다. 이 별명은 금세 굳어졌고 곧 사회주의 운동 동지들 사이에서 널리 통용됐다. 장군이라는 별명은 엥겔스의 군사적 통찰력만이 아니라 육체적인 인내와 절제, 놀라운 자제력과 헌신, 전략적인 감각, 특히 자신과 마르크스가 추구하는 목표 달성을 위해 모든 것을 바치는 태도를 한데 아우른 표현이었다. 세월이 가고 마르크스의 기력이 쇠하면서 공산주의를 추구하는 엥겔스의 강철 같은 의지와 헌신은 장군이라는 별명에 걸맞게 더더욱 강해졌다.

엥겔스의 분석에는 군사력과 전술 전문가로서의 시각 이상의 것이 담겨 있었다. 후일 레닌이 엥겔스가 「뉴욕 데일리 트리뷴」에 썼던 봉기 관련 기사 일부를 다시 인쇄한 덕분에 엥겔스는 종종 게릴라 전술의 선구적인 이론가로 여겨진다. 실제로 엥겔스는 봉기를 "전쟁 못지않은 기술"이라고 규정했다. 봉기에도 반드시 지켜야 할 나름의 원칙이 있다는 것이다. "최대한 대담하게 행동하라. 그리고 공세를 취하라. 방어는 모든 무장 봉기의 죽음이다. …적의 힘이 분산돼 있을 때 적들을 놀라게 하라. 아무리 작은 것이라도 매일 새로운 성공을 준비하라. …적들이 힘을 결집하기 전에 퇴각시켜라. 프랑스 혁명 최고의 정책통으로 알려진 당통*의 말을 빌리면 대담하게, 대담하게, 더 대담하게!"25 그러나 엥겔스는 근본적으로 게릴라전에 대해 대단히 회의적이었다. 바덴 봉기 실패라는 쓰라린 경험 탓이기도 하지만 역시 군사학에 대한 유물론적 접근을 강조하는 입장이었기 때문이다.

유물론적 관점에서 보면 영국인들이 크림 전쟁을 망치고 보나파르트가 비스마르크에게 철퇴를 맞은 것은 각각의 군사구조가 낡은 사회경제적 토대의 반영이었기 때문이다. 엥겔스가 볼 때 전쟁은 종교, 정치, 법률, 문화와 마찬가지로 상부구조의 또 다른 구성요소이고, 그 자체로 경제적 토대에 의해 결정되는 것이었다. "무장, 사회구성, 조직, 전술과 전략은 특히 생산과 커뮤니케이션의 수준에 의존한다." 전쟁이 프랑스 혁명 이후에야 현대적인 형태를 띠게 된 것은 성장하는 부르주아지와 해방된 농민층이 19세기에 거대한 전쟁기계들을 만들고 운용할 돈과 인력을 산출해냈기 때문이라고 엥겔스는 주장했다. 이처럼 유럽 여러 나라 군대의 발전은 그 나라들의 사회경제적 발전—계급 구조, 기술적 능력, 소유관계 등등—의 산물이었다. 여기서 "천재적인 사령관이 할 수 있는 범위는 기껏해야 전투 방식을 새로운 무기와 전사들에게 맞게 운용하는 것"이다.[26] 군이 기술적 성취와 불가분의 관계에 있다는 것을 분명히 보여주는 사례가 현대의 전함이었다. 전함은 "현대식 대규모 산업의 산물일 뿐 아니라 동시에 그 표본, 즉 떠다니는 공장"이었다.[27]

영국군의 경우 역시 겉은 화려하지만 속으로는 완전히 부패한 낡은 정치체제를 그대로 보여주었다. "만연한 폐습덩어리인 영국이라는 나라 자체와 마찬가지로 영국군 조직은 뼛속까지 썩었다." 엥겔스는 크림 전쟁에 투입된 여왕님의 군대에 관한 칼럼에서 매관매직 성행, 전문성 결여, 사회계급에 따른 장교와 사병의 분리, 상식으로는 이해가 안 갈 만큼 만연한 가혹행위 등등을 부패의 사례로 열거했다.[28] 유물론적 관점에서 보면 경기병 여단 돌격 작전이 참패한 이유는 카디건 백작 개인의 전략 실패

---

* 1759~1794. 프랑스의 혁명가, 웅변가. 왕정을 무너뜨리고 프랑스 제1공화국 수립에 주도적인 역할을 했으나 공포정치를 반대하다 단두대에서 죽었다.

때문이라기보다는 영국 엘리트들이 현대 산업 시대의 상황에 제대로 적응하지 못했기 때문이다. 무능과 불필요한 사상자 양산, "형편없는 지휘부는 낡은 소수 지배 체제의 불가피한 결과"였다.[29]

식민지 저항투쟁의 옹호

그가 칼럼이나 기사로 다룬 전쟁들은 많은 경우 원인을 따져보면 제국주의 전쟁 성격이 강했다. 따라서 엥겔스는 식민주의의 본질에 관해서도 좀 더 폭넓게 성찰하기 시작했다. 식민주의에 관한 마르크스 · 엥겔스의 저작은 두 사람이 남긴 정치적 유산 가운데 20세기 들어 가장 유효한 것으로 입증된다. 마오쩌둥에서 호찌민과 피델 카스트로까지, 마르크스주의를 식민지 해방의 본질적 요소로 받아들인 "자유의 전사들"은 그렇게 여겼다. 마르크스와 엥겔스는 공산주의로의 개종이 늦었던 것처럼 이 문제에 대해서도 뒤늦게 관심을 보였다. 제국주의의 잔혹성과 부패에 대한 비판은 토머스 페인과 윌리엄 코빗* 이래 영국 급진파의 트레이드마크였던 반면 엥겔스는 오히려 저 "비역사적" 민족들을 제거해야 한다는 주장으로 주목을 끌었었다. 엥겔스는 이들을 1848년 혁명 때 슬라브족이 보여준 것처럼 역사의 도도한 흐름을 거스르는 찌꺼기 같은 존재라고 봤다. 그러나 그들은 식민지 지배에 저항해왔다. "알제리 정복은 문명의 진보를 위해 중요하고도 다행스러운 일이다." 1848년에 엥겔스가 한 말이다. "그

---

* 1763~1835. 영국의 급진주의적 문필가, 정치인. 산업사회를 비판하고 의회 개혁을 통한 사회 개혁을 추구했다.

리고 사막의 베두인족이 자유를 빼앗긴 데 대해 유감을 느낄 수는 있겠지만 베두인족이라는 족속은 강도들이라는 것을 잊어서는 안 된다." 그는 또 "현대 부르주아들은 문명과 산업, 질서, 그리고 비교적 개명된 의식을 가지고 들어갔기 때문에 봉건 영주나 약탈과 강도짓을 일삼는 자들보다는 낫다"는 것을 잊어서는 안 된다고 주장했다.[30] 자본주의적 제국주의의 장점—강제적으로나마 후진적인 족속들을 역사의 흐름에 참여시킴으로써 그들을 계급의식, 계급투쟁 등으로 나아가게 하는 것—이 침략 세력의 파괴적인 작태보다 낫다는 얘기다. 마르크스와 엥겔스가 『공산당 선언』에서 말한 것처럼 "자본주의 상품의 싼 가격 자체가 만리장성마저 다 무너뜨릴, 외국인에 대한 야만인들의 고질적인 증오심을 굴복시킬 막강한 대포다."

남아시아에 대한 시각도 바로 이런 식이었다. "인도 사회는 역사라는 게 없다. 최소한 알려진 역사는 없다." 마르크스는 어떤 글에서 헤겔과 더불어 정치경제학자 제임스 밀*, 장바티스트 세**의 사상을 인용하면서 인도인들은 정체적이고 몰역사적이며 강제적 해방이 필요하다고 규정했다. "우리가 인도 역사라고 부르는 것은 외부 침략자들이 잇따라 들어와 저항도 못하고 변화도 모르는 수동적인 사회에 그들만의 제국을 세운 역사에 불과하다." 따라서 대영제국은 인도에서 이중의 사명을 완수해야만 했다. "하나는 파괴하는 사명이고, 다른 하나는 재건하는 사명이다. 낡은 아시아 사회를 제거하고 아시아에 서구 사회의 물질적 토대를 놓는 일이다."[31]

---

* 1773~1836. 영국의 철학자, 역사학자, 경제학자. 공리주의 학파의 대표자로 존 스튜어트 밀의 아버지다.
** 1767~1832. 프랑스의 경제학자. 공급이 수요를 창출해낸다는 '세의 법칙'의 창시자다.

엥겔스도 비슷한 입장이었는데 그는 특히 남아시아 산업이 야기할 위협을 잘 아는 공장주로서 인도의 "토착 수공업은 …영국의 경쟁력에 의해 종국에는 완전히 말살될 것"이라는 희망적인 전망을 내놓았다.[32] 1857년 세포이 항쟁(또는 제1차 인도 독립전쟁)이 일어나자 마르크스는 즉각 진압 과정에서 벌어진 잔학행위를 수십 년 동안 지속된 제국주의의 만행이라는 맥락에서 해석했다. "세포이영국 동인도회사에 고용된 인도인 용병들이 아무리 나쁜 짓을 했다고 해도 그것은 영국이 인도에서 저지른 행위의 극적인 반영물에 불과하다."[33] 그러나 마르크스도 엥겔스도 인도의 독립투쟁을 전적으로 지지하지는 않았다. 경제가 발전하고 제국주의를 통해서라도 근대가 구현되는 것이 인도 독립이라고 하는 낮은 차원의 요구보다 우선한다고 봤기 때문이다.

한편 지난 10년 동안 마르크스와 엥겔스는 독일과 러시아가 폴란드를 억압하는 것에 대해서는 민주주의적 자결권에 대한 부정이며 추악한 국수주의로 두 나라 프롤레타리아의 단결력을 저해하는 것이라고 비난했다. "타자를 억압하는 민족은 스스로를 해방시킬 수 없다"고 엥겔스는 썼다. "타자를 억압하는 데 필요한 힘은 궁극적으로는 항상 자신에게 불리한 쪽으로 작용하게 돼 있다."[34] 폴란드의 대의는 곧 독일 노동계급의 대의라고 두 사람은 강조했다. 폴란드는 독일 노동자들이 식민지 의식을 떨치고 폴란드 민족과 공동의 대의를 가지고 있다는 것을 인식할 때까지는 봉건 체제의 족쇄를 결코 떨쳐버릴 수 없다는 것이다. 1850년대 말 어느 시점에 마르크스와 엥겔스는 노동계급의 연대와 민족해방이 공동의 운명이라는 믿음을 서구의 "유서 깊은 문명화된 민족들"로부터 비유럽권 민족들까지 확대시켰다. 그러면서 식민주의 경제학을 재해석했다. 마르크스와 엥겔스는 전에는 식민주의를 원시 자본 축적에 중요한 보탬이 되는 것으로 여겼지만 이제는 국제 자본주의를 구성하는 사악한 요소로서 원자재와 무방비 상태의 시장을 공급해 식민지 본국의 지배계급을 살찌우는 체제로 보았다. 식민주의는 현대화를 촉진하는 힘이 아니라 부르주아 헤게모니의 수단인 것이다. 1857년의 대공황이 혁명으로 번지는 것을 막은 것도 결국은 영국의 무역이 미개척 식민지 시장을 파고들었기 때문이었다.

엥겔스는 이제 '비역사적 민족들'이라는 개념을 폐기하고 식민지 저항투쟁을 정당한 것으로 인정하는 쪽으로 돌아섰다. 한때는 유럽 문명의 진출이라면 무엇이든 환영하는 입장이었으나 1860년이 되면 제2차 아편 전쟁에서 중국인들이 영국에 맞서 싸운 것도 지지했다. 특히 자메이카 영국 총독 에드워드 에어의 군대가 모란트 베이 반란 당시 현지인들에게 저지른 학살행위에 충격을 받고("자메이카 소식이 전해질 때마다 더 심각한 학살 얘기뿐이네. 영국 장교들이 비무장 흑인에 맞서 영웅적인 행동을 했다고 보내온 편지들을 보면 차마 말로 옮기지 못할 정도야") 벨기에가 인도주의와 문명 보급을 모토로 내걸고 콩고에서 운영하는 국제아프리카협회가 저지른 만행이 오히려 낫다고 빈정거렸다.[35] 역으로 알제리의 "아랍족과 카바일족"(카바일족이면 얼마 전까지만 해도 약탈을 일삼는 족속이라고 비난하던 바로 그 베두인족의 일파가 아닌가?)이 벌이는 저항투쟁은 극찬하는 한편으로 "인간성과 문명과 기독교 문화의 명령을 모두 어기는 …야만적인 프랑스의 전쟁 시스템"을 규탄했다.[36] 엥겔스는 "원주민이 맥없이 복속당한 인도, 알제리, 네덜란드령 식민지와 포르투갈, 스페인 식민지들"은 이제 혁명적인 노동계급의 봉기를 통해 "가능한 한 빨리 독립을" 쟁취해야 한다고 주장했다. 1870년대가 되면 프롤레타리아가 주도하는 식민지 저항투쟁을 옹호하는 마르크스주의의 시각은 확고해지고, 이것이 20세기 들어 그러한 투쟁에

상당한 자극제가 된다.[37]

그러나 엥겔스가 자기 회사 일과 정치적 활동을 구분하려고 아무리 애를 써도 진보적으로 선회한 식민주의에 관한 입장에는 모순점이 있었고, 본인도 그것을 해결할 수는 없었다. 에르멘 앤드 엥겔스의 공동 소유주로서 엥겔스는 무역과 제국주의 복합체의 공범이었고, 그런 사실을 충분히 의식하고 있었다. 빅토리아 시대 중기 맨체스터 면직물 거래 활황으로 엥겔스도 개인적으로 많은 부를 누리게 됐다. 식민지가 없었다면 작동하지 않았을 외국 수출 시장 덕분이었다. 노예를 투입한 미국 남부 플랜테이션에서 값싼 원면을 들여와 완제품으로 가공한 뒤 제국의 주변부로 재수출한 것이다. 1858~59년 인도는 영국 면직물 수출의 25.8퍼센트를 차지했다(그 다음이 미국, 터키, 중국 순이다). 인도 시장이 없었다면 경기순환상 불황에 시달렸을 영국 경제를 살려내는 데 큰 역할을 한 것이다. 한편 인도의 옥양목에 대해 유럽 국가들은 어마어마한 수준의 관세를 매김으로써 사실상 수입을 금지했다. 반면에 아시아 시장들은 영국산 제품을 강제로 떠안아야 했다. 1857년 세포이 항쟁 이후 인도의 토착 면직 산업은 완전히 붕괴됐다. 제국주의에 반대하고 자유무역을 신봉하는 고전적인 맨체스터 학파의 신념은 통하지 않게 됐다. 이제 면직업계의 거물들은 인도를 더 철저히 복속시키고 유리한 무역 조건을 유지하기 위해 군사 예산을 대폭 확대할 것을 요구했다.[38] 엥겔스를 비롯한 공장주와 상인들은 이런 정치적 구조로부터 엄청난 이득을 누렸다. 따라서 엥겔스가 영국의 프롤레타리아가 제국주의의 부정한 돈벌이 덕을 본다고 비판하면서도("노동자들은 영국의 세계시장 독점과 식민지 경영이라는 잔치에 기꺼이 한몫 낀다") 식민지 관계에서 자신이 차지한 위치에 대해서는 아무 의문도 제기하지 않는 것은 어찌 보면 불가피하다고 할 것이다.[39]

영국 노동계급과 아일랜드 문제

1863년의 쓰라린 겨울에도 그런 위선은 엥겔스에게 별 문제가 되지 않았다.

친구 무어인에게 ―
메리가 죽었어. 어젯밤 메리는 잠자리에 일찍 들었어. 그런데 리지가 자정 조금 안 돼서 자러 갔다가 메리가 죽은 걸 발견했네. 정말 갑작스러운 일이야. 심장마비나 뇌졸중이겠지. 오늘 아침까지만 해도 아무 얘기 없었는데. 월요일 저녁에도 아주 활달했거든. 지금 심정을 뭐라 말 못하겠네. 불쌍한 여자, 정말 진심으로 날 사랑했는데.

1860년 심신이 녹초가 된 이후 아직 완전히 회복되지 않은 엥겔스로서는 애인의 갑작스러운 죽음이 치명타였다. 기생오라비 같은 외모에 바깥으로 살짝 살짝 애정행각을 벌여온 엥겔스이지만 메리한테만큼은 헌신적인 반려였다. 엥겔스가 풋풋한 청년 헤겔학도로 맨체스터에 처음 와서 셀퍼드 공장에서 일한 이후로 두 사람은 20년을 줄곧 함께 ― 동거를 하기도 하고 떨어져 살기도 했다 ― 했다. 면직도시의 지하세계로 그를 안내한 것도 그녀였고, 엥겔스가 가장 편하게 느낀 사람도 그녀와 그 주변 사람들이었다. 엥겔스에게 메리 번즈의 죽음은 "내 젊음의 마지막 흔적을 묻어 버리는" 느낌이었다. 그에 못지않게 당혹스러운 것은 메리의 죽음에 대한 마르크스의 반응이었다. 마르크스는 "메리가 죽었다는 소식에 정말 놀랍고 슬펐다네. 정말 착하고 위트 있고 자네를 참 좋아했었는데"라는 말로 애도의 편지를 그럴듯하게 시작했다. 그러나 그건 헛기침에 불과했고 본론에서는 자기 얘기만 잔뜩 늘어놓았다. 학교 수업료가 비싸다는 둥 집세가 밀렸다는 둥 하며 경우에 어울리지 않게 때로는 농담조로, 때로는 뚱한 어조로 자신이 불행하다는 것을 강조했다. "내가 요즘 겪고 있는 이런저런 끔찍한 일들을 자네한테 말하는 건 너무 이기적이겠지. 하지만 그런 일도 자꾸 겪으니까 면역이 되더라고. 새 재난에 신경 쓰다 보면 이전 것은 잊히는 거지." 그러고 나서는 말미에 기운을 내라는 뜻으로 "건강하기를!"이라는 인사까지 덧붙인다. 아마도 마르크스는 한 번도 메리를 사회적으로 대등한 존재 혹은 '장군'에게 걸맞은 반려로 여긴 적이 없어서 그녀의 죽음을 대수롭지 않게 생각했을 것이다. 엥겔스는 친구의 매정함에 충격을 받았다. 문제의 편지 때문에 두 사람의 우정은 금이 갈 위기에 처했다. "이번에는 나에게 닥친 불행도 있고, 자네가 그 일에 대해 냉담한 태도를 보인 탓에 나로서는 더 빨리 답신을 보내기가 정말 어려웠다는 점을 알아줬으면 좋겠네." 5일 동안 연락을 끊었다가 보낸 답장의 한 구절이다. "속물 지인知人들"—이들에게는 여러 해 동안 메리의 존재를 숨겼었다—도 가장 친하다는 친구보다는 더 많은 위로와 동정을 표시했었다. "자넨 그 일이 자네의 그 잘난 '냉철한 정신'을 발휘할 기회라고 생각했지? 그래, 좋아!"

마르크스가 미안해한 것은 당연했다. "내가 그런 편지를 보낸 것은 정말 잘못됐어. 그리고 보내고 나서 바로 후회했네. 하지만 진짜로 무정해서 그런 건 정말 아니야." 일주일 뒤 마르크스는 집안 사정이 너무 어려워서 무심결에 그랬다는 변명의 편지를 보냈다. 매우 쑥스러워하며 한 얘기지만 마르크스로서는 유례가 없을 만큼 드문 사과의 표현이었다. 상처 입은 엥겔스는 사과를 선선히 받아들였다. 그의 답장은 이랬다. "그렇게 솔직히 얘기해주니 고맙네. 그렇게 오랜 세월 같이 살았으니 그녀의 죽음에 가슴이 천 갈래 만 갈래로 찢어지지 않을 수 없지. …(사과와 변명을 담은—역자) 자네 편지가 도착했을 때 메리를 아직 묻지는 않은 상태였어. …그 편지 정도면 됐어. 메리는 잃었지만 가장 오랜, 가장 좋은 친구까지 잃을 생각은 없다네." 이렇게 심각한 불화는 일단락됐고, 우정을 재확인하는 차원에서 엥겔스는 100파운드를 에르멘 앤드 엥겔스 구좌에서 슬쩍해 마르크스에게 보내줬다.[40]

엥겔스는 지난 일에 연연하는 스타일이 아니었다. 그는 마르크스를 용서하고 메리 일의 충격에서 서서히 벗어났다. 1864년 가을이 되면 마르크스가 "리지 부인"이 건강하신지, 잘 지내시는지를 묻는 일이 점점 늘었다. 아내가 죽으면 노처녀 여동생체과 살림을 합치는 것이 빅토리아 시대의 관행이었는데, 18개월이 지난 어느 시점에 엥겔스가 리지 번즈를 가정부에서 연인으로 승격시킨 것도 바로 그런 행동이었다. 지금 우리는 메리보다 리지에 대해 훨씬 많은 것을 알고 있는데 이는 그녀가 투씨 마르크스와 "탄탄한 우정"을 쌓았기 때문이다. "그분은 글자라곤 까막눈이어서 읽고 쓸 줄을 몰랐어요." 투씨가 카를 카우츠키에게 보낸 편지에서 리지에 대해 한 얘기다. "하지만 진실하고 정직하고 어떤 면에서는 선생이 만나보아도 실망하지 않을 만큼 훌륭한 영혼의 소유자였지요. …리지와 메리가 말년 들어 과음을 했다는 건 사실이에요. 하지만 우리 부모님은 늘 그건 엥겔스 아저씨한테도 큰 책임이 있다고 말씀하셨어요."[41] 한편 엥겔스는 리지가 "진정한 아일랜드 프롤레타리아 혈통"을 지녔다고 말하는 식으로 노동계급 출신이라는 것을 나서서 강조하고 다녔다. 그녀가 문맹이라는 것에 대해서도 '그게 뭐가 문제냐'는 식으로 되받으며 "그녀의 자기 계급에 대한 애정은 선천적으로 타고난 열정으로서, 내게는 부르주아지의 딸들이 고상한 척하고 마음에도 없는 말을 꾸며대는 행태보다 이루 말

할 수 없을 만큼 더 소중하다"고 주장했다.[42]

　울끈불끈하는 성미의 메리가 리지로 바뀌자 마르크스 일가와 엥겔스네 사이의 관계는 부쩍 좋아졌다. 전반적으로 메리의 존재를 무시했던 마르크스의 편지는 이제 "번즈 부인[리지]에게 최상의 경의를" 전해달라는 식의 공손한 인사말로 가득하게 됐다. 그럴수록 엥겔스는 리지와의 관계에 대해 훨씬 솔직해졌고 그녀를 "나의 소중한 짝"이라고 부르면서 그녀의 안부 인사를─아일랜드 국화인 세 잎 토끼풀과 함께─마르크스 부인과 그 딸들에게 전하곤 했다. 마르크스의 딸들─라우라, 예니, 투씨(엘레아노어의 별명)─은 이렇게 양측의 우정이 꽃피는 데 결정적인 역할을 했다. 투씨는 어려서부터 "천사표 아저씨"를 정말 좋아했다. 한 전기 작가의 말대로 "그녀는 엥겔스를 '둘째 아버지'로 여겼다. 온갖 좋은 것은 다 가져다주는 아저씨였으니까. 어린 시절 내내 그에게서 포도주, 우표, 유쾌한 편지 등이 흘러들어왔다."[43] 그런데 이제는 거기에 리지 "아줌마"도 포함됐다. 1869년 여름 투씨는 엥겔스, 리지와 함께 맨체스터에서 쇼핑도 하고 극장에도 가고 여기저기 구경도 다니며 행복한 몇 주를 보냈다. "투씨를 비롯해서 사람이건 개건 데리고 다닐 수 있는 가족은 모두 데리고 많이도 돌아다녔네요." 엥겔스가 투씨의 어머니인 예니 마르크스에게 보낸 편지의 한 구절이다. "투씨, 리지, 메리 엘런〔별명은 "펌프스"로 리지의 조카딸이다〕, 나, 그리고 개 두 마리. 특히 당부에 따라 두 분에게 발랄한 두 숙녀분이 각자 맥주 두 잔씩을 드셨다는 것을 알려드립니다."[44] 투씨는 나중에 리지의 알코올 중독에 대해 안 좋게 말하지만 본인도 한 잔도 입에 안 대는 스타일은 아니었고, 엥겔스네 집에서 행동의 자유를 마음껏 누렸다. 그런 분위기는 비교적 엄격한 마르크스 집안과 자못 달랐다. 투씨에 따르면 어느 무더운 여름날 온 집안 여자들이 "하루 종일 마루에서 뒹굴면서 맥주와 포도주 등등을 마셨다". 이런 모습을 집에 돌아온 엥겔스가 발견했다. "아줌마[리지 번즈], 사라 파커[가정부], 나, 그리고 엘런[펌프스] …다들 코르셋도 안 걸치고 신발도 신지 않은 채 속치마 한 장에 면 홈드레스만 걸치고 있었다."[45] 엥겔스는 이렇게 파격적이고, 보헤미안적이면서 여자들이 우글거리는 분위기를 좋아했고, 마르크스의 딸들과 같이 있는 것을 행복해했다. 그녀들의 결혼식 때 사회를 본 것도 엥겔스였고, 그들이 언론 활동을 하도록 격려하고 그들의 철학적이고 지적인 말장난을 껄껄거리면서 재미나게 들어준 것도 그였다. 특히 그 아이들의 초상화를 "벽난로 선반" 제일 좋은 자리에 놓아두기도 했다. 마르크스의 딸 예니가 빅토리아 시대 중기에 크게 유행한 "진실 게임"을 통해 엥겔스의 내면의 비밀을 끌어낸 것도 그런 다정다감한 관계가 있었기 때문이다. 전기 작가에게는 다음과 같은 답변이 엥겔스의 성격을 연구하는 데 매우 귀중한 자료가 된다.

가장 좋아하는 미덕은? 쾌활함.
남자라면? 일에 집중하기.
여자라면? 물건 어디다 두고 깜빡하지 않기.
본인의 특징은? 무엇이든 어지간히는 안다.
행복은? 샤토 마고[프랑스의 최고급 포도주] 1848년산.
불행은? 치과 갈 때.
악덕이지만 봐주는 것은? 모든 종류의 지나침.
악덕이고 봐주지도 않는 것은? 위선적인 언사.
혐오하는 것은? 거만하고 잘난 체하는 여자들.
가장 싫어하는 사람은? 찰스 하돈 스펄전[영향력이 큰 침례교 설교가 심심할 때 좋아하는 것은? 남한테 농담하고 남이 내게 농담하는 것.

좋아하는 영웅은? 없음.

좋아하는 여걸은? 너무 많아서 한 사람만 꼽을 수 없음.

좋아하는 시인은? 여우 레나드*, 셰익스피어, 아리오스토**

좋아하는 산문 작가는? 괴테, 레싱, 새뮤얼슨 박사.

좋아하는 꽃은? 블루벨.

좋아하는 색은? 아닐린[면직물에 사용하는 합성염료] 빼고는 모두.

좋아하는 요리는? 찬 것은 샐러드. 뜨거운 것은 아이리시스튜.

좌우명은? 무소유.

모토는? 쉬엄쉬엄 하자.[46]

마르크스의 딸들이 리지를 좋아한 데에는 아일랜드 출신 프롤레타리아 혈통이라는 이유도 작용했다. 엥겔스에 따르면 투씨와 리지는 맨체스터에서 같이 있을 때 "차茶를 준비하면서" 저녁 시간 보내는 것을 좋아했다. "그 다음에는 대개 잠자리에 들 때까지 아일랜드 소설을 읽는데 중간에 잠깐씩 '죄 많은 민족'에 관한 얘기를 하곤 했다."[47] 엥겔스는 그런 얘기를 아일랜드 특유의 우울함으로 치부했겠지만 마르크스 딸들 못지않게 "미개한 섬나라" 얘기에 관심이 많았다. 20년 동안 번즈 자매와 함께 지내면서 아일랜드 문제에 관한 엥겔스의 입장은 한층 복잡해졌다. 예전에 『영국 노동계급의 상태』에서는 아일랜드인을 우둔하고 고집스러운 민족

---

* 중세 유럽 우화에 자주 등장하는 꾀 많은 여우.
** 르네상스를 대표하는 16세기 초 이탈리아 시인.

으로 묘사했지만—주로 토머스 칼라일의 설명을 그대로 따온 것이다—이제 영국인과 아일랜드인의 관계를 좀 더 복합적으로 보게 된 것이다. 여기에는 유물론과 식민주의 이론 발전이 큰 역할을 했다.

　무엇보다도 중요한 것은 엥겔스가 1856년에 메리 번즈와 함께 섬나라 아일랜드를 찾아가 더블린에서부터 골웨이까지 여행했고, 1869년에 다시 리지, 투씨와 위클로 산맥, 킬라니, 코크 등을 둘러봤다는 사실이다. 학자 기질이 몸에 밴 엥겔스는 아일랜드 역사를 쓸 계획으로 게일어^{고대 아일랜드어} 공부를 열심히 했고, 이 나라의 법률, 지리, 지질, 경제, 민요 등에 대한 메모를 적은 공책이 열다섯 권이나 됐다. 공책에 적힌 내용은 자신도 모르는 사이에 차츰 애정을 갖게 된 한 나라와 민족이 지정학적·문화적·경제적으로 억압자들과 싸워온 과정을 방대하게 서술한 책으로 발전할 예정이었다. "기후도 거기 사는 사람들과 마찬가지로 녹록지가 않다." 결국 책으로 완성되지는 못한 아일랜드 역사 관련 기록 가운데 한 대목은 날카로운 통찰이 돋보인다. "날씨는 급작스럽게 극과 극을 오간다. 하늘은 아일랜드 여자 얼굴 같다. 비가 뿌리다가 느닷없이 햇살이 나는 식이다. 영국의 잿빛 권태 같은 것은 전혀 없다."[48]

　엥겔스가 영국 노동계급보다 아일랜드 농민이 착취당하는 현실에 더 애석함을 느낀 것은 아마도 그들이 아직은 실망스러운 행태를 보이지 않았기 때문일 것이다. "기근이 이렇게 심하리라고는 상상도 못했다." 1856년 아일랜드 여행 도중에 엥겔스는 이렇게 썼다. "마을마다 주민이 다 떠나고 없다. 그 사이로 소규모 지주들의 널따란 정원이 있다. 이들이 남아 있는 유일한 사람들로 대부분 법률가다. 기근과 이주, 그리고 그 사이에 벌어진 농민 방출로 말미암아 이 지경이 된 것이다." 아일랜드의 '감자 기근'*은 영국의 식민지 정책이 야기한 측면이 크다. 많은 농민들이 굶어죽는 상황에서 법률상 영세 소작농의 주민세를 대신 납부해야 하는 지주들은 소작농들을 농장에서 방출하고(엥겔스는 "아일랜드인들을 집과 가정에서 대규모로 쫓아냈다"고 적고 있다) 그 빈자리를 가축 방목으로 메웠다. 이에 따라 농업에 종사하는 프롤레타리아 수는 더욱 급감했다. 이유는 확실치 않지만 엥겔스는 영국의 식민 정책을 큰 나라가 후진적이고 몰역사적인 민족에게 근대화를 심어주기 위해 진보적으로 개입하는 조치로 간주하지 않고 부당한 강압으로 보았다. 실제로 엥겔스는 아일랜드가 1066년 노르만 정복으로까지 거슬러 올라가는 영국의 조직적인 약탈 때문에 "완전히 파탄 난 민족"으로 전락했다고 주장했다.[49] 엥겔스는 전에는 그런 침략 행위를 용인했지만—프랑스와 알제리의 경우가 그렇다—당대 아일랜드인들의 경우에 대해서는 판단이 다소 달랐다. 아일랜드인들이 영웅적으로 보인 것은 때로 비틀거리면서도 영국 제국주의에 줄기차게 저항했기 때문이다.

마르크스가 아일랜드와 영국 급진파에 대한 시각을 정립하기 오래전에 이미 엥겔스는 영국의 계급구조를 아일랜드에 대한 제국주의적 종주권과 연결시켜 설명했다. 그가 "아일랜드는 영국 최초의 식민지라고 할 수 있다"고 한 것은 "영국인들이 누리는 '자유'라고 하는 것은 그런 식민지들에 대한 억압을 기초로 한 것"이라는 의미다.[50] 엘리자베스 1세 여왕에서부터 영국인 부재지주不在地主의 광대한 영지까지 아일랜드에서 뽑아낸 부를 통해 제국주의 지배계급의 힘은 말할 수 없을 정도로 막강해졌다. 아

---

* 1845~52년 감자 흉작으로 100만 명이 굶어죽은 사태를 말한다. 기근은 당시 아일랜드인의 주식인 감자에 감자잎마름병이 돌면서 시작됐다. 이로 인해 100만 명이 아사하고, 100만 명이 미국 등 외국으로 살 길을 찾아 떠나는 바람에 아일랜드 인구의 20~25퍼센트가 줄었다. 영국의 식민지 정책 등 정치·사회·경제적 요인이 복합돼 일어난 참사였다.

일랜드에 있는 자산에서 나온 수입은 영국의 주류 귀족들을 부유하게 만들면서 산업화의 태동에 핵심적인 역할을 했다. 이런 상관관계에 대해 후일 마르크스는 다음과 같이 지적했다. "아일랜드는 영국 토지 소유 귀족의 보루다. 영국의 귀족계급이 영국 본토에서 지배권을 유지하는 수단이기 때문이다." 게다가 그런 식으로 아일랜드 경제가 골병이 들면서 수십만 명의 이주민이 영국 본토의 산업도시들로 몰려들었다. 아일랜드 이주민들은 해당 거주 지역의 임금을 낮추고 노동계급을 더욱 빈곤하게 만들면서 프롤레타리아의 혁명적인 정신을 국수주의적인 외곬으로 빠지게 하는 역할을 했다. "아일랜드 노동자와의 관계에서 영국 노동자는 스스로를 지배민족의 일원이라고 느낀다. 따라서 아일랜드에 대항함으로써 귀족과 자본가의 도구로 전락하고 그렇게 함으로써 자신에 대한 그들의 지배력을 강화하는 것이다." 마르크스의 설명이다.[51] 독일 노동계급의 발전이 폴란드 해방과 불가분의 관계에 있는 것과 마찬가지로 영국의 혁명은 아일랜드 해방과 떼려야 뗄 수 없는 관계였다. 아일랜드는 영국의 아킬레스건이었고, 따라서 아일랜드의 공화주의 운동은 대영제국을 약화시키는 한편으로 영국 내 계급전쟁을 촉발하는 역할을 하게 돼 있었다.

그러나 늘 그렇듯이 정치적 조건이 아직 제대로 성숙하지 않았다. 1858년 3월에 설립된 아일랜드공화국형제단은 영국의 지배를 무력으로 뒤엎고 민주적이고 독립적인 아일랜드공화국을 건설하려는 비밀 혁명 결사로 아일랜드와 미국에서 활동했다. 이 단체는 중세 아일랜드 전설 핀매쿨Fionn mac Cumhaill에 나오는 피아나군軍Fianna army에서 이름을 따 페니언형제단Fenians이라고도 했다. 수입이 중간쯤 되는 농민과 가게 주인, 소도시의 프티부르주아 자제들이 중심이 된 이 운동은 "아일랜드에 대한 신비적인 헌신"을 강조하면서 "영국을 지상의 사탄 세력으로 보고" "사람들 가슴 속에 '실제로' 세워진 독립 아일랜드공화국은 도덕적 권위 면에서 세속 국가보다 우월하다고 믿었다".[52] 이런 믿음은 일련의 "봉기"로 이어졌고, 영국은 그때마다 간단히 진압해버렸다. 그럴수록 영국 본토에서는 아일랜드인들의 테러, 방화, 파괴가 잇따랐다. 가장 악명 높은 사건은 1867년 페니언형제단에 무기를 공급했던 인물을 구출하기 위해 런던의 클러큰웰 교도소를 폭파한 사건이었다. 이로 말미암아 무고한 사람 12명이 사망했다. 또 같은 해에 맨체스터에서는 경찰 호송대를 공격해 페니언형제단원 2명(토머스 켈리와 티모시 디지)을 구출하려는 과감한 시도도 있었다. 불행하게도 이 과정에서 경찰관 1명이 피살됐다. 이후 며칠간 경찰은 페니언형제단원 혐의자 5명을 급습했고, 이들은 곧바로 경찰관 살해 혐의로 유죄판결을 받았다.

다른 조건이 동일하다면 이런 행동들은 마르크스와 엥겔스가 그토록 혐오하는 자기 파괴적 테러리즘이었을 것이다. 물질적 조건을 앞서간 반란이나 봉기는 결과적으로 넓은 차원의 사회 혁명을 위험에 빠뜨린다는 것이다. 그러나 리지가 페니언형제단 활동에 적극 가담하면서 두 사람의 관점은 흔들렸다. 후일 엥겔스가 묘사한 바에 따르면 리지는 "혁명적인 아일랜드 여성"이었다. 마르크스의 사위인 폴 라파르그는 리지가 "맨체스터의 많은 아일랜드인들과 계속 접촉했으며, 그들이 꾸미는 음모에 대해 빠삭했다"고 회고했다. 라파르그는 심지어 최소한 두 명의 페니언형제단원이 엥겔스네 집에서 환대를 받았으며, 교수형을 앞둔 두 운동가(켈리와 디지)의 구출을 시도한 인물이 경찰의 마수를 피할 수 있었던 것은 그(엥겔스)의 아내 덕분"이라고 설명했다.[53] 이런 얘기는 막스 베어도 똑같이 전한 바 있다. 그는 엥겔스의 집을 "페니언 도피자들이 사법당국의 감시에서 벗어날 수 있는 가장 안전한 은신처"라고 묘사했다. "경찰은 그들이 거기

숨어 있을 줄은 꿈에도 몰랐다"는 것이다.[54] 1867년의 교도소 폭파나 경찰 호송대 습격 사건에 리지가 연루됐음을 입증하는 증거는 별로 없다. 그러나 하이드 로드에 있는 엥겔스의 집은 엥겔스의 표현대로 하면 "위대한 페니언 해방 투쟁이 벌어진" 철로 밑 굴다리에서 아주 가까웠다. 어쩌면 리지와 엥겔스는 40명 정도의 페니언형제단원들 가운데 일부가 피신하는 데 도움을 주었을지 모른다. 물론 어디까지나 추측이다.

아일랜드공화국형제단은 낭만적 민족주의를 신봉하는 불운한 테러리스트들로 조직의 응집력을 위해서는 무엇보다도 순교정신이 필요했다. 그런데 유죄 판결을 받은 페니언형제단원 5명 가운데 3명—윌리엄 알렌, 마이클 라킨, 마이클 오브라이언—이 처형당함으로써 순교는 현실이 됐다. 이 사건으로 말미암아 "켈리와 디지의 탈출은 영웅적인 거사가 되고, 아일랜드건 영국이건 미국에서건 아일랜드계 어머니들은 요람을 흔들며 아이들에게 그 이야기를 노래해줄 것이다. 폴란드 어머니들이 그랬던 것처럼"이라고 한 엥겔스의 예언은 정확히 들어맞았다.[55] 이 사건은 그토록 고대하던 순교의 감동을 선사했지만 "맨체스터의 순교자" 세 명이 처형되자 리지, 투씨, 예니는 다 함께 깊은 슬픔에 잠겼다. "예니는 맨체스터 처형 이후로는 검은 옷만 입어. 그리고 폴란드식 십자가를 수놓은 녹색아일랜드 의 상징 리본을 달고 다닌다네." 마르크스가 엥겔스에게 전한 얘기다. "당연히 우리 집도 검은 색과 녹색 일색이야." 엥겔스도 피곤한 어조로 이렇게 말했다.[56]

아일랜드 해방이라는 대의에 대한 맨체스터 노동계급의 반응은 감수성이 예민한 마르크스의 딸들과는 매우 달랐다. 아일랜드공화국형제단과 연대해 지배계급의 착취에 공동으로 저항하는 대신 맨체스터 노동자들은 정반대 방향으로 나아갔다. 페니언형제단원들이 일으킨 참사는 1860년대

초 아일랜드인들의 이주가 급증한 이후 맨체스터에 싹트던 반反아일랜드
정서를 강화시킬 따름이었다. 이런 정서가 자유주의 계열 공장주들이 면
화 기근 사태 때 보인 반응에 대한 혐오감과 맞물리면서 반아일랜드 분위
기는 토리당의 부활이라는 예기치 않은 사태를 낳았다. 때마침 치러진
1868년 선거에서 새로 선거권을 부여받은 도시 노동계급이 왕정을 옹호
하고 지주세력의 이익을 대변하는 토리당을 찍은 것이다. 엥겔스에게는
마지막으로 참담함을 안겨준 사건이었다. 프롤레타리아 혁명의 보루로서
의 맨체스터는 이제 제국주의적이고 반동적인 토리당의 승리와 더불어
완전히 사라졌기 때문이다. "이번 선거에서 공장 밀집 선거구에서 일어난
결과에 대해 어떻게 생각해?" 성난 엥겔스는 마르크스에게 물었다. "프롤
레타리아는 또다시 스스로를 웃음거리고 만들고야 말았어. 맨체스터와
샐퍼드에서 토리당과 자유당 당선자 비율이 3 대 2야. …곳곳에서 프롤레
타리아는 제도권 정당의 디딤돌이 돼주고 말았어. 새로 투표권을 얻은 유
권자들 덕을 본 정당이 있다면 그건 바로 토리당이지." 이런 상황을 토대
로 한 미래 예측은 끔찍했다. "노동계급 유권자의 증가는 그 증가분 이상
으로 토리당을 키워줬다는 것을 부인할 수 없네. 토리당의 입지가 한결
나아진 거지." 아일랜드와 아일랜드 문제는 영국의 계급구조를 오히려 강
화시켜주었던 것이다.[57]

『자본론』 제1권의 홍보 전략

그나마 1868년의 절망적인 상황을 엥겔스가 견뎌낼 수 있었던 것은 격
변과 스트레스에 시달리며 장사라는 고역을 짊어진 세월이 『자본론』 출간

으로 얼마간 결실을 맺었기 때문이다. "원고가 끝나는 날 인사불성이 되도록 퍼마실 거야." 1865년 엥겔스는 마르크스에게 이렇게 다짐한 바 있었다.[58] 그러나 『자본론』 제1권—마르크스는 집필 작업이 얼마나 힘들었던지 "빌어먹을 경제"라고 푸념하기도 했다—이 인쇄기에 앉혀지기까지는 그로부터 2년이 더 걸렸다. 그러나 일단 출간이 되자 안도감이 찾아들었다. 맨체스터 시절의 희생과 권태와 황량한 좌절은 그럴 만한 가치가 있었던 것이다. "이제 이렇게 되고 보니 기쁘기 그지없네. 우선 책이 나왔다는 것 자체가 그렇고, 둘째로는 특히 자네와 아주머니를 위해서 그렇고, 셋째로는 이제 정말 사정이 좀 나아질 테니까 말이야." 엥겔스는 마르크스에게 보낸 진심 어린 편지에서 이렇게 썼다. "난 정말 빌어먹을 장사질로부터 해방되고 싶었어. 그거 하느라 보낸 그 모든 시간은 정말 맥이 쭉쭉 빠졌지. 회사 일을 하는 동안에는 다른 건 아무것도 제대로 할 수 없었으니까." "자네가 없었으면 이 책은 절대 완성할 수 없었을 거야." 1867년 5월 마르크스는 처음부터 끝까지 재정 지원을 해준 친구에게 보낸 편지에서 이렇게 말했다. 죄책감 같은 것이 묻어나는 대목이다. "그리고 진심으로 하는 말인데, 자네가 그 좋은 에너지를 낭비하고 장사일로 썩히는 것을 보면서 내 마음은 악몽처럼 짓눌렸다네. 그게 대부분 나를 위한 것이었지. 더구나 자네는 내 사소한 불행들마저 함께해야 했으니까."[59] 그러나 마르크스는 『자본론』 제1권을 엥겔스에게 헌정하지 않았다. 그 명예는 빌헬름 볼프에게 넘겼다. 볼프는 1864년 사망하면서 고맙게도 마르크스에게 843파운드라는 거금을 남겼다.

엥겔스가 마르크스의 대작에 기여한 몫은 금전적인 것을 훨씬 넘어서는 것이었다. 그는 『자본론』의 기본 철학은 물론이고 자본과 노동의 실제 작동 과정에 대한 핵심적 통찰의 상당 부분(마르크스는 여기다가 공식 보고

서들을 짜깁기해 살을 입혔다)을 제공했다. 또 편집과 표현의 명료화와 수정 등에 많은 제안을 했다. 1867년 여름에 엥겔스에게 넘어온 방대한 분량의 독일어 원고는 엥겔스의 빨간 펜을 거쳤다. "사고의 흐름이 예시例示로 계속 끊기고, 예시 끝부분에 가서 핵심 논점을 다시 강조해야 하는데 그렇지가 않아. 한 논점을 예시하고 곧바로 다른 논점에 대한 설명으로 건너뛴단 말이야." 종종 어지러운 마르크스의 문체에 대한 지적도 적확했다. "너무 지루하고, 아주 주의 깊은 독자가 아니면 혼란스럽기까지 할 거야."[60] 서술이 너무 성급한 부분도 많고("아일랜드에 관해 끼워 넣은 부분은 너무 급히 나가서 제대로 된 꼴을 전혀 갖추지 못한 형국이야"), 분노를 너무 직접적으로 표출한 대목("특히 두 번째 페이지는 자네 엉덩이의 종기가 꽉 눌린 흔적이 역력해")도 적지 않았다.[61] 다행히 엥겔스는 마르크스가 비판을 기꺼이 받아들이는 극소수 인물 중 하나였다.

최종 결과는 과학적 사회주의의 토대이면서 서양 정치철학의 고전이 될 텍스트였다. 로버트 스키델스키*의 간결한 표현에 따르면 『자본론』은 "역사 발전 단계들에 관한 변증법적 이론, 역사에 대한 유물론적 이론(여기서는 인류의 발전 과정에서 계급들 간의 투쟁이 헤겔식의 관념들 간의 투쟁을 대신한다), 자본주의 문명에 대한 경제학적·도덕적 비판(착취와 소외라는 명제에서 구체화된다), 자본주의는 결국 (그 모순 때문에) 붕괴한다는 경제학적 증명, 혁명을 위한 행동에 대한 촉구, 공산주의가 다음 차례의—그리고 최종적인—역사 발전 단계가 될 것이라는 예언(확약이라고 하는 편이 나을지 모르겠다)"을 한데 버무린 것이었다.[62] 『자본론』의 지적 중심축을 이루는

---

* 1939~. 러시아계 영국 경제사학자. 전3권의 케인스 전기로 유명하다. 현재 영국 워윅 대학 정치경제학과 석좌교수.

것은 잉여가치설(엥겔스는 이를 사적유물론 다음으로 중요한 마르크스의 발견이라고 봤다)로 계급 착취가 자본주의 경제에서 정확히 어떻게 발생하는지를 설명하는 연금술사의 방정식 같은 것이었다. 마르크스가 볼 때 노동자의 노동력을 그의 노동력이 생산한 상품의 교환가치보다 낮은 가격으로 팔 수밖에 없는 것이 부르주아지는 더더욱 부유해지고 프롤레타리아는 계속 자신의 노동과 인간성으로부터 소외되는 톱니바퀴 같은 시스템이었다. 본질적으로 마르크스는 노동자가 여섯 시간 동안 자신의 생존을 위한 필요를 충당할 만큼의 산출물을 생산한다면 나머지 여섯 시간 동안—하루 열두 시간 노동 기준이다—의 산출물은 자본가들의 이윤으로 빼앗기는 것이라고 주장했다. 이런 착취형 생산양식—사적 소유에 토대한 시스템의 불가피한 결과다—은 부자연스럽고 역사적으로 일시적인 현상일뿐더러 폭력적일 만큼 부당한 것이었다. 『자본론』이 약속한 해방이라는 커다란 희망은 이런 식의 자본주의적 불공정을 계급의식을 자각한 프롤레타리아가 깨부수게 된다는 내용이었다.

이런 변모 과정을 철저히 독점적으로 활용하는 자본주의의 거물들은 계속 그 수가 줄고, 동시에 비참함과 억압과 노예 상태와 퇴보와 착취를 겪는 대중은 수가 늘어난다. 그러나 이와 더불어 노동계급의 반란도 증가한다. 이 계급은 수가 계속 증가하며 자본주의 생산 과정 그 자체의 메커니즘에 의해 더욱 강인하게 단결하고 조직화된다. 자본의 독점은 바로 그런 과정을 거쳐 생겨났고 번성한 생산양식 자체에 족쇄가 된다. 생산수단이 집중화되고 노동력이 사회화되면서 결국은 원래의 자본주의적 외피와 어울릴 수 없는 시점에 도달하게 된다. 빼앗는 자들은 이제 빼앗기게 된다.

그러나 잉여가치설이라고 하는 무미건조한 이론으로 공산주의의 대의를 대중화하기에는 턱없이 부족했다. 그래서 마르크스는 『자본론』을 엥겔스가 제공한 빅토리아 시대 공장 생활에 대한 끔찍하고도 살벌한 세부 묘사로 장식했다. 예를 들면 이런 식이다. 자본가들은 "노동자의 사지를 잘라 파편적인 인간으로 만들었고, 그를 기계의 부속품으로 전락시켰으며, 그가 하는 노동의 모든 매력을 파괴해 혐오스러운 고역으로 변질시켰다." 마르크스가 "자본 축적"의 산업적 과정을 묘사한 대목이다. "그들은 노동자의 삶의 시간을 노동 시간으로 변질시키고 그의 아내와 자식까지 자본이라는 괴물의 수레바퀴 밑으로 집어넣는다."[63] 여기서 반드시 기억해야 할 것은 마르크스가 오랜 세월 『자본론』을 구상하는 동안 제대로 먹고 살수 있게 해준 자금, 이런 신랄한 산문을 가능하게 해준 돈은 궁극적으로 바로 그 노동력 착취에서 나왔다는 사실이다. 착취 대상은 자본의 괴물인 에르멘 앤드 엥겔스사 공장 노동자들이었다.

처음 출간 이후 『자본론』을 읽는 방식은 극히 다양했다. 경제학 책으로 보기도 하고, 정치학 책으로 평가하기도 하고, 풍자물이나 고딕풍 문학작품 또는 사회학 서적으로 받아들여지기도 했다. 이 모든 양상이 한데 어우러진 저작이라거나 그 어느 것도 아니라는 평가도 있었다. 이런 다양한 해석의 전통은 엥겔스 자신에게서 비롯됐다. 『자본론』을 위해 17년이라는 세월을 희생한 엥겔스는 이 대작이 예전처럼 침묵의 음모에 희생되도록 방치해서는 안 된다고 결심했다. "나는 이 책이 출간 즉시 엄청난 센세이션을 불러일으킬 것이라고 확신하네." 1867년 마르크스에게 보낸 편지에서 엥겔스는 이렇게 말했다. "그러나 과학적인 의식을 가진 시민과 관리들이 열광할 수 있도록 자극을 주어야 하고, 그러려면 소소한 책략도 무시해서는 안 되지." 엥겔스는 항상 소소한 책략에 큰 신경을 썼으며 노련하고 빈틈없는 홍보 전문가답게 인맥을 총동원해 언론의 관심을 끌었다. "카를 마르크스의 책에 대해 독일계 미국 언론 및 노동자들이 관심을 쏟도록 자네가 힘을 써줄 수 있을 것으로 기대하네." 엥겔스는 1848년 혁명 전투에 함께 참여한 동지 헤르만 마이어에게 이렇게 써 보냈다. 마이어는 당시 미국 공산주의 운동에 관여하고 있었다. "독일 언론은 『자본론』과 관련해서는 아직도 철저히 침묵을 지키고 있어. 정말이지 어떤 식으로든 언급이 되는 게 정말 중요한데 말이야." 하노버에서 내과의로 활동하는 친구 루트비히 쿠겔만에게는 푸념을 하기도 했다. "우리는 그런 기사가 신문에 실리도록 해야 할 도덕적인 책무가 있어. 가급적 빨리, 특히 유럽 신문에 실려야 하는데. 반동적인 신문도 당연히 포함되지."[64]

  결국 엥겔스는 그런 작업에 직접 뛰어들어야 한다는 것을 절감했다. "내가 나서서 부르주아적 시각에서 공격을 해볼까? 그럼 제대로 돌아갈까?" 엥겔스는 마르크스에게 이렇게 물었다.[65] 두 사람은 관심을 끄는 가장 좋은 방법은 "책을 비난해서" 언론에 비난의 물결이 일도록 만드는 것이라는 데에 의견의 일치를 보았다. 매체 조작과 판촉은 가장 유능한 마르크스 홍보 담당자 엥겔스의 몫이었다. 직접 비판할 기회가 안 되면 영국과 미국, 유럽 언론을 위해 다종다양한 유형의 서평을 써 보냈다. 「미래」 지에 쓴 서평에서는 고상하게 학술적인 톤을 취했고("우리는 새로 도입된 잉여가치라는 범주를 하나의 발전으로 간주하고자 하는 바이다"), 「뷔르템베르크 관보官報」에 보낸 기사에서는 좀 더 상업적인 색채를 가미했다("독일 실업가들은 …여기서 많은 교훈을 얻을 수 있을 것이며, 이 책에 주목한 우리에게 감사하게 될 것이다"). 「옵서버」에 쓴 글에서는 당연히 애국적인 해석을 강조했고("우리는 이 책이 독일 정신의 승리를 보여준 업적 가운데 하나라고 말할 수 있을 것이다"), 「민주 주간週刊」에서는 엥겔스 본연의 목소리를 냈다("지구상에 자본가와 노동자가 존재한 이후로 우리 앞에 놓인 이 책만큼 노동자들에게 중요한 책은 출간된 적이 없다. 지금의 우리 사회 시스템 전체를 떠받치는 축인 자본과 노동의 관계는 여기서 최초로 과학적으로 분석됐다").[66]

가족회사로부터 마침내 해방되다

엥겔스와 고드프리 에르멘과의 동업자 계약은 1869년 6월 만료 예정이었다. 두 사람 다 불편한 동업자 관계를 끝내고 싶어했다. 문제는 가격이었다. 엥겔스는 역시 그답게 맨 먼저 마르크스 집안의 재정 상황을 고려했다. 갚지 못한 빚이 얼마나 되는가가 문제였다. 에르멘과 청산 협상을 시작하면서 엥겔스는 친구에게 "연간 350파운드면 어지간히 되겠지?" 하고 물었다. 엥겔스의 목표는 연금생활자로서 적정 수준의 수입을 확보하고 마르크스 가족에게 매년 상당한 액수의 보조금을 보장해주는 것이었다. 고드프리 에르멘의 결심을 얻어내는 것은 스트레스 쌓이고 "지저분한 일"이었다. 그래서 엥겔스는 최상의 조건에는 다소 못 미치는 선에서 타협을 봐야 했다. "불화를 감수하면서 에르멘을 극한까지 몰아붙이고자 했다면 시작부터 뭔가 좀 다르게 나가야 했을 거야. 그랬다면 한 750파운드 정도는 더 짜낼 수 있었겠지." 동생 헤르만에게 한 설명은 이랬다. "그러나 10년을 더 그 구태의연한 장사에 묶여 있고 싶은 마음은 추호도 없었다."[67] 에르멘은 사업에서 발을 빼려는 동업자가 절대 경쟁 회사를 세우거나 하지는 않을 것이라는 점을 잘 알았기 때문에 고집을 굽히지 않고 1만 2500파운드(요즘 가치로 치면 240만 달러약 28억8000만 원 정도)만을 넘겼다. 성공적인 다국적 기업의 동업자 관계로 보면 큰 액수는 아니었다. 그러나 엥겔스는 그만한 대가는 치를 각오가 돼 있었다. 마침내 20년 가까이 해온 장사 일을 접게 된 것이다. "만세! 오늘 지긋지긋한 장사가 끝이 났어. 난 이제 자유인이야." 1869년 7월 1일 마르크스에게 보낸 편지에서 엥겔스는 한껏 들뜬 목소리로 말했다. "투씨랑 오늘 아침 오래도록 들판을 걸으며 내 첫 자유의 날을 만끽했네."[68]

엥겔스는 나이 마흔아홉에 지긋지긋한 장사 일—이 때문에 개인적으로나 이데올로기적으로 포기한 부분까지 모두 포함해—을 떨쳐버리고 새로 태어났다. 아들로서의 도리를 잊지 않은 엥겔스는 어머니에게 보낸 편지에서 이렇게 썼다. "오늘이 제가 자유를 얻은 첫날입니다. 오늘 아침에는 음산한 시내로 들어가지 않고 화창한 날씨 속에서 몇 시간 동안 들판을 거닐었습니다. 그리고 지금은 책상에 앉아 있어요. 가구랑 실내장식도 마음에 들고 창문을 열면 시커먼 매연 대신 창턱에는 화분이 놓여 있고 집 앞으로는 나무들이 서 있지요. 칙칙한 창고 사무실에서 일할 때와는 전혀 달라요. 선술집 안뜰이 내다보이네요."[69] 그러나 이런 기쁨도 잠시. 맨체스터 교외에서 은퇴한 공장주로서 한가로이 하고 싶은 일을 하는 생활이 오래 지속되지는 못했다. 리지가 자기 가족들과 극심한 불화를 빚는 바람에 엥겔스 커플은 1870년 늦여름에 런던으로 이사하기로 했다. "지난 18년 동안 우리가 추구하는 대의를 위해 내가 직접적으로 할 수 있는 일은 아무것도 없는 거나 마찬가지였네. 부르주아적인 활동에 전념하지 않을 수 없었지." 엥겔스는 1848년 혁명 전투에 참여한 동지 프리드리히 레스너에게 미안한 마음을 담아 이렇게 토로했다. 그러나 이제는 완전히 변화할 시점이 왔다. 정치적으로는 야인이나 다름없던 세월을 접은 엥겔스는 다시 마르크스 곁으로 돌아가 이데올로기 전선에 뛰어들고픈 열망에 불탔다. "같은 전쟁터에서 자네 같은 오랜 동지와 함께 같은 적을 때려 부수는 일은 항상 기쁨이라네." 엥겔스가 레스너에게 다짐 삼아 한 말이다.[70] 장군은 이제 다시 전투 준비에 들어간 것이다.

8장

런던 리전트 파크 로드의
달라이라마

The Frock-Coated
Communist

엥겔스가 런던에 정을 붙이는 데는 다소 시간이 걸렸다. "음산한 날씨와 우울한 사람들, 사회 문제에서 나타나는 계급 간 분리, 날씨 때문에 집 안에 틀어박혀 지내는 생활 등등에 익숙해지기까지는 어려움이 많다." 엥겔스는 런던 생활에 대해 이렇게 썼다. "유럽 대륙에서 가져온 활기찬 정신을 다소 누그러뜨려야 한다. 활력의 기압계를 760밀리미터에서 750밀리미터 정도로 낮춰야만 차츰 편안해진다." 그러나 찌푸린 하늘의 런던도 좋은 면이 있었다. "서서히 어울리다 보면 좋은 점이 있다는 걸 알게 된다. 사람들은 다른 어떤 도시보다 솔직하고 믿음직하다. 학문적인 작업을 하기에는 런던만 한 곳이 없다. 경찰이 졸졸 따라다니며 찝쩍거리는 일이 없다는 것만 해도 엄청난 장점이다."[1]

실제로 런던은 마르크스의 조언자이자 전방위 선전선동가로서 엥겔스가 강점을 발휘하기에는 더할 나위 없는 곳이었다. 엥겔스는 곧바로 국제노동자연합(보통 인터내셔널 또는 제1인터내셔널이라고 한다) 총평의회 위원으로 선출됐고, 막후에서 마르크스가 쓴 강령을 집행하고 이데올로기적 일탈을 진압하는 작업에 나섰다. 처음에는 인터내셔널* 벨기에 담당 연락 서기였다가 이후 이탈리아, 스페인, 포르투갈, 덴마크까지 담당하면서 엥겔스는 사실상 전유럽의 프롤레타리아 투쟁을 조율하는 책임을 맡았다.

가두 투쟁 같은 길거리 정치에 대한 열정과 조직 운용 기술, 적시에 신랄한 논박문을 발 빠르게 써내는 능력 등등으로 해서 그는 유럽 좌파 내 다양한 파벌을 한데 아우르는 데 적임이었다. 오스트리아 공산주의자 빅토르 아들러**의 말을 빌리면 엥겔스는 국제 사회주의 운동 진영에서 "가장 탁월한 전략가"임을 입증했다.

엥겔스는 리전트 파크런던 시내 중앙에 있는 유명한 공원 로드Regent's Park Road 122번지 서재에서 얽히고 꼬이고 분파로 갈려 갈등하는 운동 진영을 조율했다. "우편배달부가 매일 엥겔스 선생 댁으로 온갖 유럽 언어로 된 신문과 편지를 배달했다"고 폴 라파르그(마르크스의 사위)는 회고했다. "그런데 정말 놀라운 건 다른 일이 많은데도 용케 시간을 내서 배달물들을 훑어보고 분류 · 정돈해서 주요 내용은 모두 기억한다는 사실이었다." 엥겔스가 인터내셔널 연락 담당 서기를 맡았다는 것은 비상한 언어적 재능—엥겔스는 러시아어에서 포르투갈어, 루마니아어는 물론이고 프랑스의 프로방스어, 스페인의 카탈루냐어 같은 방언에도 능했다—으로 자신에게 보내져온 나라 말로 답신을 보낼 수 있다는 의미였다. 그는 그런 일을 본인의 명예가 걸린 문제로 여겼다. 이 밖에 엥겔스는 마르크스가 쓴 문건들을 편집하고 공식 출판을 최종 승인하는 일도 맡고 있었다. "엥겔스나 마르크스가 쓴 글을 다른 나라 말로 번역할 경우 번역자는 항상 번역본을 엥겔스에게 보내 감수와 교열을 받았다." 각지에서 날아드는 편지들 외에도 엥

---

* 1864년 런던에서 창립된 세계 최초의 국제 노동자 운동 조직. 마르크스주의를 비롯해 여러 이데올로기적 분파가 참여했고, 마르크스는 초기부터 주도적인 역할을 하면서 창립 선언 규약을 비롯한 주요 문서를 기초했다.
** 1852~1918. 오스트리아 사회민주당 지도자. 엥겔스, 베벨과 친분을 맺으며 노동자 운동에 투신했다. 수정주의의 대표적인 인물로 꼽힌다.

겔스의 집은 늘 이런저런 이주민, 망명객, 기회주의자, 추종자들로 북적였고, 그때마다 그는 문을 활짝 열어주었다. 투씨의 애인인 에드워드 에이블링*에 따르면 엥겔스의 집은 "작은 바벨탑"** 같았다. 다른 나라에서 온 사회주의자들은 하나같이 리전트 파크 로드 122번지를 메카로 삼았다."[2]

이제 맨체스터 부르주아 사회의 도덕을 의식할 필요가 없는 만큼 엥겔스는 마르크스네 집에서 멀지 않은 곳에서 리지와 터놓고 동거했다. 무엇보다 기쁜 일은 정치 게임에 다시 복귀해 평생 동지인 마르크스와 손잡고 공산주의의 대의를 위해 싸울 수 있게 된 것이다. 두 사람의 사상이 급속히 산업화되는 유럽 여러 지역으로 확산되고 당국이 적극 단속하지 않는 곳마다 사회주의 정당이 태동하는 상황에서 "런던 어르신들"(두 사람은 이런 별명으로 통했다)의 영향력은 점점 더 커졌다.

런던 프림로즈 힐의 새 아지트

엥겔스와 리지 번즈가 프림로즈 힐***에 집을 구한 것은 예니 마르크스가 발품 팔아 물색한 덕분이었다. 프림로즈 힐 저택을 보고 난 예니는 1870년 7월 엥겔스에게 보낸 편지에서 흥분을 감추지 못했다. "집을 찾았어요. 부지가 아주 넓어서 우리 모두 마음에 쏙 들었답니다." 예니는 엥겔

---

* 1849~1898. 영국의 생물학 강사로 다윈의 진화론과 무신론을 대변한 인물로 유명하다. 후일 엘레아노어 마르크스를 만나면서 사회주의 운동가로 변신했다.
** 성서에서 인간의 언어가 나뉘기 이전, 하나의 언어를 사용했던 시절을 상징하는 말.
*** 런던 리전트 파크 북쪽 언덕으로 시내가 한눈에 내려다보이는 고급 주택가.

스에게 필요한 것을 정확히 알고 있었다. 침실 네댓 개, 서재 하나, 거실 두 개, 주방. 그리고 리지가 천식기가 있는 만큼 경사가 가팔라서는 안 되었다. "앞쪽 방은 모두 전망이 툭 트였고 신선한 공기가 잘 들어와요. 그리고 주변 골목길에는 온갖 가게가 있어서 부인이 필요한 걸 쉽게 살 수 있을 거예요." 집 내부도 인상적인 주방에 "큰 욕조가 딸린 아주 넓은 화장실"을 갖추고 있었다. 예니는 이 집이 최상이라고 생각했다. "부인이랑 와서 직접 보시면 우리가 왜 이렇게 좋아하는지 아시게 될 겁니다." 엥겔스도 예니의 선택에 대단히 만족했다. 인테리어 디자인이나 가게가 많아서가 아니라 위치 자체가 "마르크스네 집까지 10분도 채 안 걸리는 거리"였기 때문이다. 엥겔스는 집주인 로트웰 후작과 전세계약 조건에 합의했다. 이렇게 해서 20년 동안 떨어져 지냈던 마르크스와 엥겔스는 다시 엎어지면 코 닿을 거리에 살게 됐다.[3]

프림로즈 힐은 30년에 걸쳐 계급 분리를 기본으로 한 도시계획을 거친 곳이었다. 『영국 노동계급의 상태』에서 엥겔스가 설명한 그대로였다. 원래 프림로즈 힐은 오두막과 농장이 있는 런던 변두리 외딴 동네로 초크팜 술집에서 가까워 평판이 나빴다. 초크팜 술집은 창녀들이 우글거리고 취객들의 다툼이 끊이지 않는 악명 높은 업소였다. 그러나 19세기 중반 들어 사우샘프턴 남작과 이튼스쿨영국의 대표적인 명문 사립 고등학교 부동산 재단이 시범마을을 개발하면서 부촌으로 변했다. 들판은 도로를 중심으로 양 옆에 연립주택이 가지런히 들어섰고, 그 안쪽으로는 별장이나 주말용 저택들이 위치했다. 당초에는 프림로즈 힐 꼭대기까지 주택을 지으려고 했으나 영국왕립부동산관리위원회Crown Estate가 꼭대기 필지를 구입해 목초지에 나무를 심고 오솔길을 포장해 중산층 레크리에이션용 공원으로 만들었다. 치밀한 개발과 잘 가꾼 공원(당시에도 프림로즈앵초 꽃이 만발했다) 덕분에 프림로즈 힐 일대는 쾌적한 중산층 주거지역으로 급속히 탈바꿈했다.

개발업자와 더불어 철도도 엥겔스가 새로 정착한 동네의 틀을 형성하는 데 중요한 역할을 했다. 맨체스터의 경우 도시의 윤곽을 구성하는 것이 리즈-리버풀 간 철도 주변 일대였다. 프림로즈 힐에서는 런던-버밍엄 간 철도가 그런 역할을 했다. 런던 북쪽 유스턴역(사우샘프턴 남작 소유 부동산인 서퍽의 유스턴 마을에서 딴 이름이다)에서 버밍엄 뉴 스트리트까지 구간은 프림로즈 힐 북쪽과 동쪽 경계가 되고, 리전트 운하가 남단을 형성했다. 도로 주변 화사한 주택가 뒤로는 지저분하고 더러운 산업화의 힘에 의해 런던의 변두리가 형성되고 있었다. 연립주택이 늘어선 도로가 끝나는 철로 가까운 지역에는 객차에 연료를 보급하고 세척을 하는 거대한 차고들이 있었다. 인근 초크팜에는 지역 명물인 거대한 원통형 철도차량정비창 '라운드 하우스Round House'가 있었다. 주변은 시끄럽고 악취가 심하고 눈이 매워서 눈물이 날 정도의 환경이었다. "두께가 한 치 가까이 되는 매연이 늘 시커먼 망사처럼 허공을 떠돌다가 어디고 가리지 않고 쌓이곤 했다." 열차가 도착하면 정비공, 신호수, 신호등 관리인, 짐꾼, 전철수轉轍手, 청소부 등 수백 명이 한꺼번에 동네로 쏟아져 들어왔다. 마치 기관차가 윙윙거리며 쏟아내는 매연과 증기 같았다. 그들은 벌집의 세입자가 되고, 수많은 술집의 목마른 단골이 되었다.[4]

리전트 파크 로드 122번지 4층짜리 저택은 지금도 그 자리에 서 있다. 1층 입구 벽에 런던시청에서 붙여놓은 파란색 안내판에는 싱겁게 "정치철학자"라고만 적혀 있다. 건물은 1960년대에 아파트로 개조됐지만 주변을 거닐어보면 1870년대 분위기를 어느 정도 느낄 수 있다. 당시 부엌과 욕실은 지하층에, 응접실과 식당(두 방은 이중문으로 구분돼 있었다)은 1층에 있었다. 빅토리아 시대 사람들이 대부분 응접실로 썼던 이 층은 엥겔스가 쓰는 거대한 서재로 개조됐다. 스튜디오 같은 분위기의 서재는 노르웨이산 소나무로 마루를 깔아 광택을 냈고, 바람과 햇빛이 잘 들었다. 책장들은 천장까지 닿았고, 벽난로는 품위가 있었으며, 커다란 프랑스식 여닫이 창문으로는 부산한 길거리 풍경이 한눈에 들어왔다. 엥겔스는 특히 서재에 대해서는 까다로웠다. 늘 깔끔하게 정돈을 해놓아야 직성이 풀렸다. 그의 집에 가봤던 한 방문객 말에 따르면 "서재의 여러 방들은 학자의 서재라기보다는 응접실 같았다." 3층과 4층은 엥겔스와 리지, 가정부들, 리지의 조카딸 펌프스, 그리고 멀리서 온 손님들이 잘 방으로 배정됐다. 손님들 중에는 독일 사회민주주의자 에두아르트 베른슈타인도 있었는데 그는 1880년대에 리전트 파크 로드의 단골이 된다. "위층으로 올라간 우리는 바로 정치적인 대화를 시작했다. 종종 분위기가 한껏 달아올랐다." 베른슈타인은 122번지에서 가졌던 떠들썩한 저녁 모임에 대해 이렇게 회고했다. "엥겔스는 속으로는 진정 고상한 품성과 덕성을 감추고 있지만 그 화끈한 성격은 라인란트 출신 특유의 유쾌한 인생관과 더불어 고스란히 드러났다. '마셔, 젊은 친구!' 격렬한 논쟁이 한창 진행 중인 와중에도 엥겔스는 이렇게 권하면서 내 잔에 보르도 포도주를 계속 따라주었다. 그의 집에 보르도 포도주가 떨어지는 법은 없다."[5]

엥겔스는 보헤미안적인 성향이 강했지만 칼뱅주의적인 노동 윤리를 흐트러뜨리는 일은 절대 없었다. 그는 정해진 일과는 철저히 제때 처리하는 스타일이었다. 아침을 먹은 뒤에는 두 시간 동안 작업을 하고 편지를 정리한다. 그 다음은 하루의 하이라이트다. 메이틀랜드 파크 로드에 있는 마르크스네 집에 가는 것이다. "엥겔스 아저씨는 매일 우리 아버지를 보러왔다." 투씨의 회고다. "두 분은 가끔 같이 산책을 나갔지만 대개는 아버지 방에 계셨다. 한 분은 이쪽에서, 한 분은 저쪽에서 방안을 왔다 갔다

하다가 구석에 다다르면 뒤꿈치를 땅을 파듯이 돌리곤 했다. …아무 말씀도 없이 나란히 왔다 갔다 하는 경우도 많았다. 그러다가 각자 자기 생각을 한참 이야기하다가는 갑자기 멈춰 서서 얼굴을 맞대고 파안대소를 하면서 '30분 동안 서로 정반대 생각을 하고 있었군' 하고 맞장구를 치기도 했다."[6] 산책을 나갈 때는 보통 "독일식 마일*로 1마일 반을" 빠른 걸음으로 걸어서 햄스테드 히스 공원까지 올라갔다가 돌아왔다. 두 사람은 거기서 "하노버 전체를 다 합친 것보다 더 많은 산소를" 들이마셨다. 그런 다음 엥겔스는 프림로즈 힐로 돌아와서 오후 5시 30분까지 남은 편지들을 발송하고는 7시에 리지와 함께 이른 저녁을 먹었다. 그러고는 독서를 하거나 술을 좀 마시거나 담소를 하고 늦은 "밤참"을 먹은 뒤 새벽 2시경 잠자리에 들었다.

이런 일과에 예외가 하나 있었다. "일요일"이었다. 런던으로 망명 와 있던 공산주의자 아우구스트 베벨의 회고에 따르면 "엥겔스는 집을 활짝 열었다. 청교도들이 예배 보러 간 사이 쾌활한 친구들이 따분해 하는 시간에 모두에게 집을 개방한 것이다. 다들 새벽 두세 시는 넘어서 돌아갔다." 122번지에서는 오후부터 누구나("사회주의자, 평론가와 작가는 물론이고 …엥겔스를 보고 싶어하는 사람은 누구나 가도 됐다") 환영이었다. 토론이 이어지는 사이 포도주와 함께 "고기와 샐러드가 아주 '풍성하게' 나왔다". 엥겔스 저택에서만 맛볼 수 있는 특별한 술도 있었다. 독일어로 마이트랑크 Maitrank라고 하는 오월주五月酒로 선갈퀴향을 가미한 찬 백포도주였다. 피아노 주위에 둘러 앉아 독일 민요를 부르기도 하고, 엥겔스는 평소 좋아

---

* 지역마다 다른데 두 사람의 고향인 라인란트의 경우는 1마일이 4.119킬로미터다.

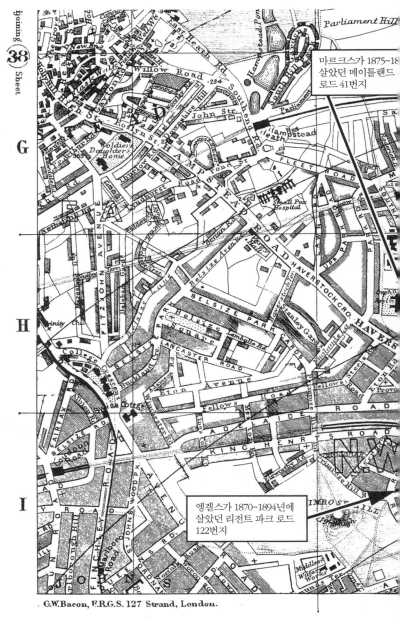

마르크스가 1875~18
살았던 메이틀랜드
로드 41번지

엥겔스가 1870~1894년에
살았던 리전트 파크 로드
122번지

G.W.Bacon, F.R.G.S. 127 Strand, London.

마르크스와 엥겔스가 살았던 런던 북부 지역 지도(1888년).

하는 시 「브레이의 목사The Vicar of Bray」*를 낭송하기도 했다. 그러면 유럽 사회주의 진영의 최정예 전사들—카를 카우츠키에서 윌리엄 모리스**, 빌헬름 리프크네히트, 키어 하디***까지—은 하나같이 엥겔스에 대해 찬사를 늘어놓았다. 영국의 마르크스주의자 헨리 힌드먼은 그를 "리전트 파크 로드의 달라이라마"라고 불렀다. 엥겔스의 집은 조셉 콘래드1857~1924. 폴란드 태생 영국 소설가가 『비밀요원』(1907년)에서 생생하게 그려낸 런던 무정부주의 망명객들의 지저분한 이미지—지저분한 술집과 경찰의 눈을 피해 몰래 하는 모임들, 소호의 포르노 가게 등등—와는 거리가 멀었다. 집안의 불이란 불은 다 켜고, 셔터를 활짝 열고, 체코식 필젠 맥주가 넘쳐흘렀다. 독일 제국의회 선거가 있던 날 밤은 특히 시끌벅적했다. "엥겔스는 특별히 독일산 맥주를 거대한 통째 내놓았고, 저녁도 푸짐하게 대접했으며, 아주 가까운 사람들을 초대했다. 이어 독일 각지로부터 밤늦게까지 전보가 속속 도착했다. 전보가 올 때마다 봉투를 찢어서 안에 적힌 내용을 장군이 큰 소리로 읽었다. 승전보이면 다 같이 건배를 했고, 졌다는 소식이면 또 잔을 들었다."7 그러나 엥겔스 서클에서 한 해의 정점은 크리스마스였다. 무신론자로 유명한 엥겔스는 세상 누구 못지않게 크리스마스 준비와 행사에 열심이었다. "엥겔스는 크리스마스를 영국식으로 지냈다. 찰스 디킨스가 소설 『피크위크 클럽의 기록』(1837년)에서 대단히 유쾌하게 묘사한 그대로였다." 베른슈타인은 회고록에서 이렇게 썼다.

* 목사 자리를 유지하기 위해 정치적 변화에 따라 소신을 바꾸는 기회주의적인 목사를 풍자한 18세기 영국 민요. 당시의 여러 정파와 종파를 날카롭게 비판한 내용으로 인기를 끌었다.
** 1834~1896. 영국의 저명한 공예가, 디자이너, 건축가, 시인, 작가, 사회주의 운동가.
*** 1856~1915. 스코틀랜드 출신 사회주의자, 노동운동가. 영국 노동당의 정신적 아버지로 일컬어진다.

방은 온갖 종류의 녹색 가지로 장식을 했고, 그 사이로 적당한 장소마다 음험한 겨우살이를 엮어서 안쪽을 들여다볼 수 있게 구멍처럼 만들어 놓았다. 여성이 그 아래 서 있거나 거기를 지나가면 어떤 남자든 달려가서 기습 키스를 할 권리가 있었다. 식탁에 오른 주식은 거대한 칠면조였다. 사정이 괜찮을 때는 거대한 삶은 돼지 허벅다리가 나오기도 했다. 이 밖에 입맛을 돋우는 것이 몇 가지가 더 있었는데 그중 하나가 '취한 케이크'라는 것이었다. 이름 그대로 브랜디나 셰리주를 듬뿍 적신 케이크였다. 그러나 뭐니 뭐니 해도 먹을거리 중의 으뜸은 건포도 푸딩이었다. 방의 불을 다 끄면 럼주에 붙인 불이 퍼렇게 너울거린다. 손님마다 독주에 흠뻑 담근 푸딩을 일정한 몫만큼 럼주 불꽃이 꺼지기 전까지 먹어야 한다. 여기저기서 포도주를 받아 마신 사람이라면 그걸 먹고 잠깐 사이에 정신 줄을 놓게 될 수도 있다.[8]

공산주의자 손님들이 엄청 많았다는 점을 고려하면 엥겔스가 줄곧 경찰이나 보안요원의 은밀한 감시를 받았다는 것은 전혀 놀라운 일이 아니다. 파리시청에 올라온 1874년 1월 보고서를 보면 엥겔스는 "카를 마르크스의 친구이자 추종자"이며 "글깨나 읽은 자"로 돼 있다. 122번지 건너편에서 엥겔스의 일거수일투족을 감시하던 경찰 스파이(암호명이 "블래트퍼드"였다)는 엥겔스의 움직임이 심상치 않다고 보고 8월에 보고서를 올렸다. 거기에는 "엥겔스는 대단히 바쁘다", 몇 날 며칠을 "많은 낯선 자들"과 보내고 있다고 돼 있다. 관련 자료를 보면 이후 수년간 엥겔스는 프랑스 정부 당국의 요주의 대상에 오르내렸다. 그 사이 블래트퍼드에서 "잭"으로 바뀐 밀정은 엥겔스의 우편물에 체제 전복을 외치는 잡지 「사회주의자Le Socialiste」가 들어 있는 것을 발견했다.[9] 파리에서 온 감시원들과 별도로 런던시 경찰국도 엥겔스에게 관심을 가졌다. 평소 영국 정부가 비밀 사찰을 하지 않는 것을 높이 평가했던 엥겔스에게 그런 쓸 데 없는 일에 몰두하는 관계자들은 분노의 대상이기보다는 즐거움의 대상이었다. 1883년 엥겔스는 "매일 저녁 집 앞에 경찰들이 어슬렁거린다"고 썼다. 당시 엥겔스는 카를 쇼를레머와 함께 셔터 뒤에 숨어서 낄낄거리고 있었다. "저 저능아들은 우리가 무슨 다이너마이트를 만들고 있다고 생각하는 모양이다. 사실은 위스키 얘기를 하고 있는데."[10]

1871년 파리 코뮌

1916년에는 '프림로즈 힐 꼭대기에 올라가면 멀리 프랑스 솜*으로부터 대포소리가 들린다'는 얘기가 있었다. 1871년 오토 폰 비스마르크 총리가 지휘하는 독일군이 파리를 포격하는 소리가 들리지는 않았지만 파리 코뮌**의 메아리는 리전트 파크 로드에서도 충분히 느낄 수 있었다. 프랑스-프로이센 전쟁이 발발하자 마르크스와 엥겔스는 내심 프로이센을 지지했다. 그 이유는 "비스마르크가 우리가 할 일을 하고 있기 때문이다. 물론 그러려고 그래서도 아니고 그 자신의 방식으로 하고 있지만 어쨌거나 그렇게 하고 있다는 것은 마찬가지다." 두 사람은 나폴레옹 3세를 극도로 혐오했기 때문에 그를 황제 자리에서 쫓아낼 수만 있다면 무슨 수단을 동

* 1916년 1차 대전 당시 영국·프랑스 연합군과 독일군이 격전을 벌인 곳이다. 7월 1일 하루에만 영국군 1만9000명이 전사했다.
** 1871년 3월 28일~5월 28일 파리 시민과 노동자들의 봉기로 수립된 혁명적 자치정부.

원하더라도 지지할 가치가 있다고 생각했다. 그러나 나의 적의 적이 반드시 나의 친구는 아니라는 사실이 곧 드러난다. "예기치 않은 승리 탓에 국수주의가 독일 속물들을 사로잡았다." 1870년 9월 스당 전투에서 비스마르크가 프랑스군을 대파한 이후 엥겔스는 이렇게 지적했다. 보나파르트주의를 표방한 제2제정이 붕괴하고, 프랑스에는 한층 온건한 제3공화국 국민방위군 정부가 들어섰다. 프로이센군은 프림로즈 힐 공산주의자들의 기대와는 달리 곧장 병영으로 복귀하지 않았다. 비스마르크는 천문학적 액수의 전쟁보상금과 알자스와 로렌 지방 할양, 파리 샹젤리제 거리에서의 개선 행진을 요구했다. "진실은 너희들이 한 치 앞도 내다보지 못한다는 거야." 엥겔스는 독일 우월주의에 빠져 있는 엥겔스키르헨의 동생 루돌프에게 보낸 편지에서 이렇게 말했다. "너희들은 이제 프랑스(국경을 바로 맞댄 나라다)를 완전히 원수로 만들어놓은 거야."[11] 전후 처리 문제에서 비스마르크가 보복성으로 막대한 요구를 한 것이 결국은 프랑스인들을 격분시켰다. 수만 명의 시민들이 자원병으로 대거 입대해 프로이센군과 다시 전투를 시작했다. 그러나 시민군은 훈련을 잘 받고 무기가 우수한 프로이센 군대의 상대가 되지 못했다. 프로이센군은 애국적인 프랑스 병사들을 차례로 진압했다. 그리하여 수도 방어 전투만이 남게 됐다. 파리의 국민방위군은 끝까지 버텼다. 그런데 프로이센군은 파리를 단번에 함락하는 대신 참호를 파고 지구전을 폈다. 220만 파리 시민을 굶겨서 항복을 받아낼 요량이었다. 프로이센군의 포위가 몇 주, 몇 달이 지속되자 파리 시민들은 쥐, 개, 고양이, 나중에는 캥거루 등 동물원의 동물까지 다 잡아먹으며 악전고투했다. 프로이센군이 파리 일대를 완벽하게 봉쇄하자 파리의 온건 공화파 정치인들과 혁명파는 정치적으로 분열하기 시작했다. 온건파는 종전 협정 체결을 주장했고, 혁명파는 필사즉생의 각오로 반격에 나서자고 주장했다. 그러나 고통의 시간이 네 달이나 지속되자 정부는 마침내 항복하고 말았다. 1871년 3월 1일 프로이센군은 파리에서 개선행진—그해 1월 베르사유 궁전 거울의 방에서 열렸던 새 독일제국 선포식의 대미를 장식하는 의식이었다—을 한 다음 뒤도 돌아보지 않고 떠났다. 피폐하고 굶주리고 분노에 찬 파리는 아무런 도움도 받지 못한 채 내버려졌다.

독일과 프랑스 사이에 종전 협정 조건을 놓고 마지막 줄다리기가 오가는 사이 프랑스 정부는 새로운 과업에 몰두했다. 프로이센군 포위 기간에 급진적 분위기가 만연한 수도 파리의 기강을 다시 세우는 일이었다. 1871년 3월 18일 프랑스 정규군의 한 부대가 몽마르트르 언덕 위로 행군해 파리 민병대로부터 대포를 몰수했다. 행정부 수반인 아돌프 티에르와 국민의회의 온건파들은 파리의 자원병들과 그 대표기구인 '국민방위군공화주의동맹'(흔히 약칭으로 페데레Fédéré라고 했다)이 급진적으로 치닫는 것을 깊이 우려했다. 티에르는 프로이센군 철수 직후 이들이 바로 무장해제 하기를 원했다. 그러나 정부군이 민병대—노동계급이 주로 사는 지역의 여자와 아이들도 섞여 있었다—와 마주치면 오히려 무기를 내려놓고 그들에게 합류하는 사태가 벌어졌다. 이런 상징적인 군사적 포퓰리즘이야말로 파리가 필요로 하는 도화선이었다. 오스만 남작이 수십 년에 걸쳐 도시 계획을 싹 바꾸어놓았지만—장애물 하나 없는 대도大道. 노동계급 거주지의 외곽 분산, 군대 이동을 용이하게 하기 위한 도로의 직선화 등등—파리는 여전히 혁명의 도시였다. 곧 바리케이드가 올라가고 남아 있던 정부군은 허겁지겁 베르사유_{파리에서 남서쪽으로 22킬로미터 거리로} 퇴각했다. 이어 새로 도시 중앙위원회가 선포되고 시 정부 명칭을 "파리 코뮌"이라고 했다. 1792년 프랑스 혁명 당시의 코뮌을 의식적으로 연상시키는 명칭이었다.

"파리 시민들의 그 불굴의 의지, 그 역사적인 선택, 그 희생정신" 운운하며 마르크스는 파리 코뮌을 극찬했다. "현재 파리에서 벌어지고 있는 봉기는―구체제의 늑대와 돼지와 비열한 개들에 의해 분쇄된다고 하더라도―[1848년] 6월 파리 봉기 이후 우리 당이 행한 가장 영광스러운 행동이다."[12]

파리 코뮌 수립 이후 초기 사정을 보면 마르크스의 낙관주의가 맞는 것처럼 보였다. 4월 19일 코뮌은 "프랑스 인민에게 드리는 선언"을 발표했다. 양심의 자유, 시민들이 코뮌 문제에 참여할 권리, 장교와 치안판사의 책임(이들의 급료는 상한선을 두었다), 군대와 경찰을 국민방위군으로 대체한다는 것, 폐쇄된 공장과 작업장은 "거기 고용돼 있던 노동자들의 협동조합"에 양도한다는 것 등등이 포함된 내용이었다.[13] 엥겔스도 격찬을 아끼지 않았다. "대부분 노동자들이나 노동자 조직 대표들이 코뮌의 핵심부에 앉아 있었기 때문에 코뮌의 결정은 프롤레타리아적인 색채가 압도적이었다." 실제로 짧지만 영광스러웠던 파리 코뮌 두 달간은 "프롤레타리아 독재"(20세기 유럽적 의미에서라기보다는 고전기 로마적 의미에서)의 사례였고, 모든 열혈 사회주의 혁명가들에게 그 자체로 하나의 전범이었다.

그러나 코뮌 본부인 파리 시청 내의 계급적 분포는 썩 순수하지 못했다. 코뮌은 숙련 수작업 노동자와 화이트칼라 노동자들을 좋지 않게 봤다. 코뮌 전체의 프롤레타리아적 성격을 약화시킨다는 이유에서였다. 정치철학 면에서 서로 다투는 분파가 너무 많았다는 것도 사정을 악화시키는 요인이었다. 파리의 장인과 소상인들은 프루동주의 정서가 강했다. 코뮌이 노동자 협동조합을 배려한 조치는 분명 그런 계열의 입김이 반영된 것이다. 또 코뮌의 가장 호전적인 혁명가들은 자코뱅파와 블랑키파로 "마르크스주의자들"보다도 더 무력 봉기를 고집했다. 물론 많은 코뮈나르파리 코뮌 참가·지지자들이 국제노동자연합(인터내셔널) 회원이기도 했다. 더구나 코뮈나르들은 "민주적이고 사회적인" 공화국을 건설하겠다는 공동체적 공화주의 정서가 대단히 강했다. 역사적으로 볼 때 외부 정치세력은 항상 파리를 배신해온 만큼 그런 세력의 간섭을 받지 않고 시민들에 의한, 시민들을 위한 파리를 만들겠다는 것이다.

이렇게 사상적으로 분파가 다양한 것이 결국 마르크스와 엥겔스에게는 쓸모가 있었다. 사태가 나빠지면 누군가 걸고넘어질 사람이 있기 때문이었다. 후일 두 사람은 제대로 조직화된 혁명적 노동자들의 당이 없었기 때문에 코뮈나르들은 베르사유에 숨어 있는 반동적인 정부군을 공격하지 못했고 중앙은행을 점거하자는 말도 꺼내지 못했다고 주장했다. 그렇게 꼬박 한 달을 어물어물하는 사이 결국 1871년 5월 말 정부군이 다시 파리 시내로 밀고 들어오게 됐다는 것이다. 정부군 12만 병력을 맞은 코뮈나르들은 바리케이드를 치고 게릴라 전술을 구사했지만 승산이 없었다. 이어 '피의 일주일'로 일컬어지는 기간1871년 5월 21~27일에 정부군과 코뮌군 사이에 치열한 전투가 벌어져 코뮈나르 1만 명이 죽임을 당했다. 코뮈나르들은 파리 대주교 조르주 다르부아를 처형함으로써 똑같은 방식으로 보복했다. 그러나 그런 과도한 행태는 시골 출신 정부군 병사들에게 코뮈나르들을 더욱 잔학하게 진압할 명분만을 안겨주었다. "총을 장전해서 죽이기까지 그렇게 빠를 수가 없었다. 진압당한 사람들은 수백 명씩 기관총 세례를 받으며 쓰러져갔다." 당시 상황에 대한 엥겔스의 드라마틱한 묘사는 이렇게 이어진다. "마지막 대량학살이 끝난 파리 페르 라셰즈 공동묘지의 '파리 코뮌의 벽'은 지금도 그 자리에 서 있다. 그 벽은 침묵하고 있지만 노동계급이 감연히 자신의 권리를 찾기 위해 일어서는 순간, 지배계급이 얼마나 광포해질 수 있는지를 말 없는 웅변으로 증언한다."[14]

이런 유혈극은 엉뚱하게도 엥겔스 모자의 말다툼으로 번졌다. 모자가 그렇게 불화한 것은 드문 일이었다. 보수적인 어머니는 코뮌에 대한 진압이 문제가 됐을 때 당연히 정부 편을 들었고 아들에게도 그렇게 얘기했다. 얼마 후 엥겔스는 이런 답신을 보냈다. "한참 편지를 드리지 못한 것은 지난번에 저의 정치 활동에 관해 하신 말씀에 대해 기분 상하시지 않게 답을 드리고 싶어서였어요." 이어 엥겔스는 어머니에게 "사람들이 무장을 해제한 뒤 베르사유의 정부군이 기관총으로 4만 명의 남자, 여자, 어린이를 학살했다"는 사실을 잊고 있다고 비난했다. 엥겔스가 말한 피살자 숫자도 과장이 있지만 어머니 쪽에서도 아들이 친구 때문에 나쁜 길로 빠졌다는 얘기를 다시 꺼내 아들 기분을 상하게 했다. 엥겔스의 어머니는 마르크스가 그 모든 끔찍한 참사에 대해 책임이 있다고 확신했고, 순진한 아들을 그런 일로 끌고 들어갔다는 데 대해 분개했다. 엥겔스는 항상 가족보다 친구가 우선이었던 만큼 마르크스는 (코뮌 자체와 무관한 것은 아니지만) 일련의 잔학행위에 대해 아무 책임이 없다고 변명을 해줬다. "마르크스가 여기 없었더라도, 심지어 이 세상에 나오지 않았더라도 상황은 전혀 달라지지 않았을 거예요. 따라서 그 친구를 그런 사태에 책임이 있다고 비난하는 것은 대단히 불공정합니다. 그리고 지금 기억나는 재미난 일이 하나 있는데, 오래전에 마르크스 집안에서는 제가 그 친구를 망쳐놨다고 주장했답니다."[15] 그러나 편지 말미에는 다시 어머니를 애틋해하는 아들로 돌아간다. 영국의 유명한 휴양지 램즈게이트에서 보낸 휴가 이야기며 스트랜드의 빈 스타일 맥줏집으로 여행 갔던 얘기 등을 한참 늘어놓고, 서로 싸우는 형제들과 그나마 우애를 지킬 수 있도록 계속 힘써주시는 데 대해 감사한다는 말도 했다. 이 편지는 어머니에게 마지막으로 보낸 몇 통의 편지 가운데 하나였다. 어머니는 별다른 이상이 없었는데

1873년 가을 세상을 떠났다. 어머니의 죽음으로 엥겔스의 가족에 대한 애정 어린 마지막 끈은 끊어졌다.

1871년 유혈 사태에 대한 책임을 놓고 카를 마르크스를 비난한 사람은 엘리제 엥겔스만이 아니었다. 마르크스는 코뮈나르들에 대해 실질적인 영향을 미치지 못했고, 코뮌 투쟁에서 인터내셔널이 한 역할도 비교적 미미했지만 여론은 마르크스가 코뮌과 확실히 연관돼 있다고 보았다. 이는 마르크스가 파리 코뮌을 옹호하는 논쟁적인 팸플릿 『프랑스 내전』*을 썼기 때문이다. 유럽 전역에서 여러 나라 말로 번역됐고 증쇄를 거듭할 정도로 많이 팔린 이 소책자는 음험한 인터내셔널이 세계 노동계급 운동을 주도하고 있다는 인식을 군혀놓았다. "비록 우리가 공개적으로는 '인터내셔널'의 영향력에 대해 보고 듣는 바가 별로 없지만, 그들의 숨은 손이야말로 알 수 없는 끔찍한 힘을 발휘하는 진정한 원동력이며, 혁명의 추진체다." 영국의 보수적인 문예지 「프레이저 매거진」은 이렇게 평가했다. 가톨릭 주간지 「태블릿」은 인터내셔널을 "모스크바에서 마드리드까지, 구세계유럽는 물론 신세계아메리카 대륙도 그 명령을 맹종하는 조직"으로 낙인찍었다. "그 사도들은 이미 한 정부에 대해 처절한 전쟁을 시작했으며, 그들의 선언을 보면 모든 정부에 대한 전쟁을 다짐하고 있다."[16] 말할 필요도 없이 이런 뒤늦은 유명세에 대해 마르크스는 대단히 흡족해했다. "정말 명예로운 일이야. 내가 지금 런던에서 중상과 비방을 가장 많이 받고 또 온갖 협박에 시달리는 인물이 되었으니 말이지." 마르크스는 의사 친구인 루트비히 쿠겔만에게 보낸 편지에서 이렇게 말했다. "20년 동안 지겹게도

---

* 1871년 6월 13일 런던에서 처음 발간됐다. 나중에 나온 독일어 번역본의 제목은 Der Bürgerkrieg in Frankreich.

세상 사람들한테서 잊혀 전원생활 하듯이 살았는데 이건 정말 반가운 일
이야."[17]

미하일 바쿠닌과의 노선 투쟁

그럼 과연 인터내셔널이, 그 무시무시하다는 지하조직이, 국가를 흔들
고 정부를 전복할 힘이 있었을까? 마르크스는 인터내셔널의 음모적인 이
미지는 별것 아닌 것으로 취급했으며, 인터내셔널은 "문명화된 세계의 여
러 국가에서 활동하는 가장 진보적인 노동자들 간의 국제적 연대일 뿐"이
라고 규정했다. 국제노동자연합(인터내셔널)은 1864년 9월 28일 런던 중
심가 세인트 마틴 홀에서 창립총회를 열었다. 시기적으로 보면 폴란드 봉
기 직후였고, 영국 노동자 엘리트들 사이에서 국제적인 연대가 필요하다
는 공감대가 확산되던 상황이었다. 인터내셔널은 유럽 노동자 운동단체
성격이 강했다. 거기에는 프루동주의자, 노동조합 운동가, 혁명적 블랑키
스트, 공상적 사회주의자들이 망라됐고 소수의 마르크스주의자들까지 가
세해 광범위한 계급투쟁이라는 목표 아래 하나로 뭉쳤다. 런던에서 활동
한 조직은 처음에는 런던 건설업 노동자들뿐 아니라 이탈리아 민족주의
지도자 주세페 마치니를 중심으로 한 망명객 서클과 긴밀한 관계를 가졌
다. 마르크스는 당초 발족 모임에 옵서버로 참석하기를 꺼렸지만 결국 창
립총회 날 저녁에 총평의회 위원 자격으로 단상에 앉았고, 창립선언문 작
성 책임을 맡게 됐다. 엥겔스는 처음에는 이 단체에 대해 대단히 회의적
이었다. 마르크스가 『자본론』에서 제시한 노선으로부터 일탈하는 조직에
불과할 것으로 봤기 때문이다. 엥겔스는 또 이 조직이 좌파의 고질인 내

부 분파 투쟁에 휘말릴 것이라고 생각했다. "내 생각에는 사안을 좀 더 구체적으로 파고 들어가는 순간 곧바로 사고방식이 부르주아적인 자들과 프롤레타리아적인 사람들 사이에서 분열이 생길 거야." 엥겔스는 이렇게 예견했다. 맨체스터 지부를 맡아달라는 요구에 대해서도 대놓고 냉담한 반응을 보였다. "말도 안 되는 소리야."[18] 정치 활동과 현지 노동계급 급진파들을 아우르는 활동을 한다는 것은 에르멘 앤드 엥겔스사 임원으로서의 위치를 심각한 위험에 빠뜨릴 게 뻔했다. 체셔 여우사냥 대회 회원 자격에 문제가 생기는 것은 말할 필요도 없다.

인터내셔널이 명성과 세를 넓혀가면서—1860년대 말이 되면 정회원 수가 80만 명으로 추산됐고, 노조들과 전략적 동맹관계를 돈독히 하는 단계가 됐다—엥겔스의 적대감은 누그러졌다. 특히 프롤레타리아의 대의를 위한 국제주의 노선은 그가 평소 열렬히 주창하던 바였다. "영국의 그 어떤 노동자도, 프랑스의 경우도 마찬가지지만, 나를 이방인 취급한 적은 없었다." 엥겔스는 1845년에 쓴 『영국 노동계급의 상태』 서문에서 영국 노동자들에게 이렇게 말한 바 있다. "나는 당신들이 그런 저주와 민족적 편견, 그리고 국가적 자부심을 벗어던지는 것을 보면서 정말 그렇게 기쁠 수가 없었다. 그런 것들은 결국 철저한 이기심에 불과하기 때문이다."[19] 더욱 중요한 것은 마르크스가 정치적 도움을 절실히 필요로 했다는 점이다. 1860년대 말, 엥겔스의 친구는 막강한 프루동주의 파벌과 피 말리는 세력 다툼을 벌이고 있었다. 마르크스주의를 인터내셔널의 공식 신조로 만들기 위한 노선 투쟁이었다. 그런데 이제 더 완강하고 집요한 반대자를 만나게 됐다. 미하일 바쿠닌이었다.

마르크스와 엥겔스를 유달리 화나게 한 인물을 꼽으라면 단연 바쿠닌일 것이다. 바쿠닌은 귀족 출신에 평판이 좋지는 않지만 거부할 수 없는 카리스마가 있는 데다 낭만적인 행동파였다. 특히 러시아인으로서 지적인 거물인 데다 조직을 만들고 이끌어가는 능력이 탁월했다. 그가 20세기 역사학자와 지식인들의 애정을 듬뿍 받은 것은 놀라운 일이 아니다. E. H. 카에서부터 이사야 벌린, 톰 스토파드1937~. 영국의 저명한 극작가까지 하나같이 바쿠닌의 드라마틱한 인생 역정에 매료됐다. 특히 스토파드가 2002년에 쓴 3부작 희곡 『유토피아의 해변』에서 바쿠닌과 그의 망명 동료 알렉산드르 헤르젠을 극찬한 것은 유명하다. 엥겔스가 바쿠닌을 마지막으로 본 것은 1840년 베를린 대학 강의실에서였다. 두 사람은 당시 다른 청년 헤겔파들과 나란히 앉아 힘 빠진 늙은 셸링을 줄기차게 물고 늘어졌었다. 그이후 바쿠닌은 파리에서 1848년 봉기에 참여했고 1849년에는 리하르트 바그너와 함께 드레스덴에서 바리케이드를 지켰다. 혁명정부를 세우려는 봉기에 몸을 던진 것이다. 그러나 작센군이 들이닥치면서 바쿠닌은 탈출에 실패해 체포됐다. 이어 잠시 수감 생활을 하다가 오스트리아 당국으로 신병이 인도됐다. 오스트리아가 그를 노린 것은 체코인들을 선동했기 때문이었다. 오스트리아는 그를 올뮈츠 요새 벽에 사슬로 묶은 채 9개월 동안 가두었다가 결국 러시아 당국에 인도했다. 이후 그는 상트페테르부르크에서도 야만적이기로 악명 높은 베드로 바울 요새로 끌려갔다. 여기서 수감 생활을 하면서 그의 건강은 극도로 악화됐다. 차르가 바뀌고 문벌 좋은 집안에서 백방으로 손을 쓴 결과 시베리아에서 평생 거주해도 좋다는 허가를 받아냈다. 그러나 북부 시베리아의 나른한 관리들은 바쿠닌의 상대가 되지 못했다. 1861년 봄 바쿠닌은 아무르 강으로 탈출해 이 배 저 배를 옮겨 타며 일본 요코하마를 거쳐 미국 샌프란시스코로 갔다. 샌프란시스코에서 한 영국 목사에게 300달러를 뜯어낸 바쿠닌은 미국 횡단쯤은 문제도 아니라고 생각했다. 뉴욕으로 가서 런던행 배를 타겠다는 계획이었던 것이다. 1861년 12월 마침내 바쿠닌은 런던에 다시 나타나 옛 동료 헤르젠의 집 문을 두드렸다.[20]

바쿠닌은 장기 투옥 생활을 함으로써 오히려 어떤 면에서 1848년 이후의 반동 열풍을 피할 수 있었다. 그리고 혁명에 대한 열정이 조금도 손상되지 않은 상태로 정치 무대에 복귀한 것이다. 그러나 이제 그는 1848~49년의 민족주의적 부르주아 혁명 모델에 대해 더더욱 회의적인 시각을 갖게 됐으며 공산주의 서클의 많은 동료들처럼 투쟁의 다음 단계는 국제적인 성격을 가져야 한다는 결론을 내렸다. 그는 평화자유동맹과 국제사회민주주의동맹을 결성했다. 그러나 최종 목표는 역시 인터내셔널에 침투하는 것이었다. 바쿠닌이 그저 흡인력이 대단한 인물 수준이었다면 인터내셔널에서 곧바로 축출될 수 있었을 것이다. 마르크스와 엥겔스가 더욱 위협적이라고 생각한 것은 그가 제시한 이념의 힘이었다. 바쿠닌이 주창하는 무정부주의는 완벽한 자유와 삶이라는 관념을 기초로 한 것이었다. 폴란드의 철학자이자 역사학자인 레셰크 코와코프스키[1927~2009. 마르크스주의에 대한 비판적 분석으로 유명하다]는 그의 무정부주의를 "모든 개인, 모든 공동체, 그리고 인류 전체를 위한 끝없는, 지칠 줄 모르는 자유를 향한 추구"라고 표현했다.[21] 바쿠닌의 관점에서 보면 마르크스·엥겔스의 공산주의는 기존의 불공정한 부르주아 체제 대신 인간을 질식시키는 독재적인 국가 권위주의를 내세우는 것이었다. 그는 이렇게 썼다. "나는 공산주의자가 아니다. 왜냐하면 공산주의자는 그 자체로 국가의 이익을 위해 사회의 모든 힘을 집중시키고 삼켜버리기 때문이다. 그렇게 되면 결국 소유가 국가의 수중에 집중되는 것이 불가피하다. 반면에 나는 국가의 폐기를 원한다. 국가 고유의 권위와 후견인 자격을 최종적으로 말살하자는 것이다. 국가는 지금까지 인간을 도덕화하고 문명화한다는 구실로 인간을 노예화하고 박해하고 착취하고 타락시켰다."[22] 바쿠닌의 지지 기반은 산업시대의 사회적 낙오자들―빈민, 소작농, 룸펜프롤레타리아―이었다. 이들은 마르크스식 사회주의의 중앙 집권 논리에서는 온당한 대접을 받을 수 없었다. 바쿠닌은 이들에게 구성원 각자가 절대적 자유를 누리는 소규모의 자율적 공동체로 조직된 사회라고 하는 비전을 제시했다. 정치 노선으로 보면 이는 자본주의 국가의 권위를 즉각 폐기하는 운동을 의미했다. 마르크스와 엥겔스가 국가는 사회혁명의 결과로서, 그리고 일시적인 "프롤레타리아 독재"를 거치면서 저절로 사라질 것("소멸")이라고 한 것과는 확실히 대조되는 노선이다.

마르크스와 엥겔스가 보기에 바쿠닌의 오류는 물질적 · 사회경제적 조건이 무르익지 않은 상태에서 무장봉기로 정치 변혁을 추구하겠다는 것이었다. 그러나 바쿠닌은 인간의 자유를 절대시함으로써―엥겔스의 분노를 부채질한 것은 자유론이 범슬라브족이 단결해 자유연방을 만들자는 주장으로 확대됐기 때문이다―열렬한 추종자들을 얻었다. 그가 창설한 국제사회민주주의동맹이 스위스, 스페인, 이탈리아에서 추종자들을 얻게 되자 바쿠닌은 훨씬 세력이 큰 인터내셔널에 대해 고압적인 태도로 통합을 제안했다. 당 조직 책임자인 엥겔스는 그 속셈을 즉시 꿰뚫어봤다. "당연히 인터내셔널은 그런 사기에 말려들지 않는다. 총평의회가 두 개가 되고 심지어 전당 대회도 두 개가 될 것이다. 그렇게 되면 국가 안에 국가가 또 있는 셈이고 출발부터 갈등이 불거질 것이다." 그러면서도 마르크스에게는 조심해서 대응하라고 당부했다. "이 러시아인의 음모를 강하게 받아치면 불가피하게 숙련노동자층을 중심으로 한 무수한 정치적 속물들―특히 스위스의―을 자극하게 되고, 그러면 인터내셔널에 해가 되기" 때문이었다. "러시아인을 상대할 때는 절대 흥분은 금물일세." 그렇다고 엥겔스가 "저 뚱보 바쿠닌"이라고 부른 인물에 대해 나긋나긋하게만 대한 것은 아니다. 그 반대였다. "저 빌어먹을 러시아인이 정말로 온갖 술수를 써서 노동자 운동의 정상에 오르겠다고 생각한다면 매운맛을 보여서 완전히 나자빠지게 만들어줄 때가 왔군."[23] 엥겔스의 확고한 각오를 읽을 수 있는 대목이다.

엥겔스는 사냥을 주도적으로 하는 스타일이었다. 총평의회 위원으로 선출되는 순간부터 그는 중앙집권화된 정책 결정 기구로서의 인터내셔널의 근간을 흔들려는 바쿠닌 일파에 대한 투쟁 전선에 뛰어들었다. 군사적인 마인드를 가진 엥겔스 입장(규율과 기강을 중시하는 성격은 개인적인 차원을 넘어 당 문제에도 그대로 적용됐다)에서는 인터내셔널을 반反권위주의적인 노선에 입각해 "단순히 연락과 통계 정리를 위한 사무소"로 만들려는 무정부주의자들의 야심은 공산주의의 대의를 깡그리 무장해제할 수 있는 것으로 비쳤다. 또 엥겔스는 바쿠닌의 안티테제를 마르크스의 권위에 대한 노골적인 모욕으로 간주했고, 따라서 또 다른 권력 중심은 제거돼야만 했다. 이런 상황에서 엥겔스는 대리석과 소나무 바닥으로 우아하게 장식된 122번지 서재에 앉아 무정부주의자들을 내치기 위한 온갖 술수를 총지휘했다. 마침 서재 맞은편에 요긴하게 써먹을 수 있는 우체통이 있었다. 파리에서 공산주의자동맹을 이끌어가면서 익혔던 술수를 이제 스페인과 이탈리아에서 반기를 들고 나선 바쿠닌주의자들을 무찌르는 데 모두 동원했다. 이탈리아 신문 「공화연감共和年鑑」에 기고한 에세이 「권위에 관하여」(레닌이 극찬한 바 있다)에서 엥겔스는 무정부주의 오합지졸들을 공박하기 위해 독자들에게 자신과 마르크스가 『독일 이데올로기』에서 처음 개진했던 원칙을 환기시켰다. 계급투쟁은 엄격한 기강과 조직으로 지배 엘리트에 맞서는 지난한 과업이다. 따라서 혁명은 "분명 가장 권위주의적인 사안이며, 전체 인구의 일부가 자신의 의지를 다른 일부에게 강요하는 것이다. 강요의 수단은 소총과 총검과 대포 등등, 굳이 표현하자면 권위주의적인 수단"이라고 할 수 있다는 것이다.[24] 당시 인터내셔널의 스페인 마드리드 지부에서 활동하던 폴 라파르그에게 보낸 편지에서 엥겔스는 이렇게 말했다. "정말 궁금하다. 좋은 소리만 골라서 하는 바쿠닌이 철도청에서 제반 승차 규정의 권위를 인정하지 않으면 기차를 탈 수 없다고 할 때 그래도 그 뚱뚱한 몸뚱아리를 객차에 실을 것인지 말이야. …선원들이 탄 배에서 '모든 권위를, 그것도 자발적 동의를 받아서' 폐기해보라 그래!"[25] 파리 코뮌이 무력진압으로 무너지면서(엥겔스는 조직화된 노동자당의 부재가 원인이라고 판단했다) 무정부주의적 열망은 근시안적이고 정치적으로도 위험했다. "동원 가능한 모든 수단을 사용해 방어를 해야 할 마당에 일부 몽상가들은 프롤레타리아에게 시시각각 투쟁이 요구하는 바에 맞게 조직을 하라고 하지는 못할망정 미래사회에 관한 모호한 얘기나 떠들고 있으니…".[26]

악감정은 1872년 헤이그(덴하흐) 대회에서 첨예화됐다. 마르크스와 엥겔스는 바쿠닌과 스위스 쪽 추종세력을 조직에서 숙청하기 위해 온갖 수단을 다 동원했다. 폴 라파르그의 도움을 받은 엥겔스는 바쿠닌에 대해 러시아 갱들과도 손을 잡는 테러 선동가이며 "프롤레타리아 운동을 방해하기 위해 조직된" 정치적 음모세력의 일원이라고 맹공을 퍼부었다. 대회 마지막 날 표결이 실시됐다. 독일 사회민주주의자 테오도르 쿠노는 후일 "그때 엥겔스를 봤다"며 이렇게 회고했다. "그는 단상의 사회자 왼쪽에 앉아서 담배를 피우며 뭔가 쓰면서도 발언자들의 말에 열심히 귀를 기울였다. 내 소개를 하자 그는 뭔가를 쓰다 말고 올려다보더니 내 손을 잡고 활기찬 목소리로 말했다. '모든 게 잘되고 있어. 우리가 절대다수니까.'"[27]

찬성 27 대 반대 7표로 바쿠닌은 축출됐다. 그러나 마르크스와 엥겔스는 별로 대단한 승리로 생각하지도 않았다. 표결이 시작되기 전에도 이미 두 사람은 인터내셔널 총평의회 본부를 뉴욕으로 옮긴다고 선언함으로써 대회장에 모인 대의원들을 놀라게 했다. 마르크스는 유럽 지역에서 끝없는 정치공작과 암투가 벌어지는 데 지쳤다고 주장했다. 엥겔스도 프롤레타리아가 자라나는 새로운 땅에서 새롭게 시작하는 것이 좋다고 주장했다. 사실 이러한 조치는 바쿠닌 일파의 도전에 직면한 두 사람이 정치적으로 취약하다는 사실을 드러낸 것이었다. 무정부주의는 인터내셔널을 위협할 정도로 깊이 침투했으며, 조직 전체를 해체하고 기본원리에서부터 다시 재건하는 쪽으로 가야 한다고 두 사람은 생각했다. 마르크스와 엥겔스는 바쿠닌과의 노선 투쟁에서 승리했으나 심각한 타격을 입었다. 이후 인터내셔널은 미국에서 전혀 뿌리를 내리지 못하고 4년 뒤 해체됐다.

라살, 베벨, 리프크네히트

마르크스와 엥겔스가 힘겨운 싸움을 벌여야 했던 카리스마 넘치는 이데올로그는 뚱보 바쿠닌만이 아니었다. 이국적인 분위기의 페르디난트 라살 역시 유럽 노동자 운동 지도부에게는 만만치 않은 라이벌이었다. 라살은 자수성가한 유대계 견직물 상인의 아들로 베를린 청년 헤겔파 서클로부터 큰 영향을 받았고, "청년독일파"의 낭만을 간직한 철학자이자 운동가였다. 1848년 혁명 실패 이후 라살은 이런저런 프롤레타리아 정당에 관여하다가 1863년 전全독일노동자동맹을 창설했다. 라살은 신뢰 문제에 별로 신경을 쓰지 않았다. 정치 세력을 조직할 때마다 공금 횡령이나 동료들을 독재적으로 대한다는 비난을 받았지만 별로 개의치 않았다. "그 친구는 재才가 승勝한 게 문제야." 엥겔스는 1856년 뒤셀도르프 공산주의 자들이 라살의 오만한 일처리 방식에 대해 불만을 토로하는 상황에서 마르크스에게 이렇게 말했다. "그 친구는 예의주시해야 할 인물이야. 슬라브 변경 출신의 골수 유대인이지. 자기 이익을 위해서라면 당을 핑계로 누구든 이용해 먹을 자란 말이야."28 마르크스는 의외로 라살에 대해 별로 나쁘게 생각하지 않았다. 그가 『자본론』을 내줄 출판사를 물색하는 일을 돕고 있었기 때문이다. 그러나 엥겔스는 1859년에 터진 프랑스-오스트리아 전쟁 문제로 라살과 사이가 완전히 틀어졌다. 엥겔스는 프랑스 보나파르트 황제 체제 제거를 최우선 과제로 본 반면 라살은 오스트리아의 승리는 결국 독일의 민족주의를 강화하는 역작용을 낳을 뿐이라고 우려했다.

그러나 라살에 대한 마르크스의 호의도 그리 오래가지는 않았다. 마르크스는 1861년 시민권을 회복할 생각으로 프로이센으로 여행을 갔다. 거기서 (부정적인) 결정을 기다리는 사이 라살 및 그의 방탕한 베를린 패거리와 여름 한철을 고급스럽게 놀았다. 이듬해 라살도 런던에 와서 마르크스네 집에 3주나 머물면서 함께 지냈다. 그런데 이것저것 씀씀이가 헤퍼 빠듯한 마르크스 집안 살림을 거덜 내다시피 했다. 위대한 철학자께서는 낭비벽 심한 허풍선이 라살에게 화가 치밀었고, 그 때문에 두 사람의 정치적 견해차도 수면 위로 확연히 드러났다. 라살은 맬서스 이론을 통해 "임금철칙"(노동계급 자녀가 노동시장에 더 많이 진입할수록 임금은 낮은 상태를 유지하게 된다)을 도출해내고 인위적인 임금 상승보다는 국가가 나서서 프루동식 생산자 협동조합을 만들어 노동자들의 생활수준을 개선해야 한다고 주장했다. 이런 경제 정책과 더불어 선거권 확대라고 하는 차티스트 운동식 노선도 주목을 끌었다. 이는 현대적인 민족국가를 형성하는 데 필수적인 조치였다. 마르크스가 볼 때 이 모든 주장들은 당장 시급한 과제를 제대로 인식하지 못한 것이었다. 요체는 기존의 자본주의 질서를 폐기하는 것이었다. 사실 라살은 국가를 최고 형태의 인간 조직으로, 따라서 노동계급 해방을 이루어낼 정치적 도구로 본다는 점에서 낭만적인, 그리고 거의 헤겔주의적인 믿음을 가지고 있었다. 그는 심지어 획기적인 선거권 확대를 통해 그런 이상적인 국가를 만들 수 있다는 희망에서 비스마르크 총리와 비밀 회담을 하기도 했다. 노동계급과 융커 귀족이 연합해서 착취를 일삼는 부르주아지를 타도하자는 것이었다. 라살과 비스마르크는 부르주아지를 경멸한다는 점에서는 동일했다. 그러나 라살은 그런 식의 정치적 마스터플랜을 실현하기도 전에 바람둥이 기질에 발목을 잡혔다. 1864년 본인이 유혹했던 처녀의 약혼자와 결투를 벌였는데 배에 총을 맞아 사흘 만에 사망한 것이다. 그러자 엥겔스는 갑자기 라살을 극찬했다. "라살이 인간으로서, 작가로서, 학자로서 어쨌든지 간에 정치인으로서 독일에서 가장 중요한 인물들 가운데 한 사람이었음은 의심의 여지가 없다." 그가 죽었다는 소식을 듣자마자 엥겔스는 이렇게 썼다. "그러나 그렇게 느닷없이 생을 마감하다니 …라살만이 그럴 수 있을 것이다. 다소 경박하고 감상적이면서도 유대인적 기질과 결투를 마다않는 기사적 성미가 기이하고도 독특하게 뒤섞인 인물이었으니 말이다."[29] 그러나 라살이 비스마르크와 은밀히 동맹관계를 맺었다는 사실을 알고 나서는 다시 예전 입장으로 돌변했다. "머리만 잘 돌아가는 유대인 나부랭이" 운운하다가 급기야는 라살의 피부가 검은 것을 트집 잡아 "유대인 깜둥이"라고도 했다.

정적에 대한 인신공격은 엥겔스의 상투적인 수법이었다. 신체적인 기형이나 성적인 문제에 있어서의 흠결, 개인적인 취향 등등이 모두 가차 없는 조롱의 대상이 됐다. 그러나 그중에서도 특히 인종 문제를 집중적으로 물고 늘어지는 것을 보면—맨체스터의 실러연구소 회원 중에 유대인이 너무 많다고 불평했고, 폴 라파르그의 한쪽 부모가 흑인 혼혈이라는 사실을 자주 들먹였으며, 당시에 이미 부정적 뉘앙스가 강했던 깜둥이nigger라는 표현을 자주 썼다—잘 이해가 안 간다. 주변 사람들과 마찬가지로 엥겔스도 서유럽인이 아프리카인이나 슬라브족, 아랍인, 미국 남부의 노예들보다 훨씬 문명화되고 발전했으며 문화적이라고 생각했다. 그러나 인종 문제를 둘러싼 현실 정치 문제에서는 늘 올바른 편에 섰다. 앞에서 보았듯이 남북전쟁에서는 북부연합을 지지했고, 1865년 자메이카 모란트 베이 반란 때 영국 총독 에어가 저지른 학살행위에 대해서는 극도의 혐오감을 보였다. 본능적인 반유대주의 성향이 있기는 하지만 1870년대 말 독일에서 유대인 박해가 다시 등장하자(사회주의 진영이건 보수파건 똑같았다) 일관되게 비난했다. 실제로 엥겔스는 반유대주의를 후진적이고 혐오스러운 것이며 "타락한 사회계층이 현대 사회에 대해 보이는 퇴행적인 반응에 불과하며 반동적인 목적에 이용당할 뿐"이라고 규탄했다. 엥겔스는 사회주의자들에게 반유대주의와 적극적으로 싸우라고 촉구했으며, 하이네에서 뵈르네, 마르크스, 빅토르 아들러, 그리고 독일 사회민주주의 지도자 에두아르트 베른슈타인까지 유대인들이 사회주의 운동에 대단히 큰 기여를 했다는 점을 강조했다. 그리고 마르크스와 마찬가지로 반유대주의는 결국 자본주의와 더불어 소멸될 것이라고 믿었다. 물론 그 자신은 프로이센 사람 특유의 본능을 완전히 떨쳐버리지는 못했다.[30]

"유대인 특유의 명민함" 때문이든 아니든 라살의 지적 유산이 독일 노동계급 정치에 상당한 영향을 미친 것만은 분명했다. "유대인라살은 우리 운동에 토리당이나 차티스트 운동적인 성격을 부여했고, 그것을 완전히 제거하기란 어려울 것이다." 라살 사후 엥겔스는 유감스러운 어투로 이렇게 지적했다.[31] 이는 독일이 향하고 있는 방향을 고려할 때 특히 위험한 일이었다. 비스마르크는 예전의 숙적 나폴레옹 3세로부터 많은 것을 배운 것 같았다. 그리하여 이제는 보나파르트식의 포퓰리즘적 권위주의를 효과적으로 모방했다. 선거 조작과 엄격한 정치적 균형 유지를 통해 교묘하게 "실질적인 통치권이 군 장교 집단과 국가 관료라고 하는 특수계급 수중에 집중되도록" 한 것이다.[32] 비스마르크가 떠받든 국가 절대주의는 이제 대중적 지지 여론과 선거권 확대로 포장됐다. 선거권 확대와 입헌민주주의는 라살과 그 추종세력이 열렬히 주장한 것이었지만 사실 노동계급에게는 일종의 덫이었다.

다행히 마르크스와 엥겔스는 라살과 비스마르크의 타협에 역공을 가할 만한 자기 세력이 있었다. 아니, 적어도 그렇다고 생각했다. 19세기 후반기에 철도망과 도로, 해상 운송망 구축 사업과 화학, 제련, 전기 산업이 크게 발전하면서 도시 거주 노동계급이 유례없이 커진 것이다. 당시는 루르공업지대가 활기를 띠면서 공장 생산라인이 늘어나고 주물공장과 기업 카르텔, 주식회사가 번창하던 때였다. 주식회사 활성화에는 독일은행, 드레스덴은행, 다름슈타트은행, 디스콘토 게젤샤프트 등 4대 은행이 큰 역할을 했다. 산업화와 도시화가 대규모로 진행되면서 베를린, 뮌헨, 함부르크, 프랑크푸르트의 노동자 밀집 지역에서는 정치적 급진파가 인기를 끌었다. 그런 세력화를 토대로 아우구스트 베벨과 빌헬름 리프크네히트는 1869년 아이제나흐에서 독일사회민주노동당을 결성했다. 독일사회민주노동당은 중산층 중심의 중도파 정당들을 배격하고, 프로이센의 팽창 정책에 냉담했으며, 마르크스식 사회주의 노선 추구 입장을 분명히 했다. 그런 만큼 마르크스와 엥겔스는 독일사회민주노동당에 대해 자부심이 대단했다. 인터내셔널의 이상을 가장 제대로, 실천적으로 구현한 정당이라고 본 것이다. 영국 노동계급 운동처럼 나태에 빠지지도 않았고, 프랑스와 벨기에의 경우처럼 프루동주의에 물들지도 않았으며, 스페인과 이탈리아처럼 바쿠닌의 무정부주의에 흔들리지도 않았다. 물론 당의 이념적 토대를 제공한 두 사람도 아이제나흐파派가 잘못하는 부분에 대해서는 따끔하게 지적을 했다. 그래서 민주주의 정당을 운영하는 과정에서 불가피하게 여러 차례 타협을 해야 했던 리프크네히트로서는 상당히 곤혹스러웠다. 두 사람의 비판은 1875년이 되면서 더욱 거세졌다. 고타 대회에서 리프크네히트가 이끄는 아이제나흐파가 라살파의 전독일노동자동맹과 합당하는 형식으로 독일사회주의노동당SAPD을 창당했다.

리전트 파크 로드의 엥겔스로서는 도저히 믿을 수 없는 일이었다. 마르크스는 『고타 강령 비판』을 써서 아이제나흐파가 라살파와 손을 잡은 것은 커다란 오류라고 혹독하게 비판했고, 엥겔스는 베벨에게 경제적 노동조합주의에 빠져 "임금철칙"이라는 어설픈 개념을 받아들이고 개량주의를 통한 사회적·정치적 평등 사회 건설이라는 공상적 관념에 빠져들었다고 맹공을 퍼부었다. 상류층 생활을 해온 보헤미안적 기질의 엥겔스로서는 단순한 평등이란 어불성설이었다. "생존 조건에는 항상 얼마간의 불평등이 따른다. 그것을 최소화할 수는 있지만 완전히 제거할 수는 없다. 고산 지대에 사는 사람들의 생존 조건은 평지에 사는 사람들의 그것과는 다르다. 사회주의 사회를 평등의 왕국으로 보는 것은 일방적인 프랑스식 개념이다." 특히 리프크네히트가 라살의 주의주장을 맹종함으로써 이데올로기적으로 일탈의 기미를 보이자 엥겔스는 베벨에게 준엄하게 경고했다. "마르크스와 나는 그런 바탕에서 새 정당을 세우는 것을 절대 인정할 수 없네. 따라서 앞으로 우리가 그 당에 대해—사적으로든 공적으로든—어떤 태도를 취해야 할지는 심각하게 따져봐야겠네. 외국에서는 독일사회민주노동당이 하는 모든 발언과 행동이 우리 두 사람이 하는 것으로 돼 있다는 것을 기억하게." 마르크스와 엥겔스는 리프크네히트가 사전 협의도 없이 "어떤 대가를 치르더라도 (아이제나흐파와 라살파가—역자) 통합을 해야 한다는 강박관념"에 사로잡혀 허겁지겁 일을 추진한 것에 대해 특히 분개했다.[33]

비스마르크는 사회주의 세력이 강력한 조직으로 통합되는 것을 깊이 우려하고 있었다. 그래서 황제 빌헬름 1세에 대한 두 차례의 시해 기도 사건을 빌미로 사회주의 운동에 대한 대대적인 탄압을 시작했다. 1878년에는 폭압적이기로 유명한 사회주의자법을 만들어 "사회민주주의, 사회주의, 또는 공산주의 활동을 통해 기존의 정치·사회 질서를 전복하려는" 모든 조직을 금지했다. 사회민주주의자들이 개인 자격으로 선거에 출마하는 것은 자유였지만 집회와 출판은 모두 금지됐고, 노조는 불법화됐으며, 당원들은 일자리에서 쫓겨났다. SAPD도 당연히 불법단체로 낙인찍혔다. 국가적 탄압이 거세지자 오히려 당원들은 과격 노선으로 기울었고 지하조직이 활성화됐다. 엥겔스는 투옥당한 운동가와 그 가족에 대해서는 가슴 아파했지만(이들에게 재정적 지원을 아끼지 않았다) 그러한 탄압이 야기한 정치적 결과에 대해서는 오히려 썩 잘된 일로 평가했다. SAPD가 발족 과정에서 취했던 타협 노선을 접고 왼쪽으로 이동할 것이라고 본 것이다. "비스마르크 선생은 7년 동안 우리를 위해 일해왔어. 우리한테 월급을 받는 것 같아. 이제는 멈출 수도 없어서 사회주의의 도래를 가속화하려고 작정을 한 듯하네." 러시아인 친구 표트르 라브로프*에게 보낸 편지에서 엥겔스가 한 말이다.[34] 엥겔스가 보기에 비스마르크는 이제 진퇴양

---

* 1823~1900. 사회주의 철학자. 그의 사상은 19세기 후반 여러 러시아 혁명조직의 이론적 기반이 되었다.

난이었다. 어떤 쪽으로 나아가도 스스로 몰락을 재촉하는 지경이 된 것이다. "독일에서는 다행히 적들이 어떤 식으로 행동해도 우리에게 유리한 단계에 도달했네." 엥겔스는 베벨에게 이렇게 말했다. "모든 세력관계가 우리에게 유리하게 돌아가고 있어. 이제 무슨 일이, 어떤 일이 일어나도 우리가 득을 보게 돼 있네. …비스마르크는 우리를 위해 일하고 있어. 그쪽에서 트로이의 목마 노릇을 하고 있다니까." 그 첫 번째 결과가 1881년 10월 총선에서 나타났다. 사회민주주의자들이 31만2000표를 얻어 제국 의회 의석 12석을 차지한 것이다. 거의 대부분 도시 지역 표였다. "프롤레타리아가 이렇게 대단한 실력을 보여준 적은 결코 없었다." 엥겔스는 이렇게 단언했다. "독일에서 지난 3년간 유례없는 박해와 무자비한 탄압이 가해지면서 공적인 조직 운영은커녕 연락조차 불가능한 상황에서 우리 동지들이 다시 돌아왔다. 전보다 훨씬 강해진 모습으로."[35] 더욱 반가운 것은 독일 노동계급이 마침내 프랑스와 영국으로부터 프롤레타리아의 리더십을 되찾아왔다는 점이었다.

그러나 이런 놀라운 진척에는 위험이 따랐다. 선거 승리로 말미암아 정치권력이 불가피하게 과격한 민초들로부터 의회 지도부로 옮아가게 되는 것이다. 의원들은 중산층 출신이 많았고 급진적 이념보다는 개량주의적 성향이 강했다. 이는 사회주의 운동에는 대단히 위험한 요소였다. 늘 "독일의 민중은 지도자들보다 훨씬 낫다"고 주장해온 엥겔스는 이제 제국의회에 들어간 인사들의 일거수일투족을 예의주시했다. 나사가 풀려 기회주의적인 태도를 보일 가능성이 있기 때문이었다. 리전트 파크 로드에서는 자주, 경우에 따라서는 매일, 급보 형식의 회람을 냈다. 특정 논쟁에 대해 어떤 정치적 입장을 취할 것인가, 개별 법안(보호관세에서부터 슐레스비히-홀슈타인 운하 건설 세부 내역까지 다양했다. 운하의 경우 엥겔스는 수심 9

미터는 너무 얕다는 기준까지 제시했다)에 대해 찬성할 것인가 반대할 것인가 등에 대해 상세한 지침을 담은 문건이었다. 이렇게 세세하게 당 운영에 관여하면서 엥겔스는 특히 "프티부르주아지 의원들의 목소리"에 신경을 썼다. "혁명적 상황에 밀려서 프롤레타리아가 '너무 앞서 나가지' 않도록 하기 위해서였다." 엥겔스는 본인이 평생 부르주아로 살아왔기 때문에 사회주의 운동의 기본은 역시 계급투쟁이어야 한다는 신념이 확고했다. "노동계급의 해방은 노동계급 자신이 쟁취해야 한다."[36] 따라서 1880년 스위스 뷔덴 성城에서 비밀리에 열린 사회민주주의 대회에서 SAPD가 제국의회 진출을 통한 개량주의를 포기하고 "모든 수단을 동원해" 혁명투쟁에 일로매진하기로 다짐하자 엥겔스와 마르크스는 크게 안도했다.

'세계의 중앙은행' 런던

엥겔스는 1870년대의 많은 시간을 본인 자산 관리에 쏟았다. 자산은 에르멘 앤드 엥겔스를 퇴사하면서 받은 현금과 주식 등이었다. 면직업자로서의 생활은 접었지만 이제 마르크스주의에서 역시 악당으로 규정하는 금리생활자가 된 것이다. 공교롭게도 그가 퇴직한 시점은 시기적으로 썩 좋았다. 영국 경제는 엥겔스가 북부 맨체스터에서 남부 런던으로 이주한 것과 흡사하게 수익을 내는 핵심 부문이 공업지역인 북부에서 런던으로 이동하고 있었다. 금융 서비스 부문이 활성화됐기 때문이다. 경제사가들은 1873~96년을 "대불황기"라고 불러왔다. 임금은 정체되고 가격은 하락했다. 그러나 정기적인 수입이 있는 사람들에게는 황금 같은 시기였다. "여기 우리들대자본가들은 최고로 잘나가고 있다." 1871년 독일사회민주노동당 기관지 「인민의 국가」*에 기고한 글에서 엥겔스는 이렇게 썼다. "시장에는 잉여자본이 넘치고, 이윤이 날 만한 곳을 호시탐탐 노리고 있다. 인류의 행복과 기업가들을 부자로 만들어준다는 명분을 내세운 유령회사들이 우후죽순으로 생겨나고 있다. 광산, 유전, 말이 끄는 대도시용 궤도차, 제철소 같은 게 지금으로서는 가장 인기 있는 종목이다."[37] 엥겔스는 트롤럽의 재치 넘치는 소설 『지금 우리가 사는 방식』(1875년)의 무대가 된 런던에서 불황 덕을 톡톡히 보았다. 당시의 런던은 주식회사 자본주의의 도시였다. 증권거래소와 국제 금융가는 흥청망청했다. 『지금 우리가 사는 방식』에서 주인공으로 나오는 속을 알 수 없는 사기꾼 어거스터스 멜멋은 바로 그런 금융인들의 전형으로 "어떤 회사든 주식을 사고 팔아 새로 만들거나 망쳐놓을 수 있고, 돈 가치를 원하는 대로 높이거나 낮출 수 있는" 인물이다. 런던 금융가 사무실에는 검은색 정장을 한 그런 금융인들이 차고 넘쳤다. 주로 은행업, 해운업, 보험업, 부동산 투자 쪽이 인기였다. 마르크스의 용어로 하면 영국 경제는 독점자본주의로 치닫고 있었다. "'띄우기'(많은 개인 투자를 빨아들여 주식회사로 탈바꿈시키는 기업 주식 매각)가 최근 10여 년간 유행이었다." 1881년에 쓴 보고서에서 엥겔스는 이렇게 지적했다. "거대한 맨체스터의 창고에서부터 웨일스와 북부 지역의 제철소와 탄광, 랭커셔의 공장들에 이르기까지 모든 것이 띄우기의 대상이었고, 지금도 그렇다."[38] 이런 주식 시장 띄우기로 생기는 잉여자본은 전지구적 차원에서 바로 효과를 발휘했다. 대영제국의 심장부 런던은 "세계의 중앙은행"으로 변신해 페루의 철도에서부터 포르투갈 리스본의 시가 전

---

* 1869년 10월 2일부터 1876년 9월 23일까지 라이프치히에서 발행됐다. 편집장은 빌헬름 리프크네히트가 맡았으며 마르크스와 엥겔스는 기고도 하고 편집을 돕기도 했다.

차, 호주 뉴 사우스 웨일스의 광산, 인도의 차 농장에까지 자금을 댔다. 1870~1914년 영국은 전세계 외국인 투자의 44퍼센트를 차지했다(프랑스는 19.9퍼센트, 독일은 12.8퍼센트였다). 특히 식민지 지역의 주요 사회 기간 시설 프로젝트와 광산 개발 투자 비율이 점점 늘었다. "영국은 경쟁력 있는 경제가 아니라 기생적 경제가 되어갔다"고 에릭 홉스봄은 지적한다. "미개발 주변부 지역에 기생해 살아갔다. 과거에 축적한 부와 경쟁자들의 추격 덕분에 가능한 일이었다. …예언자들이 이미 예언을 했고, 그것은 틀리지 않았다. 주식중개인들이 서리와 서식스에 시골 별장을 지어놓고 호사를 누리고, 중소도시에서 매연 마셔가며 힘들게 일하는 사람들은 뒷전으로 밀린 경제는 몰락할 수밖에 없었다."[39]

프림로즈 힐은 서리에서는 상당히 떨어져 있지만 엥겔스가 식민지 자본가 혹은 주식중개인 집단의 일부라는 것은 분명했다. 이런 모순은 에르멘 앤드 엥겔스에서 퇴사하는 날로 끝난 것이 아니었다. "나도 주식과 공채가 있지. 가끔 사고팔고 해." 엥겔스는 독일 망명 사회주의자들의 기관지인 「사회민주주의자」가 경제면을 내는 게 좋은가 하는, 좀 생뚱맞은 토론을 하다가 에두아르트 베른슈타인에게 이렇게 말했다. 엥겔스는 마르크스와 마찬가지로 영국의 경제 전문 주간지 「이코노미스트」를 즐겨 봤다. "난 주식 거래에 도움을 받기 위해 사회주의 언론을 참고할 만큼 그렇게 순진하지 않네. 그런 사람이 있다면 당장 반 토막 나고 말 거야!" 엥겔스의 주식 포트폴리오는 종목이 다양하고 수익성이 높았다. 그의 유언장을 보면 사망할 당시 보유 주식은 2만2600파운드(지금의 화폐가치로는 400만 달러)의 가치가 있었다. 유명한 철도, 가스, 해저터널 운영 회사는 물론, 해외 식민지 투자 회사 주식도 갖고 있었다.[40]

다행히 주식 투자는 이데올로기적으로는 문제가 없는 것으로 여겨졌다. "자네가 주식 투자에 대한 반감을 프티부르주아적인 것이라고 본 것은 제대로 본 거야." 엥겔스는 베벨에게 이렇게 말했다. "주식 거래는 노동자들로부터 이미 빼앗은 잉여가치의 배분을 조정하는 것에 불과해." 실제로 주식거래는 자본을 집중화하는 쪽으로 가는 경향이 있기 때문에 본질적으로 혁명에 도움이 됐다. "아무리 바보라도 지금의 경제가 어디로 갈지는 알 수 있어." 주식 투자의 부도덕성보다는 간접적으로나마 타인을 착취하는 구조에 편승해 살아가는 것에 대해 전혀 수치심을 느끼지 못하는 것이 문제였다. "누구나 주식중개인이면서 동시에 사회주의자일 수 있지. 주식중개인 계층을 혐오하고 경멸할 수도 있고." 이런 말을 할 수 있을 만큼 엥겔스는 그동안 충분히 모순적인 삶을 살아왔다. "내가 한때 큰 기업의 동업자였던 사실에 대해 사과할 마음이 없느냐고? 그걸 가지고 나를 욕하는 놈이 있으면 언제든 본때를 보여주겠다!"[41]

역시 문제는 세금 떼고 남은 수익으로 무엇을 했느냐였다. "우리 불쌍한 금리생활자들은 출혈이 막심해." 엥겔스가 재무부의 이자소득 과세에 대해 한 불평이다. 그러나 엥겔스는 당이나 동료에게 필요한 일에 대해서는 아낌없이 썼다. 마르크스 가족에게 일 년에 최소 350파운드라는 거금을 보조해준 것 외에도 엥겔스는 잘 아는 맨체스터 공장장 외젠 뒤퐁의 자녀 교육비를 대주고, 소호에 사는 가난한 사회주의자들의 장례비용을 지원하는가 하면 당 기관지와 이주민 자선 행사를 정기적으로 후원했다. 다만 유감스럽게도 엥겔스의 박애 정신은 그가 가장 사랑한 사람들에게 배신당하곤 했다. 그의 약점은 마르크스의 딸들이었다. 그들의 남편이나 애인들은 그 점을 너무도 잘 알았고, 교묘히 이용해먹었다. 가장 악질적인 자가 라우라 마르크스의 남편인 폴 라파르그였다. 라파르그는 의사 출신으로 프루동주의자였다가 인터내셔널 총평의회 위원으로 변신한 인물이다. 스페인에서 바쿠닌주의와 싸우는 엥겔스를 도왔고 런던으로 돌아와서는 후일 자신이 『게으름 부릴 권리』에서 설파한 바를 몸소 실천했다. 그는 자의반 타의반으로 사진관을 세우려고 했으나 투자자가 없어 곧 망하고 말았다. 그러자 당연히 '엥겔스 아저씨'에게 손을 벌렸다. "다시 이런 얘기로 성가시게 해드려서 죄송합니다. 최근에도 몇 차례 거금을 보내주셨는데. 하지만 빚을 청산하고 제 발명을 어떻게 잘 활용해보려면 60파운드는 꼭 있어야겠습니다." 라파르그는 1875년 6월 손 벌리는 게 너무도 당연하다는 듯이 엥겔스에게 이렇게 요구했다. 라파르그로서는 다행인 것이 엥겔스는 그의 지성과 변론술을 높이 평가했기에 고집 세고 여자를 밝히며 자신이 대단한 줄 착각하는 청년에게 점점 더 호감을 가졌다. 라파르그도 완고한 장인보다 남 얘기 잘 들어주고 상대를 존중해주는 엥겔스를 잘 따랐다. 인정 많은 아저씨 같이 푸근했기 때문이다. "샴페인의 대가이시자 맥주를 비롯한 온갖 술을 두주불사하시는 스페인 담당 서기께. 안녕하십니까. 흥청거리는 연회의 신이 서기님을 굽어 살피시기를 기원합니다." 라파르그의 편지는 흔히 이런 식의 농담으로 시작됐다. 이어 "번즈 부인께서는 제가 보르도에서 가져다 드린 욕조에서 자주 목욕하십니까? 서기님의 불길을 끄는 데는 그만입니다"라는 식으로 묘한 말을 하기도 했다.

이런 편지들은 대개 "집주인한테 50파운드 더 내줘야겠네요" 같은 말로 끝맺곤 했다. 이런 식으로 집세, 세금, 공과금을 뜯어내고 심지어 속옷 살 돈까지 타냈다. "보내주신 돈이 왔네요. 마치 사막 한가운데서 오아시스를 만난 것 같습니다." 1882년 파리에서 보낸 편지의 한 대목이다(카를 마르크스가 고마워할 때 한 말과 흡사하다). 당시 라파르그는 사회주의 정치 활동을 재개한 상태였다. "불행하게도 우리는 더 버텨나갈 수가 없었습니다. 제발 돈 좀 더 보내주세요. 라우라한테 속옷을 사줘야 하거든요."
1888년에는 너무 심한 요구를 했다. "술 마시느라 구멍 난 걸 메워야 하
니까" 15파운드짜리 수표를 보내달라고 한 것이다.[42] 그러나 엥겔스는 마
르크스의 딸들에게는 '노'라고 하는 법이 없었다. 아이들의 문학적 열망
을 뒷받침해주고, 그 남편들에게 생활비를 대주는가 하면 투씨의 무대 진
출(남편이 젊은 여배우와 바람을 피우자 음독자살했다)을 후원하기도 했다.
"그 아이는 아주 침착했고, 매력이 넘쳤어." 엥겔스는 투씨의 공연을 보고
나서 마르크스에게 흐뭇한 어조로 이렇게 전했다. "그 아이가 정말 대중
적으로 성공하려면 확실한 자기만의 색깔을 내야 할 거야. 그리고 충분히
그럴 수 있지."[43] 엥겔스가 흔쾌히 돈을 쓴 것은 리지, 마르크스 일가와 함
께 영국 해변에서 보내는 휴가 때였다. 여름 별장을 빌려서 필젠 맥주를
잔뜩 채워놓고 노는 것이야말로 엥겔스가 꿈꾸는 천국이었다. 1876년 여
름 휴양지 램즈게이트에서 같이 오지 못한 마르크스에게 보낸 편지를 보
자. "정거장에서 포르투갈 포도주 한 잔을 먹여 힘을 내게 했지. 아주머니
〔예니 마르크스〕와 리지는 지금 백사장에서 노닥거리고 있네. 편지 쓸 일
없으니까 정말 좋은 모양이야."[44]

　해변을 휴가지로 택한 데에는 의학적인 이유도 있었다. 리지는 평소 몸
이 아주 약했다. 그러다가 1870년대 말에는 천식과 좌골신경통에다 악성
방광 종양으로 몸이 말이 아니었다. 1878년 여름 엥겔스는 리지를 해변으
로 데려가지도 못할 상황이 되면 어쩌나 걱정이 이만저만이 아니었다.
"지난주에는 자리에서 일어나지를 못했어. 상태가 너무 심각해. 아주 나
빠질지도 모르겠어." 리지와도 친구인 필립 파울리에게 보낸 편지에서 엥
겔스는 이렇게 밝혔다.[45] 엥겔스는 만년에 이런 우울한 사태를 겪으면서
리지를 세심하게 돌봤다. 사소한 것까지 일일이 신경을 썼고, 집안일도

도맡아 하다시피 했다. 그러나 운명을 막기에는 역부족이었다. 1878년 9월 11일 저녁 리지는 죽음의 문턱에 다다랐다. 그런데 이때 전혀 예기치 못한, 감동적인 일이 벌어졌다. 대단한 유물론자이자 무신론자이며 가족을 중시하는 부르주아적 가치관을 우습게 아는 엥겔스가 길모퉁이에 있는 성^뽈 마가 교회로 달려가 W. B. 갤러웨이 목사를 집으로 모셔온 것이다. 리지는 오래전부터 "엥겔스 부인"으로 통했지만 하늘나라로 가기 전에 15년이나 같이 살아온 관계를 신이 보는 앞에서 공식 부부로 인정받는 것이 마지막 소원이었다. 리지가 리전트 파크 로드 위층 침대에 누워 죽어가는 상황에서 목사는 두 사람이 정식 부부가 됐음을 선언했다. 의식은 성공회식으로 치러졌다. 엥겔스가 이데올로기적 순수성에 대한 집착을 접고 리지의 소망을 기꺼이 들어준 극히 드문 사례였다. 그렇게 사랑했던 아내는 다음날 새벽 1시 30분에 숨을 거뒀고, 런던 북서부 성모 마리아 가톨릭 묘지에 묻혔다. 묘비에는 "리디아"^{리지의 본명}라고 쓰고 켈트 십자가를 새겼다. 리지의 죽음은 언니인 메리 번즈만큼 갑작스러운 것은 아니어서 엥겔스로서는 그런대로 슬픔을 추스를 수 있었다. 뿐만 아니라 메리 번즈가 죽었을 때와 달리 공식 부고를 내야겠다고 생각했다. 결국 정식으로 결혼을 했기 때문이기도 하겠고, 걱정 많은 어머니마저 돌아가신 터라 더 이상 누구 눈치 볼 필요도 없었기 때문일 것이다. 부고는 간단했다. "독일에 있는 지인 제위께. 어젯밤 제 아내 리디아 번즈가 세상을 떠났음을 알려드리는 바입니다."[46]

친구의 이번 슬픔에 대해 마르크스는 적어도 겉으로는 바르게 처신했다. 그러나 개인적으로는 엥겔스와 그의 문맹 아일랜드 연인을 무시하는 농담을 늘어놓곤 했다. 리지가 죽은 지 이틀밖에 안 된 시점에 아내 예니에게 보낸 편지에서는 이렇게 썼다.

투씨랑 렌쇼 부인, 펌프스가 …죽은 여자의 잡동사니를 정리했어. 렌쇼 부인[리지와 엥겔스 양쪽 다 잘 아는 사이였다]이 편지 한 묶음을 발견하고 는 물주 선생[엥겔스]에게 주려고 했지. 그 자리에 같이 있었거든. 그러자 그 친구가 그랬대. "됐습니다. 태워버리세요! 볼 것 없어요. 날 속일 사람 이 아니란 걸 잘 아니까." 피가로(보마르셰의 희곡에 나오는 주인공 피가로 말이야)는 그걸 어떻게 알았을까? 나중에 렌쇼 부인이 투씨한테 그랬대. "물론, 리지의 편지를 본인이 써주고, 받은 편지를 읽어주기도 했으니까 비밀로 할 얘기는 없다고 확신했겠지. 하지만 리지로서는 그래야 할 내용 이 있을지도 몰라" 라고.[47]

마르크스가 노골적으로 조롱한 인물은 리지의 조카딸 펌프스였다. 메 리 엘런 번즈펌프스는 리지가 죽은 뒤 엥겔스 말년의 삶에 끼어든다. 넘어지 고 자빠지고 하는 어릿광대 같아서 겉으로는 그나마 엥겔스의 시름을 달 래준 것처럼 보이지만 기실은 주위 사람 모두에게 왕짜증인 인물이었다. 엥겔스가 헤겔의 깊은 통찰이라고 본 "역사는 반복된다. 한 번은 비극으 로, 한 번은 희극으로"라는 말은 펌프스라는 인물("술에 취해 매력을 발산하 는 여자"나 "붙임성 좋은 술꾼"으로 불렸다)에서 완벽하게 구현됐다. 가난한 집 열 남매의 맏이로 태어난 펌프스는 1860년대 중반에 리지가 집안일도 돕게 할 겸 해서 데려온 아이였다. 귀엽고 남자들과 시시덕거리기 좋아하 고 변덕이 심한 성격으로 엥겔스가 리지와 함께 런던으로 이주할 때 따라 왔다. 이후 1875년 리지는 펌프스를 하이델베르크에 있는 상류층 여성 예 절 교육 전문 학교에 보냈다(비용은 당연히 엥겔스가 댔다). 그러나 자기 주 제를 누구보다 잘 아는 펌프스는 1877년에 다시 런던으로 돌아왔다. 그런 데 리지가 병으로 누워 있는데도 가사는 돕지 않고 뭐에 삐쳤는지 맨체스터 부모 집으로 훌쩍 가버렸다. 그러나 오빠네 생선가게에서 땀나고 냄새 나는 일을 거들면서 자신의 선택을 다시 생각하게 됐고, 1878년 봄에 다시 살짝 빠져나와 런던으로 내려왔다.[48]

리지의 죽음은 펌프스에게 리전트 파크 로드를 수중에 넣는 기회가 됐다. 그녀는 "최고급 상복을 걸치고 벌써부터 '왕세자비' 노릇까지는 아니지만 그 비슷한 폼을 잡고 있었다". 리지가 죽은 지 나흘밖에 안 된 시점에 마르크스가 날카롭게 꼬집은 말이다. "그녀의 죽음은 그 여자애의 허황된 '환상'을 키워주는 결과가 됐다."[49] 이제 안주인으로 확고히 자리를 잡은 펌프스는 마르크스에게는 줄곧 짜증나는 존재였지만 이런저런 가십 거리를 계속 제공해주는 인물이기도 했다. 122번지를 드나드는 사회주의 자들치고 그녀의 풍만한 매력을 외면할 수 있는 사람은 거의 없었기 때문이다. "'우리 서클'에는 별일 없다." 1881년 마르크스는 시집간 딸 예니 롱게에게 보낸 편지에서 이렇게 적었다. "펌프스는 아직도 [쾰른노동자협회의] 프리드리히 보이스트한테서 '소식'이 오기를 기다리고 있다. 그동안 카를 카우츠키에게 추파를 던졌지만 아직 '공식 선언'이 없었지. 카를 히르시가 진짜로 '공식 선언'을 했을 뿐 아니라 거절당하고 나서도 파리로 떠나기 직전까지 계속 그래준 것에 대해 늘 고마워하고 있을 거야." 두 달 뒤에는 새 구혼자가 어슬렁거렸다. "하르트만[망명 온 사회주의자다]은 금요일 날 결국 뉴욕으로 떠났어. 그 여자의 마수를 벗어난 게 다행이야." 마르크스는 최근 소식을 다시 예니에게 전했다. "하지만 바보스럽게도 떠나기 며칠 전에 엥겔스한테 펌프스와 결혼하겠다고 한 거야. 그것도 글로 써 보냈어. 그러면서 자신이 실수하는 게 전혀 아니라고 생각한다, 펌프스도 흔쾌히 받아들일 것으로 믿는다고 했지. 그 여자애가 그 친구한테 꼬리를 치기는 했지만 사실은 카우츠키를 열 받게 하려고 그랬을 뿐이거든."[50]

이런저런 자들이 몰려들어 소란스럽게 청혼을 하고 한 것을 보면 펌프스는 젊고 예뻤으며 여성적인 매력이 대단했던 것 같다. 다른 사람이라면 엥겔스도 별로 신경 쓰지 않고 넘어갔을 것이다. 그런데 펌프스는 번즈 자매의 혈육이고 맨체스터 시절부터 식구처럼 살아온 아가씨였다. 불행하게도 펌프스는 정이 헤펐다. 그래서 나중에는 어찌어찌하다가 퍼시 로셔라는 런던 건달과 깊은 관계가 됐다. 부르주아 결혼 제도의 위선에 대해 이데올로기적으로 정도 이상의 반감을 보여온 엥겔스지만 로셔에게는 '괜한 장난 할 생각 말고 결혼하라'고 종용했다.

하지만 이후 결국 본인이 두 사람 생계를 책임지게 됐다. 로셔는 별 볼일 없는 공인회계사로 마르크스 · 엥겔스 주변의 사람 구실 못 하는 사위들과 별반 다를 게 없었던 것 같다. 어른들한테 빌붙어 살면 된다고 생각한 것이다. 그는 1881년에 펌프스를 데려갔지만 늘 부부싸움을 했고, 이내 일요일마다 리전트 파크 로드의 엥겔스 집을 찾아왔다. 휴일에는 꼭 찾아와 같이 지냈고(그나마 엥겔스가 즐거울 수 있었던 것은 펌프스의 아이들 재롱 때문이었다), 보통 때도 자주 그랬다. 한 번에 몇 주씩 머물다 가는 경우도 많았다. 정신없을 정도로 명랑 쾌활한 펌프스의 행태는 리지를 잃고 슬픔에 잠겨 있는 엥겔스에게 그나마 힘을 주었다. 1879년 여름 아내를 잃은 슬픔을 접고 평상심을 되찾은 엥겔스는 마르크스에게 "영원한 여인을 떨쳐버리고 어디 가서 한두 주 정도 총각처럼 놀아보면" 어떨까 하고 넌지시 묻기도 했다.[51]

러시아 마르크스주의자들의 난제

엥겔스는 건강을 되찾자 공산주의 전략가로 돌아갔다. 바쿠닌주의와 라살주의 이단들의 마지막 은신처를 찾아내고 리프크네히트와 베벨의 당 운영 상황을 감독했다. 러시아에서 혁명이 일어날 가능성에 대해서도 예의주시했다. 1840년대 초창기부터 마르크스·엥겔스는 프롤레타리아 혁명은 산업화와 경제 발전이 어느 정도 된 상태에서 가능하다고 보았다. 그래야 계급의식과 계급투쟁이 발전하고 여타 변혁의 조건도 성숙해지기 때문이다. 특히 후진적인 차르 체제—반동적이고 봉건족인 자급자족 경제였다—의 러시아는 혁명이 일어날 나라로는 보이지 않았다. 그러나 늘 사태를 낙관적으로 보는 엥겔스는 1874년에 러시아 혁명은 "생각보다 훨씬 가까이 와 있다"고 평가했다. 일 년 후에는 "곧 일어날 것"이라고 했고, 1885년에 가면 "조만간 터질 것이다. 언제라도 터질 수 있다"고 확신했다.[52]

마르크스·엥겔스와 러시아 마르크스주의 운동권 전체를 괴롭힌 문제는 혁명이 어떤 양상이 될 것인가였다. 이 문제에 대해서는 두 가지 사상 계파가 있었다. 하나는 게오르기 플레하노프*가 이끄는 노동해방단** 일파로 마르크스주의 정통 노선을 따라 러시아는 서구 유럽의 산업화, 노동계급 빈곤화, 계급의식 발전 노선을 따라야만 프롤레타리아 혁명(러시아의 농민 대중도 합세하게 된다)이 가능하다고 주장했다. 다른 접근방식은 나로

---

* 1856~1918. 러시아 마르크스주의 운동의 기초를 닦고 주도했다. 1917년 볼셰비키의 권력 장악에 반대했다가 망명지에서 죽었다.
** 1883년 9월 제네바에서 플레하노프와 악셀로트가 창설한 러시아 최초의 마르크스주의 조직.

드니키(러시아어로 "인민주의자들populists"이라는 뜻이다)가 채택한 것으로 니콜라이 체르니셰프스키*의 저술에 큰 영향을 받아 원시적인 농촌 공동체(러시아어로 옵시나Obschina라고 한다)라는 독특한 전통에 비추어 러시아는 마르크스주의와는 다른 길을 통해 사회주의에 도달할 것이라고 주장했다. 서구식 자본주의로 이행하는 과정에서 벌어지는 온갖 끔찍한 사태를 겪지 않고도 토지 공동 소유, 공동체적 생산관계, 사회주의적 성격이 강한 농업 등을 토대로 공산주의 체제를 훨씬 빨리 이룩할 수 있다는 것이었다. 물론 이 과정에서 반체제 테러 활동이 기폭제가 된다. 알렉산드르 헤르젠과 표트르 트카초프**는 심지어 러시아 농민들이야말로 사회주의 달성을 위해 선택된 사람들이며 천성적으로 공산주의자이므로 게으른 서유럽인들로부터 주도권을 빼앗아오게 될 것이라고 주장했다.

예전부터 마르크스·엥겔스는 농촌 형태의 공산주의에 대해 말도 안 되는 소리라는 입장을 보여 왔다. 인도, 아시아, 그리고 심지어 아일랜드에 관한 글에서도 두 사람은 농촌 공동체commune를 "동양적 전제주의"의 후진적 부속물이며 사회주의를 향한 세계적 차원의 진군에 장애물이 되는 시대착오라고 강력히 비난했다. 그러나 1870년대 들어 서유럽에서 혁명의 가능성은 퇴조했고, 두 사람 다 점차 인류사의 초기 단계에 관심을 갖게 되면서: 미국 인류학자 루이스 헨리 모건이 1877년에 발표해 센세이션을 일으킨 『고대 사회: 야만에서 미개를 거쳐 문명에 이르는 인류 발전 단계에 관한 연구』를 읽고 나서 친족집단, 부족, 공동체 생활에 주목하게 됐다―원시 공산주의의 정치적 가능성을 다시 짚어보게 됐다. 엥겔스

---

* 1828~1889. 1860년대 러시아를 대표하는 사상가, 문학가, 혁명적 민주주의자.
**1844~1886. 러시아 작가. 혁명 운동의 원칙을 정립해 레닌 등에게 큰 영향을 미쳤다.

는 슬라브족을 멸시하던 편견을 버리고 갑자기 러시아 모델을 불가능하다고 봐서는 안 된다는 쪽으로 돌아섰다. "그런 가능성이 존재한다는 것은 부정할 수 없는 일이다." 1875년에 쓴 에세이에서 엥겔스는 이렇게 말했다. "러시아 농민들이 부르주아적 소규모 소작농이라는 중간 단계를 거치지 않고 좀 더 높은 단계의 사회 형태로 옮아갈 수 있다." 그런데 여기에는 조건이 하나 있었다. "그러려면 반드시 공동체적 소유가 완전히 파괴되기 전에 서유럽에서 프롤레타리아 혁명이 성공해 러시아 소작농들에게 그런 이행에 필요한 전제조건을 만들어줘야 한다."[53]

나아가 마르크스와 엥겔스는 1882년 『자본론』 러시아어판 2판 서문에서 이런 흐름을 새롭게 정리했다. "러시아 혁명이 서구 프롤레타리아 혁명의 신호탄이 된다면 서로 보완이 될 수 있고, 현재 러시아의 공동체적 토지 소유는 공산주의 발전의 출발점이 될 수 있다." 마르크스는 이런 생각들을 베라 자술리치*에게 보낼 편지에서 고치고 또 고쳐 썼다. 결국은 발송되지 않은 문제의 편지에는 이런 구절이 나온다.

이론적으로 말하면 러시아의 "농촌 공동체"는 그 토대, 즉 토지 공동 소유를 발전시키고 사적 소유 원칙을 폐기함으로써 스스로를 보전할 수 있겠지. 현대 사회가 추구하는 경제 시스템으로 가는 출발점이 될 수 있을 거야. 그러면 자살을 통해 새롭게 시작하지 않고도 역사의 새 페이지를 쓸 수 있겠지. 농촌 공동체는 자본주의적 생산이 인류를 부유하게 만든 과실을 자본주의 체제를 겪지 않고도 누릴 수 있다는 얘기야. 공동체 사

* 1849~1919. 러시아의 여성 혁명가. 마르크스 · 엥겔스와 편지를 주고받았다.

회가 어느 정도 지속된다는 관점에서만 보면 자본주의 체제란 끼어들 여지가 없지.[54]

마르크스는 이제 단일한 자본주의 발전 과정이 모든 국가에 예외 없이 적용된다고 믿지 않은 것이 분명하다. 그러나 엥겔스는 이런 변화를 유감으로 여기고 원래 패러다임을 고수했다. 두 사람 사이에 철학적 이견이 나타난 극히 드문 경우였다. 엥겔스는 한때 나로드니키의 매력에 빠졌으며 차르 체제의 러시아에 혁명을 띄우기 위해서는 블랑키스트적인 테러리즘을 사용하는 것조차 정당하다고 여겼음을 마지못해 인정했다. 그러나 1880년대가 가면서 엥겔스는 점차 러시아도 안정적인 산업화 단계에 접어들었기 때문에 영국, 독일 또는 미국과 전혀 다를 바 없으며 동일한 경제 발전 과정을 겪을 수밖에 없다고 확신했다. "농촌 공동체(코뮌)는 과거 한 시절의 꿈으로 봐야 할 것 같아. 이제 자본주의 러시아를 놓고 얘기해야지." 엥겔스는 『자본론』 러시아어 번역자로 유명한 니콜라이 다니엘손*에게 이렇게 말했다.[55] 러시아의 코뮌은 수백 년 동안 존재했지만 긍정적인 발전의 징표는 거의 보여주지 못했다. 보여준 게 있다면 이제 소작농들의 진보에 "족쇄"로 작용한다는 것이다. 더구나 엥겔스는 공산주의 혁명이 "서유럽 프롤레타리아의 투쟁이 아니라 러시아 소작농들로부터 시작될" 것이라는 주장을 "유치한" 것으로 치부했다. "경제 발전 단계가 낮은 상황이 난제를 해결하고 갈등을 해결한다는 것은 역사적으로 불가능하다. 아직 그런 난제와 갈등이 생겨나지도 않았고 더 높은 단계에 이

---

* 1844~1918. 러시아 경제학자. 나로드니키 이론가로 마르크스·엥겔스와 편지를 많이 주고받았다.

를 때까지는 생겨날 수도 없기 때문이다."[56]

러시아 마르크스주의자들에게 그들이 직면한 역사적 난제를 이해하는데 도움을 주기 위해 엥겔스는 초기 공상적 사회주의자인 로버트 오언의경험을 비교했다. 오언이 1820년대 뉴래너크 공장에 고용한 노동자들의경우 러시아 옵시나 소작농과 마찬가지로 "몰락해가는 공산주의 소수 집단의 제도와 관습을 따랐지만" 사회주의 원칙에 대해서는 아무런 이해도보여주지 못했다.[57] 러시아는 코뮌을 통해 사회주의로 가는 지름길은 없다는 것을 받아들여야 하며 더디고도 고통스러운 역사의 행진에 몸을 맡기는 수밖에 없을 것이다. 엥겔스의 선견지명이 빛나는 예언 가운데 하나는 러시아에서 "50만 지주와 8000만 소작농을 부르주아 차지借地 제도가통용되는 새로운 계급으로 바꾸려면 끔찍한 고통과 혼란을 겪을 수밖에없다. 역사는 가장 잔인한 여신이다. 역사의 여신은 수많은 시체더미를밟고 전진한다. 전쟁에서만 그런 것이 아니라 '평화적인' 경제적 발전의경우에도 마찬가지다."[58]

마르크스의 죽음

마르크스도 엥겔스도 1917년에 러시아에서 일어난 끔찍한 대격변을 목격할 수 있을 만큼 오래 살지는 못했다. "런던 어르신들"은 60대에 접어들면서 개인적으로 슬픈 일이 많았다. 1881년 여름 예니 마르크스가 눈에띄게 쇠약해졌다. 암이었다. 그러다가 그해 12월 2일 결국은 암에 굴복하고 말았다. 죽는 순간까지 마지막 3주 동안 "거친 검정 멧돼지" "못된 건달" "무어인"과 떨어져 지내야 한다는 것은 너무도 잔인한 일이었다. 마르크스는 기관지염과 늑막염이 너무 심해서 자리보전하는 신세였기 때문이다. 마르크스는 런던 북부 하이게이트 공동묘지 한 귀퉁이에서 열린 아내의 장례식에도 참석하지 못했다. 가슴 적시는 애도사도 엥겔스의 몫이었다. 엥겔스는 예니가 "무신론적 유물론에 대한 확고한 신념"을 가진 인간이라고 찬양하면서 "우리는 그분의 선이 굵으면서도 사려 깊은 조언을 못내 그리워하게 될 것입니다. 그분은 호방하되 허풍이 없었고, 사려 깊되 명예를 저버리지 않았습니다."[59]

마르크스는 곧 아내의 뒤를 따라갔다. 1870년대 후반 들어 마르크스는 두통에서 종기, 불면증, 신장 및 간 질환 등등 온갖 병치레로 점차 거동이 힘들어졌다. 그리고 마지막으로는 카타르*가 도통 떨어지지를 않아 고생했다. 이런 질병들은 육체적으로 말할 수 없는 괴로움이었지만 번뇌·망상이 다시 도진 결과로 나타난 것일 수도 있다. 마르크스는 『자본론』 제2권과 제3권을 끝내지 못했다. 집필에 집중을 못 하고 다른 사안(아시아 원시 공동체 문제 같은)에 신경을 빼앗길수록 몸은 나빠졌다. 『자본론』의 경제학을 이제 별로 신통치 않게 생각했는지 아니면 공산주의의 정치적 가능성을 추구하는 것이 더 현실적이라고 봐서였는지는 모르지만 평생의 철학적 '거대 프로젝트'에서 슬그머니 발을 빼는 모양새였다. 마르크스는 오스트리아령 칼스바트와 영국 남부 와이트 섬을 자주 찾았다. 칼스바트에서는 간 질환에 좋다는 온천 치료를 했고, 와이트 섬에서는 철분이 많이 함유된 부드러운 바닷바람을 맞았다. 예니가 죽은 이후로는 건강에 좋다는 휴양지를 더 많이 찾아다녔다. 기관지염을 다스리려면 그만큼 따뜻

---

* 점막이 헐면서 부어오르는 염증. 감기가 걸렸을 때 콧물이 멈추지 않는 것처럼 많은 양의 점액을 분비한다.

하고 건조한 기후가 절실했기 때문이다. 평생 처음으로 엥겔스와 같이 있는 것을 불편해한 것도 그만큼 병세가 심해졌기 때문이다. "엥겔스가 그렇게 흥분하는 걸 보고 정말 짜증이 났어." 시집간 딸 예니 롱게에게 보낸 편지에서 마르크스가 한 말이다. "정말 더는 못 견디겠다. 어떤 식으로라도 좋으니 정말 런던에서 벗어나고 싶구나!"[60] 마르크스는 힘든 몸을 이끌고 알제알제리의 수도에서 몬테카를로, 프랑스, 스위스를 누볐는데 가는 곳마다 날씨가 나빴다. 기관지염은 만성이 됐다. 그러다가 1883년 1월 다시금 충격적인 일이 벌어졌다. 그렇게 사랑하던 딸 예니 롱게가 방광암으로 죽은 것이다. 소식을 들은 마르크스는 런던으로 돌아왔다.

1883년 초 혹독한 겨울날씨에도 엥겔스는 매일 오후 리전트 파크 로드의 집을 나서 메이틀랜드 파크 로드의 마르크스 집으로 터덜터덜 걸어갔다. 평생의 도반을 보러가는 것이었다. 1883년 3월 14일 오후 2시 30분, 엥겔스가 "마르크스 집에 도착해보니 집안은 온통 울음바다였다."

끝이 가까운 것 같았다. 어찌 된 일이냐고 묻고 위로의 말을 건넸다. 출혈이 약간 있었을 뿐인데 갑자기 혼수상태에 빠졌다는 것이다. 어머니가 제 자식 돌보는 이상으로 그 친구를 보살폈던 마음씨 고운 가정부 렌헨 데무트가 위층으로 올라가보더니 다시 내려왔다. 잠이 든 것 같으니 올라가봐도 되겠다고 했다. 우리가 방에 들어갔을 때 그 친구는 잠들어 있었다. 그러나 다시는 깨어나지 못했다. 맥박과 호흡은 이미 멈춘 상태였다. 그렇게 2분 만에 그 친구는 가버렸다. 평화롭게, 고통 없이."[61]

마르크스의 죽음으로 엥겔스는 가장 소중한 친구를 잃었을 뿐 아니라 서구 철학에서 가장 위대한 지적 동업자를 잃었다. "여느 가족을 잃은 것과는 비교할 수 없겠지." 오랜 동료인 차티스트 운동가 줄리언 하니는 편지를 보내 이렇게 위로했다. "자네의 우정과 헌신, 그의 애정과 신뢰로 인해 카를 마르크스와 프리드리히 엥겔스의 우애는 내가 아는 그 어떤 친구 사이보다도 대단한 것이 되었지. 자네들의 유대가 '남녀 간의 사랑을 뛰어넘었다'는 것은 더 말할 필요가 없는 진실이야. 자네의 슬픔을 내가 무슨 말로 더 위로할 수 있겠나. 그저 위로와 애도를 전할 뿐이네."[62]

망연자실한 엥겔스는 마르크스의 죽음이 지금까지 살아온 행적 못지않게 그의 위대함을 알리는 계기가 될 것이라는 생각으로 위안을 삼았다. 두 사람과 친한 미국인 친구 프리드리히 조르게*에게 보낸 편지에서 엥겔스는 마르크스의 대범함을 이렇게 칭송했다. "의학 기술이 식물인간 상태로나마 몇 년 더 살릴 수는 있었을 거야. 어쩌지도 못하고 그저 목숨을 부지하면서 덜커덕 가지만 않고 야금야금 죽어가는 식으로 말이야. 그러나 우리의 마르크스는 그런 건 절대 참지를 못했어."[63] 엥겔스는 친구의 시신이 "싸늘하게 굳어진" 것을 보자마자 그의 위대함을 확고히 하는 작업에 착수했다. "우리 모두가 지금의 우리가 된 것은 그 덕분이다. 공산주의 운동이 지금과 같은 발전을 이룬 것도 그의 이론적·실천적 활동 덕분이다. 그러나 그에게는 우리가 여전히 엄청난 혼란에 빠져 있는 것으로 보일 것이다." 리프크네히트에게 한 이 말은 엥겔스가 끝까지 친구에 대해 얼마나 좋게 얘기하는지를 잘 보여준다.[64] 마르크스가 떠난 상황에서 이제 엥겔스가 떠맡아야 할 과제는 투쟁을 완수하는 것이었다. "우리가 이제 달리 어떤 길을 가겠는가?" 평생을 마르크스와 동일한 철학적 사명에 헌신

---

* 1826~1906. 독일 태생 미국인 공산주의자. 1848년 고향 작센에서 일어난 1848년 혁명에 참여했고, 미국 이주 후에는 노동운동과 공산당 조직 활동을 했다.

한 엥겔스로서는 마르크스의 이상이 그의 죽음과 더불어 소멸되는 것은 도저히 용납할 수 없었다.

9장

마르크스의 불도그

The Frock-Coated Communist

The Frock-Coated Communist

"그의 죽음은 투지 넘치는 유럽과 아메리카의 프롤레타리아와 역사과학에 헤아릴 수 없는 손실을 안겨주었습니다." 1883년 3월 17일 마르크스가 하이게이트 공동묘지 동쪽 언덕배기 아내 예니무덤 곁에 안식을 취하던 날 아침 추도사에서 엥겔스는 이렇게 말했다. 슬프지만 진지한 판단이었다. "빅토리아 시대의 발할라Valhalla*"라고 할수 있는 하이게이트 공동묘지는 오늘날 관광객과 이데올로그들의 발길이 끊임없이 이어지는 곳이다. 그들은 고딕식 무덤들과 꼬불꼬불 숲이 우거진 샛길을 지나 1950년에 새로 조성한 마르크스 묘역으로 향한다. 공동묘지 맨 가장자리 지역인 이곳은 공산주의자들의 안식처가 되었다. 이라크, 남아프리카공화국, 유대인 사회주의자들이 모두 첫 예언자의 그늘 아래 안장됐다. 1883년 당시에는 훨씬 한적했다. 마르크스의 장례식에 참석한 유가족과 조문객은 열한 명에 불과했다. 딸 투씨, 사위인 폴 라파르그와 샤를 롱게가 무덤가에 섰고, 과학자인 E. 레이 랑케스터**와 카를 쇼를레머, 공산주의 운동가 빌헬름 리프크네히트와 프리드리히 레스너 등이 자

---

* 북유럽 신화에서 오딘 신을 위해 싸우다 죽은 전사들이 머무는 아름다운 궁전.
** 1847~1929. 영국 동물학자, 진화생물학자. 옥스퍼드 대학 교수와 자연사박물관장을 지냈고, 마르크스와는 친구 사이였다.

리를 같이했다. 프랑스와 스페인, 러시아에서 조전이 도착했고, 「사회민주주의자」와 공산주의노동자교육협회에서는 조화를 보내왔다. 그러나 장례식의 압권은 단연 종교적인 냄새가 전혀 없는 엥겔스의 짧은 추도사였다.

엥겔스는 마르크스의 결혼이나 자녀 또는 자신과의 40년에 걸친 우정 같은 것에는 시간을 낭비하지 않고 단도직입적으로 마르크스주의가 무엇을 의미하는지를 정확하고 명료하게 제시했다. 자리를 함께한 추모객들을 위한 것이라기보다는 유럽 곳곳에서 고군분투하는 공산주의자들을 위한 것이었다. 따라서 이데올로기의 전설을 떠나보내는 자리지만 개인적인 감정이 들어설 자리는 전혀 없었다. "다윈이 유기적 자연의 발전 법칙을 발견한 것처럼, 마르크스는 인간 역사의 발전 법칙을 발견했습니다. …하지만 그게 다는 아닙니다. 마르크스는 현대 자본주의 생산양식과 그 생산양식이 만들어낸 부르주아 사회를 규정하는 특수한 운동법칙도 발견했습니다. …그만큼 그는 과학 하는 인간이었습니다." 엥겔스는 이렇게 단언했다. 그 역시 마르크스에 대한 그리움이야 이루 말로 다할 수 없었다. "그는 죽었지만 혁명을 추구하는 수백만 동료 노동자들의 사랑과 존경을 받았고, 그들은 지금 그를 애도하고 있습니다. 시베리아의 광산에서부터 캘리포니아까지, 유럽과 미국 전역에서 말입니다. 나는 감히 말합니다. 그에게 적이 많았을지는 모르지만 개인적인 적은 없었습니다. 그의 이름은 시대가 변해도 영원할 것이고, 그의 업적 역시 그럴 것입니다."[1]

마르크스의 유산을 사후에 절대화하는 작업은 하이게이트 묘지에서 끝나지 않았다. 몇 주 후 엥겔스는 혹독한 어조로 이탈리아 공산주의자 아킬레 로리아*를 규탄했다. 주제넘게 마르크스의 저작을 잘못 해석함으로써 그의 명성에 손상을 입혔다는 것이었다. "당신은 그럴 자격도 없고, 누가 그러더라도 내가 좌시하지 않을 것이다. 고인이 된 내 친구의 인품을

Page 771

BURIALS in the LONDON CEMETERY COMPANY's North London or Kentish Town and Highgate Cemetery of SAINT JAMES, in Swain's Lane, in the Parish of ST. PANCRAS, in the County of Middlesex, next Highgate, in the Year 1883

Name.	Abode.	When Buried.	Age.	By whom the Ceremony was performed.	
Walter Samuel Smith No. 6161	5 Tavistock Terrace Holloway Road	14th March 1883	65 years	Robert Pittman	4893
Mary Haycroft No. 6162	8 Canonbury Park South Islington	15th March 1883	77 years	Wm Allen	7159
Hannah Goodwin No. 6163	60 St George's Road Regents Park St Pancras	16th March 1883	64 years	Bevill Allen	17255
Karl Marx No. 6164	41 Maitland Park Road - St Pancras	17th March 1883	64 years	Fredc Engels	14748
Mary Belinda Hill No. 6165	10 Elsworthy Terrace Primrose Hill South Hampstead	19th March 1883	28 years	L. W. Trebelton	15497
Salome Stammers Izeard No. 6166	10 Hazelville Road Hornsey Lane Islington	20th March 1883	90 years	Alfred Rowland	17714
Mary Ann Blackhouse No. 6167	43 Eufoux Road Holloway	20th March 1883	73 years	CB Maynard	5377
John Smith No. 6168	92 Carleton Road Tufnell Park Islington	20th March 1883	63	R. Le Tofet	16147

카를 마르크스 매장 기록(위에서 네 번째 칸). 장례 주관자 난에 프리드리히 엥겔스라는 서명이 보인다.

마르크스의 불도그 457

헐뜯는 것은 묵과할 수 없다." 엥겔스는 로리아에게 보낸 편지에서 마지막 말 바로 앞에 "톡톡히 대가를 치를 것"이라고 위협했다.[2] 정치이론가 해럴드 라스키[1893~1950. 영국의 저명한 정치학자]가 지적한 대로 "마르크스가 죽었을 때 그[엥겔스]의 관심은 오로지 그에 대한 기억을 변호하는 것이었다. 자신의 명성이 손상되는 것을 감내하면서까지 동료의 위대함을 입증하는 데 그토록 헌신한 인간은 별로 없었다."[3]

친구가 살아 있을 때와 마찬가지로 죽은 뒤에도 엥겔스는 '마르크스의 불도그' 역할을 기꺼이 떠맡았다. 친구의 정치적 유산을 수호하기 위해 어떤 희생도 감내했다. 그러나 역사학자들은 장례식 이후 몇 년간 엥겔스가 했던 노력들에 대해 회의적인 평가를 내리는 것 같다. 일부에서는 엥겔스가 고의적으로 동업자의 저술의 의미를 개정했다고 주장하기도 한다. 추도식에서 다윈의 진화생물학 및 뉴턴의 운동의 법칙과 비교한 것은 엥겔스의 사고틀이 '과학'에 얼마나 매몰돼 있는지, 그리고 마르크스의 사상을 엄밀한 자연과학의 논리와 연결시키려고 얼마나 애썼는지를 보여준다는 것이다. 그 결과 엥겔스는 마르크스주의를 잘못 개조했다는 비난을 받았다. 자신의 과학적 열정 때문에 진정한 본래 마르크스의 인본주의적 핵심을 내버리고 친구가 사라진 틈을 타 그 자리에 사회주의에 대한 희망이 빠진 기계적인 정치학을 올려놓았다는 것이다.

이런 평가에 따르면 엥겔스는 스탈린 체제하 소비에트연방의 공식 이데올로기와 마르크스레닌주의 공포정치에도 책임이 있었다. 이렇게 책임을 뒤집어씌우는 것은 편리하기는 하다. 마르크스의 이름으로 저질러진

---

* 1857~1943. 이탈리아 사회주의 정치경제학자. 마르크스 사상을 처음으로 비판한 인물 중 하나다.

범죄들에 대해 마르크스의 무혐의를 입증하는 데 도움이 되기 때문이다. 그러나 이는 마르크스·엥겔스 동업관계의 본질을 잘못 읽은 것이다. 당대에 가장 지적 욕구가 강했던 사람 중 하나인 엥겔스가 당시의 과학 발전에 매료됐고, 마르크스와 더불어 자신들의 사회주의를 과학 변혁 시대 안에 위치시키고자 했던 것은 사실이다. 엥겔스는 친구가 제시한 이데올로기의 기본원리를 대중적이고 일관된 이론으로 체계화하는 작업을 했다. 당연히 마르크스의 동의가 있었다. 이렇게 해서 유럽의 사회민주주의를 근본적으로 마르크스주의적인 방향으로 유도하는 데 큰 역할을 했다. 대중 정치 운동으로서의 마르크스주의는 『자본론』이나 결국은 실패한 제1인터내셔널에서 비롯된 것이 아니라 1880년대에 엥겔스가 쓴 수많은 팸플릿과 선전물로 시작된다. 엥겔스가 고인이 된 동료에게 준 가장 큰 선물은 마르크스주의를 인류사에서 가장 설득력 있고 강력한 정치철학 가운데 하나로 발전시킨 것이다. 그러면서도 엥겔스는 두 사람이 발전시킨 이데올로기의 본질에 충실했다.

다윈의 진화론에 매료

"인간의 기억 속에 이미지가 남아 있는 대도시는 모종의 위대한 이념을 표현한다." 벤저민 디즈레일리가 1844년에 발표한 소설 『코닝스비』에서 한 말이다. "로마는 정복을 웅변한다. 예루살렘의 첨탑 위에는 신앙이 깃들어 있다. 그리고 아테네는 고대 세계의 탁월한 특성인 예술을 구현한다." 그러나 세계는 변하고 있으며, 새로운 문명이 다가오고 있다고 디즈레일리는 생각했다. "고대 세계에서는 예술이 단연 돋보였다면 현대 세계의 총아는 과학이다. 그것은 분별하고 분석하는 정신 능력이다. 사람들 마음속에서 이제 아름다운 것은 쓸모 있는 것에 자리를 내줬다. 보랏빛 왕관의 도시아테네를 일컫는 표현이다 대신 랭커셔 주의 한 도시가 공장과 창고가 수도 없이 들어선 거대한 지역으로 팽창했다. 그러나 올바로 이해한다면 맨체스터는 아테네와 마찬가지로 인간이 이룩한 대단한 업적이다."[4]

초년의 엥겔스가 낭만주의적 감성에 사로잡혀 지냈다면 그의 중년은 과학과 기술과 유용한 지식에 몰입한 시기였다. 그런 방면의 연구를 하기에 맨체스터만큼 좋은 곳은 없었다. 맨체스터에서는 디즈레일리가 말한 현대의 "분별하고 분석하는 정신 능력"이 활짝 꽃피었다. 19세기의 북유럽에서는 자연과학 및 물리학에서 일련의 패러다임 전환이 일어났다. 화학에서는 프랑스 귀족 앙투안 로랑 라부아지에가 수량 화학 분야를 개척했고, 독일의 유스투스 폰 리비히는 이 분야를 유기화합물 쪽에 응용했다. 생물학에서는 독일 식물학자 마티아스 슐라이덴이 세포설에서 일련의 발전을 이룩했고, 그의 친구인 생리학자 테오도르 슈반은 세포설을 동물 세계로까지 확장했다. 물리학에서는 영국의 윌리엄 로버트 그로브가 최초의 전지電池를 만들어 선구적인 실험을 하면서 에너지 보존 법칙의 기초를 쌓았다. 또 영국 물리학자 제임스 클러크 맥스웰은 마이클 패러데이 1791~1867. 영국 화학자·물리학자의 전기 관련 업적을 통합 전자기장 이론으로 발전시켰다.

맨체스터는 이런 식의 과학 혁명이 상당 부분 진행된 무대였다. 라부아지에의 수량 작업을 현대 원자론으로 발전시켜 주기율표의 기초를 확립한 인물은 영국의 화학자 존 돌턴이었다. 그는 맨체스터 뉴칼리지 강사이며 시市 문학·철학협회(여기서 많은 실험을 선보였다) 회원으로 열심히 활동했다. 1844년 사망 이후 그의 시신은 시청에 안치됐고, 하루에만 맨체스터 출신 인사 4만 명이 조문을 다녀갔다. 돌턴의 제자인 제임스 줄도 대단한 학자였다. 부유한 양조업자의 아들로 태어난 줄은 에너지가 보존되느냐 하는 논란 많던 문제(그로브가 씨름했던 문제다)를 깊이 천착했다. 일련의 힘겨운 실험 끝에 집안의 맥주 제조 기술을 활용해 에너지의 총량은 변함이 없으며 한 에너지 양태에서 다른 에너지 양태로 전이될 뿐이라는 것을 입증했다. 기계적 일(휘젓기)을 열로 전이시킨 것이다. 윌리엄 톰슨(후일 켈빈 경이 된다)과 독일 과학자 헤르만 폰 헬름홀츠, 루돌프 클라우지우스는 줄의 연구 성과를 활용해 열역학 제1법칙과 제2법칙을 정식화함으로써 에너지 보존 법칙과 우주 엔트로피 증가 이론을 확립했다. 맨체스터의 지도급 인사들이 시청 현관에 세운 줄과 돌턴의 조각상은 맨체스터의 과학 발전에 대한 열정과 자부심의 상징이었다.

평범한 기술자와 실업가들조차 열심히 과학을 했다는 것은 맨체스터의 중요한 면모였다. 맨체스터시 문학·철학협회, 지질학협회, 자연사협회에서는 과학이 능력을 입증할 수 있는 분야로 중시됐고, 따라서 런던과 옥스브리지옥스퍼드 대학과 케임브리지 대학의 엘리트들 못지않게 큰 성과를 냈다. 어쩌면 그 이상이었다. 맨체스터에서는 기술과 산업, 상업적 실용주의가 결합되면서 지적인 면에서 대학 도시들보다 우위를 점할 정도였다. 산업화가 많이 진행된 영국 북서부와 독일 라인 강 유역에서는 과학 지식과 기술의 교류가 매우 활발했다. 특히 독일 화학자들에 대한 수요가 컸다. 공장과 작업장, 실험실은 과학적 토론과 발견의 장이었고, 각종 학술진흥회, 문화협회, 토론클럽도 큰 역할을 했다. 엘리자베스 개스켈은 1848년에 낸 소설『메리 바튼』에서 노동자들까지 과학에 몰두하는 세태를 소개한다. "올드햄에서는 방직공과 손베틀 직공들이 쉴 새 없이 소리를 내며 베틀을 돌린다. 북 위에는 뉴턴의 『프린키피아』*가 펴져 있다. 일하는 동안에는 치워두지만 식사 시간이나 밤에는 열심히들 들여다본다." 이어 개스켈은 직공 일을 하는 식물학자들("린네와 분류에 대해 정통하다")과 "엉성한 채를 들고 날개 달린 곤충을 열심히 쫓아다니는" 아마추어 곤충학자들에 대해서도 극찬한다.[5] 1860년대 중반의 이러한 과학열은 수강료가 얼마 되지 않는 "과학 강연"이 개설되면서 더욱 높아졌다. 수천 명의 정비공과 장인들이 강연을 듣기 위해 헐름 구청이나 자유무역센터 같은 곳을 가득 메웠다. 연사로는 쟁쟁한 인물들이 등장했다. 생물학자 T. H. 헉슬리는 「혈액의 순환」을 주제로 강연했고, 생리학자 W. B. 카펜터는 「뇌의 무의식 작용」, 물리학자 존 틴들은 「결정형 분자력」, 수학자이자 물리학자인 윌리엄 스포티스우드는 「편광偏光」에 대해 강의했다.

샐퍼드에서 지낼 때부터 오언주의자들이 운영하는 과학관 공개 실험을 참관했던 엥겔스는 이런 과학적 분위기를 아주 좋아했다. 1865년에 마르크스에게 보낸 편지에는 이런 대목이 나온다. "이제 실러연구소에 가서 위원회를 주재해야 돼. 말이 나왔으니 말인데 거기 동료 중 하나가 화학자인데 최근에 틴들의 햇빛 관련 실험을 설명해주더라고. 정말 훌륭했어."[6] 엥겔스가 과학의 세계와 연을 맺게 된 것은 사회주의자 친구인 카를 쇼를레머를 통해서였다. 쇼를레머는 화학 교수로 마르크스와 엥겔스는 보통 "졸리마이어"라는 별명으로 불렀다. 그는 엥겔스에게 개인적으로 화학의 기초와 과학적 방법론을 가르쳐주었다. 『유기화학의 기원과 발달』(1879년)을 쓴 쇼를레머는 탄화수소와 알코올 화합물 전문가였다. 맨체스터의 오웬즈 칼리지 실험실에서 13년 동안 화학자이자 정치가인 헨리 로

---

* 1687년에 출판된 『자연철학의 수학적 원리』를 줄여서 일컫는 말. 만유인력의 법칙을 처음으로 소개한 책이다.

스코 경의 조수로 일했다. 화학과장인 로스코 교수는 쇼를레머가 "화학의 양대 분야에 대해 폭넓고 정확한 지식을 가지고 있으며, 글을 쓰거나 실험을 할 때도 한결같이 흐트러짐 없이 일하는 진짜 게르만족"이라고 평했다.[7] 이외에 엥겔스와 친한 과학계 인사로는 영국인 지리학자 존 로셰 데이킨스, 독일인 화학자 필립 파울리 등이 있었다. 파울리는 영국 세인트 헬렌스에 있는 화학회사에서 일했고, 후일 펌프스가 스위스 라이나우의 예절 학교에 다닐 때 거처를 제공해주기도 했다. 과학은 에르멘 앤드 엥겔스 사무실에서 따분하기 이를 데 없는 나날을 보내던 엥겔스에게 지적 위안이 되었다. 엥겔스는 당대의 과학 논쟁에 흠뻑 빠져들었다. 영국 지질학자 찰스 라이엘과 진화이론가 T. H. 헉슬리를 읽었고, 그로브의 물리학 이론과 아우구스트 빌헬름 폰 호프만의 화학 관련 저서도 독파했다. 그러면서 헉슬리에 대해서는 "대단히 재미있고 아주 좋은 내용"이라고 평했고, 호프만에 대해서는 "최근 화학이론은 결함이 많지만 구식 원자설을 한층 발전시켰다"고 봤다. 그는 또 "특정 신경이 어떤 기능을 하며 그 신경에 영향을 미치는 자극은 어떤 것인지"를 알아내기 위한 프랑스식 생체 해부를 일찍부터 지지했다.[8] 엥겔스는 심지어 친구들이 병으로 죽어갈 때도 문제의 질병을 냉철한 분석 대상으로 삼았다. "일단 폐 조직을 현미경으로 들여다본 사람은 폐에 화농이 생길 경우 혈관이 손상될 위험이 얼마나 큰지 잘 안다." 마르크스가 죽기 이틀 전 그의 상태에 대해 프리드리히 조르게에게 보낸 편지에서 한 말이다.[9] 쇼를레머가 죽음을 코앞에 둔 마당에도 그의 동생에게 보낸 편지에서 의학적 진단 같은 느낌을 주는 얘기를 했다. "지난 한 주 동안 우측 폐에 암 종양이 상당히 커진 것이 분명해. 상단부 3분의 1이 완전히 잠식됐으니까."[10]

빅토리아 시대의 많은 사람들이 그러했듯이 엥겔스도 찰스 다윈의 『종의 기원』과 자연선택에 따른 진화 이론에 매료됐다. "지금 다윈을 읽고 있는데 정말 대단해." 『종의 기원』 출간 직후인 1859년 12월 엥겔스는 마르크스에게 이렇게 써 보냈다. "자연에서 일어나는 역사적 진화를 보여주는 이런 엄청난 시도는 지금껏 없었어. 이렇게 엄청난 파장을 불러일으킨 것도 분명 없었지. 물론 조야한 영국식 방법은 좀 참고 넘어가야 돼."[11] 마르크스는 엥겔스의 이야기가 아니라도 이미 『종의 기원』을 빅토리아 시대 중기 자본주의 체제의 야만성이 잘 반영된 것으로 보고, 갈등과 투쟁을 기초로 한 진화적 발전 과정이라고 하는 다윈의 관념에 주목하고 있던 터였다. "다윈이 동물과 식물을 통해 분업과 경쟁, 새로운 시장 개척, '발명', 맬서스식의 '생존경쟁' 등으로 점철된 영국 사회를 재발견한 것은 놀라운 일이야." 몇 년 후 마르크스는 『자본론』 집필을 위해 리카도와 다윈의 저작을 꼼꼼히 검토하던 차에 엥겔스에게 보낸 편지에서 이렇게 말했다.[12] 아닌 게 아니라 마르크스는 다윈의 저서에 너무도 반한 나머지 후일 『자본론』 한 부를 다운 하우스런던 남동부 켄트에 있는 다윈의 집로 보내줬다. 그러나 유감스럽게도 위대한 진화론자는 거의 들춰보지 않았다. 다윈은 "사회주의와 진화론을 자연과학을 통해" 연결시키는 독일식 사고는 한마디로 "바보 같은 생각"이라고 봤다.[13]

1870년대 중반 엥겔스는 철학자 허버트 스펜서를 중심으로 형성되고 있는 "사회진화론" 학파에 대해 의구심을 갖고 있었다. 마르크스와 달리 엥겔스는 동물세계의 진화론을 인간사회에 옮겨놓으려는 시도들에 대해 점점 비판적이 되었다. 일찍이 『영국 노동계급의 상태』에서 맨체스터 프롤레타리아의 참상을 상세히 기록한 것처럼 엥겔스는 항상 자본주의의 가장 큰 범죄는 인간을 동물 수준으로 퇴보시킨 것이라고 주장해왔다. 세월이 많이 흐른 지금 엥겔스는 인간 사회에서는 생존경쟁의 결과는—사회진화론자들의 주장처럼—개체 차원의 "적자생존"이 아니라 계급 전체에 대한 지배라고 주장했다. "생산계급[프롤레타리아]은 생산과 분배의 관리를, 지금까지 그 임무를 맡아왔지만 이제는 무능해진 계급[부르주아지]으로부터 접수한다. 그러면 사회주의 혁명이 일어나는 것이다."[14]

그러나 엥겔스의 가장 중요한 과학적 기여는 다윈 이론에 대한 천박한 이해가 아니라 기본적으로 19세기 중반의 놀라운 과학적 발전들—원자설, 세포생물학, 에너지 이론 등등—을 인간에 대한 철학(마르크스와 엥겔스가 처음으로 공산주의에 눈뜬 출발점이었다)에 연결시키는 작업이었다.

자연과학과 변증법

1858년 7월 지루한 나날을 보내던 엥겔스는 마르크스에게 헤겔의 『자연철학』[엔치클로페디] 제2부을 빌려달라고 부탁했다. 그러면서 "난 지금 생리학을 좀 공부하고 있는데, 그걸 비교해부학과 연결시켜 볼까 해"라며 당시 본업 외에 하는 연구에 대한 얘기를 했다(이에 대한 마르크스의 반응은 "메리[번즈]에 대해서 연구한다는 거야, 아니면 또 뭐지?"였다). 이어지는 엥겔스의 얘기는 이렇다. "이 대목에서 고도로 사변적인 문제들과 맞닥뜨리게 돼. 그러나 그런 문제들은 겨우 최근에야 발견이 된 것들이지. 그 노인네[헤겔]가 이미 그런 문제에 대해 어렴풋이나마 알고 있었는지 정말 궁금해." 엥겔스는 특히 헤겔의 철학 저술 가운데 최근 물리학과 화학 분야에서 이루어진 새로운 발견을 예견한 것이 없는지 궁금해했다. 엥겔스가 "세포란 헤겔식으로 말하면 '즉자即自'이며, 그 발전 과정은 단계적으로 헤겔식 과정을 따르고, 결국에 가서는 '이념', 즉 완성된 유기체가 등장한다"고 한 것을 보면 나름대로 그럴듯하게 이해한 셈이다.[15] 젊은 시절 브레멘에서 침대에서 펀치를 마시며 헤겔을 읽을 때부터 엥겔스는 늘 변증법이라는 방법론(정신이 모순적인 사고 단계를 거치면서 앞으로 나아가다가 결국은 자기실현을 이루는 비판적 과정이다)에 감탄을 금치 못했다. 예전에 마르크스와 엥겔스는 헤겔 변증법을 역사, 경제학, 국가의 영역에 적용시킨 바 있었다. 『철학의 빈곤』(1847년)에서 마르크스는 프루동이 현대 자본주의의 뿌리는 그 이전의 여러 경제 체제라는 사실을 이해하지 못했다고 비판하면서— "경쟁이란 것은 봉건적 독점 체제에서 비롯된 것이다"—헤겔의 변증법을 동원해 설명했다.

> 테시스(정): 봉건적 독점 체제. 경쟁 이전 단계.
> 안티테시스(반): 경쟁.
> 신테시스(합): 현대적 독점 단계. 경쟁 체제를 내포한다는 점에서 봉건적 독점 체제의 부정이고, 여전히 독점이라는 차원에서 경쟁의 부정이다.
> 이렇게 현대적 독점, 즉 부르주아적 독점은 종합 단계의 독점이며, 부정의 부정, 즉 대립물의 통일이다.[16]

비슷한 차원에서 변증법은 봉건주의에서 부르주아 시대로, 그리고 다시 프롤레타리아 혁명으로 넘어가는 역사적 이행 문제를 설명할 때도 유용했다. 이제 엥겔스는 자연과학과 물리과학에서 새롭게 밝혀진 과정에도 헤겔식 방법론의 흔적이 남아 있음을 발견했다고 생각했다. 유물론자이자 무신론자로서 엥겔스는 물질의 존재를 출발점으로 삼았다. 물질이란 인간의 의식과 독립해서 인간의 의식에 앞서서 존재하는 무엇이었다. 자연과 인간에 대해 정태적 관점을 가졌던 18세기의 기계적 유물론자들과 달리 엥겔스는 물질을 헤겔식으로 항상 변화하고 변모하는 것으로 봤다. "운동은 물질의 존재 양식이다." 자연철학에 관한 에세이에서 엥겔스는 이렇게 썼다. "어디서건 운동이 없는 물질은 없었고, 있을 수도 없다."[17] 헤겔 변증법의 탁월함이 돋보이는 것은 바로 이 지점이었다. 모순과 진보의 율동은 19세기 과학 혁명이 속속 드러내 보인 변환들—열이 에너지로, 원숭이가 인간으로 바뀌는 과정, 세포의 분열 등등—에 대해 완벽한 설명을 제공했다. "자연력의 상호작용에 관한 현대 과학 이론(그로브의 『물리적 힘의 상호관계에 대하여』가 내 기억으로는 1838년에 나왔을 거야)은 알고 보면 원인과 결과, 상호작용, 힘 등등에 관한 헤겔의 논리를 다른 식으로 표현한 것에 불과하거나 그것이 맞다는 것을 입증한 것에 불과해." 1865년 독일 철학자 프리드리히 랑에에게 보낸 편지에서 엥겔스가 한 주장이다.[18] 물리학의 발전을 헤겔 철학에 갖다 붙인 것이다. 엥겔스는 또 현대 과학의 발견이 사실은 "노인네 헤겔"이 이미 예견한 것이라고 줄곧 주장했다. 진화생물학과 원자론 같은 새로운 영역을 예언했다는 것이다. 1874년 물리학자 존 틴들과 다윈 이론 대중화에 앞장선 T. H. 헉슬리의 강연집을 읽고 나서는 마르크스에게 이렇게 말했다. "그래서 난 다시금 …변증법이라는 주제로 돌아갔어." 엥겔스가 보기에 변증법은 경험적 사고방식으로 무장한 영국 과학계로서는 이해할 수 없을 정도로 "물질의 본질에 훨씬 더 가까이 다가가 있었다".[19]

이런 문제들을 논할 책에 관한 구상이 있었음이 분명하다. "오늘 아침 침대에서 자연과학에 관한 변증법적 문제들이 갑자기 떠올랐네." 엥겔스는 1873년 마르크스에게 보낸 편지에서 이렇게 말한 뒤 뉴턴의 운동하는 물질, 궤도 수학, 생물체와 무생물체의 화학적 특성에 관해 상세히 설명했다.[20] 딸들이 좋은 데 시집 못 갈까봐 노심초사하던 마르크스는 엥겔스의 논점에 대해 평할 상황이 아니었다. 그러나 엥겔스는 그에 아랑곳하지 않고 프림로즈 힐에서 은퇴생활을 즐기면서 과학의 근본 문제에 대해 계속 천착했다. 후일 엥겔스는 이렇게 회고했다. "사업을 접고 집을 런던으로 옮기면서 유스투스 폰 리비히1803~1873. 독일의 저명한 화학자가 말한 '털갈이'를 했다. 수학과 자연과학 분야에 대해 새롭게 안목을 넓히느라 근 8년을 보냈다."[21]

이런 연구 과정에서 간단한 노트와 짧은 에세이가 엄청나게 쌓였다. 원고는 후일 『자연변증법』으로 정리돼 1927년 모스크바의 마르크스·엥겔스연구소에서 출판됐다. 엥겔스 유언 집행인의 한 사람인 에두아르트 베른슈타인은 이 원고들을 알베르트 아인슈타인에게 보냈고, 아인슈타인은 과학적인 내용, 특히 수학과 물리학은 혼란스럽기는 하지만 좀 더 많은 독자들에게 읽힐 만한 역사적 가치가 있다는 평가를 내렸다.[22] 1872년에서 83년 사이에 작성된 『자연변증법』은 당대의 최신 과학·기술 이론들을 독일어, 프랑스어, 영어로 요약하고 설명을 달아놓은 것이 대부분인데 다음과 같은 구절이 전형적이다. "Wenn Coulomb von particles of electricity spricht, which repel each other inversely as the square of the distance, so nimmt Thomson das ruhig hin als bewiesen." ("전기 입자들이 서로 미는 힘은 거리의 제곱에 반비례한다고 한 쿨롱1736~1806. 프랑스 물리학자의 말을 톰슨은 이미 입증된 것으로 전제한다."—역자) 예전에 전쟁사 연구 때 그랬던 것처럼 엥겔스는 산업화한 영국, 프랑스, 독일에서 이루어지고 있는 과학적 발전들을 변화하는 생산양식과 관련 지어 설명하고자 했다. 평생을 바르멘과 맨체스터에서 면직업에 종사한 엥겔스는 염색, 방직, 제련, 제분 같은 분야에서 나타나는 기술적 발전과 경제적 수요의 상호작용에 대해 잘 알고 있었다.

엥겔스의 야심은 겉보기에는 서로 무관하게 진행되는 듯한 19세기의 과학적 발견들이 결국은 헤겔 변증법의 논리적 · 구체적 실현임을 입증하는 것이었다. 헤겔 철학은 정신의 영역에 국한돼 있는 반면 엥겔스의 관심은 이론을 실천(프락시스)과 연결시키는 것이었다. 엥겔스는 마르크스와 함께 사회경제적 변화를 헤겔식 사고틀로 재해석하는 과정에서 이미 이런 작업을 한 바 있었다. "무수한 변화가 소용돌이치는 자연에도 동일한 운동법칙이 적용된다. 이는 역사에서 얼핏 우발적으로 일어나는 것처럼 보이는 사건들을 지배하는 법칙이 있는 것과 마찬가지다." 엥겔스의 이런 주장은 헤겔이 말한 "이성의 간지奸智"를 실험실에서 일어나는 무작위적인 결과의 배후를 지배하는 논리에 그대로 적용한 것이다.[23] 헤겔 체계의 강점은, 엥겔스의 주장에 따르면 "최초로 세계 전체, 즉 자연과 역사와 지성의 세계를 하나의 과정으로, 즉 끊임없이 운동하고 변화하고 변모하며 발전하는 과정으로 제시했다는 점, 그리고 그런 모든 운동과 발전을 만들어내는 내적 연관관계를 찾아내려고 했다는 점이다."[24] 헤겔을 원위치로 돌려놓음으로써—이념을 주체가 아니라 자연과 역사의 산물로 봄으로써—얼핏 혼란스러워 보이는 물리적 세계가 사실은 분명히 설명할 수 있는 자연법칙의 지배를 받는다는 것을 보여줄 수 있다. "사태를 완전히 뒤집어보면 모든 것이 간단해진다. 관념론 철학에서는 그토록 애매모호해 보이는 변증법적 법칙들은 간단명료한 것이 된다."[25]

과학 탐구의 3대 영역—에너지 보존, 세포 구조, 다윈식 진화론—에 주로 의존하면서 엥겔스는 후일 '변증법적 유물론'*이라는 이름을 얻게 될 세 가지 법칙을 뉴턴의 3대 운동 법칙 스타일로 제시했다. 첫째 법칙은 "양量 · 질質, 질 · 양 전화轉化의 법칙"으로 자연계에서 일어나는 질적 변화는 물질의 양적 변화 또는 갈등 누적에 따르는 운동의 결과라는 주장이다. 분자 세계에서 원자 수의 증가는 실질적인, 질적인 변화를 낳는다는 것이다(예를 들면 산소가 오존이 된다). 온도의 증가는 H_2O를 고체인 얼음에서 액체인 물로, 그리고 다시 수증기로 변화시킬 수 있다. 두 번째 법칙은 "대립물 상호침투의 법칙"으로 헤겔 변증법을 충실히 따라 "안티테제(반)의 두 극은 긍정과 부정으로서 대립된 상태인 동시에 서로 분리될 수 없다. 그런 모든 대립에도 불구하고 둘은 서로 침투해 들어가 있다"는 것이다.[26] 다른 말로 하면 자연현상에 내재한 모순들은 현상들의 발전을 촉진하는 열쇠라는 얘기다. 이런 주장을 뒷받침하는 것이 마지막 세 번째 변증법인 "부정의 부정 법칙"이다. 어떤 현상의 내적 모순은 다른 체계, 즉 대립물을 낳고, 이 대립물은 다시 목적론적 과정의 일부로서 부정되어 좀 더 높은 단계의 발전에 이르게 된다는 것이다. 엥겔스는 『자연변증법』에서 마르크스가 『철학의 빈곤』에서 사용했던 정-반-합의 공식을 활용해 자연과 물리세계를 총괄하는 비전을 제시하고 일련의 사례를 들어 상세히 설명했다. "예를 들어 나비는 알에서 나온다. 이는 알에 대한 부정이다. 이어 변태 단계를 거쳐 성적 성숙 단계에 도달하면 짝짓기를 하고, 짝짓기 과정이 완료되고 암컷은 많은 알을 낳고 죽는다. 다시 부정되는 것이다." 마찬가지로 "지질학도 일련의 부정의 부정 과정이다. 바위가 오래되면 계속 부서지면서 새로운 토양이 형성되는 것이다."[27]

다윈의 이론을 당연시한 엥겔스는 인류 초기 진화 과정에 대한 유물론적 설명으로 자신의 변증법을 실험해 보였다. ("원숭이에서 인간으로 전이하

---

* 엥겔스 본인은 변증법적 유물론이라는 용어를 쓰지 않았다. 다만 『루트비히 포이어바흐와 독일 고전철학의 종말』에서는 "유물론적 변증법materialist dialectic"이라고 했다. 변증법적 유물론이라는 용어가 마르크스주의 철학의 공식 용어가 된 것은 20세기에 들어 게오르기 플레하노프가 이 용어를 대중화한 덕분이다. 9장에서는 시기적으로는 안 맞지만 변증법적 유물론을 엥겔스가 "유물론적 변증법"이라는 표현으로 의도한 내용을 나타내는 용어로 사용한다. ─원주

는 과정에서 노동이 한 역할"이라는 제목을 단 이 장에 대해 저명한 진화생물학자 스티븐 제이 굴드1941~2002, 미국의 고생물학자, 과학사가는 정통 다윈주의에서는 약간 벗어났지만 상당히 흥미로운 19세기 진화론의 흐름을 보여준다고 평했다.)[28] 헤겔주의가 문제가 될 때마다 엥겔스는 관념론 전통을 격파하는 데 심혈을 기울였다. 자연변증법의 경우에는 호모 사피엔스의 정체를 기본적으로 두뇌의 힘을 기준으로 규정하는 이론이 오류임을 밝히는 데 주력했다. 청년 헤겔파 출신답게 여전히 정신이 아닌 물질을 모토로 삼고 있는 것이다. 인류진화의 세 가지 핵심 양상—언어, 다른 동물에 비해 큰 두뇌, 직립보행—에 집중하면서 엥겔스는 어떻게 "노동이 인간을 만들어냈는지"를 입증하고자 애썼다. 엥겔스에 따르면 인간이 나무에서 내려와 "차츰 직립보행을" 하게 되면서 손은 도구를 다룰 자유를 얻게 됐다. "자연에 대한 지배는 손의 발달, 즉 노동과 더불어 시작됐으며 가는 곳마다 인간의 지평을 넓혔다." 노동의 필요에 따라 서서히 공동체가 형성됐고 서로 돕는 시스템이 생겨났으며, 언어와 기타 지적인 행동이 발생할 수 있는 여건이 조성됐다. 다윈은 두뇌가 커지고 지능이 높아진 것을 직립보행 및 도구 사용 이전 단계로 본 반면에 엥겔스는 노동이라고 하는 물질적 수요가 먼저 있었고 언어는 그 후에 뒤따라 생겨난 것이라고 봤다. 특히 도구와 사냥용 무기를 사용하면서 인간은 "식물만 먹던 상태에서 육식을 병행하는 단계로" 발전할 수 있었고, 그 결과 영양이 좋아져서 두뇌의 기능도 향상됐다는 것이다.[29]

산만하지만 흥미로운 에세이 중간에 엥겔스는 동물세계와 인간사회의 기본적인 차이 가운데 하나는 자연환경을 자신에게 유리한 방향으로 조작하는 능력이라는 점에 주목했다.[30] 반면에 동물은 주변 환경에 대한 누적된 감각적 지식을 안전과 먹잇감 확보용으로만 활용한다는 것이다. 그렇기는 하지만 동물의 본능은 탁월한 천부적인 능력이고, 엥겔스도 여우 사냥을 하면서 그런 본능이 발휘되는 양상을 자주 봐왔다. "영국에서 여우사냥을 해보면 녀석이 사냥꾼들에게 안 들키려고 그 놀라운 방향감각을 어떻게 활용하는지, 냄새가 풍기지 않도록 유리한 지형을 어떻게 찾아가는지 매일 볼 수 있다."[31] 견실한 사회주의자가 여우사냥을 해야 하는 또 하나의 이유인 셈이다.

엥겔스가 수학 이론에 기여한 것은 볼 만한 것이 없다. 수학에 강했던 엥겔스는 이미 1870년대에 미적분학, 기하학, 응용수학, 이론물리학 등에 관심을 보였다. 수학은 다른 과학과 마찬가지로 19세기 들어 상당한 발전을 이루었다. 마르크스·엥겔스도 그런 최신 조류에 민감했다. 독일 수학자 카를 바이어슈트라스는 미적분학의 틀을 바꿨고, 리하르트 데데킨트는 대수 이론에 대한 새로운 해석을 제시했다. 미분방정식과 선형대수 분야에서도 발전이 있었다. 엥겔스는 생물학, 물리학, 화학과 마찬가지로 수학 분야의 발전을 설명하는 데에도 변증법과 유물론의 기초에 대한 이해가 핵심이라고 생각했다. "순수 수학에서 정신은 스스로 창안하고 상상한 개념만을 다룬다는 것은 전혀 사실이 아니다." 엥겔스는 이렇게 확언했다. "수와 형식이라는 개념들은 결국 현실 세계에서 파생된 것이다."[32] 엥겔스가 생각하기에 수학의 온갖 개념도 이미 자연에 존재하지 않는 것은 없었다. 수학 역시 물리세계의 반영이며 그에 대한 설명에 불과했다. 그런 만큼 엥겔스는 모든 종류의 수학적 모델을 자신의 변증법 체계에 끼워 맞추려 했다. 『자연변증법』의 한 대목을 보자. "임의의 수 a가 있다고 하자. 그것을 부정하면 $-a$(마이너스 a)가 된다. $-a$에 $-a$를 곱해서 부정을 부정하면 $+a$가 된다. 원래의 양수가 되는 것이다. 그러나 한층 높은 단계의, 말하자면 제곱수가 되는 것이다."[33] 이러한 주장은 트로츠키의 비서를 지낸 수학사가 얀 반 하이에노르트가 지적하듯이 혼란과 착종 그 자체다. 한 가지 예만 들어보자. 엥겔스가 사용한 "부정"이라는 표현은 연산 등 온갖 수학적 행위에 모두 적용될 수 있다.[34] 복소수와 이론수학—자연현상의 반영을 넘어서는 수준의 이론과학 분야다—에 대해 돌팔이 수준이라고 비난하는 대목에 이르면 엥겔스의 천박한 환원주의는 심히 곤란한 지경이다. "일단 −1〔의 제곱근〕이나 우리의 마음 바깥에 존재하는 현실인 4차원에 익숙해지면, 거기서 한 걸음 더 나아가 매질媒質의 정신세계까지 인정하는 것은 별로 중요한 문제가 아니다."[35]

과학에 대한 엥겔스의 설명은 분명한 한계가 있지만 그가 남긴 유산 가운데 20세기 들어 시효가 가장 오래간 것이었다. 물론 어떤 면에서는 해악도 많았다. 여러 세대의 공산주의자들에게 자연과학과 물리과학에 관한 엥겔스의 저작은 실험실 안팎에서 학문 연구를 하는 데 하나의 지침이 되었다. 에릭 홉스봄은 1930년대의 과학자들이 엥겔스의 이론을 전범으로 삼아 그 틀 안에서 움직였다고 회고한다.[36] 소련과 동구 공산권에서는 그런 맹종이 국가 정책이 되었다. 공식적인 과학 작업은 변증법적 유물론의 엄격한 패러다임 안에서 이루어져야 했다. 반면에 주관주의 혹은 관념론에 경도됐다는 의심을 받는 연구는 당장에 "부르주아 과학"으로 매도됐다. 예를 들어 소련 물리학자 보리스 헤센은 1935년에 발표한 유명한 논문에서 아이작 뉴턴의 중력 작용에 대한 연구를 봉건 제도는 몰락하고 상인 자본주의가 등장하는 사회의 불가피한 산물이라고 해석했다. 심지어 1972년에 동독獨逸民主主義共和國에서 나온 엥겔스 전기도 천연덕스럽게 20세기의 과학 발전을 오로지 『자연변증법』 논리에 입각해 설명할 정도다. 이런 식이다. "양자 이론 분야의 발견은 물질의 연속성과 불연속성의 통일이라는 변증법의 명제가 올바르다는 것을 입증했다. 물리학 분야에서 아인슈타인의 상대성 이론은 엥겔스가 물질과 운동, 공간과 시간에 대해 개진한 철학적 관념을 구체화한 것이며, 소립자 이론은 원자와 전자의 무한성에 관한 엥겔스와 레닌의 견해가 올바름을 확인해주었다."[37]

영국 공산주의자들의 과학 연구 역시 엥겔스의 체계를 배경으로 이루어졌다. 1940년에 출간된 『자연변증법』 영어판에는 영국 유전학자이자 공산주의자인 J. B. S. 홀데인이 쓴 서문이 달려 있는데 변증법이 어떻게 "과학의 사회적 관계뿐 아니라 '순수' 과학의 문제들에 적용될 수 있는지"를 친절하게 설명하고 있다.[38] 2차 대전 이후에도 철학자 모리스 콘포스(1952년에 나온 『변증법적 유물론: 입문 강의』의 필자다)와 일단의 영국공산당 소속 과학자들이 엥겔스협회를 세우면서 엥겔스 숭배는 더욱 심해졌다. "과학의 문제를 마르크스레닌주의 입장에서 접근하고 발전시키려는 뜻을 가진 과학 노동자 모두에게 열려 있는" 이 협회는 과학에 나타나는 반동적인 경향과 싸우고 서구 사회의 과학 지식 "오남용"에 대항하며 "현재의 실천 문제와 유리된 장기 목표"에 반대하면서 "몰락해가는 자본주의의 특징인 불가지론과 무능력"에 맞서 싸우는 것을 목표로 했다. 엥겔스협회는 화학, 물리학, 생리학, 천문학과 더불어 변증법 이론을 토론하는 소모임을 런던, 버밍엄, 맨체스터, 머지사이드에 설립했다. 이 협회에서 한 논쟁이 어떤 식인가를 전형적으로 보여준 것이 「관념론적 우주론 비판Against Idealist Cosmology」이라는 논문이 실린 1950년판 「엥겔스협회회보」다. 필자는 "현대 부르주아 천문학은 만성적인 이데올로기적 위기에 처해 있다"고 쾌재를 부르면서, 반면에 소련의 천문학이 건강한 것은 "우주의 무한성에 대한 유물론적 인식에 확고히 터 잡고 있기" 때문이라고 했다.

그러나 엥겔스협회 회원 같은 열성분자들도 "동지이며 과학자"이신 이오시프 스탈린과 그의 과학 담당 고문 트로핌 리센코*가 학문 연구를 가혹하게 탄압한 것에 대해서는 움찔하지 않을 수 없었다. 말년에 엥겔스는 마르크스를 너무 융통성 없이 읽는 것은 위험하다고 누차 경고했다. 그러나 이제 마르크스의 저작이 지성의 자유에 대한 가장 끔찍한 공격을 정당화하는 도구로 동원된 것이다. 철학, 언어학, 생리학, 물리학, 그리고 특히 생물학에서 스탈린은 과학 탐구는 "올바른" 당 노선을 따라야 한다고 요구했다. 이는 결국 생물학 분야에서 유전학(나치의 우생학과 유사한 부르주아지의 발명품이다)을 완전히 부정한다는 의미였다. 그 대신 리센코는 20세기 초 농학자 이반 미추린1855~1935. 소련의 식물육종학자. 획득형질 유전을 주장했다이 주장한 신新라마르크설說을 부활시켰다. 미추린은 환경결정론의 신봉자였다. 1948년 전연방농업과학아카데미 대회에서 그레고어 멘델**과 토머스 헌트 모건***의 유전학 이론은 "비과학적"이고 "반동적인" 것으로 매도됐다. 서구 유전학 쪽에 선 학자들은 비참한 일을 당했다.[39] 멘델과 모건을 적극 옹호한 유전학자 니콜라이 바빌로프1887~1943. 소련의 식물유전학자는 강제노동수용소에서 이미 죽음을 맞았고, 이후 과학자들은 당국의 경고를 철저히 따랐다. 엥겔스협회 문서고에는 생각이 자유로운 학자 유리 주다노프****의 겁에 질린 자아비판 문건이 남아 있다.

* 1898~1976. 소련의 농생물학자, 육종학자. 마르크스레닌주의의 틀을 벗어나는 과학자들에 대한 탄압을 주도했다.
** 1822~1884. 오스트리아의 식물학자. 완두콩 실험으로 멘델법칙을 발견해 유전학의 수학적 토대를 확립했다.
*** 1866~1945. 미국의 동물학자, 유전학자. 초파리 실험으로 염색체 유전설을 확립했고, 1933년 노벨 생리의학상을 수상했다.
**** 1919~2006. 소련의 화학자. 로스토프 대학 교수와 총장을 지냈다. 스탈린의 동료였다가 의문의 죽음을 당한 공산당 고위 간부 안드레이 주다노프의 아들로 한때 스탈린의 사위였다.

제가 강사 양성 학원에서 논란 많은 현대 다원주의의 문제에 대해 토론하는 과정에서 심각한 과오를 무수히 저지른 것이 분명합니다. …이런저런 과학 토론회에서 사견을 별 생각 없이 떠드는 "먹물 습관"이 도진 것입니다. …저는 스탈린 동지께, 그리고 소련공산당 중앙위원회에 제가 확고한 미추린 신봉자였고 지금도 여전히 그러하다는 것을 분명히 밝혀드리는 것이 저의 의무라고 생각합니다. 저의 잘못은 해당 문제의 역사적 측면을 충분히 연구하지 않은 데서 비롯된 것입니다. 미추린주의를 옹호하기 위한 투쟁에 제대로 나섰어야 했습니다. 이 모든 일은 경험 부족과 미숙함의 결과입니다. 저의 과오를 행동으로 바로잡겠습니다.[40]

엥겔스협회 회원들은 당연히 리센코가 주도한 과학자 숙청을 비판하고 지적 다원주의를 보장하라고 강력히 요구했다. 그런데 그 과정에서 회원들은 과학 논쟁과 연구에 대한 엥겔스 본래의 신념에 대해 소련공산당 정치국의 범죄자들보다도 훨씬 더 충실했다.

『공상적 사회주의와 과학적 사회주의』

『자연변증법』이 엥겔스 사후에 출판된 이유 가운데 하나는 평소 가장 좋아한 취미생활(마르크스도 마찬가지다)을 다시 시작하느라 연구를 갑자기 중단할 수밖에 없었기 때문이다. 취미생활이란 다름 아닌 이데올로기의 적을 난타하는 것이었다. 1876년 마르크스에게 보낸 편지에서 엥겔스는 마치 섭섭한 일이라도 되는 양 이렇게 말했다. "자네는 그렇게 말할 수 있겠지. 따뜻한 침대에 누워서 지대론과 러시아의 농업 실정을 연구하고 있다고. 방해가 되는 것은 아무것도 없다고. 하지만 난 딱딱한 의자에 앉아서 차디찬 와인을 벌컥 벌컥 마시면서 다른 일은 모두 중단하고 저 짜증나는 뒤링을 박살낼 궁리를 하고 있어."[41]

두 사람의 분노의 대상인 오이겐 뒤링은 베를린 대학 철학 강사로 시력이 아주 나빠 나중에는 실명했는데 그가 주창한 사회주의가 독일 사회민주주의 비주류 사이에서 점차 인기를 끌었다. 처음에 그를 추종한 인물 중에는 전도가 유망한 사회주의 이론가 에두아르트 베른슈타인이 있었다. 예전에 바쿠닌과 프루동이 그랬던 것처럼 뒤링은 마르크스·엥겔스가 제시한 중앙집권주의와 경제결정론을 비판하고, 대신 점진주의적인 정치 프로그램을 제시했다. 먼 훗날이 아닌 지금 여기서 노동계급에게 구체적인 물질적 이득을 주어야 한다는 주장이었다. 뒤링은 "직접적인 정치력"을 신봉했으며 그에 따라 파업과 집단행동, 그리고 심지어 폭력을 본인이 생각하는 이상적인 사회 시스템인 경제코뮌—일하는 사람들의 자율적인 코뮌(공동체)이다—성취를 위한 가장 효과적인 수단이라고 강조했다.[42] 뒤링이 주장하는 길거리 정치는 대중적으로 인기가 있었으며, 독일 사회주의 운동 진영의 지도급 인사들 가운데서도 실현 불가능해 보이면서 알 듯 말 듯한 마르크스 철학의 매력적인 대안으로 생각하는 사람이 많았다. 이 모든 사태가 엥겔스를 분노케 했다. "그런 쓰레기를 글이라고 쓴 자는 지금껏 없었어." 1876년 7월 휴양지 램즈게이트의 여름 별장에서 마르크스에게 보낸 편지에는 이런 대목이 들어 있다. "공허한 언사야 헛소리라고 쳐도 약간의 재주를 부려서 온통 그럴듯하게 꾸며놓았다네. 필자가 대중을 잘 알아. 대중은 거지에게 동냥하듯이 조금만 잘해주면 저들이 모든 걸 다 잡은 양 굴려고 하거든."[43] 더욱 우려스러운 것은 뒤링이 "런던 어르신들" 못지않게 공격적인 이데올로기의 전사라는 점이었다. 뒤링은 마르크스에 대해서는 "학문적으로 흥미로운 인물" 정도로 넘어갔지만 엥겔스에 대해서는 (마르크스와—역자) "샴쌍둥이"로 『영국 노동계급의 상태』에서는 "그저 제 모습만 들여다보고" 착취를 일삼는 제조업자의 모습을 그려낸 자라고 폄하할 만큼 악의를 품고 있었다. 뒤링은 엥겔스의 아킬레스건을 곧바로 치고 들어갔다. "자본은 많지만 그 자본에 대한 통찰은 빈곤하며, 오래전에 예루살렘에서 확인된 대로 낙타가 바늘귀를 통과하기 어렵다는 얘기에 나오는 인물에 속하는 부류일 뿐이다."[44]

엥겔스는 처음에 빌헬름 리프크네히트의 만류도 있고, 맹인을 비난하다가는 오히려 역풍에 휘말릴 수도 있다는 생각에 자제했지만("내가 이런저런 것을 생각해서 참았는데 이제 그자의 기고만장함이 하늘을 찌르는구나") 곧 독일 사회주의를 대표하는 신문 「전진」 지면을 통해 적극 공격에 나섰다.[45] 엥겔스는 뒤링의 주장을 "과대망상으로 인한 정신적 무능력" 수준으로 폄하했지만 글 자체는 마르크스·엥겔스가 흔히 하던 식의 비난과 악담 수준을 넘어 좀 더 폭넓은 차원에서 "변증법과 공산주의의 미래 전망"을 명확히 설명하고 옹호하는 내용이었다.[46] 엥겔스가 자연변증법 관련 메모를 하면서 발전시킨 변증법적 유물론 철학은 뒤링에 대한 반론 『오이겐 뒤링 씨의 과학 혁명에 대하여』에서 세련된 형태로 제시됐다. 1878년에 나온 책은 『반反뒤링론論』이라는 약칭으로 유명해진다. 여기서 엥겔스는 마르크스주의 과학에 대한 생생하고도 설득력 있는 설명을 통해 뒤링의 매력을 깨부수면서 탁월한 선전선동가이자 대중 이론가로서의 면모를 과시했다. 수학, 생물학, 물리학, 화학에 깊이 몰두한 엥겔스는 이미 자신과 마르크스의 분석을 동일한 과학적 틀 안에서 이루어지는 것으로 여기고 있었다.

『반뒤링론』 독자들이 논의의 맥락을 제대로 따라갈 수 있도록 하기 위해서 엥겔스는 1840년대에 마르크스주의를 처음 내건 당시의 상황으로 돌아간다. 당시 두 사람은 헤겔의 관념론에서 출발해 포이어바흐의 철학을 거쳐서 마르크스주의적 유물론으로 옮겨갔다. 엥겔스가 1859년 에세이에서 처음 지적한 마르크스의 탁월함은 헤겔 관념론을 물질적 현실로 대체했다는 것이었다. 헤겔이 이념을 향한 정신의 행진을 설명하는 곳에서 마르크스는 물질적 여건의 문제에 관심을 쏟았다. "마르크스는 헤겔 논리학에서 헤겔의 진정한 발견의 알맹이를 끄집어내고, 관념론의 외피를 벗겨내 변증법을 단순한 형태로 정립한 유일한 인물이었다. 그런 변증법이야말로 유일하게 올바른 사고 발전 양식이다."[47] 1873년 『자본론』 후기에서 마르크스가 한 말도 이와 맥을 같이한다. "헤겔 이론에서 변증법에 신비화가 섞여 들었다고 해서 그가 변증법의 일반적인 작동 형식을 포괄적이고도 의식적인 방식으로 제시한 최초의 인물이라는 사실이 달라지는 것은 아니다. 헤겔의 경우에는 변증법이 거꾸로 섰다. 이제 그것을 뒤집어서 올바른 위치에 놓아야 한다. 그래야만 신비의 껍데기 안에 들어있는 합리적인 알맹이를 찾아낼 수 있다."[48] 엥겔스는 오랜 기간 헤겔 사상과의 연관성을 별로 내세우지 않았지만 이제는 자신과 마르크스가 헤겔적 전통에 얼마나 큰 빚을 지고 있는지를 솔직히 밝혔다. "마르크스와 나야말로 독일 관념론 철학에서 의식의 변증법을 구출해내 자연과 역사에 대한 유물론적 인식으로 발전시킨 사람이라고 할 수 있겠다." 『반뒤링론』 서문에서 엥겔스는 과시하는 어투로 이렇게 말했다.[49] 관념론 철학에서 형이상학적 잡동사니를 벗겨내자 온전한 형태의 변증법이 드러났고, 그것으로 과학과 역사에서부터 현대의 계급 갈등까지 모든 것을 설명하게 됐다는 것이다.

『반뒤링론』에서 엥겔스가 진정으로 성공을 거둔 부분은 자연과학 연구를 통해 풍부하게 살까지 붙인 변증법적 유물론이라는 방법론을 자본주의에 적용한 것이다. 그가 제시한 세 가지 법칙—대립물의 상호 투쟁, 양질 전화, 부정의 부정—은 이제 생물학, 화학, 진화론은 물론이고 부르주아 사회 내부의 긴장을 설명하는 좋은 도구가 됐다. "현대 자본주의 생산양식에서 비롯된 생산력과 그로 인해 조성된 재화 분배 시스템 둘 다가 생산양식 그 자체와 극심한 모순 관계가 됐다." 엥겔스의 변증법적 해명은 도도하게 전개된다. "따라서 현대 사회 전체가 소멸되지 않으려면 생산과 분배 양식에 혁명이 일어날 수밖에 없다. 그 혁명이야말로 모든 계급 차별에 종지부를 찍게 될 것이다."[50] 대립물은 대립돼야 하고, 부정은 부정돼야 했으며, 나비가 번데기를 벗고 나오듯이 새로운 사회는 낡은 사회에 내재한 모순을 떨치고 솟아나오게 돼 있었다. 부단히 변화하는 사회의 모순을 읽어내고 혁명을 앞당기는 쪽으로 준비시키는 도구를 고안해 낸 것이야말로 마르크스가 서구 사상에 결정적으로 기여한 바였다.

엥겔스 입장에서는 철학의 목적은 시종일관 세계를 단순히 해석하는 것이 아니라 변화시키는 것이었다. 따라서 변증법적 유물론의 정치적 함의도 『반뒤링론』의 한 장에 상세히 설명했는데, 이 내용은 나중에 본인이 다시 손을 봐서 1882년에 별개의 소책자 『공상적 사회주의와 과학적 사회주의』*로 출간됐다. 과학적 사회주의를 좀 더 집중적으로 소개하는 입문서를 내자는 아이디어는 마르크스의 사위인 폴 라파르그가 낸 것이다. 라파르그는 당시 독일의 리프크네히트와 마찬가지로 프랑스에서 마르크스주의를 사회주의 노선의 주류로 확립하느라 애를 먹고 있었다. 프랑스

---

* 초판은 1880년 파리에서 Socialisme utopique et socialisme scientifique라는 제목의 프랑스어판으로 나왔다.

공산주의 운동은 이른바 집산주의자集産主義者와 가능주의자可能主義者로 쪼개져 있었다. 집산주의자들collectivists*은 라파르그와 쥘 게드가 중심이었고, 가능주의자들possibilists(프랑스 노동당 소수파로 혁명 같은 거창한 이념은 접고 현실적으로 가능한 것부터 차근차근 이루어나가자고 주장했다)은 브누아 말롱을 중심으로 영국의 여러 도시에서 세를 넓혀가는 도시사회주의와 다를 바 없는 노선을 주장했다. 마르크스와 엥겔스는 봉기 운운하는 허장성세와 "혁명 구호를 남발하는" 부분에 대해서는 게드를 비판했지만— "분명한 것은 (그들이 마르크스주의자라면—역자) 나는 마르크스주의자가 아니라는 것이다"라는 마르크스의 유명한 발언은 게드를 비판하면서 한 말이다—기본적으로는 집산주의자들의 철학적 입장을 지지했다. 마르크스는 1880년 프랑스 노동당 강령 전문前文 집필을 도와줬고, 엥겔스의『공상적 사회주의와 과학적 사회주의』도 그들의 이데올로기적 입장을 추인해주려는 노력의 일환이었다.

『공상적 사회주의와 과학적 사회주의』는 3개 장에 걸쳐 과학적 엄밀함으로 무장한 마르크스주의와 초기 공상적 사회주의자들(가능주의자들은 아직도 이들에 대해 깊은 애정을 갖고 있었다)의 고결한 이상을 구분했다. 처음 대목에서는 생시몽, 로버트 오언, 샤를 푸리에의 "순수한 환상"과 유토피아적인 꿈을 날카롭게 해부했다. 그러나 표현 자체는 1840년대 초만큼 혹독하지 않았다. 오히려 노년에 접어든 엥겔스는 부르주아 사회의 성적 관계에 대한 푸리에의 비판의 가치를 상당 부분 인정했다. 오언의 산업적 가부장주의에 대해서는 경의를 표했으며(엥겔스 본인이 오랫동안 고용주였다

---

* 프랑스 노동당의 주류로 토지, 공장, 철도, 광산 등 주요 생산수단의 국유화를 주장했다.

는 점을 상기하자), 경제적 현실이 정치 형태를 좌우한다는 생시몽의 분석에 대해서는 극찬했다. 그러나 공상적 사회주의자들의 가장 큰 오류는 사회주의를 인간 조건에 관한 영원한 진리로 잘못 인식했다는 점이다. 사회주의를 실현하기 위해서는 그저 그 진리를 발견해서 사람들에게 설명해주면 된다고 생각했다는 것이다. 반면에 엥겔스가 제시한 사회주의는 "먼저 현실에 토대를 두고" 그런 다음 행동을 통해 쟁취해야 하는 과학이었다.[51] 그리고 그 물질적 현실의 토대를 자본주의적 생산(잉여가치론이 핵심이다) 및 계급투쟁의 현실(역사에 대한 유물론적 인식이 요체다)로 구체화시킨 사람이 바로 마르크스였다. 마르크스의 방법이 계급을 토대로 한 자본주의 사회의 진정한 본질을 폭로한 것이었다면 그의 변증법 체계의 탁월함은 향후 진로를 설명해준다는 것이었다.

엥겔스는 일련의 압박이 누적되면 양적인 변화는 질적인 변화로 이어진다고 설명했다. 물에서 증기가 생기고 애벌레에서 나비가 나오듯이 "자본주의적 관계가 저절로 폐지되지는 않는다. 최악의 상태로까지 몰려야 한다."[52] 자본주의 사회에 내재한 긴장, 경제적 토대와 정치적 상부구조의 괴리는 임계점에 도달하게 된다. 그 다음에는? 노동자들의 혁명으로 이어진다고 엥겔스는 단언했다. 그렇게 해서 프롤레타리아가 정치권력을 장악하고, 생산수단을 국가 소유로 전환시킨다. "그러나 그러는 과정에서 프롤레타리아는 스스로를 폐기하고, 모든 계급 차별과 계급 적대를 폐기하며 국가도 폐기한다."[53] 이 점이 바로 공산주의의 위대한 정치적 기적으로 에너지 보존 법칙이나 세포생물학처럼 놀라운 일이었다. "사회관계에 대한 국가 개입은 서서히 불필요해지고, 이어 저절로 사멸한다. 사람들에 대한 통치는 일종의 관리 및 생산 과정 행위로 대체된다." 생시몽이 처음 예언한 것처럼 미래의 사회주의 지배는 전통적인 정치를 해소하고 합리적인 기술적 관리의 문제가 된다는 것이다. 아니면 엥겔스식으로 생물학적 용어를 사용해서 말한다면 "국가는 폐지되는 것이 아니라 (식물이 시들어 죽듯이—역자) 소멸된다."[54] 그렇게 해서 마침내 착취는 더 이상 존재하지 않게 되고, 다윈식 생존경쟁은 끝난다. 그 과정에서 "사회적 생산의 무정부 상태는 체계적이고 확고한 조직으로 대체된다." 프롤레타리아 주도하에 인류는 마침내 동물적 본능에서 해방된다. "인간이 불가피한 필요에 매달려 살다가 이제는 자유의 왕국으로 들어서는 것이다."[55] 이것이 헤겔의 관념론, 원자론, 다윈의 진화론, 부정의 부정을 거쳐 온 엥겔스의 사변이 도달한 정치적 종착점이었고, 마르크스의 변증법적 유물론의 최종 목적지였다. 프롤레타리아 혁명은 부르주아 사회라는 번데기를 벗고 나와 공산주의 사회의 여명을 맞이하는 것이다.

『공상적 사회주의와 과학적 사회주의』는 『영국 노동계급의 상태』나 『독일 농민전쟁』 또는 군사 문제를 다룬 글들보다 훨씬 더 큰 성공을 거둔 베스트셀러였다. 엥겔스는 이 책이 프랑스에서 "깊은 인상을" 심어줬다며 뿌듯해했다. "대부분의 사람들은 너무 게을러서 『자본론』 같은 대작을 읽지는 못하지. 그러니까 이런 얇은 팸플릿이 효과는 직방이야." 미국인 친구 프리드리히 조르게에게는 이렇게 말했다.[56] 『공상적 사회주의와 과학적 사회주의』 집필을 권유한 라파르그도 "(프랑스—역자) 사회주의 운동 초기의 방향 정립에 결정적인 영향을" 미쳤다며 기뻐했다.[57] 이 책의 영향력에 대한 엥겔스와 라파르그의 평가는 과장이 아니었다. 엥겔스의 『공상적 사회주의와 과학적 사회주의』는 『반뒤링론』과 더불어 유럽 공산주의의 노선을 틀 잡는 데 큰 역할을 했다. 프랑스, 독일, 오스트리아, 이탈리아, 영국의 사회민주주의자들은 마침내 완벽한 마르크스주의 안내서를 갖게 됐다. 모스크바 마르크스·엥겔스연구소 초대 소장을 지낸 다비드 랴자노프*에 따르면 『반뒤링론』은 "마르크스주의 역사에서 한 획을 긋는 저작이었다. 1870년대 후반에 활동을 시작한 젊은 세대들은 바로 이 책을 통해서 과학적 사회주의가 무엇이고, 그 철학적 전제는 어떤 것이며, 방법론은 어떠한지를 배웠다. …마르크스주의를 특수한 방법론과 체계로서 널리 보급하는 데 있어서 『자본론』을 제외하고 『반뒤링론』만 한 역할을 한 책은 없다. 1880년대 초에 데뷔한 젊은 마르크스주의자들은 모두 예외 없이 이 책으로 공부했다."[58] 아우구스트 베벨, 게오르기 플레하노프, 빅토르 아들러, 에두아르트 베른슈타인(엥겔스의 책을 읽은 뒤 뒤링과의 제휴관계를 공식 청산하고 마르크스주의로 돌아섰다)이 그랬고, 당시 두각을 드러낸 카를 카우츠키도 엥겔스의 지도를 받으며 과학적 사회주의를 완벽하게 이해하게 됐다. 카우츠키는 말년에 쓴 글에서 이렇게 밝혔다. "『반뒤링론』이 나에게 미친 영향을 가지고 본다면 마르크스주의를 이해하는 데 그만큼 도움이 된 책은 달리 없다. 마르크스의 『자본론』은 훨씬 강력한 책임이 분명하다. 그러나 우리가 『자본론』을 이해하고 제대로 읽게 된 것은 오로지 『반뒤링론』을 통해서였다."[59]

그러나 헝가리 마르크스주의 학자 지외르지 루카치를 필두로 프랑스의 장폴 사르트르와 루이 알튀세를 거치면서 새로운 시각이 등장했다. 엥겔스가 1880년대에 정식화한 것은 결코 진정한 마르크스주의가 아니라는 것이었다. 그것은 그의 유물론이고, 그의 변증법이며, 그의 과학주의이고, 마르크스와 헤겔을 그의 방식으로 잘못 결합한 것이라는 얘기였다. "엥겔스의 변증법 설명에서 생기는 오해는 크게 봐서 엥겔스가―헤겔의 잘못

---

* 1870~1938. 러시아 마르크스주의 이론가. 독일어판 마르크스 · 엥겔스전집MEGA 편찬을 주도했다.

된 선례를 따라—변증법을 자연에까지 확대 적용한 데서부터 비롯된다고 할 수 있다." 루카치의 지적이다. "그러나 변증법의 핵심을 구성하는 요소—주관과 객관의 상호작용, 이론과 실천의 통일, 사고 변화의 기본 원인으로서의 범주의 토대를 이루는 현실의 역사적 변화 등등—는 자연에 관한 우리의 지식에는 없는 내용이다."[60] 이렇게 볼 때 『반뒤링론』과 『공상적 사회주의와 과학적 사회주의』에 제시된 마르크스주의는 "엥겔스가 뒤집어놓은 것" 또는 "엥겔스의 오류"로서 마르크스의 사상을 심히 잘못 해석한 것이었다. 노먼 레빈의 혹평에 따르면 "마르크스주의에서 처음으로 일탈한 사람은 엥겔스였다. 그런 식의 엥겔스주의Engelism야말로 미래의 교조주의의 기초를 놓은 것이다. 미구에 등장하게 될 스탈린의 유물론적 이상주의 말이다."[61] 이런 유의 "진정한 마르크스주의자들"은 마르크스가 말년에 엥겔스와 편지를 주고받으면서 누차 아무 언급도 하지 않은 것을 그 증거로 든다. 엥겔스가 후기에 쓴 글들에 대해 마르크스는 절대 옳다고 인정하지 않았으며, 은연중에 거리를 두되 친구의 감정을 상하지 않게 하려고 불편한 주장에 대해 침묵했다는 것이다.

마르크스주의는 20세기 들어 이런저런 변화를 겪는다. 그러나 엥겔스가 일부러 마르크스의 이론을 왜곡했다거나 마르크스가(!) 반대의견을 말하기를 거북해할 만큼 두 사람의 우정이 탄탄하지 못했다고 보는 것은 마르크스와 엥겔스의 관계를 완전히 잘못 파악한 것이다. 엥겔스가 마르크스주의를 대중화하는 것에 대해 마르크스가 우려하거나 당혹해했다는 증거는 전혀 없다. 사실 마르크스는 『반뒤링론』의 산파라고 할 수 있다. 원고 전체를 들려달라고 했으며 작지만 경제학 관련 부분 일부는 직접 썼고, 1878년에는 이 책이 "독일 사회주의를 제대로 이해하는 데 대단히 중요하다"고 추천하기도 했다.[62] 엥겔스와 마찬가지로 마르크스도 당대의 과학 발전에 고무됐다. 빌헬름 리프크네히트의 회고를 들어보자.

특히 자연과학―물리학과 화학을 포함해서―과 역사 분야에서 마르크스는 새 학설이 나오거나 발전된 얘기가 나올 때마다 바로 읽고 연구했다. 그래서 우리 서클에서는 몰레스호트1822~1893. 네덜란드의 생리학자, 철학자, 리비히, 헉슬리―이들이 하는 "대중 강의"에 우리는 꼬박꼬박 참석했다―의 이름이 리카도나 애덤 스미스, 매컬록1789~864. 스코틀랜드 출신의 영국 경제학자, 작가을 비롯한 스코틀랜드와 아일랜드 출신 경제학자들만큼이나 자주 언급됐다. 그리고 다윈이 자신이 한 관찰에서 결론을 이끌어내 대중에게 제시했을 때 우리는 몇 달 동안은 다윈과 과학적 성취가 혁명에 얼마나 큰 힘을 발휘할지에 대해서만 얘기했다.[63]

마르크스 본인도 1870년대에 다시 헤겔 저작에 관심을 가졌고, 변증법이 자연과 사회에 공히 적용된다고 처음 주장한 것도 그였다. 『반뒤링론』의 거창한 이론 체계에 대해 어떻게 생각하든 간에 그것이 성숙한 마르크스주의의 이론을 제대로 표현한 것임을 부정할 수는 없다. 앞서 30년 동안 엥겔스는 "제1 바이올린"마르크스의 저작을 해설하고 대중화하는 데 헌신해왔다. 따라서 마르크스가 눈 부릅뜨고 살아 있는데 1870년대에 들어 갑자기 마르크스의 주의주장을 뒤집고 곡해하고 일탈시킬 이유는 없어 보인다.[64] 앞으로 살펴보게 되듯이 이후 수십 년 동안 엥겔스의 마르크스주의 해석을 재해석하는 사람들이 많이 등장했다. 그러나 그런 재해석은 엥겔스가 책임질 문제는 아니다.

『자본론』 후속권을 출간하다

마르크스 사후 엥겔스는 과학 연구·저술을 중단하고 평생 동지의 유고를 정리하는 어려운 과업을 떠맡았다. "출처 인용은 전혀 정리가 안 돼 있어. 뒤죽박죽이지. 나중에 선별해서 정리하려고 일단 마구 모아만 둔 거야. 게다가 그 친구 글씨는 나 말고는 해독이 불가능하지. 나도 간신히 읽어낼 정도니까." 엥겔스는 메이틀랜드 파크 로드의 마르크스 집에 있는 원고더미를 살펴보고 나서 난감한 심정을 아우구스트 베벨에게 이렇게 밝혔다.[65] 엥겔스가 평생 마르크스에게 헌신한 만큼 그가 없는 상태에서 극도의 외로움을 견디지 못할 것이라고 본 베벨과 카우츠키, 리프크네히트는 하나같이 런던을 떠나 유럽 대륙으로 와서 함께 지내자고 간청했다. 그러나 영국의 자유로운 분위기를 좋아했던 엥겔스는 딱 잘라 거절했다. "어느 나라든 또 추방당하고 하는 꼴은 당하고 싶지 않네. 영국이나 미국이 제일 안전해." 젊은 제자들에게 엥겔스는 이렇게 말했다. "여기서만이 이론적 작업을 계속하는 데 필요한 평화를 누릴 수 있어."[66] 프림로즈 힐은 이미 국제 공산주의 운동의 중심축이 되어 있었다. 엥겔스도 "마르크스 연구를 중심으로 자발적으로 뭉치면서 전세계로 연결돼 있는 끈들"을 놓지 않기로 작심했다.[67]

국제 마르크스주의 운동을 보살피는 한편으로 엥겔스는 마르크스 일가의 가장 노릇도 해야 했다. 다행인 것은 평생 마르크스 일가의 뒤치다꺼리를 해온 헬레네 데무트(님)를 리전트 파크 로드 122번지에 가정부로 데려온 것이고(두 사람은 마르크스의 편지를 정리하면서 향수에 젖는가 하면 늦은 오전이면 함께 술을 홀짝이곤 했다), 괴로운 것은 슬픔 속에서도 아옹다옹하는 마르크스의 두 딸을 다독이는 일이었다. "우리 아버지가 유고와 저작

권 관리를 투씨가 맡으면 좋겠다고 아저씨한테 말씀을 했는지 알려달라고
(아저씨도 공개적으로 선언하셨듯이 저는 그럴 권리가 있어요) 일전에 부탁을
드렸었는데요….” 화가 난 라우라 라파르그는 1883년 6월 파리에서 엥겔
스에게 이런 내용의 편지를 보냈다. 마르크스의 지적 재산권 상속에서 배
제될까 두려웠던 것이다.[68] 라우라는 새뮤얼 무어『공산당 선언』 영역자가 아니라
자신이 『자본론』 번역을 맡을 것으로 생각했고, 런던에 있는 엥겔스와 투
씨가 아버지의 지적 유산을 멋대로 처리하고 있다며 격분했다. “너도 잘
알다시피 우리 모두는 일이 잘되기만을 바란다. 그건 바로 무어인에 대한
기억을 제대로 현양하는 일이고, 그 첫 번째 작업은 유고를 출간하는 거
야.”[69]

그것은 간단한 문제가 아니었다. 엥겔스는 유고를 정리하면서 베벨에
게 이런 한탄을 했다. “이런 줄 알았으면 그 친구가 살아 있을 때 밤이고
낮이고 물고 늘어져서 모든 원고를 끝내고 출판까지 해놓았어야 했어.”[70]
엥겔스가 마르크스의 서재에 들어가 그가 남긴 원고들을 살펴보니 그렇
게 고대하던 『자본론』 제2권은 출판은 꿈도 꿀 수 없는 상태였다. 엥겔스
는 경악하고 분노했다. 일이 이 지경이 된 것은 마르크스가 워낙 늑장을
부리는 성격인 데다 어떤 주제를 다루다가 다른 주제가 나오면 거기로 빠
져들고, 증거를 한없이 모으는 습벽 때문이었다. 일부러 그랬는지, 불가
피해서 그랬는지는 알 수 없지만 『자본론』 원고는 완전히 중단된 상태였
다. “산더미 같은 미국과 러시아 쪽 자료(러시아 통계를 담은 책만 두 상자가
넘는 분량이다)만 없었어도 제2권은 더 일찍 출간됐을 것이다. 너무 자세하
게 파고드는 바람에 몇 년 동안 발이 묶인 것이다.”[71] 사정이 이러한 탓에
엥겔스는 마르크스의 저작을 영어, 이탈리아어, 덴마크어, 프랑스어로 번
역하는 작업을 감독하는 것(『철학의 빈곤』을 어렵게 번역하고 있던 라파르그에

게 "좀 더 원문에 충실을 기하도록 해. 마르크스는 그렇게 멋대로 번역할 수 있는 인물이 아니란 말이야" 하고 호통을 치기도 했다) 외에 『자본론』 제2권과 제3권 출판 업무도 떠맡았다.[72]

1883년 여름부터 1885년 봄까지 리전트 파크 로드 122번지 서재에서 엥겔스는 수많은 교정 원고와 통계표를 열심히 해독하고 정리했다. 사고의 흐름이 끊기는 대목이나 해독이 불가능한 메모가 부지기수였다. 이렇게 해서 정리된 내용이 독일어판 『자본론』 제2권 「자본의 축적 과정」으로 나오게 된다. 원고 정리는 고되고 때로는 허탈한 작업이었다. 그러나 한편으로는 죽은 친구와 대화를 나누는 것 같아서 즐겁기도 했다. "정말이지 원고 작업을 할 때면 그 친구[마르크스]랑 같은 생각을 하고 같은 느낌을 갖는 기분이야."[73] 오랜 동지와 대화를 나누는 것이 아무리 즐거운 일이라 해도 왕왕 손이 떨려 해독 불가능 수준인 마르크스의 육필을 한 줄 한 줄 정리하고 편집하는 일은 그야말로 고역이었다. 엥겔스는 건강을 많이 상했다. 에드워드 에이블링의 말에 따르면 마르크스의 원고는 엉망이었다. "약자로 쓴 것은 내용을 추정해야 하고, 줄을 그어 지워버리거나 고쳐 쓴 부분은 암호 해독 하듯이 의미를 알아내야 했다. 양피지에 글씨를 썼다가 지우고 썼다가 지우고 한 것처럼 읽기조차 어려웠다."[74] 1880년대 중반에 엥겔스는 눈이 아주 약해져서 결막염과 근시에 시달렸다. 과로를 줄이기 위해 암호 해독 작업에 새 피—카를 카우츠키와 에두아르트 베른슈타인을 엥겔스는 "유능한 두 신사 분"이라고 소개했다—를 수혈하고, 나중에는 독일인 사회주의자 식자공 오스카 아이젠가르텐을 고용해 엥겔스가 원고를 불러주면 바로 판을 짜도록 했다. 그러나 마르크스의 원고를 최종 확인하는 것은 여전히 엥겔스의 몫이었다. 1887년에는 안염眼炎이 만성화되어 햇빛이 없으면 원고를 읽기조차 힘들게 됐다. 다행히 과학에 밝은 엥겔스는 여러 차례의 시행착오를 거쳐 나름의 치료법을 발견했다. "작년하고 올 8월까지는 코카인을 썼어. 그런데 갈수록 효과가 떨어지더라고(내성 때문이지). 그래서 $ZnCl_2$(염화아연)를 써봤는데 효과가 아주 좋더군." 의사 친구인 루트비히 쿠겔만에게 한 말이다.[75] 그러나 진짜 걱정스러운 것은 나이가 들어 몸이 예전 같지 않으니 조심하라는 의사의 경고였다. "다시 말을 타면 안 된다는 거야. 그럼 유사시에 현역으로 복무하기는 틀렸지, 제기랄!"[76]

치밀한 성격 그대로 엥겔스는 『자본론』 제2권을 1885년 5월에 출간했다. 마르크스가 죽은 지 딱 2년 만이었다. 제2권 출간으로 여유가 생긴 엥겔스는 부르주아 비평가들—특히 마르크스가 표절을 했다고 비난한 독일 경제학자 요한 카를 로트베르투스—과 싸움을 계속하면서 마르크스주의와 잉여가치설을 19세기 과학 패러다임의 중요한 변혁으로 정립했다. "마르크스가 잉여가치설에서 선학들의 이론을 발전시킨 것은 라부아지에가 프리스틀리와 셸레의 이론을 발전시켜 산소를 발견한 것과 같다." 엥겔스는 제2권 서문에서 평소 즐기는 화학의 비유를 들어가며 이렇게 단언했다. "우리가 지금 잉여가치라고 부르는 상품의 가치 부분은 마르크스 훨씬 이전에 발견된 바 있다. …그러나 그들[이전의 경제학자들]은 거기서 더 나아가지 못했다. …마르크스는 그것이 (프리스틀리가 말한—역자) '무연소無燃素 공기'나 (셸레가 주창한—역자) '불의 공기'가 아니라 산소라는 것을 정확히 포착했다."[77] 『자본론』 제2권이 답하지 않은 부분은 엥겔스가 1867년에 처음 제기했고, 마르크스가 나중에 답하겠다고 약속한 문제들이었다. 즉 특정 공장에서 가변자본과 불변자본(노동 대 기계류)의 구성 비율이 다르다고 할 때 불변자본(기계류)이 잉여가치를 통해 이윤을 창출할 수 있느냐, 이윤율은 자본의 종류에 따라 어떻게 결정할 수 있느냐 하는 것이었다. 메그나드 데사이│1940~. 영국 경제학자, 노동당 소속 정치인│의 질문식으로 하면 "(비노동) 자본이 이윤을 발생시키는가, 그렇지 않은가?"의 문제였다.[78] 해결책을 제시하는 대신 엥겔스는 슬며시 이 문제를 마르크스 비판자들에게 되던졌다. "그들이 가치법칙을 위반하지 않고 오히려 그 법칙의 토대 위에서 동일한 평균 이윤율이 발생할 수 있고, 분명 그렇다는 것을 입증할 수 있다면 우리는 그들과 그 문제에 대해 토론할 용의가 있다."[79]

1894년『자본론』마지막권인 제3권「자본주의적 생산의 전과정」이 출간됐지만 그 문제들은 여전히 해결되지 않았다. 그러나 엥겔스는 별로 꺼림치 않았다. 그는 제3권이 제1, 2권보다 더 중요하고 큰 역할을 할 것으로 봤다. "우리의 이론은 이렇게 해서 사상 처음으로 공박의 여지가 없는 토대 위에 서게 됐고, 우리는 모든 전선에서 성공적으로 방어를 할 수 있게 됐다." 엥겔스는 들뜬 어조로 아우구스트 베벨에게 말했다. "이번 권이 나오면서 당내 속물들은 다시 한 방 먹은 셈이야. 생각이 좀 달라질 거야."[80] 원래 제3권의 원고 상태는 제1, 2권보다 훨씬 안 좋았다("은행과 금융 관련 단원은 난점이 상당히 많다"). 각종 메모와 초고, 풀어쓰기와 등호 표시 등등이 어지럽게 뒤범벅돼 있었다. 그러나 마르크스가 살아 있지 않다는 것이 어떤 점에서는 다행이었다. 적어도 엥겔스가 텍스트를 자체 판단에 따라 자유롭게 구성할 수 있었던 것이다. 장황한 설명은 발라내고 매끄럽지 못한 부분은 아예 들어냈다. 엥겔스는『자본론』러시아어판 번역자인 니콜라이 다니엘손에게 이렇게 말했다. "이번 권이 가장 훌륭하고 누구도 반론을 제기할 수 없는 작품이네. 논리의 흐름이 명료하고 선명하게 드러나도록 다듬는 게 내 임무라고 봐."[81]

지난 1993년에 마르크스가 쓴 제3권 초고가 출판됨으로써 엥겔스의 편집이 얼마나 자유로웠는지가 드러나게 된다. "논리의 흐름"을 명료하게 하기 위해 엥겔스는 각주를 본문에 집어넣고, 나눠놓은 단원들을 하나로 합쳤으며, 소단원을 통합하는가 하면 자기 생각을 끼워 넣기도 했다. 경우에 따라서는 마르크스의 의도에 첨삭을 가하기도 했다. 그런 면모가 가장 뚜렷이 드러나는 것이 논란 많은 제3부 '이윤율의 경향적 저하 법칙'이다. 여기서 마르크스는 자본주의 체제하에서 노동력 절감 기술의 발달로 실제 노동으로부터 잉여가치를 뽑아낼 수 있는 여력이 점차 줄기 때문에 이윤이 떨어지는 경향이 있다는 것을 개략적으로 설명했다. 이런 이윤율 저하를 마르크스는 자본주의 자체의 취약성과 연결시켰다.[82] 그러나 마르크스의 원고는 자본주의적 생산의 "동요"라고 했는데 엥겔스는 좀 더 단정적으로 자본주의의 "붕괴"라고 표현했다. 작은 변화지만 자본주의의 시스템적 "위기"나 "붕괴"를 통해 공산주의의 도래를 주장하고 싶어하는 20세기 마르크스주의자들에게는 대단히 중요한 변화였다. 그러나 마르크스의 불도그가 부분적으로나마 자의적인 가필을 한 것은 오로지 공산주의라는 대의를 위해서였다. "엥겔스는 단순히 편집자 역할만을 원하지 않았다. 편집자인 동시에 마르크스의 유산을 총괄하는 큐레이터이고자 했다. 마르크스의 원고를 필요로 하는 사람들, 즉 이론적인 의식을 갖춘 노동자에서부터 철학적 관심을 가진 학자들에 이르기까지 모든 사람이 쉽게 읽을 수 있는 판본을 만들어낸 사람은 엥겔스였다." 최근에 한 학자는 이렇게 지적했다.[83] 『자본론』 제3권 출간으로 엥겔스는 이제 중요한 일은 끝을 맺었다고 생각했다. 마르크스를 기리는 작업이 대충은 완성된 것이다. "마르크스의 『자본론』을 가지고 자네가 걸어온 기나긴 여정이 거의 끝났다니 반갑네." 차티스트 운동가였던 친구 줄리언 하니는 1893년 엥겔스에게 이렇게 썼다. "최소한 요즘 같은 시대에 그렇게 충실하고도 헌신적인 친구이자 지지자는 없을 것 같네. 자네는 마르크스에게 바로 그런 존재였지."[84]

　마르크스의 유고를 빨리 출판하지 못한 것은 엥겔스의 건강이 나빠졌기 때문만은 아니다. 펌프스의 남편 퍼시 로셔라는 짜증나는 존재도 원인이 됐다. 이 우둔한 인물은 나중에 귀가 멀다시피 됐는데 엥겔스의 에너지와 마음 씀은 물론 은행구좌까지 많이도 축을 냈다. 로셔가 공인회계사로서 제대로 실력 발휘를 못 하는 것에 대해서는 누구도 놀라워하지 않았다. 엥겔스는 변증법적 유물론과 『자본론』 후속권 출간, 국제 사회주의 운동 진영의 분파 다툼 등에 몰두하는 한편으로 로셔 일가의 재정 문제도 신경을 써야 했다. 1888년 12월에 엥겔스는 또 한 명의 식객 폴 라파르그에게 퍼시 문제 때문에 "사정이 안 좋아서" 내년은 빠듯한 한 해가 될 것 같다고 경고했다. 이듬해 가을 불운한 퍼시는 "완전히 박살이 났고" 완전 파산만은 면하도록 그의 형, 아버지와 협상하는 일은 엥겔스가 떠맡았다. 이런 일에 이골이 난 엥겔스는 "어떤 식으로 끝이 나든 내 돈이 엄청 들어갈 거야"라고 예견했다.[85] 실제로 그랬다. 펌프스와 퍼시 부부는 마음씨 좋은 엥겔스 아저씨의 현금을 계속 뜯어갔다. 사정이 이렇게 되자 라파르그 부부는 화가 났다. "퍼시네 문제로 걱정도 많고 하실 텐데 이렇게 괴롭혀드려서 죄송하지만 어쩔 수가 없네요. 우리도 돈이 다 떨어졌거든요." 1889년 11월 엥겔스의 돈이 다른 데로 새는 것을 보다 못한 폴 라파르그가 편지로 한 말이다.[86]

　이후 죽을 때까지 5년간 세계에서 가장 존경 받는 공산주의 전략가이자 이론가인 엥겔스는 우습지도 않은 로셔 부부 때문에 점점 수렁에 빠져들어 갔다. 로셔는 "무지개 엔지니어링"이니 "로셔 실내수영장 시스템"이니 해가면서 이리저리 돈을 뜯어내려 했다. 그중에서 가장 괴로운 것은 퍼시의 아버지이자 고용주인 찰스 로셔를 상대하는 일이었다. 그는 뻔뻔스럽게도 계속 편지를 보내 대출을 해달라, 이런저런 사업에 "투자"를 해달라고 졸랐다. "그 아이〔퍼시 로셔〕와 관련된 사람 중에서 선생님이 퍼시에게 보여주신 친절과 너그러움을 저만큼 잘 아는 사람은 없을 겁니다." 말도 안 되는 편지는 이런 식으로 운을 뗀다. "개인적으로 전 극도로 조심을 해야 하는 처지입니다. …빚이라도 지지 않으려면 말이지요. …감히 말씀드리고 싶은 것은 퍼시가 지금 받는 봉급 말고 선생님으로부터 용돈까지 받고 있으니까 저보다 수입이 많다는 것입니다." 찰스 로셔는 이어 분명한 말로 엥겔스를 협박했다. 자기 회사에 투자를 해야만 퍼시에게 월급을 주겠다는 얘기였다. "제가 그동안 살펴본 바로는 그 아이가 우리 사업에서 제 몫을 하려면 상당한 시간이 걸릴 것입니다." 돈을 우려내기 위해 후안무치하게도 아들의 무능을 강조한 것이다.[87] 엥겔스가 더 이상의 돈은 줄 수 없다고 하자 퍼시는 바로 해고됐다.

퍼시의 형 하워드도 아버지보다 나을 게 없었다. 당시 퍼시는 와이트 섬에 있는 형의 건축·조경 자재 회사에 다니고 있었다. 1890년대 초 대출을 해달라, 급전을 빌려달라, 회사 관련 자문을 해달라는 요구가 엥겔스가 가는 곳마다 따라다녔다. 하워드 로셔의 청탁 편지는 "존경하는 엥겔스 선생님께"로 시작되곤 했다. "이렇게 또 부탁을 드리게 돼서 대단히 죄송하지만 수표를 다시 보내주실 수 없으신지요."[88] 엥겔스는 그들이 자신의 호의를 악용하는 것을 알고 있었지만 꿋꿋이 참았다. 늘 알딸딸하게 취해 있는 펌프스는 그나마 번즈 자매의 추억을 되살려주는 역할을 했다. 휴가 때 펌프스와 그 아이들을 데리고 해변으로 놀러가는 것도 엥겔스에게는 즐거움이었다. "아저씨는 주정뱅이 펌프스를 사랑해. 펌프스에게 화를 내기도 하지만 정말 사랑하신다니까." 투씨가 언니에게 한 말이다.[89] 그러나 1894년 엥겔스의 인내가 결국은 한계에 도달했다. 퍼시가 직장을 그만두고도 "많은 돈(자기 돈도 아니다)을 허비하고" 엥겔스의 이름을 팔아 대출을 받고는 완전 무일푼으로 엥겔스의 프림로즈 힐 집에 나타난 것이다. 라우라 라파르그에게 엥겔스가 한 말은 이렇다. "그동안 그 애들한테 그렇게 잘해주었는데 이제 또다시 이런 식으로 당할 수는 없다. 그래서 좀 냉담하게 대했지. 퍼시가 앞으로 어떻게 나올지, 어떻게 끝이 날지 나도 잘 모르겠다."[90] 다행스럽게도 퍼시 로셔 얘기는 이후 더는 나오지 않는다.[91]

결혼과 성의 정치학

엥겔스가 메이틀랜드 파크 로드의 마르크스 집 서재에서 가져온 편지와 메모, 짧은 글 무더기 중에서 유독 그의 관심을 끄는 일련의 메모가 있었다. 선사시대 사회 성격에 관한 단상들을 모아놓은 것이었다. 1880년대 초에 이미 마르크스는 미국 인류학자 루이스 헨리 모건의 『고대 사회: 야만에서 미개를 거쳐 문명에 이르는 인류 발전 단계에 관한 연구』(1877년)를 읽고 줄거리를 상세하게 요약해놓았다. 다윈주의와 유물론의 혼성물이라고 할 수 있는 모건의 책은 인류의 사회조직이 원시 단계에서 현대까지 발전해온 과정을 추적한 내용이었다. 주로 뉴욕 주 북부에 거주하는 이로쿼이 부족 연맹에 대한 연구를 토대로 모건은 기술 발전과 재산권 개념의 변화가 부족 및 가족 구조에 미치는 영향을 분석했다. 야만에서 문명으로 발전한다는 것은 결국 부족 집단 단계에서 가부장적 "일부일처제"(또는 핵가족)로 변한다는 의미라고 그는 주장했다.

마르크스가 방대한 분량으로 정리한 『민족지 발췌록』*이 말해주듯이 인류 발전 단계 문제는 마르크스와 엥겔스의 광범위한 대화 주제 가운데 하나였다. 당시 엥겔스는 자연과학 연구에 인류학도 포함시키고 있었다. 1860년대 중반에 두 사람은 피에르 트레모1818~1895. 프랑스의 자연과학자, 사진작가, 건축가가 쓴 『인간과 그 밖의 존재들의 기원과 변천』(1865년)의 의미에 대해 의견이 달랐다. 이 책은 지질과 토양이 인종의 특성 형성에 어떤 역할을 하는지를 엉성하게 인과론적으로 엮어놓은 것이었다. 1882년 초 마르크스가 기관지염 치료차 와이트 섬에 가 있을 때도 엥겔스는 편지에서 다시 인류학 얘기를 꺼냈다. "타키투스가 말한 게르만족과 아메리카 원주민의 유사성에 대해 확실한 결론을 내기 위해서"였다.[92] 엥겔스는 당시 휴버트 하우 밴크로프트1832~1918. 미국의 민족지 학자, 역사학자의 『북아메리카 태평양 연안 일대의 원주민 종족 연구』(1875년)를 읽고는 초기 아메리카 원주민 공동체 형성에서 혈연적 유대가 생산수단보다 더 큰 역할을 했다고 강조한 부분에 대해 분노하고 있었다. 유물론자로서 당연한 반응이었다.

그러나 가족과 사회 형태의 기원에 대해 깊이 생각하게 된 것은 1880년대 초로 아우구스트 베벨의 『여성과 사회주의』(1879년 초판, 1883년 재판 발행)가 출간된 직후였다. 베벨은 인류 초기 역사를 깊이 탐구한 끝에 "처음부터 억압은 여성과 일하는 남성에게 공히 주어진 운명이었다"고 주장했다. 가족이 발전하기 전부터 여성은 이미 "무리 혹은 부족의 소유물이었으며, 선택권이나 거부권 같은 것은 없었다"는 것이다.[93] 이 주제는 카를 카우츠키가 원시 사회의 성관계를 다룬 일련의 논문 『결혼의 기원과 가족』(1882~83년)에서 집중적으로 천착한 문제로 인류 초기 토지 소유 관

* 1880~81년 모건 등 여러 인류학자의 저술에서 중요하다고 생각하는 대목을 뽑고 거기에 나름의 주석을 달아놓은 원고 뭉치. 1970년대에 영어판 Ethnological Notebooks/독일어판 die ethnologischen Exzerpthefte로 출간됐다.

계 유형과 결혼 제도의 연관성에 대한 엥겔스의 사고에 자극제가 됐다.[94] 베벨, 카우츠키와 달리 엥겔스는 초기 인류 사회의 기초를 이룬 것은 가부장제가 아닌 공동체적 성관계 시스템이었을 것이라고 생각했다. 파트너와 토지를 공동으로 소유하는 것이 전반적으로 같이 갔을 것이라는 얘기다. "수확기와 파종기 사이에 개인별 토지의 울타리를 제거하고 공동 목축을 하는 고대 게르만 전통(독일어로 후트츠방Hutzwang이라고 한다)이 살아 있는 경우처럼 정기적으로 공동소유 형태를 취하는 지역은 아주 옛날에 온전한 토지 공동소유제가 있었을 것이라고 확언할 수 있다." 엥겔스는 카우츠키에게 보낸 편지에서 이렇게 주장했다. "마찬가지로 여성들이 ―상징적으로든 실제로든― 일시적으로나마 외간 남자들과 애인관계를 갖는 지역에서는 아주 옛날에 여성 공동체가 있었다는 결론을 내릴 수 있다고 믿는다." 나아가 "성 공동체가 억압에 의존한다는 주장은 그 자체로 허위이며, 성 영역에서의 공동 소유는 남성이 자신의 쾌락을 위해 여성을 소유하는 것이라는 현대식 관념에서 비롯된 왜곡이다. 원시 상태에서는 그런 관념은 전혀 없다. 성 영역에서의 공동 소유는 양성 모두에 적용되는 것이었다."[95]

엥겔스는 모건에 관한 마르크스의 노트를 발견하면서 더 이상의 이데올로기적 일탈을 막기 위해서라도 뭔가 써야겠다는 확신을 갖게 됐다. 1884년 초 베른슈타인이 리전트 파크 로드에 머물고 있을 때 엥겔스는 그에게 "밤마다 새벽까지 마르크스의 원고를 읽어주었다". 그러면서 "마르크스의 발췌문을 루이스 모건의 『고대 사회』와 연결시킬 책의 개요에 대해서도 얘기해줬다".[96] 엥겔스는 이 프로젝트가 "일종의 의무를 완수하는 것"이 되기를 희망했다. 모건의 연구를 역사에 대한 마르크스의 유물론적 독법과 연결하고, 그 과정에서 자신이 나비와 곤충 세계를 들여다보면서 얻은 생물학적 통찰을 여성과 양성兩性 관계에까지 적용한다는 구상이었다. 여자를 밝히는 엥겔스가 인생 말년에 사회주의 페미니즘의 토대가 되는 텍스트를 썼다는 것은 다소 의외다.

1884년에 출간한 『가족, 사유재산, 국가의 기원: 루이스 H. 모건의 연구와 관련하여』에서 엥겔스는 진보적인 페미니즘 원칙으로 서두를 장식했다. "유물론적 인식에 따르면 역사에서 결정적인 요소는 결국 직접적인 삶의 생산과 재생산이다."[97] 이렇게 해서 대번에 여성의 인간 생명 생산을 공산주의에서 최고의 미덕으로 치는 생활수단 생산과 이론적으로 동일한 반열에 올려놓았다. 다음 행보는 시대를 거슬러 올라가 살펴볼 때 가족의 형태가 대단히 유동적이라는 것을 보여줌으로써 그것을 헤겔식으로 역사화하고 미래 공산주의 체제에서 변화될 가족의 형태까지를 제시하는 것이었다. "가족은 본질적으로 변화하는 시스템이다[라고 모건은 말한다]. 그것은 결코 정체적이지 않으며, 사회가 낮은 조건에서 높은 조건으로 발전함에 따라 낮은 형식에서 높은 형식으로 발전한다."[98] 프롤레타리아가 자본주의는 일시적인 상태임을 이해해야 하는 것처럼 여성들도 현재의 양성 불평등은 과도기적 단계라는 희망을 가질 수 있게 된 것이다.

엥겔스는 모건이 제시한 연대기의 유물론적 기초를 상세히 설명하는 것으로 시작했다. 파트너를 공유하는 부족 시스템(이 단계에서는 "제약 없는 성적 자유를 누렸고, …모든 여성은 공히 모든 남자의 것이며 모든 남자 역시 모든 여자의 소유였다")에서 현대적인 형태의 "두 배우자가 짝을 이루는 가족"으로 발전하는 것은 생산양식의 발전과 긴밀히 연관돼 있다는 것이다. 가족은 경제적 토대가 형성한 상부구조의 또 다른 구성요소일 뿐이었다. 엥겔스에 따르면 모건은 "마르크스가 40년 전에 발견한 역사에 대한 유물론적 파악"을 재발견한 것이다. "…노동 발전 단계가 낮고 노동 생산물의 양이

제한적일수록, 그리고 사회의 부가 제한적일수록 사회질서는 혈연집단에 의해 지배된다."[99] 현대의 가족은 그 모든 결함―가부장제, 위선, 좌절, 부정不貞 등등―을 포함해서 그 자체로 사적 소유의 산물이었다.

엥겔스의 해석에서 특히 주목할 부분은 그가 가족을 여성의 시각에서 봤으며, 사회가 모계 혈족에서 부계 혈족 패턴으로 옮아가면서 여성의 지위가 위축되는 과정을 특히 강조했다는 점이다. 엥겔스의 설명을 들어보자. "삶의 경제적 조건이 발전함에 따라 예전의 전통적인 성관계가 그 순수한 본래적 특성을 잃어갈수록, 여성에게 성관계는 열악하고 억압적인 것으로 비쳤을 것이다."[100] 모건이 개략적으로 설명한 대로 집단혼과 복혼複婚이라고 하는 초기 혈족 시스템은 현대의 속물적인 편견("홍등가에 대한 연상으로 얼룩진 상상력")과 달리 대단히 평등하고 자율적인 관계였다는 것이다. "낮은 단계와 중간 단계, 그리고 일부 비교적 높은 단계에서도 여성은 자유로울 뿐 아니라 대단히 존경받는 위치에 있었다."[101] 엥겔스의 분석은 성차별이 역사적이고 사회적인 구성물임을 폭로했다. 아우구스트 베벨이 "처음부터" 억압은 여성에게 주어진 운명―사적 소유와 분업은 남성이 여성을 이기적으로 "소유"한 데에서 비롯된 결과였다―이라고 주장한 반면, 엥겔스는 남성 우위가 비교적 최근에 경쟁 위주의 사적 소유 경제가 발전한 것과 밀접히 연결되어 나타난 현상임을 입증했다. "18세기 계몽주의에서 물려받은, 말도 안 되는 관념들 가운데 하나는 사회 발생 초기부터 여성이 남성의 노예였다는 것이다." 엥겔스는 이렇게 썼다. 베벨의 주장을 대놓고 반박한 것이다. "낮은 단계와 중간 단계, 그리고 어느 정도는 비교적 높은 단계의 모든 원시인과 야만인 집단에서 여성은 자유롭고 품위 있는 위치에 있었다."[102]

고결한 지위에서 추락한 것은 개인과 가족의 소유권(좀 더 넓은 의미의 씨족 혹은 부족의 권리와는 다르다)이 도입되고, 그에 따라 부계父系 중심의 상속이 정착되면서였다. 개인 소유권과 사적 소유는 "여성의 세계사적 패배"를 상징했다. 남편이 주도권을 잡으면서 여성은 "지위가 떨어져 노예화됐으며, …남성의 욕망의 노예, 단순히 애를 낳는 도구에 불과한 존재가 됐다."[103] 양성 관계는 사회적 분리의 또 다른 요소가 되었다. 여성은 이제 자본주의 생산양식에 의해 억압받는 사람들 대열에 합류하게 된다. "역사상 최초의 계급 대립은 일부일처제 결혼 제도하에서 남성과 여성의 대립이 심화되는 것과 시기적으로 일치하며, 최초의 계급 억압은 남성이 여성을 억압하는 것과 시기적으로 일치한다." 엥겔스는 이렇게 단언했다.[104] 가정에서 남편은 부르주아고, 아내는 프롤레타리아였다. 그 결과가 얼마나 참담할지는 뻔했다.

가족 문제를 논함에 있어 엥겔스가 특히 염두에 둔 것은 빅토리아 시대 중기의 상류층 부르주아들이었다. 이들의 경건한 가면 뒤에는 억압과 매춘과 학대가 숨어 있었다. 사실 마르크스와 엥겔스는 오래전부터 중산층 가정의 위선을 비판적인 시각으로 보고 있었다. "현재의 가족, 부르주아 가족은 어떤 기초 위에 서 있는가?" 두 사람이 이 질문을 처음 던진 것은 『공산당 선언』에서였다. 그 기초란 "자본이고, 사적 이득이다. 이러한 가족은 완벽하게 발전한 형태에서는 오로지 부르주아지 계급에만 존재한다. 반면에 그 반대편에는 프롤레타리아 가족과 공창公娼이 있다. 프롤레타리아는 상황의 강요 탓에 사실상 가족이란 것이 없다."[105] 『가족, 사유재산, 국가의 기원』에서 엥겔스는 이 주제로 다시 돌아갔다. "개신교식 일부일처제는 가장 잘사는 경우로 평균을 내봐도 결국은 무미건조하고 지루한 결혼 생활로 귀착된다. 이것을 보통 '가정의 행복'이라는 식으로 치장한다." 엥겔스는 20년 동안 영국 북부 비국교도 엘리트들과 어울려 살아본 경험을 토대로 이렇게 썼다. "아내가 보통의 고급 매춘부와 다른 점은 임금노동자처럼 건당 얼마 하는 식으로 몸을 팔지 않고 일단 결혼하면 평생 노예가 된다는 데에 있다."[106] 일부일처제의 불가피한 결과─변증법적 용어로 얘기하면 형식에 내재한 모순들─는 매춘과 축첩이었다. 원시 공동체에서는 남녀 모두가 부끄러움 없이 성행위를 자유롭게 할 수 있는 반면 사적 소유제를 토대로 한 가족에서는 "혼외정사를 할 수 있는 권리"는 오로지 남성의 전유물이다. 표현은 서툴지만 엥겔스는 성애性愛는 프롤레타리아들에게만 가능하다고 말했다. 사적 소유와 부르주아식 사회 규범이 없기 때문이라는 것이다. 따라서 프롤레타리아는 결혼생활에서 부르주아들보다 상대를 학대하지 않는다고 엥겔스는 주장했다. 현실을 잘못 본 것이기는 하지만 낭만적인 태도가 느껴진다.

역사가 흐르면서 변해온 여러 가족 형태를 논한 뒤 엥겔스는 성적 관계의 혁명을 주창했다. 이 문제는 『영국 노동계급의 상태』에서 처음 손을 댔던 것으로 당시 그는 맨체스터의 각종 공장에서 가족 단위 고용의 경우 여성 고용이 미치는 영향에 대해 자세히 설명한 바 있다. 새로운 산업 현실에서 여성은 일을 하고 남성은 실업자인 경우 양성의 역할이 바뀌었다. "아내는 가족을 부양하고, 남편은 집에 들어앉아 자녀를 돌보고 청소를 하고 식사 준비를 한다." 엥겔스는 랭커셔 주 세인트 헬렌에서 같이 일했던 동료(실업자)를 만난 한 친구의 얘기를 소개했다. 그는 "앉아서 아내의 양말을 꿰매고 있었다. 그의 말은 이랬다. '아니지. 이게 내가 할 일이 아니라는 건 알아. 하지만 불쌍한 아내는 공장에 나가 있는데 …그러니 내가 아내 대신 할 수 있는 일은 다 해야지. 난 일이 없으니까. 실업자 신세 3년쯤 됐어. 앞으로도 평생 일자리는 없을 거야.' 그러면서 닭똥 같은 눈물을 뚝뚝 흘렸다."[107] 그러나 조숙한 24세 청년 엥겔스가 여기서 뽑아낸 결론은 여성은 일을 해서는 안 된다는 것이 아니었다(아닌 게 아니라 산업화는 여성들에게 가사에서 벗어날 수 있는 해방의 새 시대를 약속해주었다). "공장 시스템에 따라 불가피하게 야기된 상황이지만 아내가 남편을 쥐고 흔드는 것이 비인간적인 것처럼 남편이 아내를 쥐고 흔드는 것 역시 비인간적이었다."[108] 여성이 대거 고용됨으로써 가사 담당에 변동이 일어난 것은 현대 가족의 본질적인 불평등을 드러내는 것이었다. 산업화는 "자연스러운" 가부장제의 베일을 벗겨버렸다. 엥겔스는 임금 수입이 있는 여성이 늘면서 "프롤레타리아 가정에서 남성 우위의 어떠한 토대도 남지 않게 됐다"고 생각했다. "다만 일부일처제 도입 이후 확산돼온 여성에 대한 폭력이나 학대 같은 것은 예외였다."[109]

자본주의와 여성 노동 수요는 성적 평등에 이르는 확실한 길로 보일 여지가 있다. 그러나 현대 가정생활의 불평등은 역시 공산주의로 발전해야만 완전히 해결될 수 있었다. 일단 상속된 부를 사회적 소유라고 하는 공동 자산으로 돌리면 "두 남녀가 짝을 이루는" 가족의 협소한 경제적 토대가 해체될 것이다. 엥겔스는 1885년 편지에서 이렇게 설명했다. "남성과 여성의 진정한 평등은 자본에 의한 착취가 폐기될 때에만 현실이 될 수 있을 것이라고 나는 확신한다. 그리고 가정 내의 사적인 일들은 공적인 산업으로 변환될 것이다."[110] 여성이 가부장적 지배에서 벗어나려면 가족이 경제단위로서 존재하기를 멈춰야 하고, 살림살이가 사회화되어야 한다. 그중에서도 특히 "자녀 양육이 공공의 업무가 되어야 한다."[111] 사적 소유와 부, 심지어 아이들까지 좀 더 넓은 차원의 공동체로 넘겨야 한다는 것이다. 그러면서 엥겔스는 이런 식의 성의 혁명으로 다가올 유토피아의 모습이 어떠한지를 거의 푸리에주의자 같은 열정으로 설명했다. 여성은 돈보다 사랑을 위해 결혼하고(이렇게 되면 "제약 없는 성관계가 점점 증가

하고, 여성만 정조를 지켜야 한다는 대중의 인식도 느슨해질" 것이다), 아내들은 재산 상실이 두려워 남편의 부정을 용납할 필요가 없어지며, 상호 애정과 존중에 토대한 결혼이 실현됨으로써 양쪽 모두 "이혼 수속을 밟는 괴로움"에서 벗어나게 된다는 것이다. 푸리에식의 완전 자유연애가 이루어지는 팔랑주는 아니지만 그런 구상과 썩 거리가 멀지 않은 얘기다.

그러나 성 문제와 관련해 엥겔스가 역시 칼뱅주의 집안 출신임을 보여주는 부분도 있었다. 엥겔스가 도저히 용인할 수 없었던 한 가지 자유는 동성애였다. 1869년 카를 마르크스는 그에게 독일 법률가 카를 울리히*가 쓴 『아르고나우티쿠스』라는 책을 보내줬다. 울리히는 동성애 욕구는 타고난 것이며 남성성에 기우느냐 여성성에 기우느냐는 정도의 차이일 뿐이라고 주장하고, 남성 동성애와 여성 동성애를 지칭하는 우르닝Urning이라는 용어를 만들어냈다. 엥겔스는 그 "부자연스러운 주장"에 경악했다. "남색꾼들이 일어나기 시작하더니 이젠 아예 하나의 세력이 됐어." 엥겔스가 마르크스에게 보낸 편지는 동성애 혐오로 얼룩진 폭언에 가까웠다. "성기에는 전쟁을, 항문에는 평화를이 이제 슬로건이 될 것 같아. 그래도 다행인 건 우리야 이제 나이가 많으니까 그런 놈들이 이겨도 그자들에게 몸 보시해야 할 걱정은 없겠지. …새로 나올 북독일연방 형법이 항문의 권리를 인정하게 된다면 …그러면 우리 같이 유치하게 여자를 좋아하는 불쌍한 사람들은 정말 괴로워질 거야."[112] 이와는 대조적으로 영국 사회주의자 에드워드 카펜터1844~1929. 시인, 작가, 사회개혁 운동가는 부르주아 가족에 대한 엥겔스의 비판을 원용해 색다른 결론을 내렸다. 출산과 무관한 성을 옹호

---

* 1825~1895. 현대 동성애 · 양성애 · 트랜스젠더 권리 운동의 선구자로 꼽힌다.

하고 동성애를 사회주의 해방의 폭넓은 과정의 일부로서 문화적 · 법적으로 인정해야 한다고 주장한 것이다.[113] "동지애"에 대한 카펜터의 이상은 남녀 간에 자유롭게 연애할 수 있고, 아이는 공동체에서 맡아 키워야 한다는 엥겔스의 주장과는 전혀 다른 사회주의 상을 제시했다.

변증법에 관한 저술만큼 영향력이 크지는 않았지만 엥겔스의 가족 관련 이론은 20세기 사회주의 사상에 중요한 기여를 했으며, 소련의 학교 교육 및 유아 보육 정책 형성에 결정적인 역할을 했다. 더욱 놀라운 것은 『가족, 사유재산, 국가의 기원』이 서구의 마르크스주의 페미니스트 세대에게 큰 공감을 얻었다는 점이다. 미국의 페미니즘 운동가 케이트 밀레트는 1970년에 발표한 유명한 저서 『성性의 정치학』에서 엥겔스가 결혼과 가족을 "다른 사회 현상들과 마찬가지로 진화하는" 역사적 제도로 보았다고 평가한다. 엥겔스는 결혼과 가족이라는 "신성한 영역에 진지한 비판과 분석의 칼날을 들이댔으며, 심지어 구조 자체를 완전히 바꿔야 한다고 주장했다. 엥겔스의 분석은 근본적으로 지금과 같은 방식으로 이해되는 가족은 사라져야 한다는 것이다."[114]

이와 비슷하게 슐라미스 파이어스톤1945~, 캐나다의 유대계 급진파 여성운동가은 『성의 변증법: 페미니즘 혁명을 위하여』(1970년)에서 엥겔스의 저술을 원용하며 가부장제 이후 가능한 공동체적 삶을 주창한다. 많은 페미니스트들이 엥겔스의 접근법에 탄복하는 것은 그가 양성의 차이를 생물학적으로 결정된 것이 아니라 경제적으로 산출된 문제로 취급했기 때문이다. 가부장제는 부르주아 계급 사회의 또 다른 기능이었으며, 가부장제와 부르주아 계급 사회는 공히 폐기해야 할 대상이었다.[115]

비교적 최근에 엥겔스의 저서를 비판한 것은 주로 인류학자들이었다. 원시 사회의 남성 지배를 제대로 이해하지 못했고, 텍스트 도처에 알게 모르게 남녀의 분업은 사회적으로 구성된 것이 아니라 본원적인 것이라는 가정이 깔려 있다는 것이다. 또 신세대 페미니스트들은 엥겔스에 대해 출산 과정과는 다른 차원의 여성의 성적 욕망을 제대로 이해하지 못했으며, 여성을 본능적으로 평생 결혼생활을 지속하기를 열망하는 존재로 묘사했다고 비난을 퍼부었다. 나아가 "성과 이데올로기, 가정생활 또는 남녀 사이의 분업과 권력관계 일반에 대해 진지하게 살펴보지" 않았다는 점을 문제 삼았다.[116] 이런 반론에도 불구하고 확실히 주목할 만한 부분은 엥겔스―파리의 젊은 여자들을 졸졸 따라다니는 연애의 달인에다가 모제스 헤스의 부인을 거칠게 유혹하기도 했다―가 페미니즘의 이상에 열정적으로 헌신하게 됐다는 사실이다. 심지어 매매춘을 금지하는 독일 제국의회 입법안에 찬성을 표하는 한편으로 영국의 성병방지법* 경험을 고려해 성 매매 노동자들에게 미칠 부작용에 대해서도 경고했다. "이런 문제를 다룸에 있어서는 특히 현 사회질서의 희생자인 여성들의 이익을 고려하고, 그들이 더 밑바닥으로 떨어지지 않도록 최대한 보호해야 하네." 돌아온 탕아는 아우구스트 베벨에게 이렇게 말했다.[117]

사실 엥겔스는 한창때 여자 침실과 창녀촌을 자주 들락거렸지만 성년 시절의 대부분은 신념에 따라 살았다. 이런 커다란 모순 때문에 그의 직업 생활은 괴로웠을지 모르지만 개인적인 문제에서는 부르주아식 규범을 따르지 않았다. 오랜 반려였던 리지와 마침내 결혼을 한 것도 죽음을 앞둔 그녀의 종교적 불안을 덜어주기 위해서였다. 빈정대는 사람들은 이 행동이 에르멘 앤드 엥겔스사의 상속권 및 지분 유지와 더 관계가 있다고

---

* 1864년에 통과된 법으로 매춘여성의 성병 검사를 의무화하고 성병이 있는 것으로 확인되면 최고 1년까지 시설에 격리시키는 것이 골자였다.

말할지 모른다. 그러나 그가 평생 결혼을 꺼린 것이 결혼의 위선에 대한 강한 거부감 때문이 아니라고 볼 수 있는 증거는 전혀 없다. 엥겔스는 부르주아 사회에서 여성의 위치가 얼마나 취약한지, 그리고 결혼관계가 붕괴되면 그들이 얼마나 서러운 처지가 되는지도 잘 알고 있었다(퍼시 로셔와 펌프스가 일을 벌인 뒤 로셔에게 펌프스와 반드시 결혼하라고 윽박지르다시피 한 것도 그 때문이다). 1888년 10월 카를 카우츠키가 잘츠부르크에서 만난 젊은 여자 때문에 아내인 루이제와 헤어지겠다고 선언하자 엥겔스는 "여자가 당할 수 있는 최악의 타격을 가했다"며 그를 크게 질책했다. 엥겔스는 현대 사회에서 이혼이 어떤 결과를 가져오는지를 장황하게 설명했다. 남자에게는 사회적인 딱지가 붙지 않지만 "아내는 지위를 완전히 상실한다. 모든 것을 다시 시작해야 하고, 지금보다 훨씬 어려운 상황에 처하게 된다"는 것이다. 엥겔스는 카우츠키에게 이혼 문제는 심사숙고하라고 신신당부한 뒤 정 달리 선택의 여지가 없다면 "최대한 조심스럽게" 일을 처리하라고 했다.[118]

이처럼 지금 봐도 감탄스러울 만큼 엥겔스는 여성의 처지에 대해 깊은 연민을 갖고 있었다. 그러나 유감스럽게도 당대의 여성운동에 대해 별로 호의적이지 않았던 탓에 그런 부분이 별로 조명되지 않았다. 엥겔스가 메리 번즈에게, 이어 리지 번즈에게 매력을 느낀 데에는 문맹인 두 자매의 투박함이 적잖이 작용을 했다. 엥겔스는 그런 스타일을 "'배우고' '가녀린' 부르주아지 딸들의 도도하고 깐깐한 스타일"보다 훨씬 좋아했다. 실제로 예쁘지도 않고 마르크스 집안 여자도 아니면서 똑똑하고 야심적인 여자들에 대해 엥겔스는 여성 혐오에 가까울 정도로 악담을 하곤 했다. 엥겔스가 쓴 편지에는 "잘난 척하고 많이 '배운' 베를린 숙녀들"에 대한 혐오감이 드러나는 대목이 부지기수다.[119] 특히 중년 지식인 여성들을 싫어했다. 영국의 사회개혁가이자 여성운동가이며 신지학神智學에 심취한 애니 베전트는 "베전트 아줌마Mother Besant", 종군기자 출신 언론인 에밀리 크로퍼드는 "크로퍼드 아줌마", 건강한 성생활을 주창한 스위스 출신 여권운동가 게르트루트 기욤샤크은 "샤 아줌마"라고 불렀다. 엥겔스는 여성 참정권 운동에 대해서도 극도로 부정적이었고("이 별 볼일 없는 아줌마들이 여권 운운하며 떠들고 다니니…"), 그런 운동은 투쟁 목표를 분산시켜 결국은 계급 지배 강화를 도울 뿐이라고 봤다.[120] "여성이 남성과 똑같이 자본가들에게 착취당할 수 있는 형식적 권리를 주창하는 저 영국 여자들은 대부분 자본가들의 착취에 직간접적으로 이해관계가 있다." 엥겔스는 '샤 아줌마'에게 보낸 편지에서 이렇게 말하며 왜 자신이 지금 세대의 평등보다는 다음 세대 문제에 집중하는지를 설명했다.[121] 그러나 1876년 한 여성 후보가 리전트 파크 로드 122번지를 찾아와 런던 교육위원회 선거(1870년 교육법 발효 이후 여성도 출마 자격이 생겼다)에서 자신들을 찍어달라고 하자 하는 수 없이 자신이 가진 일곱 표를 모두 그녀에게 던졌다. "결과적으로 그 여자가 다른 일곱 명의 후보보다 더 많은 표를 얻었다. 공교롭게도 교육위원으로 선출된 여성들은 쓸 데 없는 말은 하지 않고 열심히 일만 해서 좋은 평판을 얻고 있다. 평균적으로 여자 한 명이 남자 셋 몫은 한다."[122]

뉴욕이라는 별세계

5년간 마르크스의 유고와 길고도 지루한 전투를 벌인 끝에 엥겔스는 눈이 극도로 침침해지고 두 다리는 류머티즘성관절염이 심해져 결국에는 휴가를 냈다. 그는 늙어서도 여행을 즐겼다. 새로운 사람들을 만나고 새로운 사상과 장소를 접하는 것이 엥겔스가 열정적인 에너지를 발휘하는 비결이었다. 1888년의 미국은 이 세 가지를 충족시켜줄 수 있는 완벽한 나라였다. 더구나『영국 노동계급의 상태』미국판이 1886년에 나왔고, 미국 노동계급은 수십 년간의 지독한 착취를 겪은 끝에 이제 계급의식에 눈을 뜬 것처럼 보이는 마당이었다. "바로 이 순간 코널즈빌 지구에서 펜실베이니아 광부 1만2000명이 벌인 대규모 파업 기사를 실은 미국 신문들을 보고 있다."『영국 노동계급의 상태』미국판 부록에서 엥겔스는 이렇게 썼다. "그런데 마치 1844년 영국 북부 광부들이 했던 파업에 대해 내가 묘사한 대목을 읽고 있는 기분이다."[123]

미국 소설가 마크 트웨인의 유명한 표현대로 당시는 '도금鍍金시대 Gilded Age'*였다. 악덕자본가가 떼돈을 벌고 도시 프롤레타리아가 늘면서 상상을 초월하는 부와 도저히 믿기지 않는 불평등이 공존하던 시기였다. 밴더빌트, 모건, 듀크, 카네기 가문(이들은 적자생존을 핵심으로 하는 허버트 스펜서의 사회진화론을 지지하게 된다) 같은 대자본가들이 존재하는 한편으로 작업장에서는 소요가 끊이지 않고 사회주의의 싹이 텄다. "대격변"의 해인 1886년에는 70만이 넘는 노동자들이 파업에 참가하거나 사측의 공장폐쇄에 맞서 시위를 벌였다. 임금 삭감과 기계화, 기계화에 따른 단순노동 확산에 대한 논란이 심화됐다.[124] 시카고에서는 노조연맹(곧 미국노동총연맹AFL으로 개칭한다)이 5월 1일 집회를 조직해 가두행진과 시위를 벌였다. 세를 과시하자는 것이었으나 결과는 비극으로 끝나고 말았다. 사흘 후 시위 도중 난데없이 폭탄이 날아들자 경찰이 시위대를 향해 발포한 이

---

* 마크 트웨인이 1873년에 발표한 정치·경제 풍자소설 제목. 남북전쟁이 끝난 뒤 미국 경제가 급속도로 발전한 시기를 일컫는 표현으로 널리 사용된다.

른바 '헤이마켓 광장 학살 사건'이 일어난 것이다. 얌전한 영국 노동계급에 비해 미국의 노동운동은 "아메리카적 열정"이 넘쳤기 때문에 엥겔스로서는 대단히 고무적이었다. "지구상에 마지막 남은 부르주아의 낙원이 급속히 연옥으로 변해가고 있어요. 새로 날개를 단 미국 프롤레타리아 운동이 빠르게 확산된다면 유럽과 달리 곧 지옥으로 변할 겁니다." 미국인 번역가 플로렌스 켈리 비시네베츠키*에게 보낸 편지에서 엥겔스는 이렇게 말했다. "마르크스가 살아서 이런 모습을 봤더라면!"[125]

물론 미국의 상황도 문제가 있었다. 특히 이데올로기적 엄격함이 없었다. "이론적인 무지는 신생국들의 특징이다." 엥겔스는 차분한 어조로 이런 진단을 내렸다. 그러나 신생국인 만큼 유럽 사회주의로 하여금 동맥경화증을 앓게 한 것과 같은 문화적·지적 편견이 없다는 장점이 있었다. 미국은 "봉건 잔재나 군주제 전통으로 오염되지 않은 순수한 부르주아 제도들"로 유명했고, "대물림하는 프롤레타리아" 같은 것은 없었다.[126] 미국은 그 자체로 깨끗한 백지 같은 상태였고, 부르주아 헤게모니를 단기간에 프롤레타리아 혁명으로 접수할 수 있는 무주공산 같은 나라였다. 이런 "좋은 토양"에서 조직화된 노동계급은 유럽 같으면 수년이 걸릴 정치 및 선거제도상의 발전을 불과 몇 달 만에 성취해냈다. 그러나 안타깝게도 그런 발전은 익히 보아온 진보 운동 진영의 내분으로 물거품이 될 위기에 처했다. 노동절 시위 이후 미국노동총연맹은 노동조합주의로 후퇴했다. 자본주의 체제에 대항하기보다는 조합원들의 이익을 보전하는 데 주력한다는 의미였다. 정치적 의식이 강한 노동자들은 다시 '사회주의노동당'과

---

* 1859~1932. 필라델피아 출신의 미국 사회·정치 개혁 운동가. 엥겔스의 『영국 노동계급의 상태』를 영어로 옮겼다.

'고결하고 신성한 노동기사단'으로 분열됐다. 사회주의노동당은 독일계 이민자들이 주류를 이뤘고, 노동기사단은 1869년 필라델피아 의류 노동자들이 설립한 길드식 비밀결사 같은 것으로 나중에는 모든 "생산자들"에게 개방됐다(바텐더와 변호사는 제외됐다). 엥겔스가 좀 더 젊었더라면 노동기사단—협동조합 및 노동계급의 상호부조를 중시했다—을 몽상적이고, 프루동주의적이며, 프티부르주아적이라고 배척했을 것이다. 그러나 이제 정치적으로 노회한 원로 공산주의자로서 엥겔스는 그들을 미국 프롤레타리아 정치를 위한 "불가피한 출발점"으로 봤다. 반면에 사회주의노동당은 정통 마르크스주의 철학을 따르고 있기는 하지만 너무 아는 게 많은 이주민 서클 특유의 오류를 범하고 있었다. 이상적인 철학은 넘치고 실천적인 정치는 부족하다는 것이다.

엥겔스는 이런 상황을 직접 살펴보고 싶은 마음 간절했다. 그래서 1888년 8월 8일 뉴욕으로 출발했다. 시티 오브 베를린 호에 함께 몸을 실은 사람은 카를 쇼를레머, 엘레아노어 마르크스와 애인 에드워드 에이블링이었다. 투씨(엘레아노어)는 당시 68세였던 엥겔스가 증기선을 타고 가면서 신바람이 났다고 회고했다. "아무리 날씨가 궂어도 항상 갑판에 나가 산책을 하고 라거 맥주를 한 잔 하셨다. 장애물이 닥쳐도 결코 돌아가지 않고 항상 뛰어넘거나 타고 올라가는 것이 그분의 흔들리지 않는 원칙이었던 것 같다."[127] 그러나 미국에 도착한 엥겔스는 사회주의 계열 집회에 나가 연설을 하고 프롤레타리아 동지들을 규합하고 파업 중인 피츠버그 철도나 펜실베이니아 제철소 같은 데를 둘러보고픈 마음이 싹 가셨다. 대신 1849년에 유럽 이곳저곳을 걸어서 여행했던 것처럼 여느 관광객처럼 지내기로 했다. 이름을 알리지 않고 한 달간 뉴욕에서 보스턴, 나이아가라 폭포를 거쳐 캐나다와 온타리오 호수까지 죽 둘러본 것이다.

여행 내역을 담은 엥겔스의 일기는 당시 미국을 둘러본 유럽인들이 대개 그렇듯이 주로 미국이라는 나라가 얼마나 빨리 부산하게 움직이는지를 기록하고 있지만("미국인은 남이 내 앞으로 지나가는 것을 참지 못한다. 앞사람을 그냥 밀치고 나아간다") 19세기 말 미국의 후진적인 미적 수준에 대한 충격도 보여준다. "미국이 신생국이라는 게 믿어지니? 미국은 세상에서 가장 구식인 나라야." 엥겔스는 라우라 라파르그에게 미국의 인상을 이렇게 전했다.[128] 동부 연안을 여행하면서 줄곧 탔던 이런저런 마차들은 17세기에나 유행했을 법한 것들이었다. 반면에 일행이 머물렀던 가옥과 호텔 방의 장식은 구세계_{歐洲}의 유행을 그럴듯하게 흉내 내 눈길을 끌었다. "어디를 가든 의자고 탁자고 벽장이고 간에 거의가 대대로 물려받은 골동품 같다".[129]

사람들은 달랐다. 장사 일을 오래 해서 그런지, 밀고 당기는 장사와 기업가 정신이 강조되는 맨체스터에 너무 오래 살아서 그런지 엥겔스는 미국 이민자들의 그 거침없는 활기와 사회적 이동성에 감탄을 금치 못했다. 그리고 그런 성취욕을 가장 잘 구현한 인물이 바로 조카뻘인 펌프스의 남동생 윌리 번즈였다. 그는 얼마전 랭커셔에서 보스턴으로 이주해 새로운 삶을 살고 있었다. 가망 없는 퍼시와 반대로 윌리 번즈는 "대단한 친구"였다. "똑똑하고 활기차고 마음과 정신이 시대의 흐름을 잘 타고 있었다. 그 친구는 잘하고 있다. 보스턴 앤드 프로비던스 철도회사(지금은 올드 콜로니)에 다니는데 주급 12달러를 받는다. 부인(맨체스터에서 같이 왔다)도 잘 얻었다. 아이도 벌써 셋이다." 자유롭고, 계급적 편견과 봉건 잔재 같은 게 없는 나라인 만큼 "그 친구는 영국으로 돌아갈 생각은 꿈에도 없을 것이다. 미국 같은 나라에 딱 맞는 친구다."[130]

도시계획에 일가견이 있는 엥겔스에게 여행의 하이라이트는 "아주 예뻔" 매사추세츠 주 케임브리지나 "아름답고 고상한" 콩코드(여기서는 교도소를 둘러보는 흥미로운 경험을 했다)가 아니라 "세상에서 가장 큰 자본주의 생산의 수도" 뉴욕시였다. 이후 많은 마르크스주의자들이 그런 것처럼 당시 엥겔스는 미국을 최신 자본주의의 정점이라고 봤다. 후일 막스 호르크하이머, 테오도르 아도르노, 허버트 마르쿠제*는 로스앤젤레스의 고속도로와 남부 캘리포니아의 대학 캠퍼스들을 그렇게 보지만 1880년대에 자본주의의 미래상을 상징적으로 보여주는 곳은 동부 연안 지역이었다.[131] "우리 일행이 뉴욕에 들어선 것은 밤이 다 돼서였다. 단테가 『신곡』에서 묘사한 지옥에 들어선 기분이었다." 엥겔스가 라우라 라파르그에게 뉴욕에 갔던 얘기를 하면서 이런 말로 시작한 것은 어찌 보면 충분히 이해가 갈 만했다. 이어 "우리 머리 위로 높이 솟은 철도에서는 기차가 천둥 같은 소리를 내며 지나가고, 수많은 전차들은 딸랑딸랑 종소리를 내며 오간다. 사방엔 온통 끔찍한 소음뿐"이라고 했다. 엥겔스가 받은 충격을 엿볼 수 있다. 1840년대 맨체스터에서 자본주의 도시의 전형적인 모습은 크고 작은 공장들과 옥스퍼드 로드의 슬럼가였다. 그러나 1880년대의 첨단 도시 뉴욕의 본질은 대중문화와 경이적인 기술에서 엿볼 수 있었다. 뉴욕 중심부 맨해튼은 후일 발터 벤야민이 규정한 바에 따르면 상층 부르주아 소비자의 상품화를 위한 꿈의 세계였다. "가리개 하나 없는 전기 아크등이 배마다 대낮같이 환하다. 우리에게 불을 밝혀주려는 것이 아니라 일종의 광고로서 눈길을 끌기 위한 것이다. 그래서 결과적으로 눈앞에 있는 모든 것이 헷갈린다." 엥겔스는 뉴욕의 이런 면모에 주목했다. 뉴욕은 간단히

---

* 마르크스주의를 비판적으로 계승한 독일 프랑크푸르트 학파의 대표적인 3인으로 1930년대에 나치가 집권하자 미국으로 망명했다.

말해 "세상에서 가장 불쾌한 군중들이 거주할 만한 도시다. 그들은 하나 같이 몬테카를로 도박장에서 쫓겨난 딜러 같아 보인다."[132]

뉴욕 사람들의 천박성을 영국 스타일로 은근히 비판하면서도 엥겔스는 대서양 건너편 나라를 돌아보면서 대단히 즐거워했다. 맑은 공기, 성공을 위해 전력투구하는 양키들, 일급 요리는 물론이고 어디서나 독일 맥주를 마실 수 있었기 때문에 꼭 다시 와보고 싶어했다. "여행은 너무 너무 좋았어." 증기선을 타고 귀국하는 길에 동생 헤르만에게 보낸 편지에서 엥겔스는 캘리포니아산 백포도주를 홀짝이며 이렇게 썼다. "적어도 5년은 젊어진 기분이다. 사소한 병들이 다 나은 것 같아. 눈도 안 침침하고."[133] 엥겔스가 런던에 돌아왔을 때 육체적으로는 활기가 넘쳤고, 정치적으로는 프롤레타리아 혁명에 대한 기대와 확신이 넘쳤다. 넘이 있는 리전트 파크 로드로 돌아온 엥겔스는 이제 지난 10년 동안 몰두한 과학과 철학은 한쪽으로 제쳐두고 다시금 아수라장 같은 정치판에 뛰어들어 마르크스 사상이 거리에서 빛을 보도록 하는 작업에 전념했다. 1890년대, 70대에 들어선 엥겔스는 모든 시간을 노동자들의 투쟁을 지원하는 데 쏟았다. 때마침 잠자던 영국 프롤레타리아가 다시 투쟁에 나선 것은 더할 나위 없이 반가운 소식이었다. 혁명을 찾아 영국으로 건너온 지 근 50년 만에 그는 마침내 영국이 들고 일어설 준비가 돼 있음을 느꼈다.

10장

마침내
주연으로 서다

The Frock-Coated
Communist

"1890년 5월 4일 영국의 프롤레타리아는 40년간의 동면에서 깨어나 노동계급 운동에 다시 합류했다."[1] 런던에서 열린 제1회 노동절 집회—후일 모스크바 붉은 광장에서 하는 소련의 정규 군사 행진 행사로 격상된다—에서 사회주의 운동권이 대규모로 세력을 과시했다. 노동자와 운동가들은 새벽부터 템스 강 북변 강둑 빅토리아 공원에 집결했다. 대열 맨 앞에는 이스트 엔드의 부두노동자와 가스공장 노동자들이 섰고, 그 뒤로 여성노동조합연맹, 블룸즈버리 사회주의 협회, 노스캠버웰 진보 클럽, 이스트 핀즈버리 래디컬 클럽, 웨스트 뉴잉턴 개혁 클럽 및 수많은 노조원들이 줄을 이었다. 런던 상업지구 중심지를 통과해 마블 아치*까지 가는 행렬에는 런던시 고위급 인사들과 국회의원, 교육위원, 극작가 조지 버나드 쇼, 하원의원인 사회주의자 로버트 커닝햄 그레이엄, 가스공장 노조 지도자 윌 손**, 조지 랜즈버리***와 엥겔스 같은 사회주의 운동권의 스타들도 있었다. 짧지만 흥분의 도가니였던 그날 하루

* 1827년 나폴레옹과의 전투에서 승리한 것을 기념해 건립한 하얀 대리석 문.
** 1857~1946. 후일 노동계급 출신으로는 처음으로 하원의원이 된다.
*** 1859~1940. 영국의 정치가. 후일 공공사업장관과 노동당 당수를 지냈다.

대영제국의 심장부는 급진 좌파의 물결에 휩싸였다.

행렬이 하이드파크—한때 런던 상류층들이 화려한 복장으로 행진을 하던 곳이었으나 19세기 들어 "국민의 공원"으로 탈바꿈했다—로 들어설 무렵 시위대는 20만여 명으로 불어났다. 과격한 정치 구호를 적은 깃발과 플래카드가 지평선 아득한 곳까지 물결을 이뤘다. 엥겔스의 회고를 들어보자. "나는 4번 연단(짐 싣는 마차다)에 서 있었다. 거기 모인 군중은 일부(5분의 1 또는 8분의 1)밖에 안 보였다. 눈이 닿는 곳까지 사람들의 얼굴과 얼굴이 거대한 바다를 이뤘다." 여기서도 개별적으로는 경쟁과 정파 간 다툼이 있는 것은 당연했고, 사회주의 운동 진영끼리도 동지애를 느끼지 못하는 경우가 다반사였다. 그러나 엥겔스에게 이 집회는 영국 노동계급이 되살아났다는 신호였다. 그들은 빅토리아 시대 중기의 경제 붐이 꺼지자 마침내 자유주의적 혼란을 떨쳐버리고 차티스트 운동과 사회주의의 유산을 재발견한 것이다. "마르크스가 이렇게 노동자들이 깨어나는 현장을 볼 수 있었다면 얼마나 좋을까. 똑같은 영국 땅이건만 그 시대에는 노동운동이 겨우 싹트는 단계였지." 아우구스트 베벨에게 보낸 엥겔스의 편지에는 서글픈 감회 같은 것이 깃들어 있다. 거의 반세기 만에 처음으로 영국 프롤레타리아의 목소리가 우렁차게 울려 퍼지는 것을 들으면서 엥겔스는 다시금 힘을 얻었다. "나는 고개를 꼿꼿이 쳐들고 낡은 짐마차^{연단}에서 내려왔다."[2]

군중 수만큼이나 주목할 만한 사건은 엥겔스가 하이드파크에 나타났다는 것이다. 강철 같은 전략가 엥겔스는 오랜 세월 마르크스 뒤에서 활약하면서 1840년대 파리 이후로 대중에게 별로 모습을 드러내지 않았다. 그런데 이제 제 모습을 당당히 드러낸 것이다. "본인의 말을 빌리면 제2 바이올린이었던 그가 이제야 진면목을 완전히 드러냈다." 빌헬름 리프크네히트의 회고다. 국제 노동계급 투쟁 과정에서 많은 사람들의 조언자로서, 멘토로서 설득하고 용기를 불어넣어줬던 그가 자신도 "제1 바이올린을 연주할 수 있다는 것을 보여준" 것이다. "스승의 포도밭에서 일하는 우리는 어려운 일이 있을 때마다 사부師父 엥겔스한테 달려간다." 엥겔스를 끔찍이 떠받든 투씨는 1890년에 이렇게 썼다. "그리고 그렇게 달려가서 도움을 받지 못한 적은 한 번도 없다. 최근 몇 년간 이 한 사람이 한 일은 보통 남자 열두 명이 하기에도 벅찬 것이다."[3] 노동절을 유럽 대륙 전역에서 기념하고 마르크스주의가 세를 넓혀가는 사회주의 정당—오스트리아에서 스페인까지, 러시아에서 미국까지 세를 넓혔으며 마침내 영국도 그렇게 됐다—의 공식 이데올로기가 된 상황에서 엥겔스가 내리는 결정(보통 "오늘날 마르크스가 살아 있었다면" 하는 개탄으로 시작한다)은 점점 무게를 더해갔다. 리전트 파크 로드의 달라이라마는 말년을 사회주의 이론과 조직 운영 문제를 붙잡고 씨름하는 데 바쳤다. 모순이 누적돼 몰락한다는 자본주의는 여전히 활기가 넘쳤고, 복지주의를 강조하는 사회민주주의 세력의 정치적 도전이 거셌으며, 노동자 대중 정당은 선거 투표 전략으로 고민하는 등 문제는 한두 가지가 아니었다. 정치 지형이 급속히 변해가는 상황에서 여전히 정력적인 엥겔스는 놀라울 정도로 유연한 전략가임을 과시했다. 거리낌 없이 예전의 접근법을 재고하는가 하면 지금까지 신성시돼왔던 원칙에 의문을 제기하기도 했다.

실천적인 사안에서부터 철학적인 문제에 이르기까지 저물어가는 황혼기에도 장군은 항상 대의를 위해 복무했다. 그가 삶에 그토록 열정과 사랑을 쏟을 수 있었던 이유는 역사가 자기편이라는 확신, 사회주의의 전진이 그 어느 때보다 실현 가능성이 높다는 확신 때문이었다. 엥겔스는 몇 년만 더 버티면 된다는 확신을 가지고 있었다. 그것은 "새로운 세기를 맞으면" 평생 몸과 마음을 바쳐온 마르크스주의의 승리를 보게 된다는 믿음이었다.

영국 사회주의의 부활

"이제 우리는 모두 사회주의자다." 윌리엄 하코트 경1827~1904. 영국의 정치인, 법률가은 1880년대 말 정치 지형 변화에 대해 이렇게 심드렁한 반응을 보였다. 빅토리아 시대 중기에 요지부동이었던 주류 이데올로기들―개인주의, 자유방임 경제, 자력구제, 종교적 확신 등등―은 국가가 개입해 현실을 개선해야 한다는 요구가 커지면서 무너지기 시작했다. 버밍엄, 글래스고, 런던에서는 시 정부가 도시사회주의의 급진적인 프로그램을 채택하는 실험에 나섰다. 시 정부가 공공시설과 교통, 레저 부문까지 시유화市有化해 떠맡는다는 계획이었다. 옥스퍼드에서는 영국 관념론 철학자 T. H. 그린이 헤겔을 부활시켜 진보적인 국가 개입을 옹호하는 새로운 철학을 제시했고, 이는 새로운 자유주의의 지적 토대가 되었다. 헨리 조지1839~1897. 미국의 경제학자의 저서 『진보와 빈곤』(1879년)은 토지 개혁을 강력히 주장함으로써 영국과 아일랜드에 큰 영향을 미쳤다. 상류 지식인들이 많이 모이는 블룸즈버리의 응접실들과 셰필드의 이런저런 과학관에서, 그리고 이스트엔드의 급진파 클럽에서 평등과 계급의식이라는 사회주의 이념을 놓고 40년 만에 처음으로 열띤 논쟁이 벌어졌다. 엥겔스의 관점에서 보면 산업혁명을 낳고 프롤레타리아 계급을 처음으로 양성한 영국이라면 이런 변화는 진작 일어났어야 했다.

10년 전인 1880년대 초입에 엥겔스는 사회주의의 부활을 낙관하면서 노조운동 연합 기관지 「레이버 스탠더드」에 일련의 기사를 쓰기로 했었다. 1881년 여름 내내 엥겔스는 열심히 작업을 해서 노조에 대해 노조원을 더 많이 끌어 모으고 길드식 분파주의를 떨쳐내고 자본가 계급의 착취와 맞서라고 촉구했다. "이 나라 노동계급이 한동안 잘못된 방향으로 가고 있었다는 각성에 이를 것 같은 징조가 많이 보인다." 엥겔스는 노조 지도자들에게 임금 인상과 노동 시간 단축을 내세우지 말고 "임금 시스템 자체"에 집중하라고 당부했다.[4] 그러나 소용없었다. "나아진 게 하나도 없어." 1881년 8월 「레이버 스탠더드」 편집장 조지 십턴^{1839~1911. 영국의 저명한 노}조 운동 지도자에게 보낸 편지에서 엥겔스는 체념조로 말했다.[5] 그가 좌절한 것은 영국 프롤레타리아의 고질적인 무기력이 그 어느 때보다 심했기 때문이다. "다섯 달을 꼬박 거기 매달렸네. 「레이버 스탠더드」에 기사를 써서 옛날 차티스트 운동의 불씨를 되살리고 우리의 사상을 널리 퍼뜨리려고 했어요, 어떤 반응이 나올지 궁금했거든." 1848년 바덴 봉기 때 같이 싸운 동지 요한 필립 베커*에게 당시 상황을 이렇게 설명했다. 그런데 그 결과는? "아무 효과도" 없었다.[6] 유감스럽게도 영국 노동계급이 대영제국의 산업 독점 시스템의 과실을 공유하는 한 사회주의가 살아날 희망은 없다는 것이 엥겔스의 결론이었다. 영국 노동계급은 식민지 지배를 통해 부를 얻고 있었기 때문에 그런 시스템을 뒤집어야 할 이유가 없었다. 그래서 신흥 상공계급의 이익을 대변하는 자유당에 줄을 선 것이다. 미국이 경쟁력을 키워 영국의 상업적 우위가 종식되고 빈곤의 시대가 지속돼야만 노동자들이 들고일어날 수 있었다. "여기서 진정한 프롤레타리아 운동이 진

---

* 1809~1886. 독일 혁명가. 제1인터내셔널에서 주요 인물로 활동했고, 특히 1860년부터 마르크스 · 엥겔스와 아주 가까워졌다.

행되고 있다고 절대 착각하지 말게." 1883년 엥겔스는 베벨에게 이렇게 투덜댔다. "세계 시장 지배에 참여하는 것이 영국 노동자들의 정치적 무기력의 경제적 토대였고, 그것은 지금도 마찬가지야."[7]

영국 사회주의의 부활은 엥겔스로서는 쾌재를 부를 만한 일이지만 엄청난 사회경제적 위기의 산물이 아니라는 점에서 실망스러운 것이기도 했다. 사회주의의 부활은 본질적으로 고도로 지적인, 심지어 정신적인 흐름의 결과로 중산층 사상가들이 주도한 것이었다. "다시 말할 필요도 없지만, 오늘날 실제로 '영국에 사회주의가 다시' 나타났다. 그것도 꽤 요란하게." 1892년 『영국 노동계급의 상태』 신판 서문에서 엥겔스는 이렇게 지적했다. "온갖 색깔의 사회주의가 존재한다. 의식적 사회주의와 무의식적 사회주의, 산문적 사회주의와 시적 사회주의, 노동계급의 사회주의와 중산층의 사회주의. 그야말로 혐오스러운 것은 사회주의가 사회적으로 괜찮은 평가를 받게 된 정도가 아니라 이브닝드레스를 걸치고 상류층 응접실 안락의자에 앉아 노닥거리고 있다는 사실이다."[8] 이런 비판은 창피하지만 사실이라는 것을 사회주의자들의 하루를 묘사한 헨리 힌드먼의 글을 보면 알 수 있다. "흥미로운 장면이었다. 유명한 사회주의자 모리스는 중절모에 파란 신사복을 걸치고 나왔고, 챔피언, 프로스트, 조인스 등은 부유층의 아침 복장을 한 상태였다. 거기에 몇몇 노동자 동지들이 있었고, 나는 프록코트를 입고 나왔다(버나드 쇼는 내가 날 때부터 프록코트를 입고 나왔다고 할 정도다). 높다란 모자에 멋진 장갑을 끼고 다들 열심히 일 페니짜리 사회주의 신문을 팔았다. 런던에서도 가장 번화한 도로에서 가장 바쁜 시간대에."[9] 1890년대 영국 사회주의의 선봉들은 그들이 해방시키고자 하는 계급과는 전혀 다른 계급 출신이었다. 우선 스튜어트 헤들럼* 이 이끄는 '성^포 마태 길드'를 중심으로 한 기독교 사회주의 그룹이 있었다. 에드워드 카펜터는 밀소르프 공동체를 주도하면서 남성만의 동지애와 동양 신비주의를 강조했다. 토머스 데이비슨1840~1900. 스코틀랜드 출신 영국 철학자, 사회사상가은 오언주의 색채가 가미된 신생명동지회(후일 점진적 사회주의를 추구하는 페이비언 협회의 모태가 된다)를 만들었다. 이 밖에 이스트 엔드를 중심으로 한 노동해방동맹에서부터 토지개혁협회, 전국정교政教분리운동협회까지 여러 성향이 뒤섞인 단체도 많았다. 페이비언 협회의 대모代母격인 베아트리스 웨브에 따르면, 급진파 보헤미안들과 불안에 시달리는 부르주아들을 사회주의 쪽으로 이끈 것은 "일종의 죄의식이나 불안감"이었다. "그런 불안감이 커지다가 결국은 엄청난 액수의 지대와 이자와 이윤을 발생시킨 영국의 산업화가 대다수 주민들에게는 용인할 수 있는 정도의 생활도 보장하지 못했다는 확신으로 바뀐 것이다."[10] 다른 많은 영국 사회주의자들에게 사회주의란, 영국 국교인 성공회 신앙 거부에서 정교 분리를 주장하는 세속주의로 넘어갔다가 다시 사회주의와 우애라고 하는 윤리적 관념에 기초한 인간의 종교로 넘어가는 컨베이어벨트 같은 것이었다. 『자본론』을 읽은 사람은 거의 없었고, 대륙의 공산주의와의 정치적 유대도 극히 드물었으며, 변증법적 유물론에 대한 이해도 형편없었다. 영국 사회주의자들 가운데 제대로 된 마르크스주의자로 자처할 수 있는 인물은 딱 한 사람, 중절모에 멋진 장갑을 낀 힌드먼이었다. 그는 1880년대 런던에서 가장 영향력 있는 사회주의 분파인 사회민주주의연맹SDF을 설립했다. 한 가지 문제는 엥겔스가 그를 끔찍이도 싫어한다는 점이었다.

헨리 힌드먼은 아버지가 인도 서부에서 장사를 했다. 대학에서는 변호

---

* 1847~1924. 영국 성공회 목사. 기독교 사회주의의 개척자로 유명하다.

사 훈련을 받았고, 언론에 손을 댔다가 나중에는 부잣집 딸과 결혼했다. 그가 본격적으로 등장한 것은 1880년 프랑스어판『자본론』을 읽고 "19세기의 아리스토텔레스" 카를 마르크스를 찾아오면서부터였다. 이후 메이틀랜드 파크 로드의 마르크스 집을 뻔질나게 드나들었다. 엥겔스가 보기에 그는 짜증나는 존재였다. 힌드먼은 늘 자신이 마르크스와 너무 가까워지니까 엥겔스가 골을 내는 것이고, 엥겔스가 "라이벌이 되지 못하게 온갖 수를 다 썼다"고 주장했다. 사회주의 정치권 상층부는 개인적인 문제로 싸우는 경우가 많았다. 힌드먼은 마르크스와 엥겔스의 관계를 마르크스가 엥겔스에게 경제적으로 의존하는 상태이기 때문에 가능한 관계라고 폄하했다. 그 결과 "의심과 질투가 심한" 엥겔스는 "자신이 보유한 현금의 교환가치"(힌드먼이『자본론』을 그럴듯하게 비틀어 한 표현이다)를 우정으로 지불하도록 마르크스에게 집요하게 요구했다는 것이다. 힌드먼은 자서전에서 "마르크스 부인은 그런 얘기는 생각하기조차 싫어했다"고 썼다. "마르크스 부인은 내 아내에게 한 번 이상 그[엥겔스]에 대해 카를 마르크스의 '사악한 유혹자'라고 말했으며, 능력 있고 충실하지만 정이 안 가는 후원자에게 의존하는 상황에서 남편을 하루 빨리 구해내고 싶다고 했다."[11] 힌드먼은 이런 시각을 묻어두지도 않았다. SDF 기관지「정의Justice」를 통해 여러 차례 엥겔스와 그를 중심으로 한 "마르크스주의 파벌"에 대해 자신과 영국의 통합 사회주의당 SDF를 지지하지 않는다고 공격했다. 힌드먼의 비난은 극단으로 치달았다. "엥겔스는 화목을 깨고 분란을 일으키는 데는 정말 천재다. 모함하고 중상할 사람이 더 이상 없으면 아마 자기 자신을 모함하고 중상할 것이다."[12]

엥겔스가 친구들을 독점하려는 성향이 있었던 것은 분명하지만, 힌드먼을 혐오한 데에는 그럴 만한 이유가 있었다. 엥겔스와 마르크스는 힌드먼이 공산주의의 신조를 정리한 「만인을 위한 영국」(1881년)을 쓰면서 『자본론』을 마구 표절한 데 대해 분노했다. 게다가 엥겔스는 힌드먼이 겉으로는 사회주의의 기치를 내걸었지만 맹목적 애국주의와 포퓰리즘으로 대변되는 구식 토리당 기질을 숨기고 있다고 생각했다. "힌드먼은 영악하고 장사꾼으로는 그만이지. 하지만 얄팍하고 전형적인 영국인이야." 엥겔스는 카우츠키에게 이렇게 속내를 비쳤다. "더구나 재능과 그릇에 비해 야심이 너무 커."[13] 힌드먼은 대중과 편히 지내지 못하는 성격이어서 SDF를 독선적으로 운영하고 융통성 없이 정통 마르크스주의만을 고집했다. 그가 고집한 정통 노선이라는 것은 엥겔스가 보기에도 너무 심했다. "SDF는 사실 완전히 파벌집단이야." 갑자기 다원주의자가 된 엥겔스는 카우츠키에게 이렇게 말했다. SDF가 "마르크스주의를 완고한 도그마로 전락"시킴으로써 잠재적인 지지자들을 멀어지게 했다는 것이다.[14] 가장 심각한 문제는 그의 선전선동이 너무 허황되다는 점이었다. 엥겔스는 그런 행태를 대단히 위험하다고 봤다. 실제로 힌드먼은 존 번즈1858~1943. 영국의 노조운동 지도자, 정치인 및 부유한 후원자인 H. H. 챔피언1859~1928. 영국의 사회주의 운동가, 언론인과 함께 1886년 2월 런던 팰맬과 피카딜리에서 대중집회를 열었다. 그런데 이것이 도화선이 되어 이스트 엔드의 실업자 8000명이 들고일어나 번화가인 웨스트 엔드를 약탈하는 사태로 번졌다. "그 사태로 얻은 성과는 부르주아 대중의 머릿속에 사회주의는 약탈과 동의어라는 인상을 심어준 것이다. 사태를 심각하게 악화시킨 것은 아니라 할지라도 한 발도 전진하지 못한 것은 분명하다." "피의 월요일"로 알려진 소요 사태에 대해 엥겔스는 이렇게 혹평했다.[15] 일련의 사태가 SDF와 돌팔이 사회주의자 집행부는 근본적으로 문제가 있다는 것을 말해줬다. 그들은 "수년의 세월이 필요할 운동을 하룻밤 사이에 성취하겠다고 떠들었다."[16] 영국에는 독일의 리프크네히트와 카우츠키, 프랑스의 라파르그와 게드처럼 조직과 이데올로기 사업을 인내심을 가지고 꾸준히 해나갈 만한 인물이 보이지 않았다.

상황이 이랬던 만큼 1884년 에드워드 에이블링과 윌리엄 모리스가 SDF에서 떨어져 나와 사회주의동맹이라는 조직을 새로 꾸렸을 때 엥겔스는 대단히 기뻐했다. 즉각 두 사람을 리전트 파크 로드 자택으로 불러 당 운영과 규율 확립, 선전 활동 등에 대해 간결하게 안내를 해줬다. 그 결과 모리스는 기관지격인 사회주의 신문 「커먼윌」을 창간했고, 사회주의동맹 지부를 여럿 설립해 SDF에 불만을 가진 당원들을 흡수했다. 그러나 모리스와 엥겔스의 관계는 썩 좋아지지 않는다. 미학적 감성이 뛰어난 모리스는 합리적이고 기술적인 과학적 사회주의에는 별로 관심이 없다는 사실을 감추지 않았다. "솔직히 말해서 나는 마르크스의 가치론이 무엇인지 모르고, 알고 싶지도 않다." 모리스는 한 대중 집회에서 이렇게 밝혔다. "내가 아는 정치경제학은 게으른 부자 계급은 부유하고, 일하는 계급은 가난하며, 부자가 부유한 것은 가난한 사람들의 부를 도둑질하기 때문이라는 것뿐이다."[17] 「커먼윌」에 연재했다가 나중에 소설로 나온 『유토피아에서 온 소식』(1890년)에서 모리스는 중세식 복장에 장인 길드가 있는 산업화 이전의 과거로 돌아갈 것을 역설했다. 이 소설에서 런던은 공업이라는 것은 전혀 없고 국회의사당은 다시 허허벌판으로 돌아간 모습으로 나온다. 모리스의 비전은 공산주의의 미래상은 산업혁명으로 야기된 기술 발전과 부의 확대에 의존한다는 엥겔스의 신념과는 정반대였다. 따라서 엥겔스가 처음부터 모리스를 "아주 부자지만 정치적으로는 무능한 예술애호가"라고 혹평한 것은 놀라운 일이 아니다. 두 사람의 관계는 모리스가 SDF를 탈퇴한 직후, 그리고 고대 북구 신화에 대해 똑같이 관심이 있다는 사실이 드러나고 나서 잠시 좋아졌다. 그러나 모리스가 무정부주의에 발을 담그면서부터 엥겔스는 "완전히 감상적인 몽상가"라며 사람 취급을 하지 않았다. 엥겔스는 모리스에게 사회주의를 가르치려면 격주로 세미나라도 열어줘야 할 판이라고 했다. "그런데 누가 그럴 시간이 있겠나. 그리고 한 달만 빼먹으면 그 친구는 다시 정신이 나갈 것이다. 그런 시간이 있다 한들 그렇게 수고를 무릅쓸 가치가 있을까?"[18]

적어도 모리스는 잘못된 방식으로나마 올바른 방향으로 나아가고 있었다. 노동의 가치와 자본주의의 소외 효과를 강조했다. 페이비언 협회와는 달랐다. 조지 버나드 쇼, 시드니 웨브*, 시드니 올리비에, 애니 베전트, 프랭크 포드모어1856~1910. 영국의 작가, 페이비언 협회 창립 멤버를 비롯한 페이비언 협회 인사들은 엥겔스의 눈으로 볼 때 두 가지 중범죄를 저질렀다. 우선 감히 마르크스의 경제학을 비판했다. 그리고 "교육 받은" 중산층 스타일이라는 것도 문제였다. 엥겔스는 그들이 "터무니없이 오만한 딜레탕트 패거리로 서로 잘났다고 추어주면서 마르크스 같은 사람들은 무식하다고 우습게 여긴다"며 라우라 라파르그에게 분노를 토로했다.[19] 엥겔스는 페이비언 협회가 런던 시청을 좀 더 사회주의적인 방향으로 이끌어 공공 서비스와 공공시설을 시유화하고 영리를 최대한 배제하도록 한 공로에 대해서는 기꺼이 인정을 했다. 그러나 그들은 자유당에서도 변방에 속하는 세력에 불과하다고 봤다. 자유당은 복지 운운하지만 결국 정치적 개량주의는 계급 격차를 줄이는 데는 별로 의미가 없었다. 이런 문제 제기는 어느 정도 진실을 담고 있지만 준열한 비판이 수긍을 얻으려면 힌드먼과 모리스를

* 1859~1947. 영국의 사회학자, 경제학자, 페이비언 협회의 지도적 이론가로서 개량주의적인 노조 운동을 이끌었다. 베아트리스 웨브의 남편이다.

경멸만 할 것이 아니라 제대로 된—노련하고 성실하며 대중적으로도 인기가 있는—사람을 내세워 사회주의 운동을 이끌도록 하는 것이 바람직했다. 아닌 게 아니라 엥겔스는 그렇게 했다. 그런데 마르크스 일가를 너무 좋게 생각해준 탓에 영국 사회주의 운동권에서 가장 욕을 많이 먹고 불신당하는 인물을 내세운 것이 문제였다.

에드워드 에이블링, 윌 손, 키어 하디

"또 다른 소식을 전해야겠어. …벌써 알고 있을지 모르겠지만 난 에드워드 에이블링을 정말 좋아해. 자기도 나를 좋아한댔어. 그래서 함께하기로 했어. …그런 결정을 내리기가 쉬웠다고 말할 필요는 없을 거야. 하지만 다 잘될 거라는 확신이 있었어. 엉뚱한 생각 하지 마. 그이는 아주 좋은 사람이야. 우리를 너무 나쁘게 생각하지 않았으면 좋겠어. 엥겔스 아저씨야 항상 좋게 봐주시지." 1884년 투씨는 언니 라우라에게 에드워드 에이블링과의 "결혼" 계획을 에둘러 말했다. 조합교회 목사의 4남인 에드워드 에이블링은 과학자로서 화려한 경력을 쌓았다. 유니버시티 칼리지 런던의 연구교수이며 비교해부학 강사로 정교 분리를 외치다가 자리를 잃었다. 1880년대 초 에이블링은 영국세속주의협회 공식 강단에 서면서 "보통 사람들의 다윈"으로 거듭났다. 이 협회는 대부분 노동계급인 청중들에게 무신론과 다윈 사상을 보급하는 것을 목적으로 하는 단체였다. 에이블링은 강연과 세미나 원고를 개작해『학생들을 위한 다윈』,『쉽게 풀어쓴 다윈 입문』같은 책으로 펴내 대중적인 인기를 끌었다.[20] 이후 에이블링은 1884년 런던 교육위원회 문제로 힌드먼 및 그가 이끄는 SDF와 연을 맺으면서 마르크스주의를 알게 됐다. 그리고 곧 재능 있고 똑똑하고 부지런한, 사회주의를 위해 열심히 일하는 인물이라는 평을 받았다. 그러나 불행하게도 그는 방탕하고 질이 안 좋은 인간이었다. 힌드먼은 그를 "성질이 아주 못된 인물"로 봤으며, 카우츠키는 "악질"이라고 했다. 심지어 사람 좋은 베른슈타인도 "비열한 악한"이라고 평했을 정도다.[21] 조지 버나드 쇼는 에이블링을 『의사의 딜레마』에 나오는 정 떨어지는 안티히어로 두베다트의 모델로 써도 될 사람"이라고 했다. 쇼는 에이블링이 "종교적 · 정치적 신념에 대해서는 병적일 정도로 집착하는 스타일이어서 목에 칼이 들어와도 철회하지 않을 인물"이지만 "돈과 여자에 대해서는 양심이라는 게 아예 없었다"고 했다.[22] 이런 평가는 1884년에 눈이 맞은 투씨와의 관계에서도 분명히 입증됐다. 당시 에이블링은 법적으로 이사벨 캠벨 프랭크라는 여성과 결혼 상태였다. 여자의 아버지는 잘나가는 가금류 판매상이었고, 에이블링은 정식 이혼을 하지 않았다. 엥겔스로서는 부르주아 사회에서나 문제될 그런 흠결은 별로 괘념할 바가 아니었다. "에이블링은 법적인 아내가 있어서 법률적으로는 안 되지만 사실상은 차버린 지 오래야." 엥겔스는 투씨와 에이블링의 관계가 문제가 있다고 본 에두아르트 베른슈타인에게 별것 아닌 양 이렇게 말했다. 그러지 않아도 두 사람의 결합을 축복하면서 피크 디스트릭트 국립공원으로 신혼여행을 가는 데 50파운드를 준 터였다.[23] 그러나 에이블링은 엥겔스 같은 따스한 마음은 없었다. 이후 수년간 잇달아 바람을 피우는가 하면 여배우와 정식으로 결혼함으로써(1892년 첫 부인 캠벨 프랭크가 사망한 이후의 일이다) 투씨에게 온갖 상처와 모욕을 안겨주었다. 이것이 결국 투씨가 자살에 이르는 요인이 되었다. 그렇지만 좋은 면이 전혀 없지는 않았다. 동거 초기에 투씨의 정치 활동과 저술 작업을 적극 격려했고, 아버지가 죽은 이후 안정을 찾지 못하던 투씨를 따스하게 감싸주기도 했다.

투씨와 엥겔스는 처음부터 에이블링의 쌓인 빚과 재정 문제와 관련한 당혹스러운 부정행위를 감내해야 했다. 에이블링이 영국세속주의협회에서 손을 떼자마자 상사였던 협회 대표 찰스 브래들로1833~1891. 영국의 자유주의적 정치운동가는 그가 협회 기금을 착복했다고 비난했다. 이런 비난은 정치적 경쟁 관계에서 비롯된 것이라고 쳐도, 이후 이어진 비난들은 그런 식으로 얼버무릴 수 없는 심각한 타격이었다. 「뉴욕 헤럴드」는 미국 사회주의노동당 SLP이 조사한 결과 1886년 미국 순회강연 기간에 에이블링과 투씨가 쓴 비용이 1600달러(요즘 화폐가치로 하면 3만5000달러쯤 된다)나 된다는 사실을 "에이블링의 무보수 강연: 막대한 청구서에 사회주의자들 분개하다" 라는 제목으로 대대적으로 보도했다. "야심찬 사회주의 연사들은 볼티모어의 별 다섯 개짜리 호텔에서 빈곤을 연구했고, 와인을 달고 살아 이틀 동안 호텔비가 42달러나 나왔다." 이 신문은 내부 사정에 정통한 소식통을 인용해 투씨 커플을 완전히 박살냈다.24 사건의 핵심은 에이블링이 투씨의 여행 경비까지 청구했다는 것이었다. 당초 미국 사회주의노동당에서는 에이블링의 비용만을 대기로 했었다. 사실 이런 얘기가 나오고 언론에 흘리는 등의 사태(영국 언론도 '그것 봐라' 하는 식으로 기사를 키웠다)가 벌어진 것은 미국 사회주의 운동권 내의 이데올로기 갈등에서 기인한 바 컸다. 에이블링 스캔들은 그런 맥락에서 벌어진 해프닝이었다. 엥겔스는 그런 얘기들을 인정하지 않았다. 그는 자신의 책을 번역한 SLP 고위 간부 플로렌스 켈리 비시네베츠키에게 보낸 편지에서 불쾌한 속내를 털어놓았다. "부르주아 출신으로 배울 만큼 배웠다는 자가 운동을 하면서 노동계급 관련으로 돈 문제에 걸린다면 천벌을 받아야지." 그러면서 일이 꼬여서 오해를 받았을 것이라고 장황하게 늘어놓았다. "나는 마르크스가 생전에 그랬던 것처럼 그 아이들을 지켜줄 의무가 있어요. 힘닿는 한 애들이 잘못되지 않도록 해줘야지."[25] 에이블링은 이제 보호 받아 마땅한 마르크스 가문의 일원이었다. 따라서 그가 비난에 직면할 때마다 엥겔스는 안쓰러울 정도로 열심히 변호를 하고 다녔다. 돈이 떨어지거나 수표가 부도가 나거나 지급 기한을 지키지 못할 때면(늘 그랬다) 엥겔스는 에이블링이 "두서없는 보헤미안 기질의 책상물림"이라서 그렇다는 식으로 싸고돌았다.[26] 마르크스라면 공산주의의 대의에 장애가 된다며 바로 잘랐을 것이다. 그러나 엥겔스는 마르크스 일가를 보호해야 한다는 일념으로 그를 두둔했다. 오만하면서도 톡톡 튀는 그의 행태를 속으로는 좋게 본 측면도 있었다. 엥겔스는 미국인 친구 프리드리히 조르게에게 에이블링에 대해 아주 좋게 말했다. "아주 재능 있고 제 몫을 할 친구야. 또 아주 순수하고. 그런데 울끈불끈해서 엉뚱한 짓을 하곤 하지. 거 참, 그 친구를 보면 내 철없던 시절 생각이 나."[27]

특히 엥겔스는 에이블링의 이데올로기적인 입장과 정치 전략을 올바른 것으로 인정해줬다. 또 에이블링이 새뮤얼 무어의 『자본론』 영역을 돕는 일은 별로 못 했지만 영국 시장에서 마르크스주의를 과학적으로 대중화하는 데는 적임이라고 봤다. 에이블링이 파악하는 바로는 마르크스와 다윈은 이론과 윤리적 특성—"각자의 위치는 대단했다. …도덕적인 성격에서도 두 사람은 비슷했다. …둘 다 본성이 아름답고, 가치 있는 모든 것에서 애정을 불러내고 거기에 다시 애정을 쏟는 스타일이었다"—뿐 아니라 방법론에서도 공통점이 많았다. "다윈이 생물학에서 한 일을 마르크스는 경제학에서 해냈다. 둘 다 오랜 세월 끈질긴 관찰과 실험, 기록, 성찰을 통해 엄청난 일반화에 도달했다. 각기 그 분야에서 예전에 결코 보지 못한 수준의 일반화였다." 에이블링은 『학생들을 위한 마르크스』(1891년)에서 엥겔스도 흡족해할 만한 문체로 마르크스의 독창적 이론의 과학적 성격을 설명했다. "전기에는 옴, 패럿, 암페어라는 게 있다. 화학에는 주기율이 있다. 생리학자들은 인체의 기능을 방정식으로 간단히 설명한다. 마르크스가 정치경제학의 일반법칙을 수식으로 표현했다는 사실은 그가 정치경제학을 선학先學들보다 훨씬 높은 단계로 발전시켰다는 증거다."[28]

에이블링은 말만 하는 데서 멈추지 않았다. 영국세속주의협회에 관계하면서 길거리 선전을 해봤던 경험—옥외 집회도 해봤고 노동자들 모임에서 열심히 강연을 하기도 했다—을 토대로 투씨와 손잡고 독자적인 프롤레타리아 노동자 정당을 만들기 위해 나선 것이다. 주 대상은 범죄가 많아 "버림받은 런던"이라고 할 빈민촌들이었다. 프림로즈 힐에서 한참 떨어진 올드게이트 펌프를 기점으로 동쪽에 있는 화이트채플, 벤스널 그린, 마일 엔드, 혹스턴 일대의 뒷골목과 빈민굴은 빅토리아 시대 런던의 빈곤이 숨겨진 곳이었다. 사람들은 그 일대를 유대인, 부두노동자, 흑인 여성, "험악한" 건달들이 사는 곳으로 여겼다. 그 지역이 얼마나 위험한지는 살인마 잭*의 엽기적인 범행이 상징적으로 보여주는 바였다. 런던의 부도덕과 알코올 중독과 타락이 그곳에 농축돼 있었다. 나머지 지역과는 완전히 격리돼 철저히 잊힌 곳이었다. 그러나 투씨에게 차갑고 배고픈 거리의 가난은 오히려 정치적 가능성이 높아 보였다. 그런 가능성이 한층 가까이 다가온 것이 1887년 11월 13일이었다. 이날 굶주림에 허덕이는 이스트 엔드 주민들은 또다시 부자 동네인 웨스트 엔드로 행진했다. 런던시 경찰국장 찰스 워런 경은 즉각 병력을 동원해 10만 시위대 진압에 나

---

* 1888년 런던 화이트채플 빈민가 일대에서 여러 건의 토막 살인을 저지른 인물.

섰다. 시위대에는 윌리엄 모리스, 애니 베전트, 존 번즈, 에드워드 카펜터, 투씨, 에이블링도 있었다. 투씨는 나중에 리전트 파크 로드에 나타났는데 엥겔스가 폴 라파르그에게 전한 얘기는 이렇다. "코트는 누더기가 되고 모자는 몽둥이로 맞아 찌그러지고 찢겨나갔어. 순사들한테 체포됐다가 경감이 봐줘서 풀려난 거야." 엥겔스는 시위대가 하필 트라팔가 광장에서 기마경찰대와 맞선 것에 대해서는 전술상의 실수라고 비판했지만 ("트라팔가 광장은 정부 쪽에 가장 유리한 지점이다…. 병영이 가깝고 군대를 사열하는 세인트 제임스 파크도 엎드리면 코 닿을 데에 있기 때문이다") "피의 일요일"에 벌어진 불필요한 폭력 사태는 어쨌든 이스트 엔드 사람들을 극적으로 각성시키고 그들에게 어떤 열망과 열정을 심어줬다. 사회주의자들이 급진파 모임이나 술집에서 여러 달 공작을 했어도 꿈쩍 않던 사람들이었다.[29]

이런 정치적 분위기가 계속 유지된 것은 노조 쪽에서 끼어들었기 때문이다. 예상 외였지만 사회주의 정당 건설을 추진하는 입장에서는 환영할 일이었다. 1889년 여름 베크턴 가스공장 화부火夫인 사회주의자 윌 손이 동료 노동자들을 규합해 '가스 및 일반 노동자 전국 연합'을 결성했다. 끔찍한 공장 현실을 개선하기 위한 노력이었다. 이 단체는 투씨와 에이블링의 도움을 받아 작성한 조직 규약을 가지고 불과 넉 달 만에 회원을 2만 명이나 모았다. 이어 손은 일일 근로시간을 12시간에서 8시간으로 줄이는 성과를 거뒀다. 이스트 런던 노동자 공동체에서는 전통적으로 가스노동자가 부두노동자를 겸했다. 따라서 손이 가스공장에서 양보를 얻어낸 사건은 반동적인 하역 회사들에게 압력으로 작용했다. 1890년대에 부두—서인도 도크에서 세인트 캐서린 도크, 밀월 도크, 빅토리아 도크까지—는 널찍한 템스 강 동쪽 하구를 따라 길이가 1.6킬로미터나 됐고, 각종 창고, 선창, 계류지 등에 고용된 인원만 3만 명에 육박했다. 덕분에 런던은 "세계의 무역 중심지"가 됐다. 부두의 여건은 영국에서도 가장 참혹한 축에 속했다. 런던의 역사를 탁월한 필치로 기록한 헨리 메이휴1812~1887. 영국의 언론인, 개혁 성향의 사회연구가는 10월 어느 날 아침의 풍경을 이렇게 묘사했다. "이루 헤아릴 수 없을 만큼 많은 손들이 '저요, 저요' 하며 하늘로 치솟아 난투극을 벌인다. 그 사람의 한 마디가 곧 일자리인 사람의 눈길을 끌기 위해서다. …아무리 목석같은 사람이라도 서글픔을 느끼지 않을 수 없는 광경이다. 수천 명의 남자들이 단 하루의 일자리를 위해 아귀다툼을 벌이는 모습이다. 그중 수백 명은 탈락해 그날 하루를 궁핍 속에서 빈둥거릴 수밖에 없다는 사실을 알기에 아귀다툼은 더더욱 극심해진다."30 조합원이 얼마 안 되는 차茶 하역 노조 대표였던 벤 틸렛1860~1943. 영국의 사회주의자, 노조 지도자, 정치인은 손처럼 하역 회사들과 맞서라는 조합원들의 거센 요구에 직면했다. 그러나 임금을 시간당 4페니에서 6페니, 잔업은 8페니로 올리고, 최소 반나절은 계속 고용을 보장해달라는 그의 요구는 그 자리에서 거부당했다. 하역 회사 사장들은 이스트 엔드에는 예비 노동자가 얼마든지 있기 때문에 노동자들은 단결하지 못한다고 확신했다. 1889년 틸렛은 톰 만1856~1941. 영국의 노조 운동가. 대중연설로 유명했다, 존 번즈 같은 사회주의 운동가들과 함께 (에이블링과 투씨도 도왔다) '영국·아일랜드 부두 및 일반 노동자 연합'을 결성함으로써 그들의 생각이 틀렸다는 것을 보여줬다. 부두노동자 지도자들은 한 달간 거의 6만 명이 참여한 조직적인 파업과 강력한 선전 공세를 벌였다. 타워 힐에서 옥외 집회를 갖고 런던 중심가로 당당하게 행진했으며 파업 기금도 잘 운영했다. 노조가 정치화될 때 벌어질 사태에 대한 두려움 때문이었는지, 헨리 에드워드 매닝 추기경의 중재 덕분인지, 아니면 호주 부두노동자들이 파업 지원금으로 3만 파운드를 보내왔기 때문인지는 몰라도 결국 하역 회사 사장들은 "죽어도 시간당 6페니"라는 존 번즈의 요구에 굴복했다.

런던 신문에 실린 부두 파업 기사를 읽으면서 엥겔스는 환호했다. "부두 파업은 승리야. 마지막 개혁 법안 이후 영국에서 일어난 가장 큰 사건이고 이스트 엔드에서 제대로 된 혁명이 시작됐음을 말해주는 것이지." 1889년 9월 카를 카우츠키에게 한 말이다.[31] "지금까지 이스트 엔드는 빈곤에 찌든 정체 상태였어. 그곳의 특징은 사람들이 무감각하다는 거야. 가난에 정신이 짓밟혀 모든 희망을 잃어버렸기 때문이지. …그런데 작년에 [브라이언트 앤드 메이] 성냥공장 여성 노동자들이 파업에 성공했어. 그리고 이제 자포자기에 빠졌던 부두노동자들이 엄청난 규모의 파업을 벌였지." 베른슈타인에게 한 얘기다.[32] 사회주의 계열 신문 「레이버 리더」에 쓴 글에서 엥겔스는 부두노동자 파업이 고무적인 것은 룸펜프롤레타리아까지도 들고일어날 조짐을 보였기 때문이라고 설명했다. "마르크스가 이 광경을 보았더라면! 가난하고 짓밟힌 사람들, 프롤레타리아 중에서도 쓰레기 취급 받는 사람들, 매일 아침 부두 정문에서 일자리를 달라고 아귀다툼하는 각양각색의 인간들, 그들이 뭉쳐서 결연한 의지로 강력한 하역 회사들을 두려움에 떨게 한다면 진정 우리는 그 어떤 부류의 노동계급에 대해서도 더 이상 절망할 필요가 없다."[33] 부두노동자와 가스노동자 노조는 노동계급 정치투쟁의 구조 변화의 상징이었다. 계급적 연대와 사회주의 이데올로기에 대한 신념으로 뭉친 새로운 세대의 노조가 길드 스타일의 구식 보수파 노조에 도전하고 나선 것이다. "비숙련 노동자들을 중심으로 한 새 노조는 예전 노동귀족들의 조직과는 전혀 다르다. 따라서 다시 보수주의의 길로 빠지지는 않을 것이다." 엥겔스는 이스트 엔드 파업에서 투씨가 영웅적인 역할을 한 것을 대견해하면서 라우라에게 이렇게 말했다.[34] 당시 파업을 주도한 사람들은 결국 엥겔스의 사람들이었다. SDF의 선동가들이나 수염이나 만지작거리며 점잔을 떠는 페이비언 협회 인사들이 아니라 이스트 엔드에서 활동하는 운동가, 노조원, 사회주의자들이었다. 바로 이들이 영국 사회주의 노동자 당을 독일 모델에 입각해 이끌고 갈 것이라고 엥겔스는 기대했다. 엥겔스는 노조 지도자들에 대한 지지의 표시로 그들을 리전트 파크 로드 자택으로 초청했다. "마르크스와 엥겔스 일가를 제외하고 영국인들 중에서 가장 환영받는 손님은 윌 손이었다." 에드워드 에이블링은 이렇게 회고했다. "엥겔스는 그를 대단히 높이 평가했고 좋아했다. 그의 품성과 운동에서 차지하는 역할에 대해서도 최고점을 줬다."[35] 엥겔스는 존 번즈에 대해서도 올리버 크롬웰에 비교할 만큼 극찬했다. 그러자 노조 지도자들은 유럽 사회주의의 대부엥겔스를 노동절 행사 연단 최고 상석으로 초대했다.

　그러나 영국 노동운동의 주도권은 결국 에이블링이나 손 또는 번즈가 아니라 키어 하디에게 돌아갔다. 하디는 광부 출신 비국교도로 술이라면 한 방울도 입에 대지 않았으며 화를 잘 내는 스타일이었다. 또 "독일식 국가 사회주의자들"에 정면으로 반대하고, 마르크스주의식 공산주의보다는 청교도의 "미덕"에 입각해 "정의와 평등의 윤리적 비전을 기본으로 하는" (하디 전기를 쓴 케네스 O. 모건의 표현이다) 사회주의를 주창했다. 그가 이끄는 조직이 독립노동당ILP이었다. 1890년대 초 전국 노조 대회에서 탄생한 ILP는 사회주의보다는 자유주의적인 색채가 강했다. 그러나 노동자들의 이익에 복무하는 전국 단위 정치 조직으로는 유일했기 때문에 엥겔스는 일단 좋은 쪽으로 봐줬다. "당원 대부분이 대단히 우수하고 조직의 중심이 음모의 소굴인 런던이 아니라 각 지방에 가 있고, 강령도 사실상 우리 것과 같기 때문에 에이블링이 지도부에 참여한 것은 잘한 일이다." 1893

년 1월 엥겔스는 조르게에게 이렇게 말했다.[36] 그러나 몇 주 뒤에는 에이블링이 실수로 돌아가는 사정을 제대로 전하지 못하면서 엥겔스는 하디에게 등을 돌렸고, 그가 선동적인 야심을 갖고 있으며 토리당과 제휴하는가 하면 재정 문제에도 부정이 있다고 비난했다. 1895년 1월 엥겔스는 ILP에 대해 더 이상 참을 수 없는 상태가 되자 하디에 대해 "교활한 스코틀랜드인, 위선자, 왕음모꾼으로 그야말로 자만심덩어리"라고 혹평했다.[37] 하디 본인은 엥겔스가 등을 돌린 것을 모르고 있었다. 엥겔스 사후에 하디는 리전트 파크 로드에서 그와 즐겁게 이런저런 잡담을 한 추억을 글로 쓰는가 하면 엥겔스와 마르크스가 살아 있다면 ILP 정치 노선의 변화를 긍정적으로 평가할 것이라고 확신했다.[38] 사실 그 무렵 엥겔스는 영국 사회주의권의 흐름과는 동떨어져 있는 상태였다. 가장 큰 이유는 에이블링에게 너무 의존했기 때문이다. 영국 사회주의 진영의 많은 인사들이 에이블링을 불신한 것이 모두 사실에 근거한 것이라고 보기는 어렵다. 그러나 어쨌든 에이블링은 자기 이익에 급급한 인물이며, 대단히 부도덕한 처신으로 정치적 대의에 해가 되고 노동계급의 청교도적 도덕성에 흠집을 내는 인물이라는 평을 받고 있었다. 엥겔스가 어떻게 해서든 에이블링을 "영국 사회주의 노동 운동의 지도자"로 앉히려는 것에 반감을 가진 운동가들은 리전트 파크 로드를 멀리하기 시작했고, 따라서 영국 사회주의의 정치 노선과 이데올로기에 미치는 엥겔스의 영향은 눈에 띄게 감소했다.[39] "영국에는 왜 마르크스주의가 없을까?" 하는 것이 학자들 사이에 오래도록 논란이 돼온 수수께끼였다. 결정적인 요인이라고 하기는 어렵지만 엥겔스가 에이블링을 잘못 편애한 것이 통합 마르크스주의 정당 출범을 저해했다는 게 일반적인 평가다.[40] 마르크스 일가에게 잘해줘야 한다는 일념에서 비롯된 정치적 판단 미스였다. 엥겔스로서는 극히 드문 일이었다.

국제 사회주의 운동의 중심

유럽 대륙의 사회주의 운동은 엥겔스에게 또 다른 난제를 안겨줬다. "유럽의 5대 대국과 그 밖의 군소 국가들, 그리고 미국에서 진행되는 상황을 파악하느라 정신이 없다." 1894년 엥겔스가 라우라 라파르그에게 불만 섞인 투로 털어놓은 얘기다. "그러기 위해서 독일어 일간지 3개, 영국 신문 2개, 이탈리아 신문 하나를 보고 있어. 1월 1일부터는 빈 일간지까지 모두 7개 신문을 보고 있지. 주간지도 독일 것 2개, 오스트리아 것 7개, 프랑스 것 1개, 미국 것 3개(두 개는 영어, 하나는 독일어), 이탈리아 것 2개, 폴란드와 불가리아, 스페인, 보헤미아 주간지 각 하나씩. 그중 세 개는 아직 말이 익숙지 않아서 더 배워가면서 보고 있다."[41] 여기다가 각국에서 날아드는 편지와 "각계각층 사람들이 보내오는" 문건 등은 양을 헤아릴 수 없을 정도였다. 1890년대 들어서도 리전트 파크 로드는 여전히 국제 사회주의 운동의 중심이었고, 망명객과 러시아 운동가들이 점점 더 많이 드나들었다. 심지어 1893년에는 아우구스트 베벨, 폴 라파르그, 존 번즈가 참여하는 영불독 사회주의 정상회의가 열리기도 했다. 프림로즈 힐을 출입하는 사람들이 부쩍 는 것은 1888년 중반부터였다. 당시 「사회민주주의자」 편집팀 전원—에두아르트 베른슈타인, 율리우스 모텔러, 레너드 타우셔, 헤르만 슐뤼터—이 취리히에서 옮겨와 런던 북서부 켄티시 타운과 터프넬 파크 건너편에 자리를 잡았다. 당연히 일요일이면 이들은 걸어서 엥겔스 집을 찾았다. 오후 무렵 탁자에 둘러앉은 사람들은 필젠 맥주를 마시며 정치 가십과 과학적 사회주의에 관해 많은 얘기를 나눴다. 이때 집안일을 떠맡아 손님들을 보살펴주고 하는 일은 모두 마르크스네 집 가정부였던 님의 몫이었다. 님은 애정과 헌신으로 엥겔스를 보살피고 가정부들을 고용하고 해고하고 하는 일을 맡았으며, 일요일에는 탁자 맨 위쪽에 앉아 엥겔스가 정치와 철학 작업에 몰두할 수 있도록 신경을 썼다. 1880년대 말 평소 엥겔스가 어떻게 지냈는지는 1888년 12월 31일 밤에 있었던 일을 본인이 소개한 글을 보면 충분히 짐작할 수 있다. 라우라 라파르그에게 보낸 편지는 "시작부터 아주 이상하게 됐다"는 말로 시작한다.

우리는 여느 때처럼 마차 한 대를 빌려 타고 펌프스네 집으로 갔어. 안개가 점점 짙어졌지. …어둠과 추위를 이기며 꼬박 한 시간을 달려서 펌프스네 집에 도착했단다. 새뮤얼 무어, 투씨, 슐뤼터 일가는 벌써 와 있더구나(에드워드는 결국 안 왔어). 타우셔도 와 있고. …밤이 점점 깊어졌지. 새해가 됐을 때 바깥 공기가 아주 답답했어. 돌아가기는 글렀다. 마부한테 1시에 오라고 해놓았는데 안 온 거야. 그래서 다들 돌아가는 건 포기하고 말았지. 그러고는 계속 마시고 노래하고 카드놀이 하고 웃고 떠들었지. 새벽 5시 반까지 말이야. 새뮤얼과 투씨는 퍼시가 역까지 바래다줘서 첫 기차를 타고 떠났어. 7시쯤 되니까 다른 사람들도 자리를 떴지. 날이 좀 갰어. 님은 펌프스랑 자고, 쇼를레머랑 나는 여분의 침대에서 잤지. 퍼시는 아이 방에 가 자고(우린 7시 넘어서 잠이 들었어). 그러고서 12시인가 1시쯤에 다시 일어나 필젠 맥주를 마시고…. 다른 사람들은 4시 반쯤에 커피를 마셨고, 난 7시까지 계속 클라레 적포도주를 마셨지.[42]

엥겔스와 님의 행복한 동거―두 사람은 마르크스에 대한 추억을 공유했고, 늦은 아침에 포도주를 함께 홀짝거렸고, 주변 사람들 소문 얘기로 수다를 떨며 지냈다―는 1890년 갑자기 끝이 난다. 님이 쓰러진 것이다. 자궁암으로 추정된다. 엥겔스는 리지에게 한 것처럼 죽어가는 헬레네 데무트를 지극 정성으로 보살폈다. "나의 착하고 충실한 헬레네가 어제 낮에 평온한 상태로 세상을 떠났네. 잠시 아팠고 별다른 고통은 없었어." 1890년 11월 5일 친구 조르게에게 보낸 편지에서 엥겔스는 슬픈 어조로 이렇게 전했다. "우린 이 집에서 7년이나 행복하게 함께 살았어. 1848년 이전 구닥다리 세대 가운데는 우리 둘밖에 안 남았지. 이제 나 혼자네. 다시 혼자가 됐어."[43] 엥겔스는 며칠 뒤 님의 조카인 아돌프 리퍼에게 짤막한 편지를 보냈다. 리퍼는 몇 안 되는 님의 친척 가운데 한 사람으로 편지는 님의 재산을 어떠어떠하게 처분하겠다고 통보하는 내용이었다. 친구를 끔찍이 생각하는 사려 깊은 엥겔스로서는 마지막으로 해결해야 할 문제가 하나 있었다. 님과 마르크스 사이에서 태어난 사생아 프레디 데무트 문제였다. 엥겔스는 이렇게 썼다. "고인헬레네 데무트은 유언에서 오래전에 죽은 친구의 아들 프레더릭 루이스프레디 데무트를 유일한 상속자로 지명했네. 아주 어렸을 때 고인이 입양해서 키웠고, 지금은 정비공으로 열심히 살고 있지." 여기서 엥겔스는 리퍼에게 또 다른 거짓말을 한다. 프레디가 "감사의 뜻으로" 데무트라는 성을 갖기로 했으며 "고인도 허락했고", 그래서 유언장에도 이름이 프레더릭 데무트로 돼 있다는 것이다.[44] 이렇게 해서 엥겔스는 마지막으로 거짓을 연출했다. 사후에라도 마르크스의 명예를 지켜주기 위한 조치였다. 이스트 런던 해크니 그랜스덴 애비뉴 25번지에 거주하는 프레디 데무트가 헬레네의 전재산(40파운드)을 물려받게 됐다. 상속에서 제외된 리퍼로서는 듣지도 보지도 못한 옛날 친구의 다 큰 아들한테 그렇게 호의를 베푸는 것이 좀 이상했을 것이다.

헬레네를 하이게이트 공동묘지 마르크스 부부 묘 옆에 묻고 나서 엥겔스는 깊은 시름에 빠졌다. 그녀의 죽음으로 엥겔스는 마르크스 일가와 가까운 사람을 또 하나 잃었고, 농담도 잘하고 자신을 끔찍이 보살펴준 여성을 다시 떠나보낸 것이다. 엥겔스가 루이제 카우츠키의 위로 전보를 받고 답장을 보낸 것은 이처럼 극도로 상심한 상태에서였다. 루이제는 카를 카우츠키의 전 부인으로 이혼 과정에서 엥겔스는 그녀를 보호해주려고 온갖 애를 썼었다. "요즘 내 인생이 얼마나 황량하고 쓸쓸한지 더 말할 필요는 없겠지." 엥겔스의 답장은 이렇게 이어진다. "그런데 문득 의문이 생겼어. 이제 어쩐다? 그러자 한 이미지가 내 눈 앞에 떠올랐지. 생기 넘치고 위안이 되는 이미지가 말이야. 그리고 낮이고 밤이고 그 이미지가 떠나지를 않아. 그 이미지는 바로 자네였어."[45] 엥겔스의 고독을 해결해줄 대안은 의외의 인물 루이제 카우츠키였다. 빈에서 조산원으로 어렵게 살고 있는 그녀가 리전트 파크 로드로 와서 님이 했던 역할을 맡아주면 될 일이었다. "일일이 직접 살림을" 할 필요도 없었다. 그저 일하는 사람들 감독이나 하면서 나머지 시간에는 본인이 하고 싶은 일을 자유롭게 하면 되는 것이었다.

이런 제안을 받고 루이제는 흔쾌히 런던으로 달려갔다. 다시 새 여주인을 맞게 된 엥겔스의 기쁨은 이만저만이 아니었다. 그의 말에 따르면 루이제가 들어옴으로써 "다시 햇살이 비친" 것 같았다. 엥겔스 말년에 두 사람은 대단히 생산적이고 애정 어린 관계를 유지했고 서로에게 큰 도움이 되었다. 젊은 루이제는 비서 역할을 하면서―님보다 훨씬 나았다―편지와 신문 잡지를 정리·관리하고 엥겔스가 쓴 글의 교정까지 보았다. 엥겔스가 전세계 지인들에게 보내는 편지에는 루이제 얘기가 자주 등장했다.

루이제는 얼마 후부터 오가는 편지에 필요 사항을 직접 써넣고 "마녀"라고 서명도 했다. 엥겔스가 위트가 넘치고 예쁜 서른 살의 루이제에게 정도 이상의 관심을 보였을까? 아마 그랬을 것이다. 하지만 아우구스트 베벨에게 보낸 편지에는 이렇게 돼 있다. "우리는 나이 차가 커서 남녀관계 같은 건 어렵지. 말하자면 주부 역할만 하는 거야."[46] 시간이 가면서 이런 감정은 아버지 같은 애정으로 발전했다. 엥겔스는 루이제를 점점 자식처럼 생각했다. "펌프스나 투씨 또는 라우라가 그런 것처럼 그 친구도 내 아이 같아."[47]

이렇게 평화롭게 잘 지내는 상황에서 한 가지 불쾌한 사태가 벌어졌다. 펌프스는 루이제가 들어오는 것을 반길 리 없었다. 별 위협이 될 것 없는 님과는 까불거리기도 하면서 잘 지냈지만 세련되고 매력적인 루이제가 리전트 파크 로드에 들어오면 엥겔스한테서 뜯어내야 할 것이 많은 자신의 위치가 흔들리게 될 것이라는 걸 직감했다. 역시 딸 같은 투씨 마르크스는 엥겔스 집안 돌아가는 사정을 아주 흥미롭게 지켜봤다. "결국 루이제가 들어왔어." 언니 라우라에게 보낸 편지의 한 대목. "장군 아저씨가 큰 맘 먹고 불러온 것이라서 펌프스한테는 내가(!!)가 와달라고 해서 온 거라고 해뒀어. 예의 바르게 굴라고 했지." 그러나 이런 경고는 통하지 않았다. 펌프스는 줄기차게 루이제를 모욕했고 결국은 일이 터지고 말았다. "장군 아저씨 [70세] 생일날 펌프스가 보통 때보다 훨씬 더 취해가지고 루이제한테 속마음을 털어놨어. '나한테 잘해라. 안 그러면 유언장에 네 이름 못 오른다!' 뭐 그런 얘기야."[48] 엥겔스는 펌프스를 따끔하게 야단쳤고, 펌프스는 그나마 말귀를 알아들었다(엥겔스가 라우라 라파르그에게 보낸 편지에 "훈계도 하고 몇 가지 일러줬지. 그랬더니 내 집에서 제 위치는 저 하기 나름이란 걸 알겠다는 눈치더구나"라는 설명이 나온다).[49] 루이제는 성질을 약간

내비치기는 했지만 펌프스의 막돼먹은 행동에 대해 더는 대꾸하지 않고 넘어갔다. 이제 펌프스는 프림로즈 힐에서 자신이 제일 귀여움 받던 시대는 끝났다는 것을 받아들이지 않을 수 없었다.

독일사회민주당 에어푸르트 당 대회

이렇게 골치 아픈 집안일보다는 유럽 사회주의 진영의 내분을 정리해 주는 일이 그나마 쉬웠다. 1888~89년 엥겔스는 대부분의 시간을 파리 국제 노동자 대회 준비에 쏟았다. 대회는 프랑스 혁명 바스티유 감옥 습격 사건 100주년인 1889년 7월로 예정돼 있었다. 문제는 두 파벌에서 각자 따로 대회를 개최하려고 한다는 것이었다. 변절한 프랑스 가능주의자들은 SDF 및 영국 노조들과 손잡고 '국제 노동자 대회'를 추진한 반면, 라파르그와 게드를 비롯한 프랑스 노동당은 '마르크스주의 국제 사회주의 노동 대회'를 조직했다. 엥겔스의 과제는 라파르그를 비롯한 프랑스 사회주의자들과 사이가 안 좋은 독일과 오스트리아의 마르크스주의 정당들을 끌어들여 프랑스 노동당 쪽이 주도권을 잡도록 하는 것이었다. 1889년 초 몇 달 동안 프림로즈 힐과 베를린, 빈, 파리 사이에 오간 편지들에는 험악한 말이 난무했다. 엥겔스는 일이 영 안 풀리자 빌헬름 리프크네히트에게 엄청 화를 냈다. "하나 분명한 건 다음번 대회는 자네들끼리 치러야 한다는 거야. 난 손 떼겠어."[50] 그러나 현실적으로 유럽의 공산주의 정당들을 한자리에 불러 모을 수 있는 유일한 인물은 엥겔스였다. 혼자 남은 엥겔스는 "제1 바이올린"으로 활동하면서 고질적인 내분에 시달리는 운동권을 하나로 규합할 수 있는 권위와 명망을 더한 것이다. 결국 대회는 간신히 개최됐다. 노동자와 사회주의 정당을 대표해 전세계 20개국에서 근 400명이 프랑스 수도에 집결했다. "대회를 살려냈다고 자부하셔도 되겠습니다." 개인적으로는 대회 참석을 거부한 엥겔스에게 보낸 편지에서 라파르그는 이렇게 말했다. "선생님과 베른슈타인이 아니었다면 독일 쪽은 우리를 버리고 가능주의자들한테 붙었을 겁니다."[51] "괴물단지" 같은 에펠탑 아래서 자본과 제국주의의 천박한 결합인 국제박람회가 떠들썩하게 열리고 있는 가운데 진행된 국제 노동자 대회를 통해 제2인터내셔널이 탄생했다. "자본주의자들은 부유하고 힘 있는 자들을 국제박람회에 초청해 노동자들이 피땀 흘려 만든 산물을 구경하고 감탄하라고 합니다. 그러나 그 노동자들은 지금까지 인간 사회가 만들어낸 가장 엄청난 부의 한가운데에서 빈곤에 내몰리고 있습니다." 폴 라파르그의 연설은 고인이 된 장인의 말투를 연상시켰다. "우리 사회주의자들은 생산자들을 초대해 7월 14일 여기 파리에서 우리와 함께하자고 했습니다. 우리의 목표는 노동자 해방, 임금 노동 폐지, 모든 여성과 남성이 성이나 국적에 관계없이 모든 노동자들의 노동을 통해 생산된 부를 고루 누리는 사회를 창조하는 것입니다."[52] 일부 토론에서 개량주의적이고 타협적인 주장이 나오기는 했지만 엥겔스는 결과에 대만족이었다. "우리 대회는 아직 진행 중이지만 대단한 성공이 될 거야." 엥겔스는 조르게에게 이렇게 전했다.[53] 제1인터내셔널이 슬그머니 해체된 이후 엥겔스는 파리 대회가 전세계 사회주의 투쟁이 다시 확고한 발판을 다지는 계기가 될 것이라고 봤다. 무정부주의자들의 득세는 끝났고, 사회주의 이론과 노동자 행동주의 사이의 갈등은 다행히 봉합이 됐으며, 정치 참여, 양성 평등, 노조의 권리, 5월 1일을 국제 노동절로 삼자는 정책 안건들이 모두 통과됐다.

파리가 제2인터내셔널 발족 무대가 됐지만 19세기 말 사회주의를 이끌어가는 지적·조직적 에너지는 베를린과 빈에서 나왔다. 비스마르크로서는 도저히 믿을 수 없었지만 그가 제정한 사회주의자 탄압법은 오히려 좌파 세력을 키우는 결과가 됐다. 1890년에는 독일사회민주당SPD이 발족했다. 깜짝 놀란 독일 총리 비스마르크는 정책을 바꿨다. 사회주의자들의 도전에 대해 진보적인 복지 중심의 개혁 정책으로 맞불을 놓으려 한 것이다. 그러나 건강보험, 상해보험, 노령 및 장애 연금 제도를 도입했지만 SPD는 1890년 제국의회 선거에서 득표율이 19.7퍼센트(1878년 7.5퍼센트)로 껑충 뛰었다. "지난 목요일 저녁 선거 승리를 알리는 전보가 쏟아져 들어온 이후 우리는 지금도 흥분의 도가니다." 사회주의자들이 150만 표라는 놀라운 득표를 기록하자 라우라 라파르그에게 보낸 편지에서 엥겔스는 이렇게 말했다. 이 표를 의석으로 환산하면 35석이었다. "전통적인 안정은 이제 완전히 끝났다."[54]

참정권 확대와 더불어 조만간 현실 정치에서 세력 확대가 충분히 가능할 것 같았다. 엥겔스는 SPD가 이데올로기 노선을 올바로 잡는 것이 그 어느 때보다 중요하다고 봤다. 라살주의의 잔재, 특히 "임금철칙"에 대한 비논리적인 믿음과 프롤레타리아의 해방은 국가의 자선慈善에 달려 있다는 생각을 말끔히 털어내야 한다는 것이다. 선거에서 승리한 SPD는 1891년 10월 에어푸르트에서 당 대회를 열기로 결정했다. 그때까지 엥겔스는 마르크스 노선이 독일 사회주의의 나침반이 되도록 온갖 정치 술수를 동원했다. 리프크네히트와 베벨이 라살파에게 굴복했다고 혹독하게 비판한 마르크스의 고타 강령 관련 메모들을 의도적으로 다시 출판하는가 하면 프롤레타리아 코뮌 독재를 옹호한 마르크스의 『프랑스 내전』도 재판을 냈다. 이어 사민당의 에어푸르트 강령 초안을 크게 뜯어고침으로써 SPD에게 봉건적인 독일 국가와의 대결을 두려워하지 말 것을 촉구하고 공산주의로 가기 위한 부르주아 민주주의 중간단계의 필요성을 다시금 강조했다. 엥겔스의 말을 들어보자. "한 가지 분명한 게 있다면 그것은 우리 당과 노동계급이 권력을 잡는 것은 민주공화국 체제하에서만 가능하다는 것이다."[55]

결과적으로 이데올로기 차원의 퇴보에 대한 엥겔스의 우려는 근거 없는 것으로 드러났다. 에어푸르트 당 대회에서는 대단히 개량주의적인 정책들(보통선거권, 무상교육, 소득세 누진제, 의료보험, 무료 재판권 등등)이 채택됐지만 유럽 사회주의 운동 전체로 보면 SPD 당 대회는 마르크스주의의 승리를 알리는 자리였다. 그 철학적 기초는 『자본론』의 주장과 대동소이했다. "우리는 마르크스의 비판이 전적으로 승리를 거둔 데 대해 대단히 만족했다." 조르게에게 보낸 편지에서 엥겔스가 한 말이다. 마르크스의 유산을 그가 태어난 나라에서 관철시켰다는 데 대한 만족감은 대단했다. "라살주의의 마지막 흔적조차 제거됐다."[56] 에어푸르트 당 대회를 통해 SPD가 마르크스주의로 다시 돌아온 이후 제2인터내셔널의 사상적 주류는 마르크스주의가 되었다. 레셰크 코와코프스키가 말한 대로 마르크스주의는 이제 더 이상 "고립된 소수 정파의 종교가 아니라 강력한 정치 운동의 이데올로기"였다.[57]

SPD가 보통선거권과 도시사회주의는 물론이고 비례대표 투표 시스템까지 주장한 것은 정치 지형이 상당히 달라졌다는 표시였다. 엥겔스는 이 점을 분명히 알고 있었고, 따라서 이론도 그에 맞게 조정할 필요가 있었다. 1848년 혁명의 영웅이자 줄곧 유혈 폭력으로 사회주의 혁명을 이룩하고자 했던 엥겔스는 이제 자신의 정치 전략을 대중 민주주의 시대에 걸맞게 가다듬었다. 유럽 경제가 산업혁명에서 독점자본주의 단계—국가 카르텔, 식민지 착취, 대형 금융기관 등의 지원이 따른다—로 이행하면서 자본주의는 전에 생각했던 것보다 훨씬 강건한 체제임이 입증됐다. 자본주의 시스템이 즉각적인 경제 위기로 추락할 가능성이 없다면 프롤레타리아가 승리하기 위해서는 마르크스·엥겔스가 1848년에 처음 지지했던 바와 같은 민주주의 정당 정치 같은 것을 활용하지 않을 수 없었다. 그때와 1891년의 차이는 엥겔스가 생각한 대로 민주적 사회주의 정당이 이제 선거를 통해 바로 권력을 쥘 수 있게 됐다는 점이다. 반동적이고 봉건적인 1848년 당시에는 불가피해 보였던 부르주아 지배라는 중간단계를 굳이 거칠 필요가 없었다.[58] 새로 선거권을 얻은 노동계급이 표로써 프롤레타리아 정부를 발족시켜 사회주의로 바로 이행하는 것이 실제로 가능하다고 엥겔스는 결론 내렸다. 독일의 경우 SPD가 이미 그런 궤도에 올라선 것으로 보였다. 엥겔스는 노동계급 표를 고려할 때 "우리가 권력을 잡을 가능성은 수학 법칙에 따라 개연성을 계산해보면 바로 답이 나온다"고 지적했다.[59] 궁극적으로 평화로운 방법에 의한 사회주의의 승리 전망이 보이자 엥겔스는 대단히 기뻐했다. "이처럼 불필요한 증오를 확산시키지 않는 것, 조심스럽게 나아가지만 결국은 진보를 멈출 수 없다는 것이 오히려 지배자들에게 공포를 느끼게 한다. 그것은 베네치아에서 이단 심문을 받는 죄수들이 감방 벽이 하루에 1인치씩 안쪽으로 조여올 때 느끼는 것과 같은 공포다."(아우구스트 베벨의 아내 율리 베벨에게 보낸 편지에서)[60]

물론 민주주의는 혁명보다 느리고 덜 드라마틱하다. 그러나 엥겔스는 보통선거권을 사회주의 쟁취를 위한 꽤 괜찮은 무기로 간주했다. 엥겔스는 순진한 민주주의자처럼 선거의 기적을 환영했다. 선거를 통해 사회주의자들은 3년에 한 번씩 힘을 과시할 수 있고, 당 지도부는 노동자들과 계속 스킨십을 유지하면서 의회를 사회주의 선전 무대로 활용할 수 있으며, 아마도 나중에는 집권까지 가능할 것이라고 본 것이다. 여건 변화에 따라 정치 전략을 바꾸기를 주저하지 않는 엥겔스는 한때 스스로를 기요틴을 만지작거리는 프랑스 혁명가 모습으로 그렸지만 이제는 "기습의 시대, 의식화된 소수가 의식 없는 대중을 이끌고 나아가는 혁명의 시대는 지났다"고 선언했다.[61] 게다가 각국 군대가 무시무시한 화력으로 무장한 마당이어서 "바리케이드를 치고 가두투쟁으로 버티는 시대는 영원히 끝났다"고 봤다.[62] 후일 레닌이 주장한 바와 달리 엥겔스는 결코 선봉론자가 아니었다. 심지어 유럽에서 전쟁이 터질 기미가 보이자 그에 반대하는 표시로 총파업을 벌이자는 주장에 대해서도 불필요하게 부르주아 당국을 자극할 것이라며 반대했다. 총파업을 빌미로 사회주의 세력을 무력으로 때려잡을 가능성이 높다는 것이다. "우리 '혁명가들', '체제 전복자들'은 불법적인 수단과 체제 전복보다는 합법적인 수단으로 훨씬 많은 것을 얻고 있다. 1848년 혁명에 대한 반격으로 질서를 내세우며 정국을 주도한 프랑스의 부르주아 정당들은 그들 자신이 만든 법률 제도하에서 목하 소멸되고 있다."[63]

참정권 확대로 야기된 선거 지형 변화를 고려하면서 엥겔스는 독특한 비유를 들었다. 1880년대 초 엥겔스는 온갖 책을 탐독하다가 로마 제국 말기 초기 기독교 교회 역사에 관심을 갖게 됐다. 그러면서 청년 헤겔파의 성서 비평 유산을 활용해 요한 계시록에 관한 소논문을 썼다. "기독교가 대중을 장악한 방식이 현대 사회주의가 하고 있는 방식과 똑같다"는 내용이었다.[64] 이후 이런 얘기는 통 없다가 10년 뒤 엥겔스는 다시 사회주의가 전유럽으로 번져나가는 현실이 로마 제국에서 기독교의 확산을 멈출 수 없었던 양상과 비슷하다는 점에 주목했다. 과격한 무신론자이자 10대 때는 독실한 기독교도인 그래버 형제를 놀려주던 엥겔스가 노년에 들어서는 적어도 예수가 전한 복음의 사회적 의미에 대해서는 좋게 평가한 것이다. "초기 기독교 역사는 현대 노동계급 운동과 닮은 점이 많다." 초기 기독교 역사를 다룬 에세이에서 엥겔스는 이렇게 썼다. "노동계급 운동과 마찬가지로 기독교도 원래는 억압된 자들의 운동이었다. 기독교는 처음에 노예와 노예 신분에서 해방된 자유민들의 종교로, 모든 권리를 박탈당한 가난한 사람들의, 로마 제국에 정복당하거나 강제로 흩어져 살던 민족들의 종교로 등장했다." 그런데 기독교는 내세에서의 구원을 약속하고 사회주의는 지상에서의 사회 변혁을 꿈꾸지만, 열렬한 투쟁과 순교라고 하는 유산은 공유한다는 것이다. "양쪽 다 박해당하고 괴롭힘당했다. …그런데 그 모든 박해에도 불구하고, 아니, 오히려 거기서 자극을 받아 멈추지 않는 승리의 행진을 계속한 것이다."[65]

기독교인들과 달리 마르크스와 엥겔스는 한쪽 뺨을 맞으면 다른 쪽 뺨을 내주는 스타일이 전혀 아니었다. 엥겔스는 바리케이드와 무장 봉기의 시대는 끝났다고 말했지만 "합법적인 수단에만 의존하는 것"은 단호히 거부하고 늘 조심스럽게 사회주의자들의 도덕적 무력 사용권을 옹호했다. 합법성은 윤리적으로 절대적인 요구사항이라기보다는 당시 독일 정치 풍토에서 SPD에게 맞는 전술이었다. "내가 그런 전술을 추천하는 것은 지금의 독일에 국한된 얘기야. 그리고 그런 경우에도 유보조건이 여럿 있어." SPD 일각에서 엥겔스의 입장을 평화적인 수단만 사용해야 한다는 식으로 오해하자 폴 라파르그에게 보낸 편지에서 엥겔스는 이렇게 설명했다. "프랑스, 벨기에, 이탈리아, 오스트리아에서는 그런 전략만 사용할 수는 없지. 독일의 경우도 내일은 그런 전략이 안 먹힐 수 있어."[66] 엥겔스로서는 깊은 실망을 느꼈겠지만 사람들은 이런 경고를 새겨듣지 않았다. 이후 에두아르트 베른슈타인의 수정주의가 등장함으로써 엥겔스는 마르크스레닌주의의 만행과 SPD의 개량주의 및 정치적 점진주의 노선 모두에 책임이 있다는 비난을 받았다. 엥겔스는 단 한 번도 페이비언이었던 적이 없었다. 대중 노동자 당이 선거로 의회에 진출하는 것이 사회주의에 이르는 가장 빠른 길이라면 그렇게 하라. 그러나 그런 식이 통하지 않는다면 은퇴한 여우사냥꾼은 당장이라도 기병대와 함께 돌격할 각오가 돼 있었다.

제2차 국제 노동자 대회

제2인터내셔널로 사회주의 세력이 유럽 전역에서 활발한 움직임을 보이자 엥겔스는 현장을 직접 보고 싶어졌다. 마침 1893년 8월에 스위스 취리히에서 제2차 국제 노동자 대회가 예정돼 있었다. 엥겔스는 흥분된 마음으로 루이제 카우츠키와 함께 취리히로 갔다. 신세대 사회주의 지도자들—이탈리아의 필리포 투라티, 러시아의 파벨 악셀로트, 폴란드의 스타니슬라브 멘델손 등등—을 직접 만나고 아우구스트 베벨, 빅토르 아들러 같은 오랜 친구들과 재회하면서 엥겔스는 운동가들의 열의에 깊은 감동을 받았다. 그러나 진실로 엥겔스의 마음을 사로잡은 것은 여성 대표들의 미모였다. "여성 대표들이 정말 대단하더구나." 라우라 라파르그에게 보낸 편지에 이런 얘기가 나온다. "루이제 말고도 오스트리아 대표로 아델하이트 드보르작이라는 꼬마 아가씨가 왔는데 어느 모로 보나 정말 매력덩어리더구나. 난 정말 사랑에 빠진 기분이었어. …빈에서 온 여성들은 파리에서 태어난 경우가 많았는데 50년 전 파리 여자들은 대개 직공이었지. 러시아 여자들도 네댓 명은 초롱초롱한 눈망울이 정말 아름다웠어."[67] 취리히 대회에서 진행된 논쟁 등은 지루하기 이를 데 없는 것이어서 엥겔스는 번잡스러운 대회장을 벗어나 그라우뷘덴으로 동생 헤르만을 찾아갔다. 1848년 혁명 당시 반혁명 의병대 대장으로 활동한 헤르만과는 옛날에 결별했었다. 그런데 몇 해 전부터 형제의 관계가 좋아졌고, 노인이 된 두 사람은 이제 병치레한 얘기며, 세금 얘기, 심지어 음담패설까지 편지로 자주 주고받는 사이가 됐다.

8월 12일 엥겔스는 대회 폐막 연설차 취리히로 돌아왔다. 벨기에 사회당 지도자인 청년 에밀 반더벨데는 대회 마지막 날을 이렇게 회고했다. "이제 대회를 마감해야 했다. 마지막 표결은 서둘러 진행했다. 모든 사람이 한 사람의 이름을 입에 올렸다. 프리드리히 엥겔스가 대회장에 들어선 것이다. 우레와 같은 박수를 받으며 엥겔스는 연단에 올랐다."[68] 분명 엥겔스의 순간이었다. 마르크스의 그늘에서 벗어나 사회주의 운동 진영에 자신의 유산을 각인시키는 순간이었다. 그는 사회주의를 세우고 키우고 지원하는 데 엄청난 공헌을 했지만 정작 그 순간에 자기 이름을 내세우지 않았다. "이렇듯 의외로 크게 환영을 해주시니 정말 감회가 깊습니다. 이런 환영은 저 개인이 아니라 저기 초상화로 걸려 있는 위대한 인간의 협력자에게 해주시는 것이라고 생각합니다." 엥겔스는 마르크스의 사진을 손으로 가리키면서 대표단 400명을 향해 이렇게 말했다. 마르크스와 함께 「독불연보」에 기고를 시작한 이래로 어언 50년. "그동안 사회주의는 작은 정파 수준에서 강력한 정당으로 발전했습니다. 그 때문에 전세계의 기득권층은 두려움에 떨고 있습니다. 마르크스는 죽었습니다. 그러나 아직도 살아 있습니다. 전유럽에서, 또는 미국에서, 평생 해온 일을 돌이켜 보면서 그처럼 자부심을 가져 마땅할 사람은 한 명도 없을 것입니다." 이어 엥겔스는 "소수 정파로 전락하지 않으려면" 운동 진영 내에서 자유로운 논쟁이 필요하다고 호소하고 대회장을 떠났다. 다시 우레와 같은 박수

와 환호가 터졌고 참석자들은 라마르세예즈를 소리 높여 불렀다.[69]

취리히를 떠난 엥겔스는 이어 유럽 전역을 돌았다. 이는 일종의 개선행진 같은 것이 되었다. 빈에서는—"여자들이 특히 매력적이고 열심이야"—열광하는 6000여 군중 앞에서 연설했다. "수년 동안 프랑스, 이탈리아, 미국에서 벌어지는 말다툼과 분란만 듣고 봐왔을 테니 이 사람들 속으로 들어가 봐라. …단일한 목표 아래 단결하고 철저한 조직화를 통해 열정을 발휘한다는 것이 무엇인지 알게 될 거다. …어찌나 감동적인지 여기야말로 노동계급 운동의 중력 중심이라고 말하지 않을 수 없다." 엥겔스는 빈의 군중들을 대하면서 떠오른 소회를 라우라에게 이렇게 전했다.[70] 여행은 베를린에서 정점에 이르렀다. 베를린은 청년 시절 장교 훈련을 받은 곳이고 마르크스와 함께 그토록 혐오하던 도시였다. 사회주의 신문 「전진」은 엥겔스의 귀향을 다음과 같은 말로 환영했다. "이제 73세가 된 프리드리히 엥겔스가 오늘 독일제국의 수도를 본다면 감격과 환희를 이기지 못할 것이다. 1842년 당시 프로이센 국왕의 위압적이고 현란한 왕궁이 자리했던 베를린은 이제 강력한 프롤레타리아의 도시로 발전했다. 사회민주주의의 도시 베를린의 이름으로 그를 환영한다."[71] 약 3000명의 사회주의자가 콘코르디아 홀을 가득 메웠고, 리프크네히트는 엥겔스가 당을 위해 헌신한 역정을 소개했다. "여러분도 아시다시피 나는 웅변가도 국회의원도 아닙니다. 나는 좀 다른 쪽에서, 주로 서재에서 펜으로 일을 하고 있습니다." 엥겔스는 겸손한 농담으로 말문을 열었다. 이어 베를린이 융커의 놀이터에서 사회주의의 발전소로 변신한 데 대해 기쁨을 표했다.[72] 그러면서 SPD가 절제를 통해 선거에서 승리한 것을 칭찬했다. 엥겔스는 지금과 같은 수준으로 산업화와 프롤레타리아화가 진행된다면 앞으로 당은 더 큰 승리를 거둘 것이라고 봤다. 엥겔스가 대륙을 여행하는 동안 수많은 군중이 몰리고 신문들이 앞 다퉈 대서특필하는가 하면, 운동가들은 환호했다. 엥겔스로서는 참정권 확대 전략이 옳다는 확신을 갖게 됐다. 노동자들 표가 계속 는다면 사회주의자들은 정치적으로 더 큰 것을 요구할수 있고, 결국에 가서는 선거에서 승리하거나 부르주아 국가를 필요한 선에서 더 압박할 수 있을 것이었다. 이제 사회주의자들이 할 일은 흥분을 가라앉히고 불필요한 도발을 억제하면서 정해진 노선을 꾸준히 밀고 나가는 것이었다.

피해야 할 함정이 딱 하나 있었다. "유럽 전쟁은 대재앙이 될 거라고 보네. 이번에 다시 전쟁이 일어나면 대단히 심각해질 거야. 도처에서 쇼비니즘이 불타오르겠지. 각 민족마다 생존을 위해 싸울 테니까 말이야." 1882년 베벨에게 보낸 편지에서 엥겔스는 이렇게 말했었다. "그런 전쟁은 혁명을 10년은 지체시킬 거라고 보네. 그러다 결국 끝에 가서는 그로말미암아 거대한 변화가 올 것이고, 그것은 그만큼 더 끔찍할 게 분명해."[73] 유럽 전쟁이 혁명에 미칠 부정적 영향에 대한 두려움은 다시금 사고를 전환하는 계기가 됐다. 1870년대 초까지만 해도 마르크스 · 엥겔스는 전쟁은 자연스럽게 사회주의 세력을 키우는 역할을 할 것이라고 확신했다. 최대의 반동 장애물인 차르 체제의 러시아를 제거할 것이기 때문이었다. 공산주의자들은 1790년대의 프랑스 전쟁이 혁명 분위기를 고조시킨 것처럼 유럽 대륙의 전쟁이 유럽의 노동계급을 하나로 뭉치게 하고 급진적 의식을 각성시킬 것이라고 봤다. 그러나 비스마르크가 알자스로렌을 합병하고 프랑스와 독일 사이에 민족주의적 적대감이 고조된 이후로 엥겔스는 전쟁이 민족주의를 격화시켜 노동자 운동에 도움이 되지 않는 방향으로 갈 것이라고 생각했다. 1886년 베벨에게 보낸 편지에서 엥겔스는 속마음을 털어놓았다. "지금 모든 게 아주 잘 돌아가고 있는데 내가 왜 세계대전을 바라겠나."[74] 세계대전의 잿더미에서 노동자들의 혁명이 솟아난다 해도 유럽 각국의 군대는 이미 산업화한 살인기계로 변신한 상태였다. 따라서 공산주의로 가는 과정에서 엄청난 사망자가 나올 수밖에 없었다. 1887년에 쓴 원고는 선견지명이 돋보인다. "800만~1000만 명의 군인이 죽고 죽이게 될 것이다. 그 과정에서 유럽은 온통 메뚜기 떼에게 뜯긴 것처럼 초토화될 것이다. 30년전쟁*으로 인한 황폐화가 3~4년에 압축된 형태로 전유럽에 번질 것이다. 기근, 전염병, 극도의 궁핍 속에서 군대는 물론이고 어느 민족 할 것 없이 야만화될 것이다."[75]

전쟁을 피하고 혁명을 가급적 덜 폭력적인 방식으로 살려내려면 당의 선거 전략을 군대로까지 확산시켜야 한다고 엥겔스는 생각했다. SPD가 1877년 제국의회 선거에서 승리한 직후 엥겔스는 이런 발상을 했다. "우리 쪽에 투표한 25세(최소 연령) 남자의 절반만이라도 2~3년간 군 복무를 시키면 어지간한 소총 정도는 충분히 다루게 될 것이다."[76] 사회주의가 대중적 지지를 확보해갈수록 병영과 포병 연대에도 사회주의 이데올로기를 확산시키는 것은 매우 중요한 과제였다. 그렇게 되면 군인들도 반동적이고 호전적인 사령관들의 명령에 의문을 품게 될 것이기 때문이다. "건장한 남자가 모두 군 복무를 하게 되면 군은 점차 대중의 감정과 생각을 외면하지 못하게 될 것이다. 그러면 강력한 억압 수단인 군도 안전판 노릇을 제대로 하기가 어려워질 것이다. 큰 나라의 지도부들은 이미 무장한 군인들이 자기 아버지와 형제들을 쏘아죽이라는 명령을 거부하는 날이 오면 어쩌나 하고 전전긍긍하고 있다."[77] 민병 조직의 효용성에 대해 지극

---

* 1618~48년 독일을 중심으로 유럽 여러 나라들 간에 일어난 종교 전쟁.

히 부정적이었던 엥겔스가 이제는 투표권보다 훨씬 효과적인 민주주의적 수단으로 대량 입대를 권장하고 나섰다. 사회주의의 물결은 군까지 확산돼야 하고, 일단 군이 사회주의 성향을 갖게 되면 프랑스, 러시아, 독일 지도자들이 아무리 부추겨도 맹목적 애국주의는 발붙일 곳이 없어진다는 얘기였다. 동시에 군의 전통적인 반혁명 기능—파리 코뮌 당시 유혈사태에서 극명하게 드러났다—도 크게 약화될 것이었다. 영국 사회민주주의연맹SDF에서 활동한 어니스트 벨포트 백스1854~1926. 영국의 사회주의자, 언론인, 철학자의 회고 한 대목. "독일군 현역의 3분의 1 정도가 당 지도부가 신뢰할 수 있는 단계가 되면 바로 혁명에 나서야 한다는 얘기를 엥겔스에게 한두 번 들은 게 아니다."[78]

변함 없는 탐구 정신

이때 엥겔스 나이 73세였다. 마르크스주의 확산에 심혈을 기울이고, 추종자들을 격려하고, 『자본론』 마지막권을 간행하고, 중국-러시아 관계 및 독일 소작농과 러시아 농촌 공동체 문제(1891~92년 기근으로 심각했다), 영국 독립노동당ILP과 독일 사민당SPD의 문제점을 분석하느라 여념이 없었다. 그러면서도 1840년대 과학적 사회주의의 설계자 모습은 변함이 없었다. 늘 바쁘고 탐구 정신이 강하고 생산적이며 열정적이었다. 엥겔스는 도그마와 진부한 논리 둘 다를 피하려고 항상 조심했다. 그리고 자신의 정치적 개입이 너무 이래라 저래라 하는 식이 되지 않도록, 그러면서도 실질적인 도움을 줄 수 있도록 애를 썼다. 늘 그렇듯이 엥겔스는 사회주의 동료들이 잘못할 경우에는 서슴지 않고 분명하게 일러주었다. 건강도 여전히 좋았고 생일 때면 항상 사람들 불러놓고 왁자지껄하게 놀곤 했다. "새벽 세 시 반까지 놀았어." 라우라 라파르그에게 보낸 편지에서 엥겔스는 70세 생일 얘기를 자랑스럽게 전했다. "클라레만 마신 게 아니야. 샴페인을 열여섯 병이나 깠다니까. 아침에 보니까 굴을 열두 상자나 먹어치웠더구나. 알다시피 나는 아직 살아 있고 원기왕성하다는 걸 보여주기 위해 용을 쓴 거지."[79] 1891년 리전트 파크 로드에 들른 한 방문객은 엥겔스의 모습을 "키가 크고 수염이 덥수룩하며 정력적이고 총기 넘치는 눈에 사람 좋은 칠십객"으로 묘사했다. 그는 주인으로서 "즐거운 마음으로 손님들에게 한껏 베풀었다"고 한다.[80] 투씨는 엥겔스를 "내가 아는 가장 젊은 남자"라고 했다. "내가 기억하는 한 그분은 지난 20년 동안 하나도 늙지 않았다."[81] 엥겔스는 여전히 매일 햄스테드 히스 공원—그는 이 공원이 런던에서 제일 지대가 높다고 해서 "런던의 침보라소남미 에콰도르의 휴화산으로 높이가 6267미터다"라고 표현하곤 했다—을 걸어서 다녀왔다. 그러나 수년 전 여우사냥을 하다가 낙마해 생긴 서혜부 상처의 통증이 다시 도졌다. 기관지염이 전에 없이 심하고 위통과 두 다리의 류머티즘성관절염도 심해져 담배도 끊고 필젠 맥주도 줄였다. 그러나 본인이 가장 우려한 것은 "대머리가 점점 늘어간다"는 것이었다.

집안일은 루이제 카우츠키가 맡고 있었다(펌프스는 와이트 섬으로 쫓겨난 상태였다). "언니도 알겠지만 장군 아저씨는 '주인 마님'한테 꼼짝 못해." 투씨가 언니 라우라에게 보낸 편지에 나오는 얘기다. "펌프스가 집에 있을 때는 아저씨 보는 앞에서만 잘 보였지. 이제 펌프스는 폐위되고 루이제가 여왕이 됐어. 허튼 모습 보일 여자가 아니지." 투씨는 루이제가 낯선 사람을 엥겔스 집안에 들인 것을 못마땅해했다. 낯선 사람이란 재혼한 남편 루트비히 프라이베르거로 오스트리아 출신 내과 의사이자 영국자유주의자클럽 회원이었다. 투씨는 정치적 성향이 모호한 반유대주의자가 리전트 파크 로드 122번지를 웃음꽃이 만발한 사회주의자들의 요새에서 빈 스타일의 불편한 3자 동거 집안으로 변질시키고 있다고 봤다. "그자는 도저히 믿을 수 없는 사람이야." 1894년 3월 투씨는 라우라에게 프라이베르거가 이런저런 장난을 친다며 불평불만을 털어놓았다. "아주 위험한 사람이야. 루이제한테 정말 유감이야."[82] 1894년 가을에 프라이베르거 부부가 74세의 엥겔스를 설득해 이사를 가자 투씨의 분노는 극에 달했다.

루트비히와 루이제 프라이베르거 부부는 아이가 태어나자 122번지는 네 식구가 지내기에는 너무 좁다고 생각했다. 그래서 연간 임대료 25파운드를 더 주고 122번지에서 길 아래로 1.5킬로미터쯤 떨어진 41번지로 살림을 옮겼다. 얼핏 보기에 엥겔스는 주거지를 옮기는 것에 대해 별로 꽤 넘치 않는 것 같았다. 친구인 조르게에게 새로 이사한 집의 구조를 설명하는 얘기를 들어보면 선선히 동의한 것 같다. "맨 아래층에는 거실이 있고, 1층에는 내 서재랑 침실이 있어. 2층은 루이제랑 그 친구 남편과 딸이 쓰고 있지. 3층에는 가정부 방 둘하고 다용도실, 손님방이 있네. 내 서재는 건물 정면 쪽에 있는데 창문이 세 개에 아주 넓어서 내 책은 거의 다 거기다 들여놓았어. 넓이에 비해서는 난방도 잘되고 아주 좋아. 한마디로 전보다 훨씬 나아졌어."[83] 엥겔스는 펌프스나 라우라, 예니의 자식들이 어렸을 때 할아버지처럼 극진한 사랑을 베푼 경험이 있어서 신생아와 한 집에서 지내는 데 아무런 문제도 없었다. 그는 루이제라면 끔찍이 위해 주었고 프라이베르거가 자신의 온갖 병에 대해 "의사로서 심할 정도로 관리"한 것에 대해서도 고마워했다. 그러나 마음이 여리고 감성적인 투씨는 그러지 않아도 남편 문제로 심각한 위기에 처한 터여서 장군 아저씨를 빼앗겼다고 느꼈다. 이런 상황에서 투씨가 보는 엥겔스는 본의 아니게 사악한 프라이베르거 부부에게 놀아나는 힘 빠진 늙은이였다. "내 생각엔 불쌍한 장군 아저씨는 이제 자기가 무슨 일을 하는지도 제대로 모르는 것 같아. 괴물 같은 부부의 손에 놀아나는 어린애로 전락한 거야." 라우라에게 한 불평은 이렇게 이어진다. "저들이 아저씨한테 늙은이가 무슨 그런 일을 하느냐 저런 일을 하느냐 하며 얼마나 타박을 하는지 …아저씨가 정말 외롭고 비참하게 됐다는 걸 알겠더라고."[84] 투씨는 특히 아버지의 원고가 프라이베르거 부부한테로 넘어갈까 봐 노심초사했다. 물론 엥겔스는 자신이 죽으면 마르크스의 원고는 모두 투씨한테 넘길 것이라는 점을 누차 확인해주었다.

투씨는 또 루이제가 자신과 에이블링에 대해 악담을 퍼뜨리고 있으며 런던의 마르크스주의 서클에 간섭을 한다고 비난했다. 이런 갈등은 엥겔스에게 다시 괴로움을 안겨주었음이 분명하다. 투씨는 프라이베르거 부부가 동지들이 일요일 오후에 엥겔스 집을 찾는 것도 심하게 통제한다고 봤다. 부부가 엥겔스의 재산에 어느 정도 눈독을 들이고 있는 것도 분명해 보였다. 그러나 라파르그 부부와 에이블링 부부 모두 외로워진 엥겔스가 크리스마스나 여름휴가 때 꼭 좀 들르라고 그렇게 당부했지만 번번이 들은 척도 안 한 것을 감안하면 투씨의 분노가 오로지 엥겔스를 걱정하는 마음에서 비롯된 것이라고 할 수는 없겠다. 그녀가 엥겔스의 외로움을 과장하고 마르크스의 원고에 대해 극도로 불안해한 것은 "천사표 아저씨"를 완전히 잃게 될지 모른다는, 그렇게 되면 그토록 사랑했던 무어인의 마지막 남은 기억마저 사라질지 모른다는 두려움의 또 다른 표출이었다. 아마도 투씨는 프라이베르거 박사가 그때까지 파악하지 못하고 있었던 것을 감지했을 것이다. 그것은 엥겔스의 죽음이 멀지 않았다는 사실이었다.

"그는 정신의 거인이었다"

프리드리히 엥겔스의 파란만장한 삶은 표백장과 방적공장이 빽빽이 들어선 독일 산업혁명의 중심지 부퍼탈에서 시작됐다. 그런데 이제 빅토리아 시대의 우아한 해변 휴양지 이스트본(데본셔 공작의 영지였다) 앞바다에서 영원한 안식을 취하게 된다. 신사층이 주로 찾는 이스트본은 1880년대 들어 엥겔스가 쉬고 싶을 때면 자주 찾는 곳이었다. 엥겔스는 캐번디시 플레이스 옆의 목 좋은 집을 빌려 님, 쇼를레머, 펌프스와 그 아이들을 불러 같이 지냈다. 운이 좋으면 라우라나 투씨가 오기도 했다. 미식과 사람 많은 걸 좋아하는 엥겔스가 한가운데 앉고, 펌프스네 아이들은 그의 무릎 주변을 벌름벌름 기어 다닌다. 손 닿는 자리에는 뚜껑 딴 필젠 맥주병이 놓여 있다. 늘 하던 대로 편지 쓰는 일은 계속된다. 안개와 비가 잦은 8월에도 엥겔스는 이런 분위기를 흡족해했다. 1894년 여름, 그렇게 쉬는 동안 가벼운 뇌졸중이 온 것으로 보인다. 그러면서 그렇게 열망하던 새 세기를 보지 못할 수도 있다는 생각을 하게 됐다. "우리끼리 하는 얘기지만 75세까지 살 수 있을지 자신이 없네." 친구 조르게에게 보낸 편지에는 허허로움이 묻어난다.[85] 이듬해 봄에 다시 몸이 안 좋아졌다. "얼마 전에 목 오른쪽이 부어올랐다. 그러더니 이유는 잘 모르겠지만 시간이 가면서 저 안쪽 분비선 있는 데까지 파고들더구나." 라우라에게 보낸 편지의 한 대목이다. 의학적인 문제에 대해서는 늘 그런 것처럼 말투가 사무적이다. "그 혹 같은 게 신경을 바로 압박하니까 통증이 오는 거지. 압박이 가셔야 통증도 좀 가시겠지."[86] 치료에 도움이 될까 해서 엥겔스는 여느 때보다 일찍 이스트본으로 떠났다. 1895년 6월이었다. 거기서 『독일 농민전쟁』 개정판 작업을 하고, 곧 나올 카우츠키의 사회주의 역사 관련 책도 손을 봐줄 생각이었다.

생리학에 밝은 엥겔스도 몰랐던 것은 이미 식도와 후두 쪽에 암이 상당히 번진 상태라는 것이었다. 프라이베르거는 이미 1895년 3월 초에 이런 사실을 알았고 의사이기도 한 오스트리아 사회주의자 빅토르 아들러와 대처 방안을 논의하기도 했다. 프라이베르거와 아들러는 환자에게는 비밀로 하는 것이 상책이라고 생각했다. 따라서 엥겔스가 이런저런 편지에서 건강이 좋아졌다는 얘기에 반색을 하는 걸 보면 안쓰럽기 그지없다. "편지 고마워. 좀 나아졌어. 그런데 변증법의 원리에 맞게 긍정적인 측면과 부정적인 측면 둘 다 누적되는 경향을 보이고 있어." 1895년 7월 베른슈타인에게 보낸 편지에서는 짐짓 과학적인 분석인 것처럼 농담을 하기도 했다. "기운이 나. 밥도 더 많이 먹고, 식욕도 나아지고 몰골도 아주 좋아졌어. 아니, 남들이 그렇대. 그러니까 전반적인 상태는 호전됐다는 얘기지." 이 무렵이면 벌써 음식물을 삼키기가 어려워졌는데도 식욕은 줄지 않은 것 같다. "변덕스러운 식욕에 문제가 좀 있다는 걸 알았어. 그래서 에그노그달걀에 우유, 설탕 따위를 넣은 음료를 브랜디랑 같이 마시고 커스터드는 삶은 과일을 곁들여 먹지. 굴은 하루에 아홉 개도 먹는다니까."[87] 그러나 7월 21일 병세가 극도로 악화됐다. 맨체스터 시절부터 알고 지낸 옛 친구 새뮤얼 무어는 이스트본에서 기차를 타고 온 루트비히 프라이베르거를 만나 얘기를 듣고 그 내용을 투씨에게 전해줬다. "유감이지만 그 친구 말이 영 안 좋은 얘기뿐이구나. 병세가 심해져서 장군의 나이를 고려할 때 아주 위중하다는 거야. 목의 분비선은 그렇다고 치고, 약해진 심장이나 폐렴으로 고비가 올 수도 있단다. 어떤 경우고 갑자기 끝날 것이라는구나."[88] 상태가 급속히 악화되면서 엥겔스는 이스트본에서 런던으로 옮겨졌다. "내일 돌아간다." 리전트 파크 로드에서 그를 기다리고 있는 라우라에게 보낸 마지막 편지에서 엥겔스는 이렇게 적었다. "결국 내 목의 감자밭^{종양들}에 위기가 오고 있는 것 같다. 그 혹들이 다 터지면 고통은 없어지겠지. 결국에는! 이 기나긴 길이 이제 반환점에 들어설 모양이구나." 그러면서 엥겔스는 SDF와 ILP가 최근 총선에서 형편없는 성적을 낸 것을 비웃고는 그다운 농담으로 마지막 말을 맺었다. "에그노그 한 잔에 오래된 코냑 몇 방울 타서 건배. 너의 건강을 위하여!"[89]

이렇게 여유를 부렸지만 엥겔스도 마지막 날이 다가오고 있다는 것을 알고는 이미 작성해둔 유언장에 추가 조항을 담은 문건을 붙였다. 예상대로 문건은 둘 다 사무적이고 실무적이지만 사랑하는 주변 사람들에게 대단히 관대하게 배푸는 내용이었다. 엥겔스의 재산은 여덟 개 부분으로 구성돼 있었다. 세 부분은 라우라 라파르그에게 주었고, 두 가지는 투씨에게, 나머지 둘은 루이제 프라이베르거에게 물려주었다. 상속세를 제하고 자산 가치는 총 2만378파운드(지금 화폐가치로 약 400만 달러^{48억 원})로 평가됐다. 투씨와 라우라에게 각각 5000파운드라는 거액이 돌아갔고(두 사람 몫 가운데 3분의 1은 언니 예니 마르크스 롱게의 아이들을 위한 신탁기금으로 맡겨두었다), 루이제는 5100파운드 가까이 받았다.[90] 투씨, 라우라, 예니의 자녀들은 또 『자본론』 인세를 받도록 했다. 펌프스에게는 일시불로 2230파운드를 남겨줬고(펌프스는 이 돈을 가지고 미국으로 이주했다), 루트비히 프라이베르거는 의학적 도움을 주었다는 명목으로 210파운드를 받았다. 루이제는 리전트 파크 로드 임차권과 함께 가재도구 일체도 물려받았다. 펌프스 부부와 라우라 부부, 에드워드 에이블링에게 꾸어준 돈은 모두 없던 일로 했다. 가장 중요한 것은 마르크스가 남긴 문서를 그 딸들의 요구대로 처분한 것이었다. 그의 원고 일체와 가족들 간에 오간 편지는 마르크스의 유고·저작권 관리인인 투씨에게 넘어갔다. 여기에 덧붙여 엥겔스는 마르크스가 받은 모든 편지(자신이 보관하고 있던 것)도 투씨에게 넘겼다. 자신이 받은 편지들은 원래 발신인에게 돌려주도록 했고, 나머지는 자신의 유고·저작권 관리인인 아우구스트 베벨과 에두아르트 베른슈타인 앞으로 남겨놓았다. 이와 함께 1000파운드는 베벨과 파울 징어1844~1911. 실업자 출신의 독일 사민당 지도자에게 맡겨 SPD 후보 선거 지원에 쓰도록 했다. 동생 헤르만에게는 소장하고 있던 아버지 유화 초상화를 돌려줬다.

곧 유언장을 읽는 날이 다가왔다. 1895년 8월 초 장군은 유동식밖에 못 먹는 상태가 됐고 의식이 오락가락하면서 말할 기력조차 떨어졌다. 베벨이 찾아왔을 때는 그래도 "백묵판에다가 심한 농담을 써보였다".[91] 거의 마지막 날에는 프레디 데무트의 진짜 아버지가 누구인지를 대충 그려 보임으로써 오명을 떨쳐냈다. 투씨는 경악했다. 8월 5일 밤 10시가 조금 지난 시각, 루이제 프라이베르거는 옷을 갈아입으러 잠시 엥겔스 곁을 비웠다. 그녀가 돌아왔을 때는 "모든 게 끝나" 있었다.[92] 빌헬름 리프크네히트는 "그렇게 더 이상 아무 움직임이 없었다"고 애통해했다.

그는 정신의 거인이었다. 마르크스와 함께 과학적 사회주의의 초석을 놓았고, 사회주의 전술전략을 가르쳐줬으며, 약관 스물넷에 고전 『영국 노동계급의 상태』를 썼고, 『공산당 선언』의 공저자였다. 카를 마르크스의 분신으로 마르크스를 도와 국제노동자연합제1인터내셔널을 일으켜 세웠고, 생각할 줄 아는 사람이라면 누구나 이해할 수 있도록 투명한 언어로 쓴 과학의 백과사전 『반뒤링론』을 남겼다. 『가족, 사유재산, 국가의 기원』을 비롯해 수많은 저서와 논문, 신문 기사 등을 썼다. 그는 친구요, 조언자요, 지도자요, 전사였다. 그가 이제 우리 곁을 떠났다.[93]

장례식은 엥겔스가 바라던 대로 되지는 않았다. 원래는 가까운 사람들만 모여 화장식을 치를 예정이었는데 계획이 알려지는 바람에 80명 가까이가 몰려들었다. 장례식은 런던 웨스트민스터 브리지 로드 기차역에 있는 공영 네크로폴리스 장의회사 식장에서 진행됐다. 에이블링 부부, 라파르그 부부, 로셔 부부, 롱게네 아이들, 프라이베르거 부부와 엥겔스의 사촌 몇 명 외에 SPD를 대표해 리프크네히트, 징어, 카우츠키, 레스너, 베른슈타인이 참석했고, 오스트리아 당 대표로 아우구스트 베벨, 러시아 대표로 베라 자술리치, 영국 사회주의동맹 대표로 윌 손이 참석했다. 벨기에, 이탈리아, 네덜란드, 불가리아, 프랑스 사회주의 정당들은 조화를 보내왔고, 엥겔스의 조카인 구스타프 슐레히텐달과 새뮤얼 무어를 비롯해 일부 인사가 추도사를 했다. 이어 몇 가지 고별 의식을 치른 뒤 기차는 엥겔스의 시신을 태우고 런던을 빠져나가 단선 궤도를 타고 그리 멀지 않은 워킹 화장장으로 향했다.

"이스트본 서편으로 해안을 따라 절벽들이 차츰 높아지더니 나중에는 비치 헤드의 새하얀 곳으로 이어졌다. 높이가 180미터가 조금 넘는다. 절벽 맨 위에는 파란 풀밭이 펼쳐져 있고, 처음에는 서서히 낮아지다가 갑자기 수면 쪽으로 급전직하한다. 그 아래로는 해안선이 멀리 들어갔다 다시 나왔다 들쭉날쭉하다." 화장장으로 향하는 길에 차창에 펼쳐지던 전형적인 영국 해변 풍경을 에두아르트 베른슈타인은 이렇게 회고했다. 날씨는 "가을처럼 바람이 세찼고" 베른슈타인 옆에는 투씨, 에이블링, 프리드리히 레스너가 있었다. 차림새가 볼품없는 네 사회주의자—상류층이 주로 오는 이스트본과는 영 어울리지 않는 4인조였다—는 작은 배를 한 척 빌려 영국해협 쪽으로 천천히 노를 저어 나아갔다. "비치 헤드에서 한

8~9킬로미터쯤 나아갔을” 때 뒤를 돌아보니 멀리 사우스 다운스의 기가 막힌 해안선이 한눈에 들어왔다. 이어 일행은 유언장에 정확히 지시된 대로 프리드리히 엥겔스의 유골을 바다에 뿌리고 유골단지도 함께 보냈다. 그는 살아서와 마찬가지로 죽어서도 마르크스의 영광을 까먹는 짓은 일절 하지 않았다. 친구가 묻힌 하이게이트 공동묘지에 묘석을 세우거나 가족 묘지를 꾸미지도 않았고, 공식 행사도 없었다. 모순으로 가득하지만 매혹적인 삶을 살았고, 평생을 무한한 희생으로 일관한 인간 엥겔스는 그렇게 갔다. 생의 끝자락에 잠시 제1 바이올린으로 살고는 오케스트라 속으로 돌아간 것이다.[94]

에필로그

다시 볼가 강변의 엥겔스 시로 돌아가보자. 지금은 후줄근하나마 현대 도시의 면모를 갖췄기 때문에 18세기 중반 예카테리나 2세(예카테리나 대제) 통치 시대에 태어난 이 도시의 뿌리를 잊기 쉽다. 독일에서 태어난 여제 예카테리나 2세는 서구 문화를 러시아에 이식하고, 경제 생산성을 높이고, 행정력이 미치지 못하는 볼가 강 일대에 열심히 일할 사람들을 정착시키고자 열성을 보였다. 이렇게 해서 독일 출신 농민과 노동자, 상인 등 수천 명이 고향 헤센 주를 떠나 러시아 남부의 비옥한 평야지대에 들어오게 됐다. 1760년대에는 약 3만 명의 독일인이 볼가 강 주변 위아래로 322킬로미터에 걸쳐 정착촌을 세우고 새 삶을 시작했다.[1] 정착지 가운데 가장 인기 있는 곳이 사라토프 일대였다. 이곳은 특히 땅이 비옥했다. 사라토프에서 볼가 강 건너편으로 프크로프스카야라는 작은 정착촌이 있었는데 소금 교역로의 중간지점인 관계로 점차 상업이 번창했다. 이후 여러 세대를 거치면서 독일계 이주민들은 볼가 강 일대를 러시아 제국에서도 가장 번창하고 평화로운 지역의 하나로 발전시켰다. 정부 행정 조직에 편입돼 있지 않던 정착촌은 1914년 시로서 공식 지위를 획득하면서 이름도 성모 마리아를 기리는 뜻에서 포크로프스크('포크로프'는 보호막이라는 뜻으로 성모 마리아의 가호를 기원한다는 의미다)로 바꿨다. 이어 1917년 러시아 혁명이 나면서 사라토프 시와 함께 '볼가 강 독일계 주민 자치 소비에트 공화국' 소속으로 편입됐다.

그러다가 1931년에 가서 다시 이름이 바뀌었다. 이번에는 주민들도 어떤 사정인지 잘 모르는 상태였다. 소련 정부는 볼가 자치 공화국을 별로 좋게 보지 않고 있었다. 러시아 내전*이 끝나갈 무렵인 1920년대 초 볼가 강 일대는 극심한 기근으로 만신창이가 됐다. 한때 그런대로 배불리 먹고 살던 주민들은 초근목피는 보통이고 짐승의 가죽과 밀짚까지 삶아 먹는 지경이었다. 사망률이 치솟고 이주하는 주민이 크게 늘면서 인구도 3분의 1 가까이 줄었다. 그러다 차츰 토양이 회복되고 수확이 살아나는 상황에서 소련공산당은 1927년 당 대회를 통해 혹독한 새 농업 정책을 발표했다. 소련 경제의 산업화를 촉진하기 위해 공산당 서기장 이오시프 스탈린은 잉여 곡물 전량 도시 지역 양도, 농촌 지역 곡물 은닉(비축) 금지, 농업의 대규모 집단화를 선언했다. 이런 농업 혁명을 실현하기 위해 스탈린은 쿨라크kulak에 대해 무자비한 전쟁을 시작했다. 쿨라크는 소규모 부농富農으로 농토는 6에이커7350평 정도에 가축을 약간 키우고 임금 노동자들을 고용해 평균 이상의 생활을 하는 계층이었다. "우리는 쿨라크들의 착취 악습을 규제하는 정책에서 하나의 계급으로서의 쿨라크를 완전히 제거하는

---

* 1917년 10월 혁명으로 정권을 장악한 레닌 중심의 볼셰비키/적군과 반대파 연합세력/백군 간에 벌어진 내전으로 1923년에야 완전히 끝났다.

정책으로 노선을 바꿨다." 1929년 농학도들을 대상으로 한 연설에서 스탈린은 이렇게 호언했다.[2] 쿨라크들에게는 징벌적 세금을 부과하고, 곡물은 "기부" 형식으로 사실상 강탈해갔으며, 토지도 강제로 재배치했다. 나중에는 한밤중에 비밀경찰이 찾아와 말을 안 듣는 농민들을 잡아가는 일까지 벌어졌다. 당시 소련 곳곳에 설치된 굴라크_{1930~55년 소련에서 운영한 강제노동수용소}는 수용인원을 채우려고 안달이었다. 1930년대에는 볼가 강 일대 부농의 80퍼센트 가까이가 집단농장에 강제 배치됐고, 볼가 강과 캅카스, 러시아 남부 일대 개척민 50만 명이 시베리아 등 아무 연고도 없는 오지로 추방됐다.

쿨라크에 대한 테러로 수백만 명이 목숨을 잃었다. 그러나 스탈린이 추진한 경제5개년계획은 경제적 성과를 낸 측면도 있었다. 사라토프와 포크로프스크에서는 산업화가 급속히 진행됐다. 철도 정비창이 들어서고 벽돌공장과 제빵공장, 접착제공장이 설립됐으며 항공기 조립공장 건설도 시작됐다. 작업 할당량 초과 달성으로 유명한 특별작업대는 골분 가공 공장에서, 생산성 향상을 모토로 내건 스타하노프 운동 소속 노동자들은 철도 교차역에서 모스크바가 내려보낸 "생산 계획"을 맞추기 위해 더더욱 열심히 일하겠다고 다짐했다. 그런 발전을 기리는 한편으로 볼가 강 일대의 자랑스러운 독일계 유산을 기념하는 뜻에서 소련 중앙집행위원회_{최고 입법기관}는 1931년 10월 포크로프스크를 엥겔스 시로 명명하기로 결정했다. 프로이센 출신으로 사회주의의 두 번째 거목인 엥겔스를 존중하는 뜻이 담긴 것은 물론이다(인근 예카테리나 시는 이미 10여 년 전에 마르크스 시로 이름을 바꿨다). 한 공식 발표에 따르면 포크로프스크라는 이름은 "'동정녀 마리아'처럼 노랗게 말라죽었다". 과학이 만능인 것처럼 떠들던 소비에트 시대에 "국민 모두가 믿는 종교를 노동 대중을 노예 상태로 만들기 위한 도구로 사용했던 극악한 차르 통치 시대"를 연상시키는 이런 변명은 봉건 미신 시대의 잔재가 여전히 남아 있었다는 사실을 말해준다.[3]

시 이름을 바꾼 것은 소련의 위업과 마르크스주의의 우두머리 사도 사이에 친연성이 있음을 강조하는 측면도 있었다. 아닌 게 아니라 먼 미래를 내다보고 추진했다는 스탈린의 정책들—쿨라크, 멘셰비키, "부르주아 민족주의자"들을 박멸하고, 농장을 집단화하며, 생산을 합리화하고, 현대적인 산업화를 향해 "거보巨步"를 내딛는 것 등등—은 당연히 프리드리히 엥겔스의 이름으로 집행되고 있었다. 소련의 선전 담당 조직에서는 이를 당연시했다. 볼가 지역 한 신문의 주장에 따르면 엥겔스는 "우리가 강력한 집단화와 쿨라크 계급 청산을 기초로 농업을 사회주의식으로 개혁하는 과정에서 영감을 주고, 또 앞으로 개혁해 나갈 방향을 미리 제시한" 인물이었다.[4] 또 다른 신문 사설은 이렇게 주장했다. "엥겔스 시는 집단화를 달성한 첫 자치공화국의 중심지로서, 산업화를 통해 프롤레타리아 전사들의 용광로가 됨으로써 앞으로 카를 마르크스의 동료 전사이자 친구인 그 이름에 걸맞게 프롤레타리아가 이끌어나가는 사회주의 발전의 중추가 될 것이다."[5]

엥겔스라는 이름에는 엄청난 요구가 담겨 있었다. "그 이름이 우리에게 요구하는 것은 사회주의 체제를 건설하는 과정에서 직면하게 될 모든 과제를 일말의 흔들림 없이 완수하라는 명령이다. 볼가 자치공화국 콤소몰共産靑年組織은 전투에 임하는 자세로 그 명령을 완수해야 한다. 곡물 공급 할당량을 채우는 것은 물론 초과 달성하고, …사회주의식 목축의 문제를 해결하고, …10월 혁명 기념일 이전에 문맹을 완전히 퇴치해야 한다." 그런 헌신적인 노력만이 도시의 새 수호자가 된 성인聖人의 모범적인 삶을 제대로 따라 사는 자세였다. 아닌 게 아니라 "마르크스의 위업은 엥겔스의 헌신적인 희생이 없었다면 불가능했을 것이다. …엥겔스가 그 오랜 세월 '빌어먹을 장사질'을 해서 돈을 벌어줬기 때문에 마르크스는 흔들림 없이 필생의 과업에 전념할 수 있었던 것이다." 엥겔스 시 주민들은 너나 할 것 없이 그 고결한 전범을 따르기 위해 무진 노력을 해야 한다는 얘기였다. "일합시다. 콤소몰이여! 우리 시에 국제 프롤레타리아를 위해 그토록 엄청난 위업을 이룬 혁명가의 이름이 붙었다는 것이 과연 그럴 만하구나 하는 것을 세상에 보여줍시다. 옛날에 여기는 포크로프스크였습니다. 그런데 잘 보세요. 이젠 엥겔스 시입니다!"[6]

그러나 10년 후인 1941년 6월 히틀러가 바르바로사 작전으로 러시아를 과감히 침공하고 스탈린이 나치 독일과의 전면전에 나서야 하는 상황이 되자 그런 이데올로기적 헌신은 보기 좋게 배반당하고 말았다. 그해 8월 28일 소련 지도부는 "볼가 자치구 독일계 주민 이주 관련 명령"을 발표했다. 명령문은 "군사 당국이 입수한 믿을 만한 정보에 따르면"이라는 불길한 통보로 시작됐다.

볼가 지역 독일계 주민 가운데 딴 생각을 하는 자나 스파이가 수천 수만 명이나 된다. 그들은 독일의 신호가 떨어지면 곳곳에서 파괴 공작을 일삼을 것이다. …볼가 지역 독일계 주민 가운데 소비에트 당국에 그런 반란 분자와 스파이가 떼로 있다는 신고를 한 사람은 단 한 명도 없다. 따라서 볼가 지역 독일계 주민들은 소비에트 인민과 소비에트 당국의 적들을 숨겨주고 있는 것이다.

나치 반역자들을 당국에 신고하지 않았으니 모두 유죄이고 따라서 처벌을 받아야 한다는 이 포고령은 소련의 교과서적인 논리였다. "볼가 지역 독일계 반란분자와 스파이들이 독일의 지시에 따라 반란 활동을 할 경우 소비에트 정부는 전시법에 따라 볼가 지역 독일계 주민 전체에 대해 징벌조치를 취하지 않을 수 없다."[7] 독일군이 우크라이나와 크림, 러시아 남부로 파죽의 행진을 계속하자 스탈린은 그동안 정부에 열심히 충성한 볼가 지역 독일계 주민들을 모두 잡아들이라는 명령을 내렸다. 무시무시한 집단화에서부터 대기근과 대숙청까지를 용케 견디고 살아남은 볼가 지역 주민들은 이제 전원 추방당하는 신세가 됐다. 볼가 자치구는 소련 지도에서 공식적으로 지워졌다. 그 주민들은 우파, 트로츠키파, 파괴자, 부역자와 더불어 스탈린의 제거 대상 리스트에 올랐다. 이들 "제5열"_{부대 내}부에서 적과 내통하는 세력은 칠흑 같은 밤중에 비밀경찰에 의해 동쪽 멀리 시베리아로 강제 추방됐다. 성모 마리아의 가호가 포크로프스크를 지켜주지 못한 것처럼 엥겔스라는 공산주의의 성인 역시 주민들에게 아무 도움이 되지 못했다. 당시 볼가 지역 독일계 주민 수만 명이 희생당한 것은 스탈린 시대의 국가가 얼마나 비인간적인 만행에 혈안이 돼 있었는지를 통계로 증언한다.

마르크스의 장군 역할을 한 엥겔스를 다룬 전기라면 인간 엥겔스가 어떤 식으로든 엥겔스 시가 겪은 이런 불행에 혹여 책임이 있는 것은 아닌지 분명히 따져봐야 할 것이다. 볼가 지역 선전물들이 주장하는 것처럼 그의 철학이 스탈린 시대의 소련을 형성하는 데 중요한 역할을 했을까? 전부터 마르크스·엥겔스의 이데올로기적 적대자들이 두 사람의 철학을 비난할 때 써먹는 전형적인 수법은 굴라크의 참상을 보라는 것이었다. 낡은 사회가 새로운 사회로 탈바꿈할 때 얼마나 무서운 폭력이 동원됐는지를 슬쩍 이야기하면 독자들은 바로 악명 높은 시베리아 동부 크라스노야

르스크 강제노동수용소를 떠올린다. 최근에 나온 로버트 서비스1947~. 영국의 러시아사 전문가의 공산주의사는 이렇게 지적한다. "레닌은 그야말로 특이한 방식으로 마르크스·엥겔스의 가르침에 충실했다. 마르크스주의를 함께 설계한 두 사람은 폭력혁명과 독재와 테러를 용인했다. …레닌주의의 주장들 가운데 많은 부분이 19세기 중반에 나온 마르크스주의를 바로 계승한 것이다."[8] 더구나 반제反帝 공산주의 운동가들은 물론이고 소련과 동구의 많은 정치 지도자들도 대개 엥겔스의 저작을 통해 마르크스주의에 입문했다. 그의 저작—『반뒤링론』, 축약판『공상적 사회주의와 과학적 사회주의』,『루트비히 포이어바흐와 독일 고전철학의 종말』등등—은『자본론』의 토대를 이루는 복잡한 이론들을 알기 쉽게 해설해주는 통로였다. 그런 책들을 가장 열심히 읽은 것은 러시아인들이었다.

앞에서 보았듯이 마르크스와 엥겔스는 러시아에서 프롤레타리아 혁명이 일어날 가능성에 대해 줄곧 조심스러운 입장을 취했다. 마르크스는 러시아 특유의 농촌 공동체의 역할에 대해 계속 판단을 바꿨고, 러시아가 아시아적 전제주의 성향이 강한 것을 우려했으며, 산업화의 속도와 농민층의 역할에 대해서도 확고한 입장을 세우지 못했다. 따라서 그가 내린 결론은 러시아가 사회주의 체제로 이행하려면 한층 발전된 서구에서 러시아와 같은 시기에 프롤레타리아 혁명이 일어나야 한다는 것이었다. 엥겔스는 그런 정도까지도 가지 않았다. 말년에도 여전히 봉건적인 차르 체제는 이런저런 과도기를 겪어야만 혁명이 일어날 수 있다고 확신했다. 여기서 말하는 과도기란 산업화가 대규모로 진전되고, 그 과정에서 노동계급의 빈곤이 심화되고, 부르주아 지배가 일단 확립되는 것을 말한다.

그러나 역사의 날은 러시아에 예상 외로 일찍 찾아왔다. 레닌이 이끄는 볼셰비키들은 1917년 2월의 인민봉기를 잽싸게 가로채 공산주의 혁명으로 바꿔놓았다. 인민위원회 첫 의장을 맡은 레닌은 마르크스를 분명히 알고 있었지만 종종 자기 나름으로 이해하는 엥겔스를 더 선호하는 것처럼 보였다. 아닌 게 아니라 레닌은 "엥겔스의 저작 전체를 고려하지 않고 마르크스주의를 이해하고 온전히 제시한다는 것은 불가능하다"고 생각했다.[9] 초기에 레닌이 마르크스주의에 입문하는 데 가장 큰 영향을 미친 스승은 게오르기 플레하노프로 망명지인 제네바에서 러시아 최초의 마르크스주의 조직 노동해방단을 결성한 인물이었다. 그는 제네바에서 영국의 엥겔스에게 러시아에서 마르크스주의를 실현하는 가장 효과적인 방법에 대해 철학적·전략적 조언을 자주 구했다. 한번은 플레하노프가 편지에서 지나칠 정도로 고마워하면서 이런저런 질문을 하자 런던의 달라이라마는 "우선 그 '선생님' 소리부터 빼게. 내 이름은 그냥 엥겔스야"라고 답했다.[10]

플레하노프는 엥겔스를 읽으면서 마르크스주의는 역사와 자연과학과 경제, 그리고 특히 정치행위를 설명해줄 수 있는 완벽한 이론체계라고 믿게 됐다. 마르크스주의 철학을 처음으로 "변증법적 유물론"으로 규정한 것도 플레하노프였다. 그가 생각하는 변증법적 유물론이란 마르크스·엥겔스가 헤겔 변증법을 적용해 발전시킨 수미일관한 세계관이었다. 모순과 양질 전화, 부정의 부정 등을 단계적으로 설명하는 변증법적 유물론은 러시아 혁명가들에게 필요한 정치 운동의 로드맵을 확실하게 제공해주는 것으로 보였다. 그러나 플레하노프는 지적 순수성은 절대 잃지 않았다. 사회주의는 러시아나 그 어디를 막론하고 하룻밤 사이에 갑자기 실현될 수 없으며, 부르주아 민주주의 지배 단계와 상당 기간의 산업 발전 과정을 거쳐야 한다는 엥겔스의 확신으로부터 한 발짝도 벗어나지 않았다. 자본주의 사회의 모순들이 공산주의 혁명에 필요한 전제조건이라는 확신 때문에 플레하노프는 소수의 전위대 주도로 위에서 아래로 찍어 누르는 식의 사회주의 혁명에 대해서는 극도의 거부감을 보였다. 그런 혁명을 주장한 사람이 바로 레닌이었다. 플레하노프가 우려한 것은 그런 식의 폭동을 일으켜봐야 "본래의 정치적 목표는 실종된다"는 것이었다. "고대 중국이나 페르시아 제국에서 일어난 반란들이 그러했듯이 본질적인 변화 없이 차르 일인 독재 체제가 공산주의식 독재로 바뀔 뿐"이라는 얘기다.[11]

레닌은 이런 우려를 들은 척도 하지 않았지만 엥겔스의 해석을 그대로 수용한 플레하노프식 마르크스 버전을 신념으로 삼았던 것은 분명하다. 이념이 후대로 전해지면서 내용이 조금씩 변하는 것은 여럿이 둘러 앉아 한 사람이 옆 사람에게 귓속말로 어떤 문장을 얘기하고, 그 사람이 다시 옆 사람에게 전하다 보면 맨 끝에 있는 사람이 들은 얘기는 처음 사람이 한 말과 완전히 달라지는 것과 비슷하다고 할 수 있다. 이렇게 해서 엥겔스의 마르크스주의—이 단계만 해도 조건이 이러저러하면 이렇게도 될 수 있고 저렇게도 될 수 있다는 식으로 대단히 유연했다—는 도그마로 변질됐다. "변증법은 (헤겔과) 마르크스주의의 인식론 그 자체다"라고 레닌은 단언했다.[12] 레닌에게 마르크스주의란 "하나의 강철덩어리처럼 그중에서 기본전제 하나, 본질적인 부분 하나도 뺄 수 없는, 그랬다가는 객관적인 진실에서 어긋나고 부르주아 반동의 거짓에 놀아나게 되는" 완벽한 이론 체계였다.[13] 변증법은 변경 불가능한 자연법칙이기 때문에 사회주의가 과학적 성격을 갖게 되는 것은 불가피했다. 변증법의 법칙들은 일단 집권을 하게 되면 공산주의 통치가 나아갈 길을 완벽하게 보여주는 프로그램이었다. "이렇게 마르크스주의의 완벽성을 극도로 강조하는 태도는 레닌이 플레하노프에게서 물려받은 것이며, 그런 전통은 소련 이데올로기의 중요한 일부가 됐다." 레셰크 코와코프스키의 평가다.[14] 변증법은 레닌에게 확고부동한 지적 확신을 주었고, 그 결과 이데올로기적으로 조금만 '정통'에서 벗어나도 용납하지 않을 만큼 무시무시할 정도로 엄격해졌다. 레닌은 「마르크스의 사상」*에서 몹시 흥분한 어조로 변증법적 유물론의 놀라운 신비를 다윈의 진화론과 비교했다.

이미 겪은 단계들을 반복하되 다른 방식으로, 더 높은 수준에서 반복하는 ("부정의 부정") 발전, 일직선이 아니라 나선형으로 나아가는 발전, 도약과 파국과 혁명으로 들쭉날쭉한 발전, "중간 중간에는 점진적으로" 서서히 이루어지는 발전, 양이 질로 바뀌는 전화, 모순에 의해 그리고 서로 다른 세력과 경향들이 기존의 틀과 갈등하면서 생겨나거나 주어진 현상 또는 사회 안에서 저절로 솟아나는 내적 충격에 의한 발전, 각 현상의 모든 측면들(역사는 전진하면서 항상 새로운 측면을 드러낸다) 사이에 존재하는 긴밀한 상호의존성, 법칙에 따라 세계를 앞으로 나아가게 하는 온갖 관계들…. 바로 이런 것들이 오늘날 운위되는 진화론보다 훨씬 더 풍부한 의미를 갖는 사회 진화의 원리로서의 변증법의 특징이다.[15]

스탈린은 실천 과정에서 변증법적 유물론을 한층 높은 차원으로 끌어올렸다. 소련 체제가 마르크스·엥겔스가 제시한 원칙—소외가 종식되고 국가는 점차 소멸하며 공산주의가 전세계에서 힘을 얻게 된다 등등—에서 크게 벗어날수록 공식 선전 문구는 '정통 이데올로기'라는 것을 터무니없이 강조하는 양상을 띠었다. 예컨대 이런 식이다. "마르크스주의는

---

* 1914년 당시 러시아에서 가장 인기 있던 백과사전 『그라나트 백과사전』의 '카를 마르크스' 항목용으로 쓴 소개 글이다.

단순히 사회주의 이론만이 아니다. 총체적인 세계관이며 하나의 철학적 체계다. 프롤레타리아를 주인공으로 한 마르크스의 사회주의는 그 체계의 논리적 귀결이다." 스탈린의 단언은 이렇게 끝난다. "이런 철학 체계를 변증법적 유물론이라고 한다."[16] 스탈린은 자신의 주장을 소련 공식 문헌 가운데 가장 중요한 것의 하나인 『소련공산당(볼셰비키) 약사略史』(1938년)에 기고한 글을 통해 자세히 밝혔다. 스탈린은 본인이 집필한 「변증법적 유물론과 사적유물론」이라는 장에서 소비에트 시스템의 마르크스주의적 기초를 상세히 설명했다. 첫 문장은 최고 실권자답게 명령조로 시작된다. "변증법적 유물론은 마르크스레닌주의 당의 세계관이다." 이어 엥겔스의 『자연변증법』에서 그대로 따온 자연계의 변환(물이 수증기로, 산소가 오존으로 변하는 예 등등)을 인용하면서 그런 급작스러운 형태 변화가 어떻게 엥겔스의 주장―자연은 서로 연결되고 통합된 전체다, 자연은 지속적인 운동 상태에 있으며 변화는 빨리 그리고 느닷없이 일어난다, 변화를 촉발하는 것은 모든 자연 현상에 내재하는 모순이다 등등―을 확인해주는지 상세히 설명했다. 스탈린은 엥겔스나 레닌보다 훨씬 치밀하게 변증적 유물론에 따르는 정치적 결과를 해명했다. 개량주의 혹은 사회민주주의적 해석에 대한 직접적인 공박이었다. "양적인 변화가 서서히 일어나다가 급작스러운 변화로 넘어가는 것이 발전의 법칙이라면, 그렇다면 분명한 것은 억압당한 계급들이 일으키는 혁명은 극히 자연스럽고 불가피한 현상이라는 것이다. 따라서 자본주의에서 사회주의 체제로 이행하고 노동계급이 자본주의의 질곡으로부터 해방되는 것은 느린 변화, 즉 개혁으로는 성사될 수 없고, 오직 자본주의 체제의 질적 변화, 즉 혁명에 의해서만 성사될 수 있다." 스탈린의 추론은 이런 식이었다.[17]

이데올로기적 유산을 온전히 물려받았다는 것을 과시하기 위해 스탈린은 소련이 하는 모든 조치가 철두철미 마르크스레닌주의의 과학적 원칙에 입각한 것이라고 주장했다. "과학과 실행, 이론과 실천의 통일은 프롤레타리아 당을 인도해주는 길잡이별 같은 것이다."[18] 게다가 공산당—결국은 스탈린의 의지나 다름없다—은 프롤레타리아의 진정한 이익을 구현하는 존재이기 때문에 당이 추구하는 모든 정책은 논리적으로 마르크스주의의 이데올로기적 승인을 이미 얻은 것이었다. 코르넬리우스 카스토리아디스1922~1997. 그리스의 철학자, 경제학자는 소련이 주장하는 논리를 가장 잘 설명했다. "역사에 대한 진정한 이론이 있다면, 사물 속에서 합리성이 작동한다면, 그렇다면 분명한 것은 이러한 발전이 취할 방향을 관장해야 할 사람은 그런 이론의 전문가들, 즉 그런 합리성의 기술자들이어야 한다. 이렇게 해서 공산당의 절대 권력은 철학적 지위를 갖게 된다. …이런 논리가 옳다면 그 권력은 당연히 절대적이어야 한다."[19] 소비에트 체제에서 공산당이 명하는 것은 곧바로 과학적 진리가 되는 것이다.

공포정치와 전체주의적 통제를 고려할 때 스탈린 시대의 소련은 마르크스주의 철학의 섬세한 뉘앙스와 복잡한 측면들을 엄격한 정통 이데올로기라는 것으로 변질시켰다. '정통 이데올로기'는 문화, 과학, 정치, 사생활 등 러시아 사회의 거의 모든 부문에 깊이 스며들었다.[20] 엥겔스는 사회주의를 초기 기독교 교회와 비교한 적이 있다. 소련을 그런 식으로 비교하면 이단 사냥에 광분한 중세 가톨릭(기독교 역사상 최악의 형태였다)에 가깝다고 할 것이다. 구성원 전원이 집단행사에 참여해야 했고, 거기서 조금이라도 벗어나는 것은 허용되지 않았으며, 공산주의의 선구자들을 기독교의 성인처럼 떠받들었다. 어설픈 회의 같은 것은 전혀 없었다. 공산주의에 대한 믿음은 길이요, 진리요, 생명이었으며, 사회의 구원을 가져다줄 완벽한 프로그램이었다. 스탈린의 『소련공산당 약사』는 성서나 마찬가지였다. 그것은 마르크스레닌주의를 완벽하게 설명함으로써 사회주의 사상의 모든 문제에 대해 올바른 당의 노선이 어떤 것인지를 밝힌 책이었다. 레셰크 코와코프스키의 회고. "그 책은 쇄를 거듭했고 가르치지 않는 곳이 없었다. 중고등학교에서, 대학에서, 당 강연회에서 등등. 무릇 가르치고 배우는 곳에서는 『소련공산당 약사』가 소비에트 시민의 정신의 양식이었다."[21]

소련의 지정학적 영향력이 계속 확대되면서 『소련공산당 약사』도 전세계로 퍼져나가 수천 만 권이 팔렸다. 장정은 세련됐고, 인쇄도 모스크바에서 맡아 매우 고급스러웠다. 그 결과 변증법적 유물론은 20세기의 가장 영향력 있는 철학의 하나로 자리 잡았고, 프놈펜에서 파리, 런던까지 공산주의 서클에서는 그 내용을 외우고 암송하는 것이 유행이었다. 후일 마르크스주의 역사학자로 이름을 떨치는 영국의 라파엘 새뮤얼은 그 냉철한 명쾌함에 매료됐다. "그 책은 사회에 관한 과학으로서 모든 것을 포괄하는 결정론을 제시했다. 거기서는 우발적인 사태들이 필연성으로, 특정한 결과를 불러올 수밖에 없는 원인으로 설명됐다." 새뮤얼이 후일 영국 공산당*에서 활동하던 젊은 시절을 회고하면서 한 얘기다. "추론의 양식으로서 그것은 우리에게 선험적인 통찰과 보편법칙을 제시해준다. 그러한 사유법칙들은 행동의 길잡이이자 권위 있는 예언의 원천이다." 그러나 마르크스주의 철학의 요체는 역시 세계를 변화시키는 것이었다. "'실천 없는 이론은 공허하고, 이론 없는 실천은 맹목盲目이다' 라는 스탈린의 명언은 이후 공산주의들의 좌우명이 됐다. 엥겔스가 예로 든 끓는 주전자[물

---

* 영국에서 가장 규모가 큰 공산주의 계열 정당으로 1920년 창당돼 1991년까지 존속했다.

이 증기로 바뀌는 현상을 양의 변화가 질의 변화로 이어진다는 예로 든 것]가 변증법을 얘기할 때 빠지지 않고 등장하는 것과 같다."[22] 스탈린의 『소련 공산당 약사』는 『반뒤링론』을 많이 인용했고, 플레하노프와 레닌은 마르크스보다는 엥겔스의 저작에 의존하는 경우가 많았다. 소련이 주도하는 세계 공산주의 운동의 원동력이 된 철학도 잉여가치설보다는 역시 변증법적 유물론이었다. "『자연변증법』은 소비에트 마르크스주의에서 변증법을 해석할 때 가장 많이 인용하는 권위 있는 전거다." 1950년대에 소련 공산주의를 분석한 허버트 마르쿠제의 지적이다.[23]

다시 정리해보자. 엥겔스는 마르크스레닌주의의 이름으로 저질러진 그 끔찍한 만행들에 대해 책임이 있는가? 역사적 과오에 대한 사죄가 넘쳐나는 지금 우리 시대에도 답은 '노'일 수밖에 없다. 상식적인 의미에서 엥겔스나 마르크스는 몇 세대 후에 역사의 주역들이 저지른 범죄에 대해 아무 책임도 질 수 없다. 그들이 아무리 두 사람의 이름을 걸고 정책을 시행했다고 해도 마찬가지다. 자유시장 체제인 서방의 불평등 구조에 대해 애덤 스미스에게 책임을 물을 수 없고, 현대 개신교 복음주의의 문제점에 대해 마르틴 루터에게 책임을 물을 수 없고, 오사마 빈 라덴이 저지른 잔인한 테러에 대해 예언자 무함마드에게 책임을 물을 수 없는 것처럼, 스탈린주의(또는 마오쩌둥의 중국, 폴 포트의 캄보디아, 멩기스투*의 에티오피아)가 수백만 명을 죽인 것이 19세기에 런던에서 활동한 두 철학자 책임은 아니었다.

단순히 서로 다른 시대를 살았다고 해서 하는 말이 아니다. 엥겔스는 20세기에 정권을 잡은 공산주의 계열 정당들이 했던 식으로 소수의 전위

---

* 1937~. 에티오피아의 군사독재자로 사회주의를 추진하면서 수많은 사람을 학살했다.

대가 주도하는 톱다운 방식의 혁명에 대해서는 대단히 회의적이었다. 그는 항상 노동계급(지식인과 직업 혁명가들이 아니라)이 주도하는 노동자들의 당만이 진정한 변화를 가져올 수 있다고 믿었다. 또 프롤레타리아가 사회주의에 도달하려면 자본주의 시스템의 모순과 정치적 각성이 전제돼야 한다고 확신했다. 소수의 공산당 지도부가 사회주의를 프롤레타리아에게 억지로 강요한다고 될 일이 아니었다. "여기영국 사회민주주의연맹SDF과 그쪽 독일계 미국 사회주의자들의 공통점은 마르크스의 발전 이론을 융통성 없는 '정통 노선'으로 오그라뜨리는 데 성공했다는 거야. 노동자들이 스스로 계급의식을 통해서 그런 단계에 도달하는 건 기대도 안 하지? 준비도 안 된 상태에서 대뜸 노동자들의 목구멍에다가 교리教理를 쑤셔 넣는 식이지." 1894년 5월 엥겔스가 미국의 친구 프리드리히 조르게에게 대놓고 한 비난이다.[24] 대중의 해방은 결코 외적 행위자나 정치적 비상조치의 산물일 수 없었다. 레닌 방식도 마찬가지다. 더구나 독일 사민당SPD을 지지한 것으로 보아 엥겔스는 말년에 가서는 비폭력적이고 민주적인 방식으로 사회주의 체제로 이행하는 방식을 지지했다고 보는 것이 옳다. 바리케이드보다는(물론 봉기의 도덕적 정당성은 항상 인정했다) 선거를 통한 접근을 선호했다는 얘기다. 러시아라는 특수한 상황이라면 '사회주의 국가로 제대로 이행하려면 부르주아 지배 단계와 자본주의 발전을 거쳐야 한다'는 1917년 이후 플레하노프를 비롯한 "멘셰비키"의 주장이 볼셰비키의 권력의지보다 엥겔스의 생각에 훨씬 근접한다고 볼 수 있다.

반공주의자들과 마르크스 옹호자들이 손쉽게 그려내는 희화화된 모습과 달리 엥겔스는 20세기 소비에트 이데올로기가 극찬한 식으로 고지식하고 기계론적인 변증법적 유물론의 설계자가 결코 아니었다. "엥겔스주의"와 스탈린주의, 개방적이고 비판적이며 인도적인 과학적 사회주의sci-

entific socialism의 비전과 윤리의 원칙이 결여된 과학주의적 사회주의scien-
tistic socialism 사이에는 철학적으로 상당히 큰 차이가 있다. 철학자 존 오
닐영국 맨체스터 대학 정치경제학과 교수이 주장하는 것처럼 엥겔스가 말한 사회주의가
20세기 국가 주도형 마르크스주의와 연결돼야 할 불가피한 이유는 전혀
없다. 둘 사이에 연관성이 있느냐 없느냐는 엥겔스가 "방법론적 확실성"
과 "교리의 정통성"을 강조하는 교조주의적 과학관을 가지고 있었느냐에
달려 있다. 과학 탐구와 사적유물론에 관한 한 엥겔스는 이 두 가지를 모
두 거부했다.[25] 스탈린의 『소련공산당 약사』의 폐쇄적인 논리는 끊임없이
새로운 사실을 찾기 위해 노력하는 엥겔스로서는 대단히 혐오스러운 것
이었을 것이다. 장군이란 별명처럼 풍모는 군인 같았지만 엥겔스는 기성
관념에 도전하고 새로운 경향을 추구하고 자신이 내세웠던 입장에 대해
서도 종종 다시 생각하는 스타일이었다. "내 생각에는 '사회주의 사회'
란, 시대에 관계없이 일정한 형태로 고착돼 있는 것으로 여겨서는 안 된
다. 다른 모든 사회현상과 마찬가지로 계속 변화하고 변형되는 것으로 봐
야 한다." 1890년에 쓴 글에서 그는 이렇게 말했다. "시간을 갖고, 말하자
면 점진적으로 해나간다면 그런 혁명을 완수하는 것은 별로 어려운 일이
아니라고 본다."[26] 여러 측면에서 엥겔스의 사유는 마르크스에 비해 시사
하는 바가 훨씬 많고 한결 유연하다. 『반뒤링론』에서 그가 내린 결론은 과
학 연구를 통해 얻은 가장 소중한 교훈은 "현 단계의 지식에 대해 극도로
불신하게 됐다"는 것이었다. "왜냐하면 우리는 아마도 지금 인류사의 초
기 단계에 와 있는 데 불과할 것이기 때문이다."[27] 그러면서 엥겔스는 과
학철학자 카를 포퍼 비슷하게 과학은 근본적으로 오류의 가능성이 있다
는 입장을 보였다. "무조건적인 진리라고 주장하는 지식도 결국은 우리가
일련의 오류를 겪으면서 알게 된 것이다. 끝없는 체험을 통하지 않고는

무엇을 완전히 인식한다는 것은 불가능하다."[28] 엥겔스는 한 지인에게 쓴 편지에서 사적유물론 이야기를 하다가 "내가 한 말 한 마디 한 마디를 다 복음으로 생각지" 말아달라고 당부했다. 또 다른 사람에게는 "우리의 역사관은 무엇보다도 연구의 길잡이이지 헤겔식 모델에 따라 대상들을 구성하기 위한 도구가 아니다"라고 말했다.[29] 이런 얘기는 전체주의적 사고에 젖어 꽉 막힌, 새로운 괴물단지(전체주의 국가)를 만들어내지 못해 안달하는 정치철학자의 언어가 아니다. 더구나 엥겔스는 그런 스타일의 마르크스주의 정당들—힌드먼의 SDF, 독일 SPD 내의 호전적 분파인 청년파 Jungen, 미국의 독일계 사회주의노동당 등등—에 대해 분명하게, 그리고 누누이 비판했다. 이런 정당들은 마르크스주의에 대해 더 이상의 논쟁을 허용치 않고 "'우리'의 이론을 소수 정통파 불변의 교리로 변질시켰다".[30]

소련을 비롯한 여러 나라의 엥겔스 추종자들이 이처럼 엥겔스와 차이를 보이는 것은 어느 정도는 그들의 출발점이 각각 달랐기 때문이라고 할 수 있다. 엥겔스와 마르크스는 1860~70년대에 다윈주의와 자연과학의 발전을 고려해 사적유물론을 정밀하게 다듬는 과정에서 자신들의 정치철학을 과학적으로 완숙하게 정립했다. 그러나 헤겔을 읽던 젊은 시절로까지 거슬러 올라가는 두 사람의 지적인 틀은 최신 과학까지 아우를 무렵에는 이미 완성이 된 상태였다. 반면에 그 이후 세대 사회주의들은 극히 다양한 이데올로기적 경로를 거쳐 마르크스주의로 들어섰다. 이에 대해 카우츠키는 "두 사람은 헤겔에서 출발했고, `나는 다윈에서 출발했다"고 설명한다. 카우츠키는 물론이고 베른슈타인, 아들러, 에이블링, 플레하노프, 레닌, 제2인터내셔널의 정치 지도자들—이들은 찰스 다윈, 사회진화론의 선구자 허버트 스펜서, 프랑스 실증주의 사회학자 오귀스트 콩트를 탐독하면서 이데올로기적 각성을 얻었다—은 이미 세를 굳힌 진화론까지를 포함한 시각에서 마르크스와 엥겔스를 읽었다.[31] 이탈리아 공산주의자 엔리코 페리1856~1929. 범죄학자로 유명하다가 쓴 『사회주의와 실증과학』(1894년), 루트비히 볼트만*의 『다윈 이론과 사회주의』(1899년), 1906년에 출간돼 큰 영향을 미친 카를 카우츠키의 『윤리와 유물론적 역사관』, 위에 인용한 레닌("발전 혹은 진보라는 관념은 이미 사회의식의 저변까지 침투했다"고 생각했다)의 「마르크스의 사상」 등은 다윈주의와 마르크스주의의 연관성을 강조한 공산주의 문헌의 대표적인 사례다. 이런 책들은 19세기 말의 마르크스주의를 소비에트 정통 노선에서 주장하는 변증법적 유물론과 연결시켜주는 다리 역할을 했다. 분명한 것은 철학적으로나 과학적으로 다른 전제에서 출발한 후세대가 엥겔스를 읽고 해석한 방식에 대해 엥겔스 본인에게 책임을 물을 수는 없다는 것이다.

죽음이 몇 달 남지 않은 시점에 엥겔스는 독일 정치경제학자 베르너 좀바르트에게 아주 명쾌하게 이렇게 말했다. "마르크스의 사유방식 전체는 어떤 가르침이라기보다는 방법이다. 그것은 이미 만들어진 도그마들을 제시하는 것이라기보다 그것을 토대로 더 탐구할 수 있도록 도와주는 길잡이이고 그런 탐색을 위한 방법이다."[32] 마르크스가 그랬던 것처럼 엥겔스는 흔히들 말하는 마르크스주의를 대단히 당파적이고 협소한 의미로 윤색된 것으로 봤고, 스스로를 그런 의미의 마르크스주의자는 아니라고 생각했다. 엥겔스는 마르크스주의를 한층 더 큰 틀에서의 진리로 보고 접근했다. 그것은 일부 열성 당원들이 그러는 것처럼 무조건 따르거나 정통성 수호라는 명목으로 물불 가리지 않고 옹호해야 할 대상이 아니었다.

* 1871~1907. 독일의 인류학자, 동물학자. 인종주의를 옹호한 이론가로 유명하다.

그 못지않게 중요한 것은 엥겔스라는 인간의 본래 성격 자체―글에서는 가끔씩 드러나는 정도다―가 마르크스레닌주의의 철면피한 무자비함과는 도무지가 어울리지 않는다는 사실이다. 그는 애완견한테만 잘해주지 않았다. 과학적 열정이 넘치고, 합리적인 진보에 대한 신념이 강하고, 기술 발전에 열광했지만 유토피아를 추구하는 사회주의 전통(자신과 마르크스의 입장을 돋보이게 하려고 의식적으로 '공상적' 사회주의라는 딱지를 붙이기는 했지만)과 개신교 종말론의 유산(10대 말에 다 내버렸다고는 하지만)을 어떤 식으로든 품고 있었다. 그의 최종 목표는 전지구적 차원의 계급투쟁이 변증법적 과정을 거쳐 정점에 도달하는 것이었다. 그러면 국가는 소멸되고, 인류는 해방되며, 노동자들은 인간으로서 저마다 타고난 모든 능력을 발휘하고 성적 자유를 누리는 낙원을 맞게 된다. 간단히 말하면 억압과 제약의 왕국에서 자유의 왕국으로 도약하는 것이다. 엥겔스는 평등주의자도 국가통제주의자도 아니었다. 행복한 인생을 열망했고, 개성을 열정적으로 옹호했으며, 사람들이 모여서 허심탄회하게 교류하는 장으로서 문화, 문학, 미술, 음악의 가치를 누구보다 높이 평가했다. 그런 사람이 20세기 소비에트 공산주의 체제를 용인한다는 것은 천부당만부당한 일이다. 스탈린주의자들이 아무리 멋대로 그를 스승으로 떠받들어도 마찬가지다.

물론 엥겔스는 지금 우리가 처한 상황에 대해서도 수긍하지 않을 것이다. 이제 20세기 마르크스레닌주의가 덧칠한 부분, 즉 사회 정의의 샘에 독을 탄 "독재라는 일탈"을 싹 제거하고 19세기 유럽을 살았던 엥겔스 본연의 모습으로 돌아간다면 지금까지 우리가 알고 있던 것과는 아주 다른, 그리고 놀라울 정도로 현대적인 모습을 만나게 될 것이다. 그가 맨체스터에서 면직업에 종사한 것은 다른 사회주의자들에 비해 대단한 강점이었다. 그 덕분에 창궐하는 자본주의의 맨얼굴을 그 누구보다도 제대로 들여다볼 수 있었다. 그리고 1989년 이후 우리가 살아온 자유무역과 민주주의의 유토피아가 이제 종교적 근본주의와 자유시장 만능주의라는 이중의 위협 앞에 흔들리고 있는 마당에 그의 자본주의 비판은 더더욱 큰 울림으로 다가온다. 정부는 자본과 화기애애하게 결탁하고, 기업들은 값싼 노동과 단순 기술을 찾아 혈안이 돼 있고, 가족 구조도 시장의 요구를 중심으로 재편되고, 도시의 디자인마저 자본의 요구를 거스를 수 없는 상황이 지금 우리 시대의 단면이라면, 엥겔스는 한 세기 전에 그 모든 것을 포착했고 철저히 해부했다. 세계 주식시장과 금융 부문에서 최근에 벌어진 사태는 역설적으로 엥겔스의 비판이 얼마나 정곡을 찌른 것인지를 잘 보여준다.

엥겔스가 온갖 파괴를 유발하는 자본주의의 진행 과정을 통렬히 규탄한 것은 규제 없는 세계 시장을 생각할 때 특히 절실히 와 닿는다. "자본주의 상품의 싼 가격 자체가 만리장성마저 다 무너뜨릴 막강한 대포"라고 『공산당 선언』은 설명했다. "싼 가격은 모든 국가에게 부르주아 생산양식을 채택하도록 강요하고, 문명이라고 하는 것을 수용하라고 강요한다. 말하자면 부르주아가 되라는 것이다. 그리고 그들은 혹여 뒤처질까 싶어 어쩔 수 없이 그렇게 한다." 마르크스와 엥겔스라면 오늘날 세계화 자체에 반대하는 것은 비논리적이라고 봤을 것이다. 자본주의가 야기하는 인간적 비용에 대한 엥겔스의 비판은 세계 경제의 최전선에 선 나라들―특히 브라질, 러시아, 인도, 중국 같은 신흥시장―에서 벌어지고 있는 사태에 딱 들어맞는다. 규제 없는 산업화로 인해 생기는 그 모든 끔찍한 사태―자본주의가 사회관계를 변형시키고 전통적인 관습과 풍토를 파괴하고 촌락공동체를 도시로 변질시키고 소규모 작업장은 공장으로 변하고 등등―

는 19세기에 벌어진 것과 똑같은 야만 상태를 보여준다. 지금 중국은 "세계의 공장"을 자처하지만 광둥성廣東省과 상하이上海 같은 경제특구에 만연한 오염, 건강 악화, 정치적 저항, 사회 불안 등을 보면 엥겔스가 170년 전에 맨체스터와 글래스고를 묘사한 내용과 섬뜩할 정도로 닮았다. 미국 UCLA 사회학과 교수 리칭콴李靜君이 했던 방식으로 엥겔스의 묘사와 최근 중국의 실태를 비교해보자. 우선 1840년대 영국 면방적공장에 대한 엥겔스의 묘사.

면사와 아마사를 뽑아내는 공장에는 작업실이 많다. 작업실은 보풀과 먼지가 가득하다. …당연히 직공은 이런 상황에 대해 다른 선택의 여지가 없다. …공장 먼지를 마시다 보면 각혈을 하기도 하고 호흡이 곤란하거나 거칠어지기도 한다. 가슴 통증이나 잔기침, 불면증 같은 증상도 예사다. …기계류가 꽉 들어찬 작업실에서 일하다 보니 사고도 많다. …가장 흔한 경우가 손가락 절단이다. …맨체스터에서는 그런 정도의 장애인만 득시글거리는 게 아니다. 팔다리나 발의 전부 또는 일부를 잘린 노동자도 부지기수다.

다음은 2000년 외지에서 선전深圳으로 와 일하는 중국인 노동자의 증언.

작업 시간은 정해진 게 없다. 하루에 최소 12시간이다. 주문이 쏟아지면 30시간이고 그 이상이고 계속 일해야 한다. 밤이고 낮이고 …우리가 쉬지 않고 제일 오래 일한 것은 40시간이었다. …내내 서서 작업을 해야 하기 때문에 너무 피곤하다. 청바지 원단을 잡아당겨 주름을 펴는 일이다. 우리는 늘 다리가 저리고 아프다. 공장에는 마땅히 앉아 쉴 곳도 없다. 기계는 점심시간에도 계속 돌아간다. 한 조가 세 명인데 한 사람이 밥을 먹는 사이에 나머지 두 명은 일하는 식으로 교대로 식사한다. …공장 바닥에는 먼지가 두껍게 앉아 있다. 공장 안에서 밤낮으로 일하다 보면 몸도 완전히 시커메진다. 밖으로 나가서 침을 뱉으면 새카맣다.[33]

중국 공산당이 엥겔스의 후광을 얼마나 업고 싶어하는지는 모르겠지만 170년 전과 별반 다를 바 없는 착취의 현장은 엥겔스가 생각한 이상적인 사회는 결코 아니었다. 10대 때 공장주의 후계자로 빈자들과도 어울려 지내고 바르멘의 삭막한 표백공장도 체험하면서 엥겔스는 현대는 인간이 좀 더 품위 있게 살 만한 곳이어야 한다는 확신을 가졌다. 그와 마르크스는 자본주의가 가져다주는 소중한 풍요가 좀 더 공정한 시스템을 통해 분배돼야 한다고 생각했다. 전세계의 수많은 사람들이 아직도 그런 희망을 버리지 않고 있다. 베를린 장벽이 무너지고 공산주의 국가 체제가 모두 붕괴한 지도 어언 20여 년이 흘렀다. 빅토리아 시대의 자기희생과 자기모순을 온 몸으로 구현했던 프리드리히 엥겔스는 이제 다시 부정의 부정이, 좋은 친구 카를 마르크스가 꿈꿨던 미래가 성취될 것이라고 예언하고 있는 듯하다.

주석

왜 지금 다시 엥겔스인가?

1 *Reminiscences of Marx and Engels* (Moscow, 1958), p. 185.

2 *Frederick Engels: A Biography* (Dresden, 1972), p. 9.

3 Paul Lewis, "Marx's Stock Resurges on a 150-Year Tip", *New York Times,* 27 June 1998.

4 *Times* (London), 20 October 2008.

5 Meghnad Desai, *Marx's Revenge: The Resurgence of Capitalism and the Death of Statist Socialism* (London, 2002).

6 영어판 마르크스 · 엥겔스전집 *Marx-Engels Collected Works* (New York, 1975-2005), vol. 6, pp. 486-87 [이하 *MECW*로 약칭한다].

7 "Marx after Communism", *Economist,* 21 December 2002.

8 Francis Wheen, *Karl Marx* (London, 1999).

9 다음 책들을 보라. Gustav Mayer, *Friedrich Engels: Eine Biographie* (The Hague, 1934)와 *Friedrich Engels* (London, 1936); Grace Carlton, *Friedrich Engels: The Shadow Prophet* (London, 1965); *Frederick Engels: A Biography;* W. O. Henderson, *The Life of Friedrich Engels* (London, 1976); David McLellan, *Engels* (Sussex, 1977); Terrell Carver, *Engels* (Oxford, 1981)와 *Friedrich Engels: His Life and Thought* (London, 1991); J. D. Hunley, *The Life and Thought of Friedrich Engels* (London, 1991).

10 E. P. Thompson, *The Poverty of Theory and Other Essays* (London, 1978), p. 261.

11 Richard N. Hunt, *The Political Ideas of Marx and Engels* (Pittsburgh, 1974), p. 93.

12 Norman Levine, "Marxism and Engelsism", *Journal of the History of the*

Behavioural Sciences 11, no. 3 (1973): 239.

13 MECW, vol. 26, p. 382.

14 Tony Judt, Reappraisals (London, 2008), p. 125.

15 MECW, vol. 26, p. 387.

1장 청소년 시절

1 MECW, vol. 2, pp. 578-79.

2 Reminiscences of Marx and Engels (Moscow, 1958), p. 183.

3 Michael Knieriem, ed., Die Herkunft des Friedrich Engels: Briefe aus der Verwandtschaft (Trier, 1991), pp. 39-40에서 재인용.

4 Frederick Engels: A Biography (Dresden, 1972), p. 16 참조.

5 T. C. Banfield, Industry of the Rhine (1846; rpt. New York, 1969), pp. 122-23.

6 MECW, vol. 2, p. 8.

7 Banfield, Industry of the Rhine, p. 142.

8 Christopher Clark, Iron Kingdom (London, 2006), p. 125.

9 Die Herkunft des Friedrich Engels, pp. 555, 600.

10 Hughes Oliphant Old, The Reading and Preaching of the Scriptures in the Worship of the Christian Church (Cambridge, 1998), vol. 5, p. 104.

11 MECW, vol. 2, p. 555.

12 Die Herkunft des Friedrich Engels, p. 21.

13 Gustav Mayer, Friedrich Engels: Eine Biographie (The Hague, 1934), vol. 1, p. 7 참조.

14 Manfred Kliem, ed., Friedrich Engels: Dokumente seines Lebens (Leipzig, 1977), p. 37에서 재인용.

15 MECW, vol. 44, p. 394.

16 MECW, vol. 2, p. 14.

17 Die Herkunft des Friedrich Engels, p. 463.

18 James J. Sheehan, German History, 1770-1866 (Oxford, 1989) 참조.

19 *Die Herkunft des Friedrich Engels,* pp. 463-64, 470.

20 *MECW,* vol. 6, p. 259.

21 *MECW,* vol. 2, p. 553.

22 *MECW,* vol. 38, p. 30.

23 *MECW,* vol. 2, p. 582.

24 *MECW,* vol. 2, pp. 20, 585. Volkmar Wittmütz, "Friedrich Engels in der Barmer Stadtschule, 1829-1834", *Nachrichten aus dem Engels-Haus* 3 (1980)도 참조하라.

25 Hugh Trevor-Roper, *The Romantic Movement and the Study of History* (London, 1969), p. 2.

26 Celia Applegate, "Culture and the Arts", in Jonathan Sperber, ed., *Germany, 1800-1870* (Oxford, 2004)을 보라.

27 Madame de Staël, *Germany* (London, 1813), p. 8.

28 Sheehan, *German History, 1770-1866.*

29 Jack Zipes, *The Brothers Grimm* (London, 2002), p. 26.

30 Christopher Clark, *Iron Kingdom* 참조.

31 *MECW,* vol. 2, p. 33.

32 *MECW,* vol. 2, p. 95.

33 *MECW,* vol. 2, p. 585.

34 *MECW,* vol. 2, p. 399.

35 *Reminiscences of Marx and Engels,* p. 193에서 재인용.

36 *MECW,* vol. 2, p. 117.

37 *MECW,* vol. 2, pp. 499, 503.

38 *MECW,* vol. 2, p. 528.

39 *Reminiscences of Marx and Engels,* pp. 192, 174에서 재인용.

40 위의 책, p. 94.

41 *MECW,* vol. 2, p. 511.

42 *MECW,* vol. 2, p. 530.

43 Sheehan, *German History, 1770-1866,* p. 573에서 재인용.

44 *MECW,* vol. 2, p. 421.

45 Friedrich Engels, *The Condition of the Working Class in England* (Harmondsworth,

1987), p. 245.

46 Richard Holmes, *Shelley: The Pursuit* (London, 1987) 참조.

47 James M. Brophy, "The Public Sphere", in Sperber, ed., *Germany, 1800-1870* 참조.

48 *MECW,* vol. 2, p. 558.

49 Paul Foot, *Red Shelley* (London, 1984), p. 228에서 재인용. 엘레아노어 마르크스는 후일 애인 에드워드 에이블링과 함께 『셸리와 사회주의*Shelley and Socialism*』(1888년)라는 책을 쓴다.

50 Heinrich Heine, *Sämtliche Werke* (Hamburg, 1867), vol. 12, p. 83.

51 *MECW,* vol. 2, p. 422.

52 Mayer, *Eine Biographie,* vol. 1, p. 17.

53 *MECW,* vol. 2, p. 392.

54 *MECW,* vol. 2, p. 135.

55 Sheehan, *German History, 1770-1866,* pp. 646-47을 보라.

56 *MECW,* vol. 2, p. 9.

57 *MECW,* vol. 24, p. 114.

58 *Frederick Engels: A Biography,* p. 30.

59 *MECW,* vol. 2, p. 25.

60 *MECW,* vol. 2, p. 426.

61 *MECW,* vol. 2, p. 454.

62 David McLellan, *The Young Hegelians and Karl Marx* (London, 1969), p. 3에서 재인용.

63 *MECW,* vol. 2, pp. 426, 454, 461-62.

64 *MECW,* vol. 2, p. 471.

65 *MECW,* vol. 2, p. 528.

66 *MECW,* vol. 2, p. 486.

67 William J. Brazill, *The Young Hegelians* (London, 1970) 참조.

68 *MECW,* vol. 16, p. 474.

69 *MECW,* vol. 2, p. 489.

70 Gareth Stedman Jones, "Engels and the History of Marxism", in Eric Hobsbawm,

ed., *The History of Marxism* (Brighton, 1982), vol. 1, p. 301 참조.

71 *MECW,* vol. 2, pp. 99, 169.

2장 베를린 시절

1 *MECW,* vol. 2, p. 181.

2 E. H. Carr, *Michael Bakunin* (London, 1975), p. 95; Alastair Hannay, *Kierkegaard: A Biography* (Cambridge, 2001), pp. 162-63.

3 *MECW,* vol. 2, p. 187.

4 *MECW,* vol. 26, p. 123.

5 동독(독일민주주의공화국)은 1963년 이 연병장을 '프리드리히 엥겔스 병영'으로 바꿔 "프리드리히 엥겔스 경비연대" 주둔지로 썼다.

6 Anthony Read and David Fisher, *Berlin* (London, 1994); Robert J. Hellman, *Berlin: The Red Room and White Beer* (Washington, 1990); Alexandra Richie, *Faust's Metropolis* (London, 1999) 참조.

7 Heinrich Heine, *Sämtliche Werke* (Hamburg, 1867), vol. 1, p. 240.

8 *MECW,* vol. 3, p. 515.

9 *MECW,* vol. 26, p. 357.

10 Peter Singer, *Hegel* (Oxford, 1983), p. 32에서 재인용.

11 Leszek Kolakowski, *Main Currents of Marxism* (London, 2005), p. 61.

12 John Edward Toews, *Hegelianism* (Cambridge, 1980), p. 60.

13 Christopher Clark, *Iron Kingdom* (London, 2006), p. 434.

14 *MECW,* vol. 26, p. 363.

15 *MECW,* vol. 6, pp. 162-63.

16 *MECW,* vol. 6, pp. 359-60.

17 *MECW,* vol. 2, p. 197.

18 *MECW,* vol. 26, p. 364.

19 David McLellan, *The Young Hegelians and Karl Marx* (London, 1969), p. 88에서 재인용. William J. Brazill, *The Young Hegelians* (London, 1970), p. 146; *MECW,*

vol. 3, pp. 462-63.

20 Ludwig Feuerbach, *Provisional Theses for the Reformation of Philosophy*. Lawrence S. Stepelevich, ed., *The Young Hegelians* (Cambridge, 1983), p. 156에서 재인용.

21 위의 책, p. 167.

22 *MECW*, vol. 2, p. 537.

23 *MECW*, vol. 2, p. 550.

24 *MECW*, vol. 48, pp. 393-94.

25 Brazill, *The Young Hegelians*; Hellman, *Berlin* 참조.

26 Stephan Born, *Erinnerungen eines Achtundvierzigers* (Leipzig, 1898), pp. 26-27.

27 청년독일파와 확실히 결별한 증거에 대해서는 *Rheinische Zeitung* 1842년 7월 7일자에 실린 Engels의 에세이 "Alexander Jung, 'Lectures on Modern German Literature'"를 보라.

28 길버트(영국 극작가)와 설리번(작곡가)의 대표작 「펜잔스의 해적The Pirates of Penzance」(1879년)에 나오는 이 노래를 모르시는 독자를 위해 일부를 소개한다.

난 정말 빠삭하다네, 수학 문제들에 대해서도!
난 방정식을 안다네, 1차 방정식은 물론 2차 방정식도
2항 정리도 이 머릿속에 잔뜩 들어 있지
직각삼각형의 빗변의 제곱 같은 건 얼마든지 설명해줄게.

난 아주 잘한다네, 적분이든 미분이든
난 안다네, 원생동물들의 해골 복잡한 학명을
간단히 말해서, 식물 동물 광물, 그 모든 문제에 대해서.
내가 바로 요즘 육군 소장의 모델이라네.

29 *MECW*, vol. 2, pp. 321-22, 335-36.

30 이하 마르크스의 청년기에 대한 설명은 David McLellan, *Karl Marx: His Life and Thought* (London, 1983), pp. 1-104; Francis Wheen, *Karl Marx* (London, 1999), pp. 7-59; *Dictionary of National Biography*에 실린 Eric Hobsbawm의 논문을 주로 참고

했다.

31 Stephan Born, *Erinnerungen eines Achtundvierzigers,* p. 68.

32 "Ink in His Blood", *Times Literary Supplement,* 23 March 2007, p. 14.

33 *MECW,* vol. 50, p. 503.

34 Marx-Engels Papers, M4 (M2/1), International Institute of Social History, Amsterdam.

35 *MECW,* vol. 2, p. 586.

36 Eric Hobsbawm, "Marx, Engels, and Pre-Marxian Socialism", in Eric Hobsbawm, ed., *The History of Marxism* (Brighton, 1982), vol. 1을 보라. 아니면 Kolakowski의 말대로 "마르크스가 프롤레타리아 혁명 이론가로 등장했을 당시에는 사회주의라는 관념은 이미 옛날 얘기가 돼 있었다"고 볼 수도 있다. Kolakowski, *Main Currents of Marxism,* p. 150.

37 '사회주의자' 와 '공산주의자' 라는 표현에 대해 잠시 살펴본다. 1830~40년대 프랑스에서는 생시몽과 샤를 푸리에 추종자를 대개 사회주의자라고 했다. 반면에 에티엔 카베와 루이 오귀스트 블랑키(1789년 프랑스 혁명에서 영감을 얻었다)의 사상을 중심으로 파리에서 조직된 비밀결사들은 공산주의자라고 했다. 1840년대 초반에서 중반까지 마르크스와 엥겔스는 당시 관행대로 공산주의자와 사회주의자라는 단어를 명확히 구분하지 않고 사용했다. Raymond Williams(1921~1988. 영국의 저명한 좌파 문학이론가ㅡ역주)의 설명에 따르면 "대략 1850년까지 사회주의자라는 단어는 생긴 지 얼마 되지도 않았고 의미도 포괄적이어서 널리 사용되지 않았다." 앞으로 살펴보겠지만, 마르크스와 엥겔스가 급진파 노동계급을 주축으로 한 공산주의자동맹 및 좀 더 "프롤레타리아적인" 형태의 사회주의 신조와 관계를 맺으면서 1840년대 말 두 사람은 한동안 공산주의자(『공산당 선언』이라는 제목에서 볼 수 있는 것처럼)를 자처했다. 중산층에 가까운 푸리에, 생시몽, 로버트 오언의 공상적 사회주의와 구분하기 위해서였다. 그러나 19세기 후반에는 공산주의 하면 대중은 봉기를 연상했고(특히 1871년 파리 코뮌 이후 그랬다), 미하일 바쿠닌이 공산주의라는 이름으로 주장한 무정부주의가 득세했기 때문에 마르크스와 엥겔스는 다시 "사회주의자"를 자처하곤 했다. 때로는 공상적 사회주의와 대비해 "과학적 사회주의자"로 자칭하기도 했다. 공산주의자라는 표현이 부활해 전면에 등장한 것은 러시아 혁명 이후 1918년 러시아사회민주노동당이 러시아공산당(볼셰비키)으로 당명을 바꾸고 유럽

사회민주주의와 완전히 다른 노선을 걸으면서부터였다. Raymond Williams, *Keywords: A Vocabulary of Culture and Society* (London, 1988) 참조.

38 Tony Benn, *Arguments for Socialism* (London, 1979), pp. 21-44 참조.

39 Henri de Saint-Simon, *Letters from an Inhabitant of Geneva*, in Ghita Ionescu, ed., *The Political Thought of Saint-Simon* (Oxford, 1976), p. 78.

40 위의 책, p. 10.

41 F. A. Hayek, *The Counter-Revolution of Science* (Glencoe, 1952), p. 121에서 재인용.

42 Saint-Simon, *The New Christianity*, in Ionescu, *The Political Thought of Saint-Simon*, p. 210.

43 *Oeuvres complètes de Charles Fourier* (Paris, 1966-68), vol. 6, p. 397. Jonathan Beecher and Richard Bienvenu, eds., *The Utopian Vision of Charles Fourier* (London, 1975), p. 119에서 재인용.

44 Gareth Stedman Jones, "Introduction", in Charles Fourier, *The Theory of the Four Movements* (Cambridge, 1996) 참조.

45 Beecher and Bienvenu, *Fourier,* pp. 116-17에서 재인용.

46 Frank Manuel은 푸리에가 아주 어려운 생활을 한 것이 오히려 고상한 비전을 갖게 된 요인이라고 말한다. "독신인 푸리에는 다락방에서 혼자 살면서 리옹의 싸구려 식당에서 정식을 먹었으며, 아이들과 거미를 싫어하고 꽃과 고양이를 좋아했다. … 주변의 모든 증언을 종합해보면 그는 이상한 괴짜였다. …그렇게 열정적이고 매력적인 체계를 고안해낸 사람이 과연 그 비슷한 체험을 해본 적이 있는지 때로 의아스럽다." (*The Prophets of Paris* [Cambridge, 1962], p. 198).

47 *MECW,* vol. 24, p. 290.

48 *MECW,* vol. 4, p. 643; vol. 24, p. 290. 공상적 사회주의자에 대한 엥겔스의 시각은 시기마다 달랐다. 1875년에는 그들이 공산주의에 기여한 부분에 대해 특히 높이 평가하면서 이렇게 말했다. "독일의 이론 사회주의는 생시몽, 푸리에, 오언에게 의지하는 바가 크다는 것을 결코 잊지 않을 것이다. 세 사람은 공상과 유토피아주의에 젖어 있었지만 모든 시대를 통틀어 가장 탁월한 사상가였으며, 그들의 수많은 예언은 지금 우리들에 의해 과학적으로 입증되고 있다." (*MECW,* vol. 23, pp. 630-31).

49 Isaiah Berlin, "The Life and Opinions of Moses Hess", in *Against the Current*

(London, 1997), p. 214.

50 Moses Hess, *Rom und Jerusalem* (Leipzig, 1899), p. 16.

51 Shlomo Avineri, *Moses Hess* (London, 1985), p. 11에서 재인용.

52 Berlin, *Against the Current*, p. 219.

53 André Liebich, ed., *Selected Writings of August Cieszkowski* (Cambridge, 1979) 참조.

54 McLellan, *The Young Hegelians and Karl Marx*, p. 10에서 재인용.

55 "Über die sozialistische Bewegung in Deutschland", in Moses Hess, *Philosophische und sozialistische Schriften, 1837-1850*, ed. Auguste Cornu and Wolfgang Mönke (Liechtenstein, 1980), p. 293.

56 Gareth Stedman Jones, "Introduction", *The Communist Manifesto* (Harmondsworth, 2002) 참조.

57 Avineri, *Moses Hess*, p. 61에서 재인용.

58 위의 책, p. 84.

59 *MECW*, vol. 3, p. 406.

60 "Die Europäische Triarchie", in Hess, *Philosophische und sozialistische Schriften*, p. 117.

61 Moses Hess, *Briefwechsel* (Amsterdam, 1959), p. 103.

3장 맨체스터의 빛과 그늘

1 *Manchester Guardian*, 1842년 8월 27일자.

2 *Manchester Times*, 1842년 7월 7일자.

3 Friedrich Engels, *The Condition of the Working Class in England* (Harmondsworth, 1987), p. 239.

4 Alan Kidd, *Manchester* (Keele, 1996) 참조.

5 *The Life of Thomas Cooper, Written by Himself* (London, 1873), p. 207.

6 Engels, *Condition of the Working Class*, pp. 82, 156.

7 *MECW*, vol. 3, p. 392.

8 *MECW,* vol. 26, p. 317.

9 *Reasoner,* vol. 5 (1850), p. 92.

10 Kidd, *Manchester;* W. D. Rubinstein, "The Victorian Middle Classes: Wealth, Occupation, and Geography" , *Economic History Review* 30, no. 4 (1977) 참조.

11 Alexis de Tocqueville, *Journeys to England and Ireland* (1835; rpt. London, 1958), pp. 94, 107.

12 L. D. Bradshaw, *Visitors to Manchester* (Manchester, 1987), p. 25에서 재인용.

13 Leon Faucher, *Manchester in 1844* (Manchester, 1844), p. 16.

14 Thomas Carlyle, "Chartism" , *Selected Writings* (Harmondsworth, 1986), p. 211.

15 Robert Southey, *Letters from England by Don Manuel Alvarez Espriella* (London, 1808), p. 83.

16 Bradshaw, *Visitors to Manchester,* p. 54에서 재인용.

17 Hippolyte Taine, *Notes on England* (1872; rpt. London, 1957), p. 219.

18 J. P. Kay, *The Moral and Physical Condition of the Working Classes Employed in the Cotton Manufacture in Manchester* (1832; rpt. Manchester, 1969), p. 8.

19 Edwin Chadwick, *Report on the Sanitary Conditions of the Labouring Population of Great Britain* (Edinburgh, 1965), p. 78.

20 위의 책, p. 111.

21 Wilmot Henry Jones [Geoffrey Gimcrack], *Gimcrackiana; or, Fugitive Pieces on Manchester Men and Manners* (Manchester, 1833), pp. 156-57.

22 *Manchester Guardian,* 1857년 5월 6일자.

23 Bradshaw, *Visitors to Manchester,* p. 28에서 재인용.

24 R. Parkinson, *On the Present Condition of the Labouring Poor in Manchester* (Manchester, 1841), p. 85.

25 Faucher, *Manchester in 1844,* p. 69.

26 Benjamin Disraeli, *Sybil; or, The Two Nations* (London, 1981), p. 66.

27 *MECW,* vol. 2, p. 370.

28 Engels, *Condition of the Working Class,* p. 68.

29 *MECW,* vol. 2, pp. 370, 373, 378.

30 Engels, *Condition of the Working Class,* p. 182.

31 F. R. Johnston, *Eccles* (Eccles, 1967), p. 88.

32 Ermen & Engels에 대해서는 J. B. Smethhurst, "Ermen and Engels", *Marx Memorial Library Quarterly Bulletin*, 41 (1967); Roy Whitfield, *Frederick Engels in Manchester: The Search for a Shadow* (Salford, 1988); W. O. Henderson, *The Life of Friedrich Engels* (London, 1976)를 보라.

33 *MECW*, vol. 38, p. 20. 여기서 말하는 공장은 사실은 엥겔스키르헨에 있는 공장이다. 실정은 같다.

34 Engels, *Condition of the Working Class*, p. 27.

35 *MECW*, vol. 4, p. 226.

36 Faucher, *Manchester in 1844*, p. 25.

37 Engels, *Condition of the Working Class*, p. 245.

38 *MECW*, vol. 3, pp. 387, 380.

39 *MECW*, vol. 3, pp. 380, 387-88.

40 *MECW*, vol. 25, pp. 346-47.

41 John Watts, *The Facts and Fictions of Political Economists* (Manchester, 1842), pp. 28, 35-36, 13.

42 *Manchester Guardian*, 1838년 9월 26일자.

43 Engels, *Condition of the Working Class*, p. 241; *MECW*, vol. 2, p. 375.

44 G. D. H. Cole, "George Julian Harney", *Chartist Portraits* (London, 1941) 참조.

45 *Reminiscences of Marx and Engels* (Moscow, 1958), p. 192.

46 F. G. Black and R. M. Black, eds., *The Harney Papers* (Assen, 1969), p. 260.

47 Engels, *Condition of the Working Class*, p. 160.

48 James Leach, *Stubborn Facts from the Factories by a Manchester Operative* (London, 1844), p. 40.

49 *MECW*, vol. 6, p. 486.

50 Engels, *Condition of the Working Class*, p. 242; *MECW*, vol. 3, p. 450.

51 Thomas Carlyle, "Signs of the Times", *Selected Writings*, p. 77.

52 Thomas Carlyle, *Past and Present* (1843; rpt. New York, 1965), p. 148.

53 *MECW*, vol. 3, p. 463.

54 *MECW*, vol. 10, p. 302.

55 Engels, *Condition of the Working Class*, p. 276.

56 George Weerth, *Sämtliche Werke* (Berlin, 1956-57), vol. 5, pp. 111, 128. 이런 지적은 좀 부당하다. 복지를 더 중시하는 J. B. Priestley는 후일 전쟁 이전 시기의 브래드퍼드에 대해 "변방이기는 하지만 영국의 변방 도시들 중에서는 그나마 가장 코즈모폴리턴적인 곳"이라고 묘사했다. 특히 외국인 주민이 많은 것으로 유명했다. "브래드퍼드에서 가장 유명한 클럽 중 하나가 실러협회Schillerverein였다. 당시 브래드퍼드에서는 런던 사람 보기가 독일 사람 보기보다 더 힘들었다. …라인 강과 오더 강의 물결이 이곳까지 밀려든 것이다." Priestley, *English Journey* (1933; London, 1993), pp. 123-24를 보라.

57 Eleanor Marx가 Karl Kautsky에게 보낸 1898년 3월 15일자 편지. Karl Kautsky Papers, International Institute of Social History, Amsterdam, DXVI, p. 489.

58 Whitfield, *Engels in Manchester*, p. 70 참조.

59 Edmund Wilson, *To the Finland Station* (London, 1991), p. 159. W. O. Henderson도 동의한다. Henderson은 메리 번즈에 대해 "아일랜드 출신 방적공으로 맨체스터 앤코츠 구 공장 밀집 지역 조지 레이 스트리트에서 조금 들어간 코튼 스트리트 18번지에 살았다"고 적고 있다. Henderson, *Marx and Engels and the English Workers* (London, 1989), p. 45를 보라.

60 Max Beer, *Fifty Years of International Socialism* (London, 1935), p. 77.

61 Heinrich Gemkow, "Fünf Frauen an Engels' Seite", *Beiträge zur Geschichte der Arbeiterbewegung* 37, no. 4 (1995): 48.

62 Engels, *Condition of the Working Class*, p. 182.

63 Edmund Frow and Ruth Frow, *The New Moral World: Robert Owen and Owenism in Manchester and Salford* (Salford, 1986).

64 Weerth, *Sämtliche Werke*, vol. 1, p. 208.

65 Engels, *Condition of the Working Class*, p. 170.

66 Whitfield, *Engels in Manchester*, p. 21.

67 Engels, *Condition of the Working Class*, p. 30.

68 *MECW*, vol. 3, pp. 418, 423, 441.

69 *MECW*, vol. 3, p. 440.

70 *MECW*, vol. 3, p. 399.

71 *MECW*, vol. 4, p. 32.

72 *MECW*, vol. 4, pp. 431, 424. Gregory Claeys, "Engels' *Outlines of a Critique of Political Economy* (1843) and the Origins of the Marxist Critique of Capitalism", *History of Political Economy* 16, no. 2 (1984)도 참조하라.

73 엥겔스의 「정치경제학 비판 개요」에 담겨 있는 많은 사상이 마르크스의 『경제학 · 철학 수고手稿』에 다시 등장한다. 여기서 마르크스는 헤스와 더불어 「정치경제학 비판 개요」를 "그 분야에서 독일인이 쓴 유일하게 독창적인 저작"으로 묘사한다. Karl Marx, *Early Writings* (Harmondsworth, 1992), p. 281을 보라. 중요한 것은 마르크스가 소외 개념을 노동이라는 활동 자체에까지 확대 적용했다는 것이다.

74 마르크스가 엥겔스에게 보낸 1863년 4월 9일자 편지, *MECW*, vol. 41, p. 466.

75 *MECW*, vol. 38, p. 10.

76 Engels, *Condition of the Working Class*, p. 31.

77 *Reminiscences of Marx and Engels*, p. 137.

78 *MECW*, vol. 38, p. 13.

79 Engels, *Condition of the Working Class*, p. 31.

80 *MECW*, vol. 38, pp. 10-11.

81 Engels, *Condition of the Working Class*, p. 30.

82 위의 책, pp. 89, 92.

83 위의 책, p. 98.

84 *MECW*, vol. 3, p. 390.

85 Engels, *Condition of the Working Class*, p. 125.

86 위의 책, pp. 193-94.

87 위의 책, p. 184.

88 위의 책, pp. 31, 174, 216, 69.

89 위의 책, p. 275.

90 위의 책, p. 86.

91 위의 책, p. 87.

92 *MECW*, vol. 23, p. 365.

93 Steven Marcus, *Engels, Manchester, and the Working Class* (London, 1974), p. 145.

94 Simon Gunn, *The Public Culture of the Victorian Middle Class* (Manchester, 2000),

p. 36. Marc Eli Blanchard, *In Search of the City* (Stanford, 1985), p. 21도 참조하라.

95 *Guardian*, 2006년 2월 4일자. "엥겔스가 맨체스터가 아니라 버밍엄에 살았더라면 그의 '계급' 개념과 계급의 역사적 역할에 관한 이론들은 자못 달라졌을 것"이라고 한 Asa Briggs의 언급(Briggs, *Victorian Cities* [London, 1990], p. 116)도 참조하라. 반면에 W. O. Henderson은 엥겔스가 맨체스터를 연구한 동기를 이렇게 설명한다. "그는 당시 기분이 아주 안 좋은 상태여서 온갖 불만을 공장 시스템을 이를 악물고 규탄하는 것으로 분출시켰다. …무절제한 언어를 폭력처럼 퍼붓고 자기와 다른 입장을 전혀 이해하지 못하는 이유는 …엥겔스가 극도의 좌절을 겪고 있었다는 …사실로써 설명이 될 것이다." Henderson and W. H. Chaloner, eds., *The Condition of the Working Class in England* (London, 1958), p. xxx 참조.

96 Engels, *Condition of the Working Class*, p. 61.

97 위의 책, pp. 143-44. 레닌이 볼 때 이 책이 이룬 성취 가운데 가장 주목할 만한 부분은 프롤레타리아가 단순히 "고통만 받는 계급"이 아니며 "프롤레타리아가 겪고 있는 경제적 고통은 오히려 그들을 전진시켜 자신의 궁극적 해방을 쟁취하게 만든다"는 것을 밝혀냈다는 점이다. *Reminiscences of Marx and Engels,* pp. 61-62 참조.

98 Engels, *Condition of the Working Class*, p. 52.

99 Gareth Stedman Jones의 미발표 논문 "The First Industrial City? Engels' Account of Manchester in 1844", p. 7. Stedman Jones, "Engels and the Industrial Revolution", in Douglas Moggach, ed., *The New Hegelians: Politics and Philosophy in the Hegelian School* (Cambridge, 2006)도 참조하라.

100 Engels, *Condition of the Working Class,* p. 100.

101 Tocqueville, *Journeys to England and Ireland*, p. 108.

102 *MECW,* vol. 23, p. 324.

103 Engels, *Condition of the Working Class*, p. 64.

104 위의 책, p. 243.

105 위의 책, p. 291.

106 *MECW,* vol. 23, p. 347.

107 Friedrich Engels, *Anti-Dühring* (Peking, 1976), pp. 385-86.

108 *MECW,* vol. 23, p. 389.

109 *Der Bund der Kommunisten,* documents and materials, vol. 1 (Berlin, DDR), p.

343. Michael Knieriem, ed., *Über Friedrich Engels: Privates, Öffentliches und Amtliches Aussagen und Zeugnisse von Zeitgenossen* (Wuppertal, 1986), p. 27에서 재인용.

110 Jürgen Kuczynski, *Die Geschichte der Lage der Arbeiter unter dem Kapitalismus* (Berlin, 1960), vol. 8, pp. 168-69에서 재인용.

111 Karl Marx, *Capital* (Harmondsworth, 1990), vol. 1, p. 349.

112 『영국 노동계급의 상태』의 의미와 중요성을 제대로 평가하려면 S. H. Rigby, *Engels and the Formation of Marxism* (Manchester, 1992), p. 63을 보라.

4장 마르크스를 만나다

1 Honoré de Balzac, *Old Goriot* (1834; rpt. Harmondsworth, 1951), pp. 304, 37-38). 엥겔스는 마르크스와 마찬가지로 발자크의 열렬한 팬이었다. 심지어 에밀 졸라보다도 발자크를 더 좋아했다. 엥겔스는 1888년 영국 여성 소설가 마거릿 하크니스에게 보낸 편지에서 이렇게 썼다(*MECW*, vol. 48, p. 168). "『인간희극*La Comédie humaine*』(발자크의 장·단편 소설 90편을 묶은 전집 제목)은 프랑스 '사회', 특히 파리 사람들의 세계를 놀라울 정도로 사실주의적으로 묘사한다. 『인간희극』은 1816년부터 1848년까지 거의 매년 단위의 연대기식으로, 부상하는 부르주아지가 귀족들의 세계를 점차 잠식해가는 과정을 그린다. 그렇게 해서 프랑스 사회는 1815년을 기점으로 재편되고 다시금 프랑스식 예의범절의 기준을 정립하게 된다. 이와 더불어 발자크는 그런 모델 사회(발자크의 입장에서)의 마지막 자취가 천박한 벼락부자들의 등장 앞에서 어떻게 사그라지는지 또는 타락해 가는지를 묘사한다."

2 David McLellan, *Karl Marx: His Life and Thought* (London, 1983), p. 57에서 재인용.

3 David McLellan, ed., *Karl Marx: Interviews and Recollections* (London, 1981), p. 8 에서 재인용.

4 Shlomo Avineri, *The Social and Political Thought of Karl Marx* (Cambridge, 1968), pp. 140-41에서 재인용.

5 Isaiah Berlin, *Karl Marx: His Life and Environment* (Oxford, 1978), p. 60.

6 Karl Marx, "Paris Manuscripts," *The Early Texts* (Oxford, 1971), p. 148.

7 *MECW*, vol. 26, p. 317.

8 *Reminiscences of Marx and Engels* (Moscow, 1958), p. 64에서 재인용.

9 Gustav Mayer, *Friedrich Engels: Eine Biographie* (The Hague, 1934), vol. 1, p. 175.

10 *Reminiscences of Marx and Engels*, p. 92에서 재인용.

11 위의 책, p. 91.

12 *MECW*, vol. 26, p. 382.

13 *MECW*, vol. 47, p. 202.

14 *MECW*, vol. 46, p. 147.

15 *MECW*, vol. 29, p. 264; vol. 26, p. 382.

16 *MECW*, vol. 5, pp. 36-37.

17 *MECW*, vol. 4, p. 241.

18 *MECW*, vol. 4, p. 7.

19 *MECW*, vol. 4, pp. 7, 93.

20 *MECW*, vol. 38, p. 6.

21 *MECW*, vol. 38, pp. 18, 28, 17-18, 25.

22 *MECW*, vol. 38, pp. 29, 3.

23 *MECW*, vol. 38, pp. 3, 4.

24 *MECW*, vol. 4, pp. 230-31.

25 *MECW*, vol. 38, p. 4.

26 *MECW*, vol. 38, p. 232.

27 *MECW*, vol. 38, p. 23.

28 Gustav Mayer, *Eine Biographie*, pp. 215-17에서 재인용.

29 *MECW*, vol. 4, p. 243.

30 *MECW*, vol. 4, p. 252.

31 *MECW*, vol. 4, p. 255.

32 *MECW*, vol. 4, p. 263.

33 *MECW*, vol. 38, p. 572.

34 Heidelberg University Library, manuscript 2560 (Cod. Heid. 378 XXX). Michael Knieriem, ed., *Über Friedrich Engels: Privates, Öffentliches und Amtliches Aussagen und Zeugnisse von Zeitgenosen* (Wuppertal, 1986), p. 8에서 재인용.

35 *MECW,* vol. 38, p. 39.

36 *Reminiscences of Marx and Engels,* p. 194에서 재인용.

37 *MECW,* vol. 38, pp. 29, 33.

38 *MECW,* vol. 43, p. 518.

39 *Guardian,* 2006년 2월 4일자.

40 F. G. Black and R. M. Black, eds., *The Harney Papers* (Assen, 1969), p. 239.

41 E. H. Carr, *Michael Bakunin* (London, 1975), p. 146에서 재인용.

42 Stephan Born, *Erinnerungen eines Achtundvierzigers* (Leipzig, 1898), p. 74.

43 Max Beer, *Fifty Years of International Socialism* (London, 1935), p. 78.

44 Born, *Erinnerungen,* p. 73.

45 Eleanor Marx가 Karl Kautsky에게 보낸 1898년 3월 15일자 편지. Karl Kautsky Papers, International Institute of Social History, Amsterdam, DXVI, p. 489.

46 Max Stirner, *The Ego and Its Own* (Cambridge, 1995), p. 323. Lawrence S. Stepelevich, "The Revival of Max Stirner", *Journal of the History of Ideas* 35, no. 2 (1974)도 참조하라.

47 *MECW,* vol. 38, p. 12.

48 *MECW,* vol. 5, pp. 36-37.

49 *MECW,* vol. 6, p. 166.

50 *MECW,* vol. 5, p. 90.

51 *The Writings of the Young Marx,* trans. and ed. Lloyd D. Easton and Kurt H. Guddat (Garden City, 1967), p. 431에서 재인용.

52 *MECW,* vol. 5, p. 47.

53 *MECW,* vol. 26, pp. 313-14.

54 *MECW,* vol. 6, p. 5.

55 Born, *Erinnerungen,* p. 72.

56 *MECW,* vol. 6, p. 79.

57 *MECW,* vol. 6, p. 56.

58 *MECW,* vol. 6, p. 529.

59 *MECW,* vol. 26, p. 320.

60 *Reminiscences of Marx and Engels,* p. 270에서 재인용.

61 *MECW*, vol. 26, p. 318.

62 *MECW*, vol. 26, p. 319.

63 *MECW*, vol. 38, pp. 39-40.

64 P. J. Proudhon, *Confessions d' un revolutionnaire* (Paris, 1849). Francis Wheen, *Karl Marx* (London, 1999), p. 107에서 재인용.

65 *MECW*, vol. 6, p. 512.

66 Born, *Erinnerungen*, p. 47.

67 Eugène Sue, *The Mysteries of Paris* (Cambridgeshire, 1989), p. 9.

68 Colin Jones, *Paris* (London, 2004), p. 349에서 재인용.

69 David H. Pinkney, *Decisive Years in France, 1840-1847* (Princeton, 1986); Philip Mansel, *Paris Between Empires* (London, 2001) 참조.

70 *MECW*, vol. 38, pp. 80-83.

71 *MECW*, vol. 38, p. 91.

72 *MECW*, vol. 38, p. 16.

73 *MECW*, vol. 38, p. 16.

74 Born, *Erinnerungen*, pp. 51- 52.

75 *MECW*, vol. 5, p. 559.

76 *MECW*, vol. 38, p. 115.

77 Isaiah Berlin, *Against the Current* (London, 1997), p. 219.

78 *MECW*, vol. 38, pp. 56, 65, 108, 153.

79 엘레아노어 마르크스가 카를 카우츠키에게 보낸 1898년 3월 15일자 편지. 여기에 혼란을 가중시키는 것이 슈테판 보른의 기록이다. 한 프랑스 백작이 정부情婦를 먹고 살 길도 마련해주지 않고 쓰레기처럼 내버렸는데 엥겔스가 기사도 정신을 발휘한답시고 끼어들었다는 것이다. 그러자 백작은 잘 아는 장관들을 만나 험담을 했고, 그 때문에 엥겔스는 파리에서 추방됐다는 것이다. Born, *Erinnerungen*, p. 71을 보라.

80 Born, *Erinnerungen*, p. 49.

81 *MECW*, vol. 6, p. 98.

82 *MECW*, vol. 6, p. 98.

83 *MECW*, vol. 6, p. 102.

84 *MECW,* vol. 38, p. 139.

85 *MECW,* vol. 6, pp. 345, 348, 351, 354.

86 *Reminiscences of Marx and Engels,* p. 153에서 재인용.

87 *MECW,* vol. 26, p. 322.

88 Wilhelm Liebknecht, *Karl Marx: Biographical Memoirs* (London, 1975), p. 26.

89 『영국 노동계급의 상태』와 『공산당 선언』의 표현상 및 내용상의 차이에 대해서는 Terrell Carver, *Friedrich Engels: His Life and Thought* (London, 1991)를 보라.

90 *MECW,* vol. 6, p. 487.

91 *MECW,* vol. 6, p. 558.

5장 1848년

1 *MECW,* vol. 6, p. 559.

2 *MECW,* vol. 6, p. 647.

3 *MECW,* vol. 38, p. 169.

4 *MECW,* vol. 38, pp. 159-60.

5 Christopher Clark, *Iron Kingdom* (London, 2006); James J. Sheehan, *German History, 1770-1866* (Oxford, 1989), p. 658 참조.

6 David E. Barclay, "Political Trends and Movements, 1830-50", in Jonathan Sperber, ed., *Germany, 1800-1870* (Oxford, 2004).

7 *MECW,* vol. 26, p. 123.

8 P. H. Noyes, *Organization and Revolution: Working-Class Associations in the German Revolution of 1848-49* (Princeton, 1966), pp. 286-87에서 재인용.

9 Jonathan Sperber, *Rhineland Radicals* (Princeton, 1991) 참조.

10 Oscar J. Hammen, *The Red ' 48ers* (New York, 1969) 참조.

11 *MECW,* vol. 26, p. 122.

12 *MECW,* vol. 38, pp. 171, 173.

13 *MECW,* vol. 26, p. 123.

14 *MECW,* vol. 11, p. 40.

15 Philip Mansel, *Paris Between Empires* (London, 2001); Hammen, *The Red '48ers* 참조.

16 *MECW*, vol. 7, pp. 124, 130, 128.

17 *MECW*, vol. 7, pp. 131-32.

18 *MECW*, vol. 7, p. 587.

19 *MECW*, vol. 38, p. 541.

20 *MECW*, vol. 7, p. 460.

21 *Neue Rheinische Zeitung*, 7 November 1848. David McLellan, *Karl Marx: His Life and Thought* (London, 1983), p. 189에서 재인용.

22 *MECW*, vol. 7, p. 514.

23 *MECW*, vol. 7, pp. 518-19.

24 *MECW*, vol. 7, pp. 526-29.

25 Istvan Deak, *The Lawful Revolution: Louis Kossuth and the Hungarians* (New York, 1979); Ian Cummins, *Marx, Engels, and National Movements* (London, 1980).

26 *MECW*, vol. 7, p. 423.

27 Roman Rosdolsky, *Engels and the "Nonhistoric" Peoples: The National Question in the Revolution of 1848* (Glasgow, 1986), p. 135에서 재인용.

28 *MECW*, vol. 8, p. 234.

29 *MECW*, vol. 8, p. 366.

30 *MECW*, vol. 46, pp. 206-07.

31 *MECW*, vol. 8, p. 238.

32 *MECW*, vol. 26, p. 128.

33 *MECW*, vol. 8, p. 439.

34 *MECW*, vol. 9, p. 171.

35 Sheehan, *German History*, p. 691.

36 위의 책, p. 399.

37 위의 책, p. 447.

38 Sperber, *Rhineland Radicals* 참조.

39 C. H. A. Pagenstecher, *Lebenserinnerungen von Dr. Med. C. H. Alexander Pagenstecher* (Leipzig, 1913), vol. 3, p. 63.

40 *MECW*, vol. 9, p. 448.

41 *MECW*, vol. 10, pp. 602-03.

42 Pagenstecher, *Lebenserinnerungen*, p. 66.

43 Carl Hecker, *Der Aufstand in Elberfeld im Mai 1849 und mein Verhaltniss zu Demselben* (Elberfeld, 1849), p. 38.

44 *Elberfelder Zeitung*, 3 June 1849.

45 이 일화는 프리드리히 폰 아이너른의 아들 에른스트 폰 아이너른이 부퍼탈에서 발행되는 잡지에 기고한 글에서 처음으로 간단히 언급했다. "Friedrich von Eynern: Ein bergisches Lebensbild", in *Zeitschrift des Bergischen Geschichtsvereins* 35 (1900-01), 1-103.

46 Pagenstecher, *Lebenserinnerungen*, p. 66.

47 H. J. M. Korner, *Lebenskämpfe in der Alten und Neuen Welt* (Zurich, 1866), vol. 2, p. 137.

48 *MECW*, vol. 9, p. 448.

49 *MECW*, vol. 9, p. 449.

50 Manfred Kliem, *Friedrich Engels: Dokumente seines Lebens* (Leipzig, 1977), p. 280 에서 재인용.

51 *MECW*, vol. 10, p. 172.

52 *MECW*, vol. 10, pp. 193, 202.

53 *MECW*, vol. 38, p. 204.

54 *MECW*, vol. 38, p. 203.

55 *MECW*, vol. 10, p. 211.

56 *MECW*, vol. 10, p. 224.

57 *MECW*, vol. 38, p. 203.

58 Martin Berger, *Engels, Armies, and Revolution* (Hamden, 1977), p. 37.

59 *MECW*, vol. 10, p. 237.

60 *MECW*, vol. 38, p. 203.

61 *MECW*, vol. 38, p. 207.

62 *MECW*, vol. 10, pp. 150-51.

63 *MECW*, vol. 38, p. 213.

6장 맨체스터 시절

1 *MECW*, vol. 40, p. 236.

2 *MECW*, vol. 38, p. 250.

3 *MECW*, vol. 42, p. 172.

4 Alexander Herzen, *My Past and Thoughts* (London, 1968), vol. 3, p. 1045.

5 위의 책, vol. 10, p. 381.

6 위의 책, vol. 38, p. 222.

7 위의 책, vol. 24, p. 12.

8 위의 책, vol. 10, p. 24.

9 위의 책, vol. 10, p. 283.

10 위의 책, vol. 38, p. 289.

11 Jenny Marx, "A Short Sketch of an Eventful Life," in Robert Payne, ed., *The Unknown Karl Marx* (London, 1972), p. 125.

12 예니 마르크스가 요제프 바이데마이어에게 보낸 1850년 5월 20일자 편지. Francis Wheen, *Karl Marx* (London, 2000), p. 158에서 재인용.

13 *MECW*, vol. 38, p. 241.

14 W. O. Henderson, *Marx and Engels and the English Workers* (London, 1989), p. 20에서 재인용.

15 Gustav Mayer, *Friedrich Engels* (London, 1936), p. 130에서 재인용.

16 *MECW*, vol. 38, p. 379.

17 A. J. P. Taylor, "Manchester", *Encounter* 8, no. 3 (1957): 9.

18 *Manchester Guardian,* 11 October 1851.

19 MECW, vol. 38, p. 255.

20 MECW, vol. 38, p. 281.

21 Thomas Cooper, *The Life of Thomas Cooper, Written by Himself* (London, 1873), p. 393.

22 *MECW*, vol. 40, p. 344.

23 *MECW*, vol. 38, p. 264.

24 *MECW*, vol. 41, p. 465.

25 Manfred Kliem, ed., *Friedrich Engels: Dokumente Seines Lebens* (Leipzig, 1977), p. 114.

26 *MECW*, vol. 38, p. 250.

27 *MECW*, vol. 38, p. 302.

28 Gustav Mayer, *Friedrich Engels: Eine Biographie* (The Hague, 1934), vol. 2, p. 12 에서 재인용.

29 *MECW*, vol. 38, p. 379.

30 *MECW*, vol. 38, pp. 383, 401.

31 *MECW*, vol. 42, p. 88.

32 Ernst von Eynern, "Friedrich von Eynern: Ein bergisches Lebensbild", *Zeitschrift des Bergischen Geschichtsvereins* 35 (1900-01): 1-103.

33 *MECW*, vol. 42, pp. 192, 195.

34 J. B. Smethhurst, "Ermen and Engels," *Marx Memorial Library Quarterly Bulletin* 41 (Jan-March 1967): 10에서 재인용.

35 *Frederick Engels: A Biography* (Dresden, 1972), p. 332.

36 *MECW*, vol. 42, p. 172.

37 *MECW*, vol. 41, p. 332.

38 *MECW*, vol. 39, p. 581.

39 David McLellan, *Karl Marx: A Biography* (London, 1995), p. 264.

40 *MECW*, vol. 42, p. 172.

41 Marx, "Short Sketch", pp. 130-31.

42 *MECW*, vol. 39, p. 590.

43 Wheen, *Karl Marx*, p. 84.

44 *Reminiscences of Marx and Engels* (Moscow, 1958), p. 185.

45 *MECW*, vol. 38, pp. 321, 395, 451.

46 *MECW*, vol. 39, p. 58.

47 *MECW*, vol. 41, pp. 74, 197, 203, 230.

48 *MECW*, vol. 41, p. 141.

49 *MECW*, vol. 41, p. 423.

50 R. Arthur Arnold, *The History of the Cotton Famine* (London, 1864), p. 113.

51 W. O. Henderson, *The Lancashire Cotton Famine* (Manchester, 1969), p. 107에서 재인용.

52 John Watts, *The Facts of the Cotton Famine* (London, 1866) 참조.

53 *MECW,* vol. 38, p. 409.

54 *MECW,* vol. 38, p. 419.

55 McLellan, *Karl Marx: A Biography,* p. 284에서 재인용.

56 *MECW,* vol. 39, p. 391.

57 *MECW,* vol. 39, p. 164.

58 *MECW,* vol. 39, p. 212; vol. 40, pp. 451-52.

59 *MECW,* vol. 38, p. 494.

60 *MECW,* vol. 41, p. 14.

61 *MECW,* vol. 40, pp. 256, 283.

62 *MECW,* vol. 41, p. 351.

63 *MECW,* vol. 43, p. 160.

64 *MECW,* vol. 42, p. 390.

65 *MECW,* vol. 41, pp. 394, 411, 414.

66 Marx, "Short Sketch" , p. 126.

67 이 이야기의 상세한 전말 및 관련 논쟁에 대해서는 McLellan, *Karl Marx: A Biography,* pp. 264-74; Wheen, *Karl Marx,* pp. 170-75; Terrell Carver, *Friedrich Engels: His Life and Thought* (London, 1991), pp. 166-69; Yvonne Kapp, *Eleanor Marx: The Crowded Years* (London, 1976), pp. 430-40; Kapp, "Frederick Demuth: New Evidence from Old Sources" , *Socialist History* 6 (1994)을 보라.

68 Kliem, *Friedrich Engels: Dokumente Seines Lebens,* p. 488을 보라.

69 Roy Whitfield, *Frederick Engels in Manchester: The Search for a Shadow* (Salford, 1988) 참조.

70 *MECW,* vol. 39, p. 443.

71 샐퍼드 시 노동계급운동도서관Working Class Movement Library 서고에는 1970년 당시 시 도시계획 담당 직원 John Millar가 엥겔스가 살던 주소지에 거주하는 Ruth Frow에게 보낸 답신이 보관돼 있다. Frow가 집에 엥겔스가 살았다는 사실을 적은

팻말을 설치해달라고 한 것인데 Millar는 집이 곧 헐릴 예정이므로 "불필요" 하다고 통보했다. 서고 분류 박스 "Engels in M/CR" (맨체스터의 엥겔스)을 보라.

72 *MECW*, vol. 41, pp. 344, 427.

73 *MECW*, vol. 24, p. 170.

74 *MECW*, vol. 27, p. 305. 쇼를레머의 일생에 대해서는 Karl Heinig, *Carl Schorlemmer: Chemiker und Kommunist Ersten Ranges* (Leipzig, 1974)를 보라.

75 W. O. Henderson, "Friends in Exile", *The Life of Friedrich Engels* (London, 1976) 참조.

76 *MECW*, vol. 40, p. 490.

77 Ralph Greaves, *Foxhunting in Cheshire* (Kent, 1964); Gordon Fergusson, *The Green Collars* (London, 1993) 참조.

78 Marx-Engels Archives, R49, International Institute of Social History, Amsterdam.

79 *MECW*, vol. 40, p. 97.

80 *Reminiscences of Marx and Engels*, p. 88.

81 *MECW*, vol. 14, p. 422.

82 *Reminiscences of Marx and Engels*, p. 88.

83 *MECW*, vol. 40, pp. 264-65.

84 MECW, vol. 40, p. 131.

85 Alan Kidd, *Manchester* (Keele, 1996) 참조.

86 *MECW*, vol. 19, p. 360.

87 Marx-Engels Archives, M17, International Institute of Social History, Amsterdam.

88 *Sphinx*, 1 May 1869 참조.

89 *MECW*, vol. 39, p. 479.

90 *MECW*, vol. 39, p. 249. 엥겔스가 맨체스터 시민사회 활동에 적극 참여한 것은 아이러니하다. 독일 비판이론가 Jürgen Habermas에 따르면 19세기 유럽 도시의 자발적인 모임들은 그가 말하는 "부르주아 드라마" 의 "연극적 발판" 이 되어주었다. 중산층들은 앨버트 클럽이나 브레이즈노즈 클럽, 실러연구소 같은 클럽의 지도부가 됨으로써 도시 세계의 공적 영역에서 문화적 헤게모니를 확립하여 계급 간의 관계를 유리하게 설정하고 엥겔스가 그토록 혐오하던 빅토리아 시대 중기의 안정을 강화하는 역할을 했다. 맨체스터의 수많은 중산층 시민 모임들은 역사학자 Martin

Hewitt의 말을 빌리면 은근하지만 효과적으로 노동계급을 제자리에 머물게 하는 "도덕적 제국주의"를 구성하는 데 일조했다. 전체적으로 볼 때 그런 모임들은 사회적 통제 및 문화적 탈脫프롤레타리아화 전략의 일환이었다. 계급의식을 자각하고 부르주아지를 적으로 보는 대신 노동계급은 건전한 여가 선용과 유용한 지식을 추구하는 중산층의 행태를 흉내 내기 시작했다. 레저와 사교—음악회, 신사들의 사교 클럽, 자선 모임, 교육기관 등등—라고 하는 부르주아적 관념들은 알게 모르게 맨체스터 프롤레타리아의 급진적인 야심을 누그러뜨리는 역할을 했다. 이런 사정을 알았든 몰랐든 엥겔스는 맨체스터를 물리적 폭력을 불사하는 차티스트 운동 기지에서 할레 오케스트라의 연주를 듣는 차분한 저녁 모임 분위기로 변모시키는 문화적 헤게모니에 적극 참여한 것이다.

91 *MECW*, vol. 40, pp. 82, 104-05.

92 *MECW*, vol. 40, pp. 131, 149.

93 *MECW*, vol. 40, p. 151.

94 *MECW*, vol. 42, pp. 231, 225.

95 *MECW*, vol. 40, p. 202.

96 *MECW*, vol. 47, p. 229.

97 *MECW*, vol. 41, p. 138.

98 *MECW*, vol. 41, pp. 260, 266-67.

7장 맨체스터 시절을 접다

1 *MECW*, vol. 24, p. 192.

2 *MECW*, vol. 29, p. 263.

3 *MECW*, vol. 11, p. 103. 마르크스의 『루이 보나파르트의 브뤼메르 18일』의 유명한 서문에 나오는 구절("헤겔은 어디에선가 모든 세계사적 사건과 인물은 말하자면 두 번 나타난다고 했다. 그런데 '처음에는 비극으로, 두 번째는 희극으로' 라는 구절을 깜빡 빠뜨렸다")은 1851년 12월 엥겔스에게 받은 편지에서 영감을 얻었을 가능성이 높다. 이 편지에서 엥겔스는 루이 보나파르트의 쿠데타에 대해 이렇게 평했다. "어제 우리가 본 바로는 인민은 도저히 믿을 수 없다. 그리고 정말 그런 생각이 드는 게,

늙은 헤겔은 세계정신이라는 가면을 쓰고 무덤 속에서 역사를 좌지우지하면서 고도로 치밀한 계획에 따라 모든 것을 두 번씩 재현하도록 하는 것 같다. 한 번은 대단한 비극으로, 그리고 두 번째에는 형편없는 희극으로."

4 *MECW*, vol. 50, p. 266.

5 *MECW*, vol. 49, pp. 34-36.

6 *MECW*, vol. 21, p. 94.

7 *MECW*, vol. 10, p. 399.

8 *MECW*, vol. 10, p. 412.

9 *MECW*, vol. 10, p. 422.

10 *MECW*, vol. 10, p. 469.

11 *MECW*, vol. 38, p. 370.

12 *MECW*, vol. 38, p. 332.

13 *MECW*, vol. 39, pp. 423-25, 434-36.

14 *MECW*, vol. 13, p. 524.

15 *MECW*, vol. 40, p. 400.

16 *MECW*, vol. 41, p. 280.

17 W. H. Chaloner and W. O. Henderson, eds., *Engels as Military Critic* (Manchester, 1959) 참조.

18 *MECW*, vol. 11, p. 204.

19 *MECW*, vol. 17, p. 437.

20 *MECW*, vol. 18, p. 540.

21 *MECW*, vol. 42, p. 399.

22 Stephen Bull, *"Volunteer!" The Lancashire Rifle Volunteers, 1859-1885* (Lancashire, 1993) 참조.

23 자원병 부대에 대해 동시대의 다른 평가를 보여주는 예로는 *The Sack; or, Volunteers' Testimonial to the Militia* (London, 1862)를 보라.

24 *MECW*, vol. 44, pp. 7, 17, 32.

25 *MECW*, vol. 11, pp. 85-86.

26 *MECW*, vol. 25, pp. 154-55.

27 Friedrich Engels, *Anti-Dühring* (Peking, 1976), p. 221.

28 *MECW,* vol. 14, p. 416.

29 *MECW,* vol. 14, p. 545.

30 *MECW,* vol. 6, p. 472.

31 Karl Marx and Friedrich Engels, *On Colonialism* (Moscow, 1968), pp. 81-82.

32 *MECW,* vol. 39, p. 82.

33 Marx and Engels, *On Colonialism,* 1968, p. 152.

34 *MECW,* vol. 24, p. 11.

35 *MECW,* vol. 42, p. 205; vol. 47, p. 192.

36 *MECW,* vol. 18, p. 67.

37 *MECW,* vol. 46, p. 322.

38 D. A. Farnie, *The English Cotton Industry and the World Market, 1815-1896* (Oxford, 1979), p. 105.

39 *MECW,* vol. 46, p. 322.

40 *MECW,* vol. 41, pp. 441-47.

41 Karl Kautsky Papers, International Institute of Social History, Amsterdam, DXVI, p. 489.

42 *MECW,* vol. 49, p. 378.

43 Yvonne Kapp, *Eleanor Marx: Family Life* (London, 1972), p. 107.

44 *MECW,* vol. 43, p. 311.

45 *The Daughters of Karl Marx: Family Correspondence, 1866-1898* (London, 1982), p. 51에서 재인용.

46 *MECW,* vol. 43, p. 541.

47 *MECW,* vol. 43, p. 311.

48 Karl Marx and Friedrich Engels, *On Ireland* (London, 1971), p. 14. 엥겔스의 "미출판 아일랜드사" 발췌록은 후일 *Irish Democrat* 신문에 연재됐다. *Irish Democrat,* new series, 71, 72회(1950년 11~12월)를 보라.

49 *MECW,* vol. 40, p. 49-50.

50 *MECW,* vol. 40, p. 49.

51 *MECW,* vol. 43, pp. 473-74.

52 Roy Foster, *Modern Ireland* (London, 1989), p. 391.

53 *Reminiscences of Marx and Engels* (Moscow, 1958), p. 88.

54 Max Beer, *Fifty Years of International Socialism* (London, 1935), p. 78.

55 *MECW,* vol. 42, p. 474.

56 *MECW,* vol. 42, p. 483.

57 *MECW,* vol. 43, p. 163.

58 *MECW,* vol. 42, p. 178.

59 *MECW,* vol. 42, p. 371.

60 *MECW,* vol. 42, p. 406.

61 *MECW,* vol. 43, p. 160; vol. 42, p. 381.

62 Robert Skidelsky, "What's Left of Marx?", *New York Review of Books,* 16 November 2000.

63 Karl Marx, *Capital* (Harmondsworth, 1990), p. 799.

64 *MECW,* vol. 42, pp. 363, 451, 467-68.

65 *MECW,* vol. 42, p. 426.

66 *MECW,* vol. 20, pp. 208, 227, 224, 231.

67 *MECW,* vol. 38, pp. 170, 187, 194.

68 *MECW,* vol. 43, p. 299.

69 *MECW,* vol. 43, pp. 302-03.

70 *MECW,* vol. 43, p. 252.

8장 런던 리전트 파크 로드의 달라이라마

1 *MECW,* vol. 47, p. 355.

2 *Reminiscences of Marx and Engels* (Moscow, 1958), pp. 310-11.

3 *MECW,* vol. 43, p. 561; vol. 44, p. 142.

4 Angus Webster, *The Regent's Park and Primrose Hill* (London, 1911); Friends of Chalk Farm Library, *Primrose Hill Remembered* (London, 2001)를 보라.

5 Eduard Bernstein, *My Years of Exile: Reminiscences of a Socialist* (London, 1921), p. 153.

6 *Reminiscences of Marx and Engels*, p. 186.

7 위의 책, pp. 335, 316.

8 Bernstein, *My Years of Exile*, p. 197.

9 Marx-Engels Archives, M33, International Institute for Social History, Amsterdam.

10 *MECW*, vol. 47, p. 5.

11 *MECW*, vol. 44, pp. 47, 66, 120.

12 *MECW*, vol. 44, p. 131.

13 Robert Tombs, *The Paris Commune* (London, 1999) 참조.

14 *MECW*, vol. 27, p. 186.

15 *MECW*, vol. 44, pp. 228-29.

16 Francis Wheen, *Karl Marx* (London, 2000), p. 333에서 재인용.

17 *MECW*, vol. 44, p. 157.

18 *MECW*, vol. 42, pp. 20, 157.

19 Friedrich Engels, *The Condition of the Working Class in England* (Harmondsworth, 1987), p. 28.

20 Edmund Wilson, *To the Finland Station* (London, 1991), pp. 264-68 참조.

21 Leszek Kolakowski, *Main Currents of Marxism* (London, 2005), p. 205.

22 E. H. Carr, *Michael Bakunin* (London, 1975), p. 341에서 재인용.

23 *MECW*, vol. 43, pp. 191, 193, 336.

24 *MECW*, vol. 23, p. 425.

25 *MECW*, vol. 44, pp. 295, 286.

26 *MECW*, vol. 23, p. 66.

27 *Reminiscences of Marx and Engels*, p. 209.

28 *MECW*, vol. 40, p. 27.

29 *MECW*, vol. 41, p. 558.

30 *MECW*, vol. 27, p. 51. Mario Kessler, "Engels' Position on Anti-Semitism in the Context of Contemporary Socialist Discussions", *Science & Society* 62, no. 1 (1998) 도 참조하라.

31 *MECW*, vol. 42, p. 88.

32 *MECW*, vol. 23, p. 363.

33 *MECW*, vol. 45, pp. 64, 94.

34 *MECW*, vol. 45, p. 317.

35 *MECW*, vol. 46, pp. 10, 152.

36 *MECW*, vol. 24, pp. 267, 269.

37 *MECW*, vol. 23, p. 34.

38 *MECW*, vol. 24, p. 417.

39 Eric Hobsbawm, *Industry and Empire* (London, 1990), pp. 192-93.

40 "Engels, Frederick", IR 59/166, National Archives, Kew.

41 *MECW*, vol. 46, pp. 434-35, 448-49.

42 *Friedrich Engels—Paul and Laura Lafargue Correspondence* (London, 1959.63), vol. 1, pp. 21, 51, 54, 110; vol. 2, p. 91.

43 *MECW*, vol. 46, p. 104.

44 *MECW*, vol. 45, p. 139.

45 *MECW*, vol. 45, p. 315.

46 *MECW*, vol. 24, p. 567.

47 *MECW*, vol. 45, p. 324.

48 Hermann Gemkow, "Füunf Frauen an Engels' Seite", *Beiträge zur Geschichte der Arbeiterbewegung* 37, no. 4 (1995); Yvonne Kapp, *Eleanor Marx: Family Life* (London, 1972) 참조.

49 *MECW*, vol. 45, p. 321.

50 *MECW*, vol. 46, pp. 89-90, 95.

51 *MECW*, vol. 45, p. 379.

52 *MECW*, vol. 24, pp. 11, 43; vol. 47, p. 280.

53 *MECW*, vol. 24, p. 48.

54 *MECW*, vol. 24, p. 354.

55 *MECW*, vol. 49, p. 384.

56 *MECW*, vol. 27, pp. 422, 426.

57 *MECW*, vol. 27, p. 426.

58 *MECW*, vol. 50, p. 112.

59 *MECW*, vol. 24, p. 420.

60 *MECW,* vol. 46, p. 224.

61 *MECW,* vol. 46, p. 462.

62 F. G. Black and R. M. Black, eds., *The Harney Papers* (Assen, 1969), p. 296.

63 *MECW,* vol. 46, p. 462.

64 *MECW,* vol. 46, p. 458.

9장 마르크스의 불도그

1 *MECW,* vol. 24, pp. 467-68.

2 *MECW,* vol. 47, p. 25.

3 *Manchester Guardian,* 4 August 1945.

4 Benjamin Disraeli, *Coningsby* (London, 1963), p. 127.

5 Elizabeth Gaskell, *Mary Barton* (1848; rpt. Harmondsworth, 1996), p. 39. 맨체스터 의 과학열에 대한 좀 더 포괄적인 설명은 Robert H. Kargon, *Science in Victorian Manchester* (Manchester, 1977); Arnold Thackray, "Natural Knowledge in Cultural Context: The Manchester Model", *American Historical Review* 69 (1974)를 보라.

6 *MECW,* vol. 42, p. 117.

7 Henry E. Roscoe, *The Life and Experiences of Sir Henry Enfield Roscoe Written by Himself* (London, 1906), p. 107.

8 *MECW,* vol. 41, p. 465; vol. 42, pp. 383, 323.

9 *MECW,* vol. 46, p. 461.

10 *MECW,* vol. 49, p. 433.

11 *MECW,* vol. 40, p. 551.

12 *MECW,* vol. 41, p. 381.

13 David Stack, *The First Darwinian Left* (Cheltenham, 2003), p. 2에서 재인용.

14 *MECW,* vol. 45, p. 108.

15 *MECW,* vol. 40, p. 326.

16 *MECW,* vol. 6, p. 195.

17 Friedrich Engels, *Anti-Dühring* (Peking, 1976), p. 74.

18 *MECW*, vol. 42, p. 138.

19 *MECW*, vol. 45, p. 123.

20 *MECW*, vol. 44, p. 500.

21 Engels, *Anti-Dühring*, p. 11.

22 *Philosophical Quarterly* 2, no. 6 (1952): 89를 보라.

23 Engels, *Anti-Dühring*, p. 12.

24 *MECW*, vol. 24, p. 302.

25 *MECW*, vol. 25, p. 356.

26 *MECW*, vol. 24, pp. 300-01.

27 Engels, *Anti-Dühring*, p. 173.

28 Stephen Jay Gould, *Ever Since Darwin* (London, 1978), pp. 210-11을 보라.

29 *MECW*, vol. 25, pp. 452-65.

30 Peter Singer는 엥겔스처럼 자연환경을 자신에게 유리하게 조작하는 능력을 기준으로 동물과 인간을 구분하는 것에 대해 이의를 제기하면서 그 증거로 특수한 버섯을 키워서 먹는 개미 종류를 든다. 이런 버섯은 개미의 활동이 없으면 존재할 수 없는 종류다. Peter Singer, *A Darwinian Left* (London, 1999), pp. 21-24를 보라.

31 *MECW*, vol. 25, p. 460.

32 Engels, *Anti-Dühring*, p. 47.

33 *MECW*, vol. 25, p. 127.

34 Jean van Heijenoort, "Friedrich Engels and Mathematics", *Selected Essays* (Naples, 1985), pp. 123-51.

35 *MECW*, vol. 25, p. 354.

36 2007년 11월 에릭 홉스봄 선생한테 개인적으로 들은 얘기다. 당시 영국의 분위기를 잘 보여주는 사례가 X선결정학結晶學의 선구자 J. D. Bernal일 것이다. 그는 "과학이 추구하는 방향은 공산주의다"라고 생각했다. Helena Sheehan, *Marxism and the Philosophy of Science: A Critical History* (Atlantic Heights, 1993)를 보라.

37 *Frederick Engels: A Biography* (Dresden, 1972), p. 414. 현대 과학의 실제와 이론에 대한 엥겔스의 통찰을 옹호한 가장 최근 사례로는 Paul McGarr, "Engels and Natural Science", *International Socialism* 65, no. 2 (1994)를 보라. http://www.marxists.de/science/mcgareng/index.htm.로도 볼 수 있다.

38 J. B. S. Haldane, "Preface", in Frederick Engels, *Dialectics of Nature* (London, 1940), p. vii.

39 Peter Pringle, *The Murder of Nikolai Vavilov: The Story of Stalin's Persecution of One of the Great Scientists of the Twentieth Century* (New York, 2008) 참조.

40 "Report on Engels Society. June 1949"; "Transactions of the Physics Group"; "Transaction of the Engels Society, no. 4, Spring 1950"; "To the Central Committee of the CPSU (B), to Comrade Stalin. Youri Zhdanov", CP/CENT/CULT/5/9, Archives of the People's History Museum, Manchester 참조.

41 *MECW*, vol. 45, p. 122.

42 Richard Adamiak, "Marx, Engels, and Dühring", *Journal of the History of Ideas* 35, no. 1 (1974) 참조.

43 *MECW*, vol. 45, p. 131.

44 Eugen Dühring, *Kritische Geschichte der Nationalokonomie und des Socialismus* (Leipzig, 1879), p. 547.

45 *MECW*, vol. 45, p. 175.

46 Engels, *Anti-Dühring*, p. 422.

47 *MECW*, vol. 16, p. 474.

48 *MECW*, vol. 35, p. 19.

49 Engels, "Preface to Second Edition" (1885), *Anti-Dühring*, p. 11.

50 Engels, *Anti-Dühring*, p. 201.

51 *MECW*, vol. 24, p. 297.

52 *MECW*, vol. 24, p. 319.

53 *MECW*, vol. 24, p. 320.

54 *MECW*, vol. 24, p. 321.

55 *MECW*, vol. 24, p. 323.

56 *MECW*, vol. 46, pp. 300, 369.

57 *Friedrich Engels–Paul and Laura Lafargue Correspondence* (London, 1959. 63), vol. 3, p. 335.

58 David Ryazonov, *Marx and Engels* (London, 1927), p. 210.

59 F. *Engels' Briefwechsel mit K. Kautsky* (Vienna, 1955), p. 4.

60 Georg Lukács, *History and Class Consciousness* (London, 1971), p. 24.

61 Norman Levine, "Marxism and Engelsism", *Journal of the History of the Behavioural Sciences* 11, no. 3 (1973): 239. Terrell Carver, *Marx and Engels: The Intellectual Relationship* (Brighton, 1983)은 같은 주장을 한층 세련화했다.

62 *MECW*, vol. 45, p. 334.

63 Wilhelm Liebknecht, *Karl Marx: Biographical Memoirs* (1896; rpt. London, 1975), pp. 91-92.

64 이런 시각을 단연 설득력 있게 상세히 설명한 것은 S. H. Rigby, *Engels and the Formation of Marxism* (Manchester, 1992)이다.

65. *MECW*, vol. 47, p. 53.

66 *MECW*, vol. 47, p. 16.

67 *MECW*, vol. 47, p. 17.

68 *Engels-Lafargue Correspondence*, vol. 1, p. 142.

69 *MECW*, vol. 47, p. 41.

70 *MECW*, vol. 47, p. 53.

71 *MECW*, vol. 47, p. 43.

72 *MECW*, vol. 47, p. 117.

73 *MECW*, vol. 47, p. 265.

74 *MECW*, vol. 48, p. 521.

75 *MECW*, vol. 27, p. 428.

76 *MECW*, vol. 47, p. 301.

77 *MECW*, vol. 36, p. 20.

78 Meghnad Desai, *Marx's Revenge* (London, 2002), p. 60.

79 위의 책, p. 23.

80 *MECW*, vol. 47, p. 271.

81 *MECW*, vol. 48, p. 347.

82 Desai, *Marx's Revenge*, pp. 74-83 참조.

83 Carl-Erich Vollgraf and Jurgen Jungnickel, "Marx in Marx's Words?", *International Journal of Political Economy* 32 (2002): 67.

84 F. G. Black and R. M. Black, eds., *The Harney Papers* (Assen, 1969), p. 351.

85 *MECW*, vol. 48, p. 398.

86 *Engels–Lafargue Correspondence*, vol. 3, p. 344.

87 Marx-Engels Papers, L5461, International Institute of Social History, Amsterdam.

88 위의 책, L5473.

89 *The Daughters of Karl Marx: Family Correspondence, 1866-1898* (London, 1982), p. 230에서 재인용.

90 *MECW*, vol. 50, p. 331.

91 사실은 엥겔스 사후 퍼시 로셔가 마지막으로 또 사고를 친다. 로셔는 예전에 엥겔스를 졸라 자기 앞으로 생명보험증권을(펌프스와의 사이에 낳은 아이들을 위해) 사 놓았다. 그런데 엥겔스가 죽고 난 뒤 불입금 잔액 87파운드가 남았다며 엥겔스의 유산에서 그걸 주지 않으면 소송을 불사하겠다고 난리를 피운 것이다.

92 *MECW*, vol. 46, p. 395.

93 August Bebel, *Woman in the Past, Present, and Future* (London, 1988), pp. 7, 9.

94 Karl Kautsky, *Die Entstehung der Ehe und Familie* (Stuttgart, 1882) 참조.

95 *MECW*, vol. 46, pp. 438, 452.

96 Eduard Bernstein, *My Years of Exile: Reminiscences of a Socialist* (London, 1921), p. 168.

97 *MECW*, vol. 26, p. 132.

98 Friedrich Engels, *The Origin of the Family, Private Property, and the State* (Harmondsworth, 1986), p. 60.

99 위의 책, pp. 35-36.

100 위의 책, p. 162.

101 위의 책, p. 158.

102 위의 책, p. 79.

103 위의 책, p. 165.

104 위의 책, p. 173.

105 Karl Marx and Friedrich Engels, *The Communist Manifesto* (Harmondsworth, 2002), p. 239.

106 위의 책, p. 179.

107 Friedrich Engels, *The Condition of the Working Class in England*

(Harmondsworth, 1987), p. 167.

108 위의 책, p. 168.

109 위의 책, p. 103.

110 *MECW,* vol. 47, p. 312.

111 *MECW,* vol. 26, p. 183.

112 *MECW,* vol. 43, p. 296.

113 Sheila Rowbotham, *Edward Carpenter: A Life of Liberty and Love* (London, 2008) 참조.

114 Kate Millett, *Sexual Politics* (London, 1970), p. 120.

115 Lise Vogel, "Engels's Origin: Legacy, Burden, and Vision", in Christopher J. Arthur, ed., *Engels Today* (London, 1996) 참조.

116 Michelle Barrett, "Introduction", in Engels, *Origin of the Family,* p. 28. 다음 글도 참조하라. Josette Trat, "Engels and the Emancipation of Women", *Science and Society* 62, no. 1 (1998); Nanneke Redclift , "Rights in Women: Kinship, Culture, and Materialism", in *Engels Revisited: New Feminist Essays* (London, 1987), eds., Janet Sayers, Mary Evans, and Nanneke Redclift; Terrell Carver, "Engels's Feminism", *History of Political Thought* 6, no. 3 (1985).

117 *MECW,* vol. 50, p. 67.

118 *MECW,* vol. 48, pp. 224, 232.

119 예를 들어 *MECW,* vol. 47, p. 355를 보라.

120 *MECW,* vol. 48, p. 253.

121 *MECW,* vol. 47, p. 312.

122 *MECW,* vol. 45, p. 197.

123 *MECW,* vol. 26, p. 402.

124 Eric Arnesen, "American Workers and the Labor Movement in the Late Nineteenth Century", in *The Gilded Age: Perspectives on the Origins of Modern America,* ed., Charles W. Calhoun, (Wilmington, 1996)을 보라.

125 *MECW,* vol. 47, p. 452.

126 위의 책.

127 *Reminiscences of Marx and Engels* (Moscow, 1968), p. 187.

128 *MECW,* vol. 48, p. 210.

129 *MECW,* vol. 26, p. 585.

130 *MECW,* vol. 48, p. 207.

131 Mike Davis, *City of Quartz* (London, 2006), pp. 46-54를 보라. 이 책에 인용된 프랑스 철학자 장 보드리야르의 로스앤젤레스에 대한 묘사("밤에 로스앤젤레스 상공을 날아보면 말로는 표현이 안 된다. 15~16세기 네덜란드 화가 히에로니무스 보슈의 지옥 그림이 연상된다")는 엥겔스가 뉴욕을 처음 보았을 때와 너무도 흡사하다.

132 *MECW,* vol. 48, p. 211.

133 *MECW,* vol. 48, p. 219.

10장 마침내 주연으로 서다

1 *MECW,* vol. 27, p. 61.

2 *MECW,* vol. 48, pp. 493-95.

3 *Reminiscences of Marx and Engels* (Moscow, 1958), pp. 147, 187.

4 *MECW,* vol. 24, p. 387.

5 *MECW,* vol. 46, p. 123.

6 *MECW,* vol. 46, p. 197.

7 *MECW,* vol. 47, p. 55.

8 Friedrich Engels, *The Condition of the Working Class in England* (Harmondsworth, 1987), p. 45.

9 Philip Henderson, *William Morris* (London, 1973), p. 308에서 재인용.

10 Beatrice Webb, *My Apprenticeship* (London, 1926), p. 180.

11 Henry Hyndman, *The Record of an Adventurous Life* (1911; rpt. London, 1984), p. 279.

12 "A Disruptive Personality", *Justice,* 21 February 1891.

13 *MECW,* vol. 47, p. 155.

14 *MECW,* vol. 49, p. 494.

15 *MECW,* vol. 47, p. 427.

16 *MECW,* vol. 47, p. 408.

17 J. B. Glasier, *William Morris and the Early Days of the Socialist Movement* (London, 1921), p. 32에서 재인용.

18 *MECW,* vol. 47, pp. 155, 471, 484.

19 *MECW,* vol. 48, p. 108.

20 Suzanne Paylor, "Edward B. Aveling: The People' s Darwin", *Endeavour* 29, no. 2 (2005) 참조.

21 W. O. Henderson, *The Life of Friedrich Engels* (London, 1976), pp. 685-86에서 재인용.

22 Yvonne Kapp, *Eleanor Marx: Family Life* (London, 1972), p. 271에서 재인용.

23 *MECW,* vol. 47, p. 177.

24 Yvonne Kapp, *Eleanor Marx: The Crowded Years* (London, 1976), pp. 171-73에서 재인용.

25 *MECW,* vol. 48, pp. 16-17.

26 *MECW,* vol. 49, p. 87.

27 *MECW,* vol. 48, p. 91.

28 Edward Aveling, *The Student' s Marx* (London, 1907), pp. viii, ix, xi.

29 *MECW,* vol. 48, p. 113.

30 Henry Mayhew, *The Morning Chronicle Survey of Labour and the Poor: The Metropolitan Districts* (1849-50; rpt. London, 1980), vol. 1, pp. 71-72.

31 *MECW,* vol. 48, p. 377.

32 *MECW,* vol. 48, p. 364.

33 *MECW,* vol. 26, p. 545.

34 *MECW,* vol. 48, p. 389.

35 *Reminiscences of Marx and Engels,* p. 313.

36 *MECW,* vol. 50, p. 82.

37 *MECW,* vol. 50, p. 434.

38 *Labour Leader,* 1898년 12월 24일자.

39 Ernest Belfort Bax, *Reminiscences and Reflections of a Mid and Late Victorian* (London, 1918), p. 54 참조.

40 이 문제에 대한 고전적인 설명으로는 Ross McKibben, *The Ideologies of Class* (Oxford, 1994)를 보라.

41 *MECW*, vol. 50, p. 386.

42 *MECW*, vol. 49, p. 243.

43 *MECW*, vol. 49, p. 67.

44 *MECW*, vol. 49, p. 70.

45 *MECW*, vol. 49, p. 68.

46 *MECW*, vol. 49, p. 346.

47 *MECW*, vol. 49, p. 416.

48 *The Daughters of Karl Marx: Family Correspondence, 1866-1898* (London, 1982), pp. 223-24.

49 *MECW*, vol. 49, p. 76.

50 *MECW*, vol. 48, p. 290.

51 *Friedrich Engels—Paul and Laura Lafargue Correspondence* (London, 1959-63), vol. 2, p. 220.

52 *MECW*, vol. 48, p. 319.

53 *MECW*, vol. 48, p. 352.

54 *MECW*, vol. 48, p. 454.

55 *MECW*, vol. 27, p. 227.

56 *MECW*, vol. 49, p. 265.

57 Leszek Kolakowski, *Main Currents of Marxism* (London, 2005), pp. 355-56.

58 Eric Hobsbawm, "Marx, Engels, and Politics", *The History of Marxism* (Brighton, 1982), vol. 1 참조.

59 위의 책, p. 265.

60 *MECW*, vol. 48, p. 36.

61 *MECW*, vol. 27, p. 520.

62 *MECW*, vol. 50, p. 21.

63 *MECW*, vol. 27, p. 522.

64 *MECW*, vol. 26, p. 112.

65 *MECW*, vol. 27, p. 447. 물론 20세기 들어 비종교적 신앙으로서의 공산주의라는 개

넘이 익숙해졌다. "좌절과 고독이 공산주의로 개종하는 주요한 동기라면 그런 동기는 기독교적 양심으로 강화된다." Richard Crossman은 Arthur Koestler 외의 『실패한 신』에 쓴 서문에서 이렇게 말했다. "공산주의의 정서적 매력은 바로 희생에 있었다. 개종에 따라 공산주의가 요구하는 물질적 · 정신적 희생 말이다. …공산주의의 매력은 아무것도 주지 않으면서 모든 것을 요구한다는 데 있었다. 거기에는 정신적 자유의 포기까지 포함된다." 한때 열렬한 공산주의 신자였던 역사학자 Raphael Samuel은 이렇게 요약한다. "투쟁의 이론으로서 공산주의는 구원을 약속했다. 사회주의는 숭고한 정수精髓이며, 도덕적 완성태이고, 초월적 대상이자 목표였다. 그것은 인간 발전의 최고 형태이며, 도덕성의 완성이며, 진보의 성취이자, 인간 위대성의 발견이었다." Arthur Koestler et al., *The God That Failed* (London, 1965), pp. 5-6; Raphael Samuel, *The Lost World of British Communism* (London, 2007), p. 51을 보라.

66 *MECW*, vol. 50, p. 490.

67 *MECW*, vol. 50, pp. 182-83.

68 Gustav Mayer, *Friedrich Engels: Eine Biographie* (The Hague, 1934), vol. 2, pp. 529-30에서 재인용.

69 *MECW*, vol. 27, p. 404.

70 *MECW*, vol. 50, pp. 187, 190.

71 *Frederick Engels: A Biography* (Dresden, 1972), p. 547에서 재인용.

72 *MECW*, vol. 50, p. 409.

73 *MECW*, vol. 46, p. 514.

74 *MECW*, vol. 47, p. 489.

75 *MECW*, vol. 26, p. 451.

76 *MECW*, vol. 24, p. 173.

77 *MECW*, vol. 27, p. 177.

78 *Reminiscences of Marx and Engels,* p. 307.

79 *MECW*, vol. 49, p. 76.

80 William Stephen Saunders, *Early Socialist Days* (London, 1927), pp. 80-81.

81 *Reminiscences of Marx and Engels,* p. 187.

82 *Daughters of Karl Marx,* pp. 247, 251.

83 *MECW*, vol. 50, p. 355.

84 *Daughters of Karl Marx,* pp. 253, 255.

85 *MECW*, vol. 50, p. 377.

86 *MECW*, vol. 50, p. 507.

87 *MECW*, vol. 50, pp. 517, 525.

88 *MECW*, vol. 50, p. 535.

89 *MECW*, vol. 50, p. 526.

90 엥겔스는 지하실에 227파운드 상당의 "포도주와 기타 술들"도 남겼다. 또 그에게 포도주를 대주던 트뒥 앤드 브렛사社에는 프리드리히 엥겔스 소유로 포도주가 12병 들이 상자로 142박스(클라레 77상자, 포트와인 48상자, 샴페인 13상자와 기타)가 남 아 있었다.

91 *Frederick Engels: A Biography,* p. 579에서 재인용.

92 Kapp, *The Crowded Years,* pp. 597-99 참조.

93 *Reminiscences of Marx and Engels,* p. 147.

94 Eduard Bernstein, *My Years of Exile: Reminiscences of a Socialist* (London, 1921), p. 192.

에필로그

1 Fred C. Koch, *The Volga Germans* (University Park, 1977)를 보라.

2 "Address to the Conference of Marxist Students of the Agrarian Question", in Joseph Stalin, *Leninism* (Moscow, 1940), p. 323.

3 "Engels", *Nachrichten des Gebietskomitees der KP(B)SU und des Zentralkomitees der ASRR der Wolgadeutschen,* 21 October 1931.

4 "Engels' zum Gruss", Rote Jugend: Organ des GK des LKJVSU der ASRRdWD, 24 October 1931.

5 "Zur Umbenennung der Stadt Prokrovsk in Engels", *Nachrichten des Gebietskomitees der KP(B)SU und des Zentralkomitees der ASRR der Wolgadeutschen,* 21 October 1931.

6 "Engels' zum Gruss".

7 Koch, *Volga Germans*, p. 284에서 재인용.

8 Robert Service, *Comrades* (London, 2007), pp. 52-53.

9 V. I. Lenin, *Collected Works*, vol. 21, p. 91.

10 *MECW*, vol. 50, p. 303.

11 Leszek Kolakowski, *Main Currents of Marxism* (London, 2005), p. 625에서 재인용.

12 Lenin, *Collected Works*, vol. 38, p. 362.

13 Lenin, *Collected Works*, vol. 14, p. 326.

14 Kolakowski, *Main Currents of Marxism*, p. 629.

15 Lenin, *Collected Works*, vol. 21, p. 54.

16 Joseph Stalin, *Anarchism or Socialism?* (Moscow, 1950), p. 13.

17 Joseph Stalin, *Dialectical and Historical Materialism* (Moscow, 1939), p. 12.

18 위의 책, p. 18.

19 Cornelius Castoriadis, *The Imaginary Institution of Society* (Cambridge, 1987), p. 59.

20 Orlando Figes, *The Whisperers: Private Life in Stalin's Russia* (London, 2007), pp. 155-56 참조.

21 Kolakowski, *Main Currents of Marxism*, p. 862.

22 Raphael Samuel, *The Lost World of British Communism* (London, 2007), pp. 49, 94.

23 Herbert Marcuse, *Soviet Marxism: A Critical Analysis* (London, 1958), p. 144.

24 *MECW*, vol. 50, p. 301.

25 John O'Neill, "Engels without Dogmatism", in Christopher J. Arthur, ed., *Engels Today* (London, 1996) 참조.

26 *MECW*, vol. 49, p. 18.

27 *MECW*, vol. 25, p. 80.

28 Friedrich Engels, *Anti-Dühring* (Peking, 1976), p. 108.

29 *MECW*, vol. 50, p. 267; vol. 49, p. 8.

30 *MECW*, vol. 50, p. 356.

31 David Stack은 "이후 세대의 사회주의 및 사회주의 운동은 다윈주의가 '정신 사조'

의 일부로 이미 확고하게 자리를 굳힌 시대에 태어나 성숙한 것이다." Stack, *The First Darwinian Left* (Cheltenham, 2003), p. 2. Gareth Stedman Jones, "Engels and the History of Marxism", in Eric Hobsbawm, ed., *The History of Marxism* (Brighton, 1982), vol. 1도 참조하라.

32 *MECW,* vol. 50, p. 461.

33 Ching Kwan Lee, *Against the Law: Labor Protests in China's Rustbelt and Sunbelt* (Berkeley, 2007), p. 235.

참고문헌

1차 자료

Arnold, R. Arthur. *The History of the Cotton Famine* (London, 1864).

Aveling, Edward. *The Student's Marx* (London, 1907).

Balzac, Honoré de. *Old Goriot* (Harmondsworth, 1951).

Banfield, T. C. *Industry of the Rhine* (New York, 1969).

Bax, Ernest Belfort. *Reminiscences and Reflexions of a Mid and Late Victorian* (London, 1918).

Bebel, August. *Woman in the Past, Present, and Future* (London, 1988).

Beer, Max. *Fifty Years of International Socialism* (London, 1935).

Bernstein, Eduard. *My Years of Exile: Reminiscences of a Socialist* (London, 1921).

Black, F. G., and R. M. Black, eds. *The Harney Papers* (Assen, 1969).

Born, Stephan. *Erinnerungen eines Achtundvierziger* (Leipzig, 1898).

Burke, Edmund. *Reflections on the Revolution in France* (Harmondsworth, 1986).

Carlyle, Thomas. *Past and Present* (New York, 1965).

_____. *Selected Writings* (Harmondsworth, 1986).

Chadwick, Edwin. *Report on the Sanitary Conditions of the Labouring Population of Great Britain* (Edinburgh, 1965).

Chaloner, W. H., and W. O. Henderson, eds. *Engels as Military Critic* (Manchester, 1959).

Cooper, Thomas. *The Life of Thomas Cooper, Written by Himself* (London, 1873).

The Daughters of Karl Marx: Family Correspondence, 1866-1898 (London, 1982).

Disraeli, Benjamin. *Coningsby* (London, 1963).

_____. *Sybil; or, The Nations* (London, 1981).

Dronke, Ernst. *Berlin* (Frankfurt, 1846).

Dühring, Eugen. *Kritische Geschichte der Nationalokonomie und des Socialismus* (Leipzig, 1879).

Engels, Frederick. *Dialectics of Nature* (London, 1940).

_____. *Anti-Dühring* (Peking, 1976).

_____. *The Condition of the Working Class in England* (Harmondsworth, 1987).

_____. *The Origin of the Family, Private Property, and the State* (Harmondsworth, 1986).

Faucher, Léon. *Manchester in 1844* (Manchester, 1844).

Fourier, Charles. *The Theory of the Four Movements* (Cambridge, 1996).

F. Engels' Briefwechsel mit K. Kautsky (Vienna, 1955).

Friedrich Engels—Paul and Laura Lafargue Correspondence (Moscow, 1959-63).

Gaskell, Elizabeth. *Mary Barton* (Harmondsworth, 1996).

Hecker, Carl. *Der Aufstand in Elberfeld im Mai 1849 und mein Verhaltniss zu Demselben* (Elberfeld, 1849).

Hegel, Georg Wilhelm Friedrich. *Philosophy of Right* (Oxford, 1942).

Heine, Heinrich. *Sämtliche Werke* (Hamburg, 1867).

Henderson, W. O., and W. H. Chaloner, eds. *The Condition of the Working Class in England*. By Friedrich Engels (London, 1958).

Herzen, Alexander. *My Past and Thoughts* (London, 1968).

Hess, Moses, *Rom und Jerusalem* (Leipzig, 1899).

_____. *Briefwechsel* (Amsterdam, 1959).

_____. *Philosophische und sozialistische Schriften, 1837-1850*. ed. Auguste Cornu and Wolfgang Mönke (Liechtenstein, 1980).

Hyndman, Henry. *The Record of an Adventurous Life* (1911; rpt. London, 1984).

Jones, Wilmot Henry [Geoffrey Gimcrack]. *Gimcrackiana; or, Fugitive Pieces on Manchester Men and Manners* (Manchester, 1833).

Kautsky, Karl. *Die Entstehung der Ehe und Familie* (Stuttgart, 1882).

Kay, James Phillips. *The Moral and Physical Condition of the Working Classes Employed in the Cotton Manufacture in Manchester* (Manchester, 1969).

Kliem, Manfred, ed. *Friedrich Engels: Dokumente seines Lebens* (Leipzig, 1977).

Knieriem, Michael, ed. *Die Herkunft des Friedrich Engels: Briefe aus der Verwandtschaft,* 1791-1847 (Trier, 1991).

Köner, H. J. M. *Lebenskämpfe in der Alten und Neues Welt* (Zurich, 1866).

Leach, James. *Stubborn Facts from the Factories by a Manchester Operative* (London, 1844).

Lenin, Vladimir Ilyich. *Collected Works* (London, 1908).

Liebich, André ed. *Selected Writings of August Cieszkowski* (Cambridge, 1979).

Liebknecht, Wilhelm. *Karl Marx: Biographical Memoirs* (London, 1975).

Marx, Karl. *The Early Texts* (Oxford, 1971).

_____. *Capital* (Harmondsworth, 1990).

_____. *Early Writings* (Harmondsworth, 1992).

Marx, Karl, and Friedrich Engels. *Werke* (Berlin, 1964-68).

_____. *On Colonialism* (Moscow, 1968).

_____. *On Ireland* (London, 1971).

_____. *The Communist Manifesto* (Harmondsworth, 2002).

Marx-Engels Collected Works [MECW], 50 vols. (모스크바 Progress Publishers, 뉴욕 International Publishers, 런던 Lawrence & Wishart 공동 발행, 1975-2005).

Mayhew, Henry. *The Morning Chronicle Survey of Labour and the Poor: The Metropolitan Districts* (1849-50; rpt. London, 1980).

Müller, Max. *My Autobiography: A Fragment* (New York, 1991).

Pagenstecher, C. H. A. *Lebenserinnerungen von Dr. Med. C. H. Alexander Pagenstecher* (Leipzig, 1913).

Parkinson, Richard. *On the Present Condition of the Labouring Poor in Manchester* (Manchester, 1841).

Reminiscences of Marx and Engels (Moscow, 1958).

Roscoe, Henry E. *The Life and Experiences of Sir Henry Enfield Roscoe* (London, 1906).

The Sack; or, Volunteers' Testimonial to the Militia (London, 1862).

Saunders, William Stephen. *Early Socialist Days* (London, 1927).

Southey, Robert. *Letters from England by Don Manuel Alvarez Espriella* (London, 1808).

Stäel, Madame de. *Germany* (London, 1813).

Stalin, Joseph. *Dialectical and Historical Materialism* (Moscow, 1939).

_____. *Leninism* (Moscow, 1940).

_____. *Anarchism or Socialism?* (Moscow, 1950).

Stirner, Max. *The Ego and Its Own* (Cambridge, 1995).

Sue, Eugène. *The Mysteries of Paris* (Cambridgeshire, 1989).

Taine, Hipployte. *Notes on England* (London, 1957).

Tocqueville, Alexis de. *Journeys to England and Ireland* (London, 1958).

Watts, John. *The Facts and Fictions of Political Economists* (Manchester, 1842).

_____. *The Facts of the Cotton Famine* (London, 1866).

Webb, Beatrice. *My Apprenticeship* (London, 1926).

Weerth, Georg. *Sämtliche Werke* (1956. 57).

The Writings of the Young Marx. Trans. and ed. Lloyd D. Easton and Kurt H. Guddat (Garden City, 1967).

도서관·문서고

Engels-Haus, Wuppertal

International Institute of Social History, Amsterdam

Marx Memorial Library, London

National Archives, Kew

People' s History Museum, Manchester

State Archives of the Russian Federation, Moscow

Working Class Movement Library, Salford

State Archives, Wuppertal

2차 자료

Attali, Jacques. *Karl Marx, ou l' esprit du monde* (Paris, 2005).

Avineri, Shlomo. *The Social and Political Thought of Karl Marx* (Cambridge, 1968).

_____. *Moses Hess* (London, 1985).

Arthur, Christopher J. *Engels Today* (London, 1996).

Ball, Terence, and James Farr. *After Marx* (Cambridge, 1984).

Barrett, Michelle. "Introduction", *The Origin of the Family, Private Property, and the State by Friedrich Engels* (Harmondsworth, 1986).

Beecher, Jonathan, and Richard Bienvenu. *The Utopian Vision of Charles Fourier* (London, 1975).

Beiser, Frederick C. *The Cambridge Companion to Hegel* (Cambridge, 1993).

Benn, Tony. *Arguments for Socialism* (London, 1979).

Berger, Martin. *Engels, Armies, and Revolution* (Hamden, 1977).

Berger, Stefan. *Social Democracy and the Working Class in Nineteenth and Twentieth Century Germany* (Harlow, 2000).

Berlin, Isaiah, *Karl Marx: His Life and Environment* (Oxford, 1978).

_____. *Against the Current* (London, 1997).

Bigler, Robert M. *The Politics of German Protestantism* (Berkeley, 1972).

Blackbourn, David. *The Fontana History of Germany* (London, 1997).

Blanchard, Marc Eli. *In Search of the City* (Stanford, 1985).

Blyth, H. E. *Through the Eye of a Needle* (Manchester, 1947).

Bradshaw, L. D. *Visitors to Manchester* (Manchester, 1987).

Brazill, William J. *The Young Hegelians* (London, 1970).

Briggs, Asa. *Chartist Studies* (London, 1959).

_____. *Victorian Cities* (London, 1990).

Bull, Stephen. *"Volunteer!" The Lancashire Rifle Volunteers, 1859-1885* (Lancashire, 1993).

Calhoun, Charles W., ed. *The Gilded Age: Perspectives on the Origins of Modern America* (Wilmington, 1996).

Carlton, Grace. *Friedrich Engels: The Shadow Prophet* (London, 1965).

Carr, E. H. *Michael Bakunin* (London, 1975).

Carver, Terrell. *Engels* (Oxford, 1981).

_____. *Marx and Engels: The Intellectual Relationship* (Brighton, 1983).

_____. *Friedrich Engels: His Life and Thought* (London, 1991).

_____. *The Cambridge Companion to Marx* (Cambridge, 1991).

Castoriadis, Cornelius. *The Imaginary Institution of Society* (Cambridge, 1987).

Claeys, Gregory. *Citizens and Saints* (Cambridge, 1989).

Clark, Christopher. *Iron Kingdom: The Rise and Downfall of Prussia* (London, 2006).

Cole, George Douglas Howard. *Chartist Portraits* (London, 1941).

Cummins, Ian. *Marx, Engels, and National Movements* (London, 1980).

Davis, Mike. *City of Quartz* (London, 2006).

_____. *Planet of Slums* (London, 2006).

Deak, Istvan. *The Lawful Revolution: Louis Kossuth and the Hungarians* (New York, 1979).

Desai, Meghnad. *Marx's Revenge: The Resurgence of Capitalism and the Death of Statist Socialism* (London, 2002).

Evans, Richard, and Pogge von Strandmann, eds. *The Revolutions in Europe, 1848-1849* (Oxford, 2000).

Farnie, Douglas. *The English Cotton Industry and the World Market, 1815-1896* (Oxford, 1979).

Fergusson, Gordon. *The Green Collars: The Tarporley Hunt Club and Cheshire Hunting History* (London, 1993).

Figes, Orlando. *The Whisperers: Private Life in Stalin's Russia* (London, 2007).

Foot, Paul. *Red Shelley* (London, 1984).

Fortescue, William. *France and 1848* (Oxford, 2005).

Foster, Roy. *Modern Ireland* (London, 1989).

Friends of Chalk Farm Library. *Primrose Hill Remembered* (London, 2001).

Frow, Edmund, and Ruth Frow. *Frederick Engels in Manchester* (Salford, 1986).

Frow, Edmund, and Ruth Frow. *The New Moral World: Robert Owen and Owenism in Manchester and Salford* (Salford, 1986).

Gallie, W. B. *Philosophers of Peace and War* (Cambridge, 1978).

Gemkow, Heinrich, et al. *Frederick Engels: A Biography* (Dresden, 1972).

Glasier, John B. *William Morris and the Early Days of the Socialist Movement* (London, 1921).

Gould, Stephen Jay. *Ever Since Darwin* (London, 1978).

Greaves, Ralph. *Foxhunting in Cheshire* (Kent, 1964).

Gunn, Simon. *The Public Culture of the Victorian Middle Class* (Manchester, 2000).

Hahn, Hans Joachim. *The 1848 Revolutions in German-Speaking Europe* (London, 2001).

Hammen, Oscar J. *The Red ' 48ers* (New York, 1969).

Hannay, Alastair. *Kierkegaard: A Biography* (Cambridge, 2001).

Hayek, F. A. *The Counter-Revolution of Science* (Glencoe, 1952).

Hellman, Robert. *Berlin: The Red Room and White Beer* (Washington, 1990).

Heijenoort, Jean van. *Selected Essays* (Naples, 1985).

Heinig, Karl. *Carl Schorlemmer: Chemiker und Kommunist Ersten Ranges* (Leipzig, 1974).

Henderson, Philip. *William Morris: His Life, Work, and Friends* (London, 1973).

Henderson, W. O. *Engels as Military Critic* (Manchester, 1959).

_____. *The Lancashire Cotton Famine* (Manchester, 1969).

_____. *The Life of Friedrich Engels* (London, 1976).

_____. *Marx and Engels and the English Workers* (London, 1989).

Hirsch, Helmut. *Friedrich Engels in Selbstzeugnissen und Bilddokumenten* (Hamburg, 1968).

Hobsbawm, Eric. *Industry and Empire* (London, 1990).

_____, ed. *The History of Marxism* (Brighton, 1982).

Holmes, Richard. *Shelley: The Pursuit* (London, 1987).

Howe, Anthony. *The Cotton Masters* (Oxford, 1984).

Hunley, James D. *The Life and Thought of Friedrich Engels* (London, 1991).

Hunt, Richard N. *The Political Ideas of Marx and Engels* (Pittsburgh, 1974).

Hunt, Tristram. *Building Jerusalem: The Rise and Fall of the Victorian City* (London, 2004).

Ionescu, Ghita, ed. *The Political Thought of Saint-Simon* (Oxford, 1976).

Ivanon, N. N. *Frederick Engels: His Life and Work* (Moscow, 1987).

Jenkins, Mick. *Frederick Engels in Manchester* (1951).

Johnston, Francis. *Eccles* (Eccles, 1967).

Jones, Colin. *Paris: Biography of a City* (London, 2004).

Judt, Tony. *Reappraisals: Reflections on the Forgotten Twentieth Century* (London, 2008).

Kapp, Yvonne. *Eleanor Marx*. vol. 1: *Family Life* (London, 1972).

_____. *Eleanor Marx*. vol. 2: *The Crowded Years* (London, 1976).

Kargon, Robert. *Science in Victorian Manchester* (Manchester, 1977).

Katznelson, Ira. *Marxism and the City* (Oxford, 1992).

Kidd, Alan. *Manchester* (Keele, 1996).

Kiernan, Victor. *Marxism and Imperialism* (London, 1974).

Knieriem, Michael, ed. *Über Friedrich Engels: Privates, Öffentliches und Amtliches Aussagen und Zeugnisse von Zeitgenossen* (Wuppertal, 1986).

Koch, Fred C. *The Volga Germans* (University Park, 1977).

Koestler, Arthur, et al. *The God That Failed* (London, 1965).

Kolakowski, Leszek. *Main Currents of Marxism* (London, 2005).

Krieger, Leonard, ed. *The German Revolutions* (Chicago, 1967).

Kuczynski, Jürgen. *Die Geschichte der Lage der Arbeiter unter dem Kapitalismus* (Berlin, 1960).

Kupisch, Karl. *Vom Pietismus zum Kommunismus: Historische Gestalten, Szenen und Probleme* (Berlin, 1953).

Lee, Ching Kwan. *Against the Law: Labor Protests in China's Rustbelt and Sunbelt* (Berkeley, 2007).

Levin, Michael. *Marx, Engels, and Liberal Democracy* (London, 1989).

Lukács, Georg. *History and Class Consciousness* (London, 1971).

Mann, Gottfried. *The History of Germany since 1789* (London, 1996).

Mansel, Philip. *Paris Between Empires* (London, 2001).

Manuel, Frank. *The Prophets of Paris* (Cambridge, 1962).

Marcus, Steven. *Engels, Manchester, and the Working Class* (London, 1974).

Marcuse, Herbert. *Soviet Marxism: A Critical Analysis* (London, 1958).

Mayer, Gustav. *Friedrich Engels: Eine Biographie* (The Hague, 1934).

_____. *Friedrich Engels* (London, 1936).

McKibben, Ross. *The Ideologies of Class* (Oxford, 1994).

McLellan, David. *The Young Hegelians and Karl Marx* (London, 1969).

_____. *Engels* (Sussex, 1977).

_____. *Karl Marx: His Life and Thought* (London, 1983).

_____. *Karl Marx: A Biography* (London, 1995).

_____, ed. *Karl Marx: Interviews and Recollections* (London, 1981).

Miller, Susanne, and Heinrich Potthoff. *A History of German Social Democracy* (New York, 1986).

Millett, Kate. *Sexual Politics* (London, 1970).

Moggach, Douglas, ed. *The New Hegelians: Politics and Philosophy in the Hegelian School* (Cambridge, 2006).

Nova, Fritz. *Friedrich Engels: His Contribution to Political Theory* (London, 1968).

Noyes, P. H. *Organization and Revolution: Working-Class Associations in the German Revolution of 1848-49* (Princeton, 1966).

Old, Hughes Oliphant. *The Reading and Preaching of the Scriptures in the Worship of the Christian Church* (Cambridge, 1998).

Olsen, Donald J. *The Growth of Victorian London* (London, 1976).

Payne, Robert, ed. *The Unknown Karl Marx* (London, 1972).

Pelling, Henry. *Origins of the Labour Party* (Oxford, 1965).

Perkin, Harold. *Origins of Modern English Society* (London, 1991).

Pickering, Paul. *Chartism and the Chartists in Manchester and Salford* (London, 1995).

Pinkney, David. *Decisive Years in France, 1840-1847* (Princeton, 1986).

Prawer, Siegbert. *Karl Marx and World Literature* (Oxford, 1978).

Pringle, Peter. *The Murder of Nikolai Vavilov: The Story of Stalin's Persecution of*

One of the Great Scientists of the Twentieth Century (New York, 2008).

Read, Anthony, and David Fisher. *Berlin* (London, 1994).

Richie, Alexandra. *Faust's Metropolis* (London, 1999).

Rigby, S. H. *Engels and the Formation of Marxism* (Manchester, 1992).

Rosdolsky, Roman. *Engels and the "Nonhistoric" Peoples: The National Question in the Revolution of 1848* (Glasgow, 1986).

Rowbotham, Sheila. *Edward Carpenter: A Life of Liberty and Love* (London, 2008).

Ryazanov, David. *Marx and Engels* (London, 1927).

Samuel, Raphael. *The Lost World of British Communism* (London, 2007).

Sassoon, Donald. *One Hundred Years of Socialism* (London, 1996).

Sayers, Janet, Mary Evans, and Nanneke Redclift. *Engels Revisited: New Feminist Essays* (London, 1987).

Service, Robert. *Comrades: A World History of Communism* (London, 2007).

Sheehan, Helena. *Marxism and the Philosophy of Science: A Critical History* (Atlantic Highlands, 1993).

Sheehan, James. *German History, 1770-1866* (Oxford, 1989).

Singer, Peter. *Hegel* (Oxford, 1983).

_____. *A Darwinian Left* (London, 1999).

Sperber, Jonathan. *Rhineland Radicals* (Princeton, 1991).

_____, ed. *Germany, 1800-1870* (Oxford, 2004).

Stack, David. *The First Darwinian Left* (Cheltenham, 2003).

Steger, Manfred, and Terrell Carver, eds. *Engels after Marx* (Manchester, 1999).

Stepelevich, Lawrence, ed. *The Young Hegelians* (Cambridge, 1983).

Stedman Jones, Gareth. "Introduction", *The Communist Manifesto* (Harmondsworth, 2002).

Stokes, John, ed. *Eleanor Marx: Life, Work, Contacts* (Aldershot, 2000).

Taylor, Ronald. *Berlin and Its Culture* (London, 1997).

Thompson, Edward. *William Morris* (London, 1977).

_____. *The Poverty of Theory and Other Essays* (London, 1978).

Toews, Jonathan. *Hegelianism: The Path toward Dialectical Humanism, 1805-1841*

(Cambridge, 1980).

Tombs, Robert. *The Paris Commune* (London, 1999).

Trachtenberg, Alan. *The Incorporation of America* (New York, 1982).

Trevor-Roper, Hugh. *The Romantic Movement and the Study of History* (London, 1969).

Ullrich, Horst. *Der Junge Engels* (Berlin, 1961).

Webster, Angus. *The Regent's Park and Primrose Hill* (London, 1911).

Wheen, Francis. *Karl Marx* (London, 2000).

Whitfi eld, Roy. *Frederick Engels in Manchester: The Search for a Shadow* (Salford, 1988).

Williams, Raymond. *Keywords: A Vocabulary of Culture and Society* (London, 1998).

Wilson, Edmund. *To the Finland Station* (London, 1991).

Zipes, Jack. *The Brothers Grimm* (London, 2002).

논문 · 기사

Adamiak, Richard. "Marx, Engels, and Dühring", *Journal of the History of Ideas* 35, no. 1 (1974).

Cadogan, Peter. "Harney and Engels", *International Review of Social History* 10 (1965).

Carver, Terrell. "Engel's Feminism", *History of Political Thought* 6, no. 3 (1985).

Claeys, Gregory. "Engels' *Outlines of a Critique of Political Economy* (1843) and the Origins of the Marxist Critique of Capitalism", *History of Political Economy* 16, no. 2 (1984).

_____. "The Political Ideas of the Young Engels, 1842-1845", *History of Political Thought* 6, no. 3 (1985).

Cohen-Almagor, Raphael. "Foundations of Violence, Terror, and War in the Writings of Marx, Engels, and Lenin", *Terrorism and Political Violence* 3, no. 2 (1991).

Gemkow, Heinrich. "Funf Frauen an Engels' Seite", *Beiträge zur Geschichte der*

Arbeiterbewegung 37, no. 4 (1995).

Kapp, Yvonne. "Frederick Demuth: New Evidence from Old Sources", *Socialist History* 6 (1994).

Kessler, Mario. "Engels' Position on Anti-Semitism in the Context of Contemporary Socialist Discussions", *Science & Society* 62, no. 1 (1998).

Kitchen, Martin. "Friedrich Engels' Theory of War." *Military Affairs* 41, no. 1 (1977).

Krishnamurthy, A. " 'More Than Abstract Knowledge' : Friedrich Engels in Industrial Manchester", *Victorian Literature and Culture* 28, no. 2 (2000).

Levine, Norman. "Marxism and Engelsism", *Journal of the History of the Behavioural Sciences,* 11, no. 3 (1973).

_____. "The Engelsian Inversion", *Studies in Soviet Thought* 25 (1983).

McGarr, Paul. "Engels and Natural Science", *International Socialism* 65, no. 2 (1994).

Neimanis, George. "Militia vs. the Standing Army in the History of Economic Thought from Adam Smith to Friedrich Engels", *Military Affairs* 44, no. 1 (1980).

O' Boyle, L. "The Problem of an Excess of Educated Men in Western Europe, 1800-1850", *Journal of Modern History* 42, no. 4 (1970).

Paul, Diane. " 'In the Interests of Civilization' : Marxist Views of Race and Culture in the Nineteenth Century", *Journal of the History of Ideas* 42, no. 1 (1981).

Paylor, Suzanne. "Edward B. Aveling: The People' s Darwin", *Endeavour* 29, no. 2 (2005).

Rubinstein, William. "The Victorian Middle Classes: Wealth, Occupation, and Geography", *Economic History Review* 30, no. 4 (1977).

Skidelsky, Robert. "What' s Left of Marx?", *New York Review of Books,* 16 November 2000.

Smethhurst, J. B. "Ermen and Engels", *Marx Memorial Library Quarterly Bulletin* 41 (Jan.-March 1967).

Stedman Jones, Gareth. "Engels and the End of Classical German Philosophy", *New Left Review* 79 (1973).

_____. "The Limitation of Proletarian Theory in England before 1850", *History Workshop* 5 (1978).

Stepelevich, Lawrence. "The Revival of Max Stirner", *Journal of the History of Ideas* 35, no. 2 (1974).

Taylor, A. J. P. "Manchester", *Encounter* 8, no. 3 (1957).

Thackray, Arnold. "Natural Knowledge in Cultural Context: The Manchester Model", *American Historical Review* 69 (1974).

Trat, Josette. "Engels and the Emancipation of Women", *Science and Society* 62, no. 1 (1998).

Vollgraf, Carl-Erich, and Jürgen Jungnickel. "Marx in Marx' s Words?", *International Journal of Political Economy* 32 (2002).

Wittmütz, Volkmar. "Friedrich Engels in der Barmer Stadtschule, 1829-1834", *Nachrichten aus dem Engels-Haus* 3 (1980).

역자 후기

역자 후기란 본디 독자가 잘 모르는 외국어로 된 책을 먼저 읽었다는 이유만으로 독자들을 위한 안내랍시고 이런저런, 다 읽고 나서 보면 별 소용없거나 오히려 쓸데없는 선입견을 심어주기 십상인 잡설 같은 것을 적당히 늘어놓는 것이겠다. 거기에 번역 과정에서 역자가 얼마나 고생했는지를 슬쩍 얹어 면피의 빌미로 삼는 것도 드물게 보는 일은 아니다. 소개나 해제 차원의 설명이 꼭 필요하거나 있으면 좋을 책도 많지만 적어도 『엥겔스 평전』은 그런 종류는 아닌 것 같다.

그런데도, 번역서에는 으레 역자 후기가 있어야 한다거나 그런 게 있어야 다만 얼마라도 판매에 도움이 된다는 출판사 쪽의 읍소나 강요도 없었는데, 굳이 역자 후기를 쓰는 이유는 헌트 선생의 글을 옮기면서 '아, 정말 이런 부분을 남들은 어떻게 생각할까…' 하는 궁금증이 들었고, 얼굴을 마주하고는 아니더라도 어디선가 이 책을 읽었을 분들과 이야기를 나눠보고 싶어서였다.

그의 이름은 풍문에라도 꼭 마르크스라는 자의 이름과 더불어 들려왔다. 마르크스와 엥겔스라는 두 사람이 흔히 '마르크스 · 엥겔스'라는 단일 고유명사로 묶이는 것이 그 증좌다. 엥겔스는 누구일까, 어떤 사람일까? 마르크스보다는 잘 모르지만 그래도 그 비슷한 인물이겠지 하는 것이 우리(?)의 상식이겠다. 그렇다. 그 정도로 시작한대서 문제될 건 없다. 그 이상 빠삭하다면 굳이 이 책을 읽을 필요는 없을 터이니.

엥겔스라는 인간과 그 시대에 대한 소개나 정보 제공은 헌트 선생에게 믿고 맡기면 되겠다. 엥겔스 못지않게 인물이 되는 데다 말솜씨도 케임브리지 출신 특유의 현학적인 데가 없지 않지만 명쾌하고, 나이(36세)답지 않게 이런저런 배려가 깊은 역사학자이기 때문이다.

헌트 선생의 이야기를 다 듣고 나니 거대한 모자이크 벽화 앞에 적당한 거리를 두고 선 기분이다. 벽화의 주인공은 물론 엥겔스다. 그리고 그 뒤로 마르크스의 모습이 강렬하다. 벽화 앞쪽 맨 아래 가운데에는 헤겔의 실루엣이 어른거리고, 저 왼쪽 어스름한 귀퉁이에서는 레닌과 스탈린(어렴풋이 폴 포트와 마오쩌둥도 보인다)이 엥겔스·마르크스 쪽을 바라보고 있다. 이렇게 눈에 확 띄는 대목 사이사이로 우리가 잘 아는, 또는 전혀 몰랐던 19세기 유럽의 풍경이 오밀조밀하게 펼쳐진다. 빅토리아, 프리드리히 빌헬름, 나폴레옹 3세 같은 왕(!)들이 펄펄 살아 폼을 잡던 시대, 지금만은 못해도 쿵덕쿵덕 굉음 요란한 공장과 기차가 세상을 주눅 들이는 한편으로 근대 혹은 현대라는 이름을 내건 철학, 과학, 문학, 음악, 미술이 '날 좀 보소' 하며 온갖 자태를 뽐낸다. 그러면서도 전반적으로 색조가 어두운 것은 그 시대를 살았을 지금 우리 같은 수많은 민초들의 힘들고 서럽고 희망 안 보이는 삶 때문이리라. 엥겔스를 중심에 놓고 동심원을 그리면서 바깥으로 나아가면 역동적인 19세기의 파노라마가 펼쳐지고, 전체를 보면서 그 핵심이 뭘까 하고 파고들다 보면 다시 엥겔스로 집중된다. 헌트 선생이 그려낸 벽화는 이런 정도라 하겠다. 어디에 집중해서 무엇을 볼 것이냐는 독자분들의 몫이다. 그리고, 그럴 수 있을 만큼 우리가 벽화와 거리를 확보하게 된 것은 1989년 공산주의 체제 몰락 이후 지나온 20여 년이란 세월 때문이다. 원래 큰 그림은 좀 떨어져서 봐야 잘 보이지 않는가?

헌트 선생이 만든 벽화에 따르면, 엥겔스는 부모에 불효하고, 친구에게 잘하고, 국가에 반항했으되 그 본질인 인민에게 나름으로 충성했고, 부인이라는 제도 자체는 거부했으나 반려에게 그런대로 성실하게 대했다. 특히 인간이 인간답게 사는 세상을 추구했으니 생각의 줄기 중에서 가장 큰 대목에 주목한 인물로 주목할 수 있겠다.

이런 의문이 떠오른다. 인민을 입에 달고 살았던 그는 과연 인간을 사랑했을까? 부모자식을 사랑하고 친구에게 잘해주기도 쉽지 않지만, 거창한 개념처럼 손에 잘 안 잡히는 인민과 인간을 사랑하기란 정말 쉽지 않다. 그래서 맹자 같은 사람은 "친친이 인민, 인민이 애물(親親而 仁民 仁民而 愛物: 부모를 사랑하고서 남들을 사랑하고, 인간을 사랑하고서 만물을 사랑하라)"이라고 했다. 엥겔스는 이 순서를 완전히 거꾸로 한 것 같다. 인민(인간 사랑)을 애물(만물 사랑) 차원에서 하고 거기서 되돌아와 친친(가족 사랑)은 잘못한 것이 아닌지….

그래서 잘못됐다는 게 아니라 스타일이 그렇다는 얘기다. 개인의 스타일에 굳이 주목하는 이유는 그렇게 되면 본인이 주장한 대의 자체가 어그러질 수 있어서다. 말을 바꿔 질문해보자. 그럼, 그의 진면목이 좀 더 확연해질 테니까.

그는 학자인가? 어느 정도는 그렇다. 사태를 객관적으로 보면서 법칙성을 찾고 일반화하려고 노력했으니까. 그러나 혁명을 이뤄내야 한다는 것이 생의 가장 큰 목표였으므로 학자적 성실성은 혁명 앞에서 방법적 수단으로 왜소해지고 만다.

그는 예언자인가? 친구인 마르크스가 그 소명은 더 잘했을 터이므로, 본인은 친구의 역할을 돕는 것이 자신의 역할이라고 생각했으므로 이런 질문 자체가 좀 머쓱하긴 하지만, 별로 그렇지는 않은 것 같다. 역시 혁명을 이루려 했으므로 예언은 그에 앞서거니 뒤서거니 하는 부차적인 문제였던 것 같다. 그리고 그가 한 예언이라는 것도 친구가 한 것 못지않게 지금 와서 보면 별로 신통치 않게 됐다. 예언자를 자처했을지 모르되 예언자가 되지는 못했다는 것이 결론이라고 해도 흠 잡을 이 없으리라.

그는 혁명가인가? 적어도 그 자신이 생각하는 바에 따르면 절대적으로 그러하다.

그 혁명가는 무엇을 하려고 했는가? 인간이 인간답게 사는 세상을 만들려고 했다. 그 근본은 '인간을 사랑한다'일 텐데 엥겔스가 아버지인 인간, 어머니인 인간, 동생인 인간, 추위에 벌벌 떠는 누더기 같은 인간, 자신이 100만 원짜리 술 마실 때 1만 원이 없어서 끼니 굶는 사람을 측은해하고 사랑했는지는 잘 모르겠다. 사람을 사랑하는 것과 인류를 사랑하는 것은 좀 다르니까.

이쯤에서 '엥겔스에 대해 무슨 얘기를 하려는 것이냐?'는 질문이 바로 들어오겠다. 그렇다. 역자가 엥겔스에 대해 말하고자 하는 것은 인간은 참으로 한 마디로는 설명이 안 되는, 복잡 미묘한 존재라는 얘기다. 불행한 인간들을 잘살게 하기 위해 "자본주의의 비참함이 더 극심해져야 한다"고 '과학적' 주장을 하는 인간은 인간 해방론자인가? 호사스러운 부르주아 생활을 즐기면서 그 모든 적대자를 "부르주아"라는 한 마디로 죽일 놈으로 매도하는 자는 정말 프롤레타리아 편인가? 잘 모르겠다. 분명한 것은 그가 좋은 사람인지는 대단히 의문이지만 대단히 매력적인 인물이라는 것이다. 매력적이라고 하는 이유는 인간적인 모순과 약점, 강인함과 나약함, 열정과 자유가 얽히고설켜 있어서 딱 부러지게 정의할 수 없는 묘한 모습으로 다가오기 때문이다.

이 책에 대한 '좌우'의 평가를 두루 살펴보면 대충 이렇게 정리할 수 있다.

아직도 정신 못 차리는 극소수 극좌파는 '부르주아지의 도저한 음모다. 엥겔스를 빌미로 해서 마르크스와 레닌, 스탈린을 다시 또 헐뜯어 부관참시하려는 의도다' 라는 식으로 이를 간다.

중간층이라고 할 만한 부류들은 역시 "잘 쓴 책이네요" 하는 식으로 하나마나 한 소리를 한다.

한국식(엉터리다!)으로 굳이 분류하면 '우파' 라 할 만한 이들의 지적이 그래도 들을 만한데 대충 이런 얘기다. "20세기에 공산주의 체제를 만들고 운영한 자들은 마르크스보다 엥겔스를 더 떠받들지 않았나? 그런데 그 자들이 어떻게 했나? 엥겔스를 사부로 모신 자들이 하나같이 그 모양이라면 '엥겔스는 그러라 그러지 않았다' 고만 우길 게 아니라, 왜 엥겔스를 떠받든 자들마다 꼭 그렇게 됐나를 따져봐야 하는 것 아닌가?"

그렇기도 하겠다. 엥겔스로서는 억울하겠지만.

스탈린 치하의 소련이나 문화혁명 시절 중국, 공산 캄보디아에서 엥겔스와 마르크스처럼 살고 말하고 행동했다면 즉결처형 혹은 최소한 강제노동수용소행이다.

이쯤에서 역자의 문제 제기는 멈춰야겠다. 독자의 상상력과 자유를 방해하겠으므로.

이 책은 2009년 4월과 8월에 나온 영국판 『The Frock-Coated Communist: The Revolutionary Life of Friedrich Engels프록코트를 입은 공산주의자: 혁명가 프리드리히 엥겔스의 생애』와 미국판 『Marx's General: The Revolutionary Life of Friedrich Engels마르크스의 장군: 혁명가 프리드리히 엥겔스의 생애』 중에서 미국판을 저본으로 번역했다. 내용은 동일하지만 미국식 편집이 우리에게 좀 편할 것 같아서다.

헌트 선생이 꼼꼼하게 붙인 모자이크 조각 하나하나는 우리가 잘 모르는 내용이 많다. 그 조각들이 모여서 완성된 벽화를 감상하는 데는 별 문제가 없지만 하나하나를 꼼꼼히 들여다보면서 재미를 느끼기에는 원서의 분량 자체가 무리였다. 특히 모자이크 조각 하나하나가 정보덩어리일 때 역자는 고민된다. 그래서 역자 주석을 붙이되 읽는 흐름에 방해가 되지 않도록 가급적 최소화했다. 원서에 나오는 영어 번역문(영어판 마르크스·엥겔스전집MECW에서 주로 인용했다)은 내용이 이상하거나 문장이 매끄럽지 못한 경우에 한해 독일어판 마르크스·엥겔스전집MEGA과 대조해 조정했다. 단, 공부하는 이들을 위해 엥겔스와 마르크스가 쓴 책이나 논문 제목은 원제(대부분 독일어지만 프랑스어나 영어, 이탈리아어인 경우도 있다)를 찾아보기에서 병기했다.

이런저런 과정에서 각종 엥겔스 관련 인터넷 사이트를 많이 참고했다. 노고가 든 글과 책을 공짜로 올려주신 해외 관계자 제위께 이 자리를 빌려 감사의 말씀을 드린다.

찾아보기

[ㄷ]

[ㄹ]

라데츠키, 요제프Radetzky, Joseph 272

라마르세예즈La Marseillaise 287, 552

라므네, 펠리시테Lamennais, Felicité de 241

라부아지에, 앙투안 로랑Lavoisier, Antoine-Laurent 460

라브로프, 표트르Lavrov, Pyotr 432

라살, 페르디난트Lassalle, Ferdinand 426~432

라살주의 444, 545~546

라스키, 해럴드Laski, Harold 458

라우든, 존 클라우디우스Loudon, John Claudius 71

라우머, 프리드리히 폰Raumer, Friedrich von 163

라우베, 하인리히Laube, Heinrich 89

라이엘, 찰스Lyell, Charles 463

「라인 신문」Rheinische Zeitung 137~139, 171, 217~218, 276

라파르그, 라우라[마르크스의 딸]Lafargue, Laura 45, 382, 437, 488, 495, 512~512, 538, 542, 550, 556, 560~561

라파르그, 폴Lafargue, Paul 219~220, 347~348, 388, 402, 425, 429, 437~438, 455, 480~481, 483, 488, 493, 495, 511~512, 526~527, 533, 538~539, 542~545, 549~550, 558, 561

랑에, 프리드리히Lange, Friedrich 467

랑케스터, E. 레이Lankester, E. Ray 455

래리턴 베이 유니언Raritan Bay Union 147

랜즈버리, 조지Lansbury, George 517

랴자노프, 다비드Ryazanov, David 484

러벳, 윌리엄Lovett, William 174

러시아 내전 566

러시아 혁명 313, 432, 444, 446, 566, 572

레닌, 블라디미르 일리치Lenin, Vladimir Ilich 47~48, 52~53, 219, 313, 372, 424, 445, 474, 548, 556, 571~575, 578~579, 581~582

레덴, 프리드리히 루트비히 폰Reden, Friedrich Ludwig von 210

레루, 피에르Leroux, Pierre 248

[ㅂ]

Bibel. Oder: der Triumph des Glaubens 128

[ㅅ]

[ㅊ]

치에스코프스키, 아우구스트 폰Cieszkowski, August von 151~152

[ㅋ]

[ㅌ]

엥겔스 평전

1판 1쇄 2010년 11월 22일
1판 2쇄 2013년 11월 25일

지은이 트리스트럼 헌트
옮긴이 이광일
펴낸이 강성민
편집 이은혜 박민수 이두루
마케팅 정현민
온라인 마케팅 김희숙 김상만 이원주 한수진

펴낸곳 (주)글항아리 | 출판등록 2009년 1월 19일 제406-2009-000002호

주소 413-120 경기도 파주시 회동길 210
전자우편 bookpot@hanmail.net
전화번호 031-955-8891(마케팅) 031-955-1934(편집부)
팩스 031-955-2557

ISBN 978-89-93905-42-7 03900

글항아리는 (주)문학동네의 계열사입니다.

이 도서의 국립중앙도서관 출판시도서목록(CIP)은 e-CIP 홈페이지(http://www.nl.go.kr/ecip)에서 이용하실 수 있습니다.
(CIP제어번호: CIP2010003950)

* 이 책에 실린 도판 일부는 저작권 계약이 이루어지지 않았습니다. 차후에 저작권자와 연락이 닿는 대로
계약 문제를 처리할 것임을 밝혀둡니다.